普通高校文化与传播类专业系列教材

编委会

首批部校共建新闻学院系列成果
普通高校文化与传播类专业系列教材

文化旅游产业概论

第2版

主　编　张宏梅　赵忠仲
副主编　秦然然　卢　婷
编　委（以姓氏笔画为序）
王开富　王海洋　吴　燕
张　丽　邵　敏　洪　娟
陶海香　黄薇薇

中国科学技术大学出版社

内 容 简 介

本书在评述和界定与文化旅游产业相关概念的基础上，从文化旅游产业资源、市场、类型、开发、策划、管理及影响几个方面构建文化旅游产业概论的教材体系。全书共16章，介绍文化旅游产业基础概念以及文化旅游产业发展的背景、现状和趋势，阐述文化旅游产业的资源和分类，并对文化旅游者、市场需求、市场细分和定位进行了分析，分别从遗迹类旅游、民间习俗展示和表演、场馆类旅游、主题公园类旅游、现代节事会展业5个类别详细分析各文化旅游产业业态的含义、范围和旅游发展状况，阐述文化旅游产业的资源开发和经营管理，以及文化旅游产业发展为文化遗产保护、乡村振兴等带来的影响。

本书可供文化产业管理、旅游管理等专业学生使用，也可供旅游、文化产业等相关领域从业者及研究人员参考使用。

图书在版编目(CIP)数据

文化旅游产业概论 / 张宏梅，赵忠仲主编．-- 2版．-- 合肥：中国科学技术大学出版社，2025.1

ISBN 978-7-312-05926-1

Ⅰ．文…　Ⅱ．①张…②赵…　Ⅲ．旅游文化—旅游业—高等学校—教材　Ⅳ．F590

中国国家版本馆CIP数据核字(2024)第056201号

文化旅游产业概论

WENHUA LÜYOU CHANYE GAILUN

出版　中国科学技术大学出版社
安徽省合肥市金寨路96号，230026
http://press.ustc.edu.cn
https://zgkxjsdxcbs.tmall.com

印刷　安徽省瑞隆印务有限公司

发行　中国科学技术大学出版社

开本　787 mm×1092 mm　1/16

印张　26.5

字数　626千

版次　2015年6月第1版　2025年1月第2版

印次　2025年1月第7次印刷

定价　80.00元

总　序

文化传播是人类社会的基本活动，也是人类社会形成的重要途径。一部人类发展史就是一部文化传播史，走进历史和现实深处，我们便会发现，人类发展的历史就是文化传播的历史。文化传播随着人类的产生而产生，随着社会的发展而发展。文化为人们提供了宝贵的精神财富，同时也建构了不同地域的文化空间。文化是连接民族情感、增进民族团结的重要纽带，而这些对于人们精神文化需求的满足具有重要意义。文化承载着不同国家、不同民族、不同地域各具特色的文化记忆，无论是语言、音乐、神话、建筑还是其他，无一不是地域特色和文化特色的体现。文化借助各种传播手段，使得人们增长见闻，了解不同时间、不同地域的历史文化，满足精神消费的需求。文化本身具有的历史和价值对于人们的生存和发展具有重要意义，不断汲取文化价值是人们获得更好发展的客观需求。文化传播与人类文明互动互进、休戚相关。没有文化传播，便没有人类的文明。

文化是人类社会发展动力系统中的重要一环。马克思主义辩证唯物主义认为，经济、政治、文化、社会、生态五位一体的动力系统，构成了人类社会发展的驱动力。经济动力是社会发展基础性、决定性的动力因素。“仓廪实而知礼节”，当物质生产水平和物质消费水平极大提高以后，物质需要便不能完全满足人们的生活需求，精神需求便日益成为人们主导性的需要。在此情境下，文化传播的功能已不仅仅是人们精神交往的需要了，精神娱乐和价值实现的需求更加凸显，文化因素对社会生产力的影响作用迅速增大。文化生产虽然依托于有形的物质载体（即媒介），但其核心要素是无形的精神（人的创意思维），不仅仅是物质生产，更关键的是意识形态（价值观念）的生产，其满足的不仅仅是视听审美，更在于提高人的科学文化水平、思想道德素质，深层次地影响人们的意识形态，塑造人的世界观、人生观和价值观，从而达到改造人的灵魂，进而改造整个社会的意识形态的作用。由此可见，相比于物质生产而言，文化的生产与传播对于人类社会的发展更具有深层次的决定作用。

有鉴于亟须提升当代大学生的文化传播的基本素质和能力，我们编写了这套“文化与传播”系列教材，目的是一方面帮助大学生学习并理解社会生活中传播的现象、表现形式、发生发展规律及其社会功能等，关注传播与社会政治、经济、文化、生活的相互关系，认识传播媒介对人的作用，传播与社会发展和社会阶层的互动关系等，为将来的生活和工作奠定文化传播的基础；另一方面培养学生文化传播的思维，以期让学生从文化传播的视角对社会发展尤其是文化的繁荣创新有更深入的了解，提高认识社会文化、理解文化传播的水平，提升分析媒体、运用媒体的能力，从而提升大学生认识社会、融入社会乃至改造社会的能力。

“普通高校文化产业管理专业系列教材”为本系列教材奠定了前期基础。编委会自2013年组织编写面向文化产业管理专业的系列教材，由中国科学技术大学出版社陆续推出，成为全国普通高校新闻学、广告学、文化产业管理、广播电视学、旅游管理等相关专业学生的专业教材，同时也成为科研工作者重要的参考资料，受到了一致好评。为更好地适应新时代文化繁荣发展新形势，更好地满足高校相关专业教学研究需要，编委会决定对“普通高校文化产业管理专业系列教材”从内容到形式进行大幅度修订。

经过充分吸收前期教材使用者的反馈意见，并细致地考察国内外“文化与传播”类相关高校教材，在系统分析此类教材的共性与差异的基础上，力求编写一套既重基础，又突出差异化、特色化的系列教材。基于此，编委会经过多次邀请同行专家深入讨论，决定从文化与传播的基本理论素养、媒介与传播、文化与产业三大方面，构建“文化与传播”的知识体系。经过精心遴选，确定11部教材作为建设内容，定名为“普通高校文化与传播类专业系列教材”。本系列教材建设于2017年7月启动，计划在2021年12月全部完成出版。本系列教材包括《文化与传播十五讲》（杨柏岭、张泉泉主编）、《数字影视传播教程》（秦宗财主编）、《广播电视新闻学教程》（马梅、周建国、肖叶飞编著）、《文化资源概论》（秦枫编著）、《影视非线性编辑教程》（周建国、杨龙飞编著）、《传媒经营与管理》（肖叶飞编著）、《文化产业项目策划与实务》（陆耿主编）、《文化市场调查与分析》（阳光宁、张军占主编）、《文化创意产业品牌：理论与实践》（秦宗财主编）、《文化企业经营与管理》（罗铭、杨柏岭主编）、《文化旅游产业概论》（张宏梅、赵忠仲主编）。在丛书主编统一了编写体例之后，由各分册主编组织人员分工编写，并由各分册主编负责统稿。最后由丛书主编、执行主编审稿。由于我们水平和时间的限制，书中一定存在着某些不足，敬请学界、业界同行以及广大读者批评指正。

丛书主编　杨柏岭

丛书执行主编　秦宗财

2020年5月

前 言

文化旅游产业是文化产业与旅游产业的融合。从旅游产业的视角看,文化旅游产业是旅游业这一综合性产业的重要组成部分,文化旅游资源是重要的旅游吸引物,体验和感受各种文化吸引物是文化旅游者的首要动机。从文化产业的角度看,文化旅游产业是借助于旅游活动这一形式,来保护、传承、传播民族传统文化和现代创意文化,促进文化认同和文化交流,推进国家文化的建构。基于文化产业与旅游产业的密切联系,2009年8月31日,国家文化部、国家旅游局联合出台的《关于促进文化与旅游结合发展的指导意见》指出,“文化是旅游的灵魂,旅游是文化的重要载体”,提出“推进文化与旅游协调发展,满足人民群众日益增长的文化消费需求”;2018年3月,国家文化部、国家旅游局合并设立文化和旅游部,文化和旅游何以融合以及如何融合成为重要的理论命题。2022年10月,习近平总书记在党的二十大报告中明确提出,”坚持以文塑旅、以旅彰文,推进文化和旅游深度融合发展”,为文化旅游产业的未来发展指明了方向。

从实践层面上看,文化旅游产业已有较为悠久的历史,各类遗迹遗址、民俗文化等有形和无形的文化旅游资源一直以来都是旅游产业发展的重要支撑,对于中国的入境旅游来说尤其如此。但从学术层面上看,”文化旅游产业”仍是一个新的概念,尽管学界对其含义、维度、类型和意义等诸多方面进行了探讨,然而,现有研究比较零散,缺乏整体视角的观照。文化旅游(产业)概论是文化产业管理专业的基础课程,国内缺乏一本”文化旅游产业概论”的参考教材。正是在这样的背景下,2013年我们组织了在文化旅游领域有一定研究经历和成果的老师组成编写团队,在综合国内外相关研究成果的基础上,结合当时文化旅游产业实践,于2015年出版了《文化旅游产业概论》。时隔九年,在中国面临”百年未有之大变局”,经历”百年未有之疫情”,回答”中国之问、世界之问、人民之问、时代之问”之际,此本教材也到了修订再版之时。

由于没有相关的文化旅游产业教材或专著可供参考,修订团队在参考和保留第1版体系结构和内容及总结文化旅游(产业)概论课程教学经验的基础上，本着力求反映文化旅游融合理论研究与实践进展最新动态的宗旨，对所有章节的内容均进行了必要的修订，希望能为我国高等院校文化产业管理、旅游管理等专业的学生提供知识体系完整、理论与实践兼备的专业教材，同时也为文化产业、旅游等领域的相关从业者提供参考。

本书的编写和修订是集体智慧的结晶，团队主要来自上海师范大学、安徽师范大学、淮南师范学院、芜湖学院、黄山学院、安徽机电职业技术学院。各部分执笔修订人分别是：第一章、第十一章（安徽师范大学赵忠仲），第二章（安徽机电职业技术学院卢婷），第三章、第十三章、第十五章（淮南师范学院秦然然），第四章（安徽师范大学洪娟），第五章（芜湖学院王海洋），第六章、第十二章（黄山学院张丽），第七章（芜湖学院邵敏），第八章（黄山学院陶海香），第九章（安徽师范大学黄薇薇），第十章（芜湖学院邵敏、安徽师范大学黄薇薇），第十四章（安徽机电职业技术学院王开富），第十六章（安徽机电职业技术学院吴燕），最后由赵忠仲、秦然然、卢婷统稿，安徽师范大学2017届毕业生李凌龙校对全文，在此还要对本书第1版主编上海师范大学张宏梅教授给予此版修订的指导表示衷心的感谢！

在本书编写过程中，编写团队参考了大量书籍、期刊论文和网络资源，这些资源丰富了本书的内容，是我们完成本书的重要基础。编写团队对所有给予我们思想火花的作者们表示诚挚的谢意。如果由于疏漏，未能在参考文献中列出相关文献来源，我们深表歉意，并敬请告知！

本书的顺利出版离不开中国科学技术大学出版社的鼎力支持，特别要感谢他们认真细致的工作。由于编写时间和编者水平的限制，本书错漏缺点在所难免，恳请各位专家与读者批评指正。

编　者

2023年5月

目　录

第一章　绪　　论

学习目标

（1）了解文化旅游、文化旅游产业的研究现状，理解文化旅游、文化旅游产业的含义。

（2）理解新时代文化旅游的特征。

（3）理解文化旅游产业的地位。

导入案例

专家评国家旅游局与文化部合并：文旅融合 众望所归①

2018年3月13日，国务院机构改革方案提请十三届全国人大一次会议审议。根据该方案，改革后，国家旅游局与文化部合并，组建文化和旅游部。不再保留原文化部、国家旅游局。该方案将在3月17日的人民代表大会第五次全体会议上表决。

【专家时评】中国旅游协会休闲度假分会会长魏小安：

今天，国务院机构改革方案刷屏，一些部门合并了，一些新部门组建了，许多职能调整了，堪称力度空前，对应新时代，需要新机构。其中，组建文化和旅游部，自然会引发旅游人的关注。

40年以前，有一个中国旅行游览事业管理总局，归属外交部。1983年，旅游局和国旅总社分家，成立国家旅游局，是为国务院直属局。后来，旅游局升部就变成一个孜孜不倦的追求。此次，说了很长时间，传了若干版本，水落石出，正常，也是好事。

一是保留了旅游，而且也是一种升部方式，目标总算达到了。二是文旅融合，已经成为现实发展方向，全国各个城市已经组建了一百多个文旅集团。三是要求旅游发展的文化导向和文化深入，符合转型升级的需求变化。四是使原来两个部门的矛盾纠纷在内部消化。五是成为国务院组成部门，有利于部门之间的协调。

这个结果，一是本届国家旅游局强力工作的结果，旅游影响越来越大，机构改革必须考虑。二是产业大发展的地位上升，各地越来越重视。三是舆论的作用，全域旅游正

① http://cppcc.china.com.cn/2018-12/13/content_74242359.htm.

式得到肯定，并在总理工作报告中部署。

当然，也会产生一系列变化。首先，一个“和”字，是并列关系，现实中则可能是附属关系。其次，设置内部机构，有些会合并，充其量设置两三个司级机构，与直属局的状况是根本变化。第三，文化部门的中心是意识形态，旅游部门的中心在于市场，两种关注，两种思路，两套路数。人家抓大事，我们抓小事，但是在民生这个方面可以统一。第四，需要强化大文化，覆盖整个社会领域，就和全域旅游对应了。总之，路尚长，需要磨合，希望能够产生共振效果，以体现机构改革的英明。

第一节　文化、旅游、文化旅游的概念界定

文化产业是第三产业的重要组成部分，是衡量综合国力的重要内容，这项朝阳产业也成为各国竞相发展的战略性产业。在文化产业中，文化旅游产业是起步较早、发展较快、占比例较高的一类细分市场。根据统计数据，2023年上半年国内旅游人数23.84亿次，较上年同比增长63.85%；国内旅游收入2.3万亿元，同比增长96.58%。在党的二十大报告中，习近平总书记明确提出，”坚持以文塑旅、以旅彰文，推进文化和旅游深度融合发展的要求”，明确了文化旅游产业发展的方向与重点。文化旅游将在中国式现代化背景下，成为文化产业发展的新制高点、关键点和经济增长点。

一、文化、旅游、文化旅游的内涵

（一）文化的内涵

据不完全统计，世界上对文化的定义多达250种。多数学者倾向于从观念形态的角度定义文化的观点。即认为，“文化是代表一定民族特点的，反映出理论思维水平的精神风貌、心理状态、思维方式和价值取向等精神成果的总和。”[①]

“文化”这个概念中国古已有之，最早见于汉代刘向（前77—前6年）的《说苑·指武》：“圣人之治天下也，先文德而后武力。反武之兴，为不服也；文化不改，然后加殊。”这里的“文化”是文治教化的意思，其内涵主要在精神方面。

在中国古代典籍中，“文化”是“文”与“化”的复合。“文化”的“文”既为文字，又通文章、文采；“文化”的“化”字则具有改变、化生、造化等含义。中国古代的这种秉承《易经》中的“化成天下”的文化观，一直沿用到清末民初。

今天的“文化”概念源自西方，既包括精神层面，也包括物质层面。其广义的概念，是指人类在社会历史活动过程中所创造的物质财富和精神财富的总和；狭义的概念，专指社会的意识形态以及与之相适应的制度和组织机构。

（二）旅游的内涵

“旅游”一词最早见于南朝梁代诗人沈约（441—513年）的《悲哉行》：“旅游媚年春，年春媚游人。”这句诗的意思是说行客留恋春天的美景，美景愉悦春天的游人，其中的

① 李宗桂．中国文化概论[M]．广州：中山大学出版社，1988：8.

"旅游"一词已经含有外出旅行游览的意思。按字面理解，今天"旅游"一词的含义与1500多年前"旅游"一词的含义几无差别。

旅游，顾名思义，既旅行又游览，亦旅行亦游览，寓游览于旅行之中。从这个层面上看，人类旅游活动起始久远，无论是帝王巡游、释道云游，还是学者访游、军旅征游，无论是宦游、遨游，还是冶游、宸游，不论旅行艰辛与否，或多或少都有游览的成分。但是，如果从经济学角度看，旅游作为一种经济性活动，应该诞生于商品经济出现以后。

美国学者罗伯特·麦金托什、夏希肯特·格波特定义旅游为"在吸引和接待游客与来访者的过程中，游客、旅游设施、东道国政府和接待团体的相互影响，所产生的现象与关系的总和"①。

而目前国内学术界一般从两个不同角度认识旅游：

第一，从游客的角度。游客寻求各种精神上和物质上的经历和满足，这在极大程度上决定了旅游目的地的选择和要参加的活动。

第二，从提供旅游产品和服务的行业角度。旅游企业把旅游看作一个通过向旅游者提供商品和服务，满足游客需求，从而获得利润的机会。

这样旅游可以定义为：在吸引和接待游客和来访者的过程中，游客、旅游企业之间的相互作用所产生的现象和关系的综合。这些现象和关系包括了政治、经济、文化、环境等诸多方面。

（三）文化旅游的内涵

文化与旅游具有天然的融合性，从"1978年邓小平同志的'黄山谈话'开始，挖掘地方文化吸引外国游客就体现了文旅融合的思想，即把历史文化传统累积的符号转化成旅游吸引物，包括物质的和非物质的"②。西方对"文化旅游"的研究较早，实践成果也较为丰富。国内关于文化旅游的研究最初主要集中在概念界定、发展路径、制约因素、各区域如何因地制宜地发展文化旅游等，对"文化旅游"的研究还处于定性研究阶段，绝大多数的研究仅停留在描述性概念，及对浅层次的文化类资源开发的论述上，系统的、统计性的研究涉及较少，对"文化和旅游的关系究竟如何起源、发展与演变的""不同发展阶段会出现什么矛盾"以及"推动二者融合路径的本质应该是什么"等这些根本性问题却没有开展充分讨论。③2018年3月，国家文化部、旅游局合并设立国家文化和旅游部，提出了文化和旅游融合的理论命题④，关于文化旅游研究也进入了新阶段，对上述悬而未决的问题进行了深入的探讨。

1. 国外对文化旅游的研究

一般认为"文化旅游"的概念于20世纪70年代产生于美国，80年代流行于欧洲。意大利在1985年开始实施全国"文化经济"新战略，从而使文化旅游蓬勃发展起来，以文化旅游经济为主体的旅游文化复合产业，成为国民经济的重要组成部分。

---

① 罗伯特·麦金托什，夏希肯特·格波特．旅游学：要素·实践·基本原理[M]．蒲红，方宏，张华岩，等译．上海：上海文化出版社，1985：50.

② 张朝枝，乔云飞．文化和旅游融合：到底怎么"融"[N]．中国文物报，2019-07-12.

③ 张朝枝，朱敏敏．文化和旅游融合：多层次关系内涵、挑战与践行路径[J]．旅游学刊，2020（3）：62-71.

④ 傅才武．论文化和旅游融合的内在逻辑[J]．武汉大学学报（哲学社会科学版），2020（2）：89.

对近几十年来国外文化旅游相关著作、论文等查阅中可发现，其研究重点主要是遗产地旅游、遗产旅游的可持续发展、遗产旅游的影响、遗产旅游的开发、遗产旅游的价值、文化旅游者对其体验与感知等。

最早提出文化旅游这一专用概念的，是1977年罗伯特·麦金托什及夏希肯特·格波特所著的《旅游学：要素·实践·基本原理》一书，书中把旅游文化作为第二章的标题，并提出“文化实际上概括了旅游的各个方面，人们可以借助它来了解彼此之间的生活和思想。”同时，加拿大学者鲍勃·麦克切尔（Bob McKercher）和澳大利亚学者希拉里·迪克罗斯（Hilary du Cros）也十分认可这一观点，认为所有的旅游形式都包含着某种文化因素。这一观点与世界旅游组织的定义部分类似，文化旅游是“人们想了解彼此的生活和思想时所发生的旅行”，具体来说，是通过某些具体的载体或表达方式，提供让游客鉴赏、体验和感受旅游地地方文化的深厚内涵的机会，从而丰富其旅游体验的活动。同时，鲍勃·麦克切尔等认为，尽管旅游能够带来振兴当地传统文化、改善当地基础设施和对文化遗产的重视等六大好处，但也存在文化资源被过度使用、地方对旅游经济的过度依赖、旅游者行为不当引发文化冲突、对文化财产失去控制、文化资产的实质性恶化等七大风险。①

美国人类学家维奈尔·史密斯（V. L. Smith）将文化旅游理解为狭义的民俗文化旅游产品层次，即“文化旅游系指人类记忆中一种在消失的生活方式的‘图景’或‘地方特色’，是这种生活方式的残余。它体现在‘老式的’房子，自家纺织的布匹、马或者牛拉的车和犁，手工而不是机制的工艺品。旅游地的活动包括在简陋的乡下旅馆中进餐，民俗表演、化妆参加的酒节，或者让人们回忆起粗犷的美国西部生活的骑牛比赛”。史密斯把旅游方式分为五种：一是“民族旅游”，主要是以奇异的风土人情来吸引游客；二是“文化旅游”，主要是以参与和感受地方文化为主的旅游；三是“历史旅游”，主要是参观历史遗迹、古建筑等；四是“环境（生态）旅游”，主要是指到边远的地方去旅游，感受大自然的纯净；五是“娱乐性旅游”，是指到大自然中享受太阳、沙滩、大海等纯娱乐活动。

瑞森格尔（Reisinger）认为，“文化旅游是指那些对体验文化经历有特殊兴趣的游客发生的旅游行为，文化旅游除了一般的遗产旅游，还包括艺术、信仰、习俗等，例如民族宗教活动、风味小吃的品尝以及地方音乐戏剧舞蹈等，同时，自然历史的旅游，了解旅游目的地和动植物的生态旅游，参加体育活动和观看体育赛事的体育旅游以及农业旅游等都在文化旅游之列”。与其持有类似观点的还有鲍勃·麦克切尔，主张从“动机”角度对文化旅游进行界定，主张文化旅游是基于旅游者为获取新的文化体验的动机而引发的相关活动和旅游行为，并对文化旅游概念进行总结，将其划分为4个维度，即衍生型、动机型、体验型和可操作型旅游。②

健美生（Jamieson）认为“文化旅游应该包括以下的内容：手工艺、语言、艺术和音乐、建筑、对旅游目的地的感悟、古迹、节庆活动、遗产资源、技术、宗教、教育等”。

美国休闲学家斯塔宾斯（R. A.Stebbins）提出“文化旅游是一种特殊的兴趣旅游类型，它建立在对新颖的、深邃的文化的搜寻和参与体验之上，不管是出于审美的、求知

---

① 鲍勃·麦克切尔，希拉里·迪克罗斯．文化旅游与文化遗产管理[M]．朱路平，译．天津：南开大学出版社，2005：67-68.

② 李梦子，隋鑫．文化产业与旅游产业融合发展研究综述[J]．旅游管理研究，2019(11)：46.

的、情感的还是心理的需求”。

随着2003年联合国教科文组织将遗产的概念从物质遗产扩展到非物质遗产，文化旅游的内涵再次发生变化，2017年9月联合国教科文组织将文化旅游调整为“文化旅游是一种游客出于学习、寻求、体验和消费物质或非物质文化吸引物/文化产品的本质动机的旅游活动”①。

在西方，尤其是欧洲国家，在20世纪80年代就意识到文化旅游的融合性、互补性与社会效应，文化旅游发展迅速，对其研究也成为一个热门领域，积累了很多的研究成果。概括来说，他们对文化旅游的概念研究主要集中在以下三个方面②：

第一类是广义的，即认为“文化旅游包括旅游的各个方面，旅游者从中可以学到他人的历史和遗产，以及他们的当代生活和思想”。

第二类是狭义的，认为文化旅游是一种对“异质”事物的瞬间消费，在他们看来文化旅游偏重对高雅文化的寻求，是一些有浓厚怀旧情绪的人，出于很强的好奇心而进行的文化事件旅行。

第三类是中义的，包括概念性定义和技术性定义两种。概念性定义：人们离开他们的日常居住地，为获得新的信息与体验来满足他们文化需求而趋向文化景观的移动。技术性定义：人们离开他们的常住地，到文化吸引物所在地，如遗产遗迹、艺术与文化表演、艺术与歌剧等的一切移动。这一研究结果是由欧洲旅游与休闲教育协会为了用于一项对欧洲各国的文化旅游发展问题的研究，在1991年参照了多种有关定义后慎重提出的（Richards）。

有学者总结，西方语境下对文化旅游的研究，早期主要强调文化的旅游吸引力，并将文化的内涵不断扩大，从物质文化遗产走向非物质文化遗产，从传统遗传走向现代的社会文化，这些都具有旅游吸引力，进入21世纪后，文化旅游的研究大多是强调旅游对社会文化产生的各种影响。③

2. 国内对文化旅游的研究

20世纪80年代中国各地开始大力发展旅游业，由于强烈的功利目的新建了很多缺乏文化内涵的景点，实践中逐渐证明这些粗制滥造的景区根本不可能满足旅游者的需要，自然要被市场所淘汰。正是这样一种对旅游业健康发展的现实要求，催生了对文化旅游的研究。但是近几十年，文化旅游的内涵与外延一直在不断更新，到目前为止仍未有一个高度统一认识。

旅游教育出版社出版的全国旅游专业系列教材曾对文化旅游下定义为“通过旅游实现感知、了解、体察人类文化具体内容之目的的行为过程。泛指以鉴赏异国异地传统文化、追寻文化名人遗踪或参加当地举办的各种文化活动为目的的旅游”。这一概念与

---

① UN WTO. Tourism Definitions[Z].2019：1-55.

② 有学者总结，国外学者对文化旅游的认知有两种观点，一种认为文化旅游是旅游层面的其中之一，另一种认为文化旅游是文化层面的其中之一。两种观点旨在探讨一种“包含关系”，即文化包含旅游还是旅游包含文化。参见：李梦子，隋鑫.文化产业与旅游产业融合发展研究综述[J].旅游管理研究，2019(11)：46.

③ 张朝枝，朱敏敏.文化和旅游融合：多层次关系内涵、挑战与践行路径[J].旅游学刊，2020(3)：62-71.

国外从狭义角度对文化旅游的定义在一定意义上是相通的，即是为了追求异质文化因素而进行的旅游。

国内一些学者自20世纪80年代也对文化旅游进行研究，对于文化旅游的概念从各个角度进行过阐述，下面以几位学者的观点举例如下：

（1）魏小安在《旅游文化与文化旅游》一书中最早提出文化旅游，但并没有明确界定“文化旅游”的概念，其认为“对于旅游者来说，旅游活动是经济性很强的文化活动，但对于旅游经营者来说，旅游业则是文化性很强的经济事业。强调旅游业的文化特点，正是为了使以经济目标为主的综合性目标得以更顺利地实现”，并且指出中国的文化旅游活动具体体现在制度文化、传统文化、民族文化、民间文化四个方面。

（2）马勇、舒伯阳、李江敏、李志飞将文化旅游作为一种专题旅游，认为文化旅游是以旅游文化为消费品，旅游者用自己的审美情趣，通过艺术审美和历史回顾，得到全方位的精神上与文化上享受的一种旅游活动。它包括了历史文化旅游、建筑文化旅游、宗教文化旅游、园林文化旅游、民俗文化旅游、饮食文化旅游等。

（3）马波认为，文化旅游属于旅游的一种类型。

（4）蒙吉军认为，文化旅游是旅游产品提供商为消费者提供的旅游产品。

（5）吴必虎对文化旅游概念的理解是：所有的旅游活动都可视为文化旅游范畴，文化旅游产品可以分成一般文化旅游、遗产旅游、博物馆、美术馆旅游、艺术欣赏旅游、民俗旅游与民族风情旅游、祭祖旅游、宗教旅游及文学旅游等九大类别。

（6）张国洪认为，文化旅游是人们对异地、异质文化的求知和憧憬所引发的，满足文化介入或参与需求冲动的过程。

（7）丁丽英、郭丽华认为，文化旅游是一种考虑文化色彩的产品设计思路，注重对景点历史文化背景的解释；并且文化旅游是一种旅游方法，摒除简单的视觉体验，从深层次去领略它悠久历史及灿烂的文化，这种旅游方法从事旅游活动可称为文化旅游。

（8）于岚认为，这种旅游产品应局限于民俗文化层。持类似观点的还有王国荣等，文化旅游是结合旅游景点与节目的一种文化现象，用以追寻深藏于旅游景点与节目中的文化底蕴。

（9）吴芙蓉和丁敏认为，文化旅游是集文化、经济于一体的一种典型的特种旅游形态，具有民族性、艺术性、神秘性、多样性和互动性等特征。

（10）方志远认为，文化旅游是旅游者以观光、参与等行为为媒介，通过了解和熟悉特定文化群体（区域）的文化特征来达到以增长知识和陶冶情操为目的的全方位的精神和文化上的一种旅游活动。

（11）朱桃杏和陆林认为，广义的文化旅游是指在寻求和参与全新或更深文化体验基础上的一种特别兴趣旅游，与一般的旅游活动区别甚微。因为旅游说到底是一种文化现象，任何一次旅游经历，都是一次对新文化的体验。狭义的文化旅游是指人类记忆中一种正在消失的生活和生产方式场景或地方特色，表现形式如旧式的房子、自家的纺织物、马或者牛拉的车和犁、手工艺品。

（12）罗恩东认为，文化旅游是旅游者为了解旅游目的地居民的生活与思想所进行的旅游活动，通过某些具体的载体鉴赏、体验和感受旅游目的地文化的深厚内涵，从而丰富其旅游体验的活动。

（13）张东正、陈志勇认为，文化旅游是人们出于文化动机而进行的移动，诸如研究型旅游、表演艺术、文化旅行、参观历史遗迹、研究自然、民俗和艺术、宗教朝圣的旅行、节日和其他文化事件旅行。

（14）张朝枝认为，文化和旅游融合实际上包括三个层次：第一层次是根据文化的旅游吸引物属性，将其转化为旅游资源，即文化资源化；第二层次是文化的可参观性生产，将文化以不同的方式向游客展示，即资源产品化；第三层次是文化可参观性及其周边产品生产的产业化而形成文旅产业，即产品产业化。

（15）傅才武认为，从本质上看，文旅融合的内在逻辑是旅游者个体参与创造文化旅游体裁的过程，是文化旅游主体与作为象征意义（符号）系统的文化旅游装置（客体）通过个体文旅消费行为进行创造、转换和连接的过程，是客体与主体之间"唤醒"与"沉浸"的统一、"索引"与"凝视"的统一，体现为"吸收符号及被符号吸收"的互动过程。

学术对文化旅游的概念见仁见智，存在多样化的特点，尤其是2018年部门机构调整后，傅才武、张朝枝等对文化旅游融合的层次、逻辑等有着深入的分析，主要可分为以下几种学派：

第一种，文化旅游是一种旅游类型，是一种全新的行为和旅游的过程，是旅游业发展到一定阶段的产物。持这一观点的如马波等，同时还有李巧玲认为文化旅游是旅游者为实现特殊的文化感受，对旅游资源文化内涵进行深入体验，从而得到全方位的精神和文化享受的一种旅游类型。刘宏燕认为文化旅游是文化旅游者通过旅游这种方式进入到异质文化的现实氛围中，以切身体验和了解其生活习惯、社会风俗、宗教、艺术、文化、历史发展、民族特点的行为；其目的绝非单纯的消遣娱乐，更重要的是获得异质文化的相关知识和体验。持这种看法的部分学者认为，文化旅游是特种旅游，是集文化、经济、科技、教育、旅游于一体的大旅游。

第二种，一些学者认为文化旅游是旅游经营者的一种创意的、抽象的思维，是旅游者参与旅游活动的一种方法。它不能与观光、度假等其他形式的旅游产品相提并论，但要与各种旅游产品结合起来。所谓文化旅游，关键在文化，旅游只是形式。游客在观光、度假的过程中领略到旅游目的地的文化内涵及底蕴，旅游目的地经营者则是将文化旅游作为一种意识，融入所有的旅游产品服务中。由此，持此种观点的学者们站在旅游经营者的角度，认为文化旅游是一种产品设计的战略思想或产品创意；站在旅游者的角度来看，文化旅游是由于对文化认知的期望所采纳的旅游方法。

第三种，从"中国旅游资源普查分类"上就文化旅游产品自身角度分析，将文化旅游界定为一种旅游产品。如蒙吉军和崔凤军认为："文化旅游是指旅游产品的提供者为旅游产品的消费者提供的以学习、研究、考察游览国（地区）文化为主要目的的旅游产品，如历史文化旅游、文学旅游、民俗文化旅游等"。同时，也有一些学者，如于岚等认为，文化旅游如果提出的话，还是作为一种具体的旅游产品为好，并应局限于民俗文化层。

第四种，从文化认同的角度分析，如傅才武认为个体确证和重构了自己的文化身份认同，文化行业和旅游行业作为人类社会两种形式的需求类型和社会组织系统，对应着人类社会不同的管理技术系统，它们在社会分工的"山脚下"分开，而在文化身份文化认同的山顶上实现了有机连接。①

① 傅才武.论文化和旅游融合的内在逻辑[J].武汉大学学报（哲学社会科学版），2020（2）：89-90.

【课堂讨论】

文化旅游与旅游文化有什么区别和联系?

3. 文化旅游的含义

关于文化旅游的定义,正如鲍勃·麦克切尔和希拉里·迪克罗斯所讲到的,“几乎有多少个文化旅游者,就有多少种关于文化旅游的定义或这一定义的变种”[①]。综合国内外学者对“文化旅游”的定义,可以知道它们有如下共性:

第一,强调旅游资源,认为“文化旅游”是指以文化资源为支撑,旅游者以获取文化印象、增智为目的的旅游产品。

第二,强调旅游者的体验,认为“文化旅游”是指旅游者为实现特殊的文化感受,对旅游资源内涵进行深入体验,从而得到全方位的精神和文化享受的一种旅游类型。

第三,强调文化的融入。“文化旅游”一定要以文化的互异性为诱因,以文化碰撞与互动为过程,以文化的相互融洽为结果的。

第四,强调技术的运用。文化旅游融合发展的实践路径之一是技术升级带来的方式创新,尤其是近年来人工智能、虚拟现实技术和声光电技术的发展促进了文化、旅游的深度融合。

根据大家之作、专家之言,本书从文化旅游发展的阶段来看文化旅游。

从文化旅游发展的初级阶段来说,文化旅游是旅游的一个分支,是人们出于对不同环境的向往,也是很多学者在文中提到的“异质文化”,从而离开自己熟悉的环境去感受不同文化,对旅游目的地各种各样文化旅游资源进行观察、了解、鉴赏、体验和感悟其深厚的文化内涵,从而达到了解旅游目的地文化特色,以满足自己的文化需求的一种活动。初级阶段的文化旅游有三个关键词:文化特色、旅游体验、资源整合。

从文化旅游发展的高级阶段而言,本书借鉴学者陈少峰所提出的,文化旅游是文化产业的一个重要组成部分,是以历史文化遗存、自然风光为基础进行资源拓展(如“印象”系列演出),或者以文化活动作为核心产品的旅游。即强调文化旅游的动态发展——资源拓展后的展示,尤其是围绕IP形成的活动经济形态。关于学术界争论的一点,文化旅游资源的形成究竟是自发还是人为规划的结果,本书倾向于认为在文化旅游发展的初级阶段,文化旅游资源的形成多数以自发形成,但在文化旅游发展的高级阶段,多数资源的形成还是依靠人为规划。所以在文化旅游高级阶段,有三个关键词:IP拓展、文化体验、品牌建立。

在文化旅游吸引众人瞩目的同时,文化创意旅游的兴起也引起很多人的关注。文化创意旅游的研究起源于西方,西方社会主张享受,大众需求使文化消费市场应运而生。文化创意旅游就是以文化创意产品作为旅游资源,满足旅游者参与性、体验性等文化创意旅游需求的旅游活动,它是文化创意产品与旅游六要素的结合所形成的旅游现象。

---

① 鲍勃·麦克切尔,希拉里·迪克罗斯.文化旅游与文化遗产管理[M].朱路平,译.天津:南开大学出版社,2006:3.

二、文化旅游的分类

鉴于文化旅游的定义在一定程度上没有统一,因此关于文化旅游的分类,学者们从不同角度分别做了不同的分类。

(一)根据地域分类

梁启超曾以“北峻南孅,北肃南舒,北强南秀,北僿南华”精炼地描绘我国南北区域自然环境和文化特质的显著差异①,因此,从地域文化差异性的角度来看,马勇等学者将中国的文化旅游从地域角度分为16个文化旅游区②(表1.1)。

表1.1　中国文化旅游区

名　称	地　域	特色载体
燕赵文化	内蒙古高原与华北平原、太行山与渤海的过渡地带	京剧国粹、河北梆子、评剧
秦晋文化	黄土高原	帝王陵墓、佛教古窟、秦腔
中原文化	河南省及其附近地区	古都名城、豫剧
齐鲁文化	齐鲁地区,依泰山濒大海	儒学、山东梆子
荆楚文化	长江中游、两湖地区	道学、楚剧
巴蜀文化	以四川盆地为中心,包括陕南,鄂西,云贵的部分地区	天府之国、特色方言
两淮文化	安徽、江苏北部淮河流	兼齐鲁、吴越文化特色
吴越文化	吴越文化长江三角洲、太湖流域和杭州沿岸	江南园林、越剧评弹
江西文化	鄱阳潮流域	瓷器、弋阳声腔
闽台文化	台湾海峡两岸	海上丝绸之路、现代都市形象
岭南文化	粤,桂,琼,港,澳	岭南园林、民居建筑,粤剧
云贵文化	青藏高原东侧,包括云南、贵州及广西一部分	气候资源、佛掌雕塑
关东文化	我国东北部,黑、吉、辽三省	农耕、骑射
草原文化	包括内蒙古与宁夏一部分	舞蹈、歌唱
西域文化	新疆维吾尔自治区及甘肃部分地区	歌剧、石窟
青藏文化	青海省和西藏自治区	藏传佛教、雕塑绘画

(二)根据文化产品形态分类

文化旅游在发展过程中,需要注重的是文化旅游形态要不断地丰富和成熟,每一个景点都要有其包含的文化内涵及其故事而吸引人、打动人、震撼人、感染人。这就提出了对文化产品形态更高的要求,根据其产品形态可以分为动态和静态两大类,如表1.2所示。

① 马勇,童昀.从区域到场域:文化和旅游关系的再认识[J].旅游学刊,2019(4):7.

② 马勇,舒伯阳.区域旅游规划:理论·方法·案例[M].天津:南开大学出版社,1998:137.

表 1.2　文化旅游类型[1]

吸引物状态	类	型	示　例
静态	文物古迹	宗教建筑，公共建筑，历史建筑，宫殿城堡，园林，陵寝建筑……	三国故地访古，中原古迹觅踪
	博物馆	民间文化博物馆，艺术博物馆……	广东民间工艺博物馆、芜湖徽商博物馆
	旅游专题线路	文化-历史专线，艺术专线……	文房四宝探秘，李白游踪寻访
	主题公园	历史文化主题公园，考古类主题公园，建筑公园……	方特欢乐世界主题公园、亳州三国揽胜宫
动态	历史文化活动	宗教节日，民俗文化活动……	九华山庙会
	艺术活动	艺术展览，艺术表演，艺术节目……	安庆黄梅戏艺术节

特别是其中的动态文化旅游，是现代文化旅游的发展方向。因为文化旅游未来的发展主题就是以活动为中心的动态体验性旅游，与此相应的旅游资源也将成为一个动态的概念。

（三）根据文化资源分类

文化旅游资源是文化旅游产生和发展的载体，因此根据文化旅游资源的现状及发展前景，可以分为山水文化旅游资源和社会人文旅游资源两个大类（表 1.3）。

文化旅游资源的分类依据不同的标准可以分为不同的类别，本书倾向于从文化旅游资源的分类来进行表述。文化旅游资源绝不等同于文化资源，但与其是密不可分的关系。文化旅游资源也不同于旅游资源，其更强调文化的内涵与包容。文化旅游资源也非狭义上部分学者认为的民俗文化旅游资源，只能说，在现阶段受政策支持及市场欢迎的文化旅游产品多与民俗文化紧密结合，这也可能会成为几年内文化旅游的发展趋势。凡是可以吸引旅游者产生文化旅游动机，并能够被利用来开展文化旅游活动的各种自然、人文或者其他客体因素都是文化旅游资源，其在资源形态上既有物化形态的实在物，也有非物化形态的模式或意境，主要体现为旅游目的地的物化景观文化、生活方式、制度和观念文化等。从自然旅游资源与人文旅游资源所包含的内容来看，无论是对其自然美景的审美欣赏，还是对其文化内涵的深入探究，都带来有强烈的文化色彩，皆属于文化旅游资源。[2]

① 黄成林．安徽旅游文化研究[M]．芜湖：安徽师范大学出版社，2011：9.

② 田婷．文化生态视野下的文化旅游企业发展研究：以西安市曲江文化旅游集团为例[D]．北京：北京交通大学，2012.

表1.3　文化旅游资源分类表

大　　类	（代码）主类	（代码）亚类
山水文化旅游资源	A地文景观文化旅游资源	AA山崖文化，AB奇洞怪石文化
	B水域文化旅游资源	BA矿水温泉文化，BB船政文化，BC海滨文化，BD河流、江湖文化
社会人文旅游资源	C历史文化旅游资源	CA遗址，CB博物史馆，CC摩崖石刻，CD名人名事，CE书院
	D建筑文化旅游资源	DA名寺古塔，DB陵园祠墓，DC古街区与古宅
	E艺术文化旅游资源	EA工艺美术，EB戏曲小说，EC影视剧
	F饮食文化旅游资源	FA湘菜，FB粤菜，FC闽菜，FD鲁菜，FE川菜，FF浙菜，FG苏菜，FH徽菜
	G民俗文化旅游资源	GA节庆，GB风俗，GC少数名族文化
	H宗教文化旅游资源	HA佛教，HB基督教，HC伊斯兰教
	I商贸文化旅游资源	IA大型商贸街区，IB商贸活动
	J修学文化旅游资源	JA爱国主义教育基地，JB科技园，JC大学城，JD区域特色文化

文化发展本身是一个不断发展和更新的过程，市场随着旅游者的动机、需求瞬息万变，因此在文化旅游发展的高级阶段，更注重创意、设计在文化旅游资源拓展中使用，文化旅游资源一定要是能够运转起来的“活”的资源。正如2013年12月，中央领导在主持中央政治局第十二次集体学习时强调，提高国家文化软实力，要努力展示中华文化的独特魅力，要以喜闻乐见、具有广泛参与的方式，将中华民族在5000年文明发展进程中创造的博大精深的灿烂文化推广开来，传播出去。要系统梳理传统文化资源，让收藏在禁宫里的文物、陈列在广阔大地上的遗产、书写在古籍里的文字都“活”起来。同时，在文化旅游的开发、经营与管理的过程中，必须坚持自然生态和谐、区位地理环境可行、文旅消费者支持等各方面因素，不能任意开发。

三、文化旅游的构成要素与特征

（一）文化旅游的构成要素

1. 文化旅游主体

文化旅游主体就是我们通常所说的文化旅游者。旅游者是旅游客体的浏览主体，旅游主体是旅游活动的主体，是旅游审美的主体，只有与旅游客体相观照和相审视时，它才能成为旅游主体。

文化旅游主体属于旅游主体的一部分，但是又和旅游主体不完全相同。从文化的角度来看，文化旅游主体不仅体验、接受旅游地的文化，也是文化的负载者和传播者。

文化旅游者更加注重对旅游知识的追求，其目的是通过文化旅游来充实自我、感受文化历史。从经营者的角度来看，文化旅游产业的文化吸附力会越来越强，文化产品的特色及价值也会更高，不仅是“门票＋矿泉水”的盈利模式，而是追求整个产业链各环节的收益，特别是新媒体时代下，各种线上交易更加便利，因此文化旅游者的经济承受能力也会高于普通的旅游（观光游），以中产阶级为主。

2. 文化旅游客体

文化旅游客体指的是文化旅游资源。旅游资源是指凡是能激发旅游者的旅游动机，能为旅游活动所利用，并由此产生经济效益、社会效益和环境效益的自然因素、社会因素或其他任何因素。文化旅游资源和旅游资源的概念是不同的，它指的是能给人一种超然的文化感受，具有审美情趣激发功能、教育启示功能和民族、宗教情感寄托等饱含文化内涵的旅游资源。

南京市社科院文化发展研究所谭志云在谈及文化旅游项目的“繁荣景象”时说道，目前“长三角”的文化旅游项目遍地开花，但从开发文化内容的视角来看，普遍存在挖掘文化内涵有余与市场对接的娱乐改造不足的问题。目前颇受好评的项目，如哈利·波特对角巷主题公园的开放、消失的古滇王国重现云南、首钢老厂改成主题公园并推出钢铁主题实景演出等，都是对文化旅游资源的深入挖掘和与文化旅游市场的紧密对接。如果说在文化旅游发展的初级阶段，文化旅游资源多数是已有旅游资源的呈现与展示，消费者在旅行过程中享受对文化体验，那么在文化旅游发展的高级阶段，更强调文化旅游资源的转化方式、转化效率及转化产品，让文化旅游资源“活”起来、“动”起来。2008年打造的国内首家体验春秋文化的淹城春秋乐园，以融入众多春秋文化元素和创新科技的“诸子百家园”“春秋王国”“市井商街”，吸引旅游者乐在其中，享受中华文明的洗礼和熏陶。

3. 文化旅游媒介

文化旅游媒介是连接文化旅游主体与客体的纽带，是传递文化旅游的桥梁，在这里，我们更侧重于文化旅游经营环境的媒介。

旅游产业有六大组成要素——食、住、行、游、购、娱，在文化旅游发展的初级阶段，其媒介最重要的就是其中的交通、信息渠道和中间商这三大部分构成。交通线路是实现文化旅游活动不可缺少的条件，是旅游资源开发的关键因素之一，也是旅游业的重要组成部分，更是很多文化旅游资源在拓展时必须考虑的重要因素；旅游信息具有传承性、共享性、记载性和时效性等特点，是完成文化旅游活动的重要因素，没有足够吸引、独具特色的旅游信息，就没有文化旅游主体的消费；中间商是产品及服务的主要销售渠道，扮演着文化旅游活动中组织协调的角色，具有宣传促销和咨询作用。

新时代文化旅游发展的媒介要素有了新变化，按照国家发改委社会发展司相关人员的设想，在休闲游、体验游阶段，旅游的六要素可以总结为：“品、享、通、学、汇、动”。品就是品位、品质；享就是享受离开原住地的不同生活；通就是说走就走的旅行；学就是旅游也是学习的一个过程；汇就是旅游者与自然、社会、同伴的交汇、沟通和融合；动则强调所有旅游都与休闲、运动相结合。其中，品、享、动三个字是最重要的媒介，这是企业在对接文化旅游消费市场时必须抓住的要害，也是文化旅游资源转变为文化旅游项目及产品的重要精髓，更是吸引消费者在文化旅游中保持经常性、持久性、延续性的逗留与消费。

2015年全国旅游工作会议上，中国经济网文化产业频道特邀专栏作家、国务院突出贡献专家津贴获得人、国家旅游局规划专家王兴斌对这一旅游要素有了新的概括，认为“商、养、学、闲、情、奇”是对“行、游、住、食、购、娱”中的“游”的细化与拓展，是对旅游需求、活动、产品的分类、细化与提升。“商”是指商务旅游，包括商务旅游、会议会展、奖励旅游等旅游新需求、新要素；“养”是指养生旅游，包括养生、养老、养心、体育健身等健康旅游新需求、新要素；“学”是指研学旅游，包括修学旅游、科考、培训、拓展训练、摄影、采风、夏令营冬令营等活动；“闲”是指休闲度假，包括乡村休闲、都市休闲、度假等各类休闲旅游新产品和新要素，是未来旅游发展的方向和主体；“情”是指情感旅游，包括婚庆、婚恋、纪念日旅游、宗教朝觐等各类精神和情感的旅游新业态、新要素；“奇”是指探奇，包括探索、探险、探秘、游乐、新奇体验等探索性的旅游新产品、新要素。[①]因此，本书我们倾向于将“商、养、学、闲、情、奇”定义为文化旅游的新媒介。

（二）文化旅游的特征

文化旅游的提出，正是抓住了旅游业的本质内涵，使这一旅游业发展的深层次韵味直接表露了出来。作为一种符合时代发展趋势、能够满足现代旅游需求、提高旅游生活质量的旅游方式，文化旅游具有与众不同的明显特征。

1. 民族(地域)特色性

民族性是指某一个体所确定个人身份的方式以及某一具有共同起源的人群所形成的社会阶层类型。处于不同民族或者人群的人们的文化观念存在差异，所形成的文化特色也具有差异性，甚至是同一民族在不同的历史阶段中所形成的文化也都有各自的特色。地域性也同样如此，这种极具民族色彩的文化会对文化旅游者构成强大的吸引力，运用产品设计、科学技术、规划建设等手段，可以使旅游者产生强大的文化旅游动机。

浙江中唐集团在成功开发“安徽花鼓灯嘉年华”4A景区后，挖掘当地最具代表性的非物质文化遗产及地域文化元素中的核心价值，打造了一个升级版的文化旅游创意产业区升级版。除去这一项目的外衣，如科技加工等，其地域文化资源的特色就是吸引文化旅游者的主要因素，也是文化旅游者进行旅游地选择与评判旅游地的主要依据。文化旅游的民族性表面上主要通过旅游景区的文化特色和旅游者心理的民族性体现出来，民族特点越独特，其对旅游者的吸引力就越强。旅游的过程就是对不同民族的文化或同一民族中不同地域的文化的鉴赏和体验过程。

2. 艺术融入性

艺术性是指人们反映社会生活和表达思想感情所体现的美好表现程度。艺术性的词语常出现在文化领域。文化的艺术性是指艺术作品通过各种艺术手段反映社会生活、表现思想情感所达到的鲜明、准确、生动的程度。艺术性的高低与文化旅游产品的思想性有着密切的关系，但艺术性作为对文化旅游产品艺术价值的衡量标准，主要是指在艺术处理、艺术表现方面所达到的完美程度，主要包括：艺术形象的鲜明具体性和典型性；艺术情节的生动性和曲折性；艺术结构的严谨性和完整性；艺术语言的准确性和

① http://www.ce.cn/culture/gd/201501/30/t20150130_4474274.shtml.

鲜明性;艺术手法的精当性和多样性;艺术表现的民族性和独创性等。文化旅游与文化密不可分,更与艺术密切相关。因为广义上文化本身是一种艺术,不受时空限制,无论是古老的艺术遗产还是现代艺术均表现出同样具有鲜活的生命力。

各门艺术的艺术性的表现是不同的。这种艺术性不仅在于文化旅游项目的策划,文化旅游产品的设计,有时可能还在于一个细节的考虑。哈利·波特对角巷主题公园就引用了系列小说《哈利·波特》中英国魔法界最繁华的商业街道对角巷的名称,因其隐藏于伦敦破釜酒吧后的小天井,通过魔杖敲打垃圾箱边上特定的墙砖可以进入。这一主题公园名称的艺术性处理方式是针对《哈利·波特》影迷们的兴趣而取,且主题公园中的精致细节很多也做了艺术处理。因此,在进行文化旅游发展时,一定不能忽视文化的艺术性,缺乏艺术性的文化旅游难以持续与发展。

3. 体验互动性

根据国际经验,人均GDP达到1000美元以后,真正意义上的旅游才开始,随之而来的,是一个全民观光旅游的浪潮。当人均GDP突破3000美元时,大众观光旅游开始向休闲、体验旅游转型。而人均GDP超过5000美元标志着休闲旅游全面爆发、体验旅游蓬勃发展的新时代。2019年的中国,人均GDP已经突破1万美元,意味着全新的体验旅游时代已经到来。同时,由于旅游观念的不断更新、发展,旅游者对文化旅游体验化的要求愈来愈高。他们已不再满足于“有物可看,有话可说”的传统旅游经历,而是希望通过视觉、味觉、嗅觉、听觉等全方位的参与,充分体会旅游目的地的文化内涵和地方特色。所以近些年来,印象系列类旅游演艺,尤其是实景演出类的文化旅游产品颇受市场欢迎。

同时,文化旅游比一般旅游更注重旅游者的文化感知与心理愉悦,但又由于文化旅游是存在多种差异的价值观、价值标准及内在差异文化相互接触、碰撞的过程,是对“异质”文化的追求,这种碰撞有时会是愉快的,也会有不愉悦的产生。因此注重互动可以减少旅游者在接触新文化因素时的不适,更好地理解与欣赏差异文化带来的愉悦。现在还出现一些企业站在游客的角度考虑,主动延伸产业链,推动文化主题酒店、旅行社等文化旅游相关产业发展,为游客提供更舒适、更便利的体验。只有建立在良好互动性基础上的文化旅游,才能更好地达成上述目标。

4. 文化继承性

文化是旅游资源的主要内涵,是旅游业的灵魂和支柱。传统文化是在长期历史发展中形成并保留在现实生活中的具有相对稳定性的文化,中国传统文化经过数千年的发展,已经成为中华文化中一个非常重要的组成部分,对今天中国人的价值观念、生活方式和中国的发展道路都具有深刻的影响。中国独特的自然风光、历史古迹、革命遗址、建设成就、民族习俗等具有深厚文化底蕴的旅游资源得到拓展后的展示,是游客旅游过程中最想欣赏以及了解的。瓷都景德镇,其神秘的瓷文化在千年来吸引了无数的游人,一脉相承的精髓延续至今也吸引了现在的企业绿地集团。绿地集团拟进军文化旅游业,斥资200亿元打造景德镇文化旅游城,拟建成以陶瓷及其衍生文化为主线,陶瓷创意产业与区域旅游中心为支撑的综合性产融新城。项目建成后,将成为集陶瓷文化创意、陶瓷产业升级、旅游资源整合、总部基地集群、国际商务办公、高端酒店集群、科技人文住宅等集于一体的景德镇新中心。

景德镇文化旅游城得以在规划中的奥秘就在于时代变迁，但神“魂”犹在，瓷器实物、制作技术、传承人、瓷器故事等，一脉相承，代代相传，延续至今，成为绿地投资建设的信心法宝。所以说，文化旅游的基础是旅游文化，作为一种文化形态，旅游文化的产生与发展，都必须汲取原有文化成果的精华，旅游文化的继承性决定了立于其基础上的文化旅游也具有相应的继承性。[①]

【资料链接 1-1】

国家旅游局确定2011年为“中华文化游”主题年，为借助主题年这一活动，广泛宣传安徽丰富的文化旅游资源，打造文化旅游线路精品，安徽省旅游局以“徽文化让旅游更多彩”为主题和宣传口号，举办了2011中华文化游(安徽)启动仪式，并推出了六条重点文化旅游线路。

六条重点文化旅游线路为：① 山川如画——世界遗产之旅(黄山、西递和宏村、渔梁坝、唐模)；② 岁月如歌——安徽人文之旅(合肥和亳州三国文化、凤阳大明文化、寿县楚文化、大别山红色文化等)；③ 乡音如曲——徽派戏曲之旅(屯溪徽剧、池州傩戏、安庆黄梅戏、合肥庐剧、凤阳花鼓戏、泗县泗州戏)；④ 心静如水——宗教文化之旅(九华山、齐云山、天柱山、司空山、花亭湖、涡阳、蒙城)；⑤ 风情如故——皖北民俗之旅(亳州、阜阳、淮北、宿州、蚌埠、淮南、寿县)；⑥ 田园如诗——文人行踪之旅(马鞍山采石矶、池州杏花村、宣城桃花潭和敬亭山、滁州琅琊山)。

5. 休闲娱乐性

从市场营销的角度看，文化旅游是一个包含核心产品、形式产品、附加价值在内的整体概念。休闲娱乐产品的附加价值，体现的是一种精神需求，即人们通过休闲娱乐的方式感受生命的快乐和幸福。这类产品的推出可以满足旅游者多元化、个性化、娱乐化的需求，可以优化调整基本旅游消费产品与非基本旅游产品比例，完善吃、住、行、游、购、娱相关产业链，整合“商、养、学、闲、情、奇”，延长游客停留时间，壮大文化旅游产业规模，辐射带动其他行业的发展，产生旅游经济放大效应。

6. 技术创新性

文化展示的竞争加剧、旅游者需求水平日益提高、文化旅游的体验性、休闲性等都需要技术的加入与转换，方能增强旅游者的参与性与互动性。“文化科技＋旅游”是一种最佳的文化表达方式，从早期的博物馆展示、艺术表现也逐渐催生出以技术手段为依托的新型展示方式，从早期的微缩景观到现在IP主打的文化空间表达类型，随着声光电展示技术的不断提高，VI、AI技术，云计算与特效等技术进入应用领域，陪伴机器人技术消费市场等，为游客提供了较好的沉浸式体验。[②]

① 张朝枝，乔云飞．文化和旅游融合：到底怎么“融”[N]．中国文物报，2019-07-12(005)．

② 陈少峰，黄锦宗．文化旅游融合趋势与模式创新[J]．理论学习与探索，2019(5)：69-72．

第二节　文化产业、旅游产业、文化旅游产业的概念界定

一、文化产业、旅游产业、文化旅游产业的内涵

（一）文化产业的内涵

1. 文化产业的内涵

“文化产业”这一名词源自1947年，是德国法兰克福学派（Frankfurt School）的阿多诺（Theodor）与霍克海默（M. Horkheimer）在《启蒙辩证法》一书中提出的用以代替“大众文化”的概念。文化产业是一种特殊的文化形态和特殊的经济形态，不同国家从不同角度看文化产业有不同的理解。联合国教科文组织将文化产业定义为：“按照工业标准，生产、再生产、储存以及分配文化产品和服务的一系列活动。”

我国的文化产业是从20世纪80年代伴随国家大力发展第三产业而迅速壮大起来的。2000年10月，党中央在《中共中央关于制定国民经济和社会发展第十个五年计划的建议》中，正式提出文化产业这一概念。2003年9月，文化部制定下发的《关于支持和促进文化产业发展的若干意见》将文化产业界定为：“从事文化产品生产和提供文化服务的经营性行业。文化产业是与文化事业相对应的概念，两者都是社会主义文化建设的重要组成部分。文化产业是社会生产力发展的必然产物，是随着中国社会主义市场经济的逐步完善和现代生产方式的不断进步而发展起来的新兴产业。”2004年，国家统计局在与中宣部及国务院有关部门共同研究的基础上，制定了《文化及相关产业分类》，将文化产业及相关产业分为“核心层”“延伸层”“外围层”三大类。2012年，国家统计局根据新的《国民经济行业分类》（GB/T 4754—2011）和联合国教科文组织《文化统计框架（2009）》，对2004年《文化及相关产业分类》进行修订，从国家有关政策方针和课题组的研究宗旨出发，结合中国的实际情况，将文化及相关产业概念界定为：“为社会公众提供文化、娱乐产品和服务的活动，以及与这些活动有关联的活动的集合”。

2. 创意产业的内涵

创意产业、创意经济（Creative Industry 或 Creative Economy）或译“创造性产业”，是一种在全球化的消费社会背景中发展起来的，推崇创新、个人创造力、强调文化艺术对经济的支持与推动的新兴的理念、思潮和经济实践。

何谓创意产业？早在1986年，著名经济学家罗默（P. Romer）就曾撰文指出，新创意会衍生出无穷的新产品、新市场和财富创造的新机会，所以新创意才是推动一国经济成长的原动力。但作为一种国家产业政策和战略的创意产业理念的明确提出者是英国创意产业特别工作小组。1998年，该小组在《创意产业专题报告》中首次对创意产业进行了如下定义：“源于个人创造力与技能及才华、通过知识产权的生成和取用、具有创造财富并增加就业潜力的产业”。①

---

① 斯图亚特·坎宁安．从文化产业到创意产业理论、产业和政策的涵义[M]// 薛晓源．世界文化产业发展前沿报告．北京：社会科学文献出版社，2006.

这个概念一经提出,即为许多传统的英语国家、欧洲国家以及亚洲的英联邦国家和地区采用。但是,在实际的政策运用或政府的产业统计中,由于各个国家和地区的经济社会发展阶段以及文化背景的不同,对创意产业内涵与外延界定也存在一定的差异。概括起来大致有三种类型:

一是以英国和美国为代表的欧美型,其创意产业以文化产业为主体,较多地涵盖精神产品层面。

二是以日本、韩国为代表的亚太型,其创意产业以文化产业和产业服务为主体,兼顾了精神产品和物质产品两个层面。

三是以中国大陆地区为代表的本土型,其创意产业以产业服务为主体,以文化内涵为核心,打造新IP文化旅游产业。

3. 文化产业与创意产业的关系

创意产业和文化产业涵盖范围的区别如表1.4所示。

表1.4 创意产业和文化产业涵盖范围的区别

创意产业涵盖范围(由于尚未有统一的界定,所以选取几种典型的界定)	英国创意产业路径文件	(1)广告;(2)建筑;(3)艺术与股东;(4)工艺;(5)设计;(6)时尚策划;(7)影像;(8)互动休闲软件(网络制作、网络游戏等);(9)音乐;(10)表演艺术;(11)出版;(12)软件和计算机服务;(13)电视类广播
	约翰·霍金斯《创意经济:人们如何从思想中创造金钱》	版权、专利、商标和设计产业四个部分共同构建了创意产业和创意经济
	美国国际知识产权联盟(简称IIPA)2004年度报告	(1)"核心版权产业",是指那些主要目的是为了受版权保护的作品或其他物品的创造、生产与制造、表演、宣传、传播与展示或分销和销售的产业。这些产业包括:出版与文学;音乐、剧场制作、歌剧;电影与录像;广播电视;摄影;软件与数据库;视觉艺术与绘画艺术;广告服务;版权集中学会。 (2)"交叉版权产业",是指那些生产、制造和销售其功能主要是为了促进有版权作品的创造、生产或使用的设备的产业。这些产业包括:电视机、收音机、录像机、CD机、DVD机、电子游戏设备以及其他相关设备。交叉版权产业包括这些设备的制造与批发零售。 (3)"部分版权产业",是指那些主要目的是为了便于受版权保护的作品或其他物品的宣传、传播、分销或销售而又没有被归为"核心版权产业"的产业。如为发行版权产品的一般批发与零售;大众运输服务;电信与因特网服务
	上海创意产业中心	研发设计、建筑设计、时尚消费、艺术传媒、执行策划共5类

文化产业涵盖范围(我国2018年国家统计局《文化及相关产业分类》)	文化核心领域	(1)新闻信息服务;(2)内容创作生产;(3)创意设计服务;(4)文化传播渠道;(5)文化投资渠道;(6)文化娱乐休闲服务
	文化相关领域	(1)文化辅助生产和中介服务;(2)文化装备生产;(3)文化消费终端生产

(来源:王军.发展青岛创意产业的思考[J].中国海洋大学学报,2006(5):5.)

从表1.4中的比较可以发现,文化产业与创意产业在覆盖的具体产业领域上存在着交叉和重复,但是二者并不是同一概念。从提出的时间上看,文化产业的提出远早于创意产业;从逻辑上看,文化产业与创意产业属于不同的范畴,只是二者存在一个交集,创意产业不只局限在文化产业,也与其他产业相关联。[①]文化产业与创意产业的关系,在众多的诠释与界定中,以新加坡学者所提出的最为明确:认为文化是创意的基础与平台,是创意产业价值链的上游,文化提供创意所需素材,而创意是激发想象创造的能力或力量。创意产业基于使用新科技与系统超脱了传统文化产业,其范围更为广泛也更为复杂。澳大利亚学者斯图亚特认为,创意产业是一个新的学术、政策和产业论述范畴,它涵盖大量新的经济商业活动,这是媒体、艺术或文化所无法精确描述的。

文化产业把文化变成商品,但创意产业不仅包括把文化变成商品这一单向过程,还在商品中融入创意的元素,并使之成为该商品的主导和标志性元素,以提高该商品的附加值,即融入创意的商品比原有商品大幅度增值。

文化产业在内涵上更强调文化的工业化复制和商品化推广,强调的是文化与经济的双向互融,体现的是文化的经济化和经济的文化化。而创意产业不是对文化产品的简单复制,更强调创造性,强调文化艺术创造性地推动经济的新兴理念和经济实践,注重生产领域提升产品的附加值和经济发展提升产业结构的要求。

(二) 旅游产业的内涵

旅游产业的定义方法不同于传统产业。传统产业从生产的角度出发,将生产相同产品或者提供相同服务的企业定义为一个产业。曹国新认为,旅游产业从消费的角度定义,即与旅游消费相关的企业属于一个产业。因此,旅游产业是一个分散在社会经济各个层面又高度关联的特殊行业,旅游活动也就是联系各相关行业的纽带。而产业界限不清恰恰是旅游产业的特点。

1. 从基础旅游学的角度界定

(1)旅游业的消费性定义。旅游业的消费性定义是从旅游者消费物质产品和服务的角度定义的。1971年联合国旅游大会最早定义"旅游业是指为满足国际国内旅游者消费,提供各种产品和服务的工商企业的总和";鲍威尔在1978年提出:"旅游业包含了产业和满足社会需要的双重责任,其生产包括满足旅游者需求和旅游经历的各种服务的要素";勒帕尔也于1979年提出"旅游业包括一切为满足旅游者需求的各种公司、组

---

① 项仲平,邵清风.文化创意产业与当代艺术教育创新研究[M].北京:中国广播电视出版社,2010:30.

织和旅游设施”；李天元在《旅游学概论》（第5版）中指出“旅游业就是以旅游者为对象，为其旅游活动创造便利条件并提供其所需商品和服务的综合性产业”。

（2）旅游业的功能性定义。旅游业的功能性定义是按照向旅游者提供产品和服务的程度来定义旅游业。美国旅游学家唐纳德·伦伯格（D. E. Lundberg）在其著作《旅游业》（《The Tourist Business》）中指出：“旅游业是为国内外旅游者服务的一系列相关联的行业。旅游关联到游客、旅行方式、膳宿供应、设施和其他各种事物。它构成一个综合性的概念——随时间和环境的不断变化，一个正在形成和正在统一的概念。”①

刘伟、朱玉槐认为，“广义的旅游业是指以旅游资源为凭借，以旅游设施为条件，为人们的游览提供服务，从中取得经济效益的所有行业和部门，包括旅馆业、旅行社业、交通运输业、轻工业、商业、邮电通信、金融保险业和餐饮业等”。

2. 从产业经济学的角度界定

学术界对于旅游业是否是产业一直存在着分歧和争议。国内学者在这个问题上的主流观点认为旅游是一项产业，比较有代表性的有：

张凌云指出：从满足同一类需求方面来考察，凡是生产或提供满足旅游消费者在旅游过程中所需要的食、住、行、游、购、娱等方面的产品和劳务的部门或企业的集合称为“旅游产业”。

张辉对旅游产业的界定：旅游产业是以旅游活动为中心而形成的配置行业，凡是为旅游活动提供直接或者间接服务的行业和企业，都成为这个配置产业的组成部分。

宁泽群认为：虽然我们认为旅游应当作为产业来看待，但是旅游业的构成并不是一个单一的产品，更准确地说应该是一组产业群。

旅游是一种复杂的、综合性的活动，它需要依托政策环境、资金投入、人力资源、交通设施、服务设施等众多行业的辅助和支撑。旅游业是一个综合产业，从供给和需求的角度来看，需求是由国内旅游和国际旅游两个市场组成，供给是由交通、旅游吸引物、旅游活动、旅游设施、服务和相关的基础设施和促销等组成。因此，旅游业可以定位为：以旅游市场为对象，为其旅游活动创造便利条件并提供其所需商品和服务的综合性产业。

根据联合国的《国际产业划分标准》，并对从事旅游经营具体部分加以分析，旅游业主要由三部分组成，即旅行社、交通客运部门和以旅馆为代表的住宿业部门。属于这三个部门的企业因而也构成为三种类型的旅游企业。

（三）文化旅游产业的内涵

近年来，为了提升旅游产业的品质、促进产业的可持续发展，以及满足人们品味旅游资源的历史文化内涵的需要，2009年文化部、国家旅游局出台《关于促进文化与旅游结合发展的指导意见》将进一步加快文化与旅游的结合，形成有效的合作机制，推动文化旅游产业的发展。文化旅游产业也逐渐成为地方旅游业中的重要新兴力量。

值得强调的是，“文化旅游产业”这一概念在国外的研究中鲜有提及，Khalid在其工作论文中使用了该词，但并未对之作任何界定。国内学者近几年才开始使用这一名词，但有一点是学者们所基本认可的，即文化旅游产业在很长一段时间内已经存在了。“文

① 申葆嘉.旅游学原理[M].上海：学林出版社，1999：129.

化旅游产业是旅游业中一个重要的组织部分，涉及对一个国家和地区从历史文化中留存下来进入旅游市场的物质和精神遗产（文物古迹、风景名胜、宗教民俗设施以及有关的风土人情、民俗礼仪等）进行开发、营销和推广。”①也有学者认为，文化旅游产业是文化创意产业的一个子类，是指“依靠创意人的智慧、技能和天赋，在深度挖掘旅游文化内涵的过程中，用新的思维认识、开发和管理文化旅游产品，从而创造财富和就业潜力的产业”。其实质是以“玩”促进消费增长，以“休闲经济”“体验经济”“娱乐经济”形成的一种新的经济发展方式。② 龚绍方认为目前我国学术界、文化界甚至旅游业界和政府部门对文化旅游产业的认识普遍存在泛化现象，无视人文旅游资源与自然旅游资源的本质差别，真正的文化旅游产业主要是由人文旅游资源所开发出来的文化旅游产业可区分为历史文化类、社会文化类文化旅游产业，文化旅游产业化就是打造文化旅游产业市场主体的企业化、系统化、市场化、规模化基础性产业运动。其内容是根据旅游市场的需求对文化旅游资源进行产业化开发利用，对文化旅游产业进行企业化改造，是事业性文化单位转变成经营性旅游经济组织的过程，并使具有同一属性的企业或经营性组织达到市场承认的规模程度，以便完成从量的集合到质的激变，真正成为文化旅游经济中以统一标准划分的重要组成部分。③ 文化旅游是以寻求增长知识、体验独特文化内涵为目的的益智型旅游活动④，这种特征要求在这种特殊的旅游产业进程中要优先发展旅游文化、先进文化，并以综合效益为目的，推动社会、环境、文化、生活、区域、政治共同发展。

同时，学术界也有一些学者更认可文化旅游创意旅游产业的存在。认为文化旅游创意产业是制作和营销文化旅游创意产品，它直接满足游客消费的企业群，主要依托本地区的文化旅游资源，通过创意而形成新的文化旅游产品，如高科技的主题公园、演艺娱乐、旅游工艺品与纪念品、大型会议展览、节庆活动等。

本书对文化旅游产业的定义，有两个关键词：

第一个关键词在于文化旅游产业的“使用价值”，即究竟文化旅游产业的魅力何在？2009年8月，文化部与国家旅游局联合下发的《关于促进文化与旅游结合发展的指导意见》指出：文化是旅游的灵魂，旅游是文化的重要载体。加强文化和旅游的深度结合，有助于推进文化体制改革，加快文化产业发展，促进旅游产业转型升级，满足人民群众的消费需求；有助于推动中华文化遗产的传承保护，扩大中华文化的影响，提升国家软实力，促进社会和谐发展。2009年12月，国务院出台了《关于加快发展旅游业的意见》，其中明确提出要“丰富旅游文化内涵，加强旅游开发建设中的自然文化遗产保护，深挖文化内涵，普及科学知识”。2011年中共第十七届六中全会发布《中共中央关于深化文化体制改革、推动社会主义文化大发展大繁荣若干重大问题的决定》、2014年国务院发布《关于促进旅游业改革发展的若干意见》、2016年国务院发布《“十三五”旅游业发展规划》、2018年文化和旅游部和财政部发布《关于在文化领域推广政府和社会资本合作

① 张春香，刘志学．基于系统动力学的河南省文化旅游产业分析[J]. 管理世界，2007(5)：152.

② 宋迪．浅谈用文化旅游产业为城市镀金[J]. 现代经济信息，2010(21)：207.

③ 龚绍方．制约我国文化旅游产业发展的三大因素及对策[J]. 郑州大学学报(哲学社会科学版)，2008(6)：67.

④ 孙月婷，蔡红．旅游学概论[M]. 北京：首都经济贸易出版社，2008：104.

模式的指导意见》，推动了文化遗产与旅游融合发展。2018年3月，国务院办公厅印发《关于促进全域旅游发展的指导意见》，指出文旅融合的具体措施是“科学利用传统村落、文物遗迹及博物馆、纪念馆、美术馆、艺术馆、世界文化遗产、非物质文化遗产展示馆等文化场所开展文化、文物旅游，推动剧场、演艺、游乐、动漫等产业与旅游业融合开展文化体验旅游”，其中所强调的文化和旅游融合是指文化为旅游者展示。[①]因此，文化旅游产业的内涵及外延核心均在于“文化”，没有真正意义上的文化，则不能称之为文化旅游。

第二个关键词在于文化旅游产业的“价值”，各国都在力捧文化旅游产业，那么文化旅游产业究竟能够给人类，给国家，给世界带来什么样的价值？进入21世纪，人民生活水平大幅度提高、闲暇时间增多、世界经济一体化等诸多因素促进了中国旅游业迅猛发展，旅游消费已经成为消费的重要构成。2019年我国文化产业和旅游产业总量规模稳步增长，产业结构逐步优化，发展质量逐步提升，市场主体持续发展壮大，产业投资持续增长，产品和服务更加优质丰富，国际合作成效显著，居民文化和旅游消费日趋活跃，消费潜力进一步释放，文化产业和旅游产业正在成为经济增长的重要引擎。[②]这一时期旅游产业文化内涵在市场需求、经营者拉动下不断提升，加之中国拥有丰富的文化旅游资源（许多还属于世界一流的水平），因此文化旅游产业是中国迅速成为实现第三产业跨越式发展的龙头产业。

文化旅游产业是文化产业的组成部分，也是旅游业的重要组成部分。从根本上说，文化是一切旅游活动的出发点和归宿，即使是自然资源的开发利用，也一定要与文化相关联，这样才有可持续发展的潜力，有的自然资源具有自然和文化双重价值，如泰山、黄山都是世界自然文化双重遗产。强调“文化旅游”对自然旅游资源而言，意味着从以往的只重视物质要素的单纯性开发，而转向现在的更注重对资源的文化内涵的挖掘和创造性利用以及旅游者的体验。因此，本书认为，文化旅游产业是依靠创意人的智慧、天赋和现代高新技术，对一个国家或区域的文化旅游资源（自然资源和人文资源为基础）用新的思维方式认识、利用、转化、开发、经营及管理，进行文化内涵的深度挖掘和产业化开发，从而创造经济效益和社会效应的产业。文化旅游产业将给旅游业乃至其他行业，带来一场新的革命。

二、我国文化旅游产业发展历程

我国文化旅游产业在经济基础、政治环境和丰富的旅游资源基础上蓬勃兴起，是与整个旅游事业和旅游市场的兴起和发展紧密联系的。

（一）萌芽阶段（1949年至1978年）

新中国的旅游产业是随着国家综合实力的提升而向前发展的。20世纪50至60年代，中国国家旅游局设在外交部下，当时旅游接待的对象主要是来华访问国家的大规模团体和友好人士，以政治接待、外交接待为主，开展的旅游目的主要是加强对外交往，提高中国的国际地位和政治声望。直至1978年，中国国际旅游接待人数在这一年达到

① 张朝枝，乔云飞．文化和旅游融合：到底怎么“融”[N]．中国文物报，2019-07-12(005)．

② http://m.chinairn.com/finance/News/2020/08/05/170038749.html．

了180万人，仅为世界的0.7%，居于世界41位，旅游创汇2.6亿美元，也仅占全球的0.038%，居世界第47位。

此时的旅游业并没有重视自然景观、历史资源以及产业化经营的模式，多是“根据文化的旅游吸引物属性，将其转化为旅游资源，即文化资源化”①，这一阶段还不具备产业雏形，但是却形成了文化旅游的巨大资源优势，积蓄了中国文化旅游资源转化基础。

（二）初始阶段（1978年至1987年）

在中共十一届三中全会上，邓小平指出，“旅游事业大有文章可做，要突出地搞，加快地搞”。2000年，江泽民同志在山西省考察期间提出要充分利用山西历史悠久和“地上文物宝库”这一得天独厚的资源，大力发展旅游业。此后，我国旅游业由接待向经济产业转化，取得了转折性的辉煌成就。根据统计，1985年我国对外开放城市已达244座，涉外饭店710家，而这一年共接待旅游人数2.4亿人次。而从1986年开始，我国旅游业（包括文化旅游）创立正式列入国民经济计划指标。

在这一时期，各地政府十分重视对旅游资源的开发、人文景观的利用，纷纷对城市、景区加以规划，出现了风景旅游城市、旅游风景名胜区、森林公园的规划，自然和人文旅游资源得到了充分挖掘。特别是海外华人、华侨寻根旅游发轫，珠江三角洲、闽中南地区、京津地区等成为文化旅游主要的客源市场。文化旅游逐渐走进人们的视野，但很多人仅将其视作为旅游业的一个组成部分。

（三）成熟阶段（1988年至2008年）

1988年，北京市旅游局率先发起“旅游年”活动，它“标志着一个新兴的文化市场——中国文化旅游市场，随着我国的整个旅游市场跨入了世界旅游市场的行列”②。1998年召开的中央经济工作会议，将旅游业作为国民经济新的增长点，从而大力扶持了我国旅游业的发展。

20世纪90年代，我国推出一些极具时代特色和历史文化底蕴的旅游线路，如“沿着丝绸之路的东方列车”，即用毛主席乘过的专列火车走丝绸之路，引起了很多游客的关注。进入21世纪以来，各地以文化旅游为内容的旅游活动悄然开展，文化与旅游结合发展的趋势日趋明显，全国许多地区从自身实际出发，大胆探索，旅游和文化呈现出多层面、多领域相互融合的态势，文化旅游已经不仅仅作为旅游业的一部分，而是作为发展旅游业的核心。

在这一时期先后涌现出大批优秀的可持续发展的文化旅游产品。广西桂林《印象·刘三姐》跳出了传统舞台剧的封闭场景，把表演舞台扩大到桂林真实山水的场景中，将桂林山水、刘三姐的美妙传说和漓江原生态的场景完美地结合在一起。常州的恐龙园以恐龙为主题，融博物展示、科普教育、观赏游览、娱乐休闲及参与性表演于一体的综合性主题公园，已成为我国系列恐龙化石最为集中的专题博物馆，营造了科学启智与审美情趣相融合的动感空间。同时，以云南丽江为代表的特色文化旅游创意产品，以深圳华侨城、杭州宋城集团影视基地为代表的一大批知名文化旅游企业，呈现出文化和旅游发展相得益彰、经济效益和社会效益并举的良好局面。截至2008年，中国已是世界最

---

① 张朝枝，乔云飞．文化和旅游融合：到底怎么“融”[N]．中国文物报，2019-7-12(005)．

② 焦勇夫．文化市场学[M]．上海：上海交通大学出版社，1992：57．

大的国内旅游市场和亚洲最大的客源输出国。

在这一时期，文化旅游发展达到了“文化的可参观性生产，将文化以不同的方式向游客展示，即资源的产品化”成熟阶段，同时“文化可参观性及其周边产品生产的产业化而形成文旅产业，即产品产业化”①阶段也已呈雏形。

【资料链接1-2】

据文化部网站消息，为了深入推进文化与旅游的结合发展，2010年7月，文化部、国家旅游局联合印发了《关于开展〈国家文化旅游重点项目名录——旅游演出类〉申报评选工作的通知》（文市发〔2010〕24号）。经地方文化、旅游行政部门组织推选，文化部、国家旅游局共收到旅游演出项目申报材料199个。经文化部和国家旅游局组织专家评审及社会公示，共评选出《西湖之夜》《印象刘三姐》《宋城千古情》《东北二人转》《禅宗少林音乐大典》《魅力湘西》等35个文化旅游演出项目进入《国家文化旅游重点项目名录——旅游演出类》第一批名录。

文化部、国家旅游局联合印发的《国家文化旅游重点项目名录——旅游演出类》通知指出，首批名录中天创国际演艺制作交流有限公司、杭州金海岸文化发展股份有限公司、深圳华侨城集团公司、四川德阳杂技团等单位创作或运营了多台较高水准的旅游演出节目，形成了比较完善的商业模式、运营机制和团队；湖南张家界、四川九寨沟等旅游演出聚集区在文化和旅游部门指导下开展有序竞争与融合互补，每台节目都有较强的艺术特色，各个节目之间又互相呼应，在文化旅游区域性协调发展上进行了有益探索。

通知提到，这次入选的旅游演出项目主题积极健康，形态丰富多样，有较强的观赏性和艺术性，经营管理规范，社会效益和经济效益良好，对于丰富人民群众的文化娱乐生活，促进文化体制改革和艺术创新，推动文化旅游的融合发展起到了重要的示范引导作用。

（四）创新阶段（2009年至2018年）

随着文化与旅游结合发展实践的不断深入，2009年8月31日，文化部、国家旅游局共同发布了《关于促进文化与旅游结合发展的指导意见》，提出了包括推出“中国文化旅游主题年”系列活动在内的十大合作重点，使文化与旅游结合进入了一个快速推进的新阶段。这是文化产业与旅游产业结合发展，并成为我国国家层面的一个重要产业，这种发展模式得到了国际旅游组织的广泛推介和各区域政府的高度认可，被视为一种顾及人文和自然景色、促进社区民主参与、照顾地方小企业者经济收入的可持续发展模式。陕西在建、规划中的重大文化项目已达30个，计划总投资额1187.5亿元，2017年前基本完成。据了解，30个重大文化项目包括岐山西周文化景区、秦兵马俑文化景区、法门寺佛文化景区等十大文化旅游景区项目，西安国家数字出版基地、丝绸之路风情城、铜川药王中药文化产业基地等十大文化基地项目以及陕西大剧院、陕西文化艺术中心、陕西新图书馆等十大标志性文化设施项目。这些项目的建设是文化旅游产业发展的新业态，也标志着重大文化旅游项目已经成为陕西旅游的新引擎。

① 张朝枝，乔云飞．文化和旅游融合：到底怎么“融”[N]．中国文物报，2019-07-12（005）.

现在，文化旅游产业已经进入到新的创意阶段，不仅立足历史型文化旅游，在民俗文化、民族文化、古都文化、宗教文化、城市休闲文化和非物质遗产文化等方面形成了特色的发展模式，如体育、会展、演出等活动与旅游业的结合，旅游消费方式、旅游开发经营方式及旅游市场主客关系都已经悄然发生变化，对旅游业的综合效益也产生了巨大的影响与改变。2011年，北京旅游产业就实现了“三大突破”：全年旅游总人数突破2亿人次，同比增长15%左右；入境过夜游人数突破500万人次，同比增长6%左右；旅游总收入突破3000亿元，同比增长16%。旅游逐渐成为生活的常态和刚需，2017年我国人均旅游次数达到3.7次，2018年上半年国内出游花费占比人均消费支出11%①，吸引人们来这座城市的文化资源，不仅是过去的长城故宫，现代化都市街区，而是文化遗存、古道街区、胡同四合院以及休闲养生、文化娱乐等多重整合后的文化资源形态。同时，大批有知名度的企业投资者向文化旅游投资，并向文化旅游企业转型，不断推出特色文化旅游产品，开发文化旅游精品区。

（五）“重新洗牌”阶段（2018年至今）

2018年3月，国家文化部、旅游局合并设立国家文化和旅游部，实现机构融合，31个省（市）纷纷宣布文化和旅游厅（委）正式挂牌或宣布新的领导班子。文旅融合开启旅游新时代，从旅游的事业属性、产业属性，再到现在文化属性日益凸显。2019年是新中国成立70周年，也是全面建成小康社会的关键之年，我国社会主要矛盾从“人民日益增长的物质文化需求同落后的社会生产力之间的矛盾”转变为“人民日益增长的美好生活需要和不平衡不充分的发展之间的矛盾”，如何更好地满足人民在经济、政治、文化、社会、生态等方面日益增长的需要，这对文化旅游的内涵与发展也提出了更高的要求。但文化与旅游从机构融合（金字塔顶端）开始，其发展已呈现了几何级数增长的态势。

这一阶段文化旅游的发展可谓是进入了“重新洗牌”阶段，“旅游＋文化＋科技”成为趋势②，传统景区在转型升级、跨领域的产业在协同发展、乡村旅游向纵深发展、跨区域协同发展、文旅IP进入创新发展、旅游公共服务体系等在进一步建设完善。同时，2018年国务院对文化和旅游部门的职责使命表述为“建立文化自信”“提升文化软实力”，反映了国家层面对新时期文旅融合目标使命的定位，文化旅游在新时代发展将进入致力并服务于文化自信、文化认同与文化软实力提升阶段。

第三节　文化旅游产业的地位与作用

文化旅游在未来的旅游业发展中将发挥越来越重要的作用，具有十分重要的理论和实践意义。文化旅游产业的发展不仅对弘扬我国优秀的传统民族文化，可持续地保护与发展我国优秀的物质文化遗产及非物质文化遗存有极大的作用，而且对于促进旅游业综合效益提高，以及文化产业的发展等有着迫切的现实意义。

---

① 相关数据来自景域文旅产业研究院发布的《2019文旅产业发展趋势报告》。

② 陈少峰，黄锦宗．文化旅游融合趋势与模式创新[J]．理论学习与探索，2019（5）：69．

一、发展文化旅游是体现旅游本质的必然要求

文化因素渗透在现代旅游活动的各个方面，文化是旅游者的出发点和归结点，旅游的经营说到底是文化的经营，其最高层次也是文化，文化是旅游景观吸引力的渊源，是旅游业的灵魂。旅游活动本身就是一种文化消费行为，人们外出旅游的动机最终也是为了获得一种精神上的享受和满足。所以不管是何种形式的文化旅游资源，都必须具有特色的地方文化内涵，来满足人们对文学、历史、科学、艺术等各种的需求。

文化旅游产品将旅游产品与中国传统文化有机结合，中国自古以来，很多文人学士，甚至帝王之家，都是在旅游的过程中创作，留下了众多文学作品，如诗词、游记、传说、故事等。后人在瞻仰这些前辈的作品，以及游览前人所经历的地方时，所参观和感受，所听说和享受的旅游产品，无不与文化息息相关。反之，现代人所看到的如亭台楼阁之类的景物，除去文化所赋予的内涵之外，本身也只是一个空壳。因此，芜湖市滨江公园在开发的时候就利用了这里原来的历史传统文化和滨江大道上的西洋文化，将过去一个近代商贸的起航地、一个近代西方文化的展示区、一个富有开创性的教育中心、一个外来宗教的集散地，糅入江南水乡特色，"把长江引入城市，把城市融入长江"，成为一个集近代西洋文化、历史传统文化和现代创新文化，展示芜湖之魂的文化旅游特色。

作为一个旅游企业，它是生产文化和销售文化的企业，旅游者的旅游行为实际上是在购买文化、享受文化、消费文化，其外出旅游的动机和目的在于获得精神上的享受和心理上的满足，而旅游经营者要达到盈利的目的就必须提供一种能满足旅游者文化享受的旅游产品。无论是自然旅游资源还是人文旅游资源，其要吸引和激发起旅游者的旅游动机，就必须具有魅力无穷、独具特色的民族地方文化内涵，满足人们对科学、史学、文学、艺术和社会学等方面的不同需求。因此。旅游的文化本质特征必然要求在发展旅游业的过程中优先发展文化旅游。

二、发展文化旅游能产生良好的经济和社会效应

世界旅游业的发展重心从欧洲市场逐渐向亚洲市场转变，随着互联网的发展，旅游业不仅在对GDP的综合贡献逐年增加，占GDP总量保持10%之上，行业内的产品及业态也在逐渐丰富，旅游业在经济发展中的作用更加凸显。①

据资料统计，早在1996年的美国，一次行程161千米的旅游活动(参加博物馆和历史景点)就有5400万美国人参与，有3300万人专门为参加文化活动和艺术节而旅游，有27%的人每年将数十亿美元花在文化旅游上。可见文化旅游一旦项目化地成熟运转起来后，对经营者、旅游者，对国家的发展均会产生重大的循环式影响。杭州市上城区清河坊历史文化特色街区，浓缩了"杭城故都"的历史文化，以"中华老字号第一街"为定位，以"建筑为形、文化为魂、旅游为龙头、商业为主体"为指导原则，通过梳理城市传统空间肌理，恢复了已在人们视线中消失百年的中医药文化铺等多种市井文化业态的老字号，形成药文化、茶文化、饮食文化、古玩艺术、市井民俗、文化古迹等六大特色，延续了清河坊的历史文脉，再现了当地的历史场景，年接待海内外游客超过千万人次，有力

① 相关数据来自景域文旅产业研究院发布的《2019文旅产业发展趋势报告》。

地提升了当地形象。

目前，世界上许多旅游业发达的国家都实行了“文化经济”新战略。原美国洛杉矶文化旅游负责人罗伯特·巴雷说：“文化旅游大概是美国增长速度最快的旅游项目，因为各个城市发展文化旅游可以获得相当可观的收入。”意大利对文化遗产投入和产出经过全面系统计算，得出的结论是，国家每年对文化性参观旅游业征收的增值税收入是保护费用的2715倍，并能提供就业岗位，带动建筑、商业和交通运输，促进科学文化的发展。他们由此认为文化遗产是该国最丰富的宝藏，其中蕴藏着巨大的经济潜能，是政府永不枯竭的财政来源，应视为战略资源和国家基本生产结构的重要组成部分，以达到保护文化、宣传自己、经济受益一箭三雕的目的。韩国也积极采取多种措施大力发展文化旅游业，意欲将文化旅游培育成21世纪的国家战略产业。从我国旅游业发展的道路，尤其是近几年的发展来看，文化旅游产业现有业态的发展已经为当地经济增长、文化传承与传播、生态持续发展等方面带来多重效益。特别是万达、绿地、世贸等大型企业陆续在多个城市开发文化旅游项目，更是证明了文化旅游产业是一条任重而道远之路。其中，万达在南昌九龙湖新区投资400亿元人民币建造占地近300公顷，总建筑面积475万平方米的文化旅游城，可直接创造3万个就业岗位，预计年收入60亿元，年纳税超过6亿元。

三、发展文化旅游是传承和发展中华优秀传统文化的重要途径之一

“以文促旅，以旅彰文”，旅游者通过对旅游资源中文化特色的了解，才能体会到中华传统文化的魅力，从而提升自身的文化品位和文化修养。无论是青少年还是中老年游客，通过文化之旅都可以增长知识、开阔视野、丰富阅历、提高文化素养。这些都充分体现了旅游业的文化功能，同时也有助于促进社会的稳定、和谐和发展。文化旅游的开发，必然有利于弘扬中华五千年历史特色的传统文化，让礼仪之邦的中华形象更加鲜明。

同时，随着人类社会的进步和人们文化素质的提高，旅游与文化结合越来越紧密。人们旅游的目的之一就是暂时改变一下原有环境，寻求新的感官刺激。要给游人以新的感受，首先要造成一种特有的文化氛围，给游人以强烈的震撼力和冲击力，使其久久不忘。文化动机是旅游者最基本的旅游动机。旅游者参与旅游活动是为了满足某种需要，不同的旅游者有不同的需要。如有为了松弛一下神经、休养生息的休闲旅游，有为了观赏异国他乡的风土人情、祖国大好河山的观光旅游，还有体育旅游、商务旅游、生态旅游、购物旅游、会议旅游等。究其实质，旅游者投身旅游活动，主要是为了追求精神文化的满足，旅游活动主要属于精神文化活动的范畴。具有较高知识水平的游客，大多讨厌封建迷信等庸俗低下的展示和宣传，希望在观赏之中能够得到客观的科学解释，增加实际知识，受到精神文明的启发和教育。针对这种心理需求，更应尽量发掘文化旅游资源，因为历史文化、名胜古迹等更具知识性、科学性和客观现实性，能使人得到更多的教益。如果只依靠对自然景观作表面的肤浅解说，必然不能满足现代高素质旅游的需要。文化旅游在这一阶段的成熟、转型与创新发展，一定程度上满足了新时代“人民日益增长的美好生活需要和不平衡不充分的发展之间的矛盾”。

"文化认同是人类对于文化的倾向性共识与认可","这种共识与认可是人类对自然认知的升华,并形成支配人类行为的思维准则与价值取向"。[①]"旅游作为一种人的基本权利,是一种通过对社会和自然界的体验实现自我认识的方式,旅游的过程也是'自我'发现的过程","通过旅游来寻找个人与自然、个体与族群之间的联系,从而完成自我身份的建构,因此,旅游过程中个体的情感性体验即是个体文化认同过程"。[②]大力发展文化旅游有利于树立文化认同,增强文化自信,"从主客体互动的角度看,文化旅游活动的本质是游客主体的文化体验与目的地客体的吸引力之间的互动性符号消费",而"对于中国人来说,这种文化消费过程也是个体经验与中华文化的'象征意义体系'的连接过程,这一过程也构成了旅游者自我文化身份的建构过程"。[③]

四、文化旅游是现代旅游的发展趋势和未来的主导形式

文化旅游以多样的形式、深刻的内涵表现出强大的魅力和旺盛的生命力,逐渐抢占自然观光旅游的魅力而成为世界旅游业发展的新潮流。当前,随着旅游业的蓬勃兴起,世界各国和各地区的文化旅游正呈现出迅猛发展势头。在我国,文化旅游也以其独具的文化底蕴和特有的文化氛围而受到广大游客的青睐,各旅行社在编排旅游线路、组合旅游产品时,不断推陈出新,用各种丰富多彩的文化节目满足不同游客的精神需求。

由此可见,作为一种全新的旅游形式,文化旅游正日益成为我国广大旅游爱好者出游的首选旅游项目。文化旅游将会是旅游业未来的主导形式,也会成为未来最具吸引力的旅游产品之一。[④]随着旅游业的不断发展,文化附加值在旅游收入中所占的比重会越来越大,没有文化内涵的粗放式旅游方式是不适应当今时代的。

发展文化旅游是时代的潮流,在国内外文化旅游业蓬勃发展的大潮中,中国文化旅游既面临挑战,也有很大的机遇,只有坚持文化内涵的自我挖掘、文化符号的自我提炼、文化意义的自我赋予,才能在激烈的竞争中占据一席之地。同时,也必须清晰地认识到,文化旅游作为一个新兴的旅游市场方兴未艾,处于培育的初级阶段,还有很多未知及混乱的地方。因此,旅游景点的开发、旅游经营项目应以满足旅游者所购买的对旅游景点的精神文化产品享受为目的。大力发展旅游文化和开发以文化为特色的旅游景点和旅游活动内容,可较好地解决游客的高层次文化需求,这既是与世界旅游接轨的历史必然,也是中国旅游以文化为内核的历史传承。可以说,旅游景点的历史、文化内涵,旅游经营管理者和文化旅游产品的文化含量是旅游业发展的生命。

同时,文化旅游资源开发中的可持续发展原则,强调了开发与保护并举、保护第一的重要性。文化旅游的开发,能够体现旅游的本质,能够使旅游业保持持久旺盛的生命力,进而实现真正意义上的可持续发展。发展文化旅游,不仅可以增强人们对文化传承发展的责任感,还增强了人们对传统文化的珍惜和保护意识。

可以预见,随着我国旅游业乃至世界旅游业的蓬勃发展,文化旅游的地位和作用将

① 郑晓云.文化认同论[M].北京:中国社会科学出版社,2008:4.

② 傅才武.论文化和旅游融合的内在逻辑[J].武汉大学学报(哲学社会科学版),2020(2):90.

③ 傅才武.论文化和旅游融合的内在逻辑[J].武汉大学学报(哲学社会科学版),2020(2):96.

④ 朱桃杏,陆林.近10年文化旅游研究进展:《Tourism Management》《Annals of Tourism Research》和《旅游学刊》研究评述[J].旅游学刊,2005,20(6):82-88.

越来越重要,文化正成为整个旅游业的灵魂和支柱,决定着整个世界旅游和中国旅游业的发展方向和兴衰成败。

【课堂讨论】

元宇宙数字技术给文化旅游带来怎样的机遇与挑战?

五、发展文化旅游是树立国家旅游业自身特色和旅游形象的保证

五千年悠久的历史、神韵的文化,使得中国的旅游资源具有与众不同的特色。要保持文化旅游资源的个性,就必须确立起鲜明的旅游形象。旅游业是对外交流的重要桥梁、展示形象的重要窗口。通过挖掘旅游文化内涵来吸引游客,必然有助于促进各地区的文化交流和发展,同时也有助于保护传统文化和民族文化。

从相关旅游者心理的研究中,我们可以看到,在当今社会以及未来时间里,旅游者不仅仅只停留在旅游观光,对文化感受和精神层面消费的需求将越来越突出,为了迎合旅游者的这一更高层次的需要,旅游目的地只有通过开发深厚文化底蕴的旅游新产品,才能够提升自身高度,突出特色,吸引消费者群体,从而提高旅游目的地的竞争力,使旅游业的发展拥有持久的生命力。

各国旅游业之间的竞争,归根到底还是文化的竞争。人们常说"民族的,才是世界的",只有民族特色的文化旅游,才能持续发展下去。否则,只能是昙花一现,没有生命力的。纵观全世界,凡是旅游业昌盛的国家或地区,莫不以文化旅游取胜。比如奥地利的旅游,几乎都是与施特劳斯等音乐大师紧密关联的;巴黎街道的命名,几乎都蕴含着法兰西民族的历史掌故;西班牙政府很早就开始关注文化旅游产品的开发,推出了多类文化旅游路线,如城堡游、葡萄酒之旅、艺术之旅、民间建筑之旅、美食之旅、朝圣之旅等。文化的地域性、传承性、民族性、垄断性和独特性等特点决定了文化旅游往往很难模仿和复制,一旦开发出来,应当是一种独一无二的旅游资源。因此,世界各地都在积极采取多种措施来大力发展文化旅游业,这样易于开创属于当地特色的品牌,自然也就提高了竞争力。一旦品牌有了"名牌效应",就是一种无形的力量,可以促使旅游业走上真正的可持续发展道路。因此,发展文化旅游是一个国家在发展现代旅游业中保持民族特色的必然要求。

【分析案例】

IP下的文旅小镇

自2016年7月住建部、发改委等部门提出加快发展特色小镇以来,各地正通过投资、补贴、奖励等方式大举兴建特色小镇。一些地方不顾实际,赶时髦重金打造特色小镇,只注重"名",一哄而上,你争我抢一顶"帽子"、一个"头衔",机械式地"复制",在产业根植性都没有的情况下就建设特色小镇,必将造成人力、财力的巨大浪费。特色小镇如果没有理念内容(IP)的植入,难有"特色",就只是钢筋水泥的混合体而已,也无法避免同质化竞争的厄运。因此,今后一段时间里,中国的文旅产业项目都将顺应大势,进行内容(IP)上的角力与竞争。

特色小镇的IP代表着个性和稀缺性，是特色小镇独特属性的标签，是简单鲜明有特色的元素和符号。一个成功的IP，必然具有独特的核心吸引力及主题，与其他同类IP能形成鲜明的区隔，与自身产业特色完美契合，对市场能够形成一定的激活效用，并有利于塑造品牌知名度，提升产业引入能力和客户黏性。下面列举几类典型的特色小镇IP。

安吉天使小镇是以凯蒂猫家园和国际童话村为主导，集旅游、休闲、娱乐为一体的休闲旅游度假区。安吉原本就拥有竹博园、中南百草园、浪漫山川、江南天池、浙北大峡谷共5个4A级旅游资源和灵峰旅游度假区省级旅游度假区资源。小镇生态环境优越。通过引入“凯蒂猫”这个大IP，以及所代表的“调皮可爱、温柔善良、热心勇敢的小女孩”形象，覆盖原本较弱的亲子游群体。天使小镇内拥有Hello Kitty主题乐园，园内划分了“凯蒂猫小院”“音之村”“欢乐港湾”“精灵森林”“蒸汽王国”等多个主题区域，供游人体验不同的童话世界。同时，围绕动漫小镇内还配备了水上沙滩乐园、温泉戏水乐园、温室花房乐园等衍生内容，进一步拉动小镇的整体产业链发展。

横店影视小镇以横店影视基地为基础，是集影视旅游、观光度假为一体的综合创意旅游综合体。横店影视小镇里的所有景观全为人造建筑，却在2010年被授予国家5A级旅游景区。2017年全年接待游客高达1872万人次，与“甲天下”的桂林山水不相上下，其原因就在于借力影视IP和背后的“粉丝经济”。2000年横店影视城推出“免场租”政策，使得剧组的制作成本降低了1/3。横店影视城的剧组接待数量随之暴涨。截至2017年年底，横店影视城累计接待剧组2155个，拍摄影视剧超过40000部(集)，占到国内影视剧的1/4，电视剧的1/3，其中古装剧占到国内的2/3。尽管横店影视小镇对这些IP并没有所有权，但众多大片和热播剧在此拍摄，产生了巨大的明星效应。背后的“粉丝经济”带动了电影小镇的猎奇观光旅游，而旅游业又推动了当地餐饮、酒店、特产等其他商业的发展。2017年，横店镇农民人均纯收入达到5万元，是全国平均水平的4倍。

良渚文化小镇位于良渚镇绕城公路与104国道交界处，距离著名的“良渚文化遗址保护区”仅有2千米路程。良渚文化是新石器时代长江下游文化代表，显示出距今4000~5300年前，在环太湖地区就已经形成一个社会等级分化明显，同时具有统一信仰的区域性国家。文化特征主要体现在对玉器和黑陶器的推崇上。2018年1月26日，中国已致函联合国教科文组织世界遗产中心，正式推荐“良渚古城遗址”作为2019年世界文化遗产申报项目。项目划分出核心旅游区、小镇风情度假区和森林生态休闲区等三大区域，同时配套了良渚文化博物馆、玉鸟流苏文创园、创意文化街、剧院等设施，旨在借助“良渚文化”IP，推动小镇内文化和旅游产业的发展。目前，良渚文化小镇以玉器和陶器为代表的文化产业年产值已经达到4.4亿元，年接待游客60万人次。

IP下文化旅游小镇的蓬勃发展会给文化旅游带来怎样的机遇？从文中所列几类文化旅游小镇IP现象，分析文化旅游小镇IP的现状及未来可能的发展趋势。

本章小结

- **内容摘要**

本章在对文化旅游、文化旅游产业研究现状分析和总结的基础上，从事物的发展阶段这一角度来阐述这两个关键词的含义。“成也萧何，败也萧何”，文化旅游发展的核心要素还是在于内容为王的文化，没有内容，再好的平台也支撑不了文化旅游的长久性。这种旅游目的地的吸引物一定是有内涵、有温度、有情趣、有体验的文化旅游资源，随着文化旅游向高级阶段的发展，这种资源转化为产品或服务呈现在人们面前时，有的是市场自发形成的，有的是经过创意人在一定程度上的智慧加工与创造。后者的比例随着文化旅游的进一步发展，也会随之增加。但是，值得强调的是，这种创意一定要是遵循市场与文化的发展规律，遵循可持续的发展原则。

● 关键词

文化旅游；文化旅游产业；文化旅游资源

● 思考题

1. 谈谈你对文化旅游、文化旅游产业的认识。
2. 你所在的城市有哪些文化旅游资源？这些资源目前处于何种状态？
3. 新时代文化旅游发展有着怎样的新特征？

第二章　文化旅游产业发展背景、现状和趋势

学习目标

（1）熟悉文化旅游产业的发展背景。

（2）理解文化旅游产业的发展现状及趋势。

导入案例

南宁聚首，启动西部文旅火车头

2020年国庆适逢中秋，甘肃文旅厅从全局谋划一域，以一域服务全局，将“环西部火车旅游”品牌专列开到“海上丝绸之路”始发港所在地广西，在首府南宁市联合桂、川、渝等西部省区市共同谋划了一场“陆上丝绸之路”与“海上丝绸之路”的千年邂逅，促成了一次丝绸之路经济带黄金通道上的甘肃与西部陆海新通道沿途省区市之间的文旅对话。陇桂川渝四地文旅部门以“联通陆海丝、助推双循环”为主题，共同签署联合打造“环西部火车游”品牌等系列共建共享协议，努力打通一条环中国西部、连接“陆丝”“海丝”的文旅黄金走廊，打造一条“坐着火车游西部”的文旅经济消费带，走出一条后疫情时代文旅行业抱团取暖、创新突破、助推国内“大循环”、国际国内“双循环”的成功路子。在桂期间，陇、桂、川、渝四地文旅部门负责人、铁路及文旅企业界代表一见如故，真诚开展推介、洽谈、签约、专列推广营销启动仪式等系列活动。大家携手共画西部文旅“同心圆”，共推西部文旅“火车头”，共宣“联通陆海丝、助推双循环”主题“环西部火车游”专列首发出征。

（资料来源：https://www.thepaper.cn/newsDetail_forward_9440743.）

第一节　文化旅游产业的发展背景

旅游业是经济社会发展的综合性产业，是国民经济和现代服务业的重要组成部分。

近年来，在我国文化、旅游两产业发展和研究实践中，“文化与旅游融合”一直是个高频词。2018年3月，文化和旅游部组建。2022年10月，党的二十大报告明确提出“坚持以文塑旅、以旅彰文，推进文化和旅游深度融合发展”。文化和旅游融合发展进入了新的阶段。

一、不断完善的文化产业政策为文化旅游事业的发展提供了制度保障

当今，随着全球经济战略一体化进程的加快及供给侧结构性改革进一步的落实，旅游业战略性地位日益凸显，逐渐成为了促进我国经济发展、建设文旅大国的源泉与推力。“十二五”旅游规划提出将旅游业培育成战略性支柱产业，“十三五”旅游规划提出发展大众化旅游、创新旅游产品体系，再到”十四五”旅游规划提出着力推动文化和旅游深度融合，着力完善现代旅游业体系，加快旅游强国建设。短短十几年，中国旅游业已经完成了从被动发展到主动出击、推广传统观光型旅游到建设全域智慧型旅游的阶段性跨越。

（一）“十四五”以前的政策

2017年4月，文化部印发《文化部“十三五”时期文化产业发展规划》指出，到2020年，文化产业整体实力和竞争力明显增强，文化产业成为国民经济支柱性产业；现代文化产业体系和现代文化市场体系更加完善，文化产业结构布局不断优化，文化产业对相关产业的带动和提升作用充分发挥；“十三五”期间，培育一批具有核心竞争力的文化企业，打造一批具有较强影响力的文化产品和品牌，支持实施一批具有较强带动作用的重点文化产业项目，创建一批具有显著示范效应的国家级文化产业园区等。

2018年4月，国家统计局颁布了新修订的《文化及相关产业分类(2018)》。与《文化及相关产业分类(2012)》相比，此次修订变化突出表现在以下三个方面：一是新增设了分类编码，将文化及相关产业划分为三层，层次和编码简洁明了；二是新增加了符合文化及相关产业定义的活动小类，其中包括了互联网文化娱乐平台、观光旅游航空服务、娱乐用智能无人飞行器制造、可穿戴文化设备和其他智能文化消费设备制造等文化新业态；三是重点调整了分类的类别结构。随着新分类标准的实施，国家统计局将进一步加强文化产业统计工作，提高统计数据的权威性和政府统计的公信力，实现新时代新形势下对统计工作的新要求，为深化文化体制改革提供有力的统计保障，为推进文化产业快速发展和社会主义文化繁荣兴盛提供优质的统计服务。

2019年3月，国务院总理在《2019年政府工作报告》中明确指出，要加强互联网内容建设；繁荣文艺创作，发展新闻出版、广播影视和档案等事业；加强文物保护利用和非物质文化遗产传承；推动文化事业和文化产业改革发展，提升基层公共文化服务能力。

2019年4月，文化和旅游部出台的《文化和旅游部关于促进旅游演艺发展的指导意见》，提出要充分依托各级各类国有及民营文艺院团、文化和旅游培训基地等，结合实施国家艺术基金艺术人才培养资助项目、专业艺术人才培训等人才项目，培养一批适应旅游演艺发展需要的创作、表演、舞美设计、运营管理、市场营销等方面的专业人才。支持艺术院校特别是职业院校与旅游演艺经营主体开展深度校企合作。推动各类企业

联合体等合作机制建设。加强旅游演艺统计工作，做好统计数据的分析、发布和运用。加快推进旅游演艺安全、服务和管理等方面标准的制修订工作。

（二）"十四五"期间的政策

2022年1月20日，国务院发布《"十四五"旅游业发展规划》明确了"以文塑旅、以旅彰文，系统观念、筑牢防线，旅游为民、旅游带动，创新驱动、优质发展，生态优先、科学利用"的原则。到2025年，旅游业发展水平不断提升，现代旅游业体系更加健全，旅游有效供给、优质供给、弹性供给更为丰富，大众旅游消费需求得到更好满足。国内旅游蓬勃发展，出入境旅游有序推进，旅游业国际影响力、竞争力明显增强，旅游强国建设取得重大进展。文化和旅游深度融合，建设一批富有文化底蕴的世界级旅游景区和度假区，打造一批文化特色鲜明的国家级旅游休闲城市和街区，红色旅游、乡村旅游等加快发展。

（三）文化和旅游部门机构融合

2018年上半年的国家机构改革是党和国家政治生活中的一件大事，对于文化领域同样具有重大意义。2018年3月，根据国务院机构改革方案，对文化部和国家旅游局进行职责整合，不再保留文化部和国家旅游局，组建文化和旅游部（图2.1）作为国务院的组成部门。文化和旅游部的组建，将文化工作与旅游工作进行更紧密的结合，既符合两者内在属性的关联，又把握了当下消费升级后文化及旅游产业的内在需求。

图2.1　文化和旅游部

文化和旅游部的组建，是政府对近年文化旅游市场重视的体现，预示着"文化+旅游"将成为国内经济发展的重要推动力量。当前越来越多的大型企业进军文旅产业，特色小镇、全域旅游、田园综合体、养生度假等主题类型层出不穷。国内文旅产业及其相关产业的发展已初具规模，此次文化和旅游部的组建，将有助于加大文化产业挖掘力度，推动更多旅游企业在打造旅游硬件项目的同时，加入更多的文化内涵，从而助力文化旅游产业整体发展。

文化和旅游部正式挂牌后，31个省（区、市）纷纷宣布文化和旅游厅（委）正式挂牌或宣布新的领导班子（图2.2）。

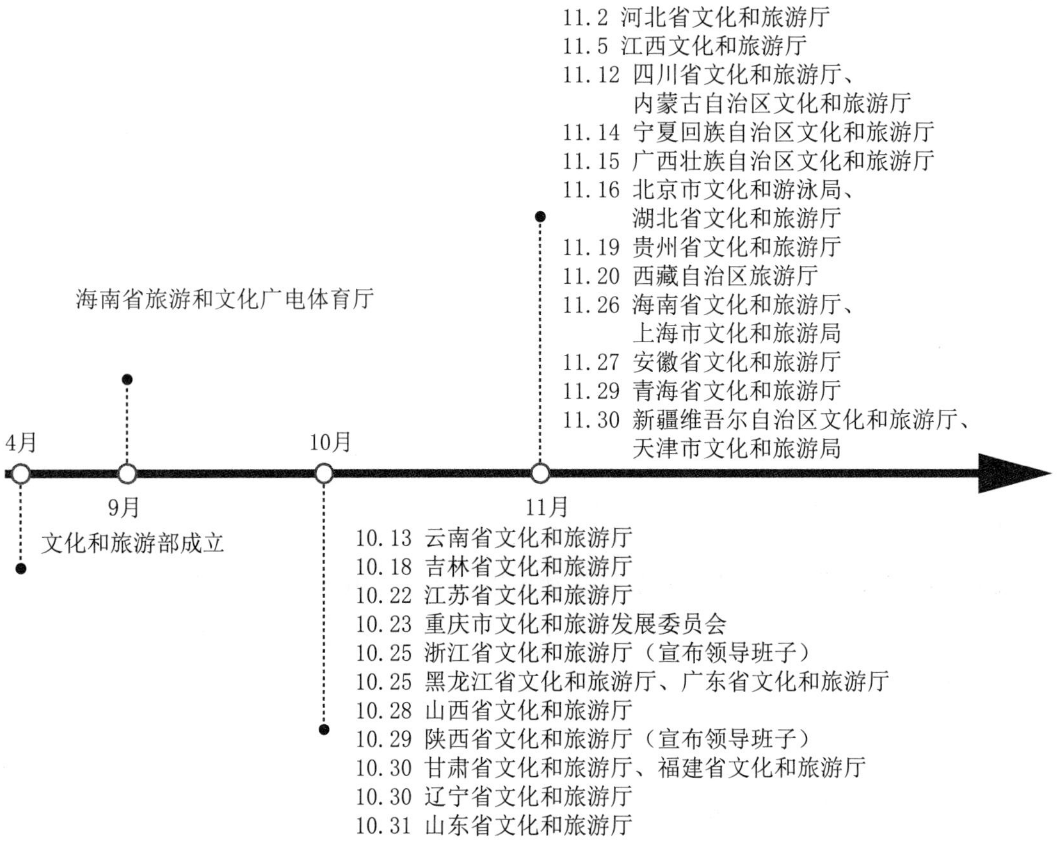

图2.2　31省（区、市）文化和旅游厅（委）

旅游业的属性，从事业属性向产业属性，再向文化属性转变。

2002年前：发挥旅游的事业属性。

2002—2017年：政企分开，职能聚焦旅游的产业属性更加突出。

2018年以后：文化和旅游部成立，旅游的文化属性凸显；文化产业与旅游产业的融合，将发挥“1+1>2”的效果，呈现几何级数增长的态势。

文化：文化为旅游赋予了更加丰富的内容，为旅游的产品化升级赋予了内涵。

旅游：旅游为文化的传播提供了载体，为文化产业化提供了手段和渠道。

消费升级：游客人均出游花费逐步增长。

二、文化旅游融合发展是满足新时代人民群众文化新需求的必然选择

（一）文化旅游融合发展面临的挑战

1. 文化产业科技创新能力弱

目前，我国文化产业尚处于发展的初级阶段，在全球价值链中处于中低端环节，迫切需要转型升级。在文化产业创新中，人才是第一位的。目前，我国的创意人才总量、结构、素质还远不能适应产业发展的需要，急需大力引进和培养。此外，发展文化创新产业离不开文化、科技、企业这些重要载体，企业整体规模偏小、产业链不够完整、集聚

效应不明显、知名品牌少等问题日益突出，阻碍了文化产业健康快速发展。

2. 欠发达地区文化产业投融资面临困境

欠发达地区由于经济基础薄弱，直接导致了文化产业投融资基础薄弱，限制了文化产业发展的资金支持。据统计，东、中、西部地区投融资环境平均得分分别为1.098、−0.407和−1.009，相比东中部地区，西部等欠发达地区投融资环境差距明显，那些地区的文化产业投融资面临困境。

3. 文化资源未得到有效利用

我国有极为丰富的文化资源，在历史文化资源方面，重要历史人物、重大历史事件不胜枚举。在民族文化资源方面，56个民族的民族文化资源多姿多彩，极为丰富。在现代文化资源方面，在20世纪，中国在政治上经历了帝制、总统制、共和制，在经济上发生了从小农经济、计划经济到市场经济的巨大转型，在文化上则是各种社会思潮、思想流派异彩纷呈。但是这些丰富的文化资源很少得到有效的开发和利用。例如，《花木兰》故事在国内并未得到充分利用，而被好莱坞加工成动画片，在世界范围内取得了票房丰收。如何利用这些文化资源，将会影响我国文化产业未来的发展。

（二）文化旅游融合发展面临的机遇

1. 政策推动产业发展

国务院发布的《"十四五"旅游业发展规划》提出，要促进文化和旅游深度融合，建设一批富有文化底蕴的世界级旅游景区和度假区，打造一批文化特色鲜明的国家级旅游休闲城市和街区，红色旅游、乡村旅游等加快发展；旅游创新能力显著提升，旅游无障碍环境建设和服务进一步加强，智慧旅游特征明显，产业链现代化水平明显提高，市场主体活力显著增强，旅游业在服务国家经济社会发展、满足人民文化需求、增强人民精神力量、促进社会文明程度提升等方面作用更加凸显。

2021年5月6日，文化和旅游部印发的《"十四五"文化产业发展规划》指出，到2025年，文化产业体系和市场体系更加健全，文化产业结构布局不断优化，文化供给质量明显提升，文化消费更加活跃，文化产业规模持续壮大，文化及相关产业增加值占国内生产总值比重进一步提高，文化产业发展的综合效益显著提升，对国民经济增长的支撑和带动作用得到充分发挥。

2. 国家对知识产权保护的重视

2015年12月22日，国务院印发《关于新形势下加快知识产权强国建设的若干意见》明确，深入实施国家知识产权战略，深化知识产权重点领域改革，实行更加严格的知识产权保护，促进新技术、新产业、新业态蓬勃发展，提升产业国际化发展水平，保障和激励大众创业、万众创新。到2020年，知识产权重要领域和关键环节改革上取得决定性成果，创新创业环境进一步优化，形成国际竞争的知识产权新优势，为建成中国特色、世界水平的知识产权强国奠定坚实基础。

3. 文化产品需求量不断增加

通过我国近十年来的文化消费支出和发达国家的经验来看，人们在解决了衣、食、住、行等基本生活需要以外，精神文化的消费需求会保持比较快的增长速度。文化消费与物质消费不同，物质消费到了一定的程度要再保持较快的增长速度是很难的，但是对精神文化消费的支出却是潜力巨大的。

（三）旅游成为生活常态和刚需

改革开放40多年，国家主要矛盾发生根本变化。2019年是中华人民共和国成立70周年，也是全面建成小康社会的关键之年，我国社会主要矛盾要求我们必须在继续推动发展基础上着力解决好发展的不平衡不充分的问题，更好地满足人民在经济、政治、文化、社会、生态等方面日益增长的需要。党的二十大报告中强调：人民日益增长的美好生活需要和不平衡不充分的发展之间的矛盾。

改革开放以来，随着中国经济与国民收入的增长，旅游不再只是少数人的享受，2017年我国人均出游次数3.7次，旅游逐渐成为大众生活必需；2018年上半年国内出游花费占比11%，2018年上半年，国内旅游人数28.26亿人次，城镇居民花费1.95万亿元，农村居民花费0.50万亿元，2018年上半年，全国居民人均消费支出9609元；2020年，文化旅游业受新冠疫情影响，稍显低靡，但2023年国庆假期的七天，国内出游人数7.54亿人次，同比增长78.9%，实现国内旅游收入6680.9亿元，同比增长132.6%。这充分显示着广大人民群众的旅游需求日益强烈。

2017年，党的十九大报告提出健全现代文化产业体系和市场体系，创新生产经营机制，完善文化经济政策，培育新型文化业态，为文化产业发展指明方向。2018年，中国文化产业坚持创新发展的理念，不断丰富文化产品和服务，进一步做大做强文化企业，稳固了持续发展的“底盘”。通过跨界整合提高农业、工业、旅游等相关产业的附加值，稳就业、提消费、促融合，必将增加中国经济可持续发展的“底气”，激活中国经济发展的“新动能”。

三、文化旅游产业发展具有得天独厚的条件

（一）文化旅游资源丰厚

我国幅员辽阔，历史悠久，其丰厚的文化旅游资源为文化旅游产业的发展奠定了坚实的资源基础。既有人类文化遗址、古城阙遗址、古陵墓等古代人文旅游资源，又有游乐园林、主题公园、康体运动设施等现代人文旅游资源；既有具象的历史、现代人文吸引物，又有抽象的民间风情、传说典故；既有悠久的古代历史文化遗迹，也有鲜活的现代生活场景。我国世界级旅游资源丰厚，已有57处世界遗产（截至2024年1月28日），其中世界文化遗产39项、世界文化与自然双重遗产4项、世界自然遗产14项。表2.1为中国部分世界遗产代表。另外，国家级、省级、县级及地方各类文化旅游资源数量及类型均较为丰富。

（二）文旅产业升级

（1）文旅企业向集团化、规模化发展，图2.3为2018年申报（旅游类）总资产前10名的名单及相应资产。

表 2.1　中国世界遗产代表①

类　别	序号	具　体　名　称
文化遗产	1	长城(黑龙江、吉林、辽宁、河北、天津、北京、山东、河南、山西、陕西、甘肃、宁夏、青海、内蒙古、新疆,1987.12 世界文化遗产)
	2	莫高窟(甘肃,1987.12 世界文化遗产)
	3	明清故宫(北京故宫,北京,1987.12;沈阳故宫,辽宁,2004.7.1 世界文化遗产)
	4	秦始皇陵及兵马俑坑(陕西,1987.12 世界文化遗产)
双重遗产	5	泰山(山东,1987.12 世界文化与自然双重遗产)
	6	黄山(安徽,1990.12 世界文化与自然双重遗产)
	7	峨眉山—乐山大佛(四川,1996.12 世界文化与自然双重遗产)
	8	武夷山(福建,1999.12 江西,2017.7 世界文化与自然双重遗产)
自然遗产	9	黄龙风景名胜区(四川,1992.12.7 世界自然遗产)
	10	九寨沟风景名胜区(四川,1992.12.7 世界自然遗产)
	11	武陵源风景名胜区(湖南,1992.12.7 世界自然遗产)
	12	云南三江并流保护区(云南,2003.7.2 世界自然遗产)

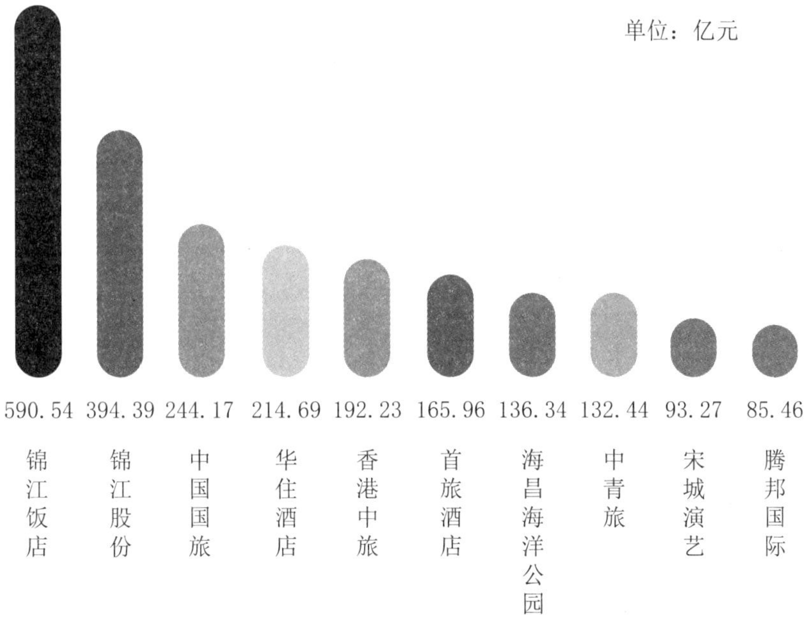

图 2.3　2018 年中报(旅游类)总资产前 10 名

(2) 文化演艺等各类主题秀异彩纷呈,图 2.4 为近年来较为火热的旅游演艺系列。

(3) 主题乐园数量、质量不断增长。国内主题公园自主品牌,如长隆、华侨城、方特等无疑是国内实力代表,规模和影响力都日益提升(表 2.2)。

① 百度百科. 中国世界遗产[EB/OL].https://baike.baidu.com/item/中国世界遗产/2508489?fr=ge_ala.

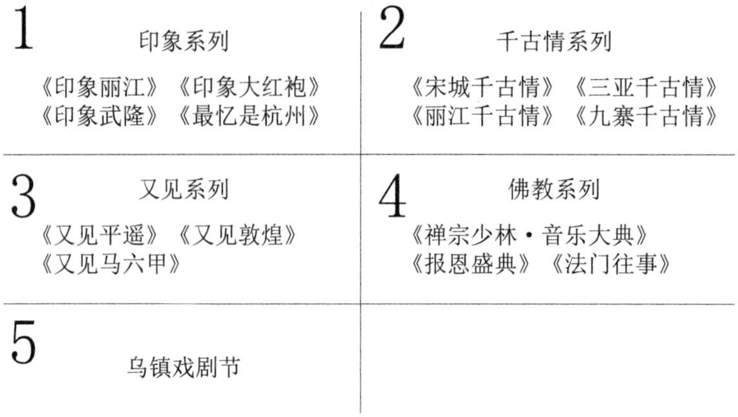

图2.4　旅游演艺系列

表2.2　国内部分主题公园2017年游客情况

品牌	游客量(万人)	同比增长	全球排名
长隆	3103.1	13.40%	6
华侨城	4288	32.90%	4
方特	3829.5	21.70%	5

(4) 文创产品经济效益初见成效，图2.5所示的故宫文创产品相关数据颇具代表性。

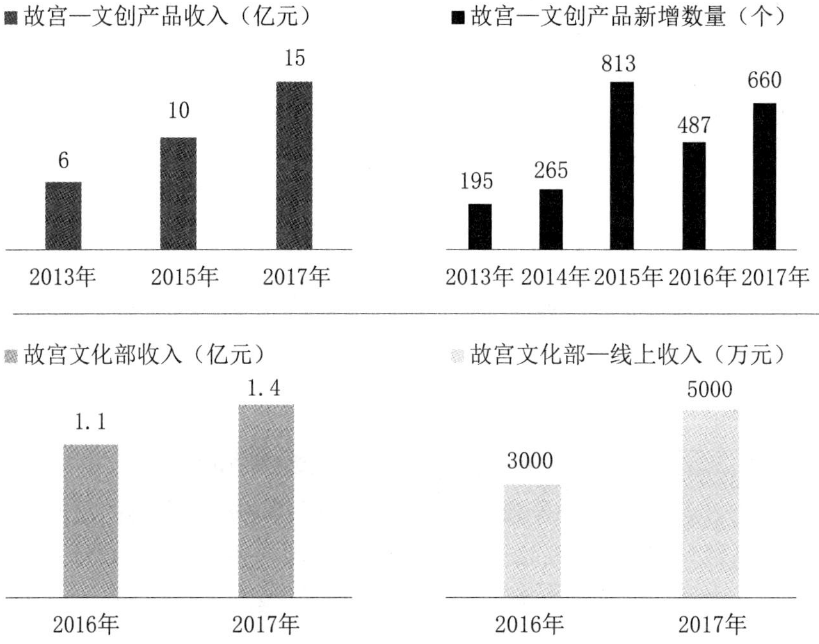

图2.5　故宫文创产品

（三）“互联网+”带来的产业机遇 数字文化产业多元化蓬勃发展

1. 互联网加速文化产业形态外延拓展

其一，在“互联网＋”背景下，文化产业与互联网逐渐走向深度融合，使得文化产业内涵与外延得到极大丰富，一个与传统文化产业链表现形态不同的全新文化产业链逐步开始形成。

其二，互联网激发文化产业消费意愿。互联网近年来已经成为人们各类文化消费的重要途径，文化与互联网的融合，激发了人们的互联网文化消费意愿，由此产生的需求增长进一步推动文化产品供给，进而刺激市场繁荣，对文化产业的发展形成良性驱动。

其三，互联网打破文化领域产业壁垒。主要体现在以下几个方面：互联网推动文化产业主动与其他产业融合发展，将文化产业的理念带入其他行业；互联网推动其他产业进入文化产业领域进行发展；互联网促进文化产业内部细分部门之间的融合发展。近年来，中国数字文化产业快速发展，结合云计算、大数据、物联网、人工智能与“互联网＋”等技术的广泛应用和推动，涌现出诸多适合新一代群体需求的动漫、游戏、网络影视剧、视频、直播、虚拟现实、增强现实和混合现实等新兴文化业态，文化产业结构从产业链到价值链不断优化升级，中国文化产业的影响力和市场竞争力日益提升。

2. 数字文化产业融入年轻大众群体日常生活

数字文化产业凭借其迅捷化、便利化、个性化、差异化、视听奇观化等消费特点，秉承引领文化产业发展的全过程、全领域的重要力量，在助力中国文化产业向更高质量发展的同时，也给科技和文化的融合带来巨大发展空间。

随着数字化技术应用愈加普及，文化产业基于数字化互联网的个性化定制、精准化营销、协作化创新、网络化共享等新型文化生产经营方式、文化业态以及多元化商业模式不断涌现创新，成为文化产业发展的新动能，推动文化产业提质增效，加速驶入快车道。

总之，我国文化资源已进入大调整、大整合的时期。由于传播技术和手段的日益多样化，今后将逐渐出现融合的趋势，行业界限将不再明显。随着文化资源的进一步开发，文化和旅游的结合即深度旅游将会出现。

第二节 文化旅游产业的当代发展

旅游产业是近代产业革命的产物，有闲和有钱是旅游业产生的两大条件。没有经济基础作保障，旅游难以发生，也不可能出现旅游产业。而文化产业更是社会经济发展到一定阶段的产物。党的二十大报告指出，高质量发展是全面建设社会主义现代化国家的首要任务。发展是党执政兴国的第一要务。没有坚实的物质技术基础，就不可能全面建成社会主义现代化强国。必须完整准确全面贯彻新发展理念，坚持社会主义市场经济改革方向，坚持高水平对外开放，加快构建以国内大循环为主体、国内国际双循环相互促进的新发展格局。在此背景下，我国文化和旅游业蓄势待发。

一、文化旅游产业融入日常生活

（一）马斯洛的需求层次理论与文化旅游

随着物质生活水平的逐渐提高和休闲体验时代的到来，根据马斯洛的需求层次理论，旅游者的消费需求逐渐从物质的满足转向更深层的精神文化追求。马斯洛的动机理论（需求层次理论）把需求分成生理需求、安全需求、社交需求、尊重需求和自我实现需求五类（图2.6），依次由较低层次发展到较高层次。高级需要的满足才能产生更令人满意的主观效果，有更深刻的幸福感。高级需要比低级需要有更大的价值。通过旅游，人们获得某种归属和认同，赢得别人的尊重和认可，同时，旅游不仅是获得审美享受、增长见识的机会和途径，还是发现自我和实现自我的一种方式。

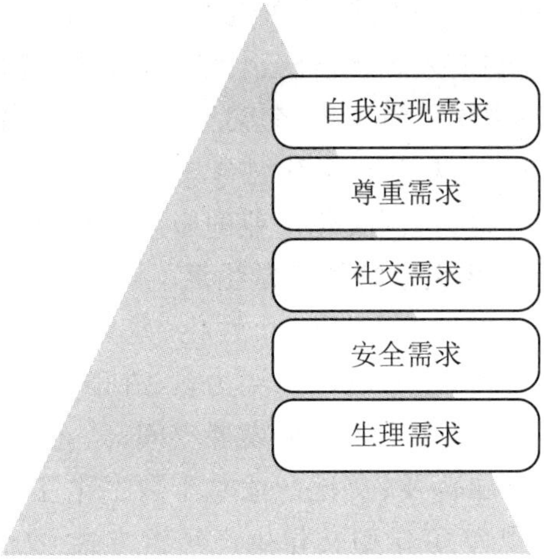

图2.6 马斯洛需求层次结构

（二）经济发展水平与文化旅游

旅游产业和文化产业的出现都基于坚实的经济基础，这种坚实的经济基础正是文化旅游产业发展的沃土。按照国际经验，人均国民收入超过1000美元，正是一个国家旅游需求急剧膨胀的时期，但主要是观光性的需求。休闲需求急剧增长的门槛是人均达到2000美元，那时候将形成对休闲的多样化需求和多元化的选择。人均收入达到3000美元的时候，度假需求会普遍产生。我国2017年人均GDP是8826美元，2017年中国GDP为83.20万亿元，居世界第二位。国民收入的不断提高带来的是人们对旅游需求质量及层次的要求也在增长，文化旅游作为旅游的高端产品，它的出现给旅游业带来了新的生机和商机。

根据国家统计局发布的数据（图2.7），2017年全国旅游业对GDP的综合贡献为9.13万亿元，占GDP总量的11.04%，而全年餐饮收入为3.96万亿元，通过这一组数据对比，就可以看出随着人们收入的增长，“吃、喝”已经满足不了人们的需求，“玩、乐”的市场要更加广阔！

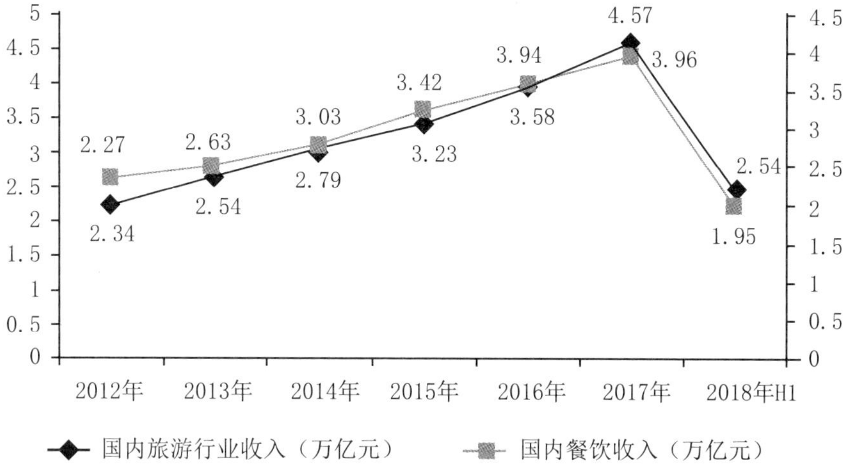

图 2.7　2012—2018 年上半年国内旅游和餐饮收入走势对比(单位:万亿元)

另外,从居民消费支出结构来看,2017 年居民教育文化娱乐人均消费支出达到 2086 元,占消费支出比重的 11.4%,也说明了人们对高级需求的愿望越来越大。

(三) 供给侧发展趋势对文化旅游业要求

旅游既是文化性很强的经济事业,又是经济性很强的文化事业。如何通过文化和旅游的融合发展,推动供给侧结构性改革,更好地满足人民日益增长的美好生活需要,是一个重要的时代命题。目前我国旅游业发展还存在较多的问题,尤其是供给侧方面的问题,要满足人民日益增长的美好生活需要,就需要从粗放经营迈向集约发展,变“砸狠钱、赚快钱”的“门票经济”为“讲好故事、谋好项目、做好产品的有效供给”,从供给侧发力,推出特色鲜明、高品质的“旅游+文化”产品,旅游业的发展转型才大有空间,从浅层相加转向深度相融(图 2.8)。

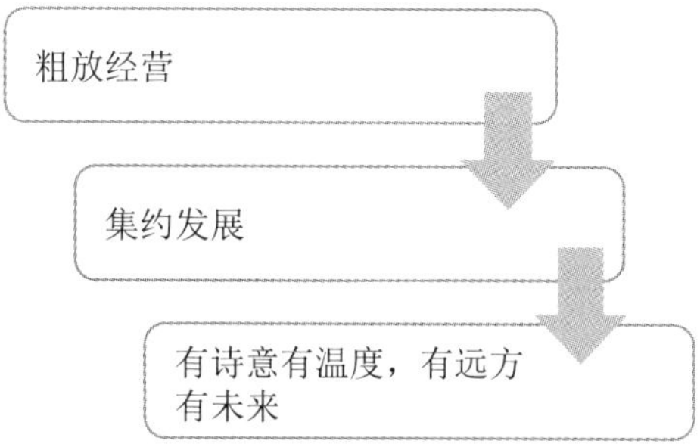

图 2.8　旅游业的发展转型

二、文化旅游产业蓬勃发展

随着物质生活的不断富足和人们可支配收入的不断提高,游客的需求从传统的“观光游”转向“休闲体验游”,需求趋向多元化、个性化、体验化。越来越多的游客更加追求休闲体验消费来满足其精神文化需求,而且花钱买的是一种体验、一种经历甚至是一个符号。这为文化旅游产业创造了巨大的市场,更为其蓬勃发展带来了良好契机。旅游文化产品不仅能满足游客休闲娱乐的需求,更重要的是能带给游客深度的文化体验。

(一) 国内文化旅游规模速增

2018 年,国民旅游消费需求旺盛,全域旅游聚焦美好生活,旅游与文化、创意、科技的融合创新备受关注,品质提升与绩效改善趋势愈发显现。根据国内旅游抽样的调查结果(图 2.9、图 2.10),2018 年上半年,国内旅游人数为 28.26 亿人次,比上年同期增长 11.4%;国内旅游收入 2.45 万亿元,比上年同期增长 12.5%。根据国务院发布"十三五"旅游业发展规划,到 2020 年旅游市场总规模达到 67 亿人次,旅游业总收入达到 7 万亿元。

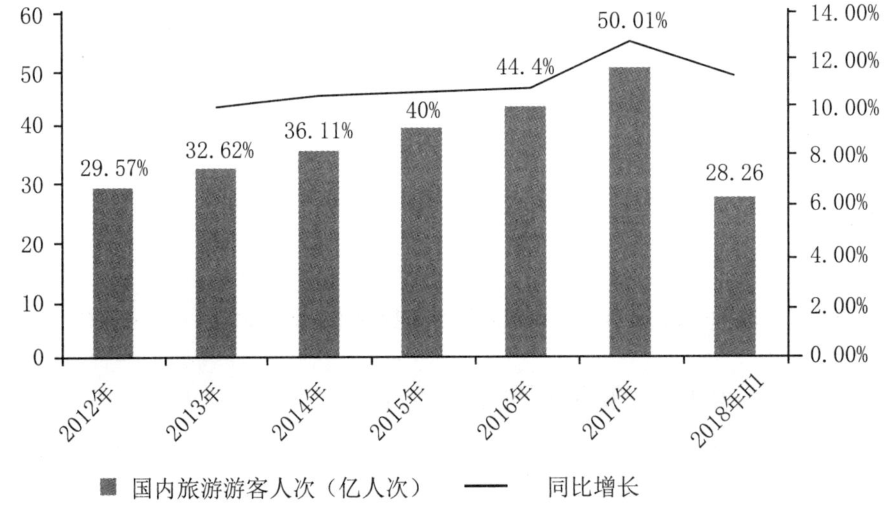

图 2.9　2012—2018 年上半年中国国内游客人次走势

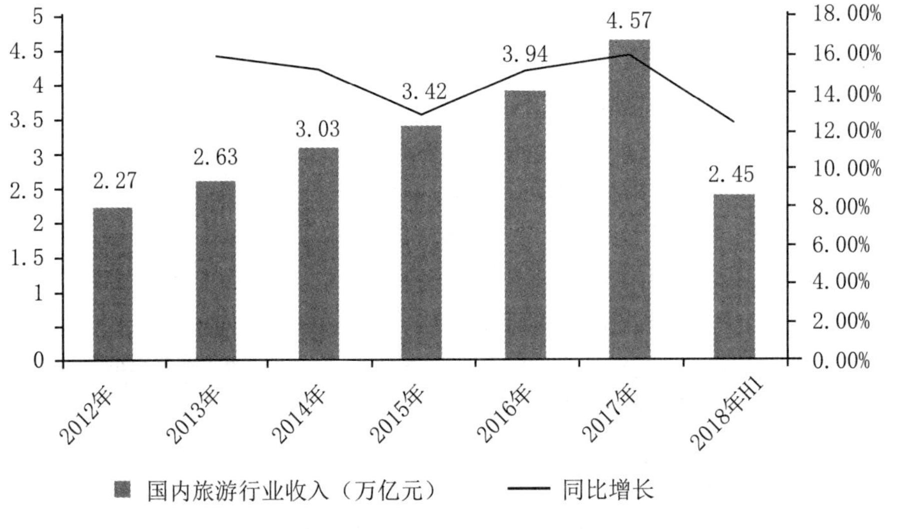

图 2.10　2012—2018 年上半年中国国内旅游行业收入走势

(二) 文化旅游投资规模不断扩大

2015 年全国旅游业完成投资约 1 万亿元,2016 年实际完成投资约 1.3 万亿元,2017 年继续保持稳定增长态势,全国旅游投资超 1.5 万亿元。根据国务院发布的"十三五"旅游业发展规划,到 2020 年,旅游投资总额为 2 万亿元。

(三) 文化旅游的市场化程度提高

与其他产业相比,旅游业关联性强、综合带动能力突出,特别是在"旅游+"战略的推动下，旅游业与一、二、三产业融合并擦出业态创新的火花，旅游业态和产品持续创新和丰富，推动着旅游产业结构升级，提升了游客的出行品质。特别是从党的十八大以来，我国经济进入新常态，顶层设计又提出供给侧结构性改革，推动着旅游产业转型升级，“旅游＋”得到认可，推动了旅游业与互联网、工业、农业、林业、航空、水利、交通、中医药、卫生、科技、文化、教育、装备制造业、军事等领域的深度融合，形成了满足多样化、个性化和品质化游客的旅游新业态（表 2.3）。《“十四五”旅游业发展规划》提出：“十三五”期间，出入境旅游发展健康有序，年出入境旅游总人数突破3亿人次。“一带一路”旅游合作、亚洲旅游促进计划等向纵深发展，旅游在讲好中国故事、展示“美丽中国”形象、促进人文交流方面发挥着重要作用。到2025年，旅游业发展水平不断提升，现代旅游业体系更加健全，旅游有效供给、优质供给、弹性供给更为丰富，大众旅游消费需求得到更好满足。

表 2.3　旅游产业与文化产业的融合类型和产品形式①

融合模式类型	文化旅游产品融合类型	文化旅游产品代表
延伸型融合	实景演艺业	“印象系列”
	文化创意产业园区	北京 798 艺术区
	影视旅游基地	浙江横店影视旅游基地
	美食旅游	西安唐乐宫
重组型融合	节庆旅游	青岛啤酒节
		陕西清明黄帝陵祭祖
	赛事旅游	北京奥运会
		上海世博会
		西安世园会
	会展旅游	西安曲江国际会展中心
渗透型融合	主题公园	迪斯尼乐园
		深圳华侨城
		北京欢乐谷
		曲江文化旅游区
	动漫乐园	深圳动漫科技园

三、文化旅游产业市场前景不言而喻

在国家和政府的大力推动下，中国文化旅游实现了持续、快速的发展，经济实力和市场各方面都有相对优势。近年来，中国文化旅游成为投资热点，各种类型的文化主题公园、旅游小镇应运而生，中国文化旅游产业规模得到很大提升。根据前瞻产业研究院发布的《2019—2024年中国文旅融合行业市场前景预测与投资战略规划分析报告》显示，2013年，我国文化旅游行业需求规模为14226亿元，同比增长12.8%；2018年，我国文化旅游行业消费需求为27012亿元，2013—2018年文化旅游行业需求规模复合增长率为13.68%（图 2.11）。

① https://t.qianzhan.com/caijing/detail/190109-f0cbd8cf.html.

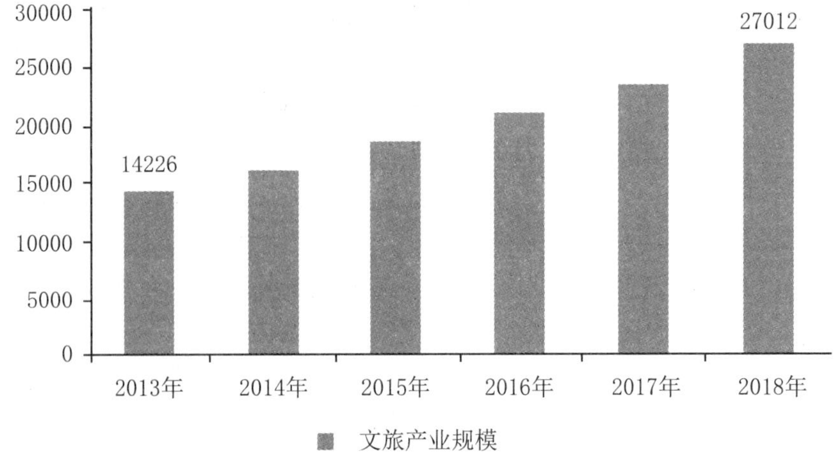

图2.11　2013—2018年我国文化旅游行业需求规模(单位:亿元)

第三节　文化旅游产业的发展趋势

一、创意化发展

从基于文化创意旅游的开发与经营的角度来看,文化创意旅游产业的发展模式可以概括为用创意挖掘旅游资源、以资源开发促使产业结构升级;用创意创造旅游产品、以产品创新促使产业结构升级;用创意强化旅游营销、以市场拓展促使产业结构升级;用创意引领旅游消费、以消费促使产业结构升级。[①] 而我国各地区文化旅游创意产业运作的典型模式主要包括文化旅游创意产业园(区)模式、艺术表演模式、节庆民俗模式、新兴街区模式、创意旅游商品模式等。文化旅游创意产业在特定空间的集聚构成了文化旅游创意产业园区,从"一站式体验"的角度出发,文化旅游创意产业园区现有的5大主流模式主要包括主题公园、影视(动漫)基地、艺术园(社)区、节庆演出基地、新兴街区。

(一) 国内旅游演艺模式发展势头

国内旅游演艺模式发展势头良好,各景区大型演艺活动此起彼伏,各地陆续推出品牌项目,并形成了以山水盛典、宋城演艺、观印象为首的旅游演艺行业三巨头的局面,其中又以千古情、印象、山水系列为市场主导,而实际应用中主要的产品组合模式包括旅游演艺+主题公园,适用于区域文化丰富、交通通达性好以及周边市场成熟的旅游目的地,如"宋城千古情"系列;旅游演艺+传统景区,适用于夜生活丰富,基础配套设施齐全的知名景区或旅游城市,如"印象系列";旅游演艺+度假设施,适用于在知名景区周边,且周边留宿游客规模可观的地区,如"昆明世博园·吉鑫宴舞"等;旅游演艺+商业城市,适用于城市旅游辐射半径大,休闲消费氛围好而且周边商业综合体人气旺的一、

① 周钧,冯学钢.创意旅游及其特征研究[J].桂林旅游高等专科学校学报,2008(3):394-397.

二线城市市区，如“武汉万达·汉秀”等。①

从旅游演艺发展模式的现状可以看出，中国文化旅游演艺行业已经基本成熟，基本满足整体旅游市场的需求。虽然旅游演艺发展模式为许多地区带来了巨大的经济效益，但是在发展过程中依然存在许多严重的问题。由于旅游演艺产品创新困难，导致产品同质化严重，从而缺少演艺精品。而且旅游演艺产品的高额运作，使其发展存在较大的风险。虽然我国旅游演艺市场已经基本成熟，但仍然没有较大规模的、具有强大号召力的旅游演出集群，缺乏规模效应，而且品牌特征不明显，这将成为中国旅游演艺全球化战略的发展瓶颈。

（二）创新是文化旅游产业的发展之路

创新是现代文化旅游业发展的必由之路，包括模式创新、服务创新、管理机制创新等。如今，许多新兴旅游服务企业正在不断创新服务模式，倡导为消费者提供便捷的“一站式”服务、标准化服务。传统文化旅游业的服务更多地依赖个人服务或管理经验，难以将优质服务标准化、流程化，服务质量不稳定更无法实现标准服务形态的大规模复制。管理创新，是指将优质服务标准化并借助大规模复制使消费者感受到通过管理而提升的优质服务水平。例如，旅游企业携程即通过高科技的应用，用制造业的标准来做服务行业，将看似杂乱无章、倚重个人服务技巧的旅游服务，变为标准化流程管理的运作。

（三）科技赋能文旅产业创新发展

随着技术创新日新月异，科技需要更多的实现载体，而旅游业有极其丰富的应用场景（图2.12）、极强的跨界能力以及庞大的产业规模，不管什么样的新技术，都能在这找到足够的施展空间。2020年以来越多的科技涌入，为游客带来更新颖、更智能的体验和更高效、更贴心的服务。

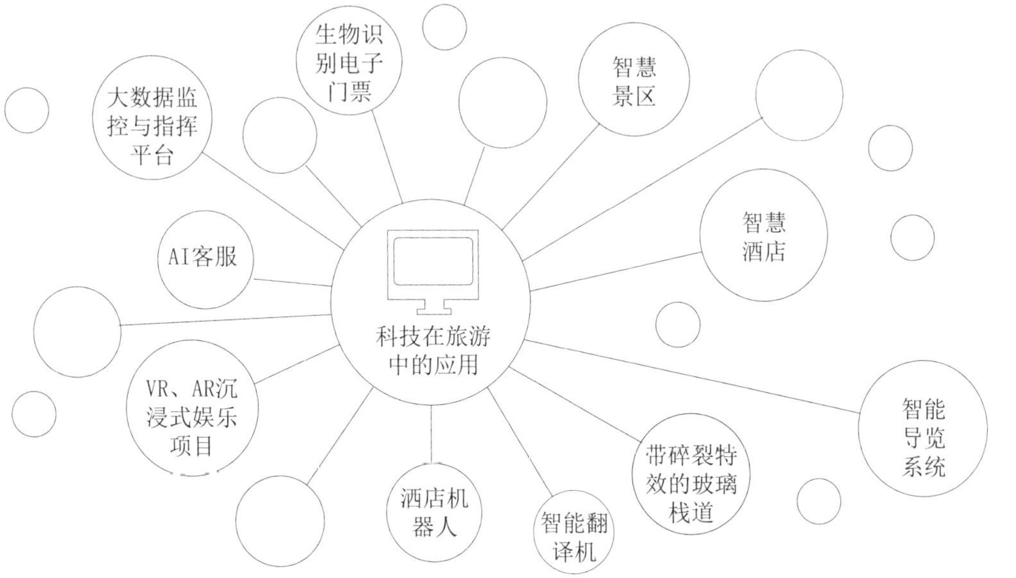

图2.12　科技在旅游中的应用

① 侯爽，刘爱利，黄鸿．中国文化旅游产业的发展趋势探讨[J]．首都师范大学学报（自然科学版），2019，40(4)：9.

移动互联网时代，以门户网站、门户类App为代表的互联网公司逐渐成为传统，基于大数据算法的精准营销模式正在不断地兴起和迭代。

借助于算法推荐的抖音、快手、火山等短视频营销方式正在不断地刷新着营销模式。

二、集群化发展

产业集群是指特定区域上一些相互关联的企业和机构在地理上集中的现象，地理临近、专业化分工、社会网络、竞争与合作并存是产业集群的主要特征，产业集群主要包括一系列相关产业的区域经济行为实体，它们由于共性和互补性联系在一起，有助于区域竞争力的提高。①

（一）传统景区的转型升级

文化与旅游产业发展应呈以下趋势：

1. 业态结构优化

将单一的前端门票经济模式向侧重后端综合消费模式转移，构建丰富的后端产品体系，改善盈利模式。

2. 空间结构优化

改变传统点线形式的区域发展结构，逐渐完善多轴网络结构，实现区域资源联动发展。

3. 产品结构优化

结合景区资源特性，合理优化产品组合和布局，有效提高产品质量和产品吸引力。

4. 服务结构优化

着力提升服务品质，提高硬软件智慧化水平，提供便捷的旅途服务。

5. 市场结构优化

锁定目标客源市场，基于主打产品，加大市场宣传和推广力度，有效提高市场知名度和市场占有率。

（二）跨领域的产业协同发展

城市更新中对老厂房、老街区的提升改造；乡村振兴中的村落转型升级，在保存历史文化脉络的同时，嫁接新的功能，满足文化旅游消费时代对文化、艺术、休闲、创新创业的需求。

（三）跨行政区的区域协同发展

当前，我国区域发展进入新阶段，长三角、粤港澳、京津冀三大城市群成为引领中国高质量发展的动力源，以这些区域为标杆引领，带动全国经济发展，促进区域协调发展，将成为国家抓区域发展的重点战略。

杭黄高铁：2018年12月25日开通运营，上海至黄山北仅需2小时26分，杭州至黄山只需1.5小时，南京至黄山仅需3小时22分。此条线路串联7个5A级景区，将极大地促进沪苏浙皖长三角区域旅游协同发展。

---

① 郭建英，熊明均．巴中市文化旅游产业发展对策[J]．重庆与世界，2013，30(3)：1-4.

济青高铁：2018年12月26日开通运营，加快构建起青济、青京、青沪1、3、4小时交通圈。

哈牡高铁："八纵八横"高铁网中，北"一横"的重要组成部分，2018年12月25日正式运营，将极大地拉近牡丹江与北京、哈尔滨等城市的时空距离。牡丹江至哈尔滨全程压缩至3小时，牡丹江至北京间全程压缩至6小时57分。

昌景黄高铁、宣绩高铁：2018年12月26日，南昌经景德镇至黄山铁路安徽段工程正式开工建设。

三、生态化发展

党的二十大报告提出，"提升生态系统多样性、稳定性、持续性"，就是为中华民族谋划长期发展。党的十九大报告也指出，要牢固树立社会主义生态文明观，培养生态文化、开展生态教育、倡导绿色消费。

因此可以确定，生态化发展是文化旅游产业未来发展的重要方向所在，而实施可持续发展战略则是发展文化旅游产业的必要选择。传统的经济增长模式使生态环境和自然资源等人类所需要的基本资源严重短缺，严重制约了其经济的进一步发展，产业经济的发展不能以耗竭自然资源和损坏环境为代价，而应谋求与自然环境的有机平衡，这就提出了产业生态化的要求。产业生态化是指产业自然生态有机循环机理，在自然系统承载能力内，对特定地域空间内产业系统、自然系统与社会系统之间进行耦合优化，达到充分利用资源，消除环境破坏，协调自然、社会与经济的持续发展。① 而生态文化旅游则是指以吸收自然和文化知识为取向，尽量减少对环境的不利影响，确保旅游资源的可持续利用，将生态环境保护、公众教育同促进地方经济社会发展有机结合的旅游活动。②

综观国内产业生态化的发展状况，其中产业生态化在工业、农业领域被广泛应用，并且取得了成功，而产业生态化应用于文化旅游产业的实践几乎一片空白。文化旅游产业生态系统对文化旅游产业繁荣发展发挥着关键作用，我国很多地方在文化旅游产业发展的过程中由于没有注重生态效益，破坏了人与自然之间的平衡，产生了许多难以忽视的问题，严重阻碍了文化旅游产业的健康发展。

四、信息化发展

信息化是文化旅游产业现代化的重要标志，有助于文化旅游产业为旅游者提供更便捷、周到和个性化的服务，是提升我国文化旅游产业整体竞争力的必然要求。文化旅游产业作为文化产业和旅游产业的结合，具有内涵深刻、信息量大的特点，这就要求要不断健全与完善文化旅游信息系统，并且不断更新信息，以此来增加旅游者的便利性和信息量，为文化旅游者提供更优质的服务。因此我国文化旅游产业将朝着信息化的方向发展，而且随着电子商务、大数据、云存储等现代信息技术的快速发展，文化旅游产业与信息技术的融合度将不断深化，信息化、便利性、低成本将成为未来我国文化旅游

① 陈柳钦.文化与旅游融合：产业提升的新模式[J].学习论坛，2011：62-66.

② 李爱华，谢春山.试论旅顺的旅游资源开发[J].辽宁工业大学学报（社会科学版），2009：49-52.

产业的重要发展趋势。①

（一）技术化成为现代文化旅游业信息化发展的重要支持

技术进步一直都是社会发展的最重要推动力之一，互联网的诞生使消费者生活的各方面有了前所未有的便利。IT 技术的应用也推动了文化旅游业的新发展，通过网络技术与传统文化旅游业的嫁接，才能够取得文化旅游产业的突破性进展。其技术应用将主要表现为文化旅游网站、旅游呼叫系统、数字化管理。另外，诸如酒店、机票、旅游度假预订平台、酒店实时预订系统、航班数据动态管理系统、无纸化传真系统等各种旅游服务新技术，都将被广泛应用于文化旅游电子商务。发达国家通过网络化、数字技术化装备起来的文化产业以及以高科技为载体或包装的文化旅游产品，不仅在创造全新的生活理念，还在刺激着新的文化旅游需求。未来文化旅游业的发展将有更多的信息和服务项目将经由网络带给消费者。

（二）文旅IP的创新发展是现代文化旅游业信息化发展的重要途径

1. 文旅IP，从引入到原创

随着IP概念的引入及开发，IP的类别逐渐丰富，目前较为常见的有游戏IP、文学IP、形象IP、动画IP、个人IP、小镇IP等6种，IP概念不断丰富和拓展，未来将会有更多的原创IP出现。

2. 传统文化的现代旅游演绎

2019年春节，世界各地的观众们体验了“进宫过大年”。北京紫禁城将按照宫里的年节礼仪，用丰富的藏品装饰一新：每座宫殿、每个庭院都将宫灯高悬、张灯结彩，贴春联，挂福字，不仅有沉浸式的深度体验，还可以品尝御膳房的美味小吃……

3. 故宫博物院主题性综合文化创意

“故宫中国节”立足中国传统节日，运用多媒体展示、场景还原等多层次艺术与科技手段，再现传统喜庆的年节风俗，让人们在欢笑中体验传统节日蕴含的智慧与情感。

“金榜题名”通过年轻人喜闻乐见的呈现方式和先进的科技应用，结合非遗文化传承，在全国各地落地沉浸互动式展演，策划各种主题活动，组织教育研学，推出精美实用的配套文创用品。

“宫囍·龙凤呈祥”将提取宫廷大婚礼仪中的吉祥喜庆、盛大美好的元素，结合故宫专家、学者及民间手艺匠人大师群体的专业交流，通过数字多媒体、婚纱秀、互动体验、空间陈设、文创产品等多样化形式，让中华优秀传统文化融入老百姓的现代生活。

（三）文旅人才的培养成为现代文化旅游业信息化发展的有效支持

人才一直是制约行业发展的关键因素，随着科技的发展和时代的更迭，人员结构的不断变化，企业需要不断树立新的职业观念、培养复合型人才、开发满足人工智能时代对人才的需求。

① 林敏捷．关于国内文化旅游产业发展趋势的探讨[J]．旅游纵览，2015：65-66.

本章小结

● **内容摘要**

本章从不断完善的文化产业政策为文化旅游事业的发展提供了制度保障、文化旅游融合发展是满足新时代人民群众文化新需求的必然选择等方面分析驱动我国文化旅游产业发展的动力因素,并指出我国文化旅游业在旅游业和文化产业合力发展的驱动下,呈现出创文化旅游产业融入日常生活、文化旅游产业蓬勃发展、文化旅游产业市场前景不言而喻等局面。在旅游相关产业转型的时候,创意化发展、集群化发展、生态化发展、信息化发展将成为文化旅游产业发展的重要趋势。

● **关键词**

旅游产业转型;发展现状;发展趋势

● **思考题**

1. 旅游新时代将带来怎样的机遇与挑战?
2. 如何面对当代文化旅游走势中出现的各种机会?
3. 简评信息化时代文化旅游产业发展走势。

第三章　文化旅游产业的资源和分类

学习目标

(1) 明晰相关基础概念是进行专业理论学习的基础和前提，通过本章的学习，使读者了解和掌握旅游资源和文化旅游产业资源的含义。

(2) 了解旅游资源的分类、文化产业的分类以及文化旅游产业资源的分类，为专业理论的学习打下良好基础。

导入案例

北京旅游发展报告(2018)(节选)

(1) 北京在吸引国际组织入驻方面应将国际组织外交的策略提升至战略层面。

旅游业是天然的对外开放行业，素有“民间外交”之誉，在促进国际政治合作、国际经济发展、国际文化融合、国际社会进步等方面发挥着重要作用。新时期、新趋势下，北京旅游在国际交往中发挥着不可替代的作用。

国际组织对北京国际交往中心建设有重要的促进作用，北京在吸引国际组织入驻方面应将国际组织外交的策略提升至战略层面，纳入北京国际交往中心建设的重要组成部分，不断完善国际组织相关制度，改善首都的发展环境，提升北京的国际服务能力。

(2) 北京入境旅游市场对策——政策扶持精准化，聚焦近程客源市场，重视国际社交媒体营销。

文化和旅游部“统筹文化事业、文化产业、旅游业发展，强化对外文化交流，推动中华文化走出去”的主要职责，使得入境旅游将成为更受关注的发展领域。然而，近年来北京市入境旅游占全国入境旅游人次的比重持续走低，反映出北京市入境旅游面临着严峻的挑战。分析北京入境旅游市场存在的问题，有针对性地提出了政策扶持精准化，聚焦近程客源市场，重视国际社交媒体营销等对策建议，旨在推动北京市入境旅游的健康发展。

(3) 北京出境旅游市场对策——旅游定制等出境旅游产品创新，加大出境旅游管理。

受部分国家出境市场规模下降影响,2017年北京市出境旅游市场出现整体下滑。文章指出:在北京市旅游委对旅行社出境游服务质量加大监管力度的背景下,游客对旅行社、旅游产品与目的地旅游服务的满意度相对较高。为更好促进北京市出境旅游市场持续发展,涉旅企业可进行旅游定制、包机直飞等出境旅游产品创新,目的地旅游主管部门可提供针对性的产品与服务,客源地旅游主管部门需继续加大出境旅游市场管理。

(4) 高度关注首都会展业的发展模式和发展路径,不断提高服务"四个中心"建设,特别是国际交往中心建设的保障能力。

首都会展业为首都经济发展作出了积极贡献,但也面临着国际化竞争日益增强、空间结构布局不合理、发展环境和服务保障能力有待进一步提高等问题,国际国内排名时有下降,与构建"高精尖"经济结构要求还不相适应,与国际交流中心地位还不相匹配。尤其是在北京"四个中心"建设和京津冀协同发展战略实施的大背景下,更要高度关注首都会展业的发展模式和发展路径,不断提高服务"四个中心"建设特别是国际交往中心建设的保障能力。

(5) 盘活科技资源,推动"文化+旅游+科技"融合发展。

北京科技旅游资源富集,而真正意义的科技旅游却并不发达,北京需要加强引导性标准的研发,改变有资源无产业的状态,对高校、产业园、科技园等非旅游服务单位开展"科技旅游的总体规划",通过"科技+"重构科技旅游展陈方式、开发多层次科技体验项目、打造独具特色的科技旅游产品,盘活科技资源,推动"文化+旅游+科技"融合发展,满足广大科技爱好者对"科技体验"的需求,助力旅游发展。

(6) 人工智能、区块链等技术为北京旅游业发展带来机会和挑战。

以人工智能为代表的智能化分析决策技术在北京旅游业中具有良好前景,但需要注意隐私数据保护和合理利用之间的平衡等难题,并建议政府包容、审慎的监管、社会共建开放共享的价值生态;分析了区块链技术在增强北京旅游监管力度、智能合约方面的积极作用,同时也提出了在数据存储、隐私风险等方面的挑战。

第一节　旅游资源和文化旅游产业资源的含义

旅游资源是旅游产业开发的对象,是旅游产业发展的重要支撑条件,它决定了一个地区旅游产业的发展潜力和市场竞争力。国内外学者对旅游资源的含义、价值、功能、分类和开发等理论和应用问题进行了多角度的研究。

一、旅游资源的基本含义

我国旅游产业从20世纪80年代开始起步,在较短的时间内就迈入了快速发展的时期,迄今已经有40多年的时间,创造了良好的经济效益和社会效益,但是关于"旅游资源"这一基础概念的界定依然尚不明晰,不仅导致人们认知模糊,而且也导致范畴把握、相关政策制定等方面的困难。

要准确理解和把握旅游资源的内涵,并在此基础上对旅游资源和文化旅游产业资源进行客观而科学的分类,就需要首先明确“资源”的概念以及目前学术界关于“旅游资源”这一概念的研究现状。

(一) 资源

人类自诞生之日起,便需要源源不断地从外界获取生存和发展的资料,资源是人类社会存在和发展的基础。《现代汉语词典》对“资源”的定义是“生产资料或生活资料的天然来源”,联合国环境规划署则认为“资源是一定时间、地点、条件下能产生经济价值的、以提高人类当前和将来福利的自然环境和因素”①。从本义上来看,资源具有天然性的特征,资源即是指在自然界中经历历史的发展和变迁而逐渐形成的自然资源,如矿产资源、森林资源、海洋资源等。学者们将这种界定称为传统资源观或者狭义上的资源概念。

“人们对资源的认识经历了从自然资源—经济资源—社会资源,从小资源到大资源的过程和路径。”②实践的发展推动着人类认知水平的不断深化。自然资源是有限的,社会的进步和发展除了需要自然资源之外,还需要更多其他形式的资源如文化资源、制度资源、信息资源来保障和推动。在全球化趋势加快的今天,文化竞争力、信息竞争力以及人才竞争力更是成为一个国家国际竞争力的重要组成部分。我们要用发展的观点看问题,要适应新时代经济和社会可持续发展的需要来进行概念界定:资源是一个始终处于发展中的历史性概念,我们需要改变传统的资源观,采用“大资源观”,即资源不仅包括自然资源,还包括文化资源、信息资源、制度资源等其他新兴资源形式。“大资源观”③认为大资源是由自然资源、经济资源、文化资源、人力资源、政治资源和制度资源等六大既相互独立又相互联系的子资源系统组成。“资源是指一个国家用于生产商品和劳务的一切东西。包括劳动力、土地、能源、地下矿藏、原材料、资本等人力和物力资源。”④

通过上述分析我们可以得出,一切可以供人类利用的有形的和无形的东西都可以称为资源。我们将资源界定为自然界和人类社会中只要可以为人类所利用的任何有形的和无形的事物和因素。

【课堂讨论】

结合上面的资源定义,谈谈你如何界定旅游资源?

(二) 旅游资源

资源原是经济学术语,后来学者们将其引入其他学科的研究之中,出现了人口资源、社会资源、人力资源等概念,随着旅游业的兴起,又出现了旅游资源的概念。

旅游资源作为旅游产业的开发对象,作为旅游产业发展的重要支撑条件,从旅游业兴起之日,地理学、文化学、社会学等不同学科的学者分别从不同的角度对“旅游资源”的概念、范畴、特征等进行探讨,但是至今尚未形成统一的认识。

---

① 杨秀苔.资源经济学:资源最优配置的经济分析[M].重庆:重庆大学出版社,1993:28.

②③ 韦正球.大资源观初探[J].学术论坛,2006(2):63-66.

④ 于建玮.经济发展辞典[M].成都:四川辞书出版社,1989:39.

目前国内学者关于“旅游资源”的概念界定主要有以下几种观点：

(1) 保继刚等认为，旅游资源是指对旅游者具有吸引力的自然存在和历史文化遗产，以及直接用于旅游目的的人工创造物。旅游资源可以是有具体形态的物质实体，如风景、文物，也可以是不具有物质形态的文化因素。①

(2) 郭来喜认为，凡是能为人们提供旅游观赏、知识乐趣、度假疗养、娱乐休息、探险猎奇、考察研究以及人民友好往来和消磨闲暇时间的客体和劳务，都可以称为旅游资源。②

(3) 杨开忠、吴必虎认为，不妨可以将一切参与或有利于旅游生产过程的要素与条件均视为旅游资源。它们包括自然资本资源、物价资本、人才资源、金融资本、制度资本、市场资本等。③

(4) 甘枝茂、马耀峰认为，凡能够吸引旅游者产生旅游动机，并可能被利用来开展旅游活动的各种自然、人文客体或其他因素，都可称为旅游资源。④

(5) 谢彦君认为，吸引物是旅游地赖以生存的基础。一般人往往认为，吸引物通常是指一种风景或者其他类似的景观和附属设施及其组合。其实，这种认识恐怕不够全面。作为旅游地吸引物系统基本要素的，除了这种一般所指外，应该加上同样具有吸引功能或示范功能的旅游者以及各种能传达旅游地相关信息的标识物。⑤

(6) 2017年12月中华人民共和国国家质量监督检验检疫总局、中国国家标准化管理委员会发布的《旅游资源分类、调查与评价》(GB/T18972—2017)认为，旅游资源是指自然界和人类社会凡能对旅游者产生吸引力，可以为旅游开发利用，并可产生经济效益、社会效益和环境效益的各种事物和现象。

(7) 杨振之认为，所谓“旅游资源”，是指由旅游地资源、旅游服务及其设施、旅游客源市场三大要素构成的相互吸引、相互制约的有机系统，是有关这三大要素相互间吸引向性的总和。⑥

(8) 申葆嘉认为，旅游资源包括社会资源和专用资源，前者包括基础设施资源、自然与社会环境、可用于旅游投资的社会财力和物力，后者包括旅游服务设施、旅游吸引诸因素、旅游专业劳动力。⑦

(9) 周进步认为，所谓旅游资源，专指地理环境中具有旅游价值的部分，也即旅游者在旅游过程中感兴趣的环境因素和可以利用的物质条件。⑧

(10) 班武奇认为，旅游资源是经过人类开拓创建、文化熏陶，有相对稳定的地理位

---

① 保继刚，等.旅游地理学[M].北京：高等教育出版社，1993：52.

② 杨振之.旅游资源的系统论分析[J].旅游学刊，1997(3)：48-52.

③ 杨开忠，吴必虎.区域旅游研究的若干问题[M]//中国区域科学协会.区域旅游开发与管理.北京：海洋出版社，1998：2-5.

④ 甘枝茂，马耀峰.旅游资源与开发[M].天津：南开大学出版社，2000.

⑤ 谢彦君.旅游地生命周期的控制与调整[J].旅游学刊，1995(2)：41-44.

⑥ 杨振之.旅游资源的系统论分析[J].旅游学刊，1997(3)：48-52.

⑦ 申葆嘉.旅游学原理[M].上海：学林出版社，1999：127-132.

⑧ 周进步.中国旅游地理[M].上海：学林出版社，1985.

置，能供多数人游览观赏，或者说多数人公认有旅游价值的山川景物。①

其中，(1)(4)(6)认为，旅游资源就是能对旅游者构成吸引并促成旅游行为发生的所有事物和因素，无论是有形的物质实体还是无形的文化要素，无论是自然存在物还是人工创造物，杨季华、王洪滨、杨勇等多位学者均持同样的观点。谢彦君认为，旅游资源不包括直接用于旅游目的的人工创造物。他认为将"直接用于旅游目的的人工创造物"纳入资源范畴存在泛化倾向，旅游资源之所以存在，完全是自然的无意识造化或人类因其他目的而创造的成果，是先旅游而客观存在的自然或人文因素。②张勇也持相同的观点。他认为，旅游资源指的是在旅游开发前就存在的自然存在、历史文化遗产或社会现象，不包括"直接用于旅游目的的人工创造物"。③

定义(3)(5)(7)(8)认为旅游是一种复杂的、综合性的活动，它需要设施资源、资本资源等多种条件的共同支撑和推动。旅游资源是一个综合体，是一个有机系统，是旅游目的地、旅游者、旅游中介等共同构成的，将旅游活动中所涉及的人力资源、资本资源、政策制度资源等所有要素都归为旅游资源。这种定义有将旅游资源概念泛化的倾向，人力资源、资本资源、政策制度资源等属于支撑资源，这种界定应该归为"旅游产业资源"概念。定义(9)(10)认为，旅游资源仅仅是指自然环境和人文环境中，经过市场化开发的、对旅游者构成吸引的物质因素，这种观点忽视了节庆、赛事活动等文化现象同样也是促成旅游活动进行的重要因素。

国外学者一般称"旅游资源"(tourism resources)为"旅游吸引物"(tourism attraction)。MacCannel把吸引物定义为"旅游者(tourist)、景观(sight)和标识牌(marker)的一种经验关系"④。在此基础上，Leiper 将旅游吸引物定义为"旅游吸引物是一个包含旅游者或人的因素、核或中心因素、标识牌或信息因素三个组成部分的系统，只有当这三个部分联合在一起时，吸引物才会产生"⑤。Holloway 对旅游吸引物概念的描述具有一定的代表性。他认为：如果获得充分的承认，吸引人们以之为目的地开展旅游的事物，都可以称为旅游吸引物。对概念的判别注重"先例"和"common view"。⑥张勇认为，旅游吸引物指的是对旅游者具有吸引力的所有自然存在、历史文化遗产和社会现象，以及直接用于旅游目的的人工创造物。⑦保继刚指出"在大多数情况下，旅游吸引物是旅游资源的代名词，两者通用"。⑧因此，我们认为"旅游吸引物"的概念与"旅游资源"概念等同。

关于旅游资源的概念界定，主要存在以下几点争议：

(1) 旅游资源是指自然的存在物还是开发后的产物？

---

① 班武奇，等．中国旅游资源[M]. 北京：首都师范大学出版社，1994：28.

② 谢彦君．基础旅游学[M]. 北京：中国旅游出版社，2004：96-129.

③⑦ 张勇．旅游资源、旅游吸引物、旅游产品、旅游商品的概念及关系辨析[J]. 重庆文理学院学报(社会科学版)，2010(4)：155-159.

④ 武跃丽．塑造区域品牌 促进区域发展[J]. 科技情报开发与经济，2005(13)：104-105.

⑤ 蒋廉雄，朱辉煌，卢泰宏．区域竞争的新战略：基于协同的区域品牌资产构建[J]. 中国软科学，2005(11)：107-116.

⑥ 邵祎．旅游产品、资源及吸引物的概念辨析[J]. 经济论坛．2006(9)：63-65.

⑧ 保继刚．旅游地理学[M]. 北京：高等教育出版社，1999：73.

有学者认为，按照“资源”的一般含义，天然性是资源的本质特征，因此，旅游资源应该是指未经过人工化、产业化的、自然地形成的资源。然而，并不是所有具备天然性的资源都可以被用来创造经济效益和社会效益，将所有的对旅游者产生吸引力的资源都归为旅游资源，而不管其是否能够被开发和利用，有将旅游资源概念泛化的倾向。

（2）旅游资源仅仅是指有形的物质要素吗？

社会在不断发展，我们对旅游资源的理解应该是动态的、历史的。文化具有多样性的特征，不同的自然、历史条件，造就了不同的文化模式；文化总是植根于国家、民族之中，历经岁月的变迁，每个国家、每个民族都在自己的历史进程中形成了独特的文化，正所谓“十里不同风，百里不同俗”，这种内在的差异性会自然而然地产生吸引力，当然，不同的政治特色、社会事件等现当代因素同样也会对人们形成一定的吸引力。因此，不仅仅自然界中存在的湖泊、山川等物质资源可以被开发作为旅游资源，社会事件、民俗风情等非物质性资源也可以被开发和利用作为旅游资源的重要组成部分。

（3）旅游资源是否还包括人工创造物？

有学者认为，国内使用的“旅游资源”和国外学者使用的“旅游吸引物”的概念并不完全等同，“旅游资源”应该是“在旅游开发前就存在的自然存在、历史文化遗产或社会现象”，它不应该包括人工创造物。然而，本书认为人工创造物也是一定时期一定背景下的社会创造，它依然具有相应的文化内涵，可以作为旅游资源的一个组成部分。人们熟悉的位于美国纽约市哈德逊河口附近的自由女神像，作为法国送给美国独立100周年的纪念，由法国雕塑家Frederic-Auguste Bartholdi设计，不仅是美国的象征，也是世界自由民主的象征，同时还是美国的著名旅游景点，每年吸引着成千上万的旅游者去参观。作为法国巴黎象征的埃菲尔铁塔，不仅是世界建筑史上的杰作之一，同时也是法国旅游业中的重要景点之一，2011年约有698万人参观，累计参观人数已超过2.7亿人，每年为巴黎带来15亿欧元的旅游收入。

（4）旅游服务、旅游生产要素、基础设施等是否属于旅游资源？

郭来喜将能为人们提供旅游观赏、知识乐趣、度假疗养、娱乐休息、探险猎奇、考察研究以及人民友好往来和消磨闲暇时间的劳务，也涵盖在旅游资源的范围内；杨开忠、吴必虎认为自然资本资源、人才资源、金融基本、市场资本等一切参与或有利于旅游生产过程的要素与条件都列入旅游资源的范围内；杨振之认为要将旅游服务及其设施、旅游客源市场纳入旅游资源的范围内。不可否认，旅游服务、基础设施等对于旅游资源的开发利用、旅游者的旅游活动的开展具有重要作用，然而，旅游资源发挥着激励性的因素的作用，而旅游目的地的其他要素（如交通等）则扮演保健性因素的角色。[①]这些概念有将旅游资源概念泛化的倾向，旅游服务、基础设施、人力资源、资本资源、政策制度资源等属于旅游产业发展的支撑资源，但不能被涵盖在旅游资源的范围内。

综合上述分析，虽然到目前为止学者们对旅游资源依然没有完全统一的定义，但是普遍认为：旅游资源是指旅游对象物，是旅游客体，对旅游者能够产生吸引力、促动力是构成旅游资源的核心要素，正是这种因素的存在和刺激，促使旅游者发生向旅游目的地的移动并产生旅游行为。

---

① 宋瑞．反思与重建：旅游资源的界定、分类与评价[J]．杭州师范学院学报（社会科学版），2005（5）：83-87.

具备吸引功能是旅游资源的首要特性。只有能对异地旅游者形成吸引力的资源才具备开发和利用的潜在的可能性。资源无一例外地都存在于一定的地理区域中,正是由于其自然环境、历史发展和文化环境等差异才形成了它对异地旅游者的吸引力。但是吸引功能并不是旅游资源的唯一特征,因为具备吸引功能的资源并不必然具有可开发性。如长期以来神秘的外太空让人们心驰神往,人们渴望太空旅行和月球漫步,渴望征服星辰大海,但是长久以来这只能是人类的梦想,我们不能称太空为旅游资源。直到1997年,世界上第一家专门从事太空旅游服务的私营企业——“太空探险”公司才在美国弗吉尼亚州诞生,2001年4月美国亿万富翁丹尼斯·蒂托才得以成功进行太空旅行。因此,除了具有吸引功能之外,必须还要具备可供人们开发和利用的资质才能称为旅游资源。

本书将旅游资源定义为:旅游资源是指凡存在于一定的地理区域中、对旅游者具有吸引力,能刺激其发生向旅游目的地移动的旅游活动,并且可供人们开发和利用的各种事物和因素。

二、文化旅游产业资源的内涵

旅游产业是指旅游行业和与旅游行业密切相关并为其提供文化、信息、人力、物力、财力、智力等物质或非物质服务与支持的行业和部门。[①]旅游产业本质上是将旅游资源开发成旅游产品进入到旅游市场流通并获得经济效益和社会效益的过程。旅游资源是旅游产业发展的基础,既包括自然旅游资源又包括人文旅游资源,既包括有形的物质旅游资源又包括无形的非物质旅游资源,既包括观光游览型的旅游资源,又包括参与型的旅游资源。旅游资源不能自然而然地转化成旅游产品,其开发利用离不开人力资本、制度资本、金融资本、文化资本、信息资本等各种生产要素的支持。旅游产业的可持续发展需要考虑旅游环境承载力,即在某一旅游地环境的现存状态和结构组合不发生对当代人及未来人有害变化的前提下,在一定时期内旅游地所能承受的旅游活动强度。[②]

一个产业的发展需要各种要素条件的支撑,文化旅游产业也不例外,除了旅游资源之外,一定程度的经济发展水平、便捷的交通设施、健全的服务系统、新颖的创意、充分的信息资源等也是文化旅游产业发展不可或缺的重要因素。

与传统旅游产业相比,文化旅游产业主要具有以下特点:

一是以文化为核心,以市场为导向,注重创意和创造性开发。文化旅游产业更加注重旅游资源的文化内涵的挖掘,注重人的创意和创造能力的发挥,进而依据市场规律,进行产业化的运作,进一步拓展和延伸旅游资源的价值。并且,文化旅游产业与新技术的进步密切相关,新技术的重要性更加突出。

二是产业发展从传统旅游产业时代侧重于生产者角度转向现在的注重以旅游者为重心,注重满足旅游者多样化、个性化的精神需求。

三是产业融合性更高,联动性更强。文化旅游产业促使传统旅游产业进一步与演出产业、影视产业等其他文化产业融合,有助于传统旅游产业的转型和升级,为其注入新的发展助推力。同时,文化旅游产业具有对演出产业、影视产业等其他相关产业的强

① 马勇,周霄.WTO与中国旅游产业发展新论[M].北京:科学出版社,2003.

② 崔凤军.论旅游环境承载力[J].经济地理,1995(1):105-109.

大的带动效应，能够带动这些产业的发展，从而推动整个国民经济的不断进步。

因此相对于传统旅游产业而言，新兴的文化旅游产业的产业融合性更强、联动性更高，涉及的资源要素更加广泛，不仅包括旅游资源、旅游方式、旅游服务系统等方面，还包括创意策划公司和人员、与文化产业相关行业如演出业、影视产业的融合等方面，这些不同的文化产业门类成为推动当代社会中旅游产业进一步发展和转型至关重要的因素。龚绍方认为，文化旅游产业系统应包括三个层次：核心层是文化旅游景区企业，中间层是产业相关要素供应商，最外围是产业相关管理机构和服务企业，外层是为内层服务的。①

因此，本书将文化旅游产业资源定义为：文化旅游产业资源是指在旅游产业发展过程中，影响旅游资源文化内涵的挖掘和创造性应用的各种要素和条件，包括旅游资源、交通设施、服务系统、政府管理、新技术以及与其相关的演出产业、影视产业等。

第二节　旅游资源的分类

旅游资源涵盖的范围十分广泛，我们需要按照一定的标准对其进行分类，帮助人们形成对旅游资源的清晰而完整的认识，同时通过分类更好地促进资源的开发、利用、管理和保护，从而推动旅游产业持续健康发展。

关于旅游资源的分类，目前国内主要有以下几种代表性的分类方法。

一、根据旅游资源性状进行划分

根据旅游资源性状可将旅游资源划分为稳定态实体旅游资源和可变性旅游资源。依据旅游资源性状进行划分，是《旅游资源分类、调查与评价》(GB/T 18972—2003)提出的一种应用性质的分类方法，它作为国家标准，在旅游规划界得到广泛的应用。根据旅游资源性状，即现存状况、形态、特性、特征划分，旅游资源包括稳定的、客观存在的实体旅游资源和不稳定的、客观存在的事物和现象。共分为8个主类、31个亚类、155个基本类型。2017年12月发布的《旅游资源分类、调查与评价》(GB/T 18972—2017)依然将旅游资源划分为稳定的、客观存在的实体旅游资源和不稳定的、客观存在的事物和现象，但包含的主类、亚类和基本类型发生了显著变化：8个主类，23个亚类，110个基本类。本书将采用2017年的新标准进行说明。旅游资源分类如表3.1所示。

表3.1　旅游资源分类

主　类	亚　　类	基　本　类　型
A 地文景观	AA 自然景观综合体	AAA 山丘型景观，AAB 台地型景观，AAC 沟谷型景观，AAD 滩地型景观
	AB 地质与构造形迹	ABA 断裂景观，ABB 褶曲景观，ABC 地层剖面，ABD 生物化石点

① 刘晓莉，张晓楠，张瑜．国内文化旅游产业研究综述[J]．中国商贸，2010(23)：149-150.

主类	亚类	基本类型
	AC 地表形态	ACA 台丘状地景,ACB 峰柱状地景,ACC 垄岗状地景,ACD 沟壑与洞穴,ACE 奇特与象形山石,ACF 岩土圈灾变遗迹
	AD 自然标记与自然现象	ADA 奇异自然景观,ADB 自然标志地,ADC 垂直自然带
B 水域景观	BA 河系	BAA 游憩河段,BAB 瀑布,BAC 古河道段落
	BB 湖泊	BBA 游憩湖区,BBB 潭池,BBC 湿地
	BC 地下水	BCA 泉,BCB 埋藏水体
	BD 冰雪地	BDA 积雪地,BDB 现代冰川
	BE 海面	BEA 游憩海域,BEB 涌潮与击浪现象,BEC 小型岛礁
	BF 冰雪地	BFA 冰川观光地,BFB 长年积雪地
C 生物景观	CA 植被景观	CAA 林地,CAB 独树与丛树,CAC 草地,CAD 花卉地
	CB 野生动物栖息地	CBA 水生动物栖息地,CBB 陆地动物栖息地,CBC 鸟类栖息地,CBD 蝶类栖息地
D 天象与气候景观	DA 天象景观	DAA 太空景象观赏地,DAB 地表光现象
	DB 天气与气候现象	DBA 云雾多发区,DBB 极端与特殊气候显示地,DBC 物候景象
E 建筑与设施	EA 人文景观综合体	EAA 社会与商贸活动场所,EAB 军事遗址与古战场,EAC 教学科研实验场所,EAD 建设工程与生产地,EAE 文化活动场所,EAF 康体休闲度假地,EAG 宗教与祭祀活动场所,EAH 交通运输场所,EAI 纪念地与纪念活动场所
	EB 实用建筑与核心设施	EBA 特色街区,EBB 特性屋舍,EBC 独立厅、室、馆,EBD 独立场所,EBE 桥梁,EBF 渠道、运河段落,EBG 堤坝段落, EBH 港口、渡口与码头,EBI 洞窟,EBJ 陵墓,EBK 景观农田,EBL 景观牧场,EBM 景观林场,EBN 景观养殖场,EBO 特色店铺,EBP 特色市场
	EC 景观与小品建筑	ECA 形象标志物,ECB 观景点,ECC 亭、台、楼、阁,ECD 书画作,ECE 雕塑,ECF 碑碣、碑林、经幢,ECG 牌坊、牌楼、影壁,ECH 门廊、廊道,ECI 塔形建筑,ECJ 景观步道、甬路,ECK 华草坪,ECL 水井,ECM 喷泉,ECN 堆石
F 历史遗迹	FA 物质类文化遗存	FAA 建筑遗迹,FAB 可移动文物
	FB 非物质类文化遗存	FBA 民间文学艺术,FBB 地方习俗,FBC 传统服饰装饰,FBD 传统演艺,FBE 传统医药,FBF 传统体育赛事
G 旅游购品	GA 农业产品	GAA 种植业产品及制品,GAB 林业产品与制品,GAC 畜牧业产品与制品,GAD 水产品及制品,GAE 养殖业产品与制品
	GB工业产品	GBA 日用工业品,GBB 旅游装备产品
	GC手工艺品	GCA 文房用品,GCB 织品、染织,GCC 家具,GCD 陶瓷,GCE 金石雕刻、雕塑制品,GCF 金石器,GCG 纸艺与灯艺, ECH 画作

续表

主类	亚类	基本类型
H 人文活动	HA 人事活动记录	HAA 地方人物,HAB 地方事件
	HB 岁时节令	HBA 宗教活动与庙会,HBB 农时节日,HBC 现代节庆

(来源:《旅游资源分类、调查与评价》(GB/T 18972—2017),中华人民共和国国家质量监督检验检疫总局、中国国家标准化管理委员会2017年12月29日发布。)

二、旅游资源的"二分法"和"三分法"

按照旅游资源的成因或其属性可将旅游资源分为自然旅游资源和人文旅游资源,这是目前学术界最常见的一种分类方式,即旅游资源的"二分法"。自然旅游资源是指在自然环境中历史地形成的、对旅游者具有吸引力且能够被用来创造经济效益和社会效益的自然环境和自然景观。如《旅游资源分类、调查与评价》(GB/T 18972—2017)中的地文景观、水域景观、生物景观和天象与气候景观。人文旅游资源是指人类在认识世界和改造世界的生产实践和社会生活过程中创造的文明成果。如《旅游资源分类、调查与评价》(GB/T18972—2017)中的建筑与设施、历史遗迹、旅游购品、人文活动。

后来,在自然旅游资源和人文旅游资源两分法的基础之上衍生出三分法。有学者认为还应该将社会旅游资源囊括其中。社会旅游资源主要是指民情风俗、人际关系、传统节庆、民间生活方式、特有的民族服饰与文化艺术形式等。①学者彭一万认为,"自然旅游资源和人文旅游资源都具有长效性和永续性,是静态的,具有供人们反复、轮番使用的价值;而社会旅游资源与上述两者的主要区别在于:社会旅游资源与人类社会生活密不可分或融为一体,它不具有长效性和永续性的价值,但可以由人们创造、制作而再生、再现,瞬息变化,是动态的。"②

社会旅游资源主要强调的是它和人类的社会生活密不可分,是人们在生活中创造出来的、对旅游者具有吸引力的事物和因素,如民情风俗、社会事件、政治经济影响、节庆活动等,但它同样是人文资源的一个组成部分,因此,本书将旅游资源划分为自然旅游资源和人文旅游资源(包括历史文化资源、社会旅游资源)。

【课堂讨论】

自然旅游资源和人文旅游资源分别具有哪些特征?

三、按照旅游资源开发利用的程度进行划分

按照资源开发利用的程度、资源存在的状态,我们可以将旅游资源划分为潜在态的旅游资源和现实态的旅游资源两大类。

(一)潜在态的旅游资源

潜在的旅游资源也可称为隐性的旅游资源,是指具有吸引功能、但是目前尚未开发或者尚无条件开发的资源形态。这类资源可能是由于其独特的价值尚未为人们完全认

① 丁季华.旅游资源学[M].上海:上海三联书店,1999:32.

② 彭一万.重视社会资源是现代旅游的发展方向[N].中国旅游报,1991-03-02.

知，也可能是由于目前技术、资金、政策、市场等条件不具备而无法供人们开发使用。旅游资源是发展的概念，当潜在态的旅游资源的价值被挖掘出来或者技术、资金、政策、市场等条件成熟后就可以成为现实态的旅游资源。长久以来，神秘的外太空令人心驰神往，但由于技术等条件的限制人们只能仰望太空，太空旅行只能称为人类的梦想。20世纪90年代以来，太空也成为旅游资源被开发利用。1997年，世界上第一家专门从事太空旅游服务的私营企业——“太空探险”公司在美国弗吉尼亚州诞生。2001年4月美国亿万富翁丹尼斯·蒂托成为自费赴太空旅行第一人。

（二）现实态的旅游资源

现实态的旅游资源，是指不仅具有旅游吸引力而且已经被人们开发利用来创造经济效益、社会效益的旅游资源。它是支撑旅游业发展的基础和根本。正是这些旅游资源可以被开发利用，不仅满足了人民群众日益增长的美好生活的需要，向世人展现着广袤多样的中国自然风光、传播着多姿多彩的中华文化的魅力，而且创造了巨大的经济效益。中国旅游研究院发布的《中国国内旅游发展年度报告2018》显示：从2011年以来的发展趋势来看，国内旅游收入保持在年均19.3%左右的增长率。旅游成为经济增长的新引擎、产业体系升级扩容的新动力、人民幸福生活的新指标。

四、按照旅游资源吸引力和影响力大小进行划分

按照不同旅游资源的吸引力和影响力，以及其所接待的游客和知名度的差别，可分为世界级、国家级、省级和市（县）级旅游资源。

（一）世界级旅游资源

世界级旅游资源是被联合国教科文组织等国际组织审定公布的世界文化与自然遗产、世界地质公园、世界生物圈保护区、“人类口述和非物质遗产代表作”项目等。这些旅游资源具有世界性的影响力和吸引力，其客源市场包括国内市场和国际市场。自1987年至2019年5月，中国先后被批准列入《世界遗产名录》的世界遗产已达53处，位列世界第二，自然遗产13项、自然与文化双遗产4项、文化景观遗产5项、文化遗产31项，自然遗产、双遗产的数量均位列世界第一。截至2019年6月，我国共有世界地质公园39个，占全球总数的26.5%，连续多年成为世界上地质公园最多、增长最快的国家。截至2018年7月，我国共有34个世界生物圈保护区。截至2019年6月，我国入选联合国教科文组织“人类口述和非物质遗产代表作”名录的项目有32个，入选亟须保护的非物质文化遗产名录的项目有7个，入选优秀实践名册的项目1个，合计40项，总数位居世界第一。独特的旅游资源展现着中华文化的独特魅力，源源不断地吸引着世界各国游客的到来。

【资料链接3-1】

1989年，联合国教科文组织（UNESCO）、国际地科联（IUGS）、国际地质对比计划（IGCP）及国际自然保护联盟（IUCN）在华盛顿成立了“全球地质及古生物遗址名录”计划，目的是选择适当的地质遗址作为纳入世界遗产的候选名录。1996年，改名为“地质景点计划”。1997年，联合国大会通过了教科文组织提出的“促使各地具有特殊地质现

象的景点形成全球性网络”计划，即从各国(地区)推荐的地质遗产地中遴选出具有代表性、特殊性的地区纳入世界地质公园，其目的是使这些地区的社会、经济得到永续发展。1999年4月，联合国教科文组织第156次常务委员会会议中提出了建立世界地质公园计划。在我国的积极参与和推动下，2015年，联合国教科文组织第三十八届大会批准了“国际地球科学与地质公园计划”。1998年10月，联合国教科文组织第155届执行局会议通过了“联合国教科文组织‘人类口头和非物质遗产代表作宣布计划’条例”，正式提出“人类口头和非物质遗产”概念。2000年，联合国教科文组织开始正式实施“人类口头和非物质遗产代表作宣布计划”，组织各国开展申报工作。

(二) 国家级旅游资源

国家级旅游资源是指由国家级行政管理部门审批通过的、具有较大的历史文化价值和审美价值等的旅游资源，主要包括中国国家级风景名胜区(原国家重点风景名胜区)、国家级旅游度假区、全国工农业旅游示范点、国家地质公园、国家森林公园、国家级非物质文化遗产、国家历史文化名城(镇、村、街区)、全国红色旅游经典景区、国家级文化生态保护区、全国休闲农业与乡村旅游示范县(市)等。这些国家级旅游资源不仅国内知名，而且具有一定的国际吸引力。自1982年起，截至2017年3月，国务院共公布了9批、244处国家重点风景名胜区，其中第一批至第六批称为国家重点风景名胜区，2007年起改称中国国家级风景名胜区。截至2019年，我国共有30个国家级旅游度假区。截至2019年7月我国共有354家全国工业旅游示范点、19个全国农业旅游示范点。2000年起，原国土资源部正式在全国组织实施“国家地质公园计划”，截至2019年6月，我国共有国家地质公园213个、国家矿山公园34个。2017年国家地质公园接待游客达4.99亿人次。国务院先后于2006年、2008年、2011年和2014年公布了四批国家级项目名录(前三批名录名称为“国家级非物质文化遗产名录”，《中华人民共和国非物质文化遗产法》实施后，第四批名录名称改为“国家级非物质文化遗产代表性项目名录”)，共计1372个国家级非物质文化遗产代表性项目，共计3154个子项目。截至2019年12月，我国共设立国家级文化生态保护实验区22个，涉及省份17个。截至2019年1月，国务院已批准133个国家历史文化名城，住建部和国家文物局共同组织评选了252个国家级历史文化名镇、276个国家级历史文化名村、30个中国历史文化街区。截至2018年5月，我国共有300处全国红色旅游经典景区。截至2019年2月，我国共创建388个全国休闲农业和乡村旅游示范县(市)。

(三) 省级旅游资源

省级旅游资源是指由省级行政管理部门审批通过的、能够代表本省自然特色和文化特色的旅游资源。这类资源往往在省内比较知名，吸引的多是本省或者省外的游客，主要包括省级地质公园、省级工业旅游示范点、省级非物质文化遗产等。截至2019年6月，我国共有343个省级地质公园。截至2019年7月，我国共有1000家左右的省级工业旅游示范点。由于旅游资源的空间分布受到地理自然环境、历史文化发展等多种因素的影响，我国旅游资源的省际分布存在较大差异。

（四）市（县）级旅游资源

市（县）级旅游资源是由市（县）级行政管理部门审批通过的、能够代表当地的自然特色和文化特色的旅游资源，知名度比较低，吸引力也比较低。

五、按照旅游资源的性质和功能进行划分

按照旅游资源的性质和功能定位的差异，或者根据旅游者的旅游动机，我们将旅游资源划分为观光游览型、购物型、度假型和参与型等旅游资源。观光游览型旅游资源是以自然风光、人文建筑与设施为主，满足旅游者的美感享受、性情陶冶等观光游览和鉴赏需求的旅游设施和活动；购物型旅游资源是指满足旅游者购物动机的旅游商品，包括手工艺品、工业品和农产品等类型；度假型旅游资源是指满足旅游者保健康养、度假休闲等需求的设施和活动，如度假村、疗养院等；参与型旅游资源也称为体验型旅游资源，是指满足旅游者亲身参与和体验需求的旅游设施和活动，如赛马、手工艺品制作、节庆活动等。

【应用训练】

以你所在的家乡为例，按照旅游资源的分类标准对家乡的旅游资源进行分类。

第三节　文化产业的分类

作为一种对传统旅游产业形成提升的文化旅游产业，它和文化产业之间究竟有怎样的关系？我们需要在对文化产业分类了解的基础上明确文化旅游产业和文化产业的关系，以便进一步深化对文化旅游产业的认知，为探索文化旅游产业在现代社会的发展打下基础。

一、文化产业分类的重要意义

从本质上讲，文化产业是指由市场化的主体依据工业标准，生产和提供文化产品和文化服务以满足人们精神文化需求的行业。文化产业是一个综合性的概念，它包含众多的行业部门，依据不同的标准可以进行不同的分类。

分类不仅仅是进行归类，而且还意味着依据特定的关系对这些类别加以安排[①]。对文化产业进行分类具有以下重要意义：

第一，有利于在明晰文化产业的涵盖范围的基础之上，更加全面地把握文化产业的本质特征和规律，依据其本质属性发展文化产业。

第二，明晰文化产业的涵盖范围，有利于建立相对完善而全面的行业统计机制，从而能够全面把握和了解文化产业的发展速度、效益、规模、结构等发展现状，预测和评估产业未来的发展趋势，并为制定科学的文化产业政策和文化产业发展规划打下良好

① 罗兵，温思美．文化产业与创意产业概念的外延与内涵比较研究[J]．甘肃社会科学，2006(5)：4．

的基础。

第三，通过明确文化产业的分类，有助于进一步明确文化旅游产业和其之间的关系，对于加深对文化旅游产业的认知和了解具有重要意义。

二、文化产业的分类现状

"文化产业"概念的提出要追溯至法兰克福学派学者西奥多·阿多诺(Theodor Wiesengrund Adorno)和马克斯·霍克海默(M.Max Horkheimer)。阿多诺在《文化工业再思考》写道"'文化工业'这个术语可能是霍克海默和我于1947年在荷兰的阿姆斯特丹出版的《启蒙辩证法》一书首先使用的。"阿多诺和霍克海默用"文化工业"(culture industry)代替"大众文化"(mass culture)。1979年法国文化社会学家伯纳德·米亚基(bernard miege)将单数的文化工业(culture industry)转换成复数的文化产业(cultural industries)。

虽然文化产业已经历了多年发展，并逐渐成为世界众多国家的支柱型产业，但是，由于各个国家的经济、政治、文化等发展状况的差异以及不同国家对文化产业的性质、功能等认知上的差异，关于文化产业的内涵和分类在国际范围内并没有统一的标准。如美国并没有文化产业的说法，而是将其称为"版权产业"，以突出版权在整个产业中的核心地位；英国为了突出创意这一产业的核心属性，称其为"创意产业"；在日本，文化产业统称为"娱乐观光业"。

最早建立文化产业分类标准的是联合国教科文组织。《1986年联合国教科文组织文化统计框架》把文化部门定义为艺术创造表达形式、遗产古迹为基础的各种活动和产出，具体包括文化遗产、出版印刷业和著作文献、音乐、表演艺术、视觉艺术、音频媒体、视听媒体、社会文化活动、体育和游戏、环境和自然等十大类。

在《1986年联合国教科文组织文化统计框架》的基础上，联合国教科文组织又发布了《2009年联合国教科文组织文化统计框架》。新的文化统计框架充分考虑了1986年以来文化领域出现的新概念，其中也包括与新技术(它们对文化以及人们同文化打交道的方式产生了显著的影响)、非物质遗产、演变中的文化实践和政策相关的概念，将文化领域定义为：包含一系列共同的经济活动(比如生产产品和服务)和社会活动(比如参加文化活动)，它们在传统上被视为"文化"。除此之外，相关领域包含其他经济活动及社会活动，它们只有"某些部分具有文化属性"，或者通常被看作"娱乐活动"，而并非"纯文化"。文化统计框架中的文化领域代表着一系列具有文化性的生产制造、活动和实践。它们可以归为以下几类：① 文化和自然遗产；② 表演和庆祝活动；③ 视觉艺术和手工艺；④ 书籍和报刊；⑤ 音像和交互媒体；⑥ 设计和创意服务；非物质文化遗产(横向领域)。还包括其他三个横向领域，它们涉及所有的文化领域及相关领域，在文化周期中对文化的生产和传播有着关键作用：教育和培训；档案和保存；装备和辅助材料。

联合国教科文组织1986年文化统计框架颁布后不久，美国、英国等国家先后颁布了关于文化产业的政策文件并对其进行分类和说明。表3.2是目前世界上文化产业比较发达国家或者国际组织对于文化产业的分类。

表 3.2　世界代表性国家或国际组织文化产业分类

国家、国际组织等	产业名称	管理部门	行业门类
联合国教科文组织	文化产业	无	文化领域(文化和自然遗产;表演和庆祝活动;视觉艺术和手工艺;书籍和报刊;音像和交互媒体;设计和创意服务)相关领域(旅游业;体育和娱乐)横向领域——非物质文化遗产
英国	文化与创意产业	文化、媒体和体育部(现为数字、文化、媒体和体育部)	广告和营销;建筑;工艺;产品设计、平面设计、时尚设计;电影、电视、录像、广播和摄影;资讯科技、软件和电脑服务;出版,博物馆、展览馆和图书馆;音乐、表演艺术和视觉艺术等九部门(DCMS2015)
北美产业分类系统		美国:无中央主管部门 加拿大:遗产部	娱乐业与电子传媒业;印刷业与出版业;旅行与旅游产业
日本	娱乐观光业	经济产业省和文部省	包括内容产业、休闲产业和时尚产业三大类
法国	文化产业	文化事务部	展现传统文化服务的文化基础设施建设,文化设施的管理,图书出版,电影、旅游业等几个方面
韩国	文化内容产业	文化体育观光部	作为文化产品的开发、制作、生产、销售、消费等有关的服务产业,是与音乐、动画、游戏、电影、卡通、漫画、广播有关的产业

注:联合国教科文组织关于文化产业的行业门类界定采用的是联合国教科文组织《文化统计框架·2009》。加拿大遗产部在其职能框架中对加拿大的文化产业作了如下概述:文化产业包括以国家社会、经济及文化为主题的出版、广播、电影、电视、图书、杂志、音像等在内的印刷、生产、制作、广告及发行;包括表演艺术、视觉艺术、博物馆、图书馆、档案馆、书店、文具用品商店等在内的服务。之后,又增加了信息网络、多媒体等内容。

从以上关于文化产业代表性的行业分类的分析中,我们可以看出,美国、加拿大、法国、日本等国普遍将旅游产业划分为文化产业的一大组成部分,尤其是日本将"文化产业”称为“娱乐观光业”更是凸显了旅游产业在整个国家经济结构中所占的重要地位。

为了明确文化产业的分类和建立良好的行业统计制度以推进文化产业实践的发展，2004年，我国国家统计局颁布了《文化及相关产业分类》，首次明确了文化及相关产业的涵盖范围。2012年、2018年又分别对这一分类进行了修订。本书将结合《文化及相关产业分类(2018)》进行分析和说明。

《文化及相关产业分类》(2018)对于文化产业的分类借鉴了联合国教科文组织的《文化统计框架·2009》的分类方法，在定义和覆盖范围上与其衔接。将文化产业定义为：文化及相关产业是指为社会公众提供文化产品和文化相关产品的生产活动的集合。范围主要包括：① 以文化为核心内容，为直接满足人们的精神需要而进行的创作、制造、传播、展示等文化产品(包括货物和服务)的生产活动。具体包括新闻信息服务、内容创作生产、创意设计服务、文化传播渠道、文化投资运营和文化娱乐休闲服务等活动。② 为实现文化产品的生产活动所需的文化辅助生产和中介服务、文化装备生产和文化消费终端生产(包括制造和销售)等活动。文化及相关产业的产业类别划分见表3.3。

表3.3　文化及相关产业的产业类别划分(《文化及相关产业分类(2018)》)

产业类别	小类名称	行业分类代码	小类名称	行业分类代码
文化制造业	雕塑工艺品制造	2431	专业音响设备制造	3934
	金属工艺品制造	2432	应用电视设备及其他广播电视设备制造	3939
	漆器工艺品制造	2433	电影机械制造	3471
	花画工艺品制造	2434	娱乐用智能无人飞行器制造	3963*
	天然植物纤维编织工艺品制造	2435	幻灯及投影设备制造	3472
	抽纱刺绣工艺品制造	2436	照相机及器材制造	3473
	地毯、挂毯制造	2437	舞台及场地用灯制造	3873
	珠宝首饰及有关物品制造	2438	音响设备制造	3952
	其他工艺美术及礼仪用品制造	2439	露天游乐场所游乐设备制造	2461
	陈设艺术陶瓷制造	3075	游艺用品及室内游艺器材制造	2462
	园艺陶瓷制造	3076	其他娱乐用品制造	2469
	文化用机制纸及纸板制造	2221*	中乐器制造	2421
	手工纸制造	2222	西乐器制造	2422
	油墨及类似产品制造	2642	电子乐器制造	2423
	工艺美术颜料制造	2644	其他乐器及零件制造	2429
	文化用信息化学品制造	2664	文具制造	2411
	书、报刊印刷	2311	笔的制造	2412
	本册印制	2312	墨水、墨汁制造	2414
	包装装潢及其他印刷	2319	玩具制造	2451—2456
	装订及印刷相关服务	2320	其他玩具制造	2459

续表

产业类别	小类名称	行业分类代码	小类名称	行业分类代码
	记录媒介复制	2330	焰火、鞭炮产品制造	2672
	印刷专用设备制造	3542	电视机制造	3951
	复印和胶印设备制造	3474	影视录放设备制造	3953
	广播电视节目制作及发射设备制造	3931	可穿戴智能文化设备制造	3961*
	广播电视接收设备制造	3932	其他智能文化消费设备制造	3969*
	广播电视专用配件制造	3933		
文化批发和零售业	图书批发	5143	广播影视设备批发	5178
	报刊批发	5144	照相器材零售	5248
	音像制品、电子和数字出版物批发	5145	舞台照明设备批发	5175*
	图书、报刊零售	5243	乐器批发	5147
	音像制品、电子和数字出版物零售	5244	乐器零售	5247
	首饰、工艺品及收藏品批发	5146	文具用品批发	5141
	珠宝首饰零售	5245	文具用品零售	5241
	工艺美术品及收藏品零售	5246	家用视听设备批发	5137
	艺术品、收藏品拍卖	5183	家用视听设备零售	5271
	艺术品代理	5184	其他文化用品批发	5149
	文化贸易代理服务	5181*	其他文化用品零售	5249
文化服务业	新闻业	8610	电影和广播电视节目发行	8750
	报纸出版	8622	电影放映	8760
	广播	8710	艺术表演场馆	8820
	电视	8720	互联网文化娱乐平台	6432*
	广播电视集成播控	8740	文化投资与资产管理	7212*
	互联网搜索服务	6421	文化企业总部管理	7211*
	互联网其他信息服务	6429	文化产业园区管理	7221*
	图书出版	8621	歌舞厅娱乐活动	9011
	期刊出版	8623	电子游艺厅娱乐活动	9012
	音像制品出版	8624	网吧活动	9013
	电子出版物出版	8625	其他室内娱乐活动	9019
	数字出版	8626	游乐园	9020
	其他出版业	8629	其他娱乐业	9090
	影视节目制作	8730	城市公园管理	7850
	录音制作	8770	名胜风景区管理	7861
	文艺创作与表演	8810	森林公园管理	7862
	群众文体活动	8870	其他游览景区管理	7869
	其他文化艺术业	8890	自然遗迹保护管理	7712
	动漫、游戏数字内容服务	6572	动物园、水族馆管理服务	7715

续表

产业类别	小类名称	行业分类代码	小类名称	行业分类代码
	互联网游戏服务	6422	植物园管理服务	7716
	多媒体、游戏动漫和数字出版软件开发	6513*	休闲观光活动	9030
	增值电信文化服务	6319*	观光游览航空服务	5622
	其他文化数字内容服务	6579*	摄影扩印服务	8060
	图书馆	8831	版权和文化软件服务	7520*
	档案馆	8832	会议、展览及相关服务	7281—7284
	文物及非物质文化遗产保护	8840	其他安全保护服务	7289
	博物馆	8850	文化活动服务	9051
	烈士陵园、纪念馆	8860	文化娱乐经纪人	9053
	互联网广告服务	7251	其他文化艺术经纪代理	9059
	其他广告服务	7259	婚庆典礼服务	8070*
	建筑设计服务	7484*	票务代理服务	7298
	工业设计服务	7491	休闲娱乐用品设备出租	7121
	专业设计服务	7492	文化用品设备出租	7123
	图书出租	7124	社会人文科学研究	7350
	音像制品出租	7125	学术理论社会(文化)团体	9521*
	有线广播电视传输服务	6321	文化艺术培训	8393
	无线广播电视传输服务	6322	文化艺术辅导	8399*
	广播电视卫星传输服务	6331		

2018年5月,国家统计局和中宣部联合发出了《关于加强和规范文化产业统计工作的通知》明确指出:“从国家文化产业统计角度,各地区要坚持以文化属性定位定向,继续统一使用文化产业概念,不宜简单以新概念代替文化产业概念、自行扩大统计口径。”“按照《文化及相关产业分类(2018)》(国统字〔2018〕43号)文件,执行文化产业定义、范围和编码等国家标准。各地区在做好文化产业统计工作的同时,可结合本地区文化特色和统计工作实际,开拓文化产业统计新领域,鼓励各地区对文化产业新技术、新业态、新模式等进行研究,为补充完善分类内容、规范标准执行及时提供信息依据,以更好满足地方党委政府对文化产业统计数据的需求。”

从以上分类中可以看出,在我国的文化产业行业分类中,“文化服务业”中的部分内容与旅游产业直接相关,如游乐园、城市公园管理、名胜风景区管理、自然遗迹保护管理、休闲观光活动等,“文化制造业”中的舞台及场地用灯制造、音响设备制造、露天游乐场所游乐设备制造、游艺用品及室内游艺器材制造等与旅游产业间接相关,因此,旅游产业与文化产业具有较强的交叉性。“文化”是文化产业的关键词,构成文化产品的内核。文化产业以文化资源为基础,生产出满足人们精神文化需求的文化产品和文化服务。文旅融合是要实现文化和旅游两大主业发展基础上国家文化身份建构的目标。在文化和旅游行业融合的过程中,文旅消费行为将文化旅游吸引物与个人文化需求进行连通对接(傅才武:《论文化和旅游融合的内在逻辑》)。文化旅游产业则是通过文化产业和旅游产业的融合以提供文旅消费产品为中介满足人们的精神文化需求,因此文化产业和旅游产业具有融合的内在逻辑。原文化部和原国家旅游局在国务院机构改革中正式组建成为文化和旅游部,不仅体现了文化和旅游的内在有机联系,而且有助于统筹规划文化事业、文化产业和旅游产业的融合发展,推动对中华自然资源和文化资源的保护、开发和利用。旅游产业与文化产业的交叉性不仅能够进一步深化对旅游产业本质的认知,即旅游产业给人们带来精神上的满足和愉悦,而且能够为进一步改造和提升传统旅游产业提供方向指导,促进其向文化旅游产业发展和迈进。《"十四五"文化和旅游发展规划》指出,要以推动文化和旅游高质量发展为主题,以深化供给侧结构性改革为根本目的,统筹发展和安全,推进文化铸魂、发挥文化赋能作用,为提高国家文化软实力、建设社会主义文化强国作出积极贡献。

第四节 文化旅游产业资源的分类

导入案例

着力补短板 迎接大众旅游新时代
——解读《"十三五"全国旅游公共服务规划》(节选)

"十三五"时期,旅游业将迎来新一轮黄金发展期。然而随着大众旅游时代的到来,旅游公共服务建设不足的问题也更加凸显。建设完善、优质、高效、普惠的旅游公共服务体系,是大众旅游新时代的必然选择,也是加速旅游业转型升级、提质增效的内在要求。

国家旅游局有关负责人表示,"十三五"期间,旅游公共服务将在完善旅游基础设施、优化旅游交通便捷服务、提升旅游公共信息服务、大力推进厕所革命、构建国民旅游休闲网络、加强旅游惠民便民服务、构筑旅游安全保障网、优化旅游公共行政服务、推动旅游公共服务走出去等6大方向积极推进。

为此,规划提出了"十三五"期间的16项重点工程,包括优化提升"12301"国家智慧旅游公共服务平台;构建中国特色旅游服务中心体系,实现游客集中区域的旅游服务中心全覆盖;完善旅游景区主要交通连接线,构建旅游"快进"交通网络,推进旅游"最后一千米"建设,实现旅游目的地内部交通无缝衔接。到2020年,基本实现高速公路等一种及以上"快进"交通方式通达4A级景区,两种及以上通达5A级景区;推动跨区域旅游休闲绿道建设,构建覆盖主要旅游城市和旅游区的绿道"慢游"系统;建设完成20条跨区域自行车旅游休闲绿道,全国总里程达到5000千米;开展旅游观光巴士示范工程,完善城市游览服务,满足自助游、一日游需求等。

此外,规划还提出,到2020年,全国新建、改扩建旅游厕所累计完成10万座;主要旅游景区、旅游度假区、旅游线路、旅游步行街区、乡村旅游点等游客集中区域的旅游厕所全部达到A级标准;旅游厕所地图覆盖所有A级旅游厕所;无水冲、泡沫节水、微生物降解等厕所技术得到广泛应用;4A级以上旅游景区80%以上的旅游厕所实现生态化;所有5A级旅游景区全部具备第三卫生间(家庭卫生间)。

"十三五"期间,我国还将实施国家旅游风景道公共服务示范工程、自驾车旅居车营地公共服务示范工程、旅游区(点)道路交通标识体系优化工程、旅游安全与应急救援示范工程、A级旅游景区视频监控工程、乡村旅游公共服务工程、红色旅游公共服务工程、旅游志愿者服务管理工程、旅游公共服务标准化工程、旅游公共服务质量评价工程等工程,为广大游客提供体系完备、门类齐全,规范标准、优质高效,便利惠民、安全舒适的旅游公共服务。

(资料来源:http://www.gov.cn/zhengce/2017-03/07/content_5174730.htm.)

【问题】你认为文化旅游产业的发展需要哪些条件?

在前面章节中,本书将文化旅游产业资源定义为:在旅游产业发展过程中,影响旅游资源文化内涵的挖掘和创造性应用的各种要素和条件,包括旅游资源、交通设施、服务系统、政府管理、新技术,以及与其相关的演出产业、影视产业等。由此可知,文化旅游产业的顺利开展,除了要依托旅游资源的开发之外,还要依靠政府法律政策、交通设施的便利程度、服务系统,尤其是现在旅游业与影视产业、演出产业等其他的产业形式融合趋势越来越强,因此,文化旅游产业资源是一个综合性的构成系统。

一、产业法律政策资源

文化旅游产业的发展要发挥市场在资源配置中的决定性作用。然而,市场的自发调节具有盲目性、滞后性等缺陷。市场的滞后性是指市场调节多属于事后调节。因此文化旅游产业的健康、可持续发展不能仅仅依靠市场这只"看不见的手",还需要更好地发挥政府这只"看得见的手"的作用。法律政策是政府进行宏观管理的主要方式,它能够为产业的发展创造良好的外部环境,并促进产业结构的不断完善和竞争力的不断提升。因此,产业法律政策资源是文化旅游产业资源的重要组成部分。

从20世纪80年代旅游产业开始在我国兴起之际,政府就开始颁布相关的法律、政策,目前已经形成了旅行社、饭店行业、旅游基础设施和旅游目的地等四大方面的法律、政策体系,如旅行社方面的法律政策有《旅行社条例》《导游人员管理条例》《导游管理条例》等;饭店行业的法律政策有《旅游饭店星级的划分与评定》《旅游涉外饭店星级的划分与评定》《绿色饭店评定标准细则》等;旅游基础设施方面的法律政策有《旅游购物场所服务质量要求》(GB/T 26356—2010)、《绿道旅游设施与服务规范》(LB/T 035—2014)、《旅游滑雪场质量等级划分》(LB/T 037—2014)、《旅游景区公共信息导向系统设置规范》(GB/T 31384—2015)等;旅游目的地方面与旅游规划有关的法律政策有《文化和旅游规划管理办法》《风景名胜区管理条例》《乡村旅游扶贫八大行动方案》《全国旅游标准化发展规划》等,与旅游资源有关的法律政策有《旅游资源保护暂行办法》《旅游资源分类、调查与评价》(GB/T 18972—2017)。此外,还有关于旅游业投资、税收等其他方面的法律政策。2013年4月,酝酿多年的我国首部《中华人民共和国旅游法》终于正式出台,对景区、旅行社、游客等权责进行了明确规定,标志着我国旅游产业的规范管理进入了一个新阶段。

【资料链接3-2】

《旅游法》十大焦点

焦点一:"零负团费",强迫购物、参加自费项目。

条例:旅行社不得以不合理的低价组织旅游活动并通过安排购物或者另行付费旅游项目获取回扣、不得指定具体购物场所、不得安排另行付费旅游项目(经双方协商一致或者旅游者要求,且不影响其他旅游者行程安排的除外)。

焦点二:景区门票随意涨价。

条例:严格控制价格上涨、公益性景区逐步免费开放、景区提高门票价格应当提前六个月公布、旅游者有权选择购买合并景区单项票、涨价应举行听证会(出席人员须含旅游者)。

焦点三:旅游开发对资源环境造成破坏。

条例:由各级人民政府组织编制旅游发展规划;对跨行政区域旅游资源进行利用时应统一编制;对特定区域内的旅游项目、设施和服务功能配套提出专门要求;应与土地利用总体规划、城乡规划、环境保护规划以及其他自然资源和文物等人文资源的保护和利用规划相衔接。

焦点四:旅游旺季部分景区人满为患。

条例:核心游览项目因故暂停应公示并减少收费、景区接待旅游者不超过最大承载量、制定和实施旅游者流量控制方案(可采取门票预约等方式)。

焦点五:导游无薪酬收回扣。

条例:不得索要小费,不得以任何方式欺骗、诱导、强迫或变相强迫旅游者消费,被吊销导游证三年不得重新申请;旅行社应当与其聘用的导游订立劳动合同支付报酬,对临时聘用的导游,应当全额支付导游服务费用,不得要求导游垫付费用。

焦点六:旅游者"投诉无门"。

条例:县级以上人民政府应当指定或者设立统一的旅游投诉受理机构。受理机构接到投诉,应当及时进行处理或者移交有关部门处理(并告知投诉者)。

焦点七:旅游途中的不文明行为。

条例:旅游者在旅游活动中应当遵守社会公共秩序和社会公德,尊重当地的风俗习惯、文化传统和宗教信仰,爱护旅游资源,保护生态环境,遵守旅游文明行为规范。

焦点八:各地一日游乱象。

条例:无偿向旅游者提供旅游景区、线路、交通、气象、住宿、安全、医疗急救等必要信息和咨询服务。设区的市和县级人民政府有关部门应当根据需要在交通枢纽、商业中心和旅游者集中场所设置旅游咨询中心,在景区和通往主要景区的道路设置旅游指示标识。

焦点九:旅游安全及救援。

条例:县级以上人民政府统一负责旅游安全工作;突发事件或者旅游安全事故发生后,旅游经营者应当立即采取必要的救助和处置措施;旅游者在人身、财产安全遇有危险时,有权救助(旅游者接受相关组织或者机构的救助后,应当支付应由个人承担的费用)。

焦点十:不可抗力责任分担。

条例:合同不能继续履行的,旅行社和旅游者均可以解除合同。合同解除的将余款退还旅游者;危及旅游者人身、财产安全的,旅行社应当采取相应的安全措施,因此支出的费用,由旅行社与旅游者分担。

二、文化旅游企业

旅游企业是旅游市场的主体,是文化旅游产业发展的核心要素。作为旅游行业的重要纽带和旅游客源的组织者,旅行社在旅游行业的发展过程中发挥着重要作用。根据原国家旅游局公布的2017年第三季度全国旅行社统计调查数据,全国旅行社总数为27409家。

互联网给人类社会带来了深刻影响。伴随着20世纪90年代以来互联网的高速发展和普及,以此为基础的电子商务应运而生。电子商务也逐步渗透到旅游行业的各个角落,发展成为旅游电子商务。尤其是实行“互联网+”以来,旅游电子商务企业成为旅游企业的重要组成部分,线上线下相结合的旅游企业体系形成。《中国旅行社产业发展报告(2012)》认为,目前我国旅行社产业主体主要有“四大阵营”:中国国际旅行社总社、中国旅行社总社、香港中国旅行社、中国青年旅行社等传统旅行社经由市场化改革而来的旅游企业;众信、凯撒、春秋、南湖等服务于国民旅游市场的民营旅行社;携程、艺龙、芒果、同程等基于互联网和移动通信技术的线上旅行商(OTA);少量独资、合资或者以办事处名义开展业务的跨国旅行社分支机构。有关数据统计,我国在线旅游市场规模在2016年达5934.6亿元,在线市场渗透率达到12.10%。

旅行社的产业组织结构决定了产业内各企业之间的垄断与竞争关系。《中国旅行社行业发展年度报告(2018)》指出:线下旅行社在市场行为中呈现出低价竞争屡禁不止、一体化发展提升规模经济效益;在市场绩效上呈现出总体利润率增速持续走低、信息技术的应用加速;在国内竞争中呈现出大中型旅行社加快整合,中小旅行社向专业化发展,资源竞争向产品和服务竞争转变。在线旅游服务业则呈现出互联网旅行预订用户快速增加、在线旅行销售额迅速增长、在线产品预订多元化发展、在线旅游市场形成四方竞争新格局等特征。在技术赋能旅游产业、旅游者需求个性化、线上线下一体化等社会大背景下,旅游企业的影响力、资源配置以及产品研发能力等都有待进一步提升。

三、文化旅游服务体系

文化旅游产业是典型的服务行业,健全、完善、先进的服务系统是保证文化旅游产业可持续发展的关键。《国务院关于促进旅游业改革发展的若干意见》(国办函〔2014〕121号)提出:统一国际国内旅游服务标准;完善旅游安全服务规范,旅游从业人员上岗前要进行安全风险防范及应急救助技能培训;建立互联互通的旅游交通、信息和服务网络,加强区域性客源互送,构建务实高效、互惠互利的区域旅游合作体;在城乡规划中要统筹考虑国民休闲度假需求;依托当地区位条件、资源特色和市场需求,挖掘文化内涵,发挥生态优势,突出乡村特点,开发一批形式多样、特色鲜明的乡村旅游产品;加强乡村旅游从业人员培训,鼓励旅游专业毕业生、专业志愿者、艺术和科技工作者驻村帮扶,为乡村旅游发展提供智力支持;建立小学阶段以乡土乡情研学为主、初中阶段以县情市情研学为主、高中阶段以省情国情研学为主的研学旅行体系;制定旅游信息化标准，加快智慧景区、智慧旅游企业建设，完善旅游信息服务体系等。因此，文化旅游产业的服务体系主要包括从业人员服务水平、专项旅游产品创新、旅游服务标准体系建设、公共服务体系建设等四个方面。

（一）从业人员服务水平

旅游业是“窗口行业”，从业人员是旅游产业发展的最主要力量，其服务水平的高低直接决定着旅游者的旅游体验和感受，也会对旅游业的发展产生重大影响。目前我国旅游业尚没有形成一个权威性的专业人才市场，高素质人才比较缺乏，而且人才流动率较高，存在职业道德低下、服务意识较低、服务不规范、专业知识水平低下等现象，给我国旅游业的发展带来了很大的障碍。现阶段，无论是旅游行政管理机构还是旅游企业管理水平和用人机制都还处在一种初级阶段。中国消费者协会发布的《2016年旅游服务再体验调查报告》显示，目前中国的旅游市场服务质量虽有所改善，但仍存在违反合同、强制消费等五大问题。

《国务院关于促进旅游业改革发展的若干意见》（国办函〔2014〕121号）提出：统一国际国内旅游服务标准；完善旅游安全服务规范，旅游从业人员上岗前要进行安全风险防范及应急救助技能培训；加强乡村旅游从业人员培训，鼓励旅游专业毕业生、专业志愿者、艺术和科技工作者驻村帮扶，为乡村旅游发展提供智力支持；加强旅游学科体系建设，优化专业设置，深化专业教学改革，大力发展旅游职业教育；加强与高等院校、企业合作，建立一批国家旅游人才教育培训基地。

原国家旅游局人事司发布的《2016年全国旅游教育培训统计情况》显示：全年旅游饭店从业人员教育培训250.9万人次，旅行社从业人员教育培训104.8万人次，旅游景区从业人员教育培训82.0万人次，旅游车船公司从业人员教育培训13.6万人次，旅游行政部门人员教育培训9.1万人次，其他人员教育培训14.1万人次。如何提高旅游行业服务人员的服务质量和水平将成为文化旅游产业可持续发展的关键。

（二）专项旅游产品创新

文化旅游消费以娱乐性、享受性为目的，主要目的在于使游客得到心灵的放松、美的享受、艺术的熏陶，促进人的身心健康和全面发展。随着旅游者的个性化、定制化旅游消费需求的提高，文化旅游产品项目的多寡和质量的高低直接反映了一个国家或地区文化旅游产业的发达程度和市场竞争力的强弱。世界旅游发展的趋势已从一般性观光旅游转向有特色的个性化的专项旅游，影视旅游、养生旅游、修学旅游、会展旅游、探险旅游、红色旅游、工业旅游、宗教旅游等专项旅游项目层出不穷。

专项旅游，也称“专题旅游”或“特色旅游”。这种专门层次旅游是具有专题、专项性质的具体旅游活动形式，其特点是旅游者以保健、修学、宗教信仰等特定的目的、到特定的旅游目的地进行的特定活动。它是对观光旅游和度假旅游等传统常规旅游形式的进一步提升和深化，是一种更高形式的特色旅游活动产品。其具有主题鲜明、内涵丰富、个性化体验深刻等优势，越来越受到旅游者的欢迎。

适应世界旅游业发展的整体趋势，以及我国旅游业发展的需要，影视旅游、探险旅游、红色旅游等专项旅游产品也逐渐进入市场，并且受到广大旅游者的青睐。据《2018年全国旅游工作报告》专题旅游方面，现有中国邮轮旅游发展实验区6个，国家湿地旅游示范基地10个，在建自驾车房车营地514个，还有一大批健康旅游、工业旅游、体育旅游、科技旅游、研学旅游等“旅游＋”融合发展新产品。然而，我国的专项旅游产品还存在着结构单一、理念不先进、开发水平不高、质量低下等问题亟待解决。“十三五”期间，我国旅游业将呈现出消费大众化、需求品质化、竞争国际化、发展全域化、产业现代化等趋势。《“十三五”旅游业发展规划》提出“适应大众化旅游发展，优化旅游产品结构，创新旅游产品体系”。作为一种文化体验性明显的旅游活动，文化旅游产业要实现可持续发展，应努力推动旅游业与农业、工业、科技、体育、健康医疗等产业的深度融合，不断创新专项旅游产品，针对旅游者的不同兴趣和需求，提供类型多样、主题鲜明的专项旅游产品，打造完善的专项旅游产品体系。

（三）旅游服务标准体系建设

原国家旅游局印发的《全国旅游标准化发展规划（2016—2020）》明确指出：提高旅游标准化整体质量效益成为旅游业面临的重要任务，必须通过深化旅游改革，优化标准体系，完善标准管理，提升旅游标准化水平，进一步规范和引领旅游产业发展，为打造中国旅游“升级版”，建设旅游强国，促进我国经济社会发展作出更大的贡献。2018年1月8日，在厦门召开的2018年全国旅游工作会议确定，2018年及今后一段时期的中心任务是“从高速旅游增长阶段转向优质旅游发展阶段”。“可以说，提高我国旅游业在服务质量监管、监督、评价等方面的标准，已经到了迫在眉睫的关键时期。”中国旅游研究院旅游标准化研究基地首席专家任鸣教授指出，标准化是旅游业发展的基石，基石不牢，地动山摇，标准化建设是提升旅游品质的重要途径。

作为一个服务性行业，服务构成了旅游产品的主体：旅游企业提供的产品是服务，旅游者购买的是服务，追求的也是高质量的服务，市场需要规范的也是各种形式的服务活动。因此，旅游标准化的主要对象就是服务，旅游标准化工作属于服务标准化范畴，并构成服务标准化的重要内容。通过对旅游产业中的食、住、行、游、购、娱的硬件建设和服务管理进行规范的行业引导，我们能够有效推动服务标准化工作的进程。

《全国旅游标准化发展规划（2016—2020）》指出旅游标准化有五大工作重点：

1. 旅游标准化改革创新工程

① 创新旅游标准体系。② 改革旅游标准化管理体制。③ 完善旅游标准化工作机制。

2. 旅游标准优化拓展工程

① 拓展旅游标准领域。② 优先发展重点标准。③ 优化标准制修订管理。④ 提高标准国际化水平。

3. 旅游标准实施推广工程

① 整合力量协同推进。② 加大标准宣传力度。③ 转变标准实施方式。④ 强化企业主体作用。⑤ 健全监督评估机制。

4. 旅游标准化试点示范工程

① 扩大旅游标准化试点范围。② 强化旅游标准化试点示范管理。③ 提高旅游标准化试点示范效果。

5. 旅游标准化基础优化工程

① 完善旅游标准化法规制度。② 加强旅游标准信息化建设。③ 强化旅游标准化科研支撑。④ 加强旅游标准化队伍建设。

从1988年我国首次制定并颁布实施《旅游涉外饭店的星级划分与评定》标准以来，《旅游业质量级的划分与评定》《旅游景区质量等级的划分与评定》等标准相继发布。截至2011年底，我国已经制定并颁布实施了40项旅游业国家标准和行业标准，其中2011年度颁布实施了《导游服务规范》《旅游业基础术语》等16项国家标准和《旅行社服务通则》《城市旅游集散中心等级划分与评定》等12项行业标准。各地旅游及相关部门也加大地方标准制定、修订力度，目前已颁布实施了200多项旅游业地方标准，各旅游企业制定的企业标准达2万多项，形成了多层次、宽领域的旅游标准体系，使旅游标准有效地覆盖了旅游业发展的各相关要素。虽然通过持续努力，我国旅游标准化工作取得了不俗的成绩，但目前还存在着标准覆盖面不宽、不广，部分标准的先进性、针对性、适用性不强等问题。①

（四）公共服务体系建设

文化旅游产业的持续发展需要以公共服务体系为支撑和依托。一个国家旅游公共服务体系的完善程度是旅游业发达程度的重要标志之一。《“十三五”全国旅游公共服务规划》指出：完善旅游公共服务既是大众旅游新时代的必然选择，也是加速旅游业转型升级、提质增效的内在要求。那么，什么是旅游公共服务体系？原国家旅游局2012年10月颁布的《中国旅游公共服务“十二五”专项规划》将旅游公共服务定义为政府和其他社会组织、经济组织为满足海内外游客的公共需求，而提供的基础性、公益性的旅游产品与服务，主要包括旅游公共信息服务、旅游安全保障服务、旅游交通便捷服务、旅游便民惠民服务、旅游行政服务等内容。这些都是发展旅游产业必不可少的基础条件。2017年3月，原国家旅游局发布了《“十三五”全国旅游公共服务规划》，扩大旅游公共服务有效供给，优化旅游公共服务内容，全面提升旅游公共服务品质，提高旅游业可持续发展保障能力，为实现旅游强国“三步走战略”奠定坚实基础。《文化和旅游部职能配置、内设机构和人员编制规定》设立公共服务司，负责“拟订文化和旅游公共服务政策及公共文化事业发展规划并组织实施”“承担全国公共文化服务和旅游公共服务的指导、协调和推动工作”“拟订文化和旅游公共服务标准并监督实施”，正说明了公共服务在文化旅游产业发展中的重要作用。

【分析案例】

云南推动实施景区内“一机游”信息建设　信息化让旅游更“智慧”（节选）

在线订票、查询路线、自动讲解……除了这些人们习以为常的数字化应用外，更多智慧场景应用在景区落地成真：进入景区之前，在手机App上就可以查看当前空闲的停车位，优化车辆管理；在景区入口，通过人脸识别就可以自动识别购票，打开闸机；游走在景区内，手机上能够呈现景区手绘地图、文物图像数据以及全景图片，为游客按图索骥提供出行参考。特别值得一提的是景区内的2座“网红”厕所。寸义良介绍，景区内

① 汪黎明.我国旅游标准化工作的新动向和新趋势[M].北京：社会科学文献出版社，2015.

建成了云南省首个标准化智慧公厕，通过手机App就能实时显示当前厕所使用人数，并通过导航寻找最优路径，不仅如此，还能监测厕所内的空气质量和温湿度，从而进行及时清理和打扫。“如今成了‘网红’景点，不少游客纷纷前来打卡！”

“一部手机游景区”的背后是从无到有、从有到优的信息化升级。2016年以来，中国移动陆续在景区内进行骨干光纤网络建设，为景区新建一座移动通信信号基站，通过接入互联网和移动通信信号，逐步实现游客无线网络全覆盖和部分区域的物联网改造。由此，在景区内架设起4G和物联网两张大网。

以信息化筑底，对旅游进行智能化改造，为游客旅行打开了方便之门，更为旅游监管提供了可靠保障。“前些年‘不合理低价游’带来的种种乱象后，云南利用新兴信息技术织起一张整治旅游市场秩序的智慧网。”中国电信云南公司相关负责人告诉记者，依托114平台资源和成熟的运营管理优势开通服务热线，中国电信在“游云南”手机应用程序上开启了一键投诉场景窗口，保证全年365天、每天24小时不间断地为游客提供有温度的服务。自上线以来，已办结投诉4071件，24小时办结率达到99%，平均用时提升37倍，受理咨询26952件。

“不仅是勐巴娜西珍奇园，截至目前，云南全省所有A级以上景区已全部实现4G网络的全覆盖，确保了全国各地游客在云南各景区的智能化体验。”云南省通信管理局巡视员赵宁提出，今年，信息通信行业将持续建设网络基础设施，提升网络供给能力，支撑“一机游”各项应用推广使用。一方面，“加密厚度”。组织电信运营商开展4G网络深化工程，通过增加基站数量和提升原有基站容量，加深人口密集区域网络覆盖厚度。另一方面，“重点补强”。通过补点建设景区基站，消除网络盲区，提升网络质量，开展自驾游精品路线4G网络建设，继续完善景区窄带物联区覆盖，在更广泛的领域内支撑旅游景区智慧停车场、智慧公厕等基础设施的改造和建设。

（资料来源：2019年5月22日人民网。）

问题： 1. 结合自身经历，谈谈技术进步给旅游带来了哪些影响？

2. 请谈谈你对“智慧旅游”的认识。

本章小结

- **内容摘要**

明晰专业术语是学习一门学科的基础和前提。本章在资源概念的基础上，对旅游资源以及文化旅游产业资源等概念进行了界定，使学生对其有比较明确的认知。文化产业的发展方兴未艾，旅游产业已经成为国民经济发展的支柱型产业，那么旅游产业和文化产业之间的关系如何，本章也在国内外代表性文化产业概念搜集整理的基础上对旅游产业和文化产业之间的关系进行了分析，使学生能够明白文化是旅游的灵魂，从而能够在明晰基础理论知识的基础上掌握文化旅游产业资源的作用及其涵盖的范围，科学地分析文化旅游产业的未来发展趋势。

- **关键词**

旅游资源；旅游产业；文化产业；文化旅游产业；文化旅游产业资源

- **思考题**

1. 自然旅游资源和人文旅游资源分别具有哪些特征?

2. 文化旅游资源和旅游资源之间有何联系和区别?

3. 搜集相关资料,谈谈你对文化旅游融合的内在逻辑的认识。

4. 搜集案例"一部手机游云南"资料,谈谈我国智慧旅游发展面临的困境及解决对策。

5. 公共服务体系建设会给旅游产业的发展带来哪些影响?

第四章　文化旅游产业的市场研究

学习目标

（1）了解文化旅游者的含义，掌握文化旅游者的分类和特征。

（2）掌握文化旅游需求的定义，理解文化旅游产品需求。

（3）熟悉文化旅游需求产生的条件和文化旅游需求规律分析。

（4）了解文化旅游市场未来发展趋势。

（5）掌握旅游市场细分和定位的概念及旅游市场细分的依据。

（6）了解个别类型文化旅游的市场细分。

导入案例

欧洲——“文化之都”

一提到欧洲的文化旅游，会使人们联想到雅典、罗马、巴黎、伦敦、柏林、马德里、佛罗伦萨、阿姆斯特丹等一长串的名字。欧洲有着悠久的历史，并且文化遗产保护的意识也十分强烈。至2008年7月，欧洲共有367个遗产项目（其中12项跨国遗产）列入《世界遗产名录》，约占世界总量的2/5，其中文化遗产327项，占总量的一半左右。

据欧盟统计局资料，2007年西班牙、法国和意大利是最具吸引力的目的地，而英国和德国则是最大的消费市场。冯翔较为系统地介绍了欧洲文化旅游的发展情况，认为2000年以来欧洲城市文化旅游的发展增速超过了全球旅游业的增长速度；从地理分布来看，欧洲最大的文化游客市场是占了欧洲出境游40％市场份额的英、德两国，斯堪的纳维亚半岛和西北欧的一些小国出游率最高，丹麦、德国、芬兰和意大利的旅游者较其他国家的文化旅游动机更强；同时在文化吸引物方面，欧洲加大了对于文化活动的关注力度。

在众多文化活动中影响范围最广、最有借鉴意义的当属欧洲的“文化之都”活动。欧洲的“文化之都”是源于1985年当时欧共体文化部长Melina Mercouri的提议而决定举办的欧洲范围内的文化城市评选活动。该活动希望通过“文化”这根纽带将整个欧洲紧密地联系在一起。自1985年评选活动开始后，一般每年都会有一到两座城市获得该项殊荣,至今共有48座城市获得该项荣誉。

第一节　文化旅游者

谁是文化旅游者?从表面上看,这个问题是简单直接的,但是和所有与文化旅游相关的事物一样,这个问题有着不同层次的复杂性。正如没有任何两个文化旅游产品是完全相同的一样,没有任何两个文化旅游者是完全相同的。

一、文化旅游者的含义

为满足精神及物质上的某种需要,而到异地他乡进行短期旅行和逗留的人,即是旅游者。这是从旅游的普遍意义来讲的,也是泛指一切旅游者。但严格来讲,人们的旅游动机有很大的差异,如有娱乐动机、文化动机、探亲访友动机、社会动机、经济动机等。正是由于旅游者动机不同,因而各自的旅游需求也表现出较大差异,才被划分为不同类型的旅游者。事实上,人们对旅游进行分类,其目的也是为了更好地满足不同类型旅游者的旅游需求。

文化旅游过去一直被视为一个小型的又易于区别的细分市场,而在今天,文化旅游已经稳固地发展成为一个主流的大众旅游活动。关于文化旅游的定义,学术界已有比较广泛的讨论,并有很多国内外学者从不同角度界定文化旅游。但是对于文化旅游者概念的理解,学者研究较少。下面我们援引目前中外一些学者所解释的含义。

考虑到文化旅游的本质属性和功能,针对文化旅游者参与旅游的独特目的,刘宏燕认为文化旅游可定义为:文化旅游者通过旅游这种方式进入异质文化的现实氛围中,以切身体验和了解其生活习惯、社会风俗、宗教、艺术、文化、历史发展、民族特点的行为;其目的绝非单纯地消遣娱乐,更重要的是获得异质文化的相关知识和体验。文化旅游者通常是指那些将文化旅游作为一种爱好,具有较高的文化素养和知识水平,有较强的求知欲和对于异域文化的好奇心,知识的开放性强,乐于与人切磋交流,获取新知识以提高自身的文化旅游参与者。

任冠文认为文化旅游者在于其旅游动机主要是对文化知识的追求,他们从事旅游活动的目的是在自我充实和感受各种文化熏陶的同时得到自我放松。正因此,他们注重的是广泛、深刻接触旅游目的地的文化内蕴,追求的是本真、原生的文化。事实上,其他旅游者与文化旅游者的关键区别就在于此。由此可见,并不是文化旅游目的地的旅游者都是文化旅游者,而非文化旅游目的地的旅游也未必没有文化旅游者。

国外学者认为文化旅游者是在旅行期间的某个时段访问特定的文化或遗产吸引物、博物馆、美术馆和历史遗址,参加文化或遗产游览活动,出席节日庆典,观看现场演出,或者参加其他特定活动的人,不论访问目的地的原因是什么。

从以上可以看出不同学者对文化旅游者含义的认识是有差异的。有些定义提出了所有的文化旅游者都是由于要深入学习、体验或者自我探索而产生旅行动机的。另一些定义认为,参与文化旅游具有各种不同的动机,从那些专门或主要因文化旅游而旅行的人,到那些文化旅游活动仅构成其整个旅行的一个偶然部分,呈现出连续性分布的特征。

二、文化旅游者的分类

对很多旅游者来说,游览文化或遗产吸引物代表了一种自由选择的或次要的旅游活动,而不是旅行的主要原因。从只代表文化旅游市场一小部分的深层次的典型文化旅游者,到行为接近于大众旅游者的非常肤浅的文化旅游者,存在着多种类型,每一种类型都有非常不同的需求,而且还有相当不同的行为表现。

(一)分类标准

这里参考国外学者的研究,依据文化旅游在关于访问目的地的总体决策中的重要性及其体验的深度,识别五种类型的文化旅游者。

1. 核心性维度

横轴线体现文化旅游在访问目的地的总体决策中的核心性。它识别文化旅游在决策中发挥的作用是不同的,从主要的或唯一的理由到不发挥任何作用,尽管旅游者可能还会参加一些文化旅游活动。对某些旅游者,获得文化或遗产旅游体验的希望会驱使他们作出旅行的决定。另一些旅游者可能打算将文化旅游体验作为旅行中重要的、但不是核心的活动。还有一些旅游者则不会预先计划去访问文化或遗产吸引物,但在旅行时还是会去游览一些文化景点。例如,加拿大安大略省进行的一项文化资源研究识别出了四种不同类型的文化旅游者:居于核心地位的是那些强烈地受到文化旅游驱动的人;第二类包括那些部分地受到文化驱动的人;第三类则涉及那些将文化作为其主要旅行动机的从属内容的人;第四类被作者标签为"意外的文化旅游者"。意外的文化旅游者并不打算去参观文化旅游吸引物或参与文化旅游活动,但是在旅行中的某段时间却游览了文化旅游吸引物。正如其命名的含义所示,他们的到场是意外的而不是有计划的。

2. 体验性维度

纵轴线代表的是体验的深度。从深刻的或有意义的文化体验到以娱乐为取向的或是基本上是娱乐性的文化体验,不同类型的旅游者期望从他们所访问的吸引物中获得不同的收益。一般来说,特意为文化旅游目的而旅行的人会比那些因其他原因而旅行的人寻求某种更为深刻的体验。但是,同时个人获得深刻体验的能力要受到一系列因素的影响,如受教育程度、可用的时间、先期的知识等。因此,即使是同样以文化旅游为主要旅行目的的两个旅游者,他们在同一吸引物那里获得的旅游体验也是不同的。

(二)五种类型的文化旅游者

将文化旅游目的地的核心性和体验深度这两个维度结合起来考察,我们可以得出文化旅游者可能的五种类型。

1. 目标明确型文化旅游者

文化旅游是此类型文化旅游者访问某一目的地的首要理由,而且期望通过旅行能够获得深刻的文化体验,其更在意寻求目的地的文化品质。C. McKercher认为对国际旅游者而言,东道主文化与旅行者自身文化的距离越大,那么目的地吸引目标明确型文化旅游者的可能性就越大。对国内旅游者而言，当目的地表现出更高的文化接近度时，旅游者就越有可能前去寻求文化旅游体验。文化或遗产吸引物与国内旅游者的核心价值越接近，吸引目标明确型文化旅游者的可能性就越大。

2. 观光型文化旅游者

和目标明确型文化旅游者相比，观光型文化旅游者将文化旅游作为其访问某一目的地的首要的或主要的理由，但是体验的深度较前者要肤浅。由于旅游地是著名的文化或遗产目的地，旅游者会特地去访问这些地方，但如果旅游者所寻求的不是深刻的，而是肤浅的体验，他们就不能很好地理解目的地的文化。部分旅游者只是为了获得一种已经访问过该地的个人身份，或是为自己的影集再增加一张照片而已。许多游客对目的地根本是毫无知识的，或者只有极其有限的知识，因而他们不可能获得深刻的体验。

3. 意外发现型文化旅游者

意外发现型文化旅游者不是为文化旅游的原因而旅行，但是在参与文化旅游活动之后却获得深刻的文化旅游体验。他们原本为其他目的而访问该地，由于受到一些文化遗产吸引物的吸引，他们在旅行过程中付出了努力，因而会获得满意的体验。例如，一旅游者出差旅行，期间参观了博物馆而且获得了深刻的体验，那么他可以被合理地归类为意外发现型文化旅游者。

4. 随意型文化旅游者

文化旅游是其访问某一目的地的弱动机，产生的体验是肤浅的。因旅游的文化动机很弱，加上旅游者对当地文化的无知，或是文化旅游仅仅是他们旅行的一个边缘成分，旅游者对文化景点或是文化活动仅停留在游览观光的层次上。一位目标明确型的文化旅游者到访某一文化旅游地，会在旅游前期做相关的资料调研工作，在目的地旅游也非常关注深入，期望作更多的了解，而一位随意型文化旅游者则无异于普通的观光游客，在文化旅游地只是简单的游览，旅游活动同时也很关注购物、饮食、拍照等方面。

5. 偶然型文化旅游者

不是为文化旅游的目的而旅行，但是参加了一些活动，获得了肤浅的体验。例如，街道风景、历史建筑和强调乐趣而非体验的文化旅游吸引物更可能吸引寻找肤浅体验的旅游者。

在某一目的地，任何时候都可能发现所有这五种类型的文化旅游者。旅游者类型的混合情况会因为旅游目的地的不同而不同。根据旅行的性质以及旅游的动机，某一个人可能被界定为所有五种类型的文化旅游者的。

三、文化旅游者的特征

（一）持续性

文化旅游者经常旅游，在目的地，他们往往比其他旅游者逗留更长的时间。他们将文化旅游作为一种兴趣，兴趣以持续性为特征，因而文化旅游应该是一种长期行为。一般的旅游者不会简单地凭借节假日的一两次文化旅游就成为爱好者。比如，文化旅游者要求旅游线路具有文化科普内涵和连续性，喜欢重游某一旅游目的地，以满足其探索和钻研的要求。

（二）较高的文化素养和强烈的求知欲

文化旅游的方式一般包括历史文化旅游、文学旅游、科学考察旅游、研学旅游等，是追求增长知识、文化内涵的益智型旅游者。由于科学技术的日益发展和教育的普及，人们的文化素质越来越高，越来越多的人视旅游为丰富人生阅历的一项活动。文化旅游者与整个大众旅游相比，年龄更大、受教育程度更好。

（三）具有特殊兴趣和某种专长

许多具有科学专长和特殊兴趣的旅游者加入旅游活动中来，在旅游活动中更加追求文化知识、重视文化品位。各种博物馆、艺术馆、纪念馆、动物园、植物园、科普基地和文化古迹等仍受文化旅游者的喜爱，而且各种各样的艺术节、音乐节、电影节等更受其青睐。同时，专业人员的考察旅游、学生的研学旅游、具有特殊兴趣者的文学专题旅游得到广泛开展。

（四）参与程度高

大多数旅游者的旅行时间预算都是有限的，许多人的时间受到旅游经销商的控制，或自己孩子的羁绊，在任何一个旅游目的地，他们只能花有限的一部分时间。文化旅游的性质决定它往往需要旅游者耗费大量的时间与情感投入，参加更多的活动，从而获得充分而深刻的体验，属于深层游。文化型旅游目的地应为不同类型的文化旅游者提供不同程度的参与活动，以满足不同层次文化旅游者的体验需求。

（五）对行程要求较高

文化旅游者不满足与大众旅游中简单的观光型旅行安排，他们希望行程中能够得到相对特殊的服务和接待方式，即具有目的地文化特色的活动设计和专项服务，通过形式多样的深层次的参与活动获得深刻的文化体验。同时因强烈的求知欲和文化兴趣，文化旅游者对旅行中导游的水平和专业知识要求较高。导游解说的信息要做到正确、客观、有深度，具备某一领域的专家的水准。如来到安徽省九华山旅游的文化旅游者对佛教文化已有一定的了解，显然简单的导游介绍已不能满足旅游者对佛教知识的需求，这里就要做到专业、精准，让游客得到收获。

第二节　文化旅游市场需求

一、文化旅游需求的定义

（一）需求

需求是人们在一定条件下对某种事物渴求满足的欲望。从经济学的角度说，就是在一既定的价格水平下，消费者愿意并且能够购买的商品数量。如果只有购买的欲望而没有购买的能力，或者虽有购买的能力而没有购买的欲望，都不能产生有效的需求。

（二）旅游需求

旅游需求是指具有一定支付能力的人们为了满足其对旅游活动的欲望，愿意在一定时间和价格条件下所购买的旅游产品数量。旅游需求是旅游市场形成的根本基础，是反映了旅游市场的现实需求状况、分析市场变化和预测需求趋势的重要依据。没有需求，市场就无所谈起，产品价值也就无法实现。一个地区的旅游业的发展，必须以人们对该地区旅游产品的需求为依据，并在此基础上进行有针对性的旅游产品开发。

（三）文化旅游需求

由旅游需求的定义，我们可以延伸文化旅游需求的定义，是指具有一定支付能力的旅游者为了满足他们对文化旅游活动的欲望，愿意在一定时间和价格条件下所购买的文化旅游产品的数量。

不同的文化旅游者对不同的文化特色和文化氛围感兴趣。对古代皇权感兴趣的旅游者，会去北京感受明清时期帝王生活，探究古代政治文化。具有佛教信仰的文化旅游者，会去安徽九华山欣赏奇秀山水和奇丽的自然景观，感受佛教文化的博大精深，探究神秘的九华佛国肉身现象，体验九华山的“九”文化。

二、文化旅游产品需求

旅游者对文化产品的需求，可分为宽度需求、深度需求和需求的弹性状况等多个层面。

（一）宽度需求

旅游产品的宽度是指旅游企业经营不同品种产品的数量。旅游者对文化产品宽度的需求，是受他们对文化各系列产品的认知情况等因素制约的，表现在他们购买不同品种文化产品的数量。

从旅游者对文化产品宽度的需求来看，大体上可分为两个方面。一方面，旅游者旅游活动的主观动机和旅游目的不同，他们对文化产品的需求表现在：一是出于观赏猎奇的心理需求和旅游动机，购买文化旅游产品；二是出于认知、求知的动机和需要，出于了解当地文化的旅游目的，购买文化旅游产品；三是出于科研、考察的动机和需要，购买文化旅游产品等。另一方面，旅游者在旅游活动各个环节的需求：一是购买文化氛围中的住宿产品需求；二是购买具有文化特征的饮食产品的需求；三是购买文化的遗迹文物、演出或展出此类产品的需求；四是参与文化游艺活动的需求；五是购买文化纪念品的需求；六是乘坐文化味浓郁的交通工具等出行的需求。这就是在文化氛围中，购买文化的食、住、行、游、购、娱之类旅游产品的需求。

（二）深度需求

旅游产品的深度是指同一品种的产品在规格、型号、层次等方面具有差异性的系列的长短，即产品链的长短。旅游者对文化产品深度的需求表现在购买同一产品不同规格、型号、层次产品的数量。

从旅游者对文化产品深度需求看，旅游者的主观动机和可自由支配的购买力不同，在一定时间和一定价格条件下，购买文化产品层次就不一样。

四川省北川羌族文化产品深度比较复杂，以羌族最具代表性的手工艺羌绣为例。一套做工精美，构图复杂的羌绣服装，市场价一般在200～900元不等，一般游客可能难以接受，只有真正了解羌族文化、欣赏羌族文化的文化旅游者会选择购买该类产品。而貌似小船，鞋尖微翘，鞋底较厚，鞋帮上绣有彩色云纹和杜鹃花纹纹样图案的羌绣"云云鞋"，不但具有实用价值，还具有相当高的艺术观赏价值，同时寄予了吉祥美好的寓意，售价也相对便宜，这种产品自然是普通游客愿意购买的，具有广阔的市场。其他还有绣花围腰、藏式统包、挎包、帽子、毡子、褥子、壁挂等，也都精美绝伦。同一文化下的文化产品深度不一样，不同的旅游者倾向的文化产品也各不相同，购买文化产品的层次也就不一样。

（三）需求的弹性状况

从旅游者对文化产品的需求弹性看，他们对此类产品的需求具有不稳定性、不确定性。一是旅游者对文化产品具有买与不买、多买或少买的可选择性；二是具有购买过程中的可替代性，如低档产品替代高档产品，一品种替代另一品种等；三是需求的紧迫度，即购买文化产品的欲望强烈程度。这些因素使得文化旅游市场需求具有明显的弹性。

三、文化旅游需求分析

（一）文化旅游需求产生的条件

文化旅游需求产生涉及社会、经济、心理等多个方面，主要有两个方面的内容：一是旅游者的主观因素；二是一定的客观条件。

1. 文化旅游需求产生的主观条件

旅游动机是产生旅游需求的主观条件。通俗地讲，动机就是激励人们行动的主观因素。凡是引起人们去从事某项活动，并使活动指向一定目标以满足个人需要的愿望或志愿，都叫作这种活动的动机。简言之，旅游动机是指促使一个人有益于旅游以及到何处去、作何种旅游的内在动机。人们只有有了旅游动机，才会产生旅游的具体行为。因此，旅游动机是旅游需求产生的主观条件。

2. 文化旅游需求产生的客观条件

可自由支配收入、闲暇时间以及交通运输的发展是产生旅游需求的三个重要客观条件。

可自由支配收入是指扣除全部纳税及社会消费（如健康人寿保险、老年退休金、失业补贴的预支等）以及日常生活必需消费部分（衣、食、住、行等）之后所余下的收入部分。可自由支配收入意味着支付能力。它影响着一个人成为旅游者，影响着旅游者的消费水平和消费结构，并且还会影响旅游者对旅游目的地及旅行方式的选择等。所以，可自由支配收入是影响旅游需求的最重要的经济因素。

闲暇时间就是在日常工作、学习、生活及其他必需时间之外，可用以自由支配、从事消遣娱乐或自己乐于从事的任何其他事情的时间。旅游需要有时间，对就业人员来说，需要有一定数量而且比较集中的闲暇时间才有可能实现外出旅游。所以，闲暇时间是实现旅游活动不可缺少的重要条件。

现代科学技术的进步为人类提供了诸如飞机、高铁等现代化的交通工具，使交通更加高效、快捷和便利，不仅缩短了旅游的时间和距离，而且运费的降低也缩小了旅游的经济距离。同时由于旅程的时间和空间距离的相对缩短，旅游者在旅途中的劳累感及单调感大量减少，有足够的时间和精力享受旅游活动所带来的乐趣，这些都有利于推动旅游需求的不断增长。

（二）文化旅游需求规律分析

文化旅游需求的产生和变化受多种因素的制约和影响，但对文化旅游需求量具有决定性影响的因素主要是旅游产品价格、闲暇时间和可自由支配收入。

文化旅游需求规律的基本内容是：在其他因素不变的情况下，人们对文化旅游产品的需求量随文化旅游产品的价格变动呈反方向变化，随人们可自由支配收入和闲暇时间的变动呈同方向变化。文化旅游需求规律可以用下列函数表示：

$$D=f(P,I,T,\cdots)$$

其中，D指文化旅游需求；P指文化旅游产品的价格；I指旅游者的可自由支配收入；T指旅游者的闲暇时间。文化旅游需求曲线如图4.1和图4.2所示。

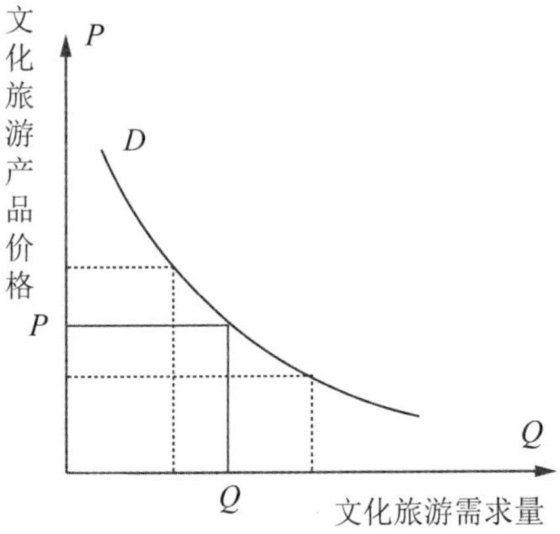

图4.1　文化旅游需求价格曲线

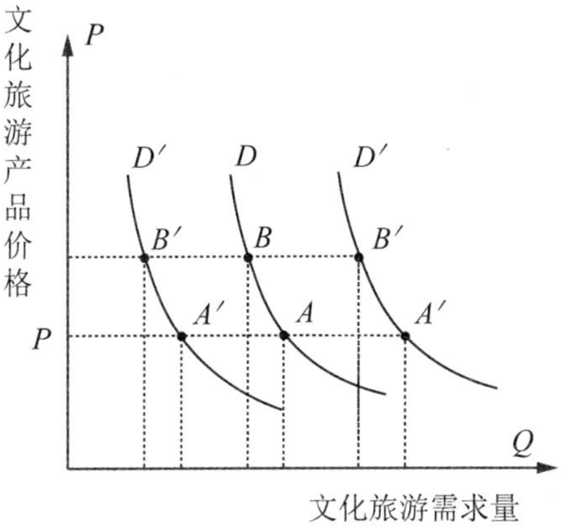

图4.2　文化旅游需求价格曲线的变动

图4.1中，曲线D为文化旅游需求价格曲线，P代表旅游价格，Q为旅游需求量，在不同价格的价格条件下，人们对文化旅游产品的需求量也是不同的。随着文化旅游产品价格的上升，需求量下降。因而文化旅游需求价格曲线D是一条自左上向右下倾斜的曲线。

需求曲线除由价格决定外，还受到多种因素的影响。当这些因素中的一个或几个发生变化时，仅由价格决定的需求曲线就会发生变动。图4.2中，当某一外在因素发生变化，如可自由支配收入增加，在同一价格下，对文化旅游产品的需求量就会增加，需求方程式将发生变化，原需求曲线D会向右方向移到D'。当某一外在因素发生变化，如可自由支配收入减少，在同一价格下，对文化旅游产品的需求量就会减少，需求方程式将发生变化，原需求曲线D会向左方向移到D'。

图4.3中，曲线为需求随可自由支配收入变动曲线，I代表可自由支配收入，Q为旅游需求量，在不同可自由支配收入下，人们对文化旅游产品的需求量也是不同的。随着可自由支配收入的上升，需求量上升。因而需求随可自由支配收入变动曲线是一条自

左下向右上倾斜的曲线。文化旅游产品的需求量随着可自由支配收入的增加而增加。

图4.4中，曲线为需求随闲暇时间变动曲线，T代表闲暇时间，Q为旅游需求量，在不同闲暇时间下，人们对文化旅游产品的需求量也是不同的。随着闲暇时间的上升，需求量上升。因而需求随闲暇时间变动曲线是一条自左下向右上倾斜的曲线。文化旅游产品的需求量随着闲暇时间的增加而增加。文化旅游需求量与人们的可自由支配收入、闲暇时间呈同方向变化。

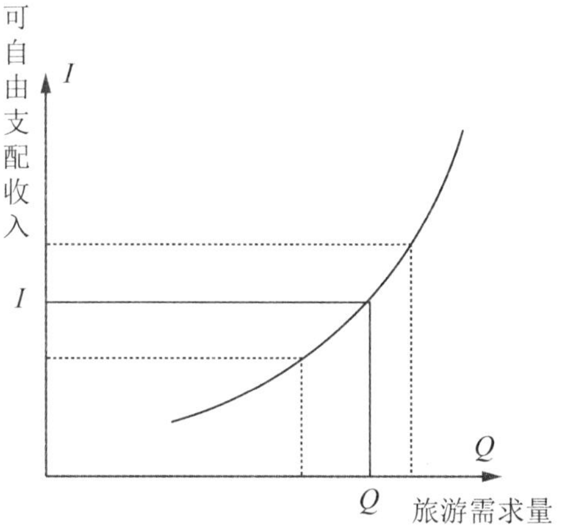

图4.3　需求随可自由支配收入变动曲线

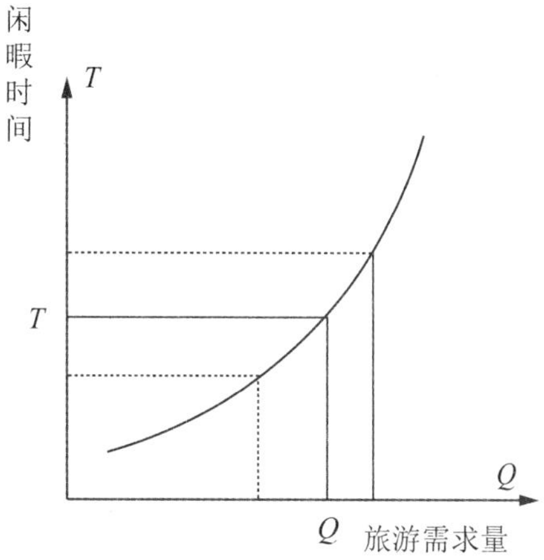

图4.4　需求随闲暇时间变动曲线

四、文化旅游需求预测

首先，旅游业在我国尚处于发展初期，其占国民经济的比重远远低于许多旅游业发达国家，发展潜力巨大。其次，我国具有悠久的历史，文化旅游资源丰富，既拥有丰富的物质文化遗产和非物质文化遗产，又拥有众多的风景名胜和名山大川。我国发展文化旅游产业有着独特的优势。

随着人类社会的进步和人们文化素质的提高，旅游与文化的结合越来越紧密。虽然不同的旅游者旅游动机各异，但主要都是为了满足较高层次的精神文化的需求。有较高知识水平的游客，大多希望在旅游地受到精神的启发和教育，感受当地独特的文化特色和文化氛围。这就为文化旅游的发展提供了广阔的市场。

凤凰县地处湖南省西部，总面积1759平方千米，全县人口38万人，是以苗族为主的少数民族聚居县。21世纪以来，该县依托民族文化资源优势，大力发展旅游产业，成功走出了一条以民族文化旅游为突破口、带动县域经济又好又快发展的特色之路。凤凰古城依山傍水，流水穿城而过，建筑高低错落，千百年来居住着苗族、土家族、汉族人民，是一处兼具独特自然风貌和深厚历史文化的人类聚居地。短短几年，凤凰古城旅游快速发展。该县先后成功入选“新潇湘八景”、被评为“中国旅游品牌百强县”和中国旅游强县，受到国内外游客的青睐。2001—2007年，该县接待游客由57万人次上升到793.5万人次，旅游总收入由7430万元增加到31.3亿元，分别增长了12.9倍和41.1倍。随着经济的发展，凤凰文化旅游发展具有广阔的前景。

随着旅游者旅游经验的日益丰富，人们价值观念和生活方式的转变，传统的大众观光型旅游产品已经不能满足人们更高层次的旅游需求。面对现代成熟的旅游者和日益多变的旅游需求，深度挖掘旅游产品的文化内涵，提升旅游产品的品位已经成为发展旅游业的当务之急。文化旅游作为一种深层次的旅游形式，必将具有广阔的市场前景。

【资料链接4-1】

从“卖风光”到“卖文化”江西旅游市场有喜有忧

刚过去的“五一”假期，滕王阁景区举办“背《滕王阁序》免费游”的活动赚足了人气，这是景区以文化为卖点的成功营销案例。

据全省多个景区统计数据，“五一”假期，游客接待人数不输往年。但据核地之光旅行社负责人透露，其从事三清山、婺源和龙虎山等线路多年，今年“五一”假期出现了一些新情况，就是团队游客和自驾游客与往年相比有一定幅度下降。“我们每天都会和景区及当地酒店对接，今年酒店客房剩下不少，且价格下滑。以婺源为例，往年五一普通标间每晚280至360元，最高400元，但今年只要180元左右，最高280元。”该负责人称，受禽流感影响，在江西过夜的外地游客数量也下滑30%以上。从全省景区今年的经营情况看，有的景区游客上升，有的有所下降，旅游市场可谓有喜有忧。

“传统景区从之前的拼风光资源，转而拼文化底蕴。”滕王阁景区营销部经理李敬称，受岳阳楼的启发，该景区结合自身特色，推出“背《滕王阁序》免费游”活动，国内多家主流媒体报道，网友赞誉度和参与度都很高，活动推出三天即迎来1200位免费游的游客。据介绍，活动首日，上海有一家三口专乘飞机到南昌，让9岁孩子背诵，并现场感受登滕王阁的意境。业内人士称，长远来看，以文化为切入点，吸引大量孩子、青年人前往，滕王阁这个传统景区找到了新的卖点。

（资料来源：第一旅游网，www.toptour.cn，2013-05-06.）

第三节　文化旅游产业的市场细分和定位

一、旅游市场细分

（一）市场细分的概念

在旅游企业发展早期，其营销对象并不加以区分，而是整个客源市场。随着旅游业的发展，同行业竞争的加剧，游客需求的提高，旅游企业逐渐认识到：只有选择部分重点市场，有针对性地进行营销和服务，才能既让游客满意，又能获得高额回报。

旅游市场细分是指将旅游市场分为具有不同需求、特征或行为，因而需求不同产品或营销组合的不同购买群体的过程。

旅游市场细分是旅游业市场营销活动的一个重要环节，只有根据相关因素对旅游市场进行仔细的研究，才能准确区分不同旅游产品对不同市场的适宜程度，为旅游企业的经营提供便利。

（二）旅游市场细分的作用

首先，将旅游者细分为若干个特定的类型，对营销者而言，能够获得关于旅游行为、旅游偏好的更翔实的资料。通过对这些资料的分析研究，有利于营销者合理配置旅游资源，从而获取最佳营销效果。

其次，兴趣的多样化使旅游者的需求越来越多样，这些兴趣反映在对特定目标市场的追求和追求新经历的旅游者的数量大大增加。在特定旅游目标市场中分析增加的旅游消费者人数，有利于发掘市场机会，开拓新的旅游市场。

再次，旅游市场细分及其相应的定位，对营销及策略管理有显著的积极作用。它有利于旅游企业制定和调整营销组合策略，增加应变能力，为旅游营销中确定经营方向，取得有利竞争地位起着重要作用。

所以，旅游市场细分是旅游目标市场营销的前提，它为旅游营销者认识市场、研究市场从而为其确定目标市场提供依据。

（三）旅游市场细分的依据

许多权威人士用不同的指标划分和分析旅游市场，所以这些评价指标概括起来可划分为四个主要类型：地理细分、人口细分、心理细分和行为细分。

1. 地理细分

地理细分（geographic segmentation）是指旅游市场按照旅游者来源地的不同进行划分，它可以是不同的区域范围，如国家、地区、省、城市、县甚至可以是一个地段。这种细分是较传统的细分方法，但至今仍普遍应用。由于旅游者的需求和偏好会因其居住地的不同而出现地区差异。地理细分对用地理特征的基本研究确立旅游目的地的一级、二级乃至三级市场和选择促销区域十分有利。

2. 人口细分

人口细分（demographic segmentation）是指根据各种变量，如年龄、性别、家庭人口、家庭生命周期、收入、职业、教育、宗教、种族、国籍等把市场分割成一定群体。人口细分是市场细分中最流行的方法。它为营销决策者提供了一种对旅游者非常直接有效的分类方法，在旅游业中具有较高的使用价值。旅游者的愿望、偏好和习惯的变化与人口变量高度相关，人口变量往往比别的变量更容易定义和测量；由于人口变量在测量所期望的目标市场中影响着促销媒体的选择等因素，人口变量成为最常用的变量。

3. 心理细分

心理细分（psychoraphic segmentation）是指按社会阶层、生活方式或个性特征等把消费者分成不同群体。这种细分如与地理细分和人口细分相对照，能提供更深刻的信息去理解旅游者的行为。心理特征在帮助断定市场及应该采取何种对策时很有效，它对旅游营销规划初始阶段寻找对什么旅游者会选择特定的旅游目标，市场制定旅游项目起积极作用。与人口和地理变量一起，心理变量可以为一个特定的旅游目标市场制定目标策略提供依据。

4. 行为细分

行为细分（behavioral segmentation）是指购买者对产品的了解程度、态度、使用及反应，把旅游消费者划分成不同群体。旅游购买行为包括消费者的购买动机、购买状态、购买频率以及对产品及品牌的信赖程度、对服务的满足程度、对广告的敏感程度等。

二、旅游市场定位

(一) 市场定位的概念

1. 定位的概念

“定位”一词首先是由两位广告人Al Ries 和 Jack Trout 于1972年提出的,指的是为产品在潜在顾客的大脑中确定一个合适的位置。定位是从顾客心理出发的,不是从公司或产品出发的,只认识到自己的特色及与众不同,未必能被消费者认同。因此,定位的概念是指企业及其产品在消费者心目中的形象地位。

2. 旅游市场定位的概念

旅游市场定位对于采用何种营销组合有着重要的意义,产品定位决定着目标市场旅游者对该产品是否认同,关系到旅游产品在旅游者心目中的地位,所以旅游市场定位的概念是指旅游企业根据目标市场的顾客偏好、竞争状况和自身优势,确定自身产品和服务在目标市场所处的竞争位置。

(二) 旅游市场定位需考虑因素

旅游产品市场定位涉及诸多因素,其中四个因素是旅游企业定位过程中必须考虑的。

1. 对目标市场有清晰的认识

只有对目标市场有透彻清晰的认识,才能做到有的放矢。假设一个旅游企业认为其旅游产品在市场中具有特定的定位,但是在不同的旅游者看来,可能其产品有着不同的定位。所以必须了解该定位对所有关键目标市场及旅游者的作用以及预测对非目标市场的冲击,全面衡量旅游产品定位的市场反应。

2. 了解旅游者对旅游产品的要求

旅游产品的定位所含有的利益必须对所瞄准的目标旅游者极为重要。由于定位的利益特征必须是对目标旅游者有吸引力的利益特征,这要求准确把握旅游目标市场的行为特点和旅游者心理因素,才能够切实了解旅游者对旅游产品的实际需求。

3. 以旅游产品优势的实现为基础

旅游产品的优势及用以创造产品优势的核心功能的旅游产品组合,能够使旅游企业同其他旅游产品相互区分。这种基于产品的方法,是利用旅游企业资产最有效的创造性竞争定位,并且能够确保这一竞争定位,在竞争对手的攻击性定位面前,是能够保护旅游企业自身,即具有防御能力和能够在旅游者心目中拥有持久的地位。

4. 旅游市场定位的可沟通性

旅游市场定位应当能够与目标市场沟通,这通常意味着它们简单明确,能够在同旅游者的相互沟通中加以修正。可以使用有吸引力和有创造性的广告或其他营销沟通方法使定位更具有吸引力,真正体现定位是以顾客为出发点的。

旅游产品市场定位要求从旅游者的角度了解旅游企业及其产品,因此旅游消费者的心理因素必须成为考虑的因素,把握旅游者对旅游产品的质量、价格、特色等方面的需求,这对准确的市场定位有着重要意义。

三、文化旅游产业的市场细分和定位——以安徽省池州市为例

文化旅游作为旅游业日益引人瞩目的热点和文化产业中日益发挥作用的组成部分,对国家和地区的发展都起到了重要的作用。文化旅游的市场细分和定位,其最大价值在于合理利用、整合当地宝贵的文化旅游资源,集中打造品牌,促进旅游业的发展和文化产业的优化调整,促进文化旅游的可持续发展。接下来,以安徽省池州市为例,这个全国第一个生态经济示范区、中国优秀城市之一和全国旅游竞争力百强城市之一的城市,对其市场环境分析、细分及定位。

(一) 池州市文化旅游市场分析

1. 优越的地理位置和客源优势

嘉靖二十四年(1545年)《池州府志》载历代方志文人对池州"形胜"的赞誉数不胜数,如"浸以秋浦,镇以齐山""山川清旷""俯瞰大江"。从汉代的"石山夹河如城"到隋代的"溪流澄碧常秋",池州的奇山秀水从古至今都是它繁荣兴盛的源泉,吸引人脉的魅力所在。池州城所在地为贵池,汉时称石城,取"石山夹河如城"的含义而命名。隋以"溪流澄碧常秋"更名为秋浦。贵池县的得名一说据《水经注》"江水自石城东入贵口",故名贵池。一说五代称贵池因"梁昭明太子食鱼而美封其地曰贵池"。[①]

池州市位于安徽省西南部、长江下游南岸,北濒长江与安庆市隔江相望,东与铜陵市、芜湖市毗邻,东南与黄山市交界,西南与江西省彭泽、鄱阳县接壤。历史上位于吴头楚尾。池州市是长江南岸重要的滨江港口城市、省级历史文化名城、皖江城市带承接产业转移示范区城市,也是安徽省"两山一湖"(黄山、九华山、太平湖)旅游区的重要组成部分。全市生态环境良好,经济与人口、环境协调发展,是中国第一个国家生态经济示范区。

池州港属于国家一类口岸,岸线长24.5千米,现有泊位17个,常年可停靠3000~5000吨级船舶,外贸出口运量连续5年居安徽省沿江五大港口之首。目前,池州港正在扩建新港区,并申报了国家一类开放口岸。公路方面,国道318线、206线、沪渝高速、济广高速均穿越池州,已形成南北贯通、东西便捷的快速通道。铁路方面,铜陵—池州—九江段铁路已开通。宁宜城际铁路全长250千米,投资估算257亿元,由原铁道部、安徽省和江苏省共同出资建设,建设工期4年零6个月。其线路始于南京南站,向西经板桥、江宁区进入马鞍山市,再经当涂县进入芜湖,由芜湖枢纽引出,沿长江南岸经过铜陵市、池州市,跨长江后止于安庆市。全线设11个车站,分别为南京南、新江宁、新马鞍山、新当涂、芜湖、新芜湖南、新繁昌、铜陵东、九华山、池州和安庆,预留新钟鸣、晏塘两个车站。航空方面,池州九华山机场位于池州市贵池区梅龙镇,机场磁航向(即飞机跑道方向)为130°~310°,距池州市区、铜陵市区、九华山风景区柯村基地均约为20千米,北距长江约3千米。

地理位置的优越凸显了池州的文化旅游在国内客源市场上的优势格外明显。池州市国内游客结构以江浙沪、广东、北京及当地游客、合肥、马鞍山等地的游客为主,境外游客以我国的台湾地区和韩国、日本、东南亚以及世界华人和其他国际客人为主。随着

① 池州市文化旅游区旅游总体规划[R].池州市旅游局,2012.

维多利亚号游船在池州港的停靠，欧美游客数量逐年增加。

2. 深厚的历史文化底蕴与旅游资源

池州历史悠久、文化积淀深厚，自然与人文旅游资源在类型丰度上大体相当，属于自然与人文旅游资源并重型。在旅游资源类型中，自然与文化复合一体的旅游资源、自然特征为主体的旅游资源、以历史文化为主体的人文旅游资源、景城、景镇、景村旅游资源较为丰富。此外，还有温泉、古徽道遗址等特色旅游资源以及古树名木、皖江及主要码头等旅游资源。

其中包括出土了大量文物的七星墩、团山泡等新石器时代遗址、秋浦红军局第一次会议旧址、大板天主堂等近代革命遗址。皖南古村落、民宅、祠堂和各种玲珑古朴的亭、台、塔、桥、井点缀于绿野山间。记载着徽商艰辛血泪的古徽道在崇山峻岭中蜿蜒曲折。历代文人墨客徜徉池州山水留下数千首脍炙人口的诗作和历经数百年风雨磨砺的摩崖石刻。晚唐诗人杜牧在任池州刺史时写下的《清明》诗被后人称作千古绝唱，也使池州杏花村名播青史。以佛教文化为特色的九华山“莲花佛国”千百年来古刹林立，飞阁流丹，香烟缭绕，修持佛法。始于母系社会的池州傩戏被誉为“戏剧活化石”。

当然，池州佛教文化特色鲜明，源远流长。闻名遐迩的九华山是以悠久的佛教文化和自然景观为特色的山岳型风景区。贵池民间素有“无傩不成村”的谚语。几乎清代以前居住于此的家族都有傩事活动。目前，流行在贵池东、南部的众多村落以及青阳县的陵阳、杜村等乡。它的活动，仅仅以家族或不同家族因地缘关系或姻亲关系而建立起的社祭祀圈为范围。这反映出古老的农耕文化特色。

3. 较好的自然生态环境

池州是泛“长三角”地区的“后花园”，环境优美，生态优良。境内气候温暖湿润，江河水系发达，森林覆盖率达60%，是中国第一个生态经济示范区，是中国优秀旅游城市之一，是全国旅游竞争力百强城市，是安徽省旅游资源最集中、品位最高的“两山一湖”（黄山、九华山、太平湖）区域的重要组成部分，也是游客进入“两山一湖”区域的重要出入口。

（二）池州市文化旅游市场定位

1. 客源地定位

国际和国内旅游市场并重，两个市场形成各有侧重点的市场格局。国内旅游市场重点突出：长江三角洲、珠江三角洲、京津塘地区的三大片区以及以“两山一湖”为中心的旅游经济圈市场。入境旅游市场重点突破东北亚、东亚、东南亚、港澳台和欧美市场，尤其要重点突破韩国、欧美市场。

2. 旅游资源优势定位

（1）自然旅游资源：奇山异水，宛若仙境。池州境内以九华山为中心，分布着大小旅游区300多个，其中有4处国家级旅游品牌：国家重点风景名胜区、国家5A级旅游区、国际性佛教道场、中国四大佛教名山之一——九华山；被誉为华东“动植物基因库”的国家级野生动植物保护区——牯牛降；被誉为“中国鹤湖”的国家级湿地珍禽自然保护区——升金湖；九华山国家森林公园——九子岩。还有首批4个国家级工农业旅游示范点以及平天湖国家级水上运动训练基地和杏花村等人文景观,是理想的休闲胜地。①

(2)人文旅游资源:佛国九华,民族精粹,特色池州。池州佛教文化特色鲜明,源远流长。闻名遐迩的九华山是以悠久的佛教文化和自然景观为特色的山岳型风景区。公元719年,新罗国(今韩国)国王近亲金乔觉(法号地藏)渡海来唐,卓锡九华,苦心修行75载,于99岁圆寂,其生前逝后各种瑞相酷似佛经所载的地藏菩萨,僧众们便认定他是地藏应世,九华山遂被辟为地藏菩萨道场。地藏菩萨立下了"众生度尽,方证菩提;地狱未空,誓不成佛"的宏大誓愿,是大愿菩萨,他能帮助信众实现各种美好的誓愿。其后僧众云集,寺院日增,特别是明清以来,香火之盛甲于天下。②

(3)城市山水文化:具有千古杏花村的历史文化名城品牌。池州历史文化底蕴积淀深厚,是安徽省历史文化名城。晚唐杜牧、北宋包拯等历史名人曾先后任池州刺史、知府,李白、苏轼等众多文人雅士都曾驻足寻芳,留下了千余首脍炙人口的不朽诗篇,为池州赢得了"千载诗人地"的美誉。池州秀山门外的杏花村,景色宜人,风光秀丽。杜牧的一首清明诗:"清明时节雨纷纷,路上行人欲断魂。借问酒家何处有,牧童遥指杏花村。"令杏花村名播青史,饮誉天下。③

3. 总体定位

(1)彰显历史、传承文化,打造千年池州历史文化制高点。

(2)感受民俗、体验人文,打造古城池州民俗文化大观园。

(3)突出特色、激发创意,打造未来池州品牌文化新形象。

四、专题分析——以自贡盐文化旅游市场为例进行市场定位与细分

(一)盐文化旅游市场细分

盐文化作为专项旅游市场,在考虑其市场细分的变数时,除了一般性的影响市场细分变数分析外,应重点选择人口和行为因素,特别是旅游者的年龄、受教育程度、职业、经济环境、生活方式等标准进行细分。

1. 地理细分

中国城市居民出游客源市场在距离上的分配研究表明,一个城市的出游市场37%分布在距城市15千米的范围内,24%的市场分布在15~50千米范围内,21%分布在50~500千米范围内。500千米以外的广大空间,仅分割了城市出游市场的18%。由旅游中心出发的非本市场居民的目的地选择范围,主要集中在距城市250千米半径圈内,以此作为参考,自贡盐文化旅游的主要客源市场范围在自贡市周边250千米半径范围内。

2. 人口细分

(1)年龄细分。不同的年龄阶层,其旅游倾向和旅游需求是有差异的,旅游者的年龄差别反映了旅游者的体力、旅游兴趣、生活阅历和消费水平等差异。调查显示,自贡盐文化旅游客源市场构成中,以中青年为主,尤其是当地青年学生,同时中老年市场是

① 胡文海.池州市文化旅游资源开发战略研究[J].黄山学院学报,2006:52-54.

②③ 池州市文化旅游区旅游总体规划[R].池州市旅游局,2012.

一块不容忽视的市场。

(2) 受教育程度。一般认为文化旅游者的受教育程度比一般旅游者要高。据吴必虎1997年的调查,西安碑林作为历史文化目的地,其游客中,大专以上文化程度的游客占67%以上。这充分说明文化旅游的构成者中其文化层次普遍较高,课题组调查,盐文化景区游客以大学生居多。

(3) 职业。职业在很大程度上决定了一个人的收入水平,收入水平则决定了一个人的购买力。同时,职业也决定了一个人闲暇时间及其分配情况,而闲暇时间是实现旅游消费不可或缺的因素。除此以外,职业本身意味着购买者的工作性质和生活经历,不同职业的人由于工作性质可能会促使其选择不同的旅游产品。盐文化景区据调查,职业构成中以工人、文教科技、公务员、学生、第三产业和其他人员(主要是农民)为主。

(4) 收入。从调查结果来看,绝大多数盐文化景区游客每月收入为1000~2000元,占比较高,高收入者主要是商务游客,比较少。月收入在1000元以下占中等,主要是由于其中有相当部分的农民和青年学生所致。调查资料显示,在花费上,大部分游客接受500元以下。

由此可知,盐文化旅游者大多是中等及偏下收入者,文化旅游产品的价格定位必须考虑这一因素。

3. 行为细分

根据本课题调查小组调查资料分析,在旅游组织方式上,盐文化各景区(点)的旅游者大多是自己和家人或(和)亲朋一起出游,散客所占的比重相当大,占90%,而散客旅游在全球范围已是旅游发展的主流,自由、个性、省钱是它的主要特点。

时间分析和停留时间上,据笔者了解,绝大多数游客都是因为自贡灯会,顺便看看盐文化景区,专门前来游览盐文化景区的游客也有,总的留宿的不多,除了部分探亲和商务类的游客,这主要是由于自贡市的旅游客源所致。

(二) 盐文化旅游目标市场定位

综上所述,文化旅游者有较高的文化素养,是旅游群体中的教育背景较高的层面,对人文要素的关注强于单纯的自然风光,该群体特征十分明显,是具有较高鉴赏力的旅游群体,因此该类旅游群体具有成为自贡盐文化重要专项客源市场的潜力。在上述市场细分的基础上,设定目标市场定位,是后续盐文化营销策略研究的指针和基础,也是形成营销合力的中心点。

定位指的是旅游目的地及其产品在目标顾客心目中所要占据的地位,亦即所要树立起来的形象。以下分别从几个方面来探讨盐文化旅游目标市场定位。

1. 客源市场定位

从目前自贡市旅游业的发展现状来看,它只能成为川南旅游线上的一个旅游节点,因此将客源市场定位在以重庆为主,云贵其他城市为辅是最合乎实际。其中一级市场包括本地市场,自贡市300万在籍人口,成渝市场4000万在籍人口以及随着经济发展不断加速聚集的外来流动人口。二级市场为中远程包括邻近省份云南、贵州,国内其他省份。三级市场为国际客源市场。

2. 盐文化旅游营销目标与任务

为满足上述不同细分市场的多元需求，自贡盐文化旅游营销目标应该以构建具有跨区域影响力的“中华盐都”目的地系统为核心，实现过境地与目的地整合，以盐文化为旅游核心吸引物；提升自贡盐文化旅游的知名度，将盐文化打造成为自贡旅游名片和目的地形象品牌。

3. 盐文化旅游市场定位的基础分析

自贡盐文化内涵已得到国内外受众的广泛支持，市场调查受访者也普遍认同自贡“千年盐都”这一称号。

寻求体现自贡综合旅游特色的准确性统一。传统的自贡旅游品牌是“恐龙”“灯会”“盐”，总体上自贡当前的旅游营销定位多元混杂，全面但不突出。因此，统一诸要素并将自贡旅游特色定位为盐文化将是自贡旅游品牌成功营销的关键。

4. 总体定位

旅游市场营销并非产品之战，而是知觉之战，为此，面向目标客源的旅游功能定位要与市场期待相吻合，突出对“盐文化”和“古都”的强化。自贡盐文化旅游营销定位应确定为原创性文化特色、古老神奇盐都探幽，定位主题口号与之相呼应，确定为“盐都盐文化”“中华盐都，康健自贡”。①

【分析案例】

江西瑞金红色旅游区从“文物旅游”到“文化旅游”，以“情境模式”打造“体验产品”

提升红色旅游吸引力的关键，就是把一般的红色文物陈列展示，即“文物旅游”，转变为以红色年代的生活体验为核心的“文化旅游”，形成以情境化为基础的参与式、体验式旅游模式，真正做到寓教于乐，寓教于情，在红色情境中感悟生活，休闲游乐。

基于此理念，将沙洲坝旅游区定位为“红色中国旅游区”。整个旅游区以20世纪30年代红色苏维埃政权的标语、景观、招幌牌匾、衣作、枪炮等等为装饰，恢复红色意境，打造红色环境，形成红色氛围，形成红色生活，达到红色体验的效果。

1. 红军村——红色原生态情境体验村

红军村设红军训练场、警卫营、司令部、红军学校、红军食堂、兵工厂、武器库及靶场、阵地、医院等16个项目，当一天红军、过一天苏区生活。设红小鬼哨卡，坐畜力车，使用革命语言，使用红军路条，用红军钱币，用红军小号和敲钟来报时，穿红军军装，扮演成各种革命角色，经历红色革命情景，并可以将这段难忘之旅拍摄下来制作成光盘留念，以强化记忆。全部居民及服务人员穿着红军军装及中式旧服装。

2. “长征出发地”徒步行军体验游——跟随红军去长征

云石山“长征出发地”行军体验游项目针对大众旅游市场，开展徒步长征体验旅游。通过这种体验型旅游产品，使游客能够触摸那段荡气回肠的风云历史，感悟共和国创立者们的伟大信仰、不懈追求和高尚情操，并从中受到深刻的革命教育。

问题：结合江西瑞金红色旅游区的经验，以你身边的红色旅游基地为例，谈谈该如何进行旅游方式的改变与转型？

---

① 杨红. 自贡盐文化旅游市场细分与定位分析[J]. 经营管理者，2010(5)：87.

本章小结

- **内容摘要**

本章从文化旅游者、文化旅游需求规律及趋势、旅游市场细分及定位等几个方面入手，剖析了个别类型文化旅游市场依据不同标准的细分过程及结构，并指出，随着旅游者旅游经验的日益丰富，人们价值观念和生活方式的转变，传统的大众观光型旅游产品已经不能满足人们更高层次的旅游需求，面对现代成熟的旅游者和日益多变的旅游需求，深度挖掘旅游产品的文化内涵，提升旅游产品的品位已经成为发展旅游业的当务之急。文化旅游作为一种深层次的旅游形式，必将具有广阔的前景。文化旅游的市场细分和定位，其最大价值在于合理利用、整合当地宝贵的文化旅游资源，集中打造品牌，促进旅游业的发展和文化产业的优化调整，满足文化旅游购买者及消费者的多层次需求，促进文化旅游可持续发展。

- **关键词**

文化旅游者；文化旅游市场定位

- **思考题**

1. 文化旅游者的分类及特征是什么？
2. 以家乡为例，定位当地的文化旅游产业。

第五章　遗迹类旅游景区

学习目标

（1）掌握遗迹类旅游景区的内涵、特征、分类。

（2）熟悉遗迹类旅游景区在现阶段旅游开发中的重要地位和所带来的社会经济效应。

（3）了解现阶段遗址旅游景区、历史街区、景观建筑旅游开发的现状、存在的问题和保护。

导入案例

大漠里的文化明珠——敦煌

敦煌为甘肃省酒泉市所辖的一个县级市，位于甘肃、青海、新疆三省（区）的交会点，这在全国县市中是微不足道的。可是敦煌因为莫高窟和博大精深的文化内涵而闻名于世。莫高窟1961年被国务院首批列为全国重点文物保护单位，1987年被联合国科教文组织列入世界文化遗产保护项目，并于1991年授予“世界文化遗产”证书。莫高窟是世界上现存规模最大、内容最丰富的佛教艺术圣地。近代发现的藏经洞，内有5万多件古代文物，由此衍生专门研究藏经洞典籍和敦煌艺术的学科——敦煌学。以丰富的遗址资源和历史文化遗留为基础，敦煌市持久开展旅游宣传促销，制定旅游优惠政策，协调开通旅游专列，加密航线航班，优化旅游服务环境等措施，带来了当地旅游行业的长期稳定的发展。以此为依托，敦煌市也成为为数不多的以县级市荣膺“中国优秀旅游城市”和“中国特色魅力城市”称号的城市，2019年成功入选“首批国家全域旅游示范区”，成为我国西北举世瞩目的一颗璀璨的文化旅游明珠。据统计，2018年，敦煌市全年接待游客突破千万人次大关，达到了1077.3万人次，实现旅游收入115亿元。

世界遗址遗迹研究领域的权威组织——国际古迹遗址理事会（ICOMOS）于1964年颁布的《国际古迹保护与修复宪章》（《威尼斯宪章》）曾指出：“历史文物不仅包含建筑，也包含任何能够见证文明、社会发展及历史事件的、来自城市与乡村的环境；它（遗迹）绝不局限于伟大的杰作，也可以是过去不太重要、但随着时间流逝重新获得文化象征的任何作品”。

遗迹类资源应具备历史、科学、艺术价值，反映古代政治、经济、文化、社会生活等方面的成就。在这一点上，它与文物相同；但遗迹又是一种特殊文物，是不可人为移动的。根据《文物保护法》，遗迹类资源包括如下范畴：

一是具有历史文化、科学艺术价值的古遗址、建筑、墓葬、石窟(寺)、石刻、壁画等；与著名历史事件、革命运动及人物有关的；具有重要纪念与教育意义、历史价值的近现代重要史迹、建筑。

二是根据我国国情，具体表现为单体古建筑、历史街区、历史文化名城等形式。1972年法国巴黎通过的《保护世界文化和自然遗产公约》将文化遗产定义为“历史文物、历史建筑及人类文化遗址”。并进一步细分为“物质”和“非物质”两种文化遗产。中华人民共和国国家质量监督检验检疫总局发布的《旅游资源分类、调查与评价》(GB/T 18972—2003)将常见旅游资源划分为8个主类、31个亚类、共计155种基本类型。其中遗址遗迹类(E类)旅游资源为8大主类之一，可见其在当今旅游开发过程中的重要地位(表5.1)。

表5.1 旅游资源分类表

主类	亚类	基本类型
A 地文景观	AA 综合自然旅游地	AAA 山丘型旅游地，AAB 谷地型旅游地，AAC 沙砾石地型旅游地，AAD 滩地型旅游地，AAE 奇异自然现象，AAF 自然标志地，AAG 垂直自然地带
	AB 沉积与构造	ABA 断层景观，ABB 褶曲景观，ABC 节理景观，ABD 地层剖面，ABE 钙华与泉华，ABF 矿点矿脉与矿石积聚地，ABG 生物化石点
	AC 地质地貌过程形迹	ACA 凸峰，ACB 独峰，ACC 峰丛，ACD 石(土)林，ACE 奇特与象形山石，ACF 岩壁与岩缝，ACG 峡谷段落，ACH 沟壑地，ACI 丹霞，ACJ 雅丹，ACK 堆石洞，ACL 岩石洞与岩穴，ACM 沙丘地，ACN 岸滩
	AD 自然变动遗迹	ADA 重力堆积体，ADB 泥石流堆积，ADC 地震遗迹，ADD 陷落地，ADE 火山与熔岩，ADF 冰川堆积体，ADG 冰川侵蚀遗迹
	AE 岛礁	AEA 岛区，AEB 岩礁
B 水域风光	BA 河段	BAA 观光游憩河段，BAB 暗河河段，BAC 古河道段落
	BB 天然湖泊与池沼	BBA 观光游憩湖区，BBB 沼泽与湿地，BBC 潭池
	BC 瀑布	BCA 悬瀑，BCB 跌水
	BD 泉	BDA 冷泉，BDB 地热与温泉
	BE 河口与海面	BEA 观光游憩海域，BEB 涌潮现象，BEC 击浪现象
	BF 冰雪地	BFA 冰川观光地，BFB 长年积雪地
C 生物景观	CA 树木	CAA 林地，CAB 丛树，CAC 独树
	CB 草原与草地	CBA 草地，CBB 疏林草地
	CC 花卉地	CCA 草场花卉地，CCB 林间花卉地
	CD 野生动物栖息地	CDA 水生动物栖息地，CDB 陆地动物栖息地，CDC 鸟类栖息地，CDE 蝶类栖息地

续表

主类	亚类	基本类型
D 天象与气候景观	DA 光现象	DAA 日月星辰观察地,DAB 光环现象观察地,DAC 海市蜃楼现象多发地
	DB 天气与气候现象	DBA 云雾多发区,DBB 避暑气候地,DBC 避寒气候地,DBD 极端与特殊气候显示地,DBE 物候景观
E 遗址遗迹	EA 史前人类活动场所	EAA 人类活动遗址,EAB 文化层,EAC 文物散落地,EAD 原始聚落
	EB 社会经济文化活动遗址遗迹	EBA 历史事件发生地,EBB 军事遗址与古战场,EBC 废弃寺庙,EBD 废弃生产地,EBE 交通遗迹,EBF 废城与聚落遗迹,EBG 长城遗迹,EBH 烽燧
F 建筑与设施	FA 综合人文旅游地	FAA 教学科研实验场所,FAB 康体游乐休闲度假地,FAC 宗教与祭祀活动场所,FAD 园林游憩区域,FAE 文化活动场所,FAF 建设工程与生产地,FAG 社会与商贸活动场所,FAH 动物与植物展示地,FAI 军事观光地,FAJ 边境口岸,FAK 景物观赏点
	FB 单体活动场馆	FBA 聚会接待厅堂(室),FBB 祭拜场馆,FBC 展示演示场馆,FBD 体育健身馆场,FBE 歌舞游乐场馆
	FC 景观建筑与附属型建筑	FCA 佛塔,FCB 塔形建筑物,FCC 楼阁,FCD 石窟,FCE 长城段落,FCF 城(堡),FCG 摩崖字画,FCH 碑碣(林),FCI 广场,FCJ 人工洞穴,FCK 建筑小品
	FD 居住地与社区	FDA 传统与乡土建筑,FDB 特色街巷,FDC 特色社区,FDD 名人故居与历史纪念建筑,FDE 书院,FDF 会馆,FDG 特色店铺,FDH 特色市场
	FE 归葬地	FEA 陵区陵园,FEB 墓(群),FEC 悬棺
	FF 交通建筑	FFA 桥,FFB 车站,FFC 港口渡口与码头,FFD 航空港,FFE 栈道
	FG 水工建筑	FGA 水库观光游憩区段,FGB 水井,FGC 运河与渠道段落,FGD 堤坝段落,FGE 灌区,FGF 提水设施
G 旅游商品	GA 地方旅游商品	GAA 菜品饮食,GAB 农林畜产品与制品,GAC 水产品与制品,GAD 中草药材及制品,GAE 传统手工产品与工艺品,GAF 日用工业品,GAG 其他物品
H 人文活动	HA 人事记录	HAA 人物,HAB 事件
	HB 艺术	HBA 文艺团体,HBB 文学艺术作品
	HC 民间习俗	HCA 地方风俗与民间礼仪,HCB 民间节庆,HCC 民间演艺,HCD 民间健身活动与赛事,HCE 宗教活动,HCF 庙会与民间集会,HCG 饮食习俗,HGH 特色服饰
	HD 现代节庆	HDA 旅游节,HDB 文化节,HDC 商贸农事节,HDD 体育节
数量统计		
8主类	31 亚类	155基本类型

注:如果发现本分类没有包括的基本类型时,使用者可自行增加。增加的基本类型可归入相应亚类,置于最后,最多可增加2个。编号方式为:增加第1个基本类型时,该亚类2位汉语拼音字母+Z、增加第2个基本类型时,该亚类2位汉语拼音字母+Y。

第一节 遗　　址

一、遗址概述

关于遗址的定义，国际上根据不同需要从不同角度进行了界定，最具有代表性的是国际古迹遗址理事会及《中国文物古迹保护准则》的定义。《国际古迹遗址理事会章程》指出："遗址"一词应包括一切地貌的风景和地区，人工制品或自然与人工的合制品，包括在考古、历史、美学、人类学或人种学方面具有价值的历史公园与园林。我国2002年颁布的《中国文物古迹保护准则》中，遗址被定义为"人类在历史上创造或人类活动遗留的具有价值的不可移动的实物遗存"。以上定义虽各有侧重，但均突出了遗址的重要价值的属性，且认为遗址具有不可移动性，因此存放在博物馆内的馆藏品或出土文物都不属于遗址的范畴。但在实际中，馆藏品及出土文物来自遗址地下，是遗址地不可或缺的组成部分，因此从旅游角度来看，遗址应该是一个系统，包括不可移动的遗址本体及可移动的出土文物。

遗址是考古学研究中的重要内容之一。古代遗址能够提供关于研究社会生产力发展和社会生活状况方面的完整的、重要的资料，据此可以阐明这一遗址当时人们生活的各个方面的特征和内容。例如发掘古代墓葬，可以研究不同种族的体质特征，了解古代埋葬风俗及墓葬形制；同时通过随葬品可以了解古代工艺水平及社会经济生活与意识形态等方面的情况。通过各种遗迹及遗物的综合研究，对了解古代社会的发展史有很大帮助。

遗址本身并不是旅游资源，历史遗址是人类历史长期活动遗留下来的宝贵遗产，只有在市场经济运行下，历史遗址作为一种资源进行开发利用，才使其具有了旅游资源的性质。经济的属性是旅游资源的重要属性，也是推进遗址类旅游资源深度开发的主要动力。同时历史遗迹的价值不仅体现在其观光休闲上，还体现在史学研究、知识普及等方面。历史遗址只有具备以下三个条件才可以视为旅游资源：历史的知名性、文化的展示性和开发的可能性。遗址类旅游资源通常来说具有较高的建筑价值、艺术审美价值和科学价值，它们像一部部纪录片一样记录着人类社会的发展历史。因此，遗址类旅游资源是重要的、不可复制的社会资源。我国遗址类旅游资源丰富，自中华人民共和国在1985年12月12日加入《保护世界文化与自然遗产公约》的缔约国行列以来，截至2023年9月17日，中国已有57项世界文化和自然遗产列入《世界遗产名录》，其中世界文化遗产37项，世界文化与自然双重遗产4项。

二、遗址分类

（一）按内容和类型划分

（1）洞穴、山洞和居住遗址，为原始人和古代人生活活动场地，如北京人遗址、山顶洞人遗址等。

(2) 作坊、冶炼、陶瓷等遗址，记载着古代人生产状况，如安徽亳州古酿酒作坊遗址、郑州商城制骨作坊遗址、铁炉村冶铁遗址、景德镇御窑遗址、郑庄瓷窑址、李家门瓷窑址等。

(3) 古战场遗址，记载人类历史上发生的重要战争，如垓下遗址、淝水古战场遗址、赤壁古战场遗址等。

(4) 古城与村落遗址，记载古代人聚落形式、规模和综合文明，如巴比伦古城遗址、安徽的歙县古城遗址、西递古村落、宏村古村落、唐模古村落等。

(5) 古建筑遗址，说明建筑的历史发展和技术水平，如安徽徽派古建筑遗址、赵州桥古遗址、万里长城古遗址等。

(6) 摩崖刻石遗迹，反映古代人类文化、科学发展的历史过程，如安徽天柱山摩崖遗迹、赤水官渡摩崖遗迹、遵义禹门山摩崖遗迹等。

(二) 按时间划分

遗址为文物，属于文化古迹。按时间划分可划分为：旧石器遗址、新石器遗址、商周遗址、秦汉三国两晋南北朝遗址、隋唐遗址、宋元明清遗址和近现代重要史迹。

旧石器遗址与地质时代划分的更新世大体相当。这一时期划分一般采用三分法，即旧石器时代早期、中期和晚期，大体上分别相当于人类体质进化的能人和直立人阶段、早期智人阶段、晚期智人阶段。当时原始人以石器为主要工具，过着原始采集和狩猎的生活。由于极端落后的技术条件，缺乏能力去开凿或修建居住的处所，当时主要利用山洞或山崖裂隙栖息。以中国周口店发现的北京人为例，据考究，他们使用石器和木棍来猎取野兽，并懂得采集果子来充饥。他们主要居住于山洞中，而在考古时，从其洞穴中发现木炭、灰烬、桡烧石、烧骨等痕迹，显示当时的人们已掌握了使用火的技术，并会砍取树木作燃料。总体来说，在旧石器时代早期，人类已经学会了用火，中期出现了骨器，晚期已经能制造简单的组合工具，而且开始形成了母系氏族。我国现今发现的元谋猿人、蓝田猿人、北京人、山顶洞人等基本上都处于这一时期。

新石器时代，距今1万至5000年前，相当于地质时代中的全新世，由于没有文字记载，许多历史以传说形式流传下来，像盘古开天；伏羲女娲兄妹成亲；黄帝同炎帝、蚩尤大战等。这也是我国统一多民族形成时期，先民们以农耕和畜牧为主，制陶、铜器工艺发达。新石器时代，在考古学上是石器时代的最后一个阶段，以使用磨制石器为标志的人类物质文化发展阶段。这一名称是英国考古学家卢伯克于1865年首先提出的，继旧石器时代之后，或经过中石器时代的过渡而发展起来，属于石器时代的后期。中国大约在公元前1万年就已进入新石器时代。由于地域辽阔，各地自然地理环境很不相同，新石器文化的面貌也有很大区别，大致分为三大经济文化区：一是旱地农业经济文化区，包括黄河中下游、辽河和海河流域等地，这里是粟、黍等旱作农业起源地，很早就饲养猪、狗，以后又养牛、羊等。有大地湾遗址、上山遗址，半坡遗址和大汶口遗址等。二是水田农业经济文化区，主要为长江中下游。岭南地区农业则一直不发达，渔猎采集经济占有较重要的地位，可划为一个亚区。本区很早就种植水稻，是稻作农业的重要起源地。早期饲养猪、狗，以后陆续养水牛和羊。有河姆渡遗址，江西万年仙人洞及吊桶环遗址，湖南道县玉蟾岩遗址，浙江余杭良渚遗址等。距今7000年前的河姆渡遗址，出土物中发现水稻遗存，证明了长江下游及其附近地区是中国也是世界水稻栽培的起源中心。三是狩猎采集经济文化区，包括长城以北的东北大部、内蒙古及新疆和青藏高原等地，面积大约占全国的三分之二。这个区域除个别地方外基本上没有农业，细石器特别发达而很少磨制石器，陶器也不甚发达。我国目前大小新石器遗址已发现1000余处。

商周属青铜器时代，进入有文字记载时期。但记载简略，有的文字记载几经修改，加之年代久远而散失，所存不多。对于保存下来的遗址和文物，仍有重要意义。如都城、村落、手工业作坊等遗址。

秦汉、三国、两晋南北朝，史料记载较多，如都城、长城、造船、冶炼遗址等。尤其在人民当中流传较广的事件、故事更有旅游价值。

隋唐是中国历史上政治统一强大、经济文化高度繁荣，成为中国封建社会极盛时代，因而保存下来各地遗址较多，有的也较为完整，旅游开发价值较大，如河南的龙门石窟、隋唐洛阳城遗址等。

宋元明清是中国封建社会后期阶段，史料丰富，遗址保存下来较多。结合遗址进行研究，将更能重现历史，更能说明问题。尤其如瓷器，是发展最高阶段，遗址也较多。

近代人民反帝、反封建斗争遗址，如广东虎门炮台、三元里平英团遗址、林则徐销烟遗址、武昌辛亥革命军政府旧址等；现代反帝、新民主主义革命遗址，如井冈山、延安、遵义，以及地道战和地雷战遗址等。从鸦片战争以来，中国人民为争取独立、民主和社会主义，同帝国主义、封建主义和官僚资本主义进行了不屈不挠的斗争，留下了许多革命遗址、遗迹和文物，这些遗址对怀念先烈，教育后人，争取尽快把我国建成社会主义现代化强国有重要作用。近现代重要史迹大体包括下列几类：一是革命遗址，指有准确地点，有较多的遗迹、遗物，以及完好、比较完好的建筑物。如井冈山中华苏维埃遗址、瑞金革命遗址、延安革命遗址、重庆和南京八路军办事处等。二是革命遗迹，曾经在某一地点发生革命事件，而原来的遗物和建筑物经过战争已经不完全或已经不存在，但还有遗迹和有准确地点可查的。例如台儿庄战役、解放战争的三大战役的战场等。三是革命地址，曾经发生过革命事件，内容也较多，但由于时间久，或当事人不在，原物保存较少，遗址准确程度相差。

三、我国遗址旅游资源的分布

遗址是人类共同的财富，从史前到社会经济文化时期，遗址以其独有的方式向人类传递着文明的讯息。人类的繁衍，国家的更迭，文化的发展都深深地印刻在这些断瓦残垣之上，黄土沙石之下。中国幅员辽阔，境内遗址分布众多，涵盖人类发展的各个时期，俨然一部生动的人类发展史。2006年，国家文物局发布《“十一五”期间大遗址保护总体规划》，确立了由长城、丝绸之路、大运河、西安片区、洛阳片区组成的“三线两片”为核心、100处遗址为重要节点的遗址保护格局。2021年11月18日，国家文物局公布了《大遗址保护利用”十四五”专项规划》，公布了”十四五”时期大遗址名单，包括省、自治区、直辖市内大遗址145处，跨省、自治区、直辖市大遗址5处。

四、我国遗址旅游资源的特征①

遗址旅游资源不同于一般的旅游资源，拥有一般旅游资源所不具备的特性，这些特性对遗址旅游项目的开发具有十分重要的影响和作用，因此，我们必须予以重视。

(一) 风貌残缺性

与国外的石质结构不同，中国的古代建筑大多为土木结构，难以经受各种战火及运动的摧残，再加上数千年的风吹雨打，腐蚀破损极其严重。从表象上看，如今的遗址旅游资源大多是断瓦残垣，具象的东西较少，除了一些伴随出土的文物之外，有的只是一些痕迹，风貌已变，不再完整，昔日的辉煌也只能存在于人们的想象之中。如琉璃河遗址地面尚存北城墙和东西城墙的北半部。元上都宫城遗址内现在仅可以看到两座宫殿的遗迹。南越国遗址中的御花园遗址经发掘后才出现方池、弯月池、曲渠、平桥等宫殿园林的遗迹。可见，地上建筑的残缺性是大遗址旅游资源的共性，也是其区别于其他旅游资源最显著的特点，更是制约遗址旅游开发的最大阻力。但是圆明园的成功也告诉我们，残缺有些时候也是一种壮美。只要利用得当，遗址旅游资源将会成为一本鲜活的教科书，将遗址的价值和旅游的效益最大化。

(二) 真实独特性

遗址作为某一历史阶段特有的产物，虽然残缺不全，但却凝结着固化的时空，还原了真实的历史。这是遗址旅游资源社会价值得以实现的前提属性。这一特性决定了旅游体验的品质——于游览中认识真实的历史，一个不同于文学创作及影视作品中的真实的历史。这也是驱动旅游者参与旅游的重要特性之一。此时的遗址不再仅仅是一座城池，一片墓葬那么简单，其间包含了鲜活的人物，真实的事件，动人的传说，超人的智慧……它拥有自身独特的文化，不是任何形式的复原或仿造可以实现的，这种真实的独特性注定了遗址旅游资源的不可复制性与不可替代性。

(三) 文化传承性

文明的发展不是一蹴而就的，有其自身的源泉。遗址作为历史再现的载体，虽各具特色，但却也能从中发现与现代文明的契合之处。安阳的殷墟是商代中后期的遗址，但从遗址中却能辨认得出四合院的雏形，而这一传统建筑形式在现代北京的老城中依然深受人们喜爱。景德镇御窑遗址是宋朝时期的窑址，清代改为御窑厂，而如今景德镇依然是中国瓷器之乡，其烧制瓷器的技艺传承至今，产品让全世界都啧啧称赞。从这一角度讲，遗址就是中华文明之根。同时中华文明又在历史的更迭中蜿蜒前行，而不同时期的遗址正是文化传承过程中的印记。中华文化发展的脉络在遗址中依稀可见。这种文化传承性决定了遗址旅游资源的灵魂。

(四) 脆弱易损性

中国传统建筑的土木结构特点决定了遗址建筑遗存的脆弱性。自然与战火的破坏在所难免，再加上盗墓猖獗，屡禁不止，更使遗址岌岌可危。遗址中的文物一旦出土，其所处环境发生变化，必然会对文物造成一定程度的影响。如果科技跟不上无法全面

① 李静. 中国大遗址旅游资源评价与开发研究[D]. 青岛：中国海洋大学，2012：16-18.

保护，也会成为世人的遗憾。种种这些都表明了遗址的脆弱性，而遗址一旦被破坏就会永远消失，其承载的文明也会随之出现断层。遗址旅游资源这一脆弱性与不可再生性要求旅游开发要慎之又慎，不能盲目跟风，更不能为了经济利益破坏遗址的真实性。

（五）大型复杂性

目前发掘的片状遗址面积从几十平方千米到几百平方千米不等，占地面积巨大，而线性遗址往往跨越多个省级区划，其空间尺度更具规模。要在如此大的空旷之地开发旅游项目，又不能随意复原重建，这就给遗址旅游开发带来了瓶颈。再加上遗址的脆弱性又使得遗址开发利用显得更为复杂。温度、湿度、曝光度、力度等稍有不慎就会对遗址造成不可挽回的破坏，而且遗址开发有其区域限制，并不是所有区域都可以对外开放。因此，遗址中可作为旅游资源的部分就会相对减少。旅游开发要与相关科考部门、政府部门相结合，在最小破坏的基础上实现效益最大化。总之，遗址规模巨大直接导致其综合复杂性，包括其价值综合复杂性，赋存物质综合复杂性，保护环境综合复杂性，开发环境综合复杂性。

五、我国遗址旅游资源的开发现状

遗址作为历史的研究价值极高，可以给人们提供历史的启示、历史的智慧，一定意义上反映人类社会发展的某种历史轨迹。而遗址作为旅游看点则呈现给世人的是“无形的多，有形的少；可讲的多，可看的少”。遗址类旅游资源是我国旅游产业开发较早的旅游资源之一，成为国外游客了解中国文化的主要窗口，国内游客初期旅游的主要对象。目前，遗址旅游资源在开发中存在的主要问题有：有的遗址建成旅游景点后，有“点”无“旅”，游客人数不多；有的遗址缺少管理，管理机制不完善，基础配套设施不健全，宣传力度不够，备受冷落，遗址旅游资源与生态环境遭受严重破坏；有的遗址旅游资源没有得到有效整合，旅游产品老化，缺乏新奇性和市场竞争力，难以形成吸引力，重游率低；有的遗址开发后，内涵挖掘不足，仅以观光游览方式为主，和旅游参与性尚不相符合。

长期以来，鉴于遗址在旅游开发过程中存在诸多问题，目前基本上还停留在被动的静态保护阶段，遗址采取以回填保护及现状保护为主的保守模式，绝大程度上拒绝旅游开发。供开放的部分仅为大遗址的冰山一角，以名胜古迹的形式开展旅游，一般为遗址中地面遗存较多且保存较为完好的部分，如八达岭长城、圆明园等；或以遗址博物馆为载体，旅游形式以观赏文物为主，如早期的西安半坡博物馆、秦始皇兵马俑博物馆、安阳殷墟博物苑、成都武侯祠博物馆等。但是，过度保护、拒绝旅游开发使得公众不了解遗址全貌与价值，完全被隔离在遗址的神秘面纱之外，使得遗址成为少数研究者的“私有财产”，价值没有最大化。而且这种神秘感抬高了文物的交易价格，促使一些不法分子盗取破坏，获得利益。有的遗址处于生产生活用地之上，为了单纯保护，过度干涉当地居民的生活，阻碍了这些地区的经济发展。经济条件不好，当地政府又无资金对遗址进行有效的保护。保护与发展恶性循环，各类问题层出不穷。以往单纯的全方位保护过度强调遗址的科学与文化价值，而忽略了其旅游价值。

任何事物的发展都有一分为二的内在联系，文化遗址的保护固然重要，但文化遗址的旅游业开发也很重要，在保护文化遗址的前提下，适度进行旅游业的开发，不仅可以带动当地经济的发展，而且旅游业增加的收入可以作为文物遗址保护的补充资金，加大对文化遗址保护的力度，使文化遗址的保护工作做得更好。

2008年10月21日在西安召开的首届“大遗址保护高峰论坛”提出“要让保护与开发不再博弈，应该将遗址保护同发展旅游业结合”。我国遗址遗迹的保护从此走出“全面保护、拒绝开发”的状态，走向实现保护与开发可持续发展的探索模式之路。以开发促建设，以建设促保护，以保护保证开发能达到预期效果。通过保护来开发，建设文化遗产，宣传历史遗址、遗迹的旅游资源；以旅游开发来获得更好的经济利益，为其保护提供资金支持。

遗址旅游资源并非仅仅是呆板、凝固的博物馆，它同样充满活力和激情，虽然目前它更多的是以静态展示为主，但应该积极开拓和探索一些参与性的旅游项目和文化活动，使人们能真正体会到博大精深的各种文化，达到人与文化、人与自然互相感应、互相联动的境界，而不是被动或单方面的欣赏。如今阳陵遗址博物馆、金沙遗址博物馆等高质量的博物馆已然屹立在遗址范围内；周口店、殷墟、大明宫、阳陵、圆明园、秦始皇陵、三星堆等国家级考古遗址公园已初步建成，成为国内遗址旅游开发的成功案例与主要模式。湖北将荆州片区遗址与鄂西生态文化旅游圈相结合；湖南提议构建考古遗址公园群，着眼于弘扬独特的地域文化和民族文化；西安强力推行文化旅游，与各种节庆与实景演艺交相辉映；安阳也聘请国内外专家积极探索开发殷商文化的旅游开发模式，并打造出了与殷墟紧密相关的节庆活动；洛阳、郑州、杭州、扬州、无锡、成都、广州等城市在巩固已有成果的基础上，继续加大遗址保护与利用力度；其他省市也奋起直追，遗址旅游资源开发在全国掀起了一股新的高潮。

但是，国内遗址旅游开发仍然处于初级试探阶段，不论理论还是实践都没有相对成熟的机制，这也是国家逐步增加遗址开发的用意，先选一些资源禀赋较好的遗址进行旅游开发，然后积累经验，为其他遗址的开发提供借鉴。

重视对遗址旅游资源更深层的研究、开发和利用，会进一步丰富我们对文化遗迹遗址旅游历史内涵的认识。目前遗址类旅游资源的研究、开发和利用程度是远远不够的，政府有关部门正在积极地充实基础设施，增强交通便利性，完善相关旅游政策、法律法规，更新旅游观念，拓展思路，统筹规划，准确定位，不断创新，开发特色旅游产品，实施品牌战略，进一步挖掘遗址旅游资源内涵，加大宣传力度，树立美好形象。

【分析案例】

在旅游大潮的推动下，近年来长城沿线各地都在争相修复自己属地内的长城，大力开发长城旅游。一些比较贫困的山区甚至把开发长城旅游作为“调整产业结构”“带领农民脱贫致富的大政方针提了出来。

2003年8月4日到9月16日，中国长城学会专门组织了一次长城沿线的抽样调查，行程9000多千米，调查了近百个地段，发现目前长城保护存在严重问题，许多在1984年、1985年时是城墙的地段现在变成了遗址，而原来是遗址的地段，现在已经完全消失了。例如张家口万全县狼窝沟原有一段1000多米的长城遗址，虽然墙体已经不存在了，但大量石块堆积在那里蔚为壮观，而现在不但石料被盗走，而且被掘地三尺，连地基都被挖走。而在我国的西北地区，长城沿线的许多地方由于环境恶化，土地沙漠化严重，当地农民找不到可以用来盖房、垒猪圈的黄土，竟然把长城的夯土挪为己用，这样的情况在长城沿线常有发生。

当地政府加大了长城修缮的力度，这虽然是好事，不过许多原本有很高文物价值的老城墙被修缮之后失去了原有的价值，这其实也是对长城的一种破坏。

问题：万里长城的这种旅游开发模式带来了哪些问题？如何解决这些问题？

【分析案例】

"国保旅游"：拒绝封闭固守，也要防止过度商业化

1. 喜："国保"即旅游之宝

"国保旅游"即以全国重点文物保护单位为目的地的旅游。全国重点文保单位具有重大历史、艺术、科学价值，长期很受广大游客青睐。比如第一批全国重点文保单位共180处，其中中山陵、遵义会议会址、瑞金革命遗址、卢沟桥、天安门、云冈石窟、莫高窟、龙门石窟、大雁塔、小雁塔、曲阜孔庙及孔府、故宫、天坛、颐和园、雍和宫等将近一半的国保单位成为热门旅游目的地。以文物集中的几个省市的代表性景点为例：

云冈石窟。但逢节假日，云冈石窟景区游客爆棚，人流、车流骤增，据统计，2019年"五一"小长假共计参观人数为115466人次，同比增长63.55%，收入为10414860元，同比增长64.22%。今年"十一"黄金周期间共接待游客161698人次，其中3日，游客人数达到顶峰，共计接待2.7万多人次。

平遥古城。2019年"五一"小长假第一天，平遥古城共接待游客9.82万人次，同比增长0.41%。"十一"黄金周期间，平遥古城景区共接待游客62.8万人次，同比增长2.78%；旅游综合收入7.26亿元，同比增长3.71%。

殷墟。2006年在免费开放的当天，有将近10万人涌入殷墟。2007年前半年，前往殷墟参观的有643万余人次。2013年，"十一"黄金周期间共迎接游客近3万人次。2018年殷墟景区游客量同比增长了29%，门票收入同比增长27%。

故宫。2009年，故宫博物院年度接待观众人次首次突破1000万，之后每年参观人数都以百万计持续增长，2012度突破1500万，2016年突破1600万，到2018年首次突破1700万，不断刷新年度参观人数的纪录。

西递、宏村。2019年10月2日，黟县旅游收费景区实际共接待游客39515人次，其中，西递接待游客13981人次，同比增长8.55%，门票收入59.46万元，同比增长8.74%；宏村接待游客18950人次，同比增长10.50%，门票收入113.83万元，同比增长10.27%。

国保单位文化内涵丰富，从旧石器时代的周口店遗址到1958年建成的人民英雄纪念碑，各个时期的精华文物都有涵括。这些国保单位，呈现了旧石器时代、新石器时代等各个历史时期文明演进序列中历史发展链条；遗址、墓葬、手工业作坊及交通、水利、文化等领域的遗存，全面地反映了各个时期的社会生活等。比如殷墟，是中国商朝后期都城遗址，距今已有3300年的历史。因发掘甲骨文而闻名于世，为甲骨文和考古发掘所证实的古代都城遗址。

再者，热门国保单位，也利用多种方式，吸引游客。比如故宫，推出大展"石渠宝笈"特展等，大受观众喜爱甚至出现了"故宫跑"现象。陕西秦始皇帝陵，采用了矩阵全景

技术，收录了秦兵马俑1号坑和3号坑的高精度全景图资料，将1000幅3500万像素的图片拼接起来形成一幅200亿像素的超大图片，游客可以360度“触摸”兵马俑的每个细节。

2. 忧：“国保旅游”面临难题多

（1）热门国保景区游客承载量达到极限，威胁文物安全。比如石窟类景区，游客的到来会打破洞穴内原有的平衡。二氧化碳长时间滞留窟内以及窟内相对湿度增加，空气温度上升，都有可能侵蚀壁画，加速已有病害的发展。

（2）为发展旅游破坏文物。比如乔家大院，原来的老院子只有“在中堂”，之后扩建出了“德兴堂”“守宁堂”和“保元堂”以及花园。游客进入其中，根本分不清哪些是文物建筑，哪些是“假古董”。而且随着扩建，原来在大院建筑周围的古民宅，悉数都被拆除。

（3）过度商业化问题严重，影响景区品质提升。有些景区内购物场所数量较多、面积较大、经营秩序和规范有待提升；有些景区商业街过长，景观质量差，普遍存在不明码标价、服务质量差等经营不规范问题等。

（4）很多国保还处于“养在深闺人未识”的状态，未能形成吸引力。一些地处偏远乡村、可观性差的古遗址、古墓葬，还未能走入大众视野。有些国保单位利用成效较差，研究不到位，阐释、展示能力有限，对游客构不成吸引力。

（5）有些国保单位游客服务设施、安全保障等配套设施跟不上，影响游客游览获得感，也影响国保单位的文物环境。

（6）国保景区文创产品乏力。资源挖掘不深入，内涵不突出，创意不足，本来是可以给让游客把文化带家，却激发不起游客的购买力。

（资料来源：《中国文化报》，记者李佳霖采访整理。）

【思考】为何存在此种现象？应如何改变这种状况？

第二节　历史街区

导入案例

“城市里坊制度的活化石”——福州三坊七巷

三坊七巷是福州市南后街两旁从北到南依次排列的十条坊巷的简称。向西三片称“坊”，向东七条称“巷”，自北而南依次为：“三坊”衣锦坊、文儒坊、光禄坊，“七巷”杨桥巷、郎官巷、安民巷、黄巷、塔巷、宫巷、吉庇巷。此街区是中国十大历史文化名街之一，“三坊七巷—朱紫坊建筑群”为全国重点文物保护单位。三坊七巷地处福州市中心，总占地面积38.35公顷，基本保留了唐宋的坊巷格局，保存较好的明清古建筑计159座，其中包括全国重点保护单位9处，省级文物保护单位8处，被誉为“明清建筑博物馆”“城市里坊制度的活化石”。

在这个街区内，坊巷纵横，石板铺地；白墙瓦屋、曲线山墙、布局严谨，匠艺奇巧；不少还缀以亭、台、楼、阁、花草、假山，融人文、自然景观于一体。正房、后房窗以双层通长排窗为多，底层为固定式，上层为撑开式或双开式。正房的主门朝大厅敞廊，多为4开式，门上雕有丰富的图案花饰，以增添大厅的气派。“谁知五柳孤松客，却住三坊七巷间”，三坊七巷人杰地灵，出将入相的所在，历代众多著名的政治家、军事家、文学家、诗人从这里走向辉煌，有的坊名、巷名就可看出当年的风姿和荣耀。

然而，作为“中国十大历史文化名街区”之一的三坊七巷，它是中国在都市中心保留的规模最大、最完整的明清古建筑街区。如此完好的历史街区能在改革开放以后几十年来如潮水般的城市化进程中得以留存，当地政府部门在文物和历史街区的保护上所付出的努力值得我们深思和借鉴。

近年来由于城市化进程的加速，导致大量的历史街区遭到毁灭性的破坏，历史街区的保护也越来越受到公众关注，这个名词也在报章、政府工作报告和研究文献上频繁出现。但是关于历史街区的开发与保护，目前尚未有一个统一清晰的认识。这在一定程度上影响了历史街区保护理论的发展，同时也导致了保护实践中对历史街区的不当处理。对历史街区的探讨有助于形成相关研究和立法普遍接受的定义，为历史街区的保护实践奠定坚实的基础。

历史街区是历史文化名城重要的组成部分。作为一个历史文化名城不仅要拥有优秀的历史文化遗存和重要的文物古迹，还要有历史街区。因为历史街区是这个名城历史发展中存留下来的连片的建筑群体，它保存有这座城市发展过程的历史信息；它是成片的而不是单幢的房屋，因而就能反映出城市的特色和风貌；还因为是街区，就有居民在进行着各种各样的生存活动，街区就能作为具有生命力城市的一个组成部分。而单个的文物古迹或历史景点虽然也能反映城市的历史，但它无法代表城市这样的内容，所以，对于一座完整的历史文化名城来说，要拥有足以反映名城特色的历史街区是至关重要的。在近十多年的城市建设高潮中，有不少的历史名城没有重视对历史街区的保护，或者说在一时经济利益的驱动下，有的名城根本就没有考虑历史街区的保护要求，许多名城把它当作一般城市的旧区来对待，以简单的方式拆迁改造，导致了那些所能代表城市特色的历史街区毁于一旦。

一、历史街区的概念

初次提出“历史街区”的概念，是1933年8月国际现代建筑学会在雅典通过的《雅典宪章》：“对有历史价值的建筑和街区，均应妥为保存，不可加以破坏。”1987年由国际古迹遗址理事会在华盛顿通过的《保护历史城镇与城区宪章》（又称《华盛顿宪章》，提出“历史城区”(historic urban areas)的概念，并将其定义为：“不论大小，包括城市、镇、历史中心区和居住区，也包括其自然和人造的环境。……它们不仅可以作为历史的见证，而且体现了城镇传统文化的价值”。同时还列举了历史街区中应该保护的内容是：地段和街道的格局和空间形式；建筑物和绿化、旷地的空间关系；历史性建筑的内外面貌，包括体量、形式、建筑风格、材料、建筑装饰等地段与周围环境的关系，包括与自然和人工环境的关系；地段的历史功能和作用。

我国正式提出"历史街区"的概念，是在1986年国务院公布第二批国家级历史文化名城时。"作为历史文化名城，不仅要看城市的历史，及其保存的文物古迹，还要看其现状格局和风貌是否保留着历史特色，并具有一定的代表城市传统风貌的街区"。其基础是此前由建设部于1985年提出(设立)的"历史性传统街区"：对文物古迹比较集中，或能较完整地体现出某一历史时期传统风貌和民族地方特色的街区等也予以保护，核定公布为地方各级历史文化保护区。1986年国务院在《国务院批转建设部、文化部关于公布第二批国家历史文化名城名单报告的通知》中关于四川阆中的简介中提到"古城内有许多会馆等古建筑，还保留着主要的历史街区"。这是首次出现"历史街区"完整说法，但并没有明确地对历史街区下一个定义。2002年10月修订后的《中华人民共和国文物保护法》正式将历史街区列入不可移动文物范畴，具体规定为："保存文物特别丰富并且具有重大历史价值或者革命意义的城镇、街道、村庄，并由省、自治区、直辖市人民政府核定公布为历史文化街区、村镇，并报国务院备案"(《中华人民共和国文物保护法》第十四条)。2008年国务院公布的《历史文化名城名镇名村保护条例》提出："历史文化街区，是指经省、自治区、直辖市人民政府核定公布的保存文物特别丰富、历史建筑集中成片、能够较完整和真实地体现传统格局和历史风貌，并具有一定规模的区域"。

从以上我国对历史街区保护的历程可以看出，人们对历史街区的认识是一个渐进的过程，并不是从一开始就认识到了历史街区的价值，这也导致许多历史街区在现代化进程中被破坏拆毁，时至今日这样的事情仍时有发生，人们没有发现朝夕生活于其中的物质环境具有深刻的价值内涵，所以如何界定历史街区是一个非常重要的问题。

除了上述中外法规中的历史街区标准和定义外，在有关历史街区的中文文献中，学术界不同学科、不同的研究者对历史街区的定义也不尽相同，戴湘毅、王晓文等选取了国内对历史街区较有代表性的定义(表5.2)[①]。所列虽然没有穷尽所有的观点，但是基本涵盖了学术界目前对历史街区的理解。

表5.2 历史街区定义列举(1991—2005年)

研究者	定义
名城规划委员会(1991)	历史保护地段是指那些需要保护好的具有重要文化、艺术和科学价值；并有一定的规模和用地范围；尚存真实的历史文化物质载体及相应内涵的地段
吴良镛(1998)	历史街区是指在某一地区(主要是指城市)历史文化上占有重要地位，代表这一地区文化脉络和集中反映地区特色的建筑群，其中或许每一幢建筑都不是文物保护建筑
丁承朴等(1999)	历史街区是指在某一地区(城市或村镇)历史文化上占有重要地位，代表这一地区历史发展脉络和集中反映该地区经济、社会和文化等方面。价值的建筑群及其周围的环境

① 戴湘毅，王晓文，等.历史街区定义探析[J].云南地理环境研究，2007(9)：36-39.

续表

研究者	定义
陆翔等(2001)	历史文化区(又称为历史地段或历史街区),指反映一定历史阶段的社会、经济、文化、生活方式、传统风貌和地方特色的城市或乡村的地段、街区、建筑群
李德华(2001)	历史地段通常也称作历史街区,它是保存有一定数量和规模的历史建筑物、构筑物,且风貌相对完整的地段
林翔(2003)	历史街区是保存着一定数量和规模的历史遗存且历史风貌较为完整的城市(镇)生活街区
杨钊(2004)	历史文化街区指能显示一定历史阶段的传统风貌、社会、经济、文化、生活方式及地方特色的街区
杨新海(2005)	历史街区是保存有一定数量和规模的历史遗存、具有比较典型和相对完整的历史风貌、融合一定的城市功能和生活内容的城市地段

本书采用学术界通用的对历史街区的定义,即:历史流传下来的因社会、文化因素集结在一起的有一定空间界限的城市(镇)地域,它以整个环境风貌体现着它的历史文化价值,展示着某个历史时期城市的典型风貌特色,反映了城市历史发展的脉络。

二、历史街区的特征[①]

(一)历史文化景观与空间的完整性

一方面街区内负载历史信息的景观占有主导地位,兼有其他非历史性景观;另一方面街区具有一定规模。这两个方面的衡量标准主要是以视野所及范围内保持视觉的连续与完整为原则。

(二)历史文化景观与空间的统一性

一方面街区的建筑景观协调统一,可以采用适当的形态分析方法,确定出街区形态的主要特征;另一方面街区的空间肌理秩序与肌理大小相似,表现在空间划分大小、建筑物与外部空间的关系以及街道空间形态等方面。

(三)反映城市形态的结构特点

历史街区折射出城市的土地使用性质、道路骨架特点和地块划分肌理等历史城市固有的空间结构特征,并且较为完整地展现其在城市中的功能,符合城市的道路和地块划分规律。

(四)反映城市的社会文化布局特点

一个街区往往经过几个历史阶段才孕育发展形成。街区体现城市建设各历史时期的社会文化组织结构,反映出城市中不同社会地位、经济水平、生活方式的人群分布状况。这一布局往往会影响到城市空间形态,从一个侧面表达城市形态结构的深层次内涵。

① 刘敏,李先逵.历史街区探析[J].哈尔滨工业大学学报,2003(4):506-509.

三、历史街区的分类

历史街区是指在城市(或村镇)历史文化中占有重要地位,代表城市文脉发展和反映城市特色的地区。历史街区可以是古代某时期历史风貌的存留,可以是地方或民族特色的体现,也可以是体现因历史原因而带来的外国的或混合式的风格。无论是哪一种形式与风格,都必须同时满足历史街区的三个核定标准,即历史真实性、生活真实性与风貌完整性。当前我国历史街区的开发与保护可以分为以下几个类别:

(一)历史文化名城

根据《中华人民共和国文物保护法》,历史文化名城是指"保存文物特别丰富,具有重大历史文化价值和革命意义的城市"。其纵向上又可划分为国家历史文化名城和省级历史文化名城。

国家历史文化名城由中华人民共和国国务院确定并公布,是1982年根据北京大学侯仁之、建设部郑孝燮和故宫博物院单士元三位先生提议而建立的一种文物保护机制。被列入名单的均为保存文物特别丰富、具有重大历史价值或者纪念意义且正在延续使用的城市。这些城市,有的曾被各朝帝王选作都城;有的曾是当时的政治、经济重镇;有的曾是重大历史事件的发生地;有的因拥有珍贵的文物遗迹而享有盛名;有的则因出产精美的工艺品而著称于世。它们的留存,为今天的人们回顾中国历史打开了一个窗口。

我国是一个历史悠久的文明古国,许多历史文化名城是我国古代政治、经济、文化的中心,保存了大量历史文物与革命文物,体现了中华民族悠久的历史、光荣的革命传统与光辉灿烂的文化。

国务院于1982年、1986年和1994年先后公布了三批国家历史文化名城,共99座。此后,分别于2001年增补2座,2004年增补1座,2005年增补1座,2007年增补7座,2009年增补1座,2010年增补1座,2011年增补6座,2012年增补2座,2013年增补4座,2014年增补2座,2015年增补3座,2016年增补3座,2017年增补2座,2018年增补1座,2020年增补1座,2021年增补3座,2020年增补1座,2022年增补2座,截至2023年10月25日,全国共有142座国家历史文化名城。

(二)历史文化名村(镇)

中国历史文化名村,是由建设部和国家文物局共同组织评选的,保存文物特别丰富且具有重大历史价值或纪念意义的,能较完整地反映一些历史时期传统风貌和地方民族特色的村。通常和"中国历史文化名镇"一起公布。第一批:2003年10月8日公布,共12个村;第二批:2005年9月16日公布,共24个村;第三批:2007年6月9日公布,共36个村;第四批:2008年10月30日公布,共36个村;第五批:2010年7月22日公布,共61个村;第六批:2014年3月10日公布,共107个村;第七批:2018年12月18日公布,共211个村。中国历史文化名村的评选依据建设部和国家文物局2003年10月8日发布的《中国历史文化名镇(村)评选办法》进行。

历史价值与风貌特色:建筑遗产、文物古迹和传统文化比较集中,能较完整地反映某一历史时期的传统风貌、地方特色和民族风情,具有较高的历史、文化、艺术和科学价值，现存有清代以前建造或在中国革命历史中有重大影响的成片历史传统建筑群、纪念物、遗址等，基本风貌保持完好。原状保存程度：村内历史传统建筑群、建筑物及其建筑细部乃至周边环境基本上原貌保存完好；或因年代久远，原建筑群、建筑物及其周边环境虽曾倒塌破坏，但已按原貌整修恢复；或原建筑群及其周边环境虽部分倒塌破坏，但"骨架"尚存，部分建筑细部亦保存完好，依据保存实物的结构、构造和样式可以整体修复原貌。现状具有一定规模：村的总现存历史传统建筑的建筑面积必须在5000平方米以上。已编制了科学合理的村镇总体规划；设置了有效的管理机构，配备了专业人员，有专门的保护资金。

到目前为止，我国已于2003年、2005年、2007年、2008年、2010年、2014年、2018年公布七批合计799处中国历史文化名村(镇)。其中，历史文化名镇312个，历史文化名村487个。

(三) 历史文化街区

历史文化街区是指经省、自治区、直辖市人民政府核定公布的保存文物特别丰富、历史建筑集中成片、能够比较完整和真实地体现传统格局和历史风貌，并有一定规模的区域。历史文化街区重在保护外观的整体风貌，不但要保护构成历史风貌的文物古迹、历史建筑，而且要保存构成整体风貌的所有要素，如道路、街巷、院墙、小桥、溪流、驳岸乃至古树等。历史文化街区是一个成片的地区，有大量居民在其间生活，是活态的文化遗产，有其特有的社区文化，不能只保护那些历史建筑的躯壳，还应该保存它承载的文化，保护非物质形态的内容，保存文化多样性。这就要维护社区传统，改善生活环境，激发地区经济活力。

历史文化保护区是我国文化遗产的重要组成部分，是保护单体文物、历史文化名城这一完整体系中不可缺少的一个层次，也是我国历史文化名城保护工作的重点之一。2015年4月21日，国家住房城乡建设部、国家文物局对外公布第一批中国历史文化街区，北京市皇城历史文化街区等30个街区入选。

四、历史街区的保护

现阶段，对历史街区实施保护有着十分重要的意义。这主要表现在：一方面，这是由历史街区自身的特性决定的，拥有独特的自然景观，包含诸多优秀古建筑、传统商铺民居等历史文化遗产，能够传承传统文化，它自身具有脆弱性和不可再生的特点；另一方面，在当前城市化进程进入加速发展阶段的大背景下，人口规模、城市用地扩张以及经济利益驱动下的不合理开发行为都会对历史街区造成损害，对历史街区实施有效的保护势在必行；此外，随着文化遗产旅游的兴起，大量游客涌入，在历史街区内踩踏、触摸，产生的生活垃圾，以及汽车等排放的有害气体都会对历史遗迹造成不同程度的破坏，给历史街区造成巨大的压力，对历史街区传统风貌、历史遗迹和民风民俗都容易造成负面影响。作为珍贵的资源和城市记忆的载体，历史街区需要且有必要得到包括当地政府、居民和社会各界等多方面的保护。

（一）历史街区的保护具体内容

1. 历史文化遗迹的保护

历史文化遗迹是历史街区文化传承的重要载体，历史文化遗迹包括历史街区中的建筑、碑刻等记载着历史文化信息的有形实体，其中各种文物建筑的保护是历史文化遗迹保护的重点。绝大多数历史街区中的建筑保护都必须结合居民生活的改善进行，才能保证街区居民始终充满真正的内在活力。历史街区建筑的保护方法概括起来可分为立面保护、结构保护和局部保护三种方式。在每个历史街区的保护与整治中，经常是综合采用上述几种方式。根据需要，恰当选择建筑保护方式对整个街区的保护往往起决定性的作用。

2. 街道格局的保护

历史街区内部道路的格局常常具有该地段乃至整个城市的个性。在我国，坊、街、巷路网格局从古延续至今，但不同的地区又有着不同的特征。苏州以前河后街、河路相间的街巷格局为特征。而北京的道路格局是以方格网为骨架，鱼骨式街巷为主脉，在鱼刺两侧为胡同。这几种街巷格局是不同的生活方式形成的历史风貌的重要体现。

3. 建设高度与尺度的控制

高度和尺度的控制是协调历史街区建筑风貌的重要手段。历史街区现代建筑的高度与尺度的整体协调是保护的重点之一。一方面，高大的现代建筑破坏了历史街区的整体视觉效果，取代了历史街区空间中占统治地位的建筑的统领作用；另一方面，破坏了原有的街道空间的尺度和比例。

4. 基础设施的改造

改善历史街区的生活基础设施，增加服务设施，满足现代生活的需要，包括完善供水、供电、排水、垃圾清理、道路修整以及供气或取暖等市政基础设施。同时开辟必要的休闲场地、增加绿化等，改善居民的居住环境，使居民可以安居乐业，继续在故居中生活下去、生活得更好。

5. 历史文脉的延续

文脉（context）一词，最早源于语言学范畴。它是一个在特定的空间发展起来的历史范畴，其上延下伸包含着极其广泛的内容。从广义上讲，文脉既包括一定地域的地质、地貌、气候、土壤、水文等自然环境特征，又包括当地的历史、社会、经济、文化等人文地理特征，因而是一种综合性的、地域性的自然地理基础、历史文化传统和社会心理积淀的四维空间组合。从狭义上解释即"一种文化的脉络"。历史街区之所以成为历史街区在于其有丰富的文化内涵，文化是人类在社会历史发展过程中所创造的物质财富和精神财富的总和，是历史街区的核心。历史文脉的保留与延续是历史街区保护的重要内容，保留历史街区真实的历史信息，延续历史街区动态的历史发展，反映从过去、现在到将来的真实历程，从而进一步提高历史街区的历史价值。

（二）历史街区的保护模式

历史街区保护的内容大多差异不大，但是我国大多数历史街区的具体特征差异明显，目前国内比较成功的历史街区保护模式大体有三种：

1. 立面表皮式保护

这是一种尊重历史和建筑文脉的基础上保留外观、更新内部设施的保护方式。上海的“新天地”里弄改造是其中的代表性实例。

上海“新天地”位于上海卢湾区东北角的太平桥地区，紧靠淮海中路、西藏路等商业街，区位条件优越。区内有国家重点保护单位“中共一大会址”和许多建于20世纪初属于典型的上海石库门里弄建筑，在建设高度、建筑形式和保护方面都有一定的要求。对该地段改造采用了“存表去里”的方式，即对保留建筑进行必要的维护、修缮，保留建筑外观和外部环境，对内部进行全面更新，以适应新的使用功能。就是建筑的外边不动，里面大动，对整个建筑的使用功能作了根本的改变，把原来的居住功能变成了经营功能，把整片居住区变成了商业、文化、娱乐、购物的场所。拆除一部分老房子，开辟绿地和水塘，美化环境。经过一番整治，这些老房子里面的设施都已经现代化了，外边的风貌却还保持着老样子，里弄的街巷情趣还在，传统的氛围也得以保持。“新天地”的成功开发吸引了许多人前来购物、休闲、过夜生活，把这里打造成了人群高密集和环境高品质地区。

2. 整体保护模式

这种方式就是对历史街区完全保留，类似文物保护方式，只是进行局部的修补，社会网络和物质空间同时被保护下来。近年来比较成功的历史街区保护案例，如山西平遥南大街、安徽黄山市屯溪老街、江苏乌镇、周庄等地保护采用的都是这种方法。

乌镇是杭嘉湖平原上的江南小镇。地处江南河网交错地带，交通不便，战争和动乱对其影响不大，其古镇风貌得以比较完善地保存了下来。如今，乌镇已经成为沪杭黄金旅游线上的一个热点。乌镇的保护与更新采用了“修旧如旧”的方式，由桐乡市政府直接领导下的乌镇旅游开发公司全权负责管理与实施。所谓“修旧如旧”，就是尽量要让乌镇的建筑风貌恢复到100年前的模样，力求保持乌镇作为江南水乡古镇的“原生态”面貌。同时适应现在生活和旅游的需求，综合治理环境。按照这一思路，乌镇使用一些古旧建筑材料对环境进行装饰。狭窄的街道上，一律是古旧的青石板，街道两边的房屋外立面全部贴上了长条门板。如果是新的木料，则还必须以烟火熏成仿佛岁月浸染过的乌黑模样，古镇的整体风貌十分协调，古色古香。目前，以乌镇为代表的江南六镇在保护古镇方面的实践赢得了联合国教科文组织和有关专家的高度赞扬，慕名而来的游客也带来了丰富的商机和发展潜力。从土地开发管理的角度来看，由于政府下属的开发公司全权负责开发与管理，保证了以商品房开发或商业性开发为目的大规模土地开发不会出现。而其“修旧如旧”的保护方法决定了不可能出现大拆大建的现象。从目前看，主要是对其内部一些不适应保护或旅游需求的建筑进行了拆迁，或予以重建，或恢复一些古迹建筑，或留作绿地空间。对大部分的建筑还是予以修缮为主，除部分拆迁建筑和政府收购的重点建筑的土地外，大部分建筑的土地权属未作改变。

3. 拼贴式保护

在历史城市中存在很多这样的街区：街巷格局未变，局部保留传统的风貌，但是基础设施匮乏，房屋简陋，人口密度大。对于这样的历史街区，应当在保护现有风貌较完整、房屋质量较高传统建筑的条件下，对破败严重、风貌尽失的建筑采取更新的方法完善历史街区风貌的完整性，使历史遗存和新建建筑共存于历史街区中，以达到保护历史街区空间形式、延续历史文脉的目的。具体的保护方法为:① 保护、整修保存质量较好的传统建筑;② 保护街道格局及其空间尺度;③ 限制建筑高度与控制建筑体量;④ 改善基础设施、降低人口密度。

拼贴式保护在一些街区取得了很好的效果,如苏州十全街就是其中的一个案例。苏州十全街位于苏州名园沧浪亭北首,东起薪门安利桥瑰,西至人民路三元坊口,全长1800米。宋时因有十口井而得名"十泉",至清为纪念乾隆帝易名为"十全",历经千年风雨沧桑,至今依然保留着"水陆平行、河街相邻、两路一河"的传统格局和水乡情调,显现出极为丰富的历史文化底蕴。1992年,十全街作为古城保护重点工程实施全面改造,保护了网师园、沧浪亭、南园、织造府等名胜古迹,李根源、冯梦龙、叶圣陶等名人故居以及乌鹊桥、带城桥、砖桥、帝师桥等14座古色古香的小桥和一批古树名木,延续了历史痕迹和漫长岁月的印记。对破损的房屋均拆除新建,在建筑风貌设计上强调"再现和延续"古城风貌特色。历时5年,展现了粉墙黛瓦、古朴幽雅、临街枕河、倒影如画的古城新格局。这条街上分布着苏州饭店、南园宾馆、南林饭店等一批星级涉外旅游饭店,沈德龙的古吴绣皇、秦汉堂等一批工艺美术店,钱塘茶人、紫藤庐等休闲茶酒吧,形成集丝绸绣品、古玩字画、文房四宝、民间工艺、风味小吃于一体的特色。游人徜徉于此,听评弹,看古吴今韵,能深深领略街坊改造后的绰约风姿。如今,十全街已成为姑苏城内独领风骚的休闲文化街。另外地处苏州东北角,邻近狮子林和拙政园的"桐芳巷"街坊,吴良墉先生主持的"北京菊儿胡同住宅改造工程",其成功改造也都受到了各方面的关注与赞同。

总之,历史街区的保护需要动态的保护,因为任何历史建筑都不可能完全保持它建成之初的状态。对历史街区的保护,是旨在适应时代需要的同时保护它自身的特色,不是禁止改变,而是对发展加以规划,保护历史街区的整体性、原真性。对于典型的传统特色建筑,应当极力保护其原貌,不允许破坏的发生,做到"整旧如旧",不但要预防破坏性保护行为的上演,而且应当防止保护名义下的无节制的原地复建。对于传统建筑周边的特色营造,不应当简单地抄袭前人风格,而是需要在传统之下有时代特色。历史街区的保护要处理好传统特色承继与现代特色创造的有机结合。从历史发展的角度来看,任何将传统和现代特色对立的做法,只能使城市的历史产生断层,使城市的发展缺乏真实感,使城市在失去了传统的根基之后,城市特色逐步枯萎,甚至老去。动态的保护之下,在发展中延续,才能真正保持传统特色的活力与魅力。

五、历史街区与旅游开发

历史街区,保留了某一地域在一定时期内该城镇的历史风貌与传统文化,并反映出该地区政治、经济、文化等诸多方面的深层社会结构。历史街区记载着城镇历史发展的信息,蕴涵了深邃的文化遗产,这在文化旅游、体验旅游盛行的今天是具有得天独厚的资源优势的。

随着现代旅游的迅速发展,为满足经济发展的需要,无视历史街区自身的特性,在各种经济利益的驱动下进行大规模、高强度的旅游开发,致使街区的生活居住功能和历史文化内涵的大幅退化,一些具有较高价值的历史遗产也遭到了严重的破坏。在旅游开发的过程中,由于保护与开发不合理,街区环境质量下降,街区开发与居民利益冲突、管理体制不顺等问题的出现,使历史街区的旅游吸引力也急剧下降。历史街区是极具历史内涵和价值的重要区域,是历史变迁和城市发展中的文化遗产,若对其破坏或发展不当都将造成城市特色和个性的丧失。

对历史街区的开发,要遵循在保护的前提下进行这一原则。在历史街区的开发及更新过程中,应始终把历史街区的保护工作放在开发的首位,在保护的前提下谈开发与建设。这是社会历史发展的客观要求,更是可持续发展战略的重大体现。世界旅游组织《旅游业21世纪议程》中曾强调:如果保护文化遗产而不能使它们发挥应有的经济效益,那么人们就会逐渐怀疑保护它们的重要性。所以历史街区的保护应充分发挥其显在和潜在的巨大作用,通过对历史街区历史文化资源进行科学合理的保护以及开发利用,充分展示其所蕴含的品位、价值和作用,以提高整个城市的文化内涵,促进城市经济发展。

由于历史街区建筑成群连片,规模大,不仅有多样的物质遗存,还保留有丰富的传统文化内容。近年,历史街区的旅游开发倾向于集参观、游览、购物、娱乐、民俗文化活动于一体的综合开发。如杭州清河坊是近年对历史街区进行旅游开发的一个典型。杭州有名扬天下的西湖,并不缺少旅游吸引物,但相对杭州"休闲天堂"的旅游定位来说,西湖以观光为主的旅游功能显得比较单一。清河坊历史文化街区位于吴山脚下,距西湖仅数百米,占地13.66公顷,作为杭州目前唯一保存较完好的旧城区,是杭州悠久历史的一个缩影,具有深厚历史文化底蕴和市井民俗风情,具备综合开发的必要条件。从南宋到近代,河坊街一直是杭城的商业繁华地带,酒楼、茶楼、歌馆多集中于此,曾聚集了杭城最著名的古老商铺,是当时杭州人首选的购物场所和来杭外地客人购买土特产的必到之处。杭州的百年老店,如王星记、张小泉、万隆火腿庄、胡庆余堂、方回春堂、叶种德堂、保和堂、状元馆、王润兴、义源金店、景阳观、羊汤饭店等均集中在这一带。清河坊的茶文化、药文化、食文化,众多百年老字号商铺的文化,加上各种民间艺人及市井民俗的小摊,充分体现出市井民俗风情特色。从2000年4月起,上城区政府对清河坊的历史建筑群依照"修旧如旧"的原则,严格按原有风貌加以保护、同时又开发新的街景。如今清河坊历史街区保留了历史文脉,恢复了方回春堂、保和堂、种德堂老字号中药店和万隆火腿庄、王星记扇子、荣宝斋;新引进了世界钱币博物馆、观复古典艺术博物馆、雅风堂馆、浙江古陶器收藏馆、龙泉官窑展馆及各种工艺品、艺术品店和吴越人家手工布艺、太极茶道、太和茶道、绍兴老酒店、香溢馆、华宝斋、虞金顺艺术馆、喜得宝、丽江工艺等符合历史文化氛围的特色店馆,以传统商业、药业和人居文化为内涵,集"游、观,住、吃、购、娱"于一体,再现昔日繁华。一条濒临淹没的千年古街成为典雅古朴的"江南第一名坊",该街区已发展为具有杭城特色、环境典雅、功能完备、管理规范的杭城新的商贸旅游热点。

主客相融,体验普通居民生活是历史街区旅游开发的一种比较成功的模式,许多旅游者为了寻找一种不同于本土文化的感受,对名城中普通居民的生活非常感兴趣。按照这种模式,游客与当地居民相互融合,旅游活动和居民生活有机结合在一起,即当地居民依然生活在历史街区内,游客通过参与当地的一些传统文化活动以及与当地居民进行交流,来了解当地的风土人情、民俗习惯,感受和体验普通人的生活。如北京的"胡同游"以及苏州平江历史街区的旅游开发。平江历史街区开设有居民客栈——家居式旅馆，民居与客栈融为一体，使游客与古街居民同吃同住同乐，真正体会枕河人家的生活，身心得到彻底放松。

综上所述，历史街区的保护与旅游开发可以说是相辅相成、相互促进、互惠互利的关系。良好的保护为旅游开发提供了主题和活动项目，而旅游又给历史街区注入了新的活力。对历史街区单纯保护、维持现状并不能充分体现其应有价值，而旅游开发能够提高历史文化遗产本身的知名度和社会地位，在思想认识上促进历史街区等文化遗产资源的保护，依托遗产资源进行旅游开发可全面展现历史街区文化内涵。开发旅游还可以为历史街区的文化遗产保护提供经济上的支持，以旅游业发展为原动力促进地方经济的发展，是解决街区保护动力机制不足等问题的有效途径，在严格遵循保护的原则下更新历史街区经济、居住、教育和文化传承功能，适度开展旅游项目，不仅可以创造经济收益，使历史街区的价值得到充分体现。同时，还可为历史街区的保护工作打下良好的群众基础，提供资金支持。可见，探寻更多成功的旅游开发模式，把旅游与历史街区的保护结合起来，通过两者的互动，在动态过程中达到两者的协调发展，这对历史街区的文化保护和促进当地社区经济发展具有重要的作用。

【资料链接5-1】

南池子历史文化保护区在1987年被列入第一批历史文化保护区，作为《北京旧城25片历史文化保护区保护规划》中的保护对象之一，是北京历史文化名城的重要组成部分。南池子历史文化保护区修缮改建试点工程，西起南池子大街，东至瓷器库胡同，南临缎库胡同，北至东华门大街，共占地6.4公顷。改造前，这里拥挤着3000多间低矮的平房，地区中央的文物建筑普渡寺，一直被一所小学和一百多户居民占用，文物建筑被严重破坏。地区内路窄巷深，有不少死胡同，根本无法满足现代交通和消防的基本要求，存在着严重的安全隐患。修缮改建规划以“整体保护、合理保存、适度更新、延续文脉、整治环境、调整功能、改善市政、梳理交通”为基本原则。突出普渡寺这一主题，注重城市街巷肌理的保护，通过对现有路网进行优化，减少了尽端式街巷；对于保存较好的或者能够反映出四合院格局的院落最大限度地予以保护，进行加固、修缮，增加现代厨卫设施，保持原有的四合院传统格局；对于院落印记模糊不清的区域，以新四合院的方式出现，二层建筑围合的院落，仍不失传统风格和情调。院内青砖满地，种植有北京特色的树木、花草，布置花架、石桌、石凳，空间气氛与传统四合院十分相似，舒适宁静、亲切宜人。建筑的造型元素延续了传统北京民居的精华，如灰瓦屋顶、灰砖墙、红门窗框和如意门等。规划严格限制建筑的体量和高度，整个地区形成了格局为内高外低、东高西低的格局。整个小区层次丰富，高低错落，新旧穿插，沿南池子大街是原汁原味的传统四合院建筑，向内是两层院落式建筑，檐高不超过6米，中央3米高台上的文物建筑成为全区的制高点。南池子作为改造试点在对传统风貌的保护方面取得了较为成功的效果。

第三节 景观建筑

导入案例

中国私家园林的翘楚——苏州园林

苏州园林是中国江苏苏州山水园林建筑的统称，又称“苏州古典园林”，以私家园林为主，起始于春秋时期吴国建都姑苏时(吴王阖闾时期，公元前514年)，形成于五代，成熟于宋代，兴旺鼎盛于明清，到清末苏州已有各色园林170多处，现保存完整的有60多处，对外开放的园林有19处。1997年，苏州古典园林作为中国园林的代表被列入《世界遗产名录》，被誉为“咫尺之内再造乾坤”，是中华园林文化的翘楚和骄傲。

苏州园林以其浓厚的社会文化内涵见长，苏州古典园林，一向被称为“文人园林”。白居易在《草堂记》中说：“覆篑土为台，聚拳石为山，环斗水为池”，这是文人园林的范式。苏州园林充分体现了“自然美”的主旨，在设计构筑中，采用因地制宜，借景、对景、分景、隔景等种种手法来组织空间，造成园林中曲折多变、小中见大、虚实相间的景观艺术效果。通过叠山理水，栽植花木，配置园林建筑，形成充满诗情画意的文人写意山水园林，在都市内创造出人与自然和谐相处的“城市山林”。苏州园林是时间的艺术、历史的艺术。园林中大量的匾额、楹联、书画、雕刻、碑石、家具陈设、各式摆件等等，无一不是点缀园林的精美艺术品，无不蕴含着中国古代哲理观念、文化意识和审美情趣。

园林建筑是我国古代重要的一类景观建筑，蕴藏着深厚的建筑价值、美学价值和历史文化价值，是我国几千年历史文化遗存的重要组成部分，也是当前我国旅游资源开发的重要内容。

随着我国旅游业的大发展，风景环境所具有的经济价值促进了人类对旅游风景区的开发利用①，景观建筑作为旅游风景区中的一个重要组成部分，也得到了前所未有的关注。大量的景观建筑行为随着当前中国旅游业的高速发展而得到了大量的开发。但是，在旅游风景区的建造过程中，受设计者业务素质和经济利益等多方面因素的影响，普遍存在大量问题。首先，许多景观建筑不能很好地与风景环境融合，设计和营造过程中忽视风景环境的场所特征，盲目模仿，照搬照抄，不能把握景观建筑自身设计的特殊性。每一个园林作品都要有其特有的风格及地方特色，要深刻体现该地区深厚的文化底蕴和历史内涵。然而由于近代中国历史的原因，西方园林风格对我国园林产生了深远的影响，以致欧美式园林在中国遍地开花，各地纷纷效仿，而失去了中国园林的风格和个性。

① 袁晓东. 西安城隍庙历史街区保护与更新研究[D]. 西安：西安建筑科技大学，2004：18.

一、定义和内涵

景观建筑是指组织自然的、人工的或一些建筑因素，依照全面的、艺术性的计划对自然区域进行科学的、艺术的改造。这些要素包括地形地貌特征，例如山脊、山谷、河流和池塘；植物配置，例如乔木、灌木、草坪和花卉；建筑物，例如高楼、台地、道路、桥梁、喷泉和雕塑。由于所规划的每个区域都处于不同的地理位置、气候条件和周边环境，因此景观建筑没有唯一固定的模式。

景观建筑是旅游风景区创作的重要题材之一，也是建筑中特殊的一类，除了具备普通建筑所有的功能和特点外，还承担着旅游管理、观光、餐饮、住宿等综合服务功能，具有美观和实用两大基本的特性。按照景观建筑的使用功能分景观建筑物和景观构筑物；按照景观建筑的规模分为小型建筑和大型建筑。随着社会的发展和人类对自然认识的不断扩大，景观建筑逐渐明确的是实践范畴的全然改变，当然传统的小尺度的私人花园和园林设计仍然继续，而诸如大地生态规划、区域景观保护与规划、国土景观资源的调查评价与保护管理这些专业实践，使景观建筑在更为广泛的层面和更为公共的尺度上操作。时至今日，景观建筑不再是建筑庭院的放大版本，而是一个实践主题，是几乎涵盖人与自然环境关系的方方面面的实践学科，其理论方法与社会责任也随之拓展和改变了。在中国古代，景观建筑的工作都是由文学家或艺术家执掌；在近代，则是由土木工程师或建筑师负责，是一种附属的工作，而不是当作一种“专业”的知识来处理。现代景观建筑的实践包括提供诸如咨询、调查、实地勘测、专题研究、规划、设计、各类图纸绘制、建造施工说明文件和详图以及承担施工监理的特定服务，其目的在于保护、开发及强化自然与人造环境，保持自然环境的可持续发展。

二、景观建筑的功能

园林建筑按照所属性质和地域的不同，风格也有很大的不同。皇家园林建筑体量大，装饰豪华，金碧辉煌，表现出恢宏的皇家气派。而江南园林建筑突出“玲珑、活泼、通透、淡雅”，将秀丽、雅致的风格表现得淋漓尽致。

虽然风格迥异，离我们现在的时间也颇为久远，但建筑在园林中的作用基本相同，主要有三个方面：一是突出其实用性。根据人们的休憩及活动需要而设置，如亭、榭，既可供人停留赏景，又可以按需要兼做小卖亭、游船码头等用途。二是强调其独特性。配合旅游风景区内风景布局形成的游览路线，在人们视线所达不到地方，园林建筑以其有利的位置和独特的造型，为人们展现出一幅幅或动或静的自然风景画，并与廊、墙、路等形成一定的活动路线。三是提升其园林意境。我国园林通常在园名、匾额、楹联中反映出其意境来。正如《红楼梦》中说大观园：“若大景致，若干亭榭，无字标题，任是花柳山水，也断不能生色。”从而营造了园林意境。

三、景观建筑的类型

根据景观建筑的以上功能，我们可以把景观建筑分为以下几种类型：

第一，游憩、观光性建筑，即供游人休息、游赏用的建筑，它既有简单的使用功能，又有优美的建筑造型，如亭、廊、花架、榭、舫等。世界著名的观光性建筑有法国巴黎的埃菲尔铁塔、凯旋门，中国上海的东方明珠电视塔等都属于该类建筑。如拙政园小飞虹也是观光性建筑的典型范例。

第二，文化娱乐性建筑，即供园林开展各种活动用的建筑，如游船码头、游艺室、各类展厅等。网师园看松读画轩，也是该类建筑的代表。

第三，服务性建筑，即为游人在游览途中提供生活服务的建筑。如各类型小卖部、茶室、餐厅、接待室等。

第四，园林建筑装饰小品，是一类以装饰园林环境为主，注重外观形象的艺术效果，又兼有一定的使用功能的小型设施。如园椅、园灯、景墙、景窗、栏杆等。

第五，管理类建筑，是供园林管理用的建筑物，如景区大门、办公管理室等。

总体来说，建造园林的目的是在一定的地域，运用远程技术和艺术手段，通过整地、理水、植物栽植和建筑布置等途径，创造出一个供人们观赏、游憩的优美环境。当今的园林形式丰富多彩，园林技术日趋提高，几千年的实践证明，具有长久生命力的园林应该是与社会的生产方式、生活方式有着密切的联系，和科学技术水平、文化艺术特征、历史、地理等密切相关的，反映时代与社会的需求、技术发展和审美价值的取向。

四、景观建筑的空间组织

空间的本质在于其可用性，即空间的功能作用。但是，设计空间时不能局限于此，还应充分发挥自己的创造力和想象力。在组织空间、安排序列时应注意起承转合，使空间的发展有一个完整的构思，创造一定的艺术感染力。

创造空间是景观设计的根本目的。每个空间都有其特定的形状、大小、构成材料、色彩、质感等构成要素，它们综合地表达了空间的质量和空间的功能作用。设计中既要考虑空间本身的这些质量和特征，又要注意整体环境中诸空间之间的关系。景观建筑的空间组织除了考虑空间的体量、尺度、形状和比例、围与透关系的处理之外，还有以下几点需要特别说明：

第一，使用和造景，具有观赏和被观赏的特点。景观建筑既要满足各种活动和使用上的要求，又要符合园林景物布局原则，同时，也要给人们带来感官上的愉悦。因此，景观建筑既是物质产品，也是艺术作品，这就要求景观建筑要适合游人在或动或静中观景，又要使景色富于变化，达到步移景易的效果。

第二，为环境服务，与自然景致充分结合。我国古典园林一般以自然山水作为景观构图的主题，建筑只为观赏风景和点缀风景而设置。园林建筑是人工因素，与自然因素有对立的一面，但如果处理得当，也可使自然环境增添情趣，这就要求景观建筑的设置要因地制宜，充分利用自然地形、地貌，做到布局上依形就势。这种自然美与人工美的高度统一，正是中国古典园林不断追求的境界。

第三，景观建筑独立性和组合性。我国的古典景观建筑一般体量较小，按大小、形状不同，具有不同的功能，根据使用上的需要，既可独立设置，又可用廊、墙、路等不同的建筑组合成一个群体，这种组合群体形成了富于变化的建筑外形轮廓，使建筑与风景相得益彰。

五、中国传统景观建筑赏析

（一）四合院

四合院是以正房、东西厢房围绕中间庭院形成平面布局的传统住宅的统称。在中国民居中历史最悠久，分布最广泛，是汉族民居形式的典型。其历史已有3000多年，西周时，形式就已初具规模。

四合院的典型特征是外观规矩，中线对称，而且用法极为灵活。四合院大体分布为大门、第一进院、大堂、第二进院、书屋、住宅等，两侧有厢房，各房有走廊，隔扇门相连接。同时，四合院的构成又有它的独特之处。它的院落宽绰疏朗，四面房檐各自独立，又有游廊连接彼此，起居十分方便；封闭式的住宅使四合院具有很强的私密性，关起门来自成天地；院内，四面房门都开向院落，一家人和美相亲，其乐融融；宽敞的院落中还可植树栽花、饲鸟养鱼、叠石迭景，居住者尽享大自然的美好。此外，四合院虽为居住建筑，却蕴含着深刻的文化内涵，是中华传统文化的载体。四合院的营建极讲究风水，四合院的装修、雕饰、彩绘也处处体现着民俗民风和传统文化，表现出人们对幸福、美好、富裕、吉祥的追求，如以蝙蝠、寿字织成的图案，寓意"福寿双全"；以花瓶内安插月季花的图案寓意"四季平安"；而嵌于门林、门头上的占辞祥语，附在抱柱上的楹联以及悬挂在室内的书画佳作，更是集贤哲之古训，采古今之名句，或颂山川之美，或铭处世之学，或咏鸿鹄之志，风雅备至，充满浓郁的文化气息，犹如一座中国传统文化的殿堂。

（二）福建土楼

土楼是以土作墙而建造起来的集体建筑，以其庞大的单体式建筑令人震惊。土楼体态不一，奇特且富于神秘感，坚实牢固。楼中堆积粮食、饲养牲畜；有水井，若需御敌，只需将大门一关，几名青壮年守护大门，土楼则像坚强的大堡垒，妇孺老幼尽可高枕无忧。

客家人设计出的通风采光良好的，既无开头又无结尾的土楼最引人注目，当地人称之为圆楼或圆寨。从土楼这种民居建筑方式体现了客家人聚族而居的民俗风情。从历史学及建筑学的研究来看，土楼的建筑方式是出于族群安全而采取的一种自卫式的居住样式。在当时外有倭寇入侵，内有年年内战的情势之下，举族迁移的客家人不远千里来到他乡，选择一种既有利于家族团聚，又能防御战争的建筑方式便被采纳下来。同一个祖先的子孙们在一幢土楼里形成一个独立的社会，共存共荣，共亡共辱。所以，御外凝内大概是土楼最恰当的归纳。

（三）窑洞

窑洞是黄土高原的产物，陕北农民的象征。在这里，沉积了古老的黄土地深层文化。深达一二百米、极难渗水、直立性很强的黄土，为窑洞提供了很好的发展前提。同时，气候干燥少雨、冬季寒冷、木材较少等自然状况，也为冬暖夏凉、十分经济、不需木材的窑洞，创造了发展和延续的契机。由于受自然环境、地貌特征和地方风土人情的影响，窑洞具有各式各样的形式。窑洞是自然图景和生活图景的有机结合，渗透着人们对黄土地的热爱和眷恋之情。窑洞防火，防噪声，冬暖夏凉，既节省土地，又经济省工，的确是因地制宜的完美建筑形式。

（四）蒙古包

蒙古包是游牧民族传统的住房。游牧民族为适应游牧生活而创造的这种居所，易于拆装，便于游牧。自匈奴时代起就已出现，一直沿用至今。

蒙古包呈圆形，四周侧壁分成数块，每块高130～160厘米、长230厘米左右，用条木编成网状，几块连接，围成圆形，长盖伞骨状圆顶，与侧壁连接。帐顶及四壁覆盖或围以毛毡，用绳索固定。西南壁上留一木框，用以安装门板，帐顶留一圆形天窗，以便采光、通风，排放炊烟，夜间或风雨雪天覆以毡。蒙古包最小的直径为3米多，大的可容纳数百人。

（五）吊脚楼

吊脚楼也叫“吊楼”，为苗族、壮族、布依族、侗族、水族、土家族等族传统民居。传说土家人祖先为了防御毒蛇猛兽的袭击而建造空中住房，最终发展成吊脚楼。

吊脚楼多依山就势而建，呈虎坐形，以“左青龙，右白虎，前朱雀，后玄武”为最佳屋场，后来讲究朝向，或坐西向东，或坐东向西。从前的吊脚楼一般以茅草或杉树皮盖顶，也有用石板当盖顶的，现在，鄂西的吊脚楼多用泥瓦铺盖。人还在屋前屋后栽花种草，各种果树，但是，前不栽桑，后不种桃，因与“丧”“逃”谐音，不吉利。吊脚楼底层不宜住人，是用来饲养家禽，放置农具和重物的。第二层是饮食起居的地方，内设卧室，外人一般都不入内。卧室的外面是堂屋，那里设有火塘，一家人就围着火塘吃饭，这里宽敞方便。由于有窗，所以明亮，光线充足通风也好，家人多在此做手工活和休息，也是接待客人的地方。堂屋的另一侧有一道与其相连的宽宽的走廊，廊外设有半人高的栏杆，内有一大排长凳，家人常居于此休息，节日期间妈妈也是在此打扮女儿。第三层通风干燥，十分宽敞，除用作居室外，还隔出小房间用作储粮和存物。

吊脚楼有着丰富的文化内涵，除具有土家族民居建筑注重龙脉，依势而建和人神共处的神化现象外，还有着十分突出的空间宇宙化观念。土家族的吊脚楼不仅单方面处于宇宙自然的怀抱中，宇宙也同时处于宇宙自然的怀抱之中。这种容纳宇宙的空间观念在土家族上梁仪式歌中表现得十分明显：“上一步，望宝梁，一轮太极在中央，一元行始呈瑞祥。上二步，喜洋洋，‘乾坤’一字在两旁，日月成双永世享……”这里的“乾坤”“日月”代表着宇宙。从某种意义上来说，土家族吊脚楼在其主观上与宇宙变得更接近、更亲密，从而使房屋、人与宇宙浑然一体，密不可分。

（六）悬空寺

中国知名的悬空寺有山西恒山悬空寺、河北苍岩山悬空寺、云南西山悬空寺、河南淇县朝阳悬空寺、浙江建德大慈岩悬空寺、青海西宁悬空寺等。

位于山西浑源县的恒山悬空寺，距今已有1400多年的历史，全国重点文物保护单位，是国内仅存的佛、道、儒三教合一的独特寺庙。悬空寺距地面高约50米，悬空寺发展了我国的建筑传统和建筑风格，其建筑特色可以概括为“奇、悬、巧”三个字。

值得称“奇”的是，建寺设计与选址，悬空寺处于深山峡谷的一个小盆地内全身悬挂于石崖中间，石崖顶峰突出部分好像一把伞，使古寺免受雨水冲刷。山下的洪水泛滥时，也免于被淹。四周的大山也减少了阳光的照射时间。优越的地理位置是悬空寺能完好保存的重要原因之一。“悬”是悬空寺的另一特色，全寺共有殿阁40间，表面看上去支撑它们的是十几根碗口粗的木柱，其实有的木柱根本不受力，所以有人用“悬空寺，半天高，三根马尾空中吊”来形容悬空寺。而真正的重心撑在坚硬岩石里，利用力学原理半插飞梁为基。悬空寺的“巧”体现在建寺时因地制宜，充分利用峭壁的自然状态布置和建造寺庙各部分建筑，将一般寺庙平面建筑的布局、形制等建造在立体的空间中，山门、钟鼓楼、大殿、配殿等都有，设计非常精巧。

（七）中国传统园林

我国园林，有着悠久的历史，它那“虽有人作，宛自天开”的艺术原则，那熔传统建筑、文学、书画、雕刻和工艺等艺术于一炉的综合特性，在世界园林史上独树一帜，享有很高的地位。我国的园林艺术，如果从殷、周时代囿的出现算起，至今已有三千多年的历史，是世界园林艺术起源最早的国家之一，具有极其高超的艺术水平和独特的民族风格。

我国地域广大，东西南北的气候地理条件及物产各不相同，因而园林也常常表现出较明显的地方特性。归纳起来，我国南方江南地区、广东沿海地区和四川一带的园林较富特色，于是便有了所谓江南园林、岭南园林和蜀中园林的称谓。而北京四周及山东、山西、陕西等地的园林风格较为相像，便统称之为北方园林。按照园林的所有者划分，中国园林又可分为皇家园林（如颐和园和承德避暑山庄）、私家园林（如苏州网师园和留园）、寺庙园林（如杭州灵隐寺和上海的龙华寺）以及邑郊风景园林（无锡惠山和南京钟山等）。

我国的自然式山水园林艺术，为我们民族所特有的优秀建筑文化传统，在长期的历史发展过程中积累了丰富的造园理论和创作实践经验。随着旅游事业的发展，风景园林的开发与建设也将随之兴旺发达起来，自然风景资源的开发也必将加快步伐。如何借鉴我国古典园林艺术的经验，就要进行总结，汲取其精华，为我们今天的新型园林建设服务。

中国传统景观讲究本于自然，高于自然，把人工美与自然美巧妙地结合，从而做到：“虽由人作，宛自天开”，他所抒发的情趣可以用“诗情画意”来概括。而建筑则是中国传统景观中不可分割的组成部分。园林景观中的建筑多轻巧淡雅、朴素简约、随形就势、体量分散、通透宽敞。尤其讲究框景、漏景等园景入室。其次，建筑本身也成为景点之一。譬如山顶的一座小亭，本是一处赏景、稍歇的绝佳位置，但在低处仰视时，又可欣赏其凌空欲飞之势。

中国传统景观建筑是我国乃至世界文化的宝贵遗产。它不仅具有悠久的历史和辉煌灿烂的艺术成就，而且尤其因为有独树一帜的风格，而极大地丰富了人类艺术的宝库。我们在这里就其中具有代表性的中国传统建筑进行研究，旨在在感受中国传统建筑文化的同时，对我们旅游风景区中的景观建筑的设计和营造有所启迪。

【资料链接5-2】

奥塞博物馆始建于1804年，当时是奥塞宫的最高法院。在后来的一场大火中付之一炬，随后土地后归奥雷安铁路公司所有。1900年，万国博览会在巴黎举行，借此时机奥塞车站兴建起来。当时，奥塞火车站是巴黎重要的陆路交通枢纽，由建筑师拉露克斯

(Victor Laloux)所设计，其长138米、宽40米、高32米的雄伟大厅，为世人瞩目。采用石质、钢与玻璃的组合和新古典雕塑品的装饰外表，完全展现出了当时的建筑技术，可视为象征19世纪工业革命时期的建筑风格。在之后的几十年里，因为车站发挥不了应有的功能，形同废置，直到1945年后，才成为野战医院、大会堂、讲演厅、戏院及其他使用。此后许多建筑师主张拆除火车站，因其与著名的卢浮宫隔河相望，优越的地理位置使他们都赞同新建一个现代化的旅馆及国际会议中心，但都未能实现。

20世纪60年代末期，许多法国人觉得卢浮宫的收藏是以古典主义作品为主，蓬皮杜艺术中心的展出是以现代作品为主。于是众多的19世纪的油画、雕刻等艺术作品缺少一个合适的专门收藏、展示的场所。因此向法国政府建议建立一个专门展示19世纪艺术作品的美术馆。1971年，季斯卡总统重新提出奥塞车站改建成美术馆的建议，这正好呼应了当时艺术界的心声。提案于1978年国会通过后，废弃47年的奥塞车站被重新改造利用。改造设计充分尊重了车站原有的特色，以华美的玻璃天棚作为展馆入口，将过去的走道作为主要展厅区，整幢建筑宏大唯美，与展出的印象派画作相映成趣。1986年底建成开馆。博物馆实用面积5.7万多平方米，共拥有展厅或陈列室80个，展览面积4.7万平方米，其中长期展厅1.6万平方米。整个展览馆强调钢筋力学的结构，用自然光以凸显展厅本身的宽阔空间。

【分析案例】

步入古镇，周庄人的商业头脑令人惊叹：几乎所有的沿街房子，除了个别景点，都破门开店，八成是卖黝黑的假古董、鲜亮的旅游纪念品、批量生产的印刷画，还有茶馆、饭店、酒肆、时装店……一路上，总有“野导”追着你问要不要导游；饭店里，一位妇女唱了几句小调就伸手向客人要钱——900多年历史的古镇周庄，像一个嘈杂的集市，将一切的商品奉献出来。

早在规划制定之初，阮仪三教授就已告诫周庄，不要因过度开发而毁了周庄。但是，专家的意见终不敌巨大的利益诱惑。1988年，为了开发旅游，周庄“告别摆渡”，建了一座水泥大桥，从此旅游客车长驱直入。桥，破坏了周庄的原生态。1994年，受一家公司数千万元的投资吸引，周庄兴建一座“全福寺”，阮教授知道后，大骂：假古董。最大的危机，是去年一条环城公路要穿周庄而过，阮教授在当地领导面前大发雷霆：“如果要造，我就躺到公路上，与周庄共存亡！”所幸，在多位文物专家的疾呼之下，这条路终于戛然而止。

请思考：周庄如何在旅游发展和古镇保护中找寻平衡点？

【应用训练】

通过资料分析，对你去过的遗迹类旅游景区进行简单介绍。

本章小结

- **内容摘要**

遗迹类旅游景区作为旅游景区的重要一大类，它拥有日益庞大的市场，发展潜力巨大,未来将获得更进一步的发展。面对剧增的境外旅客,遗迹类旅游景区成为对外宣传本国悠久历史及特色文化的重要基地,地位愈加凸显。本章通过对遗址、历史街区、景观建筑等基本知识进行介绍,分析了其在保护、改造、环境、旅游开发、经济发展之间的联系,同时指出了其发展过程中所面临的问题,重点对如何实现文化保护、旧城改造、旅游开发和经济发展和谐共存进行了探讨。

- **关键词**

遗迹类旅游景区;遗址;历史街区;景观建筑;文物保护;旅游开发

- **思考题**

1. 我国遗址类旅游资源的特征有哪些?
2. 在当前我国旅游发展形势下,如何实现遗址类旅游景区的可持续发展?
3. 历史街区的定义和特征是什么?
4. 历史街区如何实现文化保护、旧城改造、旅游开发和经济发展和谐共存?
5. 我国传统景观建筑的类型有哪些?

第六章　民俗习俗展示和表演

学习目标

（1）了解民间习俗的含义、分类以及与文化旅游的关系。
（2）了解我国的民间节庆和民间演艺，掌握二者与文化旅游的发展关系。
（3）熟悉我国的饮食文化和特色服饰，掌握饮食、服饰文化旅游发展。
（4）掌握传统民俗的文化旅游现代演绎方式。
（5）理解民俗文化旅游的原真性和舞台性、创新性。

导入案例

沉浸式夜游案例——西安大唐不夜城

西安市大唐不夜城步行街位于“世界遗产”大雁塔脚下，地处国家级文化产业示范区西安曲江新区的核心区域。总占地936公顷，全长2100米，先后荣获“首批全国示范步行街”“首批国家级夜间文化和旅游消费集聚区”“国家旅游科技示范园区”“国家级旅游休闲街区”等多项荣誉称号；入选文化和旅游部产业发展司发布的“中国沉浸式产业数据库”。2020年以来，其消费增速全国第一，助力西安进入夜经济全国十强城市，夜经济景区影响力全国排名第一，全网总曝光量百亿，相继登上抖音全国热榜Top1，微博全国热榜Top1，总计接待中外媒体万余家，创造超1000余个就业岗位。

街区以大雁塔为文化地标，以唐风元素为主线，融合现代流行元素，建有大雁塔广场、玄奘广场、贞观广场、开元广场四大广场，西安音乐厅、陕西大剧院、西安美术馆等文化场馆，及大唐佛文化、大唐群英谱、贞观之治、武后行从、开元盛世五大文化雕塑；周边聚集了大悦城、银泰城、海港城等大型商业综合体及同盛祥、德发长、春发生等一批中华老字号。2019年起作为“西安年”新春系列活动主会场，大唐不夜城以传统与时尚碰撞，古老与现代相得益彰的形象风采，让海内外游客感受到西安独特的城市魅力。大唐不夜城作为我国文旅融合典型案例，其成功路径对我国文旅产业创新发展具有重要借鉴意义。

一、文旅融合场景建构

大唐不夜城步行街以盛唐文化为底蕴，融入商业、休闲、娱乐、体验等多种功能元素，构建了沉浸式的夜间场景，将“盛唐文化”和“西安夜游文化”进行现代化演绎。文化IP的打造让大唐不夜城在一众步行街中拥有了自己的品牌形象，成为现象级的旅游案例。在2022年，文化和旅游部公布了年度文化和旅游最佳创新成果，陕西文化旅游股份有限公司的“长安十二时辰＋大唐不夜城”唐文化全景展示区位列其中。该项目于2019年初规划布局，于2022年4月30日正式开市。整体以“唐”文化为主线，构建了“一轴两市三核四区五内街”的总体布局，打造了室内外盛唐文化主题风貌和沉浸式唐文化体验中心。西安大唐不夜城将当地传统文化植入文旅项目中，让文化与旅游深度融合，创造性地打造文旅场景，建立夜间文化旅游消费空间，延伸文旅产业链，从而实现夜间旅游高质量发展。在相关理论层面，近年来学者对文旅融合内在逻辑的探索逐渐由文化认同和文化消费、融合生态系统说延伸至文化和旅游融合的空间和场域视角。文旅融合是连接游客、旅游经营主体和旅游文化的重要通道，而场景化则是打开通道的钥匙。在体验旅游经济时代，旅游场景既要满足旅游功能性需求，又要关注旅游者的情感体验，在多元文化业态打造和创新旅游产品组合中营造特色鲜明、文化多元、产业兴旺的夜间文旅融合场景。

二、沉浸式＋文商旅融合模式探索

大唐不夜城是文化、旅游、商贸三位一体的重大项目集群。街区依托高质量夜游产品，将无形的文化融入有形的体验，让游客获得沉浸式旅游体验。街区融合大型购物广场与文化艺术展区，为游客提供文旅消费体验，全面涵盖唐食荟萃、百艺文创、沉浸式演艺、综合商业等多种业态，并形成了集观光游憩、文化休闲、特色餐饮、购物娱乐等多位一体的文旅融合新业态发展模式，拓宽了旅游产业链条。

例如，国际一流团队创排《再回长安》《大雁塔水舞光影秀》两大演艺；推出《戏演壁画》《霓裳羽衣》等多组沉浸式互动演出，生动演绎西安深厚的文化底蕴与城市故事。自2018年春节起，街区就作为“西安年”新春系列活动主阵地，打造了最具中国味儿的年俗文化盛宴。街区常年不间断开展多组音乐表演、彩车巡游、秦腔小舞台等，“不倒翁小姐姐”“诗仙李白”等行为艺术先后爆火出圈，新推出的“盛唐密盒”演出将传统演艺模式从“台下观看”切换到“沉浸互动体验”，以全新形式焕活传统文化，受到了全国各地游客喜爱，在全网迅速爆红。“比起单纯购物消费，现在消费者更注重体验互动的过程。很多游客来大唐不夜城消费都瞄准了沉浸式体验。”大唐不夜城新闻发言人如是说。

文商旅复合模式是通过文化主题脉络，满足消费客群新消费需求，打造的极具个性化的主题型商业模式。文化作为营造者和价值提升器，诠释的是项目的个性和主题；旅游作为客流驱动者，带来的是消费需求；商业作为桥梁，连接起了流量和需求。值得注意的是，文商旅融合发展模式不能生搬硬套，不注重文化内核，片面追求刻意地融合，会导致文化的流失和精神内涵的减少。因此需要企业深入挖掘当地文化元素，将其特有的文化符号与旅游业深度结合，同时拓宽营利方式。利润的稳步增长会进一步完善本地的基础设施建设、加快建造完善公共服务体系、提高接待服务能力，最终形成以文兴商、以商带旅、以旅成文的健康体系。

（资料来源：山西省旅游协会．案例分享：沉浸式文旅示范案例之“西安大唐不夜城”[EB/OL].https://sxslyxh.com/article-detail/98e678b8-7fbd-4953-bcbb-7989bd7cbb14.）

第一节 民间习俗概论

一、民间习俗含义、特征与分类[①]

（一）民间习俗的含义

民俗又称民间文化，是指一个民族或一个社会群体在长期的生产实践和社会生活中逐渐形成并世代相传、较为稳定的文化事项，可以简单概括为民间流行的风尚、习俗。

一是民间的风俗习惯。清朝薛福成《创开中国铁路议疏》："民俗既变，然后招商承办……可以渐推渐广，渐续渐远。"

二是民众的生活、生产、风尚习俗等情况。《管子·正世》："古之欲正世调天下者，必先观国政，料事务，察民俗，本治乱之所生，知得失之所在，然后从事。"

民俗文化是流动的、发展的。它在社会的每个阶段都会产生变异，并在变异中求得生存和发展。当前中国社会处于经济转型的关键时刻，民众思想观念和生活方式的转变必然表现为民俗文化的变化，这是不以人的意志为转移的客观现实。

（二）民俗的特征

民俗是人民传承文化中最贴切身心和生活的一种文化——劳动时有生产劳动的民俗，日常生活中有日常生活的民俗，传统节日中有传统节日的民俗，社会组织有社会组织民俗；人生成长的各个阶段也需要民俗进行规范——结婚人们需要有结婚典礼或仪式来求得社会认同；在人的精神意识领域也有民俗——许多生活中的禁忌就是如此：大年三十至初二，家中不许扫地，如果进行打扫就会破坏来年的财运。

一方面，民俗的模式化必定不是随意的、临时的、即兴的，而通常是可以跨越时空的，民俗具有传承性、广泛性、稳定性的特征；另一方面，民俗又具有变异性。民俗是生活文化，主要靠耳濡目染、言传身教的途径在人际和代际之间传承，即使在基本相同的条件下，它也不可能毫发不爽地被重复，在千变万化的生活情境中，活动主体必定要进行适当的调适，民俗也随即发生了变化。这种差异表现为个人的，也表现为群体的，包括职业群体的、地区群体的、阶级群体的，这就出现了民俗的行业性、地区性、阶级性。如果把时间因素突出一下，一代人或一个时代对以前的民俗都会有所继承，有所改变，有所创新。这种时段之间的变化就是民俗的时代性。

（三）民俗的分类

划分民俗的范围和类别的原则总是与民俗的定义联系在一起的，既然我们把民俗定义为群体内模式化的生活文化，那么，我们就以民俗事象所归属的生活形态为依据来进行逻辑划分，于是，我们得到三大类八小类的民俗。

---

① https://baike.baidu.com/item/%E6%B0%91%E4%BF%97/4465569?fr=aladdin.

1. 物质生活民俗

(1) 生产民俗(农业、渔业、采掘、捕猎、养殖等物质资料的初级生产方面)。

(2) 工商业民俗(手工业、服务业和商贸诸业等物质资料的加工服务方面)。

(3) 生活民俗(衣、食、住、行等物质消费方面)。

【资料链接6-1】

泉州:蟳埔女"簪花"发展民俗旅游

蟳埔女是福建"三大渔女"之一,主要分布在丰泽区东海街道蟳埔、金崎、后埔、东梅等社区,其服饰独特,别具一格,凸显海洋文化的艺术特征。蟳埔女有独特的头饰、服饰风韵和不饰雕饰的粗脚头渔女原生态。

时代在前进,社会在进步,经济在发展,生活状况也在变革,民俗风情不断受到冲击,但蟳埔女的头饰、服饰却仍然一成不变,依然保持着几百年来的传统装束。当然,受现代生活的影响,蟳埔女传统风情头饰、服饰艺术亦存在消失的隐患,必须予以传承和保护。蟳埔女生活在泉州丰泽区东海街道的一个蟳埔小渔村,代代相传保留下簪花围的古老习俗。其主要特色在于她们的头饰,所有女性均以头上插花、簪花围为荣、为美;"对镜帖花黄"这一浪漫已经被延续了千百年,相传是宋元时期遗留下来的阿拉伯人风俗。蟳埔女簪花围制作简便,花样别致,把含苞或初放的时令小朵鲜花,如淡雅、暗香浮动的含笑、白玉兰、柚子花等,用麻丝线缀成,扎成整齐的花环,环绕成簪花围,围在发髻周边,多至三小环,色彩相间,还插玉簪、银梳等定型发器。戴在头上,就像是顶着一个"小花园",好一片姹紫嫣红,令人赞叹不已。

蟳埔女爱戴花,所戴鲜花,更多的来自附近的云麓村。该村原是南宋时,阿拉伯人泉州提举市舶司蒲寿庚的私家别墅"云麓花园"。据说园中的茉莉花、素馨花等奇异花木是当时从西域引进延续至今的。蟳埔女的骨笄保留了古代"骨针安发"的本意,系全国独有的"活化石"。蟳埔男性上衣为直裾,据《师古注》:"裾亦傲也",表示不屈服。女为弯裾,弯曲表示礼曲。这明显展示出蟳埔人男刚女柔,刚柔相济的性格。衣纽模仿竹节,表示男德女节。《庄子. 达生篇》:"竈有髻";"著赤衣状如美女"。竈即灶,蟳埔女头结髻,身穿用桂圆树或荔枝树皮染成的赤色上衣,活像书中的灶神。从此可看出,庄子认为女性"有德能司火"的美学思想。

有人认为,"簪花围"是宋元时期遗留下来的阿拉伯人风俗;还有人指出,蟳埔女的风俗是原始人类的遗传。俗称"簪花围"的"蟳埔女"头饰各种鲜花则随季节而变化,花团锦簇,美丽芬芳,既反映"海上丝绸之路与蟳埔民俗文化"的因缘关系,也是民俗文化的研究范畴。

2. 社会生活民俗

(1) 社会组织民俗(家族、村落、社区、社团等组织方面)。

(2) 岁时节日民俗(节期与活动所代表的时间框架)。

(3) 人生礼俗(诞生、生日、成年、婚姻、丧葬等人生历程方面)。

3. 精神生活民俗

(1) 游艺民俗(游戏、竞技、社火等娱乐方面)。

(2) 民俗观念(诸神崇拜、传说、故事、谚语等所代表的民间精神世界)。

二、民俗与旅游的关系

中国地域辽阔，民族众多，正所谓“千里不同风，百里不同俗。”各民族各地区在历史发展中形成了鲜明特色的民俗。我国56个民族在居住、服饰、生产、交通、婚姻、节日、礼仪、饮食等各方面的风俗都各不相同。这些各具特色的风俗习惯从多方面反映了中华民俗和中华文化的博大精深。我国地域辽阔，民族众多，历史悠久，丰富多彩的民俗文化世代传承，引人入胜，形成了具有鲜明特征的中华民族优秀文化，在世界民俗文化宝库中，占有重要的一席。

（一）民俗是重要的旅游资源

富民族特色和地方特色的山歌小调、民间传说、民间工艺等。这些民俗文化现象，以其丰富的内容、浓郁的地方色彩、鲜明的民族特点，吸引着大量的国内外游客，成为民俗旅游开发的丰富资源，具有极高的旅游价值。

（二）民俗是推动旅游发展的重要动力

民俗是社会的一面镜子，以此可以了解民间疾苦、生活状况，考察政治得失。在古代上自帝王，下至府县仕宦，无不以“观风察俗”进行旅游的。采风问俗既推动了旅游发展，又丰富了民俗资料，增加了旅游资源。

（三）民俗能够满足旅游者的多种需求

1. 民俗文化能够满足旅游者的审美需求

我国各种民间建筑、民间服饰、民间工艺品，都自然流露着纯真质朴之美，具有较高的审美价值。民俗旅游的开展，为旅游者提供了体验民俗审美文化的良好机会，常使旅游者获得终生难忘的审美感受。

2. 民俗文化能够满足旅游者的娱乐需求

我国各地许多的民俗活动，如蒙古族的那达慕大会、壮族三月三歌会、苗族的花山节、芦笙舞等，都带有浓厚的娱乐性质。在旅游活动中，开展这些各具特色的传统民俗活动，可以很好地满足旅游者在旅游活动中求娱、求乐的心理需求。

3. 民俗文化能够满足旅游者的精神需求

民俗作为一种传承文化代代相传，保持着社会的连续性和稳定性，维系着该民族成员的民族情感。通过参与、体验民俗旅游活动，对于国内游客来说，可以深入了解伟大祖国不同的民族、地区所呈现出来的特色各异的民俗风情，感受到源远流长的中华文化风貌，在游览活动中潜移默化地受到生动的爱国主义教育。

（四）民俗充实了旅游内容，丰富了旅游者的文化知识，使旅游者得到精神享受

我国为一个多民族的国家，各个民族都有灿烂的文化、多彩的民俗风情。不同民族有不同的民俗；同一民族的不同区域，民俗也有差异。民俗文化的“新”“奇”“美”“乐”吸引着旅游者离开自己的居住地到旅游地去旅游，旅游地的民俗成了旅游者十分重要的观赏内容之一。民俗既反映了旅游地的历史，又体现了旅游地的文化和社会生活。观赏考察旅游地的民俗，还是一次对旅游地认知的过程，它不仅可以帮助旅游者拓宽视

野，而且能增加旅游的兴趣和愉悦度。在泼水节活动中，旅游者能体会傣族特有的民族风情。

【资料链接6-2】

四川理塘：利用社交媒体，传承藏地文化，发展民俗旅游

理塘是国道318线上的一颗明珠，草原、雪山、花海、星空……2020年11月11日，丁真被一个来进藏地区旅游的摄影师拍下一段不到10秒的小视频，在各大平台上意外走红。火起来的不只有丁真，还有他的家乡理塘。2020年11月25日，丁真为理塘拍摄的宣传片《丁真的世界》上线，短短72小时内播放量突破7亿次。雪山，草原，冰川，赛马，一一在镜头中闪过，这些独特的高原自然风光，让生活在大城市的人们，心怀向往。2022年"五一"小长假，理塘县千户藏寨景区举办了藏戏、锅庄舞等非遗表演，吸引了大量游客参与。

近年来，四川甘孜藏族自治州理塘县强化藏地文化保护，引导当地居民打造藏族文化旅游新项目，对符合申报条件的非遗工坊给予补助，吸引各地游客前来观赏交流。2023年以来，理塘县已接待游客约235万人，旅游产业收入25.84亿元。理塘县举办的"六月赛马会"是亮出"天空之城·赛马理塘"名片，树立旅游新形象的又一举措。理塘县将秉持以文促旅、以节兴旅的理念，力争让"诗歌节""八·一赛马会"等重大节庆活动向国际接轨，提升理塘生态旅游在国际上的知名度与影响力。

第二节　民间节庆和民间演艺

一、民间节庆旅游

（一）民间节庆概述

1. 民间节庆的含义

我国是世界东方的文明古国，有着五千多年的文明史。其源远流长的民俗文化，是中华文明的重要组成部分。由于我国历史悠久，节庆、节日繁多，已经形成了东方式的丰富多彩的岁时节日体系。据不完全统计，目前我国各类节日节庆活动数量已达10000多个，其中有一定规模的也达5000多个，并逐步向产业化发展。

民间节庆指民间传统的庆祝或祭祀的节日和专门活动，具有明显的地域性，代表地方民俗特色，有着极强的参与性，可以被旅游业所用，是极具吸引力的旅游资源。民间节庆活动与文化密不可分，在旅游开发中，民间节庆成功的关键在于其特色文化对游客的吸引力。从节庆内容可分为祭祀节庆、纪念节庆、庆祝节庆、社交游乐节庆等，从节庆时代可分为传统节庆和现代节庆。诸如：春节、元宵节、清明节、端午节、中秋节等传统节庆；山东西潍坊国际风筝节（始于1984年）、青岛国际啤酒节（始于1991年）、山西平遥国际摄影大展（始于2001年）、山西五台山的国际旅游月（始于1990年）等改革开放以来的现代节庆活动。但无论是传统节庆还是现代节庆，都是在不同区域的长期生产、生活、活动实践中产生的一种特定的社会现象，是在特定时期举办的、具有鲜明地方特色和群众基础的大型文化活动，是该国家、民族或区域历史、经济以及文化现象的体现。节庆旅游是现代节庆活动中绽放出的一枝奇葩。随着现代旅游业日新月异的发展，旅游越来越需要节庆活动来支撑。诸如前面提到的山东潍坊国际风筝节、青岛国际啤酒节、山西平遥国际摄影大展、山西五台山国际旅游月等都是融文化、旅游、体育、经贸于一体的大型节庆旅游活动。

2. 民间节庆的基本特征

节庆活动是在固定或不固定的日期内，以特定主题活动方式，约定俗成、世代相传的一种社会活动。我国节庆种类很多，按照节庆性质可分为单一性和综合性节庆；按照节庆内容可分为祭祀节庆、纪念节庆、庆贺节庆、社交游乐节庆等；按照节庆时代性可分为传统节庆和现代节庆。

（1）民族性和地域性特征。很多民族都有自己独特的节庆活动，它是一个民族的旗帜和标识。民族的分布具有地域性，一定的民间节庆都是在一定的民族区域范围，民族节庆文化也具有鲜明的地域性。如蒙古族的传统节日主要有旧历新年、那达慕、马奶节；傣族的节日有泼水节、关门节和开门节；东乡族有开斋节、古尔邦节、圣纪节；怒族的盍司节、仙女节（鲜花节）、祭谷神；纳西族的骡马会、农具会、龙王会和朝山会；藏族的传统节日中以藏历新年、沐浴节、雪顿节和望果节最有规模、最具特色；侗族的祭牛节，抢花炮的花炮节，吃新米的吃新节，姓氏节及赶歌会、姑娘节、斗牛节等；傈僳族的主要节日有澡塘会、收获节、过年节等；瑶族的民族节日有盘王节、达努节，此外还有“耍歌堂”节、晒衣节、干巴节、月半节、祝著节等；佤族有插种节、新米节；苗族的传统节日有苗年、四月八、龙舟节、吃新节、赶秋节、花山节、晾桥节等，其中以过苗年最为隆重；白族主要节庆活动有大过年、三月街、绕三灵、火把节、耍海会、拜日望等；壮族三月三歌会、春节、陀螺节、陇端节、吃立节、娅拜节等。

（2）时间性特征。民间节庆都是在一定时间举行的。如汉族的元宵节在每年的正月十五进行；清明节在每年的三月初八；龙舟节则在农历的五月初五；重阳节为每年农历九月初九；畲族的乌饭节为每年农历的三月初三；土家族的社巴节在农历正月初三至十七举行；瑶族的盘王节为每年农历的十月十六日，苗族的赶秋在每年的立秋之日。同一民族不同地区的习俗也会有所不同。如侗族一年一度的花炮节，各地举行的日期不同。拿三江侗族自治县来说，是正月初三（农历，下同），梅林是二月初二，富禄是三月初三，而林溪却是十月二十六。

（3）趣味性特征。各民族的节日在大自然的实践中、在长期的社会生产和生活中逐渐形成和发展起来的，没有经过过分的人为因素，这对绝大多数社会成员来讲，具有无形的“约束力”，而且在劳动或祭拜中创造的文娱活动项目具有很高的民间艺术性和极大的趣味性。如土家族姑娘在婚嫁庆典期间的哭嫁现象，社巴节期间形式多样的摆手舞活动；侗族三月三节庆期间的对歌和抢花炮的活动；闽北地区每年的七月七日的捕蛇迎菩萨活动；素有“百节之乡”之称的贵州凯里苗族，月月有节日，季季有集会，比较隆重的节日有过“苗年”“花山节”“四月八”“龙船节”等。在这些节日中，大都开展跳芦笙、跳铜鼓、斗牛、赛马、唱歌、斗雀等集会活动。随着社会的发展，节庆活动由最初单一的一两个项目逐年、逐步地增加，达到几十个项目，参加的人员由过去仅限于本民族，扩大到由众多的旅游者参与的旅游活动的情境，从而使民族节庆活动场面更多，更热烈有趣。

(4) 变异性特征。民族节日在其发展过程中，由于受到社会、经济、政治、思想等种种因素的影响而产生内容和形式上的变化。一是社会历史的更迭往往引起民族文化的变化；二是因为文化交流导致节日的变异；三是因政治变革导致节日的变化；四是因为经济的发展，科学技术的进步，生活水平提高了，人们的思想观念不断更新，民族节庆文化发生了相应的变迁。如中秋节的祭月和拜月已经衍化为赏月，当人们懂得月亮只是一个无生命的环绕地球运转的星球之后，吴刚、嫦娥、桂树、玉兔等便自然由神话世界回落到民间传说的玫瑰园中。①

(5) 复合性特征。民间节庆的包容性相当广泛，它集民间建筑、民间服饰、民间饮食、民间宗教、民间艺术、民间传说、民族技能等于一体。节庆活动是反映民族文化的“博览会”。如畲族的山歌“盘瓠歌”是对祖先的崇拜，是一种图腾，又是一种凝聚力的象征。后来经过长期的变化转变，是一个集祭拜、教育、参与性娱乐性强的传统节日，它包含了政治、经济、宗教、文化等内容于一体，是一种复合多种因素的集合体。②

(二) 民间节庆与文化旅游

民间节庆旅游活动是以民间的节庆活动为基础而开展的一系列文化旅游活动。据抽样调查，外国游客以参观古迹和民族文化的占70%到80%以上的比例，民间节庆旅游发展的意义在于以下几个方面：

1. 民间节庆已成为文化旅游吸引物的重要组成部分

民间节庆是民俗风情的一部分，活动广泛。包括文艺、语言、信仰、服饰、饮食、居住、娱乐、节庆、礼节、婚恋等以及民间所特有并广泛流行的喜好、风尚、传统和禁忌。民间节庆是民俗文化旅游的重要物质依托，是文化旅游吸引物的重要组成部分。

如每年农历六月廿四，云南彝族地区的火把节就拉开了序幕。兴奋的人们围着红彤彤的篝火起舞、歌唱、做游戏，以此来庆祝这个古老的节日。如今，充满民族特色和地域风情的彝族火把节已成为当地旅游的一面金字招牌，以此为基础衍生的各类文化旅游活动更吸引了大量游客。以2018年8月举行的凉山彝族传统火把节为例，开幕后4天就吸引了215万游客到凉山参与体验，旅游收入达10.79亿元。其中，仅8月5日晚的狂欢夜，就有超过37万人参与。近年来，随着传统节庆日益受到人们关注，越来越多具有特色的节庆民俗活动吸引了人们的目光，给旅游市场带来了新变化。不少游客会专门挑选端午节、泼水节、那达慕等传统节日到当地旅游、体验节日氛围，而一些民俗活动(如祭祀仪式、雕刻绘画、织布扎染等)也成为供游客参与体验的文化旅游项目。

2. 民间节庆活动参与性强，内涵丰富

旅游者通过民间节庆能学到知识，了解各地的风土人情，还能化“静”为“动”，亲自参与到节庆活动中，去体验和感受节日期间人们的奔放，狂欢的气氛，真做一回“当地人”。

端午节、中秋节、清明节被设为国家法定节假日以来，旅游市场快速增长，旅游与传

①② http://www.sxjieqing.cn/Detail.aspx?id=120.

统节庆文化、民俗文化融合的趋势愈发显著。经文化和旅游部综合测算，2019年端午节，全国国内旅游接待总人数9597.8万人次，同比增长7.7%，实现旅游收入393.3亿元，同比增长8.6%。旅游市场“民俗活动精彩纷呈”，是端午旅游一大亮点。端午节期间，广东、福建、江苏、江西、湖北、湖南等地通过举办赛龙舟、包(吃)粽子、穿汉服、诵《离骚》、祭屈原、挂艾草菖蒲、点雄黄酒、画额、佩香囊等活动，展示端午传统习俗，吸引大量游客。

去往西安的行程加入了皮影戏、拓片等非遗体验活动，还有汉服旅拍等内容。大人和孩子更喜爱这类包含传统文化教育内容、带有沉浸式体验、互动性强的旅游产品。人们过去可能只看重民间工艺的成果，也就是产品，把这个东西买回家。现在，民间工艺制作过程所具有的展示性逐渐受到人们认可，游客亲身参与体验，对民间手工艺在现代社会中的传播有积极作用，包含民俗文化和非遗体验的旅游产品也得到了游客的正向反馈。从携程旅游大数据点评来看，游客对民俗、非遗文化体验活动好评率非常高。例如云南跟团产品中，带有民族扎染体验、摩梭走婚讲解、猪槽船体验等内容的产品，好评分比常规产品平均要高0.3分。

3. 民间节庆有利于传承和发展民族文化

没有文化传承就没有民族文化的发展。随着“世界变得越来越小”，一些原先几乎被人们遗忘的传统习俗和文化活动又重新得到恢复、继承和发展。例如一些音乐、服饰等重新被挖掘出来，从而对民族文化的传承和发展有了促进作用。推动文化与旅游深度融合，要将当地的传统节庆文化、非遗文化和民俗文化有机结合，充分挖掘其中的优秀元素。将民俗文化和手工技艺通过策划、包装变成具有展示性的节目或体验活动，实质是推动民间文化与现代社会结合、不断转型创新的一种方式。旅游与文化相互促进，将推动当地文化整体前进，唤起更多民间文化记忆。

4. 民间节庆有助于乡村振兴

乡村振兴，文化先行，乡村振兴应具有“文化内涵”，不仅要突出物质空间的布局与设计，还要注入生态文化，传承历史文化，挖掘民俗文化，注重文化融合，彰显文化元素。乡村节庆，对塑造乡村形象、开发乡村资源、宣传乡村文化、提高村民素质、加快乡村发展具有重要影响力。例如，2018年台湾花莲联合丰年祭结合乐舞展演，来呈现原住民歌谣、舞蹈与文化祭仪的精髓，活动周边还会设有原住民特色美食区、手工艺品展售区及各原住民农特产、部落微旅行简介等，全方位、多角度展现花莲原住民独特的文化内涵。

(三) 我国民间节庆文化旅游开发的途径

1. 营造民间节庆文化氛围

首先是节庆旅游活动要与地域文化息息相关，要有鲜明浓郁的地域文化特色，对节庆旅游来说，文化底蕴是很重要的，要让文化担当整个节庆旅游的灵魂和核心，以饱含地域文化内涵的旅游景点为载体，用现代活动去诠释传统文化等，给人带来感官冲击的同时，也使精神受到陶冶和熏陶。

运用广告、电视、互联网等媒体宣传、促销，树立民间节庆文化品牌意识，塑造良好的民间节庆文化形象，以使人们更多地了解民间节庆文化内容。例如，举办文化艺术节活动;举办民间活动;邀请一些海内外客人或游客参与,让他们体验民族风情等。

2. 深入挖掘民间节庆的旅游价值,重视民间节庆资源开发和营销

首先,了解并深入挖掘当地的民间节庆旅游资源;其次,对其进行重点开发(景点的开发和整合)、重点投入(基础设施的建设和景点投入)、重点设计(如线路和活动的设计等)、重点营销(如利用电视上的广告、招商会、广播、报纸、互联网等传媒来对本地区进包装、宣传、促销,同时也邀请一些专家和海外游客参与和观光),合理地推出一批民间节庆旅游活动,与当地自然景观、名胜古迹相结合,突出个性,注重其历史文化发展品位,从而增加其含金量,提高其旅游价值与经济价值。在节庆旅游活动的策划上要多听取民间意见,更广泛地接触群众,使其活动在接地气的基础上,要围绕游客开发和招商项目的目标,根据地方文化、人文自然和社会资源认真规划,把节庆活动作为一个营销事件来加以锻造,从而激发参与者在活动中难以抑制的激情和融合,使旅游者获得富有文化内涵和深度参与旅游体验的旅游活动的集合,而不是邀请众多高级别的来宾,搭个舞台,请来宾讲话等枯燥的形式主义节庆。

3. 善于组织和应用资源扩大节庆旅游的影响力,形成品牌效应

节庆旅游,是一种综合了文化经济等诸多因素的大型社会活动,但由于政府的财力往往限制了其组织能力的发挥,因此,政府应有调动全社会资源的组织能力去寻求节庆活动的商业合作伙伴,并借助文化、体育、商贸、会展等一系列的节庆活动,吸引游客亲身参与,感受活动氛围,获得亲身体验,留下深刻印象,使旅游地在游客心中的形象不断提升,招来更多的商贸企业,把地方潜力优势转化为开发优势、商品优势,大力发展外向型经济优势,从而借以打造当地的营商环境等名片,提升公众影响力。

二、民间演艺旅游

(一) 民间演艺的含义及种类

民间演艺是指民间艺术表演方式。国内对民间演艺旅游的研究始于20世纪90年代末,最初主要集中于主题公园的文娱表演。

民间演艺的种类有以下几个方面。

1. 民间音乐

民间音乐乐器种类繁多,例如堂鼓、腰鼓、渔鼓、柄鼓、梆子、箫、笛、笙、唢呐、琵琶、扬琴、小号、碟、碗等。我国许多民族有自己的传统歌唱节日,例如壮族的“歌墟”、苗族的“游方”、仫佬族的“走坡”、西北地区土族、回族、撒拉族、东乡族、保安族及汉族的“花儿会”等。民歌的体裁有劳动号子、山歌、小调三类。

2. 民间工艺品

中国民间艺术工艺品历史悠久,内容丰富多彩。材质有陶瓷、泥塑、布艺、木头、灯彩、吊饰、丽江木刻、桦皮工艺、漆器工艺、兽皮工艺、砚石工艺、竹编工艺、漆器陶具、玉器工艺、大理石工艺、土家族黄杨木雕、瓷器、风筝、麦秆画、年画、铁画、铅笔屑画、唐卡、拓真画、银饰、纸编画、苏绣、鱼皮衣等。内容大都是精神活泼向上、吉祥如意、长命健康、富贵有余、儿孙满堂等,用于民间传统节日、传统宗教和民族饰品等。

3. 民间舞蹈艺术

中国民间舞蹈表现的内容归纳起来有几个方面:生活习俗舞蹈,例如云南迪庆藏族锅庄舞、河北《跑驴》、维吾尔族多朗舞、井陉拉花；生产习俗舞蹈：采茶舞、三都斗角舞、壮族蚂蜴节舞蹈、拉祜族葫芦笙舞、朝鲜族象帽舞；人生礼仪习俗舞蹈，朝鲜族乞粒舞、苗族芦笙舞、土家族跳丧舞、黎族打柴舞；宗教信仰习俗舞蹈，彝族跳虎节、维吾尔萨玛舞、冀南扇鼓舞；岁时节令习俗舞蹈，冀东地秧歌、狮子舞、龙灯舞、安塞腰鼓等。①

4. 民间戏曲艺术

戏曲是中国传统的戏剧形式，是包含文学、音乐、舞蹈、美术、武术、杂技以及表演艺术各种因素综合而成的。据不完全统计，我国各民族地区的戏曲剧种，有360多种，传统剧目数以万计。中华人民共和国成立后又出现许多改编的传统剧目，民间戏曲的重要种类有：秧歌戏；道情戏；花鼓戏；花灯戏；采茶戏；二人台与二人转；皮影戏；木偶戏等。民间戏曲与岁时节日民俗、民间宗教祭祀民俗、人生仪礼民俗紧密联系在一起。

在铜陵市举行的安徽省第二届民俗文化节展示的戏曲曲艺种类包括：徽剧（黄山市）；嗨子戏（阜阳市阜南县）；二夹弦（亳州市谯城区）；淮北梆子戏、花鼓戏；皖南花鼓戏（宣城市）；庐剧（皖西庐剧）；泗州戏（宿州市）；黄梅戏；池州傩戏；岳西高腔；文南词；梨簧戏（芜湖市）；坠子戏（宿州市）；淮河琴书（蚌埠市）；寿州大鼓（寿县）；太和清音；淮北大鼓；萧县渔鼓道情；牛歌（铜陵市）；灵璧周家班唢呐。

5. 民间杂技

民间杂技是一种有着2500多年历史的民间表演艺术，深深地根植于人民群众的土壤中。它是最古老的表演艺术之一，表演项目丰富多彩，具有极高的审美价值、艺术价值和文化价值。杂技产生于生产生活，道具多是生活、劳动用具。我国杂技的分类众多：如顶技、车技、绳技、蹬技、抖空竹、转碟、钻地圈、走钢丝、狮子舞、软功、爬竿等。

（二）民间演艺旅游类别

近年来，旅游消费的升级，带动旅游演艺的高品质发展，未来直观、生动、立体的视觉盛宴或将成为景区的标配。相关数据显示，2019年1—4月，十大热门旅游演艺分布是印象刘三姐、宋城千古情、华清宫长恨歌、印象丽江、横店影视城、无锡三国水浒城、印象西湖、刘老根大舞台、上海马戏城、河阳山歌馆。其中，宋城千古情、印象丽江、横店影视城的二次复购率高达78.8%。民间演艺旅游的含义是指将在旅游景区现场进行的各种表演活动，以及在旅游地其他演出场所内进行的，以表现该地区历史文化或民俗风情为主要内容，且以旅游者为主要欣赏者的表演、演出活动。

民间演艺旅游按演出内容可以分为以下几种②：

1. 百戏杂技表演

包括马戏、杂技、魔术、木偶、武术、特技等，上海《时空之旅》、河北《吴桥杂技》、河南《少林雄风》等，可以算是此类节目的代表。百戏杂技演出具有视觉冲击力强、时间长短自由、舞台要求较低等特点，为一般景区景点的小型演出广泛采用。同时，大型的演艺节目大多也会掺杂此类元素。

2. 戏曲文艺表演

传统戏曲的表演方式与现代人审美口味、心理节奏不甚相符，由此造成很多剧团、

① 杜学德. 民间演艺[M]. 石家庄：河北人民出版社.

② 朱立新. 中国当代的旅游演艺[J]. 社科纵横，2010(4)：96.

剧院步履维艰、难以为继。但融入现代演艺元素改良之后，传统戏曲却往往可以在旅游演艺领域大放异彩，各地以京剧、昆剧、越剧、川剧、秦腔、评弹、黄梅戏等加入旅游演出并获得成功的事例不少。北京的长安大戏院、梨园剧场、湖广会馆的旅游京剧是其中尤为著名的案例，三大剧场每年接待的旅游者达40余万。

3. 民俗歌舞表演

以歌舞形式表现民俗文化，无疑是最具吸引力的旅游节目。表现的内容可以是民俗的各个方面：饮食民俗，如茶艺；服饰民俗，如时装；人生礼俗，如婚嫁；生产民俗，如狩猎；宗教礼俗，如祭祀等。也可以是不同时代的习俗，如秦朝的军阵、汉代的角抵、唐代的歌舞、宋元的戏剧、明清的服饰等。对民俗文化的演绎和阐释，可以让旅游者真切地感受到文化的空间差异与时代差异。

4. 卡通小品表演

它主要是指大型主题公园内，在每日固定时段出现的卡通人物游行以及娱乐小品表演。例如，迪士尼公园、常州恐龙园等卡通人物表演；宋城、清明上河园、欢乐谷、横店影视城的安排在固定时段的小品表演等。其主要作用是延长游客逗留时间、营造高潮气氛。

（三）目前我国民间演艺旅游开发的几种形式

2019年3月，文化和旅游部印发《关于促进旅游演艺发展的指导意见》，标志着我国首个促进旅游演艺发展的文件正式出台。该意见提出了“鼓励发展中小型、主题性、特色类、定制类旅游演艺项目”“支持条件成熟的旅游演艺项目向艺术教育、文创设计、展览展示、餐饮住宿、休闲娱乐等综合配套业态转型，因地制宜建设一批旅游演艺小镇、旅游演艺集聚区等”等内容。这显然为近年来乱象丛生的旅游演艺产业吃下了定心丸，让人们在旅游演艺领域看到了新的曙光。

1. 主题公园式演出

主题公园是为了满足旅游者多样化休闲娱乐需求和选择而建造的一种具有创意性活动方式的现代旅游场所。它主要以文化复制、文化移植、文化陈列以及高新技术等手段，以虚拟环境塑造与园林环境为载体来迎合消费者的好奇心，以主题情节贯穿整个游乐项目的休闲娱乐活动空间。主题公园的主题选择就显得尤为重要。世界上成功的主题公园，都是个性鲜明、各有千秋。

杭州宋城把观光旅游和演出活动完美地结合。越剧、木偶戏、皮影戏、布袋偶、街头杂耍、燕青打擂、捉拿武松等表演此起彼伏，尤其是王员外家小姐抛绣球招婿表演更是闻名遐迩，更有新春大庙会、泼水节、锅庄狂欢节等精彩纷呈的主题活动。大型歌舞《宋城千古情》是宋城一绝，该剧以杭州的历史典故、神话传说为基点，融世界歌舞、杂技艺术于一体，让游客深切体验到“给我一天，还你千年”的历史厚重，是目前世界上年演出场次最多和观众接待量最大的剧场演出，被海外媒体誉为与拉斯维加斯“O”秀、法国“红磨坊”比肩的“世界三大名秀”之一。深圳华侨城主题公园的大型旅游表演的生产流程包括原创和融资、主创和设计、表演场地和舞台制作、相关配套设备和服务采购、演员排练、宣传和营销、正式公演、演出产品的后期组合和拼装、版权产品开发和销售以及演艺节目的对外输出等11个阶段，与相关的配套服务产业共同构成庞大的旅游表演产业体系。

2. 旅游地山水实景为依托打造实景演艺产品

以桂林阳朔“印象·刘三姐”为例，这是一个以中国著名山水旅游胜地广西桂林山水和民间传说刘三姐故事为背景，以政府投入为主、多元参与合作，由张艺谋、王潮歌、樊越“铁三角”编导组主导创排而成的国内首个山水实景演艺产品，也是世界演艺舞台首个以自然山水为大舞台、以超常规模化表演为特征、以专业与民间相结合为特点的旅游演艺精品佳作。大型山水实景演出，尤其是“印象系列”的推出不仅在实践上大获成功，推动旅游演艺产品向深层次发展。湖南省张家界市推出的实景表演项目《天门狐仙——新刘海砍樵》的主舞台与奇峰、峡谷、森林、流瀑融为一体，共同形成一个纵深数千米、横宽和高差均逾千米、世界唯一的一座高山峡谷大舞台。根据刘海砍樵的故事改编，融入了桑植等地的民歌和土家的民风、民俗，在大型的真实场景中表演的歌舞剧，以灯光和背景的大型营造以及歌曲独特风格为胜。白狐幻化人形，剧共分为狐王选妃、旷世奇缘、矛盾重重、千年守望4场。

3. 剧场类及巡演类大型旅游演艺活动

如《ERA：时空之旅》、《云南映象》、《丽水金沙》、安徽黄山的《徽韵》等产品。演艺精品要成功立足国际，不仅要具有艺术魅力，还要有准确的市场定位和有效的市场运营，才可以确保品牌与市场、投资与回报的良性循环，进而达到社会效益与经济效益的双赢。2003年，张家界市、区两级政府将魅力湘西大剧院指定为民族民间文化的定点表演单位。如今，“白天观奇山秀水，晚上赏魅力湘西”正成为海内外华人和国际友人们的共识。《魅力湘西》的表演包括苗族鼓舞、爬楼习俗、茅古斯舞、马桑树儿搭灯台歌曲、合拢宴、女儿会、哭嫁、湘西赶尸等风俗表演。

4. 通过各种民俗文化节展示的不同国家地区民族的不同的民间演艺

目前全国各地举办了不同形式的民俗文化节，种类繁多。2018年末，苏州第三届姑苏区民俗文化旅游节暨2018年“姑苏·冬至大如年” 民俗文化节盛大开幕。2018年第六届岭南民俗文化节开幕，60余种传统民间艺术荟萃。2019年初，第十一届中国（鹤壁）民俗文化节盛大开幕。浚县作为第十一届中国（鹤壁）民俗文化节主会场，浚县区域活动将突出“逛千年庙会、游魅力古城、赏中原民俗、享文化盛宴”的主题，依托大伾山、浮丘山、明清古城、正月古庙会等资源和载体，积极开展特色鲜明、内容丰富、形式多样的民俗文化活动。2019年5月，第十二届河北省民俗文化节在河北博物院拉开帷幕。整个民俗节共有6个版块的活动：“传承德泽丰芜康宁”——河北承德满族文化遗产精品展；匠心襄扶——河北省“非遗＋扶贫”手工技艺创业就业成果展；艺曲同辉——河北省曲艺精品展演；匠艺传续——传统工艺振兴交流对话活动；霓裳新韵——非遗服饰设计展示暨石家庄市非物质文化遗产展览展示活动；多彩生活——非遗文创展销及研学体验。2023年11月11日至13日，广东中山古镇举办第八届岭南民俗文化节，全省15个地市的32支民俗表演队伍参加展演，其中既有曾荣获中国民间文艺”山花奖”的普宁英歌舞、云浮禾楼舞、广州鳌鱼舞、东莞麒麟舞，还有国家级”非遗”项目汕尾渔歌、汕尾麒麟舞和中山的咸水歌、醉龙舞、六坊云龙舞等表演队伍。民俗文化节内容丰富，通过岭南传统民俗展演、巡游、学术交流活动、惠民演出、花灯展等系列活动，集中展现岭南民俗文化的特色与精髓，全方位、多角度地展现岭南民俗文化的独特魅力。

国外知名的文化节有巴西狂欢节(世界上最大的桑巴舞狂欢节)、西班牙奔牛节(最危险的狂欢节)、意大利威尼斯狂欢节(历史最悠久的狂欢节)、科隆狂欢节(玫瑰星期一游行)、加拿大渥太华冬季狂欢节(围绕冰雪题材展开)、美国加州大蒜节、西班牙布尼奥尔西红柿大战节、希腊加拉西迪狂欢节、乌拉圭狂欢节等。诺丁山狂欢节是欧洲规模最大的街头文化艺术节,每年8月底举行,一般持续三天,在伦敦西区诺丁山地区开幕,一向以浓郁的加勒比海情调著称。钢鼓乐队、卡里普索歌曲、索加音乐是诺丁山狂欢节的灵魂。儿童是第一天的主角,而第二天的成人狂欢节使活动达到高潮。

【资料链接6-3】　部分文化旅游演艺项目

组合模式	景区/剧场名称	演出名称
演艺+主题公园	上海迪士尼公园	《美女与野兽》中文版
	桂林千古情景区	《桂林千古情》
	封神文化主题乐园	《封神演义·炫战》
演艺+古城古镇	土城古镇	《土城往事》
	炭河古镇	炭河国际大马戏
	安仁古镇	《今时今日安仁》
演艺+文旅小镇	丹寨万达古镇	《锦绣丹寨》
	禅域小镇	《禅宗盛域·六组惠能》
	德百旅游小镇	《椹仙传奇》光影秀
演艺+山水景观	兴汉胜境景区	《天汉传奇》
	木兰草原风景区	《花木兰·云中战歌》
	三清山金沙逍遥谷	《天下三清》
演艺+文化街区	阳朔益田西街	《再忆三姐情》
	七里山塘	《山塘旧梦》
	文昌里	《寻梦牡丹亭》
演艺+博物馆	秦始皇帝陵博物馆	《秦俑情》
演艺+文旅综合体	西安华夏文旅度假区	《驼铃传奇》
	太湖龙之梦	《梦幻砖石》
单一剧场演艺	兰州黄河剧院黄河	《丝路花雨》兰州版
	契丹大剧院	《契丹王朝》
	雪山大剧院	《蝴蝶妈妈》

(四)民间演艺旅游的可持续发展

1. 民间演艺旅游的作用①

民间演艺庞大的产业链产生巨大的经济拉动作用,演艺产品的开发满足了旅游者白天购物观光游览,晚上观看演出的需求,极大地丰富了旅游者在旅游地的夜生活,同时也就意味着对餐饮、购物、娱乐等行业的消费随之增加;旅游演艺增加就业机会,促进就业;有利于当地文化的保护和传承,通过周而复始循环往复的表演,使得旅游地的

① http://wenku. baidu. com/link? url=oE-viYUxJw D4EQegxw5mma_1JOfGcveQ5JdiIvZJxgylXK-flq4pUcXRZbkG5aKsYYKeLAerAIuRbydRz1dimyUxIf5Spiu E5Y4occKwK3DK

历史文化、人文风俗得以弘扬和传播；区域影响力大，成为地方名片，提高旅游地知名度，促进地方旅游业发展。

2. 民间演艺旅游的发展现状

近十几年来，伴随着《印象·刘三姐》《宋城千古情》等一批项目的成功，很多旅游目的地把旅游演艺作为提升旅游经济和地方品牌的手段，却忽视了对其社会效益的追求，出现了一批社会反响差、盲目跟风、粗制滥造的演艺项目。80% 项目在运营一年后被迫关闭或一直亏损，只有不到 10% 的项目保持盈利。旅游演艺项目的现实状况让投资者头脑清醒过来，内容创作需要深入挖掘地方文化的内涵，单纯以科技和设备堆砌的项目，无法得到真正的认同。

文化旅游民间演艺发展现状如下：

（1）总体市场规模依旧处于增长阶段，但增速明显放缓。旅游演艺产业从总体市场来看，依然处于上升阶段。虽然近年来较多剧目因各类原因出现亏损乃至停演等问题，致使市场信心不足，但 2015 年以来，我国旅游演艺剧目台数依然逐年攀升，至 2018 年总数已达 306 台。但旅游演艺产业的发展速度已明显放缓。从 2014 年到 2018 年中国旅游演艺总体票房的变化情况来看，2014 年总体票房仅为 27.03 亿元，到 2018 年达到 59.08 亿元。但从票房增速来看，2015 年的增速为 34.9%，之后连年下降，到 2018 年增速仅为 13.5%。

（2）从“单一体验”到“丰富体验”，旅游演艺多元组合发展。近年来，单一的旅游演艺项目已无法满足游客的消费需求，因而包含旅游演艺在内的旅游产品组合开始风行。2018 年新增的 47 台旅游演出中，91.5% 的演出均依托景区开展，且组合模式多元化。

（3）从“热门一线”到“二三四线”，旅游演艺投资城市下沉。大型的文旅机构开始关注二三线城市。由于一线城市演艺市场饱和、二三线城市文化消费崛起等诸多因素，旅游演艺项目开始走入二三线城市。2018 年旅游演艺新增的 47 台演出中，位于二三线以下城市的演出达 34 台，占比高达 72.3%，其中宋城演艺、陕旅集团等大型文旅机构新开发项目多位于三线及以下城市。

（4）从“经验学习”到“品牌输出”，旅游演艺海外市场拓展。中国旅游演艺实现了对国外的品牌输出，国内大型 IP 开始布局海外。2017 年，柬埔寨的《吴哥王朝》开始公演；2018 年，山水盛典在越南打造《会安记忆》；同年，观印象在马来西亚制作的《又见马六甲》正式公演。旅游演艺的海外市场将逐渐打开。

三、数字演艺发展现状①

（一）数字演艺发展情况

1. 数字演艺发展主要有两种形态

数字演艺的发展分为两条路径：一是在保留传统演艺基本模式的情况下对数字技术的利用，如舞美的数字化、舞台演出直播等。二是在数字技术主导下形成的对演艺观念和模式有重大创新的演出形态，如沉浸式演出，虚拟人物与真人结合的演出等，多在

① 李国睿.数字演艺发展现状什么样[EB/OL].[2023-10-27].https://culture.gmw.cn/2023−10/27/content_36924188.htm.

景区、博物馆、电视综艺节目和新型演出空间。这种形式创新性强，投入比较大，代表了未来发展方向。也有人认为佩戴设备在线观看的VR演出属于第三种。

2. 演艺行业对数字化期待大于恐慌

在文化和旅游部推动下，各中直院团积极推进演出数字化，打造“一团一品(牌)”，在行业内产生了积极反响，发挥了国家队的模范表率作用。从调研组在苏州召开的基层演出单位座谈会发言情况看，多数发言者表明已经度过了对数字化的恐慌期，开始积极拥抱并应用数字化。技术应用增强了演艺的表现力、传播力和影响力，降低了成本特别是舞美方面的成本，提高了创作排演效率。从总体上看，演艺行业对数字化充满期待。

3. 数字技术已在演艺各环节应用

元宇宙、5G、大数据、云计算、人工智能、物联网、区块链等技术已经深入到演艺行业的全产业全流程，如创作阶段的剧本创作、灯光音响舞美服装化妆设计、作曲、仿真排练、交互环节设计，制作阶段的舞台美术制作、流动性舞台机械制作、布景服装化妆道具的智能化管理、交互环节的制作，演出阶段的线上演播、灯光音效多媒体的数字化控制、虚拟演出、票务销售，场馆管理的设备实时监控、安全管理、设备机械控制、检票系统等方面。

(二) 数字演艺应用的主要技术

1. 人工智能技术

人工智能为演艺创作提供新助力。ChatGPT在辅助剧本创作方面已经得到试验，2021年2月26日首次人工智能参与编剧的戏剧作品《人工智能:当一个机器人写剧本》(《AI:When a Robot Writes a Play》)演出。

中国地质大学(武汉)观看了周莉副教授团队研发的智能音乐机器人“海百合”表演。该项目结合中国民族音乐艺术特征和中国民族管弦乐队演奏技法基础理论，运用基于机器视觉的乐谱识别、基于深度网络的情感识别、基于机器学习的拟人行为规划等人工智能技术，实现了智能识谱、智能作曲和智能演奏等功能。

2. 虚拟现实和全息技术

虚拟现实和全息技术拓展线上演播新体验。抖音集团借助PICOVR终端设备，应用虚拟现实和全息技术，通过将用户机位设置在与表演者近距离面对面的观看视角，使用户能得到置身现场前排的体验，还原用户参与线下演出环绕式视觉、听觉体验。

虚拟现实技术营造的沉浸性、交互性的观演环境，增强了观演的参与性趣味性；全息投影、高清投影等技术丰富了舞台美术的呈现方式。上海机遇星球网络科技有限公司表示，他们与爱奇艺联合打造的VR•全感跨次元互动娱乐项目《风起洛阳》VR全感剧场，将实景演艺+VR全感互动融合，通过升级无线串流技术和优化开源方案，借助VR重定向技术，实现在百平米场地内体验到万米空间中行走的感觉。

3. 5G传输技术

5G传输技术开拓演艺传播新途径。5G技术通过借助大通量、高速率、低延迟技术优势，实现线上观演的实时化、同步化；超高清视频(4K/8K)通过超高清晰度、超高还原度实现线上观演的高清化、临场感。线下演出通过录播和直播，“搬到”线上演播平台，拓展演艺传播的广度和深度。国家大剧院、国家京剧院、中国国家话剧院、中央芭蕾舞团、中央民族乐团、广州大剧院等多家单位均进行5G+4K/8K演出直播。

4. 仿真技术

仿真技术协助演艺创作排练。北京理工大学丁刚毅教授团队研发的"大型表演智能化创编排演一体化服务平台",运用仿真技术协助演艺活动提升了大型演出的排演效率,该系统包含活动策划与智能创意系统、训练彩排方案生成系统、表演预演系统、装备协同控制系统和仿真转播关键技术,形成了新一代表演全流程技术解决方案。该技术在国家重大文化活动中得到成功应用。

5. 机电声光技术

机电声光技术营造观演新空间。王潮歌团队的"只有系列"戏剧幻城实景演出、浙江大丰实业的《今夕共西溪》、武汉旅游体育集团《知音号》等沉浸式文旅演出项目,在机电声光技术的助力之下,运用升降台、旋转升降台、吊杆、激光投影、透视多面屏、定制灯具、旋转移动看台、多媒体艺术装置、全息投影、集成控制系统等舞台设备和技术手段,通过舞台"声、光、电、画"智能化高度协同方式,实现舞台、景观、建筑的整体融合以及视觉呈现和文化内涵的高度融合,完成舞台空间和观演空间的多元拓展,营造沉浸式文旅演艺全新的观感体验。

6. 虚拟制片技术

虚拟制片技术创新演出制作模式。苏州蓝海彤翔系统科技有限公司开发的vLive虚拟直播系统,是一款集视频采集、高质量抠像、三维虚拟演播、多信号源输出、直播录制于一体的超级虚拟直播系统。该系统通过高效的实时光影算法,可在虚拟场景中生成高精度的互动光影效果,极大增加了人物与虚拟场景的融合度,配合发丝级抠像技术,最大程度保留了图像细节,实时融合人物与虚拟场景,营造出逼真的现场沉浸感,运用5G+实时渲染技术,依托StudioBridge系统和云端GPU算力,实时完成抠像、渲染与合成。该技术运用到演艺行业中,通过真实演员配合虚拟舞台美术,实现绿幕环境下的舞台演出的录制和直播,降低影视制作和演出成本。

7. 云计算和雾计算技术

同方股份有限公司以全域数字化为数据基础,以"云""雾"计算系统为架构基础,构建基于大数据的数据中台、基于AI技术的新型决策系统和基于事件联动的应急系统的一体化融合引擎,为剧院管理提供面向多元服务构架的服务融合平台。

第三节 饮食习俗和特色服饰民俗文化旅游

一、饮食习俗民俗文化旅游

(一)饮食习俗概述

不同的地区和民族形成了不同的饮食民俗以及丰富多彩的饮食文化。饮食及其民俗也成了重要的旅游资源。饮食民俗的形成与各地的经济、自然条件、民族因素、宗教信仰有密切的关系。不同的地区饮食习俗具有不同的岁时惯制、礼仪惯制、信仰惯制。如我国汉族饮食有八大菜系之分,鲁菜、川菜、浙菜、苏菜、徽菜、粤菜、湘菜、闽菜,各菜系的原料不同、工艺不同、风味不同。

(二)我国饮食习俗民俗旅游的发展及策略

在全球化背景下,具有地方特色的名吃、名菜和名点已成为旅游地重要的旅游形象代表,如北京的北京烤鸭,天津的"狗不理"包子,成都的川菜等。目前开发饮食文化资源已成为诸多国家发展旅游业的重要举措,如韩国"泡菜节"、德国"慕尼黑文化啤酒节"等。①

国内饮食文化旅游资源主要集中于饮食历史文化、菜系、菜谱和烹饪技巧等方面。旅游者通过领略旅游地风味小吃、特色菜肴、名特产品等饮食文化进而深入了解地域风俗习惯、风土人情和文化特征,通过亲身参与获得丰富深刻的感官和审美体验。我国饮食习俗旅游的开发策略主要有以下几个方面②:

1. 发掘饮食习俗地域特色

充分挖掘地方饮食历史文化,如将民俗融入餐饮当中,开发民族特色旅游,让游客在欣赏不同民俗时品尝各个民族风味的菜肴。继承和发扬传统烹饪技法,兼容并蓄,创新地方饮食文化。

2. 举办饮食节庆活动

国内诸多旅游地根据自身地域特点和风物特产,衍生出具有现代地方特色的饮食节事。举办不同菜系的烹饪厨艺比赛和各种美食节,如信阳举办的"国际茶文化节"、山东青岛的"啤酒节"、四川成都的国际美食旅游节、大连美食节、浙江舟山的海鲜美食文化节、江苏淮安"盱眙中国龙虾节"等,旅游者可通过其观看烹饪比赛、茶艺表演、学做湘菜以及参与美食节、茶文化、啤酒节、水果节等体验性饮食旅游活动,增进饮食美食旅游产品的原真性体验开发,提升旅游地形象的节事和文化营销效果。③

此外,旅游地借助菜系品牌优势,在影视、动漫、出版、新闻、戏曲和服饰等方面拓展文化创意空间并建立诸如饭统网、搜饭网、菜系网等美食旅游相关网站和餐饮网络平台,在线发布饮食文化、特色菜式和旅游资讯,实现区域性网上预订和文化营销等旅游服务。

3. 深入挖掘饮食背后的文化因素

深入调研、广泛征集当地饮食文化的文化背景、历史渊源、民间传说、名品典故和私家菜品(云南的过桥米线、叫花鸡、东坡肉等),同时调查当地民众的日常食俗、节日食俗、祭祀食俗、待客食俗、特殊食俗等饮食生活习俗,以大力保护、传承和创新地域饮食的非物质文化遗产。一些地方名菜小吃往往借鉴一些历史渊源、民间传说、神话故事、风土人情等开发出创新菜肴,让游客边听故事、边品美味、边思意蕴,使游客乐在其中。

---

① 陈麦池.基于文化创意的旅游地饮食文化资源开发机制研究[J].扬州大学烹饪学报,2012(1):61.

② 陈麦池.基于文化创意的旅游地饮食文化资源开发机制研究[J].扬州大学烹饪学报,2012(1):63.

③ 陈麦池.旅游目的地饮食文化资源开发机制论[J].青岛酒店管理职业技术学院学报,2012(1):22-25.

开发饮食文化旅游时举办佳肴品尝游、药膳保健游、民族风味美食节等多种方式的特色饮食文化旅游活动。利用古今特色饮食文化旅游资源,即从特色菜品、旅游线路、旅游纪念品和旅游建筑设施等多个角度进行旅游开发;建立特色饮食中心、饮食文化展示馆,举办美食文化节,与其他节日形成互动,进行连锁经营等旅游形式。

4. 旅游饮食品牌打造

旅游地饮食文化和餐饮业应注重品牌打造。培育饮食品牌,扶持餐饮产业,创设主题公园,强化旅游体验,开发美食商品,注重文化营销。在餐饮产业培育和经营过程中,旅游地应加强对餐饮老品牌和老字号的保护和扶持,逐步聚集名品和名店效应,规范发展风味美食游、药膳保健游、饮食文化游和农家乐旅游餐饮,增强参与性体验,培育饮食文化旅游品牌,最终实现餐饮品牌文化的打造和运营。如到安徽黄山旅游,要吃黄山烧饼、臭鳜鱼、黄山毛豆腐、老街汪一挑馄饨。

通过生产专业化、供应规模化、经营连锁化和管理科学化推动旅游地餐饮产业联动。以旅游市场需求为导向设计,开发旅游餐饮产品,并优化餐饮产业结构,如成都正是构筑了小吃、名茶、名酒、美食节、川菜馆、火锅店、小吃铺和茶馆等由菜系、餐饮企业、美食名品、饮食文化节事等饮食文化餐饮产业联动体系。

美食历史街区规划、设计和建设。如上海南京路、新天地、北京王府井、三里屯酒吧街、天津鼓楼商业步行街、苏州观前街、南京夫子庙等。美食历史街区融合了多种餐饮特色和经营业态,成为城市休闲产业的重要载体、城市旅游品质升级的主要载体和城市休闲消费文化的缩影。

(三) 茶文化旅游

中国是世界上最早种茶、制茶和饮茶的国家,是茶文化的发祥地。茶文化旅游的基本形式是以秀丽幽美的环境为条件,以茶区生产为基础,以茶为载体,以茶区自然景观和特定文化历史景观为依托,以丰富的文化内涵与丰富多彩的民风民俗活动为内容,进行科学规划设计,同时涵盖观光、娱乐、商贸、求知、体验、度假、购物、习艺、购物、餐饮住宿等多种功能于一体的新型旅游产品。①

茶文化旅游产品是休闲性极强的,集茶园林观光、茶艺、茶道、制茶工艺、民间饮茶习俗、茶歌舞、茶鉴赏等于一体的体验产品,更是一种组合型的整体产品。茶景观产品包含名山胜水、茶园、茶馆、茶加工厂、茶博物馆、茗具观赏游等项目;茶文化产品包含茶道、茶节庆、茶礼俗、宗教茶仪等文化活动;茶艺术产品包含茶艺表演、茶歌、茶舞等。

1. 我国的茶文化旅游形式

(1) 茶乡茶区生态游。中国名茶总是与名胜相关联,留下了许多有关茶的生态景观。茶园基本位于环境良好、风光优美的地方,茶园名山,素有"名山出名茶",如大红袍与武夷山人文自然景观、江西庐山云雾茶与庐山风光及鄱阳湖景观、杭州西湖是我国著名的龙井茶原产地、湖南的君山银针、江苏的洞庭山碧螺春、安徽的黄山毛峰等。将这些旅游资源与神话传说、典故相结合,既可以为旅游活动创造亮点,又可以迎合旅游者对文化体验和自然美感的追求。除此之外还有集休闲、旅游、品茗于一体的茶叶博物馆(院),如杭州中国茶叶博物馆、福建漳浦的天福茶博物院、广东英德的茶趣园、昆明

① 沈国斐. 杭州茶文化旅游开发探索[J]. 北方经济,2005(10):14-16.

世博会茶园等，已成为展现丰富多彩的中国茶文化基地。

（2）以茶艺表演为主的茶文化旅游。茶艺表演为茶文化旅游增添了新项目，如广州的“陶陶居”，北京的“老舍茶馆”，还有上海豫园的“也是轩”“宛在轩”，这些都是国内外闻名的茶馆茶楼。具有观赏价值的各种名茶采制技巧和各具特色的茶俗茶艺表演是茶文化旅游的重要方式。如在云南大理白族自治州，民族风味的三道茶艺深受欢迎，三道茶歌舞表演逐渐成长为当地一项重要的旅游文化产业。还有客家“擂茶”和西湖龙井茶的手工炒制等。

（3）茶文化研讨会、茶俗风情游。以茶文化为主题的活动如茶文化研讨会、茶文化旅游节、茶叶博览会等都有较好的效果。我国的茶俗旅游资源也是十分丰富，如云南白族的三道茶、傈僳族的雷响茶、武夷山的大红袍茶、茅山雀舌赏茶旅、武夷山岩茶之旅、安溪铁观音探源等民俗游等都具有相当深厚的文化底蕴。旅游者通过参加茶俗风情游，既学到了文化知识，又能体味人生价值。

（4）关于茶的药用价值以及推广养生保健游。众所周知，茶最早发现的是它的药用价值。茶叶成分丰富，包含蛋白质、维生素、氨基酸等500多种化学成分，尤其是茶叶的维生素含量较高，一千克茶叶含维生素1000到5000毫克。饮茶可以缓解疲劳，美容养颜，长期饮茶可以延年益寿，强身健体。因此，养生保健游很受广大旅游者的欢迎。

2. 茶文化旅游发展的策略

（1）提炼鲜明的茶文化旅游体验主题，树立文化品牌。根据茶文化的特征，可以设计主题旅游：如“茶文化美食”主题，举办茶宴（茶点）品尝节，推出一批茶餐饮特色宴会、菜肴和茶点；“茶艺交流”主题，举行中外茶艺交流活动；“茶文化体验”主题，介绍、展示、品鉴包括采摘、炒制在内的中国茶艺文化；此外还有茶文化寻踪游、茶道寻源游、茶文化工业游、都市茶馆游、农家茶馆游、茶园生态游、茶文化保健休闲游等系列茶文化旅游线路。通过这些主题的设立，游客逐步理解当地茶文化的内涵，树立起良好的品牌形象，提高茶文化旅游的参与性。让游客体验茶风俗、欣赏茶艺表演、猜茶谜、唱茶歌、听茶戏、吃茶宴等，组织“新茶采、尝、购”为主要内容的一日、二日游等。

（2）提高茶文化旅游产品的文化内涵。一方面，提高茶文化旅游产品的文化内涵。如大理白族的“一苦二甜三回味”的三道茶文化，体现了人生哲学；另一方面，要提高茶文化旅游区内导游和服务人员的综合素质，充分发挥他们的媒介作用，将茶文化旅游的特色和文化内涵较完美地传递给游客。

（3）利用多种渠道和形式，全方位、多层面地宣传和推销茶文化旅游。搞好茶文化旅游宣传推销可以从以下几个方面入手：与旅游相关单位、部门尤其是旅行社加强合作，不断推出茶文化旅游特色线路和活动；通过广播、电视、报刊及宣传手册、光盘等传媒手段，主动打入客源市场，积极引导潜在客户；通过新闻发布会、旅游节开幕式、公关推介会等向公众介绍自己的产品和线路。另外，还可以组织茶文化专家、学者及各界知名人士进行公益营销，以“名人效应”来扩大影响。而且，不同地区的茶文化所彰显的地域魅力也不尽相同。

（4）全域旅游视角下开发茶文化旅游。茶文化旅游的开发应该因地制宜，在全域理念之下依据当地的文化特色对茶文化旅游资源进行多元化整合，从文化、历史、艺术等不同角度出发将茶文化与民俗文化相结合，进而开发出地方特色浓郁的茶文化旅游产品。例如，广西的茶文化旅游开发可以将其茶文化资源与当地壮族的风俗传统相融合，打造出壮族茶文化系列的主题旅游项目，利用壮族的“三月三歌节”开展茶歌对唱活动，也可以将采茶戏表演与其“牛魂节”相交融，进而以具有民族风情的茶文化节目留住游客的“心”。

加大投入力度，以政府为依托完善旅游基础设施建设。政府加强旅游基础设施建设，从交通道路的修建开始，为偏远地区的茶园修建平整道路，以便于游客出行游玩。一方面，政府应该尽力完善茶园山区的通信设施，尽可能地将网络通信覆盖到每一区域内，使不同片区的茶园能在全域内实现信息的即时共享；另一方面，政府也应该出台相关的政策以鼓励和引导茶商正确地开发茶文化旅游资源，使茶商树立全域共同发展的理念，充分利用区域内的资源进行深度化的茶文化项目开发。例如，潮汕潮安区借用整个潮汕区域内的一切资源修建了凤凰山茶文化公园，并且又在当地政府的支持下将潮汕古村改建为功夫茶博物馆。

（四）酒文化旅游

1. 酒文化旅游的含义

酒文化旅游是围绕酒和酒文化这一主题，利用酒的历史价值、文化艺术价值、保健实用价值吸引旅游者，以休闲、娱乐、获取知识及生活体验为目的而开展的形式多样、内容丰富的一系列旅游活动，而酒文化旅游产品是休闲性极强的，集酿酒、器具、酿造工艺、酒道、酒艺、民间吃酒习俗、宗教酒仪、酒节庆、饮酒歌舞、酒鉴赏于一体的组合型体验产品。①

2. 酒文化旅游发展的几点策略：

（1）整体规划。目前，我国酒文化旅游资源很多开发处于相互独立、互不干涉的局面，酒文化产品的组合度很低，而仅靠单一的酒产品很难触动大量游客产生出游动机，且酒文化旅游链很短，纵向衔接不够，与其他旅游产品（如生态旅游、红色旅游等）尚未形成横向整合。要进行整体规划，应运用“点、线、面”一体的旅游开发思路，统筹旅游资源富集区的旅游产品开发，形成自然风光、酒文化博览馆、民族文化示范村落、酒文化娱乐园、三古游览（古城、古道、古酒）等为一体的线路组合，提高空间整合度。同时，精心安排旅游时段，将观光、观赏、参与、娱乐、休闲旅游形式合理组合起来，强化旅游清新感，增强游客体验度。②

（2）突出酒文化旅游中文化的价值。酒文化旅游的核心应是文化，目前其旅游产品无论从形式还是从内容上，对酒文化的挖掘、提炼以及整合的深度都还不够，对不同民族、不同种类的酒文化也未进行差异化对比，而对于渗透于诗词歌赋、琴棋书画等文化艺术形式中的酒文化更缺乏提炼与延伸，市场上吸引力不强。可以通过打造一批以酒文化为主题的大型节庆和特色民族节庆活动，如名酒博览会、名酒交易会、酒道馆、酿酒工艺展示馆、酒艺表演、酒歌舞表演会、大型民族歌舞专场、民间少数民族酒艺表演、酒文化博物馆、酒文化鉴赏会所、酒文化农家行、酒文化产品超市等新兴旅游业态；还可以将民族文化表演、民族特色舞蹈表演、原生态民俗体验等多种旅游活动组合起来，形成闪亮的旅游卖点。在特殊的节庆日子里开展旅游节目，以民族特有的酒礼、酒

①② 康珺.基于酒文化的四川省旅游经济发展战略[J].安徽农业科学，2010，38(13)：6984-6986.

俗待客，让游客参与到采药、制曲、烤酒的过程中，不仅可以优化旅游者的消费体验，还可以宣传当地的酿酒文化（举办酒文化旅游节或特色酒品）。

（3）增强营销。酒文化旅游由于缺乏品牌效应，往往只能成为其他成熟旅游线路的附属，未进行专门的旅游线路组合和特色文化宣传，从而导致其缺乏吸引力。通过营销，树立品牌，增强影响力，带动旅游经济的发展。

二、特色服饰民俗文化旅游

服饰民俗是民俗旅游中一个靓丽的旅游产品，以其鲜明的实用性、审美性、文化性、历史性抓住了人们的注意力，成为一项重要的旅游资源。文化和旅游部高度重视民族传统服饰及相关技艺的保护和开发工作，惠安女服饰、苗族服饰、蒙古族服饰、回族服饰、藏族服饰等23项民族服饰类非遗项目已列入国家级非遗代表性项目名录，与民族服饰相关的银饰锻造、刺绣、蜡染等传统工艺也已列入国家级非遗代表性项目名录。蜀绣、羌绣、彝族服饰制作技艺等传统工艺入选第一批国家传统工艺振兴目录。

（一）服饰民俗文化

我国的服饰文化历史悠久，内容十分丰富，在漫长的演绎发展过程中逐渐形成了以汉族服饰为主体，各少数民族服饰竞相争妍五彩斑斓的特色。服饰往往和一个民族的宗教信仰、社会习俗、道德观念、价值取向、审美意识等密切联系在一起，每个民族的服饰本身就有其丰富的文化内涵，包含民间传说、宗教、民族关系、风俗习惯、审美观念、政治历史，也充分反映了各个民族不同的文化背景，蕴含着丰富的民族服饰文化内涵，增大了旅游业的文化含量，是一种独具魅力的旅游文化。

（二）服饰民俗的文化旅游资源特征

1. 地域特征

服饰民俗作为旅游资源突出地表现在地域性特色上。如气候条件、自然资源、生产方式、社会生活、植物分布等，它们均能影响服饰的结构、原料、样式和色彩。我国地域范围大，服饰显示出不同的风格和特点。北方严寒多风雪，森林草原宽阔，分布其间的北方少数民族多靠狩猎畜牧为生，其服饰主要特点是厚、长、暖；南方温热多雨，山地夷陵相间，生活在其间的少数民族多从事农耕，衣裙特点则是短、窄、轻、薄。生活在高原草场并从事畜牧业的蒙古、藏、哈萨克、柯尔克孜、塔吉克、裕固、土等少数民族，穿着多取之于牲畜皮毛，用羊皮缝制的衣、裤大整多为光板，有的在衣领、袖口、衣襟、下摆镶以色布或细毛皮。藏族和柯尔克孜族用珍贵裘皮镶边的长袍和裙子显得雍容厚实。哈萨克族的“库普”是用驼毛絮里的大衣，十分暖和。

2. 民族性与多样性

服饰民俗受到民族地域、民族经济生活、民族社会结构、民族心理等多个方面的制约，表现出明显的民族性特征。我国民族种类繁多，分布广阔，且广大少数民族地区长期以来交通不便，互相交流困难，因而民族服饰多姿多彩，服饰文化内涵丰富，有取之不尽的服饰资源。如苗族分为红苗、黑苗、白苗、青苗、花苗五大类，其中的花苗又包括了大头苗、独角苗、蒙纱苗、花脚苗等，皆以不同的服饰划分。这样一来，不但不同的民族具有不同的服饰，而且同一民族内也因支系的不同而具有不同的服饰，使得我国少数民族的服饰格外丰富。

3. 时代性

社会的发展,时代的变迁,必定会给服饰提供更多更新的质料和样式。风俗本身就是时代的产物,不同的时代,人们有不同的心理和不同的审美标准,服饰风俗也会随之发生变化。例如,自周秦汉唐以来的肥衣大袖的汉服早就变成了历史的遗迹,清代的长袍马褂也成为了博物馆里的文物。

4. 实用性与审美性

服饰首先是“服”,其最基本的功能就是御寒、避暑、防伤,而服饰与服饰民俗本质的一致性,突出表现为服饰民俗的实用性。东北农村的羊皮大衣厚棉裤等也能体现为一定的粗犷之韵和劳作之美,但从本质上说,是为了适应在天寒地冻的环境里劳动生产的需要。朝鲜族的短上衣、蒙古族的大长袍,均同水稻插秧、草原牧猎有密切关系。任何民族服装的基本样式,最初设计时都是主要考虑生产劳动和生活过程的基本需要。

服装的实用性和艺术性,带有鲜明的民族审美倾向性。这种审美标准受到一个民族的语言、文化、文字、风俗、宗教、伦理、生产方式、生活方式的强烈影响。例如朝鲜族,自古以来崇尚白色,服装以白为美;汉族尚红,所以古代喜庆服装多红色。

5. 阶级性

服饰是“无声语言”,在古代中国,它能表达一个人的地位、身份,人们可从官员所着官服判断出他是文官、武官,并且知道他属于哪一品级。如清朝,皇帝以下文武百官,均以九个等级来划分,即九品。文官的服饰全以鸟为图案,一品至九品分别为:仙鹤、锦鸡、孔雀、云雁、白鹏、鹭鸫、鸡轨鸡、鹌鹑、练雀。武官的服饰则以兽为图案,一品至五品分别为麒麟、豹、狮子、虎、熊,六、七品为彪,八品为犀牛,九品为海马。

6. 性别与年龄特征

这一特点在服饰上的表现是显而易见的,男女由于体形及所从事的劳动不同,服饰上存在着明显的性别差异。拿民族服装来说,传统女装总保留着浓郁的民族和地域特色,不大容易受外界影响而改变。男子装束较易变化,且趋于简便。比如苗、藏、瑶、傣、黎等族,其传统女装千姿百态,而传统男装则不过几种而已。年龄上的特点,如白彝,青年男女服装色泽鲜艳,喜用对比强烈的颜色,纹样繁多;中年妇女的纹样较之青年妇女为少,使用颜色多为天蓝、绿、紫、青等色,素雅庄重;老年服装则更素静,惯用青、蓝等颜色,一般不做花。朝鲜族的姑娘梳单辫,只穿刚过膝的褶裙,已婚妇女梳髻或留短发,穿长及脚跟的长裙或缠裙。

(三)特色服饰的文化价值

服饰民俗作为古今中外各族人民共同创造的物质产品和精神产品,以其丰富的文化内涵吸引着旅游者,为旅游开发提供了重要的资源基础,丰富了旅游开发项目,不仅给当地旅游业带来了直接的经济效益,而且促进了相关产业的发展,有利于增加就业机会,有些服饰民俗文化被逐渐抛弃,如民族服饰失传和外流现象严重,很多少数民族服装制作工艺已失传,后继无人,有的甚至在民族博物馆都没有相关资料记录。

1. 民族服饰具有浓郁的艺术韵味和审美价值

如大理白族的年轻妇女,多穿黑色、红色、紫色、墨绿色的丝绒或灯芯绒小挂,蓝色的宽裤子,腰间系有绣花飘带上面多用黑丝线绣上蝴蝶、蜜蜂等图案。苗族妇女的高高发髻像孔雀羽冠,宽宽的花袖像孔雀翅翎,密密的百褶裙像孔雀开屏,极富艺术韵味和审美价值。德宏傈傈族妇女的服饰全部都用红、黄、蓝、绿、白、黑等多种彩色布缝制而成,像五彩灿烂的鲜花。哈尼族妇女上穿蓝色或蓝色条花斜襟短衣,年轻女子以无数银泡嵌满全胸和头上的小布帽,佩戴银耳环和粗大的银项圈等为美的装饰。此外,有些民族服饰上的挑花、刺绣和织锦,同样对中外游客具有浓郁的艺术韵味和审美价值。

2. 凝聚在民族服饰上的文化内涵是旅游重要的吸引力

拉祜人对狗有着特殊的感情,在他们的织绵挎包上大都织有狗牙图案;虎形象源于以狩猎为主的古羌戎族的图腾;丽江纳西族妇女披星戴月服装,身披羊皮披肩上缀有七个丝线绣成图案的圆形精美小星,象征着披星戴月以示勤劳之意;藏族普遍信仰藏传佛教,喜欢以银护身佛盒作为佩饰。

3. 民俗服饰旅游产品具有纪念意义和收藏价值

传统服饰的制作,独一无二,纯手工制作,游客买一件当地的服饰,具有纪念价值和意义。

(四) 特色服饰旅游的开发

服饰民俗旅游开发,一方面拓展旅游资源的深度,丰富旅游文化的内容,提高旅游文化品位,使民俗旅游健康稳定地发展;另一方面增强当地居民的文化认同感、自豪感和凝聚力,强化传统文化的保护意识,促进历史遗迹的保护和传统文化的传承。

1. 利用民族服饰资源,精心组织民族服饰表演

和民族的传统节日相结合,举行民族服饰的表演,将民族服饰的表演融音乐、舞蹈为一体,邀请中外游客一起跳舞、唱歌,使游人置身于多姿多彩的民族风情活动气氛之中。让他们通过观赏、参与等多种方式,来了解丰富的民族服饰文化内涵。

2. 利用民族服饰资源,开发独特的旅游文化纪念品

在民族旅游纪念品的购物过程中,与民族服饰融为一体的挎包、童帽、腰带、荷包、手巾、针线袋、烟袋、头饰、围腰、飘带、钱包等装饰品及物品,同样是十分精美的手工艺品;甚至与服饰有关的各民族扎染、有着图腾刺绣的地毯和壁挂等。这些旅游纪念品文化意义深刻,不仅携带方便,而且具有实用价值和观赏、收藏价值。因此备受中外游客欢迎而争相购买。

3. 开发观赏性旅游产品

建立专门的博物馆,或在博物馆设立展厅,展示服饰原貌,作为民族文化标本的展示,利用影像手段展示、宣传、教育。收藏展示民间的服饰类艺术品,既可以保护资源又可以做宣传,为做好相关知识的收集和整理工作提供平台,让服饰旅游资源成为可持续发展的资源。

4. 服饰体验旅游开发和参与制作

如借助互联网平台,运用参与式设计理念,让游客真正、全面参与到服饰相关旅游纪念品的设计和制作中,制作过程中结合当地服饰文化特色,从旅游纪念品的历史性、纪念性、功能性、艺术性、工艺性、便携性等特征出发,实现服饰的创造性设计、文化符号的意象转换、文化符号的重构等内容。游客参与服饰制作,感受文化气息,学习服饰相关技巧,提高游客参与体验感。

5. 结合现代科技,深挖文化内涵,改进和创新服饰

在继承传统的情况下多与现代服饰和现代科技相结合,让年轻人对其产生好感。特别是面临遗失的民族服饰图案、织布技艺和制作手法等,希望有关部门加强保护,加大扶持,也希望非遗传承人可以通过网络小视频和网课等形式进行非遗传承授课。以"文化+科技+创意"的创新形式,针对来自不同民族文化的素材,利用计算机进行分类、筛选、提炼和再应用,并研究其如何与当代设计相融合,用现代创新的设计语言诠释古老的民族文化。

6. 注重开发与保护相结合,走可持续发展的道路

非遗只是收藏品?如果有人这么认为,那就落伍啦!眼下很多非遗产品化身消费品进入我们的日常生活,非遗的"粉丝"大军中不乏青春靓丽的面孔。"后浪"们对于生活中穿着非遗服装的接受程度也越来越高。比起传统服装,改良版的非遗服饰会融入更多现代设计元素,更易于穿搭,更生活化,也更受年轻消费者欢迎。"将非遗穿上身"已成为年轻人个性表达的一种方式。

7. 注重与其他旅游资源组合开发

服饰民俗作为一种单一的民俗事像,依托于其他旅游资源而存在,这决定了在开发过程中需要将其与其他民俗资源或旅游资源结合起来构成一个完整的景观体系。2020年东莞茶山·南社传统文化季之"衣香鬓影"岭南传统服饰文化体验月活动在茶山镇南社古村落传统文化主题景区启动,美景、美图、美衣、美人、美食,让人赏心悦目,彰显文旅融合的新魅力,也吸引着不少游客慕名而来。线上线下惠及群众10万人次,在活动现场,茶山旅游推介、旅游产品展销以及传统美食制作体验等活动同步举行,展销"南社故事""茶园故事""茶山故事"系列茶山旅游特色手信,吸引众多游客购买。

第四节　民俗文化旅游资源的开发和现代演绎

"民俗文化"则是文化旅游中最容易实现、也最能体现出地方特色的,是旅游资源开发的灵魂所在。游客可以通过开展的民俗旅游活动,来体验风土人情,了解当地的历史生活风貌,满足自己"求新、求异、求乐、求知"的心理需求,感受旅游的趣味性和差异性。民俗文化由节庆习俗、民间艺术、民族手工艺品、饮食习俗、社会习俗、婚丧习俗、宗教习俗、民族服饰和建筑等方面构成。民俗文化旅游的兴起,在于其能够满足消费者的多种需求。首先,民俗文化有着很高的审美价值,能够满足不同消费者的审美需求,带来良好的审美享受;其次,民俗文化中包含各种独具特色的娱乐活动,能够满足人们的娱乐需求,促进游客融入当地民风民俗;最后,民俗文化维系着各民族情感,能够满足社会的精神需求,保持社会的稳定和发展。凭着极其丰富的民族文化和悠久的历史传统,民俗文化旅游给予了人们更高层次的文化旅游享受,从而成为文化旅游产业的主要发展方向之一,也是当前旅游市场中极具竞争力的文旅项目。

民族民俗文化肩负着传承文化根脉、珍藏历史记忆、彰显民俗特色的重任,旅游开发时，应在妥善保护的基础上合理开发利用。随着时间的推移，旧的民俗文化正在一步步远离我们，这并不是一个好的现象，对于这些民俗文化的保存和开发自然也就成为了很多人关心的一个话题。

一、民俗旅游开发中存在的问题——不合理开发使民俗变异[①]

（一）舍本逐末，使民俗丧失本真性

在民俗旅游开发过程中，有的开发商为了吸引游客，不尊重民俗的文化特质，以商业眼光看待民俗。民俗传承应该保持原真性，过于“现代化”的变相嫁接、创新、改造将使原生态的民俗变得程式化、庸俗化，失去了本真性。很多地方的民俗表演，唯恐它太“土”或者不够“美”，于是添枝加叶、随意改动民俗的内容和表现形式，甚至刻意“制造”民俗。

（二）频繁舞台表演，使民俗商业化

在一些民俗旅游景点，开发商将一些比较正式的节庆民俗和婚俗、礼俗甚至祭祀风俗，加以改编，搬上舞台，天天演出，以满足游客了解当地民俗的愿望。这种做法对于民俗地居民的影响却是深远的：首先，那些表演者一般都是当地居民，长期机械的舞台表演使他们觉得民俗与歌舞表演并无大的差别，从而将那些世代传承的民俗视为赚钱的工具，根本不会去思考如何去保护民俗；其次，对民俗的随意改动，使演出市场的需求取代了日常生活。

民俗商业化是把欣赏民俗变为消费民俗，把乡土味十足，未经过任何修饰、雕饰的民俗融入一些现代的表演技术，作为商品展示给人们。民俗文化商业化并非必然产生对文化遗产的破坏，在一定程度上还有助于提高传统民俗文化的影响度，有助于走出民俗发展的困境。但民俗中的一部分经过异文化群体的利益选择，被物质化和商业化，成为一种失去灵气的品牌产品或概念。民俗被机械舞台化、过于艺术化，使传统民俗失去原有的文化内涵，如婚俗被过分商业化；如三月三武鸣歌圩，对歌、跳竹竿舞、抛绣球等壮族传统特色活动接连上演，被人为地商业化。传统民俗的商业化倾向，将会败坏中国几千年来流传下来的民俗文化精神内涵，原汁原味的独特文化一旦丢失，将会贻害无穷。

（三）迎合迎客猎奇心理，使民俗受到污染

有一些地方为了经济利益，对传统民俗文化内涵不加了解地片面对待，主观解释，人为制造所谓的“民俗”，表现为：一是当地文人或是资源的开发者为了开发而从底层没有根据，不加考虑地制造出“伪民俗”；二是为了迎合旅游者品味，在原有的民俗基础上“瞎编”一些民俗；三是为了迎合某些旅游者猎奇的心理和低级趣味，有意夸大民俗中的一些成分。这些现象让后人很难了解文化遗产的真正含义，使传统的民俗文化失去原有的风采和传承意义。

（四）民俗伪民俗、同质化现象

有旅游者提出了这样的疑问：为什么在中国许多民族都跳竹竿舞？为什么很多景

① 樊忠涛. 民俗旅游开发过程中存在的问题与对策研究[J]. 河北旅游职业学院学报，2009(4)：11-13.

区都有飞来石、望夫崖等？这种开发丧失了民俗的本真性，出现了伪造、同质化民俗的现象。在今天的景区中，虚构出来的原始部落、被创造出来的起源故事、被改造和变异的风俗习惯都随处可见。例如，全国很多地方都在争夺某某名人的故里，比如梁祝故里之争、诸葛亮故里之争、孟姜女故里之争甚至西门庆故里之争等。无论是在《水浒传》中还是在《金瓶梅》等文学作品中，西门庆都是一个淫贼、恶霸、奸商的形象，即使是封建时代也是被鞭挞的对象。而今，山东阳谷、临清、安徽黄山三地竟为争“西门庆故里”闹得不可开交，阳谷县斥资9000余万元建造狮子楼旅游城，将西门庆塑造成商业文化的代表，大张旗鼓地打造西门庆宅院、西门庆药铺、王婆茶社等景点并公开招聘潘金莲作形象代言人，通过实物、图片充分展示西门庆欺行霸市、男盗女娼等恶行，竟美其名曰弘扬金瓶梅文化。临清市也不甘落后，准备投资3亿元进行西门庆故里的建设。以“西门庆”这一负面文学形象作为招牌大肆宣传，不管是动用公共财政还是企业投资，都不可容忍。

二、民俗文化旅游资源开发原则

（一）原真性

德国学者本雅明提出：所谓本真性就是“它自问世那一刻起可继承的所有东西，包括存在时间的长短以及它曾经存在过的历史证据”，但历史证据又由存在时间决定，这样本真性就与存在时间密切相关，历久弥坚的东西便获得了它的权威地位，“即时即地性”构成历史和“本真性”。一件东西最有价值的部分就是它原始的样子，时间保存越长价值越大，而且在时间和空间上最好都不要变动它，保留最原始的形态。原作带有这种神圣的“光芒”。民俗的“本真性”是指在旅游开发工作中，尽量真实地反映民俗文化，对不同时期的民俗尽量予以时间说明；在经济发展、文化交流的同时，更应保护自己的文化传统，只有民族的才是世界的，失去自己的民俗文化特色，也就基本失去了旅游生命力，不能实现可持续发展。

民俗文化的本真性是相对稳定的，并不是永远一成不变的，民俗传统也要随着生产力的发展而发生变化，而民俗文化也正是在这种继承和发展的综合作用下得到延续。如荷兰对风车的保护就是一个很好的例子：风车本来是用来带动抽水机的工具。在19世纪，随着蒸汽抽水机的出现，它便失去了原有的使用价值，许多农民想要将它拆除，一些有保护意识的有识之士发起了保护风车运动，将风车保护起来，并赋予它新的意义和功能。今天，这批文物已被世界公认为荷兰的象征，风车这一景观也成了荷兰人民的自豪。我们国家有许多类似的民俗文化要素，如云南少数民族以前使用过的过河交通工具索道、藤桥，陕北居民曾经居住过的窑洞等，仅仅把它们当文物保存起来是远远不够的，而荷兰的做法无疑为我们在保护民俗文化方面提供了一种可借鉴的方法。

（二）舞台性

民俗旅游舞台表演是通过对当地民俗旅游文化要素的深入挖掘及精心的舞台包装，以舞台表演形式呈现给游客的歌舞节目表演，其真实性的具体表现被多种因素制约。针对民族文化的舞台化现象，学术界主要存在两种不同的观点：一种观点认为，文化演出的商品化、舞台化对文化不但起不到保护作用，而且会加速文化的消失或同化，从而破坏目的地社区传统文化；另一种观点认为，旅游舞台化有助于传统文化的复兴、保护、传承和族群认同，能增强民族自信心和自豪感。

这些观点只是学者们对舞台表演真实性看法的视角不同，因为舞台表演这一过程，既不像媒体宣传的那样“原汁原味”，又并非学者们批评的那样“伪造”，它是一个复杂的过程，既包含对游客市场的迎合和判断，又有对地方文化的认知和再造，它可以说是一个包含着“指导变迁”和“适应变迁”的复杂的社会与文化过程。中国的民族文化旅游中存在许多这样的例子。如泰山的祭天表演、丽江的《印象·丽江》、桂林的《印象·刘三姐》等都是一种仿真表演，在完整真实的历史空间或表演舞台上，再现已经消失的历史和文化，是商业化的舞台真实。

（三）创新性

1. 借助互联网技术推动民俗文化发展

互联网为民俗文化的传播提供了新的平台，为其开发提供了新思路。首先，可以将民俗文化广泛地发布至网络，对其蕴含的深厚内涵进行广泛的弘扬与宣传，人们在接受文化信息之时实现了互动，从而使人们对民俗文化有更深刻的了解。其次，由于人们的互动与交流更加频繁，网络平台需要根据人们的反馈对传播内容进行相应的修正，拉近民俗文化与人们之间的距离，增强人们对民俗文化的认同。因此，民俗文化的网络传播要注重与当前的时代条件相结合，通过聘用优秀的网络人才、大力开展网络平台建设、运用先进的科学技术将民俗文化生动地展现在人们眼前，使其与人们的审美观念相符合。最后，网络平台建设相关体系需要不断地加以完善，对民俗文化以图文并茂的形式加以宣传，丰富网络平台的功能，不仅能够实现有效的推广，同时还能够为人们进行民俗文化的交流提供渠道。通过以上途径，我们可以充分将互联网应用于民俗文化的传承与发展，促进民俗文化的开发。

2. 深入开发乡村民俗文化资源

乡村民俗文化是独特的文化生产力，对其进行深入的开发能够为乡村的经济发展起到重大的推动作用。首先，可以在“文化为民”理念的指导下，对民俗文化的深厚内涵与优秀传统进行深度开发，制定乡村民俗文化开发的整体规划。其次，探索多种开发模式，将民俗文化融入多个领域的发展中，比如，民俗文化可以与旅游、科技、互联网等充分融合；乡村的传统建筑要尽可能地保持原生态，并对其遗存的有形或无形的文化进行切实的保护；在此基础上开发相应的民俗文化体验项目，使民俗文化迸发出更加鲜活的生命力。最后，创新民俗文化开发机制，吸引大批优秀人才参与民俗文化的建设，并严格遵循我国社会主义市场经济的规律，尽可能将资金的利用率最大化，提升民俗文化建设项目的经济效益，真正使民俗文化资源的开发与利用实现最大化。国外不乏民俗文化资源开发的成功案例，如美国的阁楼保护运动等，充分借鉴其中经验对我国民俗文化的有效开发具有积极作用。

三、民俗文化旅游产品开发

民俗文化产品化是将民俗文化通过设计、加工制造的手法进行民俗元素的提取并延伸到产品中，是一种重要传承文化的手段。作为物质产品，民俗文创产品要考虑其适用性、产出和投入成本，要注重产品的物质材料的选择及工艺性、流行性等商业性因素；作为精神产品，文化产品要有创新性内容，更重要的是蕴含情感，赋予故事性，设计师需要把故事的能量通过自身认知灌输到产品当中，满足人民日常精神文化需求，并通过信息、宣传、教育、文化娱乐等功能，担负着传承精神文明、历史文化、习俗的重任。如民俗工艺产业、民俗歌舞产业、民俗饮食产业、民俗节日产业、民俗服饰产业、民俗医药产业、民俗建筑产业、民俗影视产业等。民俗工艺品如北京地区的北京织毯、北京雕漆、景泰蓝、北京玉器、内画壶、京绣、北京面人。天津的泥人张彩塑、天津风筝（风筝魏）、杨柳青年画、天津地毯、天津酸枣、天津砖刻。上海的上海木雕、上海面塑、上海牙雕、上海绒绣、上海丝绸、嘉定黄草编、上海漆器、上海玉雕、上海砚刻、上海集云阁篆刻、上海曹素功墨、上海绢花等。民俗饮食如蒙古族的马奶，回族的馓子和全羊宴，维吾尔族的烤羊肉串，藏族的青稞酒等。民俗影视产业，例如云南在发展影视产业上不但拥有6大影视基地，而且十里不同天、百里不同俗，处处都有天然的摄影棚的影视拍摄条件；能歌善舞的少数民族更是最好的素材提供者，这些都为云南影视业的发展奠定了良好的基础。

四、民俗文化旅游资源开发内容和形式

（一）民俗文化旅游资源开发的含义

民俗文化旅游资源开发是指针对已经发现的且具有相当文化旅游综合价值的民俗旅游资源进行发掘、整理、设计和创造的过程。或者说，民俗文化旅游资源开发就是以某一地区的民俗文化旅游资源为原材料，经过旅游专家和相关学者共同参与加工改造，使其成为具有多种旅游功能并可产生旅游综合效益的旅游景区或景点的过程。

民俗文化旅游资源开发一般以特定的民俗环境、民俗载体、民俗情境和民俗活动为基础，通过一定的现代技术方法，将民俗文化旅游资源转变成为具有一定影响力和吸引力的民俗旅游景观设施和服务。

（二）民俗旅游资源开发的特点

民俗旅游资源开发的目的，就是要把民俗文化旅游资源成功地转化为民俗旅游产品，使其具有较高吸引力的景观功能。民俗旅游资源开发不仅具有一般旅游资源开发的总体特征，还具有自己鲜明的个性特点。民俗旅游开发必须遵循特色性原则、保护性原则和参与原则；民俗旅游资源开发必须深入实际地进行实地调查，遵循主位和客位调查方法，理解并尊重资源区民俗风情的本土特色。民俗旅游资源开发者只有自己先遵守这些原则，才能开发出高质量的民俗旅游产品。

1. 文化性特征显著

民俗旅游资源开发肩负着多重历史使命：首先，以开发的形式宣传民俗文化，让世界各地的旅游者了解并感悟中国民俗文化的意蕴；其次，开发不是盲目的开发，而是在摒弃民俗文化中愚昧落后成分的基础上，把纯洁、文明、优秀的民俗文化介绍给旅游者；再次，开发既是把现实生活中的民俗文化推向世界，又是挖掘历史上不同时期的民俗文化以展示当地深厚悠远的独特文化创造。民俗旅游资源开发是一项了不起的文化工程，它不仅可以弘扬各具优势的民俗文化，而且可以保护并拯救许多濒临消失的珍贵

民俗文化传统。

2. 地域性限制不强

无论是自然风光旅游资源、历史文化旅游资源，还是民俗文化资源，都具有鲜明的地域性差异特征，但由于它们各自的表现形态不同，开发的方式方法也就不同。自然旅游资源的开发，肯定在资源地现场进行，不可能移动；历史文化旅游资源是人类文化创造的遗存，虽然其与自然风光旅游资源一样，具有不可再生性，但是它还是可以复制的。如深圳“锦绣中华”30万平方米的景观区、商业区、饮食街和园艺造景区，就是将全国各地的著名建筑、名胜古迹等景观浓缩复制的结果。“圆明园”景区，更是江南园林和世界园林缩微复制的典型。但是，这些通过微缩复制而开发的景观因为数量和规模都十分有限，同样不足以动摇它的地域限制性。同样，民俗文化旅游资源，因为它既有“物”的形态，又有“神”的形态，既有“静”的形态，又有“动”的形态，是处在特定社区、特定情境当中的文化旅游资源。因此，民俗文化旅游资源从本质上说也是一种“不可根移”的旅游资源，也应当是就地开发的资源对象。然而，因为民俗文化的传播性和动态性，使得民俗旅游资源总是突破了地缘限制，频频出现在广泛的地域范围之内，因此出现了大量重复开发和仿制开发的现象。如同样是侗族民俗旅游资源，广西龙胜、三江，贵州黎平、从江，湖南通道等“三省坡”地区都在开发相关的民俗旅游项目和产品。同样是中国地域民族民俗文化集锦，深圳有“中华民俗文化村”、昆明有“云南民族村”、北京有“中国民族园”，重复建设，造成资源浪费、恶性竞争等不良后果。

3. 参与性体验突出

民俗即民间风俗，是一个民族或一个地域集体智慧、约定俗成、共同享用并世代传承的大众生活文化。民间大众既是民俗文化的创造者，又是民俗文化的承载者，还是民俗文化的表演者和接受者。民俗旅游资源开发，实质上就是将这些民众所掌握的并由民众言行所表现的民俗文化旅游资源转变成为民俗旅游项目和产品。因此，民俗旅游项目及其产品的开发，专家学者的规划设计固然很重要，但是这些项目产品的构成要件——民俗文化的承载体——民众的积极参与起着决定性作用。比如长江三峡旅游区“土家婚礼”表演中的哭嫁、过礼、戴花酒、开脸、背新娘、迎亲、拜堂、坐床、闹洞房和回门等一系列婚礼仪式过程，不但需要“新娘”和“新郎”这两个主角，同时还需要双方父母亲戚，全寨左邻右舍、兄弟姐妹和亲朋好友等众多配角。没有当地社区民众的配合，或者配合不够投入，或者干脆中途退出，小则影响质量，大则冷场失败。因此，民俗旅游资源开发，不可能像自然风光旅游资源、历史文化旅游资源开发那样完全由专业人员独立完成，它必须动员当地社区民众与专业人员一起，共同参与才能完成。甚至可以这样认为，社区民众的参与是影响民俗旅游资源开发成功与否的关键因素。况且，“表演”的项目及其产品成了“艺术”而非真正的民俗是旅游者所不希望的，因为他们往往并不满足于做这样的观众或参与如此“虚拟”的体验。只有活在社区居民生活当中的实实在在的原汁原味的民俗文化“旅游产品”，才是他们真正渴望的参与体验对象。

（三）民俗旅游资源开发的对象

民俗旅游资源开发是一项系统工程，除单纯的民俗旅游景观之外，还须对相关的自然景观、设施设备进行开发。只有配套开发建设，才能使纯粹的民俗旅游资源开发有了背景、情境、氛围和支撑而取得成功。民俗旅游资源开发的主要内容，涉及传统民俗文化景观开发、民俗旅游基础设施开发、民俗旅游服务设施开发和民俗旅游的人力资源开发。现以传统民俗文化景观开发展开具体介绍。

传统民俗文化景观是民俗旅游资源开发的核心，是旅游地形象的基础。由于民俗旅游资源多种多样，形式内容千差万别，特色各有千秋，开发范围、开发规模、开发重点、开发条件也不一样，民俗旅游景观开发的对象也有较大的差异。如果从民俗文化的形式和内容等角度来看，民俗旅游文化景观的开发可能涉及以下10个方面当中的绝大部分内容。

(1) 田园聚落景观。田园、牧场、营地、村落、街巷和古镇等景观，是农耕、游牧、渔猎和工商等各种民俗文化景观及其事象得以存在和表现的重要环境背景，而且它们本身就是民俗文化最典型最突出的民众创造物。家族、社团、风水、墓场、园圃、居民、人情和风土等静态的、动态的、物态的、活态的民俗文化景观都要在这个"大舞台"上全面展出，而且一切相关的旅游活动都要在这个场景里展开。这是一个有着相当长历史积淀的系统完整的民俗文化生态体系，是旅游者进入民俗旅游情境和场景第一感知对象。田园聚落景观的质量和开发的好坏，直接影响其他民俗旅游文化景观开发的效果。

(2) 服饰文化景观。服饰民俗文化作为一种旅游景观进行开发，不仅可以展示不同地域不同民族在不同时期的文化特点、审美风貌，而且能够反映这个地域这个民族深厚的历史内涵，给旅游者带来审美的和历史的知识享受。例如，楚雄彝族服饰，其种类繁多，花样翻新，讲求实用，并具有与地域风光、传统文化相适应的审美特点。楚雄彝族的13个支系，由于各支系所处的地域、自然环境、生产经济各有差异，服饰色彩斑斓，各有千秋，婚服、战服、丧服以及毕摩专用服饰等形式众多，令人眼花缭乱。服饰在生活、仪式、接待、展览、收藏等方面，都可以成为构景、成景的材料。环境与服饰融合，构成天人和谐的画面；生命与制作合一，体现悠闲自在的生活；服饰与展示综合，表达深广悠远的历史与现实之美。彝族服饰，可通过博物陈列、技术工艺、图片实物、声光电影、书籍资料、时装媒体等方式表现出来；它的陈列价值、收藏价值、研究价值、观赏价值、体验价值以及装饰价值等，都可以成为旅游开发的项目而得到利用。

(3) 饮食文化景观。我国是"饮食文化王国"，不仅有八大菜系，不同地方有不同的风味、不同的时尚，而且讲究饮食与审美、艺术、礼仪、禁忌的结合。什么样的场合，饮什么样的酒；什么样的人物，使用什么餐具、酒具、茶具；什么样的节日，制作什么样的食物饮品；什么样的宴席，使用什么样的礼节，都有一套完整的惯制。中国的饮食既是物质的享受，又是精神的熏陶。饮食文化景观的开发，可以成为饮食文化一条街，可以制作长街宴，可以成为歌舞宴，可以成为农家餐馆、大型酒店的招牌菜，餐具、酒具、器用还可以开发成为旅游工艺品或特色商品。

(4) 建筑文化景观。民居是人类的主要生活空间，是艺术、文化、科技的综合体现，是人类文化进步的纪念碑。我国民居样式繁多，体现了建筑文化的多样性。我国北方有窑洞、四合院、蒙古包、土坯房子、木楞房，南方有土楼、竹楼、篱笆寨、石头房、碉房等。民居的艺术性和直观性，最能显示其区域风情，它的景观效果也特别好，应为民俗旅游资源开发的重点之一。民居、庙宇、楼亭、井渠、道路、桥梁、窑厂、墓葬、碑刻等建筑，与田园、树木、平原、山林、溪河、草地、牛羊一起，构成"小桥流水人家""世外桃源风景”“万千明镜炊烟”等迷人景象。

(5) 交通文化景观。交通文化景观的开发主要是对民俗范畴中的交通工具及传统设施的开发。从总体上讲，我国传统的交通工具是“南船北马”。此外，还有滑竿、牦牛、骆驼、爬犁、雪橇、双轮车、独轮车等。交通设施，有古栈道、风雨桥、独木桥、石板桥、绳索桥、旅舍、路亭、路碑等。它们都有很高的旅游价值，旅游者可以观赏，也可以玩味。交通工具和交通设施往往与民居聚落、建筑艺术、田园风景等一起构景成景，成为当地人和旅游者行为景观的活动道具和舞台。

(6) 商贸集市景观。商贸集市是人类社会经济生活中的一个重要的内容，涉及面也非常广泛。作为民俗景观开发的对象，商贸集市所表现出来的车水马龙、熙来攘往的热闹场景，店铺样式、装饰艺术、交易方式、商品特色等，都具有突出的观赏性、参与性和娱乐性。新疆大巴扎、内蒙古那达慕、大理三月街、广西三月三等传统节日，都与商贸集市活动紧密相连，这里往往成为民俗服饰、语言风俗、人际交往、恋爱婚姻、货物交通、工艺美术等风土人情交流展示的中心，一些特殊的杂耍、年货、表演、巡游、仪式、歌舞、娱乐、器用、工艺等活动、形式和内容，都会通过庙会、药市、店铺、会馆、集市等场所表现出来。一处有历史、有特色、有规模、有内涵的商贸集市，就可以构成形同《清明上河图》一般的迷人的旅游景观。

(7) 节日庆典景观。节日庆典是一种诗意化、仪式化、神圣化的综合性民俗活动，它是一个民族或一个区域民俗生活的集中展示。我国节日庆典极为宏富，几乎每年每月都有节庆。节庆中丰富多彩的活动，丰盛特殊的饮食，热闹愉悦的氛围，不仅可以使人从中获得知识，得到休息，感受快乐，而且可以达到交流情感、增进友谊的作用。节日庆典构成民俗旅游资源中最绚丽多彩的一道风景，是民俗旅游资源开发的重中之重。节庆活动可以塑造旅游形象，提升知名度，促进基础设施完善，优化旅游环境，带动消费，促进与旅游相关产业的发展，增加旺季客流量，填补淡季需求不足。节日庆典景观构成，在主题内容、表现形式、场景布置、程序安排、规模特色、秩序安全、组织方式、开场闭幕、宣传营销和接待服务等方面，都需要进行精心的开发策划。

(8) 歌舞游艺景观。民间音乐、舞蹈、曲艺、戏剧，源远流长，种类繁多，特色鲜明，具有独特的韵味和特殊的感染力，是人们喜闻乐见的艺术形式。民间歌舞艺术那种古朴、优美的曲调，热情奔放、精湛诙谐的表演，生活化、互动性的内容，可以使乐在其中的人们得到莫大的艺术文化享受。歌舞游艺景观的开发，不仅能够满足旅游者的精神文化需求，而且能够丰富旅游生活，消除“白天看庙、晚上睡觉”的单调。利用民间体育、游艺的竞技性与娱乐性等特点，开发旅游项目，以满足现代旅游者参与、体验、康乐、刺激和休闲等方面的需求，是游戏娱乐景观构成要素中需要重点考虑的内容。我国的体育、游戏、娱乐的方式很多，仅体育方面单是少数民族就有摔跤、马球、赛骑、秋千、爬竿、跳灯、斗鸡、射箭等200多项。体育、游戏、娱乐景观的开发，投资少，见效快，应列为开发重点。另外，民俗旅游应充分发掘地方性民间故事、笑话、戏曲、谣谚、谜语、歌舞、音乐、游戏、竞技、杂技等，突显浓厚愉悦气氛和地方民族特色。在游赏项目中增设游艺民俗节目，将观景、游览、漂流与观舞、听唱、赏乐等游艺活动相结合。可以举办专门的游艺民俗旅游节，集中展示游艺民俗的特色风采。

(9) 信仰仪式景观。信仰是多方面的，有对山川日月的信仰，有对远近祖先的信仰，有对图腾的信仰，有对神灵的信仰，还有其他民间宗教信仰。信仰是一种精神（意识）民俗，但它的表现形态却多为物态化的，如岩画、傩戏、祭祀、祈祷和庙宇等，可供旅游者参观、考察体验和研究。仪式民俗景观，可以通过婚丧喜庆、生老病死、宗教禁忌等多种形式表现出来，具有神圣性、私密性、禁忌性和诗意性等多种特性。如诞生礼的核心是亲族、妇女，多有避讳讲究；成年礼隐秘性最强，异性及局外人不能参加；寿庆礼仪基本限于家族、亲友；丧葬礼为凶礼，主人和旅游者都忌讳。但是信仰仪式景观又具有很强的外显性，并与旅游资源开发相协调，如参加信仰仪式活动的当地人的礼担、服饰、队伍景象，诞生礼、寿庆礼的门庭标志、环境装饰和欢乐氛围，婚礼迎送的热闹喜庆、欢快热烈的场面，迎宾礼、馈赠礼、待客礼的参与体验、互动交流，神林、古墓的参观讲解、感受理解等，都是旅游活动的审美场景。

（10）工艺美术景观。民俗工艺美术品既是旅游观赏的一道景观，又是旅游购物的主要对象，它同时具有特定的实用性、艺术性和观赏性，是民俗旅游构景的基本要素之一。如景泰蓝是北京的传统工艺美术品，由铜胎、掐丝、点蓝制成，色调明快，纹饰丰富，立体感很强。花瓶、糖罐、杯盘、化妆盒、烟具、首饰等产品非常受旅游者喜爱。民俗商品作为旅游者的购物品开发，在旅游界得到了较普遍的重视，但作为景观开发，目前还认识不足，未能引起充分的重视。其实，民间工艺美术品的制作过程、制作场景、装饰摆设、使用把玩、陈列展览和店铺出售等，都是一种特别迷人的旅游景观，如民间陶瓷窑厂、妇女织染刺绣、风筝比赛放飞、旅馆饭店布置、景区景点设计和道路交通标识，都可以通过工艺美术的图案、纹饰、雕塑、活动进行构景展示。

（四）民俗文化旅游开发的七种形式

各地资源条件不同、地理区位不同、客源市场不同、投资力度不同，民俗旅游资源的开发的思路也就不一样。目前，国内外民俗旅游开发的思路，概括起来大致有以下7种基本模式。

1. 集锦荟萃式

集锦荟萃式是指将散布于一定地域范围内的典型民俗集中于一个主题公园内表现出来，如深圳中国民俗文化村把全国各地的民俗文化以集锦狂欢的形式进行展示；北京中华民族园把全国56个民族的民俗文化精华以活态博物院的形式进行表现；台湾九族文化村把分布于台湾岛及其附近岛屿的高山族各个支系的民俗文化汇集于一个村寨进行展现；云南民族文化村集中表现了云南境内的高原山地少数民族民俗文化的特点。这一模式的优点是可以让旅游者用很短的时间、走很少的路程，就领略到原本需花很长时间、走很长路程才能了解的民俗文化，其缺点是在复制加工过程中会损失很多原有的民俗文化内涵，如果建设态度不够严谨，可能会歪曲民俗文化。

【资料链接6-4】

中国民俗文化村

中国民俗文化村在深圳市锦绣中华的西侧，占地20多万平方米，是中国第一个荟萃各民族民间艺术、民俗风情和民居建筑于一园的大型文化旅游景区，内含22个民族的25个村寨，均按1∶1的比例建成。这里有汉族的牌坊群、北京的四合院。各少数民族村寨各具特色，有苗族、侗族、瑶族、佤族、黎族、景颇族等村寨。不同的村寨通过民族风情表演、民间手工艺展示、定期举办大型民间节庆活动，如华夏民族大庙会、泼水节、火把节、西双版纳风情月、内蒙古风情周等多种方式，多角度、多侧面地展示出我国各民族原汁原味、丰富多彩的民风民情和民俗文化，让游客充分感受中华民族的灵魂和魅力。中国民俗文化村以“二十五个村寨，五十六族风情”的丰厚意蕴赢得了“中国民俗博物馆”的美誉。在中国民俗文化村可以看到云南石林、海南椰林、南滨古榕、千手千眼观音、徽州牌坊群、镭射民族音乐喷泉等景观。80个景点的节目，全部由当地民族演员表演。村内将每月举行一次像火把节、泼水节一类的大型民间节庆活动。在这个民居荟萃的大观园中，黎族的船形屋和佤族的杆栏式草楼相映成趣，再现了人类古老的建筑文化；游客在村寨里，除可了解各民族的建筑风格外，还可以欣赏和参与各民族的歌舞表演、民族工艺品制作，品尝民族风味食品，观赏民族艺术大游行、专业水平的演出歌舞晚会、民俗陈列馆、民间喜爱节目等各种场景，让游客领略56个民族多姿多彩的文化艺术。民俗村内有十多个手工作坊，有二十多项民间手工艺和民间小吃制作表演，如维吾尔族手绣、苗族蜡染、傣族竹筒饭等。

2. 复古再现式

复古再现式是对现已消失的民俗文化通过信息搜集、整理、建设、再现等手段，让旅游者了解过去的民俗文化。如美国的“活人博物馆”的演员以200年前抵美“移民”的身份，穿着16—17世纪美国劳动民众的服饰，向旅游者表演用方形扁担挑水、用原始农具耕作、用独轮车运输等古老的传统习俗以及各种民间舞蹈，吸引大量的国内外旅游者。杭州和香港的宋城，无锡的唐城、吴文化公园均属此类。这种模式的优点是可以令时光“倒流”，满足旅游者原本不能实现的亲身感受历史状况的愿望，但存在与集锦荟萃式相似的缺点。

【资料链接6-5】

埃及法老村①

在埃及首都开罗市郊尼罗河畔的雅各布岛上，有一个占地约200亩的“法老村”，它是开罗一处著名的旅游风景区，每年吸引成千上万的游客慕名前往参观。法老村内有众多的神像和雕塑，最引人注目的是青蓝色的尼罗河神的神像。在“法老村”里还有400多名现代人扮演的“村民”，他们身着法老时代的服饰，使用当时的生产工具，按古埃及人的方式从事农耕、渔猎及手工业制作。他们有的在表演制作木乃伊、有的在制作香精、有的在制作纸草画，再现了几千年前的古埃及社会生活情景。“法老村”里还有多座博物馆，如入口处的埃及艳后克莱奥帕特拉的博物馆，展出的还有埃及吉萨金字塔、塞加拉阶梯金字塔、红色金字塔和弯腰金字塔的图片以及金字塔和木乃伊建造过程的模拟图等。

3. 原地浓缩式

一些民俗文化丰富独特的地区，由于时代的发展变迁，使得当地的民间民居、建筑、服饰等物质特征已经开始淡化，文化不再典型；一些重要节庆、婚嫁、仪式等民俗活动，

① http://wenku.baidu.com/link?url=QZxUI0nbuphw6gXKrxYB7IpW-nfNQWX8RKHh1E1ivH-WvdlA4lFy3d6wTcmTEo5xM0Enn6Ua7KQHCA68w_tBNtJkvjiBeREULsBG6JO REdcG.

原本需要在特定的时期才会呈现。为了满足旅游者“全面、完整、深入”地了解领会当地民俗文化的特色风韵，当地政府或投资商特意就地选取合适的地段或场景，集中呈现其民俗活动及其文化精华。如海南中部的苗寨、黎寨风情园等均属此类。其优点是便于旅游者现场了解当地民俗文化的形态和精神，其缺点是在真迹旁边制造“真迹”，会令旅游者形成真假对比，难以构成真正的吸引力。

【资料链接6-6】

浙江畲族风情园①

浙江畲族风情园位于浙江省云和县雾溪畲族乡，主要旅游项目有畲族山歌献茶、图腾文化、祭祀歌舞、畲族服饰展、文物展览、畲族文艺专场、婚俗演绎、民间体育、畲族风景点等，这里古木参天、翠竹婆娑、清泉悦耳，这里米酒飘香、情意飞扬。畲族风情村的主要活动有畲族歌舞文艺演出、畲族婚俗表演、畲民祭祖、畲族对歌、畲族图腾介绍、畲族文化参观、畲族服饰表演、畲族体育活动、畲族风情摄影等，是一个具有浓郁民族风情的旅游休闲区。这里有绝对独家的畲族原始狩猎表演、祭祖表演、畲家乐表演，还有让你兴致倍佳的畲家欢乐夜大型篝火晚会。你可以爬山、可以戏水、可以观松、可以听瀑，你可以参加刺激异常的狩猎攀岩活动，也可以和畲家兄妹一起下田耕作、摸螺、捉泥鳅，体验真正的农家劳作。除此之外，张家界的土家风情园（又名土司城）亦属于此类。

4. 原生自然式

原生自然式是在一个民俗文化相对丰富的区域中选择一个最为典型、交通也比较便利的村落、古镇、老街等对旅游者展开宣传和对外开放。民众自然真实的生产、生活、活动内容以及所有物质的、精神的、制度的文化形态，都是真实的和自然的。除了必要的基础设施建设之外，景区之内几乎没有进行过特意的加工改造。如广东连南三排瑶寨、夏威夷毛利人村落等。其优点是投资很少，有真实感，旅游者能够自然地与当地居民交流，亲身参与生活劳作，有很大的活动自由度；缺点是难以将旅游开发带来的利益公平地分配给村民，村民的正常生产生活容易受到干扰，也容易产生各种矛盾冲突，可能严重影响旅游质量。

5. 主题附会式

主题附会式指将某一特定的民俗文化主题与某一特定功能的旅游设施结合起来，形成相得益彰的旅游活动效果。如苏州名园“网师园”，传统上仅在白天对外开放，目的在于展示江南园林的造园艺术和文化内涵，夜间是闲置封闭的。但近期网师园推出了“古典夜园”活动，利用园内各厅堂分别表现一两段苏州评弹、昆曲等各种类型的地方民俗文化艺术，旅游者在领略苏州园林艺术之时，一起感受了民俗及其意境。

6. 短期表现式

一些特定的民俗文化只存在较短的时间之内，暂时激发人们前往旅游。一是传统的民俗节庆活动，如内蒙古的“那达慕”大会、回族的“古尔邦节”、白族和彝族的“火把节”等，其本意并非为了发展旅游业，有其特定的节律性，且不会长年存在，只是节庆期

---

② http://wenku. baidu. com/link? url=QZxUI0nbuphw6gXKrxYB7IpW-nfNQWX8RKHh1E1ivH-WvdlA4lFy3d6wTcmTEo5xM0Enn6Ua7KQHCA68w_tBNtJkvjiBeREULsBG6JO REdcG.

间会吸引大量的旅游者；二是流动性的民俗文化表演活动，如贵州组织民间表演队到国外展示松桃苗族花鼓、傩堂戏、服饰艺术风采等，每到一地都会吸引不少当地居民前来欣赏，进而吸引远途旅游者前往民俗文化发源地旅游。

7. 文化IP式

文化IP是指通过文化内涵和意义挖掘塑造生动具体旅游形象，打造文化产业链。打造IP关键在于具象化。原因在于旅游产业是体验经济，主要为大家营造感官、心灵的娱乐享受。如果失去具体的承载物，旅游体验会很快淡出游客的记忆。IP具象化是对旅游宣传很有效的策略，我们会因为熊本熊对日本旅游念念不忘，我们也会因为讨喜的“烧卖君”和“焙子君”对呼和浩特的美食产生好奇心，鲜明具象的旅游IP形象会助推内蒙古旅游进一步发展。如赤峰是辽上京遗址所在地，契丹辽文化的故乡，拥有厚重的历史积淀和珍贵的文化遗产，这为赤峰的全域旅游提供了独一无二的文化符号。2019年1月28日，赤峰市政府发布了“耶律小勇”旅游IP形象，可爱活泼的“耶律小勇”不只是赤峰文旅的新标志，更是一个个性鲜明的人物，他将成为赤峰市文化和旅游局的重要一员，还将代言一系列赤峰的旅游商品。

本章小结

- **内容摘要**

民俗文化旅游的开发已经成为当前文化旅游发展中重要的组成部分。本章通过介绍民间节庆、民间演艺、饮食习俗、特色服饰等，阐述了民俗在文化旅游开发中的重要作用、意义和发展策略，阐述了民俗文化旅游开发形式和现代演绎过程中存在的问题，论述了民俗文化旅游开发过程中需要坚持两大原则：舞台性和原真性，论述了当前民俗文化产品开发原则和开发内容。

- **关键词**

民间节庆；民间演艺；饮食习俗；茶文化旅游；酒文化旅游；民俗旅游开发；民俗文化产品

- **思考题**

1. 民间节庆的基本特征是什么？
2. 目前我国民间演艺旅游开发的几种形式是什么？
3. 我国饮食习俗旅游的发展及策略是什么？
4. 民俗文化旅游开发的六种形式是什么？
5. 民俗文化产品开发的原则有哪些？
6. 民俗文化产品开发的内容是什么？

【应用训练】

江苏南京：秦淮灯会

秦淮灯会是流传于南京地区的民俗文化活动，又称金陵灯会、夫子庙灯会，主要集中在每年春节至元宵节期间举行，每年持续50多天，是首批国家级非物质文化遗产，有“天下第一灯会”和“秦淮灯彩甲天下”的美誉，是中国唯一一个集灯展、灯会和灯市为一体的大型综合型灯会，也是中国持续时间最长、参与人数最多、规模最大的民俗灯会。该项目的良好效果得益于：一是良好的组织和制度保障。形成了传承和保护的领导小组、工作小组等组织机构，出台多项规划、制度、办法。二是多方合作，保障资金支持。融合政府、企业、非遗传承人、金融机构等多方力量，保障对非遗传承和旅游利用的资金投入。三是以会带旅，以旅促会。灯会带动非遗挖掘，非遗挖掘带动传承人保护，传承人带来传承产品，产品销售带动传承积极性，传承积极性保障了非遗传习所，传习所优化了景区吸引力等，通过秦淮灯会形成了丰富的、可进化的非遗传承的生态链。四是品牌化发展、国内外双修。通过统一形象标识体系的设计进行品牌化发展。与境内外主流媒体密切的传播合作、交流办展、邀请驻华使馆官员参展等方式积极地走出去，在国际上形成了广泛影响。

江西婺源：非遗让最美乡村更有“味道”

江西婺源，悠久的徽商历史在这片热土上遗存了丰富灿烂的非物质文化遗产。这里有徽剧、绿茶制作技艺等5项国家级非物质文化遗产，有甲路纸伞制作技艺等12项省级非物质文化遗产。婺源，走出了一条独具特色的非遗旅游融合发展之路。将非遗与旅游景区、研学游等融合，全县4A级以上景区目前均有非遗项目常驻展示，有效提升了景区的文化内涵。还将徽剧、傩舞、抬阁、地戏、灯彩等非遗项目展示融入参观游览项目中，推出了严田古樟民俗园、篁岭民俗文化村、茶马古道文化园等一系列文化展示体验类景点。

通过资料分析，思考民俗文化旅游发展的**未来方向和策略**。

数字技术下的沉浸式文旅新方向

2023年，文化和旅游部发布20个沉浸式文旅新业态示范案例，从夜游锦江、大唐不夜城，到《又见平遥》《遇见大庸》《知音号》等经典演出，各种类型的沉浸式项目成为文旅业态创新的标杆。涵盖沉浸式演艺、沉浸式夜游、沉浸式展览展示、沉浸式街区/主题娱乐等领域，用沉浸式的表达，充分发掘文化旅游资源，让优秀传统文化在新时代焕发新生机、呈现新风貌。5G、超高清、增强现实、虚拟现实、人工智能、元宇宙等前沿技术深度应用，不断丰富沉浸式体验型文旅产品与内容。一场别开生面的演出，让观众打破与演员的边界，走进剧中世界；一个古色古香的街区，让人们”穿越”进入一段历史岁月……随着信息技术发展、体验经济兴起，沉浸式文旅成为关注热点，新业态、新模式、新产品不断涌现，游客在身临其境的新奇体验中领略文化的魅力。

《遇见大庸》是一台多空间沉浸式体验剧，是湖南大庸古城核心业态之一。项目运用全息技术、舞美造景、机械开合、特效演绎等多种方式，采用全新的移动式沉浸观演骑乘装置系统，将张家界大庸古代文明与明清鼎盛的市景乡情重构成连续的情境空间，打破传统演艺项目中演员与观众之间的”第三堵墙”，实现沉浸式的演出体验效果，是旅游展演多空间沉浸式情境互动体验的创新。

《不眠之夜》上海版融入中国本土民间传说，将故事设于市中心的麦金侬酒店，全剧几乎没有对白，剧情的演绎基于演员的身体和表情语言，观众参与形成”剧情点”，从不同角度观察演员的表情、服饰、动作。观演模式突破了常规镜框式舞台，演出场景、演员、观众交织在一起。观众可以根据自己感兴趣的演员、表演内容、场景、道具，在近

6000平方米大小的演出空间内漫游探索。

西安大唐不夜城以大雁塔为文化地标，以唐风元素为主线，融合现代流行元素，充分挖掘城市文化底蕴，构建了"一轴·两市·三核·四区·五内街"总体布局。项目以科技赋能，深入实践沉浸式文旅融合新产品，推出"盛唐幻境"AR游，升级落位"篡唐楼""机空间"等文化科技沉浸式体验空间，建立智慧文旅新场景，通过"商业+""活动+""演艺+""智慧+"等形式，创新打造文旅经济模式，已成为西安夜间经济主阵地和文化旅游标志性名片。

扬州中国大运河博物馆以"5G大运河沉浸式体验馆"为核心，通过裸眼3D的形式，以5G+VR 720°全景视角、千亿级像素的超高清视觉、多媒体互动、增强现实等高科技互动技术，以真实比例和故事背景还原体验空间，营造沉浸氛围，运用当代媒体技术呈现古代历史文化，穿越17座运河城市，数字化、可视化地呈现了千年运河的历史风貌和文化底蕴，让观众从全流域、全时段、全方位视角展示大运河文化。

（资料来源：新华日报.20个国家级沉浸式文旅案例，带你解锁文旅新玩法[EB/OL].[2023-07-25].http://jres2023.xhby.net/ly/djtj/202307/t20230725_8023440.shtml.）

分析资料，了解数字技术在民间习俗展示和演艺活动中的作用和新形式。

第七章　场馆类旅游景区

学习目标

（1）掌握博物馆、海洋馆、水族馆、体育和艺术表演场馆及科技馆的概念、特征、分类。

（2）熟悉博物馆、海洋馆、水族馆、体育和艺术表演场馆及科技馆在社会、经济、环境等方面的效应。

（3）了解博物馆、海洋馆、水族馆、体育和艺术表演场馆及科技馆在我国的发展历史、现状、存在的问题和相应的发展趋势。

第一节　博　物　馆

导入案例

克里姆林宫将举行中国故宫博物院藏珍品展

2月19日莫斯科克里姆林宫发布消息称，从2019年3月15日至5月30日将在克里姆林宫举行“中国故宫博物院藏珍品展”，主要展出的展品为清代乾隆皇帝（1736—1795）时代的物品。

据俄罗斯卫星通讯社2月16日报道，此次将展出100多件展品，包括龙袍、饰品、画像、宫廷绘画和书法作品、奏折、各种古物，包括乾隆送给母亲的寿礼、御用器具、乐器和祭器。

报道称，此次展览是俄罗斯和中国文化交流项目的第一部分。第二部分将是克里姆林宫博物馆在中国故宫举行“俄罗斯皇室礼仪”主题展。据悉，该主题展将于2019年8月8日开展。

11和12世纪之交，博罗维茨基山岗上出现了一个斯拉夫居民点，这便是克里姆林宫的雏形。到15世纪末,克里姆林宫成了国家政权和宗教权力的所在地。1918年,莫斯科重新成为首都,克里姆林宫则成了最高权力机关的工作地点。莫斯科克里姆林宫建筑群是在数个世纪中形成的,其间克里姆林宫实施了大规模的重建。雄伟的宫殿和行政大楼代替了许多中世纪的建筑物。它们大大改变了古老的克里姆林宫的面貌,克里姆林宫是保留了自己的独特性和民族特点的珍宝博物馆。

一、博物馆概述

关于博物馆的定义,各国的研究者有不同的解释,并且对博物馆的定义不停地进行修正。世界各国基于三点来制定本国博物馆定义的基础:一是认为博物馆是一个非营利性的机构;二是博物馆始终为社会服务;三是博物馆具有搜集、保存、研究藏品的原始功能。1989年国际博物馆协会准确定义了博物馆,即博物馆是为研究、教育、学习之目的收集、保护、传播并展出人类及人类环境的物证,是为社会发展服务、向大众开放的非营利性机构。博物馆是城市标志性的文化设施,反映着一座城市的历史、现在与未来,是一种类型多样且高品位的旅游资源。我国对博物馆的定义以1961年《博物馆工作概论》中的表述为主,认为"博物馆是标本和文物的主要收藏机构、科学研究机构和宣传教育机构,是我国社会主义科学文化事业的重要组成部分之一",是收藏、保护、研究、展示自然环境和人类活动的见证物,是向公众开放的一种非营利性的社会服务机构。

目前,不少作者提出了博物馆旅游的定义,具有代表意思即为:旅游者带着增长见识、接受教育、考察研究、提高自我修养或者娱乐休闲等目的,去参观、游览城市博物馆的各种旅游活动的总称。这一行为能够让旅游者获得学习、审美和愉悦体验的价值。在认可这一定义的基础上对"博物馆旅游"作进一步补充说明:博物馆是一种收藏标本和文物的机构,同时也是科学研究机构和宣传教育机构,是我国文化事业的重要组成部分之一,博物馆的这种"文化性"使其与旅游更好地融合,形成博物馆旅游。因此,基于博物馆的这种特性,本书所探讨的博物馆旅游指的是一种博物馆文化旅游,是以博物馆文化及其文化衍生物为打造对象,利用一定的技术、资金将"博物馆资源"转化为"博物馆旅游产品"以满足现代旅游者的休闲、娱乐需求。本书所研究的博物馆旅游根本意义上是一种高层次的文化旅游,是博物馆文化的外延。博物馆旅游的开发实质上是对文化进行博物馆式的综合体开发,通过旅游这一通道,以博物馆旅游产品或者博物馆文化衍生物产品为载体,拓宽博物馆文化的外延和辐射强度,突破传统的实体建筑的博物馆形式,开发博物馆式的文化旅游产品,根本来说是一种注重文化传播的博物馆旅游开发。

博物馆不仅包括传统意义上的建筑实体类博物馆,同时还包括博物馆文化衍生类的开放式博物馆,如:博物馆式景区、博物馆式酒店、博物馆式图书馆等,还包括各种动物园、植物园、水族馆、展览馆等类型。博物馆的旅游者中既有以参观、学习、研究传统博物馆为目标的人群,又有以休闲娱乐为目的的人群。博物馆旅游的开发应尽可能满足各种旅游需求的人群,来服务现代博物馆旅游市场的多元化。

博物馆这一文化事业和其他事业一样,不能把营利当作前提和目的,但是可以在国家政策允许的范围内,结合自己的性质和职能作出有益于旅游者和社会的事,以从中取得合理的经济效益,以促进自身和社会的共同发展,为博物馆的发展所需要的有偿服务在理论上找到依据。因此,"非营利性"的博物馆定义与博物馆旅游开发、博物馆旅游产品、博物馆旅游经济、博物馆文化旅游产业以及博物馆市场化之间并不矛盾,在一定的政策允许范围内,可以从经济和市场的角度来探讨博物馆文化旅游的发展。

二、博物馆的分类

关于博物馆的分类,目前还没有统一的标准。国际上对于博物馆类型的划分主要是以博物馆的藏品与陈列内容为依据,将博物馆分为艺术博物馆、科学博物馆、历史博物馆、综合博物馆以及其他类型博物馆等五类。而国内博物馆被划分为综合性博物馆、专门性博物馆以及纪念性博物馆三类。本书将参考博物馆类型划分的各类标准,结合我国博物馆以及旅游资源发展的特性,从不同角度对博物馆进行分类,主要包括以下几种类型:

(一)博物馆属性分类

关于博物馆的属性划分问题,通常根据博物馆其隶属关系、办馆主体或经费来源不同进行划分,可以划分为国营博物馆、民营博物馆、私人博物馆。主要界定如下:

(1)国营博物馆是指由文化文物部门、相关政府部门和事业单位、高校以及国有企业管理,并在开展活动、管理上接受文物局指导的博物馆。

(2)民营博物馆是指以教育、研究和欣赏为目的,收藏、保护并向公众展示人类活动和自然环境的见证物,由社会力量利用或主要利用非国有文物、标本、资料等资产设立,经登记管理机关依法登记的非营利组织。

(3)私人博物馆是指由独立的法人或自然人独立出资、自主经营并管理的定期面向社会开放的具有民间文化性质的博物馆类型。

(二)博物馆展品主题分类

根据博物馆的展品主题,将博物馆资源类型划分为综合类、社会历史类、文化艺术类和自然科学类。

(1)综合类博物馆是指具有自然科学和社会文化双重性质的博物馆,一般地区博物馆都是综合类博物馆。例如:故宫是当地最有影响力、规模最大的博物馆,是城市旅游的博物馆标志。目前世界各国也都形成了各自的博物馆旅游品牌,我国博物馆中的综合类博物馆数量最多,高达75%,是城市旅游开发的主力军,各地方政府在当地的旅游发展中也十分重视综合博物馆的建设和开发,大力扶持博物馆各方面硬件条件的打造,力求打造博物馆旅游的品牌化。综合类博物馆是依靠各种新型的展览活动和周到的服务产品项目来塑造吸引力中心,带来更多的游览喜好者,体现博物馆文化资源的稀缺价值。

(2)历史博物馆包括国家历史、文化历史的博物馆,在考古遗址、历史名胜或古战场上修建起来的博物馆也属于这一类。例如,陕西历史博物馆被誉为"古都明珠,华夏宝库",是展示陕西历史文化和中国古代文明的艺术殿堂。馆区占地面积65000平方米,建筑面积55600平方米,文物库区面积8000平方米,展厅面积11000平方米,馆藏文物1717950件(组)。上起远古人类初始阶段使用的简单石器,下至1840年前社会生活中的各类器物，时间跨度长达一百多万年。文物不仅数量多、种类全，而且品位高、价值广，其中的商周青铜器精美绝伦，历代陶俑千姿百态，汉唐金银器独步全国，唐墓壁画举世无双，可谓琳琅满目、精品荟萃。

（3）文化艺术类博物馆是指那些以工艺美术、绘画、书法、戏剧、建筑等人类文化活动及其创造物为展示内容的博物馆。例如，中国美术馆是中国唯一的国家造型艺术博物馆。1958年开始兴建，1963年由毛泽东主席题写"中国美术馆"馆额并正式开放，是新中国成立以后的国家文化标志性建筑。主体大楼为仿古阁楼式，黄色琉璃瓦大屋顶，四周廊榭围绕，具有鲜明的民族建筑风格。中国美术馆集展览、收藏、研究、公共教育、国际交流、艺术品修复、文创产业于一体，是中国美术最高殿堂，也是公共文化服务平台。

（4）自然科学类博物馆是指以分类、发展或生态的方法展示自然界，以立体的方法从宏观或微观方面展示科学成果。例如，中国地质博物馆创建于1916年，在与中国现代科学同步发展的历程中，积淀了丰厚的自然精华和无形资产，以典藏系统、成果丰硕、陈列精美称雄于亚洲同类博物馆。中国地质博物馆收藏地质标本20余万件，涵盖地学各个领域。其中有蜚声海内外的巨型山东龙、中华龙鸟等恐龙系列化石，北京人、元谋人、山顶洞人等著名古人类化石，以及大量集科学价值与观赏价值于一身的鱼类、鸟类、昆虫等珍贵史前生物化石；有世界最大的"水晶王"、巨型萤石方解石晶簇标本、精美的蓝铜矿、辰砂、雄黄、雌黄、白钨矿、辉锑矿等中国特色矿物标本以及种类繁多的宝石、玉石等一批国宝级珍品。

（三）博物馆展出形式分类

根据博物馆展出形式进行划分，主要分为实体博物馆和数字博物馆两大类，两者的功能各具特色，都发挥着公众教育与服务的功能。

（1）实体博物馆是指按照某一主题，将文物、标本等物品陈列在一个特定的空间内，配以辅助展品或艺术形式，有序直观地呈现在人们面前的展示场所。其陈列构成主要包括展示空间、展品、设备、陈列技术四项基本要素。人们可以通过欣赏展品通古识今、展望未来，例如，中国国家博物馆（表7.1）、法国巴黎卢浮宫博物馆、英国大英博物馆。

表7.1　全国主要博物馆发展情况一览表

序号	博物馆名称	建设时间	城　市	旅游景区质量等级
1	故宫博物院	1925年建成	北京	5A级旅游景区
2	中国国家博物馆	1912年创建	北京	
3	上海博物馆	1952年创建	上海	5A级旅游景区
4	湖北省博物馆	1953年创建	湖北武汉	4A级旅游景区
5	秦始皇兵马俑博物馆	1975年创建	陕西西安	5A级旅游景区
6	南京博物院	1947年建成	江苏南京	4A级旅游景区
7	陕西历史博物馆	1991年建立	陕西西安	4A级旅游景区
8	辽宁省博物馆	1949年建立	辽宁沈阳	4A级旅游景区
9	河南博物院	1927年创建	河南郑州	
10	安徽省博物馆	1956年建立	安徽合肥	4A级旅游景区

续表

序号	博物馆名称	建设时间	城　市	旅游景区质量等级
11	浙江省博物馆	1929年建立	浙江杭州	4A级旅游景区
12	湖南省博物馆	1951年建立	湖南长沙	
13	广东省博物馆	1957年建立	广东广州	
14	台北故宫博物院	1965年建立	台北市	
15	中国美术馆	1963年建立	北京	

(2) 数字博物馆则是将实体展品的各方面信息以数字形式进行整理和设计,并以互联网技术为手段,向参观者展出藏品和提供相关信息等数字化服务的系统形式,例如,法国巴黎的世界数字博物馆、古埃及亚历山大虚拟博物馆、德意志国家数字博物馆等。

三、博物馆与文化旅游发展之间的内在机理

博物馆与文化旅游之间关系紧密,又相互促进。一方面,文化旅游需要博物馆作为关键的一环,其拥有得天独厚的历史、文化、艺术沉淀,展示着全人类优秀的传统及当代历史文化艺术;另一方面,博物馆价值的体现在于塑造出轻松的文化氛围,吸引广大民众进场参观,塑造独特的品牌形象,参与市场化竞争。如近年来央视纪录片《如果国宝会说话》《上新了故宫》等,向观众展示博物馆的馆藏历史文化价值,通过与腾讯等新媒体合作,利用现代互联网技术,精心制作,不仅给人以视觉享受,还提升了博物馆的旅游形象。同时,游客的需求给博物馆带来新的发展思路与理念,促使其提高服务意识,丰富博物馆陈列展览的方式与提高可读性、知识性与趣味性,发展博物馆体验参与项目与活动。博物馆文化旅游的发展顺应了社会旅游业蓬勃发展的内在需求,丰富了旅游业的深度和广度,极大地推动了社会大众的精神文明建设,促进了社会经济与文化的双重发展。

四、当前我国博物馆旅游开发的主要问题

随着现代社会经济的发展和人们文化知识水平的提升,人们对现代博物馆的休闲娱乐需求越来越多,博物馆开始从一种公共文化机构转为文化产业经营。因此,博物馆既要扮演非营利性的社会文化机构,又要在供给与收入平衡之间参与市场竞争,这使得21世纪的现代博物馆复杂多变,从国内研究综述与现实基础来看,国内大多数博物馆都处于故步自封的状态,不仅难以维持自己的生存,而且对旅游业的贡献很小。目前,我国博物馆旅游在现代旅游热潮的发展过程中暴露出不少问题,有以下几点:

目前,国内外博物馆的生存与发展都强调要重视旅游,大多数博物馆都与旅游进行了“结合”,但并未从真正意义上与旅游的要素进行“融合”。博物馆的传统职能与现代旅游的休闲、娱乐功能之间不可避免地存在众多矛盾:一是大多数博物馆并未涉及博物馆的休闲、娱乐功能的开发;二是对博物馆休闲娱乐功能的开发过于肤浅化,或者没有形成博物馆旅游产品,又或者形成的博物馆旅游产品过于简单化、初级化,难以形成独特的吸引力来将博物馆旅游者的“参观需求”转化为“旅游休闲需求”。

2010—2018年中国博物馆数量如表7.2所示。

表7.2　2010—2018年中国博物馆数量

年份	当年人口总数(万人)	博物馆数量(座)	每百万人拥有机构数
2009	133450	2252	1.688
2010	134091	2435	1.816
2011	134735	2650	1.967
2012	135404	3069	2.267
2013	136072	3473	2.552
2014	136782	3658	2.674
2015	137462	3852	2.802
2016	138271	4109	2.972
2017	139008	4721	3.396
2018	139538	4918	3.524

由表7.2可知,近十年中国博物馆机构数稳步上升,2016年至2017年的变化尤为显著。2018年博物馆数量已达4918座,比2009年增加了2666座,增幅达54.21%。而据统计数据,1949年博物馆机构数仅为21座——从博物馆机构数量上可看出,新中国成立以来中国博物馆的总量规模在不断扩大。从人均拥有机构数(即表中列出的每百万人人均拥有机构数)来看,2009年每百万人拥有博物馆1.688座,2018年每百万人也只拥有3.524座。据相关数据统计美国博物馆2017年博物馆数已达35144座,是中国的7.44倍。可见,虽然新中国成立以来中国博物馆的发展已取得很大成绩,但与发达国家相比仍存在较大差距;不过,从另一方面讲,中国博物馆事业仍具有很大的发展空间。

部分博物馆缺少外部促销手段,造成了宣传不到位,来馆人员数量不断减少,旅游成效全无。不仅如此,博物馆不重视媒介宣传以及多角度的促销,游客入馆后,促销手段很少。参观游览期间没有激动人心的热情讲解,没有透彻的图文展示,也没有图文并茂的标识,深具地域特色和博物馆特质的纪念品也少之又少。这样一来,大大降低了博物馆旅游服务质量和档次,不能吸引游客来访。还有就是外语水平不达标等问题,这些都阻碍了博物馆特色旅游的发展。

新博物馆运动后,博物馆的免费开放与博物馆运作经费间的矛盾、博物馆文化本真性与博物馆市场化之间的矛盾、博物馆传统功能与博物馆休闲娱乐功能间的矛盾是现代博物馆旅游发展中的常见矛盾,在以后我国博物馆旅游发展中,应采取何种开发路径和模式来解决这些问题,值得我们思考。从文献综述和博物馆旅游开发现实基础来看,国内博物馆旅游主要是针对实体博物馆的开发,如:综合型博物馆旅游开发、行业类博物馆旅游开发、规模化的博物馆集群式开发,仍处于传统博物馆旅游的开发状态,与国外博物馆旅游成功的实践经验相比,国内虽已出现了"开放式博物馆""生态博物馆""活态博物馆""大博物馆建设""去博物馆化"等一些突破实体建筑博物馆的概念,但还未从真正意义上泛化博物馆旅游的开发,来突破"围墙"式的建筑。因此,我国应借鉴国外博物馆旅游泛化的开发成果和丰富经验,尤其是国外典型案例和建立起来的博物馆旅游文化品牌,来指导国内博物馆旅游的开发。国内部分知名学者基于国外古根海姆博物馆旅游市场运作模式、大英博物馆旅游公共空间开发模式、大都会博物馆旅游购物模式的实地案例分析,总结出了一种"大博物馆"的理念,提炼了一种被称为"大博物馆旅游综合体开发”(General Museum Tourism Complex Development, GM-TCD)模式，来应对目前我国博物馆旅游开发中暴露的各种问题和我国博物馆旅游的发展趋势，从而带动我国博物馆旅游发展。这些都是对我国起步中的博物馆旅游开发的有益研究和尝试。

【资料链接7-1】

享誉世界的曾侯乙编钟

湖北省博物馆是全国八家中央-地方共建的国家级博物馆之一、国家一级博物馆、出土木漆器保护国家文物局重点科研基地、国家AAAA级旅游景区，是湖北省规模最大、藏品最为丰富、科研实力最强的国家级综合性博物馆，主要承担着湖北全省文物的收藏、保管、保护、陈列展览及藏品的研究工作。

湖北省博物馆馆舍位于东湖之畔，总占地面积达81909平方米，建筑面积49611平方米，展厅面积13427平方米，馆藏文物26万余件(套)，其中国家一级文物千余件(套)，国宝级文物16件(套)，有中国规模最大的古乐器陈列馆。以青铜器、漆木器、简牍最有特色。越王勾践剑、曾侯乙编钟、郧县人头骨化石、元青花四爱图梅瓶为该馆四大镇馆之宝。其在中外文化交流中的显著成就，使本馆在海内外享有一定声誉。

从1980年至今，它已在世界30多个国家和地区举办了湖北地区出土的文物展览，从亚洲到欧洲再到美洲，以曾侯乙编钟、越王勾践剑为代表的一大批文物震惊了世界。曾侯乙编钟被称为古代世界第八大奇迹，世界各国的许多专家学者专程赶到武汉，为的就是一睹它们的真容。以编钟造型为基础设计制作的工艺品多次被省市领导作为珍贵的礼品赠送给外国友人。国内各级领导以及外国元首政要只要来到湖北，都会专门安排时间到湖北省博物馆参观。前党和国家领导人江泽民等曾给予高度评价，美国前国务卿基辛格博士曾两次来到湖北省博物馆观看编钟，每次都流连忘返。作为一个省级综合性博物馆，湖北省博物馆与旅游部门联系紧密，每年接待观众达十几万人次，成为湖北省重要的青少年爱国主义教育示范基地和对外开放窗口。

为了进一步扩大影响，湖北省博物馆通过文化产业开发，利用文物资源和研究的优势，自主开发了一组编钟乐舞节目。不论是国内外旅游团队还是自行前来的游客，看过节目之后都赞不绝口。从2018年10月19日至2019年4月19日，曾侯乙编钟出土40周年《编钟乐舞艺术实践展》开展，展览内容分为三个单元，分别从礼乐之乐、钟乐之乐和今乐之乐来展示编钟礼乐文化，为世界所瞩目。随着文化交流的不断深入，很多外国朋友，只要一提到长城他们就会联想到中国，提到编钟，他们就会想到湖北。这就是城市文化竞争力的一个真实体现。

【资料链接7-2】

台北失恋博物馆讲述心碎记忆

近年来，“失恋博物馆”在大陆各大城市相继出现，掀起一股“失恋美学”。失恋者的爱情遗物会说故事。

这些失恋博物馆主要存放那些令失恋者心碎的爱情遗物，它们可能是曾经一起看过的电影票根，可能是最后一个情人节的礼物，也可能是一条未织完的围巾。在失恋者的爱情信物中，车票和机票也是一种特别纪念，见证二人从相遇相识、相知相爱再到分手离别的历程。有失恋者提供三年多的电影票，记录了自己和男友一起看过的爱情片，一起在电影院流下的眼泪和欢笑。

大部分人的一生都经历过几段爱情。分手后如何处理那些承载着回忆的物品，常常成为难题，于是从业者想出"失恋博物馆"，暂时保管这些"爱情遗物"。

主办单位宽宏演艺运营专员陈盈如在接受新华社记者采访时表示，展品是由失恋的人群捐献的，经过筛选最终展出。失恋博物馆希望通过提供捐赠心碎记忆的机会，让心灵的伤痛得以复原。

展品中，一件来自北京的"星星光谱"吸引了众多目光。捐赠者是一位女士，男友在她26岁生日时用猎户星座里某颗星星的光谱作为生日礼物送给她。"虽然最后我们还是分手了，但每次当我看到猎户座时，我就会想起这段美好的回忆。"展品介绍上这样写着。

据陈盈如介绍，"失恋博物馆"去年曾在台北华山文创园展出，当时很多人好奇"失恋要展出什么"，前来参观的人很多。今年观众在入场时可以得到一块幸运饼干和祝福纸条。"没想到今年的展品里还出现了去年展览的票根，两人分手后，女生就把这个纪念品捐给了博物馆。"

失恋博物馆本身也是失恋的产物。失恋博物馆最早由克罗地亚在2010年开办，展示由世界各地收集来的失恋物品和失恋故事，每件展品由捐赠者写下自己失恋的故事。来自克罗地亚的格鲁比希奇和他的女友韦斯蒂卡相恋4年后分手，在商量如何处置这段曾经美好的感情"遗产"时，萌生了创办博物馆的想法。于是他们最初向朋友、后来向公众收集物品，逐渐发展到如今的规模。

截至目前，该博物馆已经在10余个国家和地区举办展览，参观者达近百万人次，2011年被授予"欧洲最有创意博物馆奖"。

第二节　海洋馆、水族馆

导入案例

"科普教育基地"——上海海洋水族馆

上海海洋水族馆位于中国上海浦东新区陆家嘴环路1388号，紧邻东方明珠塔。由新加坡星雅集团和中国保利集团联合投资5000万美元打造而成，占地面积约1.3万平方米，建筑面积20500平方米。于2002年2月对公众开放，每年平均接待来自世界各地的游客超过100万人次，被授予国家及上海市"科普教育基地"称号，是世界上最大的人造海水水族馆之一。"通过水的世界跨越五大洲"，这是上海海洋水族馆的展示主题。馆内有28个大型主题生物展示区，分亚洲、南美洲（亚马逊）、澳洲、非洲、冷水、极地、海水、大洋深处八大展区。展出了来自五大洲、四大洋的300多个品种、1万余条珍稀鱼类及濒临绝种的稀有生物。其中最有特色的是草海龙、缎带海龙、水母、企鹅、斑海豹、沙虎鲨、扬子鳄、中华鲟等。

上海海洋水族馆除了展出世界上有特色的淡水及海洋生物外,也将让观众观赏到一些在中国已濒临绝种的稀有水生生物。由此,特设了一个中国展区,对长江流域水生物、生态及中国已濒临绝种的稀有水生物进行主题展示。水族馆中还有4条堪称世界之最的海底隧道,总长达168米。特有的自动步行海底隧道、180°和270°的全方位景观视窗,让游客有身临其境之感。

一、海洋馆、水族馆概述

海洋馆、水族馆都是以科普教育、科学研究、自然保护、娱乐和休闲为目的,饲养和展示水生生物的人造水生态系统。海洋馆包括诸如白鲸馆、鲨鱼馆、珊瑚礁鱼类馆、海底观光隧道等许多景观。目前中国较大的海洋馆有:珠海长隆海洋王国、香港海洋公园、北京海洋馆、武汉海昌极地海洋公园和上海长风海洋世界。世界上最早的水族馆是1789年于法国建立的水族馆,1853年英国在伦敦动物园内建造了海产动物水族馆,之后,在英国伦敦水族馆的影响下,德国、意大利、美国等国家相继建立了水族馆。我国第一座真正意义上的水族馆是1932年在青岛建立的,即青岛水族馆。

作为观光旅游资源的海洋馆、水族馆,它既能为公众提供良好的娱乐休闲场所,同时海洋馆、水族馆又是科学技术和文化知识的载体,它们在进行收集、研究、饲养、保藏和展览水生生物的过程中,重塑和再现了陆地水域、海洋世界及其生态环境的发展变化,从而达到传送科学技术和文化知识的目的。据初步统计,我国几乎每个省区都拥有海洋馆或水族馆,这些水族馆给当地带来了可观的经济效益、社会价值和科研收益。我国水族馆经历了70多年的发展历史,目前正处于近代和现代水族馆交替的混合时期,有迅速发展的潜力和势头。

二、国内外海洋馆、水族馆的发展

海洋馆是用于普及海洋知识以海洋文化、海洋动植物为主题的公园,水族馆是水生生物饲养展示和科普教育的场所,同时也是水生生物资源保护和科学研究的场所。包括所谓的“海底世界”“极地海洋世界”也属于水族馆。

水族馆的发展始于17世纪后半期,迄今已有200多年的历史。法国于1789年建立世界上第一个水族馆;英国于1853年首次在伦敦动物园内建立了海产动物馆;日本最早的水族馆是1882年在东京上野动物园内设立的“观鱼室”;美国于1856年在纽约博物馆内开办供展览用水生生物的水族馆;荷兰、德国、意大利也都纷纷建立了水族馆。当时的水族馆规模小,设施简陋,展出形式也比较单调。

国外大中型水族馆的快速发展是从20世纪80年代后期,特别是进入20世纪90年代之后,许多大中型水族馆相继诞生,主要分布在欧洲、北美洲和东南亚。其中较为著名的有美国巴尔的摩水族馆、香港海洋公园水族馆、新加坡海底世界、日本大阪水族馆、摩纳哥海洋博物馆等,这些水族馆不仅规模大、档次高,其展示内容也非常丰富。

国外水族馆在经历了200多年的发展历史后,进入21世纪,这些水族馆不仅规模大、档次高，其展示内容也相当丰富。现代高科技的应用和工艺水平的提高，使水族馆无论在设计、建设以及水生生物的采集、饲养、展示等方面几乎不再受任何条件的限制。水族馆已不再仅仅是对水生生物进行分类展示，而更多地满足人们求新、求异的需要。随着通信技术的发展及人们对全球环境问题的关注，一些国外的水族馆正纷纷走出馆门，一方面与世界各地的水族馆相联合，利用各种通信手段举办科普教育活动；另一方面与大学、研究所和政府机构联合开展水生生物的研究和保护等工作，并取得一定成效。例如，美国的水族馆在很大程度上得益于现代高科技应用，他们在全球采集动物，在饲养、展示等方面几乎不再受到技术上限制。今天美国新的水族馆看上去更像一个"教室"，一个水生动物保护中心，一个城市人们关注的热点、闹市区，一个海水环境的重现。加拿大等北美的水族馆，过去主要开展科普教育、研究和自然保护活动，如濒危物种进行繁殖等。日本水族馆最早建于1882年，经过100多年的发展，目前已有大小水族馆230个，而被批准加入日本动物园水族馆协会的只有65个。日本水族馆规模大、内容丰富、技术完善。如今日本又提出了水族馆该向何种方向发展的问题，倾向性的意见是水族馆必须满足社会各方面的需要。

国外水族馆的定位，强调的是海洋生物的展示、繁殖保护、科普教育和海洋知识普及，大体可分为四类：第一类水族馆以繁殖保护为主，如日本水族馆协会从1989年开始进行水生生物的保护活动，选择了短麦穗鱼、关东鱼等14种鱼作为保护对象，对其中濒临灭绝的关东鱼专门成立了繁殖研究组。美国的海洋生物海洋馆，进行海豚免疫系统的研究，并对墨西哥湾的海豚进行调查，并对海豚、海龟进行救助。第二类水族馆以展示色彩艳丽的观赏鱼和珍稀水生生物为主，如色彩艳丽的鹦鹉鱼、憨态可掬的中国金鱼等。第三类水族馆以普及海洋知识和海洋旅游为主。它们将太平洋、印度洋、大西洋、加勒比海等地划分为若干个区域，每个区域内设若干个大型水槽，模拟各海区的自然环境，使游客犹如身临其境，观赏各大洋的自然生态景观。第四类水族馆是专门饲养和展示某些珍贵水生动物的水族馆，如日本的美深鳃鱼馆、伊豆安迪龟族馆等。

我国最早的水族馆可以追溯到西周初期，周武王修建了面积为40多公顷的动物园，其中就饲养了观赏鱼，1000年左右又制造出陶瓷金鱼缸，从侧面透过玻璃来观赏鱼的活动。我国第一座近代水族馆是1932年在青岛建立的水族馆，建筑面积800平方米，室内有壁式水槽37个，俯瞰池2个，其内饲养各种海洋生物，在当时这是一座比较先进的水族馆，在亚洲也属于一流水平。其后的40多年，我国水族馆的发展几乎处于停滞不前的状态，没有新建的水族馆。直到1978年，广西北海市修建了一座小型水族馆——北海市水产馆，以后又有一批新的水族馆诞生，如1988年建成的大连碧海山庄水族馆等。从1992年起至2005年，我国水族馆有了较大发展。如1994年徐州云龙湖水上世界（拥有20米亚克力玻璃隧道的淡水水族馆）揭开了中国现代水族馆的发展序幕；1995年开馆的大连圣亚海洋世界（拥有118米长的海底隧道）更使中国水族馆迈入超长度亚克力玻璃隧道的大型海洋水族馆时代。之后北京富国海底世界、北京太平洋海底世界、广州海洋馆、厦门海底世界、上海海洋馆、北京海洋馆、哈尔滨极地馆等水族馆相继建成并向游人开放。21世纪以来，第四代、第五代海洋馆相继亮相。首家全国第四代海洋世界——海德堡极地海洋世界在兰州开业，它的建成与投入使用，创造了国内4个第一：即国内最大的珊瑚礁池、国内最大的珊瑚异性缸、国内最大的水母馆、国内最宽的海底隧道；2017年3月，昆明大白鲸-奇幻世界正式在昆明太平新城奠基，这个投资200亿元的世界最大的第五代海洋公园，将成为西南地区投资额度最大、内容最丰富、创新度最高的世界级复合型文化旅游休闲度假项目。

我国近代水族馆经过70多年的发展，已经有了一定的规模。到目前为止，沿海地区水族馆发展迅速，几乎每个沿海省区都建有一座水族馆，有的省区还拥有不止一座水族馆。在沿海省区的带动下，我国内陆省区也在不断地建设水族馆，以满足人们求新求异、了解海洋的需要。水族馆旅游的兴起给旅游业带来了新的生机和活力，同时也带来了可观的经济效益、社会效益和科研收益。

作为模拟水域生态环境的水族馆，其发展过程大致经历了三个阶段，进行了三次更新换代，目前大多已扩展成开放式的规模宏大的海洋公园。第一代水族馆是将活鱼养在火车厢式的玻璃水箱里，人们如在火车窗外行进，可一路观赏窗内的游鱼，即火车窗式，如1929年修建于美国芝加哥的约翰谢德水族馆，展示鱼类有900余种，此外还有企鹅、海牛、海豹、海龟等海洋生物，并设一个中国金鱼展厅。这种博物馆式的水族馆，由于每个水族箱容积有限，展示鱼类品种单一，游人逐渐感到枯燥乏味。于是就产生了第二代水族馆，将原来的水族箱型的水族馆改建成连续环形，一箱可放养几百上千尾鱼类，多种混养，即洄游槽式。第三代水族馆是现代大型的综合式水族馆，常见的具有代表性的是人造海底隧道，它采用耐压强度高、透明的丙烯酸玻璃制成，它的两侧为透明鱼池，各种海洋生物在珊瑚、水藻中川流不息，呈现出一望无际的模拟海底景观，游人可在隧道中观赏水生动物。加强娱乐性是第三代水族馆的趋势，海洋公园是水族馆的发展方向。海洋公园是从室内走向露天，从单一功能的“活标本”扩展到水族表演、科技展示、体育运动、文娱欣赏、休闲度假等诸多功能，面积成十成百倍地扩大。海洋公园内以海洋馆为核心，兼有园林、水族表演场、动物园、戏水场等设施，有的甚至配置体育场、马戏团、电影院、酒吧、商店、餐馆、电缆车，成了包罗万象的游客娱乐中心。我国部分海洋馆概况统计见表7.3。

表7.3 我国部分海洋馆概况统计

省/自治区/直辖市	水族馆	建馆时间	占地面积（万平方米）	水生生物种类和数量
黑龙江省	哈尔滨极地海洋馆	2005年12月	1.2	
吉林省	长春中泰海洋世界	2014年	1.5	
	大连老虎滩极地海洋馆	1991年	1.4	170余种 5000多尾
	大连圣亚海洋世界	1995年6月	0.25	200余种 1万余尾
辽宁省	沈阳海底世界	2006年8月	2.8	200余种 1万余尾
	抚顺皇家极地海洋世界	2006年	40.2	300余种 2万余尾
北京市	富国海底世界	1997年11月	0.78	2万余尾

续表

省/自治区/直辖市	水族馆	建馆时间	占地面积（万平方米）	水生生物种类和数量
	太平洋海底世界	1998年5月	0.7	300余种 2万余尾
	北京海洋馆	1998年12月	4.2	1000多种 1万余尾
天津市	天津海洋馆	2004年4月	0.3	300多种 1万余尾
河北省	石家庄海洋馆		0.46	300多种 8000余尾
	秦皇岛海底世界	1998年7月	1	
	山海关水族馆		0.35	200多种 2万余尾
山西省	临汾海洋馆	2005年1月	0.68	200多种 5000余尾
内蒙古自治区	包头海洋世界		3	1000多种
上海市	上海海洋水族馆	2004年6月	2.24	300余种 1万多尾
	长风公园海洋世界	1999年4月	3.16	300余种 1.5万余尾
	上海海昌海洋公园	2015年3月	29.7	
江苏省	南京海底世界	2000年7月	0.34	300余种 1万多尾
	无锡东方水族馆	1992年1月	0.3	
	徐州云龙水上世界	1994年8月	0.27	200余种
浙江省	杭州海底世界	1999年2月	0.4	500多种
安徽省	合肥海洋世界	2008年9月	2.13	6000多尾
	新华联大白鲸世界海洋公园	2013年10月	8.2	1万尾以上
江西省	南昌海洋馆	2003年1月	2.67	800余种 1万多尾
山东省	青岛海洋馆	1932年	0.73	1000余种
	日照海洋馆	2016年7月	8.74	
福建省	福州左海水族馆	1995年11月	0.14	近千个品种 1万多尾
	厦门海底世界	2000年7月	3.2	350多种 1万余尾
	石狮海底世界	2007年	1.76	300多种 1万余尾

续表

省/自治区/直辖市	水族馆	建馆时间	占地面积（万平方米）	水生生物种类和数量
河南省	郑州海洋馆	2003年1月	1.2	800多种
	洛阳海洋馆	2005年1月	1.1	300余种 1万余尾
湖北省	武汉东湖海洋世界	2002年9月	3	1000余种 1万余尾
湖南省	长沙海底世界	2009年	6.67	400余种 近7000尾
广东省	广州海洋馆	1997年	1.3	200多种
	深圳海洋世界	2009年	2	600多种 1万余尾
广西壮族自治区	桂林海洋馆	2003年	1	800多种
	南宁海洋馆	2002年	0.5	1万多尾
	北海水族馆	1978年	0.16	
海南省	三亚天涯海洋动物园	1994年4月	0.3	400多种
	博鳌海洋馆	2005年9月	0.43	800余种
陕西省	西安曲江海洋世界	2005年2月	1.86	370余种
新疆维吾尔自治区	乌鲁木齐沙海绿珠海洋世界	2005年4月	0.48	几百种 千余尾
甘肃省	兰州极地海洋馆	2015年	1.4	500多种 1万余尾
青海省	西宁水族馆	2017年7月	2.8	500多种 4万余尾
宁夏回族自治区	银川海洋馆	2017年	0.66	1000多种 2万多尾
四川省	成都海昌极地海洋世界	2010年7月	0.24	
重庆市	万州海底世界	2005年1月	0.53	1000多种
云南省	昆明水族馆	1995年4月	0.26	
西藏自治区	无			
贵州省	贵州极地海洋世界	2015年5月	1.5	300多种 1万余尾
香港特别行政区	香港海洋公园	1977年	86	5000多尾 400种

三、海洋馆、水族馆的地位和作用

海洋馆、水族馆作为旅游业的重要组成部分，其快速发展能够很好地促进旅游业的发展。例如，1995年6月6日开业的大连圣亚海洋世界到1997年底共接待国内外游客200万人次，用不到3年的时间收回全部投资。2年来，累计上缴国家税金1200多万元，接待的游客中94%是外地人，由此为大连市旅游业带来的收入要远远超过圣亚海洋世界本身的价值。由此可见，海洋馆、水族馆促进了旅游业的发展，成为旅游业的重要组成部分。

海洋馆、水族馆是科学技术和文化知识的载体，能较好地传播科学文化知识。海洋馆、水族馆最重要的属性是教育属性。海洋馆、水族馆在进行收集、研究、饲养、保藏和展览的过程中，重塑和再现陆地水域、海洋及其生态发展变化，从而达到传输科学技术和文化知识的目的。因此随着公众对海洋馆、水族馆的日益关注，海洋馆、水族馆在肩负原有责任的同时也将会引领文化旅游的热潮，在旅游过程中感受文化旅游在精神层面所带来的满足感与愉悦感。

四、我国海洋馆、水族馆发展现状

（一）经济

我国2017年的人均国内生产总值已达59960元，改革开放政策的实施使我国经济实力大增。据有关资料统计表明，2001—2018年我国国民总收入从109276.2亿元增长到896915.6亿元，年平均增长速度约为9.2%。经济总量居世界第2位。经济的增长为水族馆的建设和发展奠定了物质基础。

（二）科技

1. 水生生物饲养技术

经过水产科技工作者多年的努力，我国不论在海水的鱼、虾、贝、藻养殖，还是淡水食用鱼及特种水产养殖方面都取得了丰硕的成果，积累了许多成功的经验，并在水生生物的人工繁殖、生物遗传工程等方面居于世界领先水平。

这些科学技术的发展和成绩，将为水族馆的建设和发展提供所需的技术信息资料、丰富的展示题材和内容。另外，我国有设立水族科学与技术的本科院校11所，不断为水产及海洋事业输送大批科技管理人才，也为水族馆事业的发展奠定了人才基础。

2. 建筑设计与施工

近年来，一些建筑设计和施工单位在国内大型现代化水族馆的兴建中积累了相当丰富的经验。如水槽的设计基准、丙烯玻璃的基本物理性能、贮水槽容量、过滤方式、水循环次数及各种设备的选定等。如今，我国在建筑设计和施工方面已完全具备自行设计和建造大型现代化水族馆的水平。

3. 材料设备

据报道，原先国内不能生产的水族馆用大型丙烯玻璃现在已经开始试生产。今天的水族馆趋向联机化、组合化、数控化和机电一体化等。这方面的组合技术在我国也是比较好的，有些已在世界上处于领先水平。

（三）市场

近些年来，随着经济条件的改善和人民生活水平的提高，国内旅游日趋旺盛。比如2018年全国国内旅游人数比上年同期增长0.8%，全年旅游总收入同比增长10.5%。水族馆、海洋馆作为一项自然文化生态集中的新兴旅游资源，更受游客青睐，尤其是目前研学旅行潮的兴起，水族馆、海洋馆因本身的教育属性也成为研学目的地的不二之选，总体来看，国内的水族馆、海洋馆潜在目标受众群体广泛，客源市场广阔。

以上主要从经济、科技、市场3个方面来分析我国海洋馆、水族馆发展现状。可以看出，我国已完全具备了建设和发展现代化海洋馆、水族馆的雄厚实力。

五、我国海洋馆、水族馆旅游发展存在的主要问题

（一）设计主题不突出

我国的海洋馆、水族馆在数量和规模上均能达到世界先进水平，但设计主题雷同，定位不准的问题比较突出，即展示主题不明确、展示模式不系统、展示内容不完整，给人一种海洋文化体现不深刻的印象，没有把海洋文化充分地挖掘出来，只给游客留下生物色彩绚丽的外观感觉，无法让游客在体会到海洋世界的奥秘和奇妙后回味无穷。而目前我国的水族馆在建设中是千篇一律的，在南方水族馆中饲养的热带海洋生物在北方水族馆中同样可以看到，海豚、海狮表演的节目在内容上大同小异，基本上是遵循旧的模式不变。

（二）盲目扩张，模式雷同

随着国民经济条件的改善，家长都重视对孩子的培养，因而当下水族馆的效益都比较好。这也使得投资者被经济利益所诱惑，他们在未经调研和精细化展示、策划、补充的情况下，盲目扩建同类的连锁馆、姊妹馆。这种不考虑外部因素、城市特点，缺乏创新的复制再复制，必然会造成水族馆市场生命的枯竭，更谈不上水族馆的可持续发展。

（三）地区分布不均衡

从中国水族馆概况统计中，可以明显地看出，目前我国的水族馆太集中，基本聚集在东南沿海城市和旅游业发达的内陆城市，而且数量还在不断增加，有的城市不只拥有一家水族馆。例如，上海有3家海洋馆，即上海海洋水族馆、上海海昌海洋公园和上海长风海洋世界；北京已经形成了3家海洋馆鼎足而立的局面，即北京海洋馆、北京富国海底世界和太平洋海底世界；大连也拥有2家大型的海洋馆，即著名的大连老虎滩海洋公园和大连圣亚海底世界。然而，在一些经济不发达省（区），至今没有建设水族馆或只有1家水族馆。

（四）淡季闲置问题突出

任何旅游活动都具有季节性和时间性，水族馆旅游表现得尤为突出，而且它又是重游率较低的旅游项目，如何宣传吸引游客重复进馆，使游客参观的同时，不仅能看到鲜活的水生动物、看到一些表演项目，还能得到知识上的收获，那么游客在水族馆里享受的深度和广度就都有了拓展。然而，大多数水族馆宣传力度不够，虽然有一些海洋动物的表演节目，但对水生生物的讲解欠缺；解说牌、展示牌比较完善，但缺乏通俗性、易懂

性，从而影响了游客对海洋知识的了解，使游客对保护水生动物的观念淡薄，不利于水族馆宣传、保护水生生物的功能。

（五）游客过于集中

我国水族馆大多分布在沿海城市和内陆省会城市以及经济发达的主要旅游城市，同时它们也是我国旅游业比较发达的地区，因此游客比较集中。例如，来大连游览观光的游客主要集中在我国的东北地区，其他地区的游客数量相对较少；北京三大海洋馆的游客以团体游客为主。

（六）观念不到位，资源本底不清

我国水族馆旅游开发最缺乏的不是资源，而是观念。我国水族馆旅游总体发展水平尚处于后进状态，其根本原因是落后的思想观念的桎梏，阻碍和限制了我国水族馆旅游的发展。近年来，国家及地方各级领导对水族馆旅游的认识虽然有所提高，但不少部门和地区对水族馆旅游的产业地位、政策措施、财政投入和管理职能没有完全定位。因此，水族馆旅游在国民经济发展计划中作为一项经济产业的形象不明，资金投入不足，各相关产业、行业、部门与水族馆旅游发展的联系合作不紧密。水族馆旅游意识不强的另一个特征是对我国水族馆旅游资源的独特优势和潜力认识不够，导致水族馆旅游资源开发建设迟缓，水族馆旅游开发利用程度低。

（七）人才缺乏，经营管理水平低

旅游业作为特种行业，其从业人员既要数量多又要质量高，旅游业现已成为当今世界从业人员最多的行业之一，根据世界旅游及旅行理事会（WTTC）2017年报告，2016年旅游业创造了2.92亿个就业岗位，占全球总就业岗位的10%。我国的水族馆旅游要大发展，必须有一支专业队伍。因此，加快人才引进、人才培养与员工在职培训已成燃眉之急。

（八）开发利用缺乏全局观念

旅游业的不断升温给水族馆也带来了无限生机，因此一批水族馆不断地兴起，但对水族馆旅游资源的开发利用必须科学合理，做到开发利用与资源保护相结合，使资源持续利用。然而某些水族馆的经营者只看到眼前利益，而没有考虑到水族馆的建设投资大、运营成本高等特点，盲目开发，从而导致现在国内的水族馆基本都是开业之初游人如织，之后就处在勉强维持的水平上，少数甚至在负债经营，有的水族馆面临或者已经倒闭。

目前，我国海洋馆、水族馆旅游正面临三大机遇：一是世界范围内的旅游业正在成为朝阳产业，其发展势头还在进一步加强；二是生态旅游开发战略的实施带来机遇；三是人们的生活档次从温饱型转向小康型，人们的旅游欲望和旅游消费水平都大大提高。因此，抓住机遇，加快培养旅游支柱产业，形成新的经济增长点，建设旅游经济大国，是我国发展战略的重要组成部分。面对亟待解决的问题，海洋馆、水族馆旅游发展需要我们不断探索新的发展方式，采取更为有效合理的措施，将资源优势转化为经济优势。例如，实施扶持旅游产业的政策、建立与国际市场接轨的文化企业制度与机制创新制度、加强水族馆旅游开发的规范管理、完善水族馆旅游的合理布局、借鉴国外的成功经验等。

【分析案例】

位于温州市区黎明中路1956园区的金博温州海洋馆总投资近3500万元，于去年五一开门迎客，两层共4000平方米的海洋馆引进了1000多种海洋生物，设有水母观赏区、精品珊瑚鱼区、室内潜水馆、海洋剧场、海洋餐厅、儿童乐园等项目，集观赏互动、科普教育、自然保护、休闲娱乐于一体。去年10月22日，该海洋馆被市科协列为“2018年温州市科普教育基地”。不过，该海洋馆开业之初就被市民“吐槽”——海洋生物不够多样性，而且票价高，成人票价为188元，高于上海海洋水族馆160元的成人票价，最终导致该海洋馆未能吸引更多游客游玩。近一年的运营时间中，该馆仅接待了游客8万余人次，整体收入只能维持日常基本运营。据公开报道，该海洋馆运营不到一年时间，使运营方负债高达1600多万元。

该海洋馆于今年4月2日停业。运营方温州市金博辰华海洋文化有限公司也因不能清偿到期债务，并且缺乏清偿债务能力，向鹿城区人民法院申请破产清算。

请思考其失败破产的原因。

第三节　体育和艺术表演场馆

导入案例

奥运遗产——“鸟巢”

国家体育场——“鸟巢”位于北京奥林匹克公园中心区南部，为2008年北京奥运会的主体育场。工程总占地面积21公顷，场内观众坐席约为91000个。举行了奥运会、残奥会开闭幕式、田径比赛及足球比赛决赛。奥运会后成为北京市民参与体育活动及享受体育娱乐的大型专业场所，并成为地标性的体育建筑和奥运遗产。

体育场由雅克·赫尔佐格、德梅隆以及李兴刚等设计，由北京城建集团负责施工。体育场的形态如同孕育生命的“巢”和摇篮，寄托着人类对未来的希望。设计者们对这个场馆没有做任何多余的处理，把结构暴露在外，因而自然形成了建筑的外观。

2003年12月24日开工建设，2008年3月完工，总造价22.67亿元。作为国家标志性建筑，2008年奥运会主体育场，国家体育场结构特点十分显著。体育场为特级体育建筑，大型体育场馆。主体结构设计使用年限100年，耐火等级为一级，抗震设防烈度8度，地下工程防水等级1级。

2014年4月中国当代十大建筑评审委员会从中国1000多座地标建筑中，综合年代、规模、艺术性和影响力四项指标，初评出20座建筑。最终由此产生十大当代建筑。北京鸟巢——国家体育场为初评入围建筑之一。作为北京2022年冬奥会冰上项目场馆，国家体育场改造工程于2020年初开工。

改革开放以来，我国进入了市场经济时期，确立了以经济建设为中心的方针，此后我国体育飞速发展，体育体制也进行了改革，体育场馆的建设进入了全面恢复与快速发展的时期。北京亚运会、北京世界大学生运动会以及各届全国运动会的相继举办都在一定程度上推动了体育场馆的建设和发展。2003年底全国第五次体育场地普查数据表明，我国拥有符合普查标准的体育场地850080个，其中公共体育场馆有18481个。2013年底全国第六次体育场地普查数据表明：截至2013年12月31日，全国共有体育场地169.46万个，用地面积39.82亿平方米，建筑面积2.59亿平方米，场地面积19.92亿平方米。其中，室内体育场地16.91万个，场地面积0.62亿平方米；室外体育场地152.55万个，场地面积19.30亿平方米。相比第五次普查的数据，体育场馆的数量增加了不少。2008年北京奥运会是我国体育发展史上的一个里程碑，我国体育场馆也进入了大规模建设和多元化发展的标志性阶段。这些场馆除了承担赛事组织的职能之外，也是一类重要的旅游资源。

一、定义和内涵

早期的公共体育场馆在我国传统的体育体制管理下作为一种体育事业单位，其性质属于国有公共资产，具有公益性的特点，这段时期有一些典型的关于对公共体育场馆概念的相关界定，如2003年颁布的《公共文化体育设施条例》第二条中，这样对“公共文化体育设施”进行定义，是指由各级人民政府举办或者社会力量举办的，向公众开放用于开展文化体育活动的公益性的图书馆、博物馆、纪念馆、美术馆、文化馆（站）、体育场（馆）、青少年宫、工人文化宫等的建筑物、场地和设备，由此根据《公共文化体育设施条例》我们可以对公共体育场馆进行这样的定义：公共体育场馆是指由各级人民政府举办或者社会力量举办的，向公众开放的，供人民群众进行健身锻炼或开展体育活动的场所。李明认为公共体育场馆是通过政府或其他途径投资兴建，用于运动竞赛、运动训练、健身娱乐活动等需要的社会共有体育场和体育馆及其附属配套设施，是我国体育事业发展的重要物质保障。近几年来，随着事业单位制度进行了改革，公共体育场馆也打破了原有体制管理的束缚，逐步形成事业单位企业化管理的模式，有的甚至改革成为企业。总之，公共体育场馆是由各级政府、体育行政部门或其他社会力量投资兴建的，不仅用于促进体育场馆本体功能的体育公益性事业的发展，而且用于推动我国体育产业的发展，是兼顾社会效益和经济效益全面发展的一种准公共体育产品，具有事业单位性和企业经营性的功能特点。

根据《体育建筑设计规范》的关于体育馆和体育场的分类规模，体育馆的观众坐席总量在3000～6000个之间为中型体育馆，观众坐席总量不超过3000个为小型体育馆，观众坐席总量在6000以上为大型体育馆；体育场的观众坐席总量在40000个以上为大型体育场，在20000～40000个之间为中型体育场，观众坐席总量不超过20000个为小型体育场。

二、我国大型体育和艺术表演场馆的主要特征

（一）投资体系多元化

我国大型体育场馆的投资建设以政府为主，社会为辅。在计划经济体制下，我国体育场馆属于政府体育行政部门的一个单位，由国家集中统一经营管理。国家对其实施全额拨款，体育场馆免费为群众服务，为重大活动和赛事训练服务。随着我国经济体制

的转轨,体育管理体制的改革,体育场馆的管理体制也在悄然发生改变。改革后的体育场馆为适应市场经济的大环境采取“以体为主,多种经营”的运作方式,从行政部门划开成为各省市体育局的下属一级事业单位,政府主要以差额拨款为主,实行场地房屋费用、设备维修与更新费用以及人员经费等定项或定额补贴。为进一步盘活资产,部分体育场馆实行承包责任制或事业单位企业化的经营方式,将所有权和经营权分离,使其在形式上是体育行政部门的下属事业单位,而实际上是市场中的一个企业。我国大部分体育场馆属于省市体育局下属的事业单位。事业单位自主经营型模式是我国大中型体育场馆的主要经营模式。单位自主经营方式使员工依赖思想比较严重,经营效益普遍不太理想。随着体育场馆从福利型向消费型、从一家办向大家办、从事业型向经营型、从行政型向社会型过渡,目前许多新建场馆在一开始就以公司制形式出现,采取“科学管理,权责明确,自主经营,自负盈亏”的科学管理方式。武汉体育中心发展有限公司就是其中之一。该公司作为一个法人实体代理运营武汉体育中心的各类体育场馆。经2008年近一年的对外开放实践,武汉体育中心发展有限公司在公司性质上的清晰性等优势得以体现,在市场中表现出极大的活力和发展潜力。由此可见,目前我国大型体育场馆在管理体制上存在着计划和市场并存的二元体制,在场馆性质上呈现出多种性质同在的经营格局。

(二)公共服务性

客观上讲,大型体育场馆兴建的目的就是为了满足举办某个大型竞技体育赛事的需要。为了达到赛事要求的场地标准,国家或地方财政投入巨资在举办城市建设场馆,且相当数量的项目设施达到了国际水平。四年一届的全运会成就了广州天河体育中心、上海八万人体育场、广州奥林匹克体育中心、南京奥林匹克体育中心、济南奥林匹克体育中心等大型体育场馆的问世;北京亚运会以及广州亚运会又将国家奥林匹克体育中心、奥林匹克游泳跳水馆、亚运城综合体育馆、南沙体育馆等高科技体育场馆带到世人面前;2008年轰轰烈烈的北京奥运会又给我们留下了像国家体育场、国家游泳中心这样举世闻名的奥运场馆遗产;南京青奥体育公园是南京青奥会唯一新建场馆,项目总用地面积约为101万平方米,其中体育馆有21000个座位,具有举办NBA篮球赛的资质,是亚洲最大的体育馆。这些投入巨额资金的大型体育场馆在未来必将也只能通过举办大型综合性体育赛事活动和承办全国职业联赛来维持其健康发展。

(三)区域影响大

中国大型体育场馆有利于促进产业结构调整升级,大型体育场馆是呈现精彩体育赛事的竞技场,是开展群众体育活动的聚集地,是传播休闲娱乐文化的大舞台。它代表着城市乃至国家的形象和经济技术发展水平。如果场馆的价值可以得到充分的识别和发挥,那么必将会使体育场馆得到充分利用,体育资源得到有效配置,同时带动相关产业链的迅速发展,从而进一步提升城市或国家的魅力。一个大型体育场馆的兴建必然会为场馆周边地产带来或多或少的价值增值。以国家体育场和国家游泳中心为例,在“鸟巢”和“水立方”的建设期内有效拉动了基础建设的投资,为建筑建材、电子通信、环保节能以及交通运输等行业带来机遇。房地产业更是呈现出高涨态势,北京房价也一直维持在高位,9%的上涨幅度在全国名列前茅,奥运场馆周边亚运村地带商品房价格也由2005年的1万元左右/平方米上升到现在的3万元/平方米。随着北京奥运会的完美谢幕，鸟巢和水立方也吸引了来自世界各地的大批游客，从2008年10月1日至2009年4月底鸟巢和水立方接待游客已超过574万人次，加之奥运场馆已经成为各大旅行社规划北京游的必经一站，这也就大大促进了体育旅游业的发展。同时奥运会结束一年来，鸟巢和水立方在大型活动的开发运作方面也初见成效。鸟巢举办的成龙演唱会、“魅力中国”大型音乐会、意大利超级杯、图兰朵大型实景歌剧、赛车王中王争霸赛及欢乐冰雪季以及水立方推出的“梦幻水立方”大型水幕声光音乐会及其他商业活动都吸引了数以万计的观众，在参加活动的同时也刺激了他们对竞赛表演业、健身娱乐业、体育培训业、体育康复保健业等体育本体产业及餐饮酒店、商品服务等其他行业的大量消费。刺激体育消费就会加速第三产业的发展，这对优化国民经济结构，改善经济发展质量有至关重要的经济意义和社会意义。同时这个集娱乐、休闲、健身于一体的奥运场馆区也吸引了各行各业的商家进驻，推动了区域经济及相关产业链的发展升级。一个运营管理健康的体育场馆还可以间接地提高赞助商企业知名度，提升城市地区形象。

三、我国体育和艺术场馆的经营管理模式

目前我国体育类场馆经营管理模式主要有单位内部自主经营、委托经营、事业单位自主经营、企业化经营以及事业单位企业化经营等模式。单位内部自主经营模式一般是体育场馆由所属单位内部的一个部门负责经营管理。诸如学校有偿对外开放的体育场馆就是由学校的体育部或者后勤部门负责运营。这种经营模式适用于规模较小或经营内容比较单一的体育场馆。委托经营是20世纪80年代中后期开始盛行的场馆经营方式。这种模式是在不改变体育场馆产权性质和功能定位的前提下，产权主体委托社会组织（社会团体、企业）进行经营管理的一种方式。这种模式是按照体育场馆所有权和经营权分离的原则，以签订经营管理合同的形式确定体育场馆所有者与经营者间的责、权、利关系，经营者受场馆所有者委托，作为场馆的法人代表根据体育场馆的自身条件和体育市场的发展情况负责体育场馆的日常管理工作，自主经营，自负盈亏。我国新建的五棵松篮球馆在残奥会结束后就由号称全球最大的体育娱乐集团美国AEG公司独揽经营权。武汉体育中心发展有限公司受武汉开发区管委会国资办的委托，享有武汉体育中心的经营权，负责武汉体育中心的运营管理。事业单位自主经营型模式是我国大中型体育场馆的主要经营模式。体育场馆作为各级体育行政部门下属的一级事业单位实行全额财政拨款或差额拨款，在体育行政部门的领导下，场馆管理人员自主经营，独立核算。这种经营方式使场馆具有较强的公益性，但是员工的“等、靠、要”等依赖思想比较严重，经济效益普遍不太理想。近年来，我国的一些大型体育中心采用企业化经营模式，建立了具有独立法人资格的企业来经营体育场馆。场馆内部实行现代企业管理制度和财务制度。国家游泳中心水立方就属于这一类型，北京国家游泳中心有限责任公司在其母公司北京市国有资产经营有限公司的领导下，全面负责国家游泳中心项目的建设、管理和运营工作。事业单位企业化是在保持原有事业单位性质不变的前提下，对其内部采用企业化的管理模式。该类体育场馆既能享受事业单位的政策和待遇，又能执行现代企业管理制度，提高体育场馆经营水平。虽然我国体育场馆管理者以及专家学者在不断探索场馆的经营管理方法，并且已有显著成效，少数体育场馆在日

常管理过程中达到收支平衡甚至稍有盈余,但是绝大多数场馆仍然处于亏损状态,且体育场馆的大型设备更新和维修费用依旧主要由政府承担。

四、当前我国体育和艺术表演类场馆的主要功能

体育场馆由于投资规模和区域影响力巨大,其自身所承载的职能也是多元化的。总体上,我国体育类场馆的主要功能有以下几个方面:

(一) 全民健身

1995年国务院颁布了《全民健身计划纲要》,指明了全民健身工作到2010年的奋斗目标。实施16年以来,全民健身计划已成为我国群众体育事业发展的成功经验与宝贵模式。2016年,国务院印发《全民健身计划(2016—2020年)》,明确指出,到2020年,群众体育健身意识普遍增强,参加体育锻炼的人数明显增加,每周参加1次及以上体育锻炼的人数达到7亿,经常参加体育锻炼的人数达到4.35亿。全民健身的教育、经济和社会等功能充分发挥,与各项社会事业互促发展的局面基本形成,体育消费总规模达到1.5万亿元,全民健身成为促进体育产业发展、拉动内需和形成新的经济增长点的动力源。全民健身计划是指,以全国人民为实施对象,以青少年和儿童为重点,系统地加强全民健身工作的对策和措施。我国体育场馆的体育场地资源主要有室内羽毛球场、室内乒乓球场、室内篮球场、室内网球场、室内排球场、室内游泳馆、室外田径场、室外篮球场、室外足球场、室外网球场、棒垒球场、高尔夫球场、健身房等。从总体场地资源的配置来看,中小型公共体育场馆的场地资源基本能够满足市民的各类体育锻炼的需求。

(二) 运动训练

体育场馆是地方体育局的直属事业单位,地方体育局负责区域体育场馆的布局规划及监督检查其管理和使用情况。由于上级政策和地区体育局赋予公共体育场馆的任务,一些体育场馆在满足自身经营需求、保障全民健身之外,还要承担着业余体育运动学校的训练任务。公共体育场馆在很大程度上满足了当地青少年的业余体育训练,为地区以及国家的竞技体育输送了大批的后备人才,在一定程度上推动了当地和我国竞技体育的发展,为我国的体育事业作出了贡献。

(三) 体育竞赛表演

体育竞赛表演业是体育产业的核心产业,我国体育赛事资源十分丰富,尤其近几年一批国际品牌赛事的进驻,如中国网球公开赛、中国斯诺克公开赛、北京马拉松国际挑战赛等,在很大程度上提高了我国体育赛事的市场化运作水平,使商业化体育赛事的市场规模逐步扩大。公共体育场馆经常承办一些中小型商业赛事、文艺活动等,大大丰富了场馆的多元化经营开发。目前,我国多数公共体育场馆已经培养了一批具有广泛群众基础、社会参与面广、国际影响力较强的品牌赛事,取得了良好的社会效益和经济效益。体育场馆应当以促进体育社会化、市场化、产业化发展为方向,逐步实现体育、文化、旅游等相关产业的融合,促进基础设施建设和经济发展。

(四) 体育培训

随着"全民健身计划"和"青少年阳光体育运动"的大力开展,体育培训业作为一种

新兴产业迅速崛起，成为体育市场的重要组成部分。公共体育场馆以其固定和完善的场地设施成为了体育培训的主阵地，不仅为体育培训的开展提供了广阔的平台，而且在一定程度上提高了体育培训的市场化水平。公共体育场馆开设各类体育项目的培训班，如羽毛球、乒乓球、篮球、武术、跆拳道、体育舞蹈等，体育培训的广泛开展不仅满足了各类人群的体育需求，使他们能够系统、深入地学习各类专业体育技能，而且也为体育场馆积攒了人气，提升了场馆的知名度。另外，体育培训的开展也在很大程度上带动了场馆的经营创收，实现了场馆多元化经营。总之，体育培训的注入在一定程度上实现了公共体育场馆的社会效益和经济效益。

（五）公益性体育活动

北京奥运会后，提出了“全民健身”的口号。国家把每年的8月8日定为我国的“全民健身日”。“全民健身日”是为了适应人民群众的体育需求，促进全民健身运动开展的需要，是进一步发挥体育的综合功能和社会效应，丰富社会体育文化生活，促进人的全面发展的需要，是促进我国由体育大国向体育强国目标迈进的现实所需。“全民健身日”的确立使公共体育场馆运营者认识到全民健身的重要性，例如，多数北京市中小型公共体育场馆在“全民健身日”这天免费对外开放。另外，许多场馆也制定了一些优惠政策，例如，海淀游泳馆每周六对残疾人实行优惠政策，东单体育中心游泳馆对残疾人、老年人、学生也实行优惠政策等。

（六）体育用品销售

在体育用品销售方面，多数公共体育场馆内部都设立了专门的体育用品售卖点，出售体育器材、球拍、运动鞋、运动服装、矿泉水、运动饮料等，不仅为健身锻炼者提供了便利的服务，而且也增加了场馆创收。

（七）无形资产开发

无形资产开发主要是指通过体育运动实践形成，以知识形态特征存在并通过体育市场运营而产生经济效益的资源。调查发现，我国公共体育场馆无形资产开发较为滞后，多数体育场馆尚未进行无形资产开发，个别场馆虽然涉及无形资产开发，但开发程度较低。究其原因：一方面，进行各类项目的开发需要得到上级部门的批准与许可；另一方面，由于体育场馆的性质、承担的任务、场馆定位等因素制约了场馆的无形资产开发。

（八）周边商务服务

近几年随着体育场馆市场化程度以及社会地位的不断提高，以场馆为中心的商业、服务、休闲娱乐等产业的发展速度逐步加快。体育场馆在本体产业经营之外，拓展了经营开发领域，如商业活动、附属设施承包或租赁、展览展销等经营内容。

目前我国体育场馆经营开发的项目主要有体育培训、文艺演出、商业活动、展览展销、场地出租、体育商品器材销售、商业性体育赛事、无形资产开发等。不过，不同体育场馆在产业经营和项目开发上有很大的不同，一方面，资金运行机制的不同在很大程度上影响场馆经营管理模式、经营项目的选择及资源开发；另一方面，区域的经济发展水平也在很大程度上决定了体育场馆的经营水平。不过从整体上来看，我国公共体育场馆的产业化经营状况还是较为乐观的。

【课堂讨论】

结合实例,试论我国体育场馆的使用和维护如何实现可持续发展。

第四节 科 技 馆

导入案例

走进科技馆,感悟科学魅力

为丰富学生生活,激发学生们从小爱科学、学科学、用科学的热情,提高学生的创新意识和创造能力,推动素质教育的发展,同时也作为学校科技月的特色活动,11月21日下午,四年级全体学生在老师的带领下参观了河北省科技馆。

新改造后的科技馆,功能更加完备,更加充满现代气息。孩子们参观了“力与机械”“电与磁”“光与影的世界”“身边的水”“防震减灾”“机器人”等多个科普展区。琳琅满目的科技项目,生动翔实的文字说明,让他们大开眼界。“异形齿轮”上,他们频频拨弄;“龙卷风”前,他们声声惊叹;时而兴致勃勃地探索“镜子迷宫”;时而得意洋洋地摆弄“弹跳小球”;时而站到“智能机器人”前操纵遥控器;时而跑到“管中窥豹”前,同屏幕中栩栩如生的豹子一起狂跳……同学们一边参观,一边讨论,并不时做笔记。整整一个半小时的参观结束后,他们仍不时回望,意犹未尽。

此次科技馆之行,给了同学们走近科学、体验科技的机会。这次科技盛宴让孩子们感受到了科技的无穷魅力,感悟到了科学的力量,大大激发了他们学好科学文化知识的兴趣。

一、科技馆的概念及功能

(一)科技馆的概念

科技馆从广义的角度讲是博物馆中的一个类别,人们通常所说的“科技馆”是科学与工业博物馆,它是随着科学技术的发展而逐渐兴起的一类“博物馆”,科技馆不同于一般的博物馆的本质区别是它的教育意义远远大于它的收藏价值。科技馆主要通过常设展览和短期展览,以参与、体验、互动性的展品及辅助性展示手段,来激发公众科学兴趣、启迪科学观念;同时举办其他科普教育、科技传播和科学文化交流活动。世界上最早的科技馆是在工业革命后建立的。

中国科协组织制定的《科技馆建设标准》关于科技馆的定义是:科技馆是政府和社会开展科学技术普及工作、为全体社会成员提供公共科普服务的公益性展览教育机构,是科教兴国战略、人才强国战略和持续发展战略的基础性设施。定义明确规定:科技馆的性质是公益性机构,面向的服务对象是全体社会成员,只能是提供公共科普服务。同时规定:科技馆的任务是通过组织实施科普展览及相关的社会化活动,传播科学精神、思想、方法和知识,激发公众对科学技术的兴趣,满足公众亲身体验和主动学习科学技术的需要,增强公众的探索和创新能力,促进公众科学文化素质的提高和人的全面发展。这是科技馆的官方定义。

(二)科技馆的科普教育功能

中国科协组织制定的《科技馆建设标准》对于科技馆的功能是如此界定的:科技馆是社会公益性机构,以提高公众科学文化素质为最终目标。在我国,大部分科技馆由政府投资兴建。公益性机构这一功能要求科技馆为公众服务,要把社会效益摆在首位,不能仅仅追求经济收益。此外,还有一些由企业通过设立科技馆来承担社会责任,如北京索尼探梦科技馆、英特尔科技馆、海尔科技馆等。国内外的科学城、科学探索馆等都属于科技馆类型,只是名称有所不同。

科技馆作为现代社会宣传教育的基本公益设施和服务平台,在社会上具有重要作用。科普教育功能是我国科技馆的主要职能,以形式多样、综合性强的科普教育形式对社会公众进行科学技术知识的普及和传播。通过科学教育,弘扬科学精神,普及科学知识,倡导科学思想和科学方法,提高公众的科学素质,促进人的全面发展。科技馆每年举办各种形式的科普教育活动,辅之以举办与科普相关的其他活动。业内绝大部分科技馆均以开展常设展览为主要内容,并组织举办各种临时展览、科技培训、学术交流、科学实验教育、科普影视、综合性科技活动等多元化的科普传播互动活动,将高深、难以理解的科学技术原理,转化为图文并茂的表现形式,并通过科学性、知识性、趣味性相结合的展品和展览形式展示给公众,并积极鼓励公众参与到探索科学的世界中来。科技馆作为一个提供科普服务的公益机构,它是我国实施科教兴国战略的重要组成部分,是我国科学技术和科普事业腾飞的必备条件。

二、科技馆发展现状分析

当今世界科学技术日新月异,知识经济蓬勃发展。因此世界各国,尤其是一些发达国家对科技博物馆建设十分重视,特别注重利用科技馆来开展科普教育。据相关统计,美国现有各类博物馆2400多座,其中科技馆数量达到200所左右,每年平均5个美国人中就有3人参观过博物馆,利用博物馆获取科学信息的人数比例为61%;英国政府从立法和资金保障两方面大力扶持科技馆事业,制定博物馆法对科技馆博物馆给予法律保护,同时斥巨资建立科技馆,并每年划拨大量经费保证其运营,促使科技博物馆成为英国开展非正规科学教育的重要场所;澳大利亚人口不到2000万人,全国拥有现代化的、展览设施完备的科技中心(科技馆)14所,平均140多万人就有1个科技馆。在西方发达国家,科技馆已成为市民文化生活的一部分,并经过长期的积累和发展,在功能定位、经营管理、运行模式等可持续发展能力方面积累了丰富的经验,运营体制相对成熟稳定。同时,政府不仅从立法和资金保障两方面给予大力扶持,还通过相关政策鼓励民间机构对科技博物馆进行资助。

中国科技馆事业的发展几乎与中国改革开放同步。1978年,茅以升、王大珩等人向邓小平同志提出建议,希望能建设中国科技馆,得到邓小平同志和原国家计委的批准,我国的科技馆事业发展从此起步,科技场馆建设出现了第一个高峰时期。从1978年至

20世纪90年代初期，先后挂过科技馆牌子的建筑物就有300多座。当时的科技馆都是按照科技会堂、科技活动中心建设的，因此真正的展览面积占建筑面积还不到20%。随着改革开放的不断深入和国家科教兴国战略的深入实施，科普工作越来越得到党和政府的高度重视和社会各界的广泛关注，我国科技馆事业也进入了跨越式发展时期，中国科协2018年度事业发展统计公报显示，截至2018年底各级科协拥有所有权或使用权的科技馆909所，总建筑面积502.6万平方米，展厅面积205.3万平方米。科技馆全年接待参观人数6972.0万人次。

三、科技馆面临的主要问题

（一）各个科技馆内容雷同，缺乏特色

博物馆展出的内容是吸引观众参观的第一要素。而科技馆在这方面具有得天独厚的优势。自然科学包罗万象，沙漠海洋、森林原野，无一不蕴藏着自然科学的宝藏，基本原理在日常生活当中的应用更是丰富多彩。这些都是科技馆进行展示的绝好素材。科技馆从馆舍建筑到展示内容，都应结合当地的特色，找到自己的侧重点。然而，反观现在科技馆发展，馆的数量虽然不少，但所有科技馆都是相差无几："现代化"的外观，内容的介绍限于天文知识、机械运动、人工智能……虽然内容很广，但并没有进行深入的探究，都是一些基本的物理原理的演示和介绍。

（二）经费不足且来源单一

我国科技馆的资金投入主要依靠政府的财政支持，由于我国人口基数大，造成人均科普财政经费和人均科普使用经费都较低。这也制约了科技馆开展一些科普活动，影响科普传播效果。2008年，中宣部、财政部、文化部、国家文物局联合下发了《关于全国博物馆、纪念馆免费开放的通知》。根据通知，全国各级文化文物部归口管理的公共博物馆、纪念馆，全国爱国主义教育示范基地将全部实行免费开放。这就意味着我国归口于文化文物部管理的自然历史类博物馆将逐渐实行免费开放。近年来，随着经济社会的发展，科技馆也开始实施免费开放，在2015年更是大批量整体免费开放，共覆盖全国92所科技馆。其实在有门票收入之时就已经有部分科技馆存在经费支持不足的问题，在实行免费开放后，经费不足的问题将会变得更加严重。很多科技馆因为经费问题直接影响了科普教育活动开展的质量，有的甚至已经濒临闭馆的边缘。

（三）科技馆科普教育方式落后

虽然科技馆肩负着科技知识教育的重任，但是我国许多科技馆没有发挥出应有的作用，原因在于其在科普教育中还停留在传统的方式下，主要是通过展览科技成果、宣传科技知识等，而这些方式无法让人们对科技知识产生浓厚的探究欲望。另外，科技馆内部现代科技展示以及科普教育基础相对比较薄弱，一定程度上阻碍了科技馆科普教育工作的开展。

四、研学旅行与科技馆

（一）什么是研学旅行

中小学生研学旅行是由教育部门和学校有计划地组织安排，通过集体旅行、集中食

宿的方式开展的研究性学习和旅行体验相结合的校外教育活动，是校内教育和校外教育衔接的创新形式，是教育教学的重要内容，是综合实践育人的有效途径。

（二）研学旅行与科技馆的关系

1. 研学旅行有利于进一步发挥科技馆的科学教育功能

科技馆作为研学旅行目的地之一，可以进一步促进馆校之间的联系，作为普及科学知识、传播科学思想、弘扬科学精神的场馆，其特有的科学教育功能可以与中小学课程进行有效衔接，利用互动体验的形式让参与的学生更好地接触科学、了解科学，对发挥科普场馆科学教育功能具有积极的作用。

2. 研学旅行为科技馆带来更大的生机与活力

研学旅行为科技馆打开了一片更为广阔的天地与市场，以往的科技馆建成后面向的主要对象集中于本地市民，存在建馆初年观众参观量集中，次年客流量缩减的情况，而研学旅行的形式给科技馆的空间延伸起到积极的促进作用，使得地域间交流沟通更为紧密，更多的观众参与给科技馆带来更大的生机与活力。

3. 科技馆与研学旅行是"馆校结合"科学教育的一种创新发展

一方面，常规的馆校结合主要集中在同地区间，如本市内馆与校之间的结合来开展科学教育，研学旅行的形式打破了地域的限制，馆校结合不再局限于本地区之间，而是向全国各地延伸，特别是向科普教育资源丰富的一线发达城市拓展；另一方面，科技馆也因为研学旅行使得其场馆教育的发展有了新的契机。科技馆与研学旅行可以说是相互促进、共同发展的关系。

（三）科技馆科学教育的机遇

1. 馆校结合的新形式

以往科技馆与学校的馆校结合形式主要包含如春秋游学校走进科技馆的深度游、科技馆活动进校园以及科技馆主题科普活动等，这样的形式已开展多年。而研学旅行新形式下将旅游与研学相结合，这样的新形式可以说是馆校结合的一种创新举措。将旅行作为载体，科技馆作为研学旅行开展的平台，馆校之间借助旅游可以更好地开展科学教育活动，为"游"字赋予了新的精神与灵魂，将研学的目的贯彻其中，进一步为学校的科学教育做补充。

2. 科学教育的新突破

科技馆的科学教育因其场馆的地域性与局限性，科学教育的开展主要集中在场馆内，而研学旅行的形式不仅是学校组织学生到科技馆里进行科学知识学习，还将科技馆外的户外课堂有效结合进来，融入了地方文化、科技等，进一步丰富了科技馆的科学教育方式，借由科技馆研学课堂让科学教育做了延伸与突破。

（四）研学旅行面临的相关问题

1. 研学旅行侧重点把握的程度不足

"研"与"学"是研学旅行活动的重要目的，旅行只是作为一种载体，不应主次不分，很多学校把研学旅行的行程安排交由旅行社来组织与开展，"游而不学"的现象明显，研学流于形式，对于研学的实质性目的与侧重点把握明显不足。当然这不仅在科技馆中,在整体研学旅行活动的开展上普遍存在。

2. 学校组织与行程安排不够合理

有些学校在做研学旅行的行程安排上过于紧凑,到某一城市研学其行程上尽是该城市的热门旅游景点,在时间点安排上为了能丰富旅行内容,有时候一天就过多地安排三四个行程,紧凑的研学安排不免导致研学过程的走马观花,更别提从中能学习到哪些知识,科技馆之行半天甚至一两个小时的参观学习是远远不够的。

3. 研学旅行内容上的开发程度不够

研学之旅缺乏研学的主题,没有针对性、完整性、侧重性的研学主题等于失去了研学的灵魂,要做到有效结合旅行目的地的学习资源,前期的安排还是不够充分的。科技馆的学习内容无论是在学科方面的展品展陈,还是在科普教育活动的开展上都是要丰富多彩的,只有让到科技馆的学生融入这些科普活动中,才能真正达到研学的效果。相反,简单的参观、体验、学习只是停留在浅层次的阶段,因此,在科技馆里的研学学习内容还有待进一步开发与开展。

本章小结

- **内容摘要**

场馆类旅游景区是现代旅游业在旅游资源的开发过程中所孕育产生的新的旅游吸引物,是集娱乐、休闲和服务于一体的现代旅游目的地。中国场馆类旅游景区发展的市场潜力巨大,未来将获得更进一步的发展。本章通过对博物馆、海洋馆、水族馆、体育和艺术表演场馆以及科技馆等基本知识进行介绍,强调了其在经济、社会、文化、环境、旅游方面的综合效益和在我国的发展过程中,同时也对其所面临的问题和未来的发展趋势进行了表述。

- **关键词**

博物馆;海洋馆;水族馆;体育和艺术表演场馆;科技馆

- **思考题**

1. 试述博物馆的概念及分类。
2. 在当前我国旅游发展的形势下,博物馆作为一类重要旅游资源在旅游开发过程中扮演怎样的角色?
3. 试述海洋馆、水族馆未来发展趋势。
4. 讨论我国大型体育和表演艺术场馆的经营管理模式和优化建议。
5. 试结合实例,谈谈我国科技馆的功能和作用。

【应用训练】

通过资料分析,对你去过的场馆类旅游景区进行简单介绍。

第八章　主题公园类景区

学习目标

（1）掌握主题公园的概念、分类、发展阶段、特征以及与游乐园的区别。

（2）熟悉主题公园的盈利模式、发展问题及未来展望。

导入案例

大型主题公园扎堆开业，影响几何？

2023年，伴随着经济的快速复苏，国内文旅产业迎来发展新气象。其中，主题公园作为文旅行业的“明星”，一批重磅新项目即将落地开业。

11月20日，全球首个及最大型的《冰雪奇缘》主题园区——“魔雪奇缘世界”即将在香港迪士尼乐园度假区正式开放。不久之后，上海迪士尼乐园第八大主题园区——全球首个“疯狂动物城”主题园区也将在12月20日正式开放。此外，全球首家HelloKitty主题公园度假村选址三亚海棠湾，预计2024年开园营业；乐高（LEGO）乐园也将在近两年于深圳、上海、四川、北京等城市遍地开花。

据观察，这些即将开业的主题公园游玩设施多、业态要素全、IP知名度高，投资总额与园区规模纷纷创造历史新高。高端主题公园的“扎堆”亮相，势必为国内游客带来更好的游玩体验，也将迅速扩大我国文旅产业的规模与影响力。在山东，大型主题公园也一直是各地游客的主要目的地。位于德州市齐河县的泉城欧乐堡梦幻世界，自开业以来，在各大节假日期间举办专场活动、烟火晚会，客流量、销售额屡创新高。主打国风IP的济南方特东方神画则在中国传统文化主题上不断发力。2023年中秋、国庆期间，济南方特倾力打造“国风盛典”，让游客沉浸感受东方文化之美，聚集了众多网红国风达人，营业收入同比增长达3倍。与此同时，未来也将有更多的大型主题公园与山东游客见面。今年5月23日上午，方特“熊出没”乐园签约仪式在青岛市城阳区行政中心成功举行，该项目总投资约20亿元，拟打造全国规模最大、水平最高的“熊出没”主题公园和滨海旅游亲子主题公园。9月23日下午，位于德州城区的德州欧乐堡欢乐世界正式签约，总投资30亿元，占地近3000亩，填补了德州城区大型文旅项目的空白。中国主题公园研究院院长林焕杰表示，主题公园越来越火爆，首先是基于广大人民的消费升级和需求的多样化，主题公园能够增强游客的互动性和参与性，是一种体验性很强的娱乐项目；其次是亲子市场的兴起，主题公园作为一种充满欢乐的互动场所，很受家长和小孩的青睐；最后是全球化的影响，基于各大知名IP打造的主题公园，其各类创意性刺激项目、衍生产品以及影视作品激发了人们的消费欲望。

主题公园是文旅产业的重要载体，它的火热也为当地住宿、餐饮等行业带来巨大客流，实现了可观的消费增长。林焕杰表示，按照相关测算，1元的主题公园消费会拉动12元到15元的上下游产业消费。不仅如此，大型主题公园也是一座城市的名片，对于完善城市服务功能，提升城市知名度，带动当地的经济增长，均有显著作用。

总的来看，未来几年主题公园经济是一个方兴未艾的朝阳产业。根据麦肯锡的研报数据，截至2022年底，国内主题公园的市场规模已经位居全球第二，不过仅有27%的消费者曾经去过主题公园，与发达国家市场68%的平均水平相比，仍有较大的增长空间。也就是说，当前"快乐经济"的发展潜力尚未充分发挥出来，其市场前景仍然无可限量。

大型主题公园的优点是客流拉动快，旅游带动效果强。但大型主题公园的缺点也很明显，同质化现象严重，只有高质量发展才能不被市场淘汰。

（资料来源：https://baijiahao.baidu.com/s?id=1781789369097909920&wfr=spider&for=pc.）

第一节 主题公园的概念及分类

一、主题公园的称谓与概念

现代主题公园起源于美国，1955年，迪士尼乐园在美国洛杉矶建成开园，此举标志着主题公园的诞生，成为世界主题公园产业发展的开端。1989年9月，由华侨城兴办的锦绣中华在深圳湾畔建成开园，这是我国第一个真正意义上的主题公园，锦绣中华取得的巨大成功在国内引起热烈的反响，继而全国各地各种类型的主题公园如雨后春笋般涌现。

（一）主题公园的称谓

现代主题公园是集合了欧洲市集娱乐、欧洲公园设计、世界博览会娱乐和游乐园等要素，并以其独特的结构、组成和概念超越四大要素形成独立的新兴旅游形态。随着国内外主题公园内容和形式的不断发展以及学者对主题公园内涵解读的不断深入，国内外有关主题公园的称谓也发生着变化。一方面，英文国家以"theme park"一词作为此种旅游形态的统一称谓；另一方面，我国学者有关此种新兴旅游形态的称谓也经历了从一个意见分歧到最终采用统一称谓的过程。"人造微缩景观(artificial miniature)"此种称谓用来定义按照一定比例对原有景物进行微缩制作而成的景物，如锦绣中华中大多按照微缩景点与实景1∶15的比例建造景物；于英士采用"人造景观(artificial)"称谓此种新兴旅游形态，该称谓侧重此种旅游形态中景物的“人造”特征；“人工景区（artificial）”也是应用较为广泛的一种称谓，侧重于将这种新兴旅游形态与自然旅游景区区别开来；目前，国内学者统一采用“theme park”的翻译特指此种新兴旅游形态，董观志在其发表的《深圳华侨城旅游经营模式的创新研究》一文中以“旅游主题公园（tourism theme park）”概念来界定“锦绣中华”“中国民俗文化村”“世界之窗”和“欢乐谷”等大型景区。

（二）主题公园的概念

随着国内外主题公园如火如荼的发展，有关主题公园的定义也不断丰富。保继刚认为，“主题公园是一种人造旅游资源，它着重于强调特别的构想，围绕着一个或几个主题创造一系列有特别环境和气氛的项目吸引旅游者”，该定义侧重于强调主题公园的“特别的构想”即“创意性”。马志民则认为，“主题公园是作为某些地域旅游资源相对贫乏，同时也是为了适应旅游多种需要与选择的一种补充”，该定义旨在强调主题公园是为了满足旅游资源匮乏地区旅游者旅游需要的产物，符合市场规律。王欣认为：“主题公园是一种具有特定主题，融入文化、教育、科技等因素的综合性娱乐公园”，旨在强调主题公园区别于游乐园的“主题”属性。董观志提出，“旅游主题公园就是为了满足旅游者多样化休闲娱乐需求和选择而建造的一种具有创意性游园线索和策划性活动方式的现代旅游目的地形态”，董观志综合了主题公园的“休闲娱乐场所”“旅游者需求产物”“经营者经营活动”及“旅游目的地形态”等属性特点。王东峰认为：主题公园指以营利为目的兴建的，占地、投资达到一定规模、实行封闭管理，具有一个或多个特定文化旅游主题，为游客有偿提供休闲体验、文化娱乐产品或服务的园区，主要包括以大型游乐设施为主体的游乐园、大型微缩景观公园以及提供情景模拟、环境体验为主要内容的各类影视城、动漫城等园区。

从有关主题公园的定义不难看出，众多学者强调现代主题公园的几大要素：第一，它是市场发展规律的产物，主题公园旨在满足当代消费者休闲娱乐的需求；第二，主题线索贯穿属性，主题公园中包含一个以上的主题贯穿其中，如历史文化主题、科技娱乐主题、自然生态主题等；第三，经营盈利属性，与其他旅游产业一样，主题公园有偿为游客提供休闲娱乐产品和服务；第四，人造景观属性，主题公园不是纯天然的，而是一种人造景观。因此，笔者将主题公园定义为“为满足游客休闲娱乐需求、围绕一个或多个主题，采用文化、科技、造景等多种表现手法，有偿为游客提供休闲娱乐产品和服务的旅游目的地形态”。

二、主题公园的分类[①]

有关主题公园的分类，我国专家学者分别从不同角度设定分类标准，尝试了多种分类方法。董观志系统地提出以下分类方法：

其一，根据旅游主题公园所在的位置来划分，可分为城市旅游主题公园、城郊旅游主题公园、乡村旅游主题公园、海滨旅游主题公园、交通干线沿线旅游主题公园等类型。

其二，根据旅游主题公园的主要功能来划分，可分为静景观赏型旅游主题公园、动

① 董观志.旅游主题公园管理原理与实务[M].广州：广东旅游出版社，2000.

景观赏型旅游主题公园、艺术表演型旅游主题公园、活动参与性旅游主题公园、项目挑战性旅游主题公园等类型。

其三，根据旅游主题公园的造园原理来划分，可以分为以园林景观为环境载体的旅游主题公园和以非园林景观为环境载体的旅游主题公园，也称为园林类旅游主题公园和非园林类旅游主题公园。

其四，根据旅游主题公园的表现形式来划分，可分为室内旅游主题公园和室外旅游主题公园、地上旅游主题公园和地下旅游主题公园等类型。

其五，根据旅游主题公园的主题内容来划分，可分为以人类文明为选题轴线的主题公园和以非人类文明为选题轴线的主题公园，即人文类和自然类两大类；人文类又可以分为文化类和非文化类，文化类又可以分为历史文化旅游主题公园和民俗文化旅游主题公园，非文化类又可以分为机械类和智能类；自然类又可以分为生命类（动、植物）和非生命类（山、水等）。

其六，根据旅游主题公园的规模来划分，以投资规模与占地规模为主要指标，可以分为特大型旅游主题公园、大型旅游主题公园、中型旅游主题公园、小型旅游主题公园和微型旅游主题公园等类型。

其七，根据旅游主题公园的投资性质来划分，在我国，可分为国有旅游主题公园、集体旅游主题公园、合资旅游主题公园、外商独资旅游主题公园、私有旅游主题公园等类型。

其八，根据旅游主题公园的客源市场来划分，可分为地方性旅游主题公园、区域性旅游主题公园、全国性旅游主题公园、国际性旅游主题公园和世界性旅游主题公园等类型。

其九，根据旅游主题公园的经营管理方式来划分，可分为单个景区的独立性经营管理、多个景区的集团化经营管理、专业管理公司的连锁式经营管理等旅游主题公园类型。

其十，根据旅游主题公园的高新科技含量来划分，可分为传统技术型（以机械技术为主）旅游主题公园、现代科技型（以电子技术为主）旅游主题公园、高新技术型（以网络化技术、数字化技术、虚拟现实技术为主）旅游主题公园等类型。

按照董观志有关游客旅游的体验类型划分标准，又可将主题公园分为情境模拟主题公园、游乐主题公园、观光主题公园、风情体验主题公园等类型。

2015年发改委等多个部门在《关于规范主题公园发展的若干意见》中提出，以占地规模、投资规模为划分依据可将主题公园分为特大型、大型和中小型三类。特大型指的是投资额50亿元以上或总占地面积在2000亩以上的主题公园，如上海迪士尼；大型指的是总投资15亿元至50亿元之间或总占地面积在600至2000亩之间的主题公园，如华侨城欢乐谷；中小型指的是投资额2亿元至15亿元或占地面积200至600亩之间的主题公园，如大连圣亚大白鲸世界。

由此可见，根据不同的划分标准，得出有关主题公园的分类结果截然不同，在所有类型的主题公园中，尤以大型娱乐设施为主，贯穿一定文化主题且具有娱乐功能类型的主题公园，发展势头最猛、数量最多且最受游客欢迎，如华特迪士尼主题乐园、华强方特主题乐园、深圳华侨城欢乐谷主题乐园等。

三、主题公园与游乐园的联系与区别

现代游乐园在欧洲孵化而成，20世纪的前20年，位于美国纽约科尼岛上四个大型游乐园的建成开园，将游乐园产业发展推向高峰，包括障碍赛马乐园(Steeplechase)、月神乐园(Luna Land)、海狮乐园(Sea Lion Park)、梦境乐园(Dreamland)。这四大游乐园成为了当时游客休闲娱乐一日游的最佳选择之一。主题公园是游乐园发展到一定水平的产物，两者之间存在紧密关联，具体体现在以下几点：第一，都属于有偿满足游客休闲娱乐需求的旅游形态，工业社会时期，重复枯燥的单调工作让人们变成了“机器人”，人们不再满足于基础的物质需求，开始追求高层次的精神需求，寻求新娱乐形式，另外，在这一时期，机械化生产提高了生产效率，更多的人有了空闲时间和可支配收入，为新娱乐消费提供了物质基础和时间，所以游乐园正是在这一时代背景和生产背景之下产生的满足游客精神需求的新兴旅游形态，主题公园也是满足游客休闲娱乐需求的产物，且两者同属于以营利为目的的旅游产业。第二，园内都设有各式各样的游乐设施，不论是游乐园还是主题公园，都不遗余力地将科技应用到机械游乐设施研发上，满足游客寻求刺激、快乐的心理需求。第三，建园投资大、占地面积大，海狮乐园建于1895年，占地面积16亩，深圳锦绣中华占地面积450亩，大唐芙蓉园占地面积1000亩，可见，主题公园在投资数额和占地面积上比起游乐园有过之而无不及。第四，封闭式运营管理模式，主题公园与游乐园均采取园区封闭式管理模式。

虽然主题公园是游乐园发展的高级形态，关系紧密，但两者是不同的两种旅游形态，存在着很大的差异性，具体体现在以下几个方面：一是核心吸引力的差异，游乐园是工业社会的产物，其核心是文化表演、乘骑器械等游乐项目，主题公园是现代社会的产物，虽有各式各样的游乐项目，但主题公园的核心吸引力是主题体验，往往由一个或多个主题将园内的所有产品和服务串联起来，如大唐芙蓉园以唐朝文化为主题，横店影视城以影视文化为主题等；二是收费方式的差异，游乐园采取的收费方式是分项收费制，游乐园中游乐设施大多集中设在一个较小的区域内，供游客游玩，游客只需为选择体验的游乐项目付费，主题公园则采取全园通票制，将少数游乐项目集中在同一个构景中，花重金打造园内不同的景别，游乐园则不会把资金投在不会产生直接效益的主题景观和文化要素上，而在主题公园中，游客只需购买通票，即可畅玩大多数游乐项目、观赏不同景点；三是运营管理的差异，游乐园中能够产生经济效益的主要是游乐项目的体验，园区运营管理重点在于游乐项目的投资和产出，主题公园运营管理的关键不仅包括游乐设施，还包括与主题文化相契合的商品和体验的销售，如迪士尼乐园需运营管理美味的主题食物、精美的主题文化衍生品、园内精彩的文化表演以及迪士尼主题建筑等。

在面对选择建造主题公园还是游乐园问题时，仅仅回答谁更好或更坏并不合理，应在综合调研市场情况和自身资源的基础上，明确谁更加合适。因为在规划建设主题公园时，将大量资金用于并不会产生直接效益的构景上实际存在着巨大风险，而所选主题影响力能否足以支撑整个园区的发展也存在着争议，最终这些问题都会在经营成败中找到答案。另外，即使选择建造风险较小的游乐园时，也会遭遇因日常管理不善导致的卫生条件恶劣、服务态度差、游乐设施破旧不堪等常见问题，所以游乐园和主题公园的建造无不需要缜密的规划。

第二节　我国主题公园的发展阶段及特点

一、我国主题公园的发展阶段①

（一）探索性发展时期（1978年底—1989年9月）

1978年，改革开放推动了国内主题公园行业的兴起，往后的11年间，我国主题公园开始了探索式建设。这一阶段我国主题公园主要以两类为主：一是装有各种机械游乐设备的市政公园，二是兴建的以大型机械为主的游乐场，在当时满足了大多数游客的休闲娱乐需求。这一时期主题公园的建设和发展主要表现在三个方面。

1. 休闲娱乐项目的发展

从1978年到1989年的11年时间，我国经济快速发展，人民生活水平日益提高，实现了基本物质需要的满足，追求目标转向为精神需求的满足，与此同时，随着我国经济体制改革的不断深入，投资渠道逐渐多元化、数额逐渐扩大、日益高涨的市场需求和日益增多的资金为这一时期游乐业的发展奠定了基础。游乐业为了迎合市场需求，这一时期重点挖掘传统项目，并引进境外游乐项目，最终形成休闲娱乐项目的两极化格局，既有如1983年建成的北京大观园类的静态观赏型，又有以机械游乐设备为主的动态参与型，另外，以现代游乐设施为主的休闲娱乐项目也开始出现。

2. 项目载体形态的发展

20世纪80年代初，城市市政公园为了增强公园的娱乐性，积极引进休闲娱乐项目，因此，这一时期的休闲娱乐项目无论是静态观赏型还是动态参与型都坐落在城市市政公园内。20世纪80年代中期，随着项目投资主体多元化以及人们选择休闲娱乐项目的倾向化，专业化成为这一时期静态观赏型和机械化动态参与型休闲娱乐项目载体的特征，前者如河北正定县的“西游记宫”、无锡的“吴文化宫”等，后者如上海的“锦江乐园”、广州“东方乐园”、深圳的“香蜜湖度假村”，专业化的“水族馆”“野生动物园”等休闲娱乐项目载体形态也开始陆续投资建成。从游乐设施大杂烩的城市市政公园到专业化的主题公园项目载体形态的转变中可见，主题公园的主题属性逐渐显现。

3. 培育规模化的旅游市场

随着改革开放的推进，国内经济生产力迅速提升，使得我们可以用更少的时间生产出更多的产品和服务，生理需要的满足激发了消费者高层次“休闲娱乐”的心理需求，为国内休闲旅游产业的发展提供了契机。以往人们在选择休闲旅游时，对各类自然风景名胜区和人文风景名胜区等有着浓厚的消费偏好，而这类旅游需求的满足受到时间、经费、交通等影响较大，所以国内旅游市场发展一直处于低迷状态。在这一时期，游乐业开创了休闲娱乐选择新方向，主题公园以特色内容为主题，规划建设刺激的游乐设施和独特的观赏项目，以园区为载体，将四面八方的游客集聚在主题公园中，人们可以选

① 董观志．旅游主题公园管理原理与实务[M]．广州：广东旅游出版社，2000.

择花更少的钱、走更近的路、玩更好玩的游乐项目,充分挖掘了国内旅游潜在市场,培育起规模化的旅游市场。并且,随着国内外经验不断丰富、经济水平的不断提高,主题公园旅游市场将继续发展壮大。

(二) 概念化时期(1989年9月—1997年9月)

1989年9月至1997年9月的8年间,这一时期主题公园的发展称之为概念化时期,有两个标志性事件,一是1989年深圳"锦绣中华"的开园,二是1997年旅游概念的上市公司——深圳华侨城实业股份(A股)的成功挂牌上市。这一时期按照量的积累到质的突破经历了四个过程:第一,实现了零的突破,"锦绣中华"的开园推动了主题公园的概念受到人们的关注,逐渐普及开来,自此主题公园的发展拉开了序幕;第二,影视媒体积极参与主题公园建设,以无锡影视城为例的影视主题公园中探索表演性文化,使得主题公园开始注重商业包装的文化形式,为主题公园增添新活力,增强了游客对主题公园的认同感;第三,加大科技的投入力度,苏州乐园为了增强乐园的吸引力,利用科技手段实现乐园休闲娱乐功能的多元化,为了提高休闲娱乐活动的互动性,利用技术升级加强休闲娱乐项目的参与性,满足了游客的多元化和个性化需求;第四,注重资本的运作,以往主题公园的发展机制以产品生产为主,随着深圳华侨城不断发展壮大,发展机制创新为以经营管理为主,此时,主题公园既注重资产的运营,又注重资本的运作。历经这四次的发展过程,我国主题公园实现了从无到有"零的突破",从有到规模化、从规模化到集约化、从集约化到产业化等从量到质的跳跃式发展,我国主题公园不再是极为少见的锦绣中华"一枝独秀"的现象,而是成了人人认可的一种现代旅游目的地,推动旅游产业的快速发展。

这一阶段,主题公园数量正飞速增长,截至20世纪90年代后期,仅是广州一个城市就已经建设了40座主题公园,北京仅次于广州有39座。但是这一阶段我国主题公园发展问题十分突出,具体表现为:市场定位不准确、园区内部经营管理差、市场竞争愈发激烈,门票价格高、交通便利度低等问题,这些问题的存在严重缩短了主题公园的生命周期,呈现出"一年兴,二年盛,三年衰,四年败"的特点,大量的主题公园倒闭,最终走向昙花一现的命运,在下一阶段,对主题公园建设的反思和重建成为研究的主题。

(三) 现代旅游目的地的演进时期(1997年9月至今)

随着主题公园问题的不断浮现,人们开始对主题公园的发展展开研究,回顾并反省自身,如2002年,为共同探讨主题公园发展的"二十一世纪中国主题公园发展论坛"在深圳华侨城开办,此次论坛的主题是"主题公园走向何方",标志着主题公园发展反思的开端,也为主题公园建设的全面复苏、实现主题公园成为现代旅游目的地的目标做好准备。

"中国民俗文化村""锦绣中华"以及"世界之窗"等多种旅游资源为深圳华侨城集团所有,为了实现资源最大化开发,集团通过将几种资源重组,组建成深圳华侨城实业股份公司(A股)。1997年在深圳证券交易所成功挂牌上市,成为国内首个以主题公园为主要经营内容、方向的上市公司,开辟了主题公园发展的新方向,即发展模式朝着产业化方向演进。这一时期,演进的最终目标在于建设现代旅游目的地性质的主题公园。

这一时期,主题公园发展模式并非直线上升式演进,而是螺旋式的,可以从产品生产层面、企业经营管理层面及战略管理层面三个层面解读这次演进过程。第一，产品生产层面，这一过程着重投资建设休闲娱乐项目和旅游景区，主要沿着“静态景观”模式——“动态表演”模式——“活动参与”模式的发展路径进行演进。第二，企业经营管理层面，面对竞争日益激烈的巨大压力，始终关注主题公园的企业性，利用企业经营管理手段开发及管理主题公园，如北京新世界发展有限公司、珠海圆明新园旅游有限公司、深圳华侨城欢乐谷旅游发展有限公司等以公司形态对旗下主题公园进行规划管理，另外，还有企业决策管理机构——董事会的成立，这对旅游主题公园实现产品商业化、经营规模化等起到组织保证作用。第三，战略管理层面，通过对主题公园实施企业管理办法，探索具有个性化且品牌效应显著的主题公园，如深圳华侨城于1992年从战略管理层面提出建设“文化旅游区”概念，以及1998年初提出的“把华侨城建设为现代旅游城”战略，就是对华侨城旅游主题公园群未来发展走向的一种界定。

相较于上一阶段主题公园第一轮大规模开发下暴露出的多方问题，眼下主题公园的大规模开发建设也同样面临着如主题的严重同质化、恶性竞争、区域布局不合理等问题，因此在主题公园建设成现代旅游目的地的过程中，学习经验并结合实际情况应作为建设发展的首要方法。

二、我国主题公园的发展特点

（一）数量增长快，市场竞争加剧

自1989年9月“锦绣中华”开业以来，我国主题公园获得快速发展。数据显示，1989年底到1999年中期10年间，我国主题公园数量呈爆炸式增加，1989年底有30多个，1993年初有600多个，1999年中期共有2500多个，主题公园增长速度之快可见一斑。中国社会科学院旅游研究中心和社科文献出版社发布的《旅游绿皮书：2021—2022年中国旅游发展分析与预测》指出，中国已经成为全球最重要的主题公园市场。我国主题公园总体数量的激增，一方面源于国内投资者的不断涌入，另一方面则由于国际品牌巨头的加入。

主题公园数量爆炸式增长进一步加剧了市场竞争。从国际巨头的加入情况来看，香港迪士尼和上海迪士尼分别于2005年及2016年建成开园；2021年，北京环球主题公园建成开园，全球首家HelloKitty主题公园度假村选址三亚海棠湾，预计2024年开园营业，乐高（LEGO）乐园也将在近两年，在深圳、上海、四川、北京等城市遍地开花。由此可见，继迪士尼进入中国主题公园市场之后，乐高、环球影城、派拉蒙等多个国际品牌陆续加入中国主题乐园市场，显然，国外竞争对手的加入为国内市场带来了新的发展机遇，同时，也加剧了竞争的激烈程度。从国内投资者加入的情况来看，继1989年建设深圳“锦绣中华”的华侨城之后，万达、恒大、中弘等房地产企业纷纷涉足文旅产业，投资建设主题公园，如恒大投资恒大童世界主题乐园项目，万达也凭借其雄厚的资源实力在各地建设万达主题乐园，国内投资者的蜂拥而至必然导致竞争的加剧。《2021年主题公园和博物馆报告》显示，2021年全球前25个主题乐园游客数量超过1.4亿人次，同比增长70%，相当于2019年56%的水平。中国内地和香港地区共有6个主题公园跻身前25名，其中包括上海迪士尼乐园、广州长隆欢乐世界、珠海长隆海洋王国、香港迪士尼乐园、北京欢乐谷，竞争十分激烈。

（二）投资数额大，主体呈现多元化特征[①]

从投资数额来看，主题公园建设普遍存在投资数额大，占地规模大的特点。主题公园按照投资规模和占地规模为划分指标，可分为特大型旅游主题公园、大型旅游主题公园、中型旅游主题公园、小型旅游主题公园和微型旅游主题公园等类型。世界上面积最大的奥兰多迪士尼世界总面积达124平方千米，1971年初始总投资约4亿美元；恒大投资建设的特大型长沙恒大童世界投资额约500亿元，大约有6000亩的占地面积；南京万达茂文化主题公园是万达集团投资建成的特大型主题公园，总占地面积约4万平方米；再看即使是中小型主题公园宁波大目湾海阔天空水上主题公园，共投资4亿元左右，也有约376亩的占地面积。可见，不同规模的主题公园投资数额普遍偏高，占地规模也大，并且，随着主题公园的进一步升级，投资数额和占地规模将不断扩大。

从投资主体来看，多元化特征显著。随着社会的不断进步，国民经济水平的提高，游客休闲娱乐需求愈发高涨，主题公园成为游客休闲娱乐一日游的好去处，这个旅游新形态对社会资金产生了强烈的吸引力，民营资本、国际资本争相进入主题公园市场领域，形成了投资多元化格局，并且产生国内和国际合资新趋势，如日本三丽鸥株氏与中国银润集团将共同投资建设中国首个Hello Kitty主题乐园。

从投资区位分布来看，主题公园投资原先集中在经济发达的一线城市，后重点投资开发二三线城市。早期，北上广深等大城市尚未开发饱和，所以主题公园大多在这些城市选址建园，随着这些城市的市场开发趋于饱和，再无开发价值，故武汉、长沙、重庆、成都、长沙和苏州等城市成为新的投资重点区域。近几年，三线城市主题公园建设热情也开始升温，如华强方特在三线城市芜湖市的布局，自2007年欢乐世界在芜湖建成开园，华强方特陆续又建设了二期梦幻王国、三期水上乐园、四期东方神话，以二三线城市为核心辐射周边城市，形成完善的“方特王国”布局。

从投资产品项目来看，主题公园最初以建设单一项目为主，后开始建设泛主题公园项目。早期的主题公园大多是主题单一的游乐场，与其他产业脱轨。这类主题公园变现模式单一，并且随着游客消费需求向个性化、深度化的升级转移，此类主题公园对游客吸引力有限，所以投资者开始重点投资建设集游乐设施、影视、动漫、玩具、住宿、餐饮等多业态的产业群，即泛主题公园项目。

从投资核心来看，由功能性为主导逐渐转向文化体验为核心。早期主题公园项目功能单一，但如今不论哪种功能类型的主题公园除了满足游客的功能性需求外，更重要的是关注游客的文化体验，将提高游客体验度视为建设的核心内容。

从投资产出来看，我国主题公园领域涌现出一批实力雄厚的品牌。随着经济的快速发展，我国旅游消费进一步升级，并且游客在内外部因素影响下有了主题公园消费偏好，在此背景下，主题公园领域内主要形成了包括国际和国内的以下几大品牌：迪士尼品牌、方特欢乐世界品牌、宋城千古情品牌、恒大童世界品牌、长隆品牌以及海昌海洋公园品牌等。这些主题公园品牌无论是在资金吸引力还是游客吸引力上都表现出极大的优势。

① 梁增贤．主题公园开发与管理[M]．重庆：重庆大学出版社，2019.

（三）主题公园建设模式由静态观赏型转向IP沉浸体验型

1979年，香港“宋城”以《清明上河图》为参照主体建成了以文学名著为主体的模拟景园；1989年，实景微缩景区深圳“锦绣中华”建成，这一时期，我国主题公园开始发展之路，早期的这两类公园呈静态观赏型特征，娱乐性、参与性较弱。1975年，学者哈里·契克森米哈顿提出沉浸理论，认为其是个体在进行某种活动时，将全部精力倾注在活动中，以至于忽略了活动以外的所有事物，并可能进入忘我的状态当中。社会的进步、经济的发展促使消费者的需求不断升级，影响消费形态的选择，具体表现为消费者在对旅游产品质量的基本要求上，开始追求个性化的产品和服务，以期获得愉悦情感体验。因此，“沉浸体验”一词逐渐被引入主题公园建设中，目前主题公园的建设原则是，主动增强旅游产品和服务的互动性与参与性，并通过塑造感官及思维，使消费者获得充分的情感体验，借此实现旅游产品和服务的增值，焕发主题公园新生命。主题公园建设模式由静态观赏型转向IP动态体验型，突出表现在以下三个方面：

一是IP为核心体验式主题的确定。学者米哈里·契克森米哈赖认为沉浸体验应该从九个方面来实现：第一，个体对自己所从事的活动要有清晰的目标；第二，个体要明确是为了自己的渴望而自觉工作；第三，个体的情境需求应该与他所拥有的技能相平衡；第四，拥有无意识的能够控制时间的力量；第五，对任务注意力集中，有很高的关注度；第六，获得及时清晰的反馈，确保所有工作都按照计划展开执行，对个体行为实行迅速和清楚的监督；第七，个人精力投注过于深入，产生无意识的自动化行为；第八，对时间的敏感度消失，意识不到时间的流逝；第九，个体已经与所从事的活动完全融为一体，失去自我[①]。该学者认为，这九个方面并非独立存在的而是以相互影响并制约的关系推动主体在活动中产生沉浸体验，其中，第一个方面表明在活动中个体一定要明确其意义和目标，而在主题公园的沉浸体验打造中，体验式主题则帮助个体明确体验的目标，促进个体感受到沉浸体验。因此，国内外主题公园在规划建设中至少有一个主题。主题公园的主题设定大致经历了从简单复制到原创IP化主题的发展历程，简单复制式主题公园如建有上海滩、阳光港、香格里拉等七个主题区的上海欢乐谷，踏入上海滩主题区，扑面而来的是复制老上海元素的青砖灰墙、格子窗户、老邮筒、黄包车，虽有特色，但毫无活力，很难维持长久的生命力。相反，原创IP主题作为主题公园独特的识别符号能够引起游客的情感共鸣，提高游客的重游率，为主题公园注入长久的生命活力，这也是迪士尼乐园能长盛不衰，一直受到游客喜爱的原因之一，所以打造原创IP成为主题公园发展的新路径。

IP是英文“intellectual property”的缩写，可以理解为知识产权，是指人们就其智力劳动成果所依法享有的专有权利，通常是国家赋予创造者对其智力成果在一定时期内享有的专有权或独占权。在主题公园行业，IP主要还是指主题公园的形象，只要拥有知识产权的都属于IP，包括主题公园里面的设计、音乐、服务等等[②]。从广义上来看，IP并不只是知识产权，而是指综合性的“大IP”，具备全产业链整合能力[③]。一个IP的诞生意

① 王蕾，张林，石天旭.IP沉浸体验：主题乐园发展新路径[J].出版发行研究，2019(2).

② 搜狐网.IP在主题公园的开发与运用[EB/OL].http://www.sohu.com/a/202826727_814389.

③ 搜狐网.IP植入主题公园，真的能带来亿万级消费？[EB/OL]. http://www.sohu.com/a/214133971_703122.

味着围绕IP主题从上游到下游全产业链能够实现完美打通,主题公园属于产业链下游产业的一环。

"主题公园+IP"的发展模式诞生于国外,并逐渐发展成熟,比如迪士尼乐园中随处可见米老鼠、唐老鸭的形象,国外该模式的发展主要以影视、动漫和文学IP为依托。我国"主题公园+IP"发展模式出现的时间晚,至今发展尚不成熟,但该发展模式的重要意义在行业领域内已经达成共识,所以为了提升主题公园的吸引力,实现可持续发展,国内已有多家龙头主题公园品牌开始积极孵化IP,如华强方特的"熊出没"动漫IP,海昌海洋公园海洋文化主题IP。①

二是建筑、体验项目等彰显主题文化。原创IP的打造对提升主题活力至关重要,而如何将无形的IP有效结合到主题公园线下体验中也是主题公园建设投资的难点之一,面对数量繁多的主题公园,游乐设备、园中建筑等大同小异,则竞争力低下,为了让游客真切感受到无形IP化主题的魅力,需通过园中一切可视化的元素将主题表现出来。从建筑特色来看,迪士尼"潘多拉:阿凡达世界"主题区中从洗手间到餐厅,其设计都来自《阿凡达》影片中的采矿集团RDA,主题餐厅中提供品类丰富的"外星美食",上海欢乐谷金矿镇主题区中废旧的矿车、矿洞等建筑;从游乐项目来看,主题公园为了带给游客"沉浸式体验",纷纷将AR增强现实、全息影像等新兴科技引入游乐设施中,使得游乐项目一改往日的单调乏味,增强互动性和趣味性,以美国奥莱多迪士尼为例,该乐园中开设"潘多拉世界:阿凡达世界"项目。该项目包括两个游乐项目,一是根据阿凡达世界设计的漂流项目Na'vi River Journey;二是Flight of Passage项目,这个项目中的关键要素是阿凡达世界的神兽斑溪兽,通过VR技术游客可以非常真实地体验骑行在阿凡达世界中的神兽背上,这两个项目利用科学技术将影视作品中奇幻的场景再现在主题公园中,为游客带来了沉浸式体验。②

三是主题公园中文化演艺表演项目的热度持续上升。据统计,上海迪士尼中共开设了24%的演艺类项目,芜湖方特东方神画中有约30%的演艺类项目,法国榉木山主题公园没有任何机械游乐设备,只有演艺类项目。文化演艺项目为主题公园增加游客、拓宽收入来源带来了可能,尤其是夜间的文化演艺项目弥补了大多数室外游乐项目无法在夜晚开放的遗憾,拉动了主题公园的夜游经济。

(四)由单一主题公园转向以主题公园为核心的片区开发模式

从以文学名著为主题的模拟景园香港"宋城"(1979年)、实景微缩景观园深圳"锦绣中华"(1989年),到苏州游乐场"苏州乐园"(1997年)、上海游乐场"锦江乐园"(1998年),主题公园实现了"观赏式"到"游乐式"的转变,而深圳"欢乐谷"(1998年)及方特"欢乐世界"(2008年)则是主题公园将娱乐和文化紧密结合的产物,可见,我国主题公园呈现阶段式发展的特点,然而这些主题公园的开发都局限于单一公园式发展。我国城镇化建设的步伐不断加快、休闲旅游业飞速发展,在此背景下,主题公园开发模式有

① 劲旅网.海昌海洋公园:IP高地之战 主题公园如何奋起力搏[EB/OL].http://m.ctcnn.com/show.jsp?id=46476.

② 搜狐网.5亿美元!阿凡达潘多拉世界入驻迪士尼乐园![EB/OL].http://www.sohu.com/a/146154098_497278.

了新的发展，即逐渐转向以主题公园为核心的片区开发模式，具体指的是，以主题公园为核心，带动片区联动发展的开发模式。在迫切对传统地产业升级转型的战略驱使下，地产巨头万达集团开始涉足主题公园建设，在其“万达广场”主体建筑的基础上，规划集室内外主题公园、度假旅游群、大型舞台秀、居住区和商业娱乐综合体等为一体的大型商业综合体——万达文化旅游城，如万达投资建成的桂林文化旅游城项目，建有多项功能业态的建筑项目，室内有海洋公园、水上乐园，室外有主题公园，还有度假酒店群、文化旅游小镇等内外兼顾的项目。未来，文化旅游业与地产业跨界融合发展，围绕主题公园为核心，并发挥其引擎作用，实现区域全面开发的片区开发模式将成为主题公园开发重点。

消费结构不断升级的条件下，文化旅游业越来越受到消费者的欢迎，主题公园开始步入大发展大繁荣的时期。在国内外主题公园发展经验指引下，我国主题公园正发生着翻天覆地的变化，不论是投资重心的转向、片区开发模式的推进还是IP沉浸体验的建设模式发展，都满足了以消费者为主体进行科学合理规划的重要原则。

第三节　主题公园的盈利模式

据中信建设的研究报告，截至2017年，我国主题公园入园游客人数已经达到了全球排名前十总数的约四分之一，游客数量相当可观，而盈利水平却远不及国外主题公园，这充分说明了我国主题公园盈利模式的不完善。主题公园的盈利模式指按照利益相关者划分的公园收入结构、成本结构以及相应的目标利润。盈利模式本质上是对所拥有的资源，包括自身以及利益相关者的所有资源，进行充分挖掘整合后，所形成的能够帮助主体创造并获取价值，同时完成与所有利益相关分配利益的组织机制及商业架构。[①]总的来看，我国主题公园采取了多种盈利手段混合的模式，共有七种盈利手段。

一、门票盈利

从收入结构来看，2017年，我国主题公园门票销售占总收入的70%，再对比国外门票收入为30%，两相比较，国内主题公园门票收入占比极高，对门票收入的依赖性过强。[②]门票是所有景区最传统的利润来源，也是主题公园最基本的盈利方式。主题公园门票收取具有弹性选择的特点，如根据旅游者的入园时间的弹性选择，可分为日场票、夜场票及日场＋夜场票；根据年龄层次的弹性选择，可分为儿童票、成人票及老年票；根据项目多少的选择可分为项目独票制及全园通票制，游乐园一般采取项目独票制，现代主题公园往往采取全园通票制，但也有主题公园在采取全园通票制的前提下，对少数项目相关设备单独收费，如芜湖方特“梦幻王国”冰雪世界项目向游客收取服装租赁费；根据旅游次数的弹性选择，可分为单次票、半年票及年票等。

① 梁增贤．主题公园开发与管理[M]．重庆：重庆大学出版社，2019.

② 央视财经．主题公园70%陷亏损：过度依赖门票收入盈利模式待开发[EB/OL].https://baijiahao.baidu.com/s?id=1607048373687308728&wfr=spider&for=pc.

二、餐饮、住宿与购物盈利

游客进入园区后会产生二次消费，而餐饮、住宿与购物是园内二次盈利的重要来源。与其他景区不同的是，主题公园的餐饮、住宿与旅游商品需进行主题化的包装，这些融知识产权和主题文化特色一体的餐饮、住宿与文化商品较一般商品的价格高，给主题公园带来的利润相当可观。主题公园内餐饮、住宿和文化商品除了设计要符合主题之外，更应该追求质量一流，粗制滥造只会有损主题公园品牌形象，另外，餐饮、住宿与文化商品在创造经典的同时还要具备新鲜性的特点，以满足消费者不断变化的需求，如推出季节特供产品、节日限定产品等，这些独具特色的限定销售产品或将成为游客进入主题公园的吸引物。

三、跨界经营、产业联动盈利

主题公园之所以可以保持延续的生命力，关键在于构建多业态的产业链，建立多层次盈利体系。产业链可从横向或纵向两个方向延伸。迪士尼乐园的成功就在于实现了横向与纵向多维产业的联动发展，具体表现为以迪士尼文化为核心，纵向联合动漫、电影、出版、玩具、游戏等多维产业，横向结合主题酒店、购物中心、体育中心、游泳池等场所，实现主题公园片区式发展。

纵观国内，华侨城的“文化旅游＋地产”联合开发模式，常州中华恐龙园“动漫IP＋衍生品＋主题公园”的开发模式，从本质上来看，无一不是为了构建完善的产业链，通过增强横向或纵向产业链上各个产业之间的关联度、黏合度，实现产业的跨界经营、联动发展，增强消费吸引力，增加消费的可能性，实现更多的利润点和更大的利润空间的目标。

四、场地租赁和项目服务盈利

在主题公园中，场地租赁指的是将园内的部分场地或游乐设施短期租赁给开展活动的个人或企业。[①]主题公园不仅提供场地租赁，还会提供配套服务。场地租赁和项目服务不仅会给主题公园带来更多的商业盈利空间，还能吸引游客。具体形式有以下几种：一是节庆活动场地租赁，包括由个人发起的节庆活动场地租赁，如婚庆活动、生日派对、纪念日派对等活动场地的租赁，还包括组织发起的节庆活动场地租赁，如欢乐谷联手百事可乐、青岛啤酒品牌商家分别举办“百事可乐流行音乐节”“青岛啤酒国际时尚文化节”等；二是节目录制场地租赁，一些主题公园会将场地租赁给电视节目组录制节目，并提供配套的场务服务，此类合作除了给主题公园带来直接的收入，更重要的是，还可以提高园区知名度。2014年，广州长隆野生动物世界主动为《爸爸去哪儿》节目组提供拍摄场地，节目开播，园区知名度在国内外的知名度都提高到一个新的台阶，可以说，此次合作是长隆野生动物世界对旅游业＋娱乐业融合发展的尝试并大获成功。场地租赁和项目服务为游客带来了多样化的娱乐体验，为主题公园打开了更多的受众市场大门，同时开拓了一条全新的创收渠道。

---

① 梁增贤.主题公园开发与管理[M].重庆：重庆大学出版社，2019.

五、物业增值盈利

物业增值盈利指的是以主题公园为引擎，实现周边地段的增值。

在科学调查的基础上，大型地产或旅游集团以增值潜力大小为标准选址建园，并遵循“公园＋地产”的模式进行开发，该模式的具体做法是利用主题公园为依托，积极开发商业中心、住宅中心及酒店等多功能业态，致力于主题公园的吸引力提升，吸引大量的人流、资金流、物流等多项资源，促进周边地产价格不断攀升，实现房地产开发的物业增值盈利模式。由于主题公园投资、大回收周期长，所以仅靠主题公园盈利困难，地产反哺主题公园的盈利方式受到大部分主题公园的青睐。2016年，上海迪士尼在上海浦东新区川沙新镇建成开园，迪士尼所在区域原本是较为偏远的郊区，房价较之上海其他地区偏低，但是从迪士尼公园项目立项到建成开园的六年时间，全上海市新建商品房价格平均上涨了122%，而该区域则上涨了162.3%，可见，物业增值是主题公园跨界盈利的主要来源。[①]国内地产巨头万达集团涉足主题公园行业，正是希望利用文化项目打造文化旅游城，实现城内地产增值。

六、品牌盈利

品牌盈利指的是主题公园通过品牌授权、输出IP的方式来赚取品牌收益。品牌盈利是主题公园实现长期盈利的最佳方式，但前提是品牌在市场上应具有一定的影响力，有较高的品牌价值，否则很难通过品牌授权获得收益。纵观国内外，品牌盈利模式已经成为众多主题公园追逐的盈利方向。

从国际上来看，迪士尼、环球影业具有很高的品牌价值，很多地方都希望能够引进这两个品牌，但是迪士尼、环球影业不可能仅靠自身的力量将业务范围布局到全球的各个城市，所以即便不建设主题公园，迪士尼、环球影业也能通过品牌授权的方式开拓全球市场，实现品牌盈利。如除了迪士尼乐园园内设有迪士尼衍生品专卖店，在国内很多城市也随处可见。从国内来看，关于主题公园投资数额大、经营风险大的特点已经达成了共识，这个特点也让主题公园的投资者陷入了困境，如何突破困境成为永恒的话题。宋城演艺通过品牌、管理和创意输出等服务，建设轻资产项目，获得了可观的收益。这种品牌授权的扩张模式有多重好处，一来减少资金的投入将有利于降低项目投资的风险，二来轻资产投资模式有助于实现市场的快速开拓，三来前期投资少成本回收快且相当利润相当可观，所以该模式逐渐成为国内主题公园实现扩张的主流模式。

七、平台盈利

平台盈利指的是搭建一个主题公园的平台，将公园内的乘骑器械、餐饮住宿及购物甚至是内部的游客管理等业务外包给承包者来做，平台方的基础工作是负责提供场地运营维护、园内的物业管理等，主要工作是招商，盈利来源是承包者的加盟费用和物业管理费用。平台盈利模式的关键在于公园的平台方要打造自身品牌，提升对企业或个

① 黄静，崔光灿，王诤诤．大型主题乐园对周边住宅价格的影响分析：以上海迪士尼为例[J]．城市发展研究，2018，25(5)：37-43.

人加盟的吸引力，另外，这种模式能够降低平台方的经营风险。

以上是主题公园盈利的主要来源，在实际操作中，很少有唯一的盈利方式，从总体来看，多是以门票收入为主，其他收入为辅的混合式盈利模式，就目前来看，国内的主题公园仍旧存在盈利模式单一的问题。对投资者来说，选择何种盈利模式，应该根据主题公园实际的资源条件选择适合自身发展的盈利模式，从国外成功经验来看，多元化的盈利模式组合能够扩大主题公园的盈利空间，其中，门票收入在主题公园盈利结构中的比重应适时降低，实现降低盈利风险、增强盈利持久性的目标。

第四节　我国主题公园发展现状及未来展望

根据美国Research and Market对中国主题公园的预测，未来5年预计将以7.2%的年均复合增长率发展，2027年我国主题公园市场规模预计突破500亿元，可见，我国主题公园起步晚但发展速度快。

在此发展机遇下，国外资本开始参与到我国主题公园市场开发中，加剧竞争激烈程度，即便如此，国内品牌凭借自身实力也能占据大部分的市场份额。如上海迪士尼虽有国际知名品牌迪士尼傍身，但在2018年国内市场份额中仅占5.7%，而华侨城、方特和长隆三大国内品牌主题公园所占市场份额比重分别为22.2%、19.9%和16%，共占据了约60%的市场份额，呈现三足鼎立之势。[①]从分布格局来看，我国主题公园的空间分布非常不均衡，分布在东、中、西部地区呈现出明显的差异。东部地区拥有的主题公园数量占全国的58.08%，中部地区占23.33%，而西部地区仅占18.75%。其中，广东在东部地区中占比最高，几乎超过了9%的主题公园数量。[②]

自2018年《关于规范主题公园建设发展的指导意见》出台以来，我国主题公园在质量提升上也有了明确的方向，主题公园行业呈现出一片繁荣景象。但是由于内部和外部环境的多方原因，国内主题公园市场发展尚不成熟，还存在着各式各样亟待解决的问题，如竞争差异化小、缺乏人才及品牌建设落后等问题，只有将这些问题一一突破，主题公园行业的发展才能再上新台阶。

一、我国主题公园的发展问题

（一）缺少文化内涵，同质化现象严重

主题公园注入文化内涵是其区别于一般游乐园的重要特征，虽然这个论断已经在行业内外达成共识，但目前我国主题公园还存在文化挖掘深度不够，主题文化与游戏、影视等相关产业融合不够紧密的问题。相反，大量依靠盲目复制和模仿的主题公园建设模式依旧非常常见。另外，在文化核心竞争力不足的情况下，“公园＋地产”式的开

① 前瞻网.2018年中国主题公园行业发展现状分析 中国主题公园发展进入快车道[EB/OL].https://www.qianzhan.com/analyst/detail/220/190318-0decc71e.html.

② 新浪财经.毕业旅行搜索量激增携程，数据：订单比去年增长近1倍[EB/OL].https://baijiahao.baidu.com/s?id=1770640444402083507&wfr=spider&for=pc.

发模式被广泛应用，具体表现为主题公园与房地产捆绑开发，围绕主题公园为核心建设商业中心、住宅区及酒店等业态，这种开发模式在短期内能够利用主题公园刺激地产行业的发展，对公园投资者而言，无疑是实现资金快速回笼与盈利最大化的最佳策略。然而，一味房地产化、商业化地盲目建设，低水平复制，导致主题公园陷入同质化竞争的困境中，这些缺乏特色和文化内涵的主题公园市场认可度低，难以形成竞争优势、实现可持续发展，最终走上失败的结局。主题公园"房地产化"现象已引起了国家相关部门的重视，并出台相关政策抑制此种不健康的发展趋势。2018年4月，国家发展改革委等5个部门联合印发《关于规范主题公园建设发展的指导意见》，该意见明确指出了目前我国主题公园建设中普遍存在的低水平复制的同质化发展问题，并就地产化趋势提出严格审查的要求，以防出现"假公园真地产"项目。可见，主题公园文化内涵的缺失问题已经成了亟待解决的问题。

（二）缺乏专业人才，整体规划落后

人才是主题公园发展能否成功的决定性力量。在主题公园的开发与发展中，既需要大量的专业技术型人才，还需要既懂技术又有一定文化艺术水平的经营人才，更需要懂市场会管理的高端管理人才。人才是支撑主题公园发展的关键资源，专业人才的不足将导致主题公园经营不善、规划落后等问题，抑制主题公园的发展。目前，我国主题公园专业人才队伍建设的问题主要体现在以下几点：一是主题公园高层次旅游规划人才少，虽然从事其他旅游景区规划的专家并不少见，但既懂旅游规划专业知识、经验丰富、又擅长主题公园规划建设的高层次规划人才却极为少见，此类人才的缺失也是导致我国主题公园定位不清、主题不明、整体规划落后、同质化竞争严重，朝着低层次方向发展的关键原因；二是从事创意设计类、营销策划类等创意人才的缺失，以往以乘骑器械为主的功能型游乐场已经很难满足现代消费者的旅游需求，现代主题公园更加注重沉浸式旅游体验的打造，满足消费者的体验旅游需求，沉浸式旅游体验需通过每一个引进的项目、新设的器械、规划的餐厅、新出的美食来打造，从一款美食的打造到园内主题项目的引进或改造，要想博人眼球、具有长久的吸引力，无一不依靠创意设计、创意策划注入活力。主题公园的竞争也是人才的竞争，主题公园对人才的高需求与实际人才市场低供应之间的矛盾是制约主题公园发展的重要原因。

（三）缺乏品牌意识，品牌建设滞后

优质的品牌形象能增强消费者对主题公园相关产品和服务的消费信心，能为主题公园带来更大的盈利空间。国外企业有较强的品牌建设意识，如迪士尼和环球影业几十年如一日致力于品牌打造，才有了现如今的全球知名品牌，才能使迪士尼乐园在与美国文化迥异的全球各大城市中受到消费者热烈欢迎，迪士尼的优质品牌形象也是实现多元化盈利模式的关键原因。反观我国主题公园的发展，品牌意识缺乏带来的品牌建设滞后问题比较突出，从品牌塑造、扩张及维护的三个阶段来看，我国主题公园品牌建设问题具体表现在以下四个方面：

一是主题定位不准，品牌缺乏独创性，优质品牌形象塑造困难，投资巨大的数额也仅仅是完成了主题公园内的基础设施建设，对游客吸引力弱，直接导致"大投资、小产出"的问题。二是品牌扩张方式单一，品牌价值难以提升，具体表现为主题公园与动

漫、影视、游戏等文化产业相关行业结合不够紧密，品牌价值难以实现核裂变式的提升。迪士尼品牌价值能够在全球排名靠前，得益于迪士尼动画形象塑造、迪士尼乐园打造、迪士尼衍生品研发等多方面的紧密结合，品牌扩张方式的多元化，相反我国主题公园品牌扩张方式单一，大多数主题公园只围绕公园塑造品牌，很难打造出高价值的品牌。三是品牌宣传走入认识误区，大多数主题公园认为只要炒作就可以提升品牌知名度。2016年，万达集团董事长王健林通过媒体对外宣传，万达城项目将让上海迪士尼未来20年内盈利困难，不论最终能否达成目标，这次叫板无疑是一次成功的广告宣传。通过事件的炒作提高品牌知名度似乎成为我国各行各业营销的手段，这种营销手段短期内确实能够提升品牌知名度，但是很难在消费者心目中塑造出长久的优质品牌形象。品牌建设并非朝夕之间可以完成，需要长期的合理规划，循序渐进，分步实施。四是侵权行为频出，品牌维护意识薄弱，2018年，北京欢乐谷继上海欢乐谷后，被中国音著协会以音乐侵权为由诉至法院，目前除上海迪士尼等数个乐园外，国内绝大多数主题公园并未与该协会签订相关作品的著作权许可协议，文化作品的盗版侵权行为虽然能够帮助主题公园短暂减轻经济压力，但就长远来看，此类行为无疑是自取灭亡式的行为，对园区品牌的危害性非常高，将削弱核心竞争力，使得主题公园陷入发展困境中。

（四）发展方式粗放，核心竞争力弱

我国主题公园普遍存在发展方式粗放的现象，导致核心竞争力弱，主要体现在以下几个方面：一是单一的盈利模式和弱产业链意识，国外主题公园产业链构建较为完善，盈利模式的多元化趋势显著。从东京迪士尼度假区发布的2018年第三季度财报可知，该园区前三季度盈利36.4亿元，同比增长9.6%，其中，二次消费收入占比62%，门票收入占比仅为38%，可见该园区已经摆脱了门票为主的盈利模式。而我国主题公园仍旧是以门票收入为主的单一化盈利模式，如《2017年中国主题公园发展报告》指出，如国外主题公园门票、购物、衍生品收入占比分别为30%、30%和40%，而我国门票收入占比高达70%以上。导致盈利模式单一化的因素繁多，其中，产业链建构的不完善是关键原因。二是盲目增加数量，质量堪忧。近年来，我国主题公园快速崛起，呈现“井喷”之势，数量激增，但真正的优质项目寥寥无几，能实现盈利的主题公园也不多见。三是主题雷同，缺文化之魂。“低水平重复”依旧是目前国内主题公园普遍存在的问题，独特的文化内涵是为园区注入新鲜血液和顽强生命力的灵魂，我国幅员辽阔、地广物博，有着丰富的文化资源，中国主题公园更应该挖掘中华民族优质文化，讲好中国故事，显然，目前能够走好差异化、主题化以及文化内涵路子的主题公园并不多见。四是区域布局的不合理。继北上广等一线城市主题公园市场饱和后，投资者扎堆在二三线城市投资建园，在距离上海迪士尼200千米以内的范围内，就建设了上海欢乐谷、苏州乐园、无锡三国城、芜湖方特4大主题公园、杭州宋城等诸多大型主题公园，大多处于亏损状态。

总体而言，我国主题公园行业发展面临的问题较为繁杂，但不论是文化内涵挖掘问题、人才队伍建设问题还是品牌建设与发展方式粗犷等问题，归根到底都是资源挖掘不够深入、资源价值未发挥最大化的问题，要想解决好各式各样的问题，需要找准病因对症下药。

二、我国主题公园的发展对策

主题公园要想破除目前所处的困境，主要从以下几个方面入手：第一，合理选择区域。为了解决目前主题公园区域布局不合理的问题，投资者应该在科学规划下选择投资区域，了解区域的市场需求大小、投资资金大小、占地面积大小等问题。第二，明确文化主题。只有特色鲜明的文化主题，才能增强主题公园的核心竞争力，另外，为了增强游客对该文化主题的理解和认同，还需适时更新并打造能够凸显文化主题的高水平、经典的游乐设施和演艺项目。第三，提高品牌意识，加大品牌建设力度。做好品牌塑造、品牌扩张及品牌维护三个环节的工作，其中，品牌塑造环节应塑造独特的企业正面积极形象，品牌扩张环节利用主题公园的跨界合作不断提升品牌价值，品牌维护环节要做好自身的维权工作。尤其需要注意的是，利用事件营销提高品牌知名度时，应选择积极正面的方式和方法，如利用体育事件进行营销等方法。第四，盈利模式实现多元化。积极探索除门票以外的其他收入，优化盈利结构，具体措施是增加围绕主题公园品牌为核心的其他产业联动收益，如迪士尼开拓了包括餐饮、购物、品牌授权、电影、电视等多种收益渠道。第五，加快专业人才队伍建设步伐，积极与高校合作培养从规划设计到管理运营的专业人才。

主题公园发展过程中出现这些问题并非偶然，而是从主题公园进入国内市场以来长期存在的，所以解决这些问题，非一朝一夕之功，需经过投资者、政府、游客等多方的长久努力，关键就在于遵守以政策为指导、以市场需求为核心的原则。

三、我国主题公园的未来展望

在整体市场的规范、游客需求的激增以及国家政策的大力支持下，我国主题公园已经成为文化旅游行业中的消费热点，主题公园实现保质保量的提升，而在消费不断升级的趋势下，轻资产扩张模式、"IP＋故事"的开发模式、高科技的广泛应用以及夜游经济的快速发展已经成为探索国内主题公园发展的新方向。

（一）轻资产扩张模式成为主流

目前，轻资产模式成为国内各大主题公园企业扩张的主流模式。传统的重资产模式动辄将百亿资金投入土地开发和经营中，盈利模式仅靠门票及园内二次消费，回报周期太长。

所谓轻资产模式，指的是在不参与（或少量参与）项目前期投资的前提下，仅凭借品牌、管理和创意输出等一揽子服务来获取一定比例运营收入的开发模式。轻资产模式通过输出IP或管理方式解放自有资金，缓解资金压力。输出资源的差异化决定了轻资产模式有多种表现方式，其中较为典型的有宋城演艺炭河古城项目和海昌海洋公园的"品牌＋技术＋管理"的输出模式。即由宋城集团输出品牌、技术、咨询和管理资源，项目所在地公司出土地、建剧院，对宋城集团而言减轻了资金压力，投资风险小，为项目所在地公司也提供了一次发展机遇，海昌海洋公园也利用此种轻资产模式达成了长沙湘江欢乐城海昌欢乐海洋公园等十多个轻资产项目的布局。虽然轻资产模式能够达成多方共赢的局面，但该模式对输出方的品牌价值、管理价值有极强的要求，是建立在输出方多年品牌成功运营基础上产生的，未来也将成为主题公园扩张的重要策略。

（二）“IP+故事”的开发不断深入

主题公园为了提升核心竞争力，IP打造能力不断提升，而单个IP形象很难产生较大的经济效益，“IP＋故事”开发模式为主题公园盈利空间的扩大带来了可能性，也是主题公园实现可持续发展的重要路径。“IP＋故事”的开发模式要求主题公园运用故事性叙述有效串接各种数字媒体设备，营造融合娱乐、教育、消费等多种功能于一体的具有互文意义的跨媒体主题空间。[①]该模式有两个突出的优点，一方面是通过故事性叙述方式，使人物形象丰满，同时串联起园区内的酒店、餐厅、洗手间等场景，使其与动画、电影形象相对应，增强不同场景之间的联系，带给游客强烈的故事参与感；另一方面是通过“IP＋故事”开发模式打造的动画形象，能增强游客的强烈认同感，有利于衍生产品的进一步挖掘和消费促进。各大品牌主题公园“IP＋故事”的打造方式也呈现出多元化特征，具体包括改编传统“IP＋故事”、打造原创“IP＋故事”等。以华强方特为例，一来通过重塑中国传统民间故事，构建出以中国传统文化为核心的“方特东方神画”主题公园，创造出高科技＋传统IP的《牛郎织女》《哪吒闹海》等作品；二来围绕熊出没IP创造出相关影视作品系列，提高IP认可度，再反哺主题公园的发展，如倾情打造实景《熊出没剧场》，对动漫IP中的角色进行“场景化”设计，让存在于动漫画面上的形象融入主题公园中，令游客有故事参与感体验。

“IP＋故事”开发模式最重要的是讲好故事，要讲出围绕IP展开的既符合时代需求又适应消费者群体习惯的故事，通过故事信息为游客传递有价值的文化内容。另外，现阶段故事性叙述的手段还有待加强，这就意味着主题公园不仅要讲好故事，还要吸引游客主动参与到主题故事的互动和传播中来，具体可综合利用各种高科技手段促进游客感官沉浸体验，以游客为主体塑造故事角色，带入故事的创作中，增强游客的代入感。多年来，大多数主题公园都致力于挖掘新游客，实际上主题公园最难攻克的难关是吸引老顾客，利用“IP＋故事”开发模式既可以招揽新游客，还能够通过将游客转化为粉丝的行为提高顾客的重复入园率。

（三）高科技的应用更加广泛

随着科学技术的不断进步，高、精、尖技术被大量引入现代主题公园项目中，成为主题公园转型升级的重要支撑。现代主题公园广泛应用高科技的原因主要有两个方面：一方面，随着经济的快速发展，消费者的需求不断发生变化，作为生活在智能化及网络媒体高度发达的现代社会中的消费者，其文娱信息接收方式呈现出多样化的特点，要求有更强的互动体验感，所以技术落后的传统乘骑器械难以适应消费者的新需求，并且主题公园市场竞争越来越激烈，在高科技技术基础上的持续创新既是主题公园的消费者诉求，又是提高竞争力的必要路径；另一方面，新技术为现代主题公园打造沉浸式旅游体验提供了技术支撑，随着体验旅游的兴起，如何利用技术提升产品项目的体验性成为新的焦点问题。近年来，VR（虚拟现实）、AR（增强现实）、交互、机器人、语音激活、AI（人工智能）等6大新兴科技的发展为各行各业开辟新的发展空间提供了技术支持，将这些技术融合应用到游乐设施中，将会给游客带来个性化互动的超强体验感，增强园区

① 王蕾，张林，石天旭.IP沉浸体验：主题乐园发展新路径[J].出版发行研究，2019（2）：32-36.

的吸引力并提高游客的忠诚度。

（四）夜游经济的发展速度加快

为了给游客提供多样化的项目选择和体验，主题公园加大了对夜游项目的开发力度，通过以灯光为主的多种元素的融入，给游客带来了全新的视觉感知体验，成功为主题公园开通了更多的盈利渠道。夜游项目建设的关键元素除了必要的灯光外，还包括以下几个方面：一是“布景＋主题”，2017年万圣节，香港迪士尼推出节日特别项目，夜幕降临，迪士尼乐园大恶人在灯光和主题布景下开始巡游，方特主题公园夏季特别项目夜光巡游也深受游客喜爱；二是“水秀＋主题”，欢乐谷“日夜两栖”的代表项目《天幕水极》，白天为游客表演音乐喷泉，夜晚利用灯光、3D全息投影及全矩阵音效系统为游客提供更加震撼的水秀体验；三是“烟火＋主题”演艺，烟火秀已经成为诸多主题公园晚间常规项目，而基于IP故事或主题延展的烟火表演更是受到游客的追捧，2017年圣诞节，日本环球影城在哈利波特展区的霍格茨城堡上演了一场哈利波特主题灯光秀。夜间演艺表演项目逐渐成了主题公园引流的关键，并且带动了园区内外住宿、餐饮等二次消费。

本章小结

- **内容摘要**

本章在梳理不同时代背景下主题公园类景区概念以及不同阶段主题公园类景区发展特点的基础上，赋予了新时代主题类景区新的含义。从主题公园诞生之初的屈指可数到如今的遍地开花，意味着这种文化旅游资源正逐渐被消费者认可。从观赏性单一功能的主题公园到体验性多功能的主题公园，除了盈利方式逐渐多样化外，消费者对景区的要求也在不断升级。与人文历史类景区不同，主题公园类景区的价值需要从0到1去创造，才有可能实现价值的最大化。即便如此，“巧妇难为无米之炊”，最终被市场认可、经得住时间推敲的一定是蕴含优质文化内容的主题公园。

- **关键词**

主题公园；文化旅游资源；文化旅游产业

- **思考题**

1. 谈谈你对主题公园类景区的认识。
2. 主题公园类景区的盈利方式有哪些？
3. 你去过哪些主题公园类景区？这些景区最吸引你的是什么？其发展现状如何？

第九章　现代节事会展业

学习目标

（1）掌握节庆旅游、体育旅游、会展旅游三类现代旅游类型的概念、特征、分类。

（2）熟悉节庆旅游、体育旅游、会展旅游在社会、经济、旅游、环境等方面的效应。

（3）了解现阶段节庆旅游、体育旅游、会展旅游的现状、存在问题和相应的发展趋势。

第一节　节庆旅游

导入案例

山东蓬莱的"和平颂"艺术节

山东蓬莱是一座海滨城市，旅游资源丰富，但旅游季节很短，经济也不够发达。蓬莱市政府出于延长旅游季节，加快发展城市经济的需要，从2000年起举办"和平颂"国际青少年艺术节，每届都取得了成功。蓬莱从一个知名度不高的县级市变成了在国内外颇有名气的"和平城"。这是一个通过企划而兴起的节日，或者说是一个"无中生有"的节日。它的创意典出何处呢？2000年时，联合国提出一个"2001—2010"年为国际文化和平年及世界儿童非暴力十年的计划，策划者就以响应联合国号召为由，高奏和平这一人类永恒的话题最强音，大力弘扬和平理念，并在和平友谊的旗帜下组织了一系列青少年的活动，促进国际青少年间的友好交流与合作。首届国际和平节时，来自法国、意大利、韩国、蒙古国等十多个国家和地区的国际青少年以及国内20多个文艺团体，10多位国家级表演艺术家在会上表演了精彩节目，十里海滨观光大道展出了一万多名中外青少年以和平为主题创作的书画和文艺作品，展出了联合国秘书长和30多个国家大使等世界政要对和平的呼唤和祈愿。3000多块展板蜿蜒成万米长龙，蔚然壮观，这一万米长卷已被载入吉尼斯世界纪录。这项人类创造的节庆活动，不仅对发展蓬莱旅游业、推动蓬莱地方经济的繁荣起到了重要作用，达到了预期目的，而且得到了联合国教科文组织许多国际友人的赞扬。

案例来源：杨正泰.城市节庆活动的地方性和国际性[EB/OL].[2003-12-10].http://www.china.com.cn/.

一、节庆的概念

当人们提到慕尼黑，就会联想到盛大的啤酒节；提到戛纳，就会联想到电影节的盛典；提到奥斯卡，就会联想起美国的洛杉矶；提到斗牛节，就会联想到西班牙……可见，节庆旅游已经与一个国家、一个城市的品牌紧密相连。节庆旅游极大地影响和提升一个国家、一个地区的经济发展水平，成为国家、地区招商引资的重要手段和途径。因而，它又被称为"节庆产业""节庆经济"。

学者对"节庆"的概念分别从广义和狭义两个角度进行了界定。从广义来看，"节庆"是"节日庆典"的简称，其形式包括各种传统节日及在新时期创新的各种节日。也有学者把节庆外延扩展到除各类旅游庆典、节日外的包括各类交易会、展览会以及各类文化、体育活动。从狭义上，节庆只包括目的地根据其资源实际情况，人为策划举办的带有浓郁地方民族文化氛围的活动，不包括传统节庆和特殊事件。本书采用广义上的概念界定。

节庆涵盖范围广泛，可从不同角度进行分类。从节庆性质可分为单一性和综合性节庆；从节庆内容可分为祭祀节庆、纪念节庆、庆贺节庆、社交游乐节庆等；从节庆时代性可分为传统节庆和现代节庆。其中，传统节庆是一个民族文化的窗口。它是指一个民族和国家在长期的历史发展过程中，伴随其独特的生产和生活方式，为满足人们某种心理需求而逐步形成的、在特定的时间、以类似的方式进行类似活动的、具有鲜明的民族特色的分散式的集体活动。现代商业节庆是在特定的时间和特定地点内举办，通过特定的活动、仪式或典礼吸引参与者，从而达到塑造城市形象、拉动消费和投资目的，非日常发生的系列活动。

二、节庆旅游的概念

节庆旅游，顾名思义是"节庆"和"旅游"的融合体，是利用区域自然、人文、经济、历史文化特色，经过节庆形式的系统规划、开发和营销，成为旅游吸引物，从而被旅游业所利用，为当地带来社会、经济、文化等效益的一种特殊旅游形式，被称为"有主题的公众庆典"。

国外对"节庆旅游"的概念并没有单独提出，而是作为节庆、节事及事件旅游的一部分来研究。节庆、节事及事件旅游在国外被统称为Event和Event Tourism，包括了Festival Event（节庆）、Special Event（特殊事件）等丰富多样的内容。他们认为，节庆就是一个地区的标志性事件，即依托目的地社区的社会经济、历史文化、风俗民情等方面的独特资源，加以整合包装，能够产生具有目的地标志性的独特形象和吸引力，在相对固定的时间和地点重复举办的事件旅游活动。

节庆旅游作为节庆的一个分支，既具有节庆共性，又有其独特性。节庆旅游的独特性主要体现在以下几个方面：

从目的上看，节庆旅游是为了促进地方旅游产业的发展并以此带动地方经济的发展，经济是举办节庆旅游的命脉。

从内容上看，节庆旅游的项目设计不但要考虑本地居民的需求，更要考虑外地旅游者的需求，如可以举办景点游览、文化交流、经贸洽谈等活动，使得旅游者在停留期间具有较多的参与机会。

从形式上看，节庆旅游是有组织的节庆，有专门的组织机构预先安排和设计节庆的内容和形式，如政府举办型节庆旅游活动，其组织结构一般分为三个层级：第一级别为组织筹备委员会；第二级别为组委会办公室、综合工作机构、各项活动组；第三级别为新闻报道组、行政接待组、安全保卫组、环境管理组、广告票务组、综合保障组、协调统筹组等。

三、节庆旅游的特征

节庆旅游属于人文景观旅游的范畴，是高层次的文化旅游，可以使旅游者在精神上获得享受，得到精神滋养。节庆旅游不仅具有一般旅游产品的吸引力，还具有“新、奇、特”等一般旅游产品不具有的其他特征。具体来说，节庆旅游具有以下几个明显特征：

（一）季节性与周期性

节庆旅游具有季节性和周期性，定时定期，周而复始，这主要是因为相当部分节庆活动是依托于当地最具比较优势的自然资源与物产，而这些节庆活动的主题或载体受季节性影响较大。

中国最美油菜花海汉中旅游文化节于每年3—5月进行，因为这一时期是油菜花盛开的季节。哈尔滨国际冰雪节开始的时间是每年1月5日，根据天气状况和活动安排，持续时间一个月左右。1—2月正是千里冰封、万里雪飘的北国冬天，有利于冬泳比赛、冰球赛、雪地足球赛、高山滑雪邀请赛、冰雕比赛、国际冰雕比赛、冰上速滑赛等多样活动的安排。

固定的季节性有利于节庆旅游进行活动安排、营销和游客接待。旅游活动统计调查表明，我国的城市节庆活动在一般多集中于9—10月（秋季），所占比例为21.99%和18.44%；另一高峰期是4—5月（春季），所占比例为12.06%和8.61%，这两季合计共占60.1%。这主要是因为春秋两季气候适宜，是旅游者出游的最佳时间。（本部分数据无法找到具体来源）

（二）民族性与地域性

由于各地历史条件、地理环境不同，文化氛围、民俗风情存在差异，很多节庆活动是某地所独有的，是在其他地域中无法创造的。不同的节庆活动分布在各自适应的环境中，带有浓烈的地方色彩，离开了必要的环境条件，其个性化的特殊吸引力也就消失了。地域性是节庆的灵魂。任何成功的节庆活动都把地域特色视为自己的个性所在、魅力所在。具备地域性、独特性的节庆活动才能形成竞争力。

中国·呼和浩特昭君文化节自1999年举办以来，就极具地域性。文化节开幕式上的大型蒙古族歌舞每年都是重头戏，充分体现了蒙古族歌舞之乡的特点，也是呼和浩特昭君文化节区别于其他节庆活动的精髓所在。通过展示草原文化魅力，凸显了呼和浩特城市形象的个性特征，吸引了国内外各界的关注。此外，文化节中的奶牛选美大赛、民族风情游等活动，从多层次、多侧面整体展示了文化节的民族性和地域性。

（三）文化性

文化性是节庆旅游最重要的特征之一，是真正吸引旅游者的深层次因素。它不仅能够拓展节庆旅游的空间、活跃旅游市场、丰富旅游资源，还能促进文化的传播和交流。江西省先后开发了庐山国际旅游节、景德镇国际陶瓷节、龙虎山道教文化节、赣州宋城文化节、大余梅关古驿道赏梅节等一大批旅游节庆活动，不但帮助江西省提高了知名度，而且对于其加强与兄弟省市及世界上其他国家和地区的文化交流起到了巨大的推动作用。

许多节庆活动与当地的人文环境密切相关，例如浙江长兴县举办的中国（长兴）陆羽国际茶文化节，就与其文化传承环境密切相关。长兴县有顾渚山和金沙泉，顾渚山出紫笋茶，为唐宋时期贡品，至今还是我国十大名茶之一。金沙泉曾是贡泉，品紫笋茶需用金沙泉水冲泡。长兴还有我国最早的皇家茶厂——唐贡茶院。茶圣陆羽曾在此著《茶经》，借助这些文化品牌，长兴县的茶文化节一炮打响。

文化的多样、多元性是旅游节庆活动丰富多彩的内在动力，保持文化的原真性对节庆旅游活动有着重要意义。第一，有利于保持节庆活动的竞争力。没有文化内涵的、伪文化的节庆旅游最终都会因文化的原真性缺位而失去应有的竞争力。第二，有利于塑造节庆旅游活动品牌。文化的原真性是保证节庆旅游活动产品质量的前提，也有助于活动的营销与宣传。第三，有利于提高旅游者的认同感。旅游者参与节庆旅游活动，是为了体验真实的民族和地域文化，满足求知和好奇心理。第四，有利于民族和地域文化的传承和传播。借助节庆旅游活动，民族和地域文化不仅可以实现大范围的传播，还能实现在现代社会的传承和发展。

（四）综合性

节庆旅游具有内容、组织活动部门和功能的综合性。在内容的综合性上，节庆旅游特别是大型综合型的节庆旅游，能够全面集中地展现区域自然、民俗、饮食、文化、历史的多元性。武汉市政府主办的武汉国际旅游节综合展现了武汉的马文化、知音文化、首义文化、水文化、美食文化、龙舟文化、楚文化等多种文化，是综合性的节庆旅游国际盛会。在组织活动部门的综合性上，节庆特别是大型节庆的组织和管理涉及交通、卫生、医疗、安全、城管、文化、旅游等诸多部门，需要极强的综合组织协调能力。在功能的综合性上，节庆旅游具有旅游功能、经济功能、文化功能、庆典功能、区域形象塑造等多种功能。

（五）趣味性与体验性

节庆活动被人称作“平民参与的节日”。由此可见，参与性是节庆的基础，没有群众的参与，也不能够称之为节庆。节庆旅游摒弃了传统旅游把旅游者排斥在旅游吸引物之外的做法，多安排便于旅游者参加的活动内容，让旅游者通过亲身参与，感受到当地特有的风情与地域文化，提高其参与感和文化体验。

比如在西双版纳，每年泼水节到来之际，国内外游客蜂拥而来，其主要目的就是参与盛大的泼水活动，那三天里，所有的人提着桶、端着盆，见水就舀，见人就泼，极尽欢乐之致。国外的巴西狂欢节、西班牙斗牛节，也大多是强调亲身体验的趣味性，致力于满足旅游者求趣求玩的心理。

节庆活动的民众参与度高低是检验其成功与否的标杆。影响节庆活动居民参与度的重要因素有：节庆活动的主题因素（如节庆活动的主题、节庆活动的知名度、节庆活动的举办时间、节庆活动的节日气氛）；节庆活动的文化因素（如节庆活动中体现的民俗文化的丰富度、节庆活动中体现的民俗文化的独特性）；居民的直接感知因素（如节庆活动的观赏性、节庆活动的可参与性）；节庆活动组织者因素（如节庆活动的场地分布及可进入性、组织者对节庆活动的宣传力度等）。

（六）传承性与变异性

节庆一旦形成，便有相对独立性和稳定性而能够代代传承。但节庆活动并非一成不变，而是会随着社会经济、文化的变化在内容、形式、功能等方面随之改变，如举办内容会结合旅游者需求有不同程度的创新、举办方式逐步由"政府包办"向"政府引导、企业承办、市场运作"转变；举办目的由单纯追求经济效益转向重视举办地的经济、社会、文化等全面效益的提升。

例如，龙舟节的划龙舟本应在河中进行，但由于我国北方河流很少，多为季节性河流，无法在水上竞技，便改用彩轿代替龙舟，在陆地上进行划龙船表演，这是变通的庆祝方法。再比如一般节庆时间是固定的，但有些节庆活动组织者，为了让人们更好地欢度佳节，便改变了节庆的时间。我国傣族的泼水节，本应在傣族新年举行，而现在在西双版纳曼听公园内，天天有泼水节的活动。

传承中有变异，变异中才有发展。众多事实证明，正是经过衍生、异化、移植和发展，才使许多节庆活动越来越精彩，才使许多地方性节庆发展成为世界性的节庆。

四、节庆旅游的分类

目前，学界对节庆旅游的分类尚无统一标准，存在多种分类方式。国外把节庆旅游按内容一般分为八类：文化庆典类、文艺娱乐类、体育赛事类、休闲事件类、政治事件类、私人事件类、科学教育事件类和商贸会展类。

国内学者中，徐舟将节庆旅游分成七大类，分别为文化艺术类、自然生态类、民俗风情类、地方物产类、民族宗教类、科技体育类以及综合类。[①]刘成伟根据节庆的依托资源，将节庆旅游分为七类，即历史人物依托型、地域文化依托型、民俗文化依托型、自然资源依托型、特色饮食依托型、工艺品依托型以及其他资源依托型。[②]黄翔等根据节庆旅游主题将旅游节庆分为民族文化型、特有物产型、独特景观型、宗教文化型、历史文化型、民俗文化型、康体文化型等七大类。[③]本书采用黄翔等人的观点。

① 徐舟．旅游节庆活动的策划规划方法初探[J]．平原大学学报，2005，22(1)：7-8.

② 刘成伟．旅游节庆开发模式初探[J]．法制与社会，2008(9下)．

③ 黄翔，连建功，王乃举．旅游节庆与品牌建设：理论·案例[M]．天津：南开大学出版社，2007：33-35.

（一）民俗文化旅游节

这类节庆是依托具有地域特色的民俗风情而举办的旅游节庆活动，这些民俗可以是物质的，也可以是精神的。如蒙古族的“那达慕”大会、傣族的“泼水节”、九华山庙会等。

民俗文化旅游节以传统的民间、民俗、民族文化元素为主题，以本土文化为重点，具有较强的知名度和影响力，易于开展休闲体验游。

随着时代的发展，越来越多的民俗文化旅游节中加入了现代科技元素和旅游娱乐精神。只有不断推陈出新，融入更多的时尚元素、创新思维，才能有效提升传统节庆活动的文化品位，民俗文化旅游节才能变得更新颖、更别致，使地方旅游节庆更加品质化，更好地被市场接受，走向全国甚至走向国际。

（二）特有物产旅游节

这类节庆旅游主要是利用当地稀有的土特产举办节庆活动，目的是展示地方资源优势、物产文化以及由此带来的经济、文化效应。如盱眙中国龙虾节、湖州国际湖笔文化节、绍兴黄酒节、青岛国际啤酒节、菏泽国际牡丹花会等都属于此类节庆。

特有物产为此类节庆旅游的发展奠定一定的物质基础，产品展示、推销和招商引资是此类节庆关注的焦点，通过利用特有物产，深入挖掘地域风情特色，以节造势，打造融文化、采摘、品尝、观赏于一体的特色旅游是其目的。

（三）独有景观旅游节

此类节庆主要是依托当地独特的自然资源、人文景观、植物花卉而举办的节庆活动，所依托的这类景观一般具有地域代表性或稀缺性。例如哈尔滨冰雪节、淳安千岛湖秀水节、钱塘江观潮节、洛阳牡丹花会、南京国际梅花节、崇明森林旅游节等。

（四）宗教文化旅游节

此类节庆旅游和宗教祭祀或者敬拜神灵有关，一般举办地具有悠久的历史和灿烂的宗教文化，属于区域宗教文化中心。例如，河南嵩山国际武术节、武当山国际艺术节、中国普陀山南海观音文化节等，都有一些佛教和道教的文化和艺术参与其中。

（五）历史文化旅游节

此类节庆是为了纪念某位（些）历史人物、事件，或是以当地的历史文化为载体而兴起的节庆，带有很强的纪念性意味。此类节庆纪念的人物一般是具有重大历史影响力的人。如曲阜国际孔子文化节、江油李白文化节、临沂书圣艺术节等。

若是以当地的历史文化为载体的节庆活动，则定是选择这一文化主题的发源地或是遗存最多的区域举办庆典活动。例如，三国赤壁国际旅游文化节选择在湖北省赤壁市现存的三国时期的古战场遗址——赤壁古战场举行，以此让旅游者感受三国历史文化。而天津妈祖文化旅游节之所以选择天津，是因为天津是北方地区妈祖文化的中心，故有“南有湄洲妈祖祖庙，北有天津天后宫”之说。

（六）娱乐文化旅游节

此类节庆旅游的策划并不是依靠当地特色旅游资源，在一定程度上说，举办地旅游资源并没有什么特色或者根本没有什么旅游资源。但这些地区经济实力强，基础设施条件好，科学技术先进，有实力举办大型旅游节庆，再加上居民收入水平高，一定程度上工作压力大，对节庆旅游需求旺盛，正是在这种背景下，促使当地政府或者商业部门举办各式各样的旅游节庆，以满足当地市民的精神需求和旅游需求，例如海南岛狂欢节、深圳华侨城欢乐节等。

（七）康体文化旅游节

此类节庆旅游主要是以某种武术艺术、洗浴项目、健身娱乐活动等为载体进行节庆活动开发，其宗旨是为了让旅游者在尽情地精神享受的同时，身体素质也得到提高。如泰山国际登山节、武汉渡江节、岳阳国际龙舟节等。

除上述分类之外，还可以按节庆旅游运作管理模式不同，将其划分为“政府包办型”“市场运作型”以及“政府主导、社会参与、市场运作型”。也可以按节庆旅游主导功能不同，将其划分为游览观光型、商业经贸型、民俗文化型和功能综合型。

五、节庆旅游的意义

随着旅游业的深入发展，旅游地越来越需要节庆活动来支撑。以往许多城市只是将节庆活动作为“文化搭台，经贸唱戏”的一种手段，或以此来实现招商引资的目的。但近几年来，各地已开始将节庆旅游活动作为专项旅游产品来开发、培育，甚至将它与地区形象、城市品牌塑造连成一体，节庆旅游的重要性越来越凸显。尤其在推动区域经济发展、繁荣地方文化等方面发挥了积极作用，其创造的“眼球效应”引起了政府、企业、社会各界的高度关注。

（一）经济效益

1. 增加旅游收入

节日的功能是娱乐与消费，节庆活动带来了强大的人气，吸引了大批旅游者光临，带来直接的门票和节庆商品方面的消费。此外，还要在举办地进行餐饮、住宿、交通、购物、娱乐等其他方面的诸多消费，这些活动都将扩大旅游市场接待规模，增加当地的旅游收入；同时还缓解了就业压力，活跃了当地市场，极大地提高了居民的经济收入和生活水平。

例如，2011年青岛国际啤酒节共接待游客377万人次，消耗啤酒1100吨。2009年第十六届中国（淮南）豆腐文化节期间旅游总收入约为4500万元，而同年十一黄金周期间当地旅游总收入仅为4156.14万元，同比略高于十一黄金周。可见，该节庆带动了当地旅游的短期繁荣，延长了“黄金周”效应。

2. 拉动相关产业发展

据专家测算，节庆经济的产业带动系数为1:9，其长远效益更是不可估量。节庆旅游是一种专项的旅游活动，它能在较短的时间内吸引较多的游客，并通过各种各样的形式和内容延长游客旅游活动的时间，这样就会增加游客在旅游地住宿、餐饮等的支出，带动了相关产业的发展；再者，游客进行节庆旅游，为了更深入了解当地文化，他们必然会购买具有特色的旅游纪念品留作纪念，增加了旅游地人们的经济收入，带动了传统艺术和相关产业的挖掘、保护、培植和开发，促进了经济繁荣。

例如,2011年青岛国际啤酒节庞大的客流量直接促进了啤酒城周边服务行业的发展。啤酒节开幕后,啤酒城周边四星级以上的酒店入住率几乎达到100%,一房难求。同时,啤酒城周边多处景点出现游客饱和状态,崂山风景区自啤酒节开幕以来接待游客突破10万人次。极地海洋世界8月20日一天接待游客3.97万人次,创造了该景点开业5年来单日游客接待量最高纪录。

3. 为招商引资搭建平台,促进经济发展

大型节庆活动展示了各个地方的特色和优势,吸引国内外大量有实力的企业前来投资创业,从而为地区的发展提供强大的资金支持。如2009年第九届中国(盱眙)国际龙虾节签订外资项目(包括协议项目)金额达9323万美元以及1亿港元。2009年第十六届中国(淮南)豆腐文化节期间签约项目有119个,其中合同类项目95个,协议类项目24个,总投资152.69亿元。而在第四届中国中部投资贸易博览会上的淮南市招商引资的签约项目是94个,其中合同类项目71个,协议类项目23个,总投资121.27亿元。可见,中国豆腐文化节期间的招商引资效果显著。

4. 完善基础设施建设

旅游节庆相对于其他的旅游形式而言,活动时间短却又有大量的游客涌入,这就更需要有完善的基础设施和服务设施,以满足游客的需要。在这种需求的前提下,举办旅游节庆以前,举办地将会进行大规模配套设施的建设,使其顺利进入超过正常发展速度的非常时期。大型节庆活动的成功举办,国际性节庆品牌的成功打造,带来了城市公共设施,如展览馆、表演场所、大众传媒等设施的扩充和完善,其对城市基础设施建设的拉动效应是不言而喻的。

(二)社会文化效益

1. 塑造和提升旅游地形象,提高知名度

节庆活动作为特殊的旅游产品与其他旅游产品迥然不同的是,它能在较长时间内引起公众的关注,甚至可以在一段时间内成为公众注目的焦点。大型旅游节庆活动的成功举办,将会引来大批的知名企业和商界巨贾、政界名流等知名人士,这样必然能扩大城市的影响,提高其知名度,有利于城市树立良好的旅游形象。并且,每一次旅游节庆在举办前、举办过程中必然进行大规模、多形式的宣传活动,以引起社会的广泛关注,形成巨大的轰动效应,这会使旅游地的形象得以迅速提升。

成功的节庆活动,会形成"名城名节"现象,即一个节兴了一个城市,大连、青岛、南宁、潍坊等都是代表。如"大连国际服装节"经过多年的举办,在公众心目中将"服装节"与大连的城市形象等同起来,使大连市在公众心里成为美丽、浪漫、精彩纷呈的象征。而每当提起青岛时,我们脑海里必然浮现出啤酒节的欢畅及碧海蓝天;大型交易会、博览会、科技、体育活动的举办让更多人了解了青岛——这座走向国际化的城市,这些旅游节庆为青岛树立了良好的城市旅游形象。

2. 保护和挖掘传统民俗和民间艺术,使旅游地具有文化使命感

节庆旅游是一种文化产业,它具有文化传承和文化营造的功能。特别是由于经济变迁的影响、工作节奏的加快,通过对一些日趋淡化的传统节庆的保护,以及现代商业性节庆旅游中弘扬并彰显了传统文化的丰富内涵和个性,进一步促进了文化的传承和发展。

节庆活动不仅会成为旅游地的特殊吸引物，更重要的是，长此以往，它将成为旅游地的象征，成为当地居民的精神寄托，是当地居民的骄傲。同时，节庆活动使当地居民具有文化使命感，他们会自觉地保护、传承民族文化或地方文化以及民间工艺。从根本意义上看，节庆活动非但不会破坏当地的传统文化，反而使当地传统文化得以传承下去。

如广东省国际旅游文化节荟萃了岭南文化中的精髓，其中大部分绚丽多彩的节目如潮汕英歌舞、客家山歌、汕尾渔歌等已被列入国家级非物质文化遗产名录，这有利于激发人们对传统民俗和民间艺术自觉保护的意识。

（三）环境效益

旅游环境是衡量一个旅游地旅游质量高低的重要标准。通过举办节庆旅游活动，可促使旅游地的环境不断改善，使旅游地在游客心中的形象不断提升。如城市绿化面积的增大、城市文明的提升、交通的通畅、市政管理的加强，城市的形象标志逐步形成，景区的软、硬件环境得到改善等。如截至2008年底，中国豆腐文化节的举办地淮南市绿化覆盖率为40.5%（全国的城市绿化覆盖率为31.15%），全市人均公共绿地面积为11.65平方米（全国人均公共绿地面积为8.98平方米），明显超出全国平均水平。

（四）旅游效益

1. 丰富举办地的旅游产品类型

丰富多彩的节庆活动能够调整旅游产品结构，为当地旅游业的发展提供新的机会，延长旅游旺季。如青岛虽拥有国际化的都市氛围、蓝色的海洋、优质的沙滩等，已经形成了一定的旅游吸引力，但这些旅游产品结构单一，再加上其他旅游地的竞争，旅游吸引力减弱。近几年来，青岛举办了一系列的旅游节庆，各类交易会、博览会以及国际啤酒节、海洋节等，充分挖掘了青岛潜在的旅游资源，成为游客喜闻乐见的旅游方式。

此外，节庆活动不仅是旅游的促销品，其本身也是新的文化旅游产品类型、新的旅游吸引物，能刺激旅游淡季，使得举办地的旅游业“淡季不淡”。如山东推出的“好客山东贺年会”依托“好客山东”文化旅游品牌，将年节文化注入年节消费，成为影响力巨大的区域性重大品牌节事活动，对传承创新齐鲁春节文化、带动文化消费、促进地方经济发展起到了巨大的推动作用。

2. 增强举办地的旅游竞争力

由于节庆活动具有独特性，一般情况下不会在一个区域内重复，它是民族文化或地域文化的合理延伸，因此多数节庆活动具有唯一性、排他性、垄断性。所以，旅游地通过节庆活动的营销，可以增强旅游地的形象，使自己的形象比其竞争对手更易被旅游者所识别，从而增强了竞争力。

六、我国节庆旅游的现状

节庆旅游自20世纪80年代开始在我国兴起。我国节庆旅游主要经历了三个阶段：第一阶段开始于20世纪80年代中期，这个时期我国一些著名节庆盛事活动开始举办，如1983年开始的洛阳牡丹花会、1984年开始的山东潍坊风筝节、1985年重新举办的哈尔滨冰雪节、1987年开始的江苏吴桥杂技节等，这一时期的节庆盛事大多承担当地群众庆祝和娱乐的功能。第二阶段始于20世纪80年代末90年代初，如始于1988年的大连时装节、1990年的中国淮南豆腐节及1991年青岛啤酒节等。这一阶段出现的节庆活动一般以当地工业化产品为主题，以"节庆＋产品展销"为主要开发模式。第三阶段是20世纪90年代后期至今，这一时期，大多节庆极力朝国际化方向发展迈进，着力扩大其在全国范围内的参与度与国际影响力，办节规模不断扩大，办节模式日趋多样，如2008年的北京奥运会、2010年的上海世博会等。

（一）节庆活动数量多，但规模小、知名度偏低

近年来我国节庆活动类型多种多样，数量不断扩大。截至2008年元月，我国的节庆活动已有近10000个，是名副其实的节庆大国。但是大多数节庆活动的举办规模小，品牌知名度偏低，举办届数较少，缺乏像慕尼黑啤酒节、巴西狂欢节这样的国际知名节庆活动。

（二）节庆活动载体类型多样，但设置雷同，创新不足

节庆旅游的载体有自然景观、植物花卉、文化艺术、体育运动、商务科技、民族民俗、历史文化、餐饮物产、宗教祭祀等多种类型。但是由于缺乏创新，许多节庆活动具有相似性，节庆活动内容大同小异，建设雷同。例如，啤酒节有37个、桃花节46个、茶文化节48个，美食节的数量竟达到100多个。只重形式、重复建设使得一些节庆活动"含金量"大大降低，收益受到影响，无法达到预期的效果。而旅游节庆举办成本颇高，这样就会加重政府、企业和人民的负担。因此，旅游节庆的举办，应建立在资源整合的基础上，节庆策划应有全局的观念，避免人力、物力浪费。

（三）重商业气息，文化内涵有待丰富

独特的地方文化是节庆旅游得以可持续发展的保证和源泉。当前我国不少节庆旅游举办方为了自身的经济利益，没有进一步挖掘节庆的文化内涵，而是加入了过多的产品推介、招商引资、商业炒作的成分。虽然短期内带来一些经济效益，但是长远来看，节庆活动的生命力是脆弱的。

（四）运作模式有所改变，但要注重加强节庆绩效

传统的节庆活动是一种"政府包办"模式，节庆活动过于注重经济效益而忽视文化内涵。由于缺乏市场化运作，难以调动企业的积极性和主动性，节庆活动投入和产出不成比例。现在大多的节庆活动采取"政府协调引导、社会参与、市场运作"模式，三方各司其职、互相配合。但是不少节庆活动的产业经济效益不显著，相关行业还未能有效利用节庆旅游这一品牌优势，未能高效结合品牌价值，最大程度地开发企业产品，节庆绩效尚有拓展空间。

（五）社会参与度有待提高

节庆旅游的魅力在于亲临其境感受其独有的文化氛围，节庆的本质就是一个百姓参与的活动。它根植于民众中，更需要民众的参与和互动，因此在节庆的举办过程中就应紧扣大众参与性和节日娱乐性这一重要内涵。而现今许多节庆旅游是以领导讲话、

歌舞表演开幕，之后是千篇一律的经贸洽谈和平淡无奇的参观，结果导致人气不旺、商机减少、美誉度降低，直接影响了节庆旅游社会效益和经济效益的提高。

（六）营销推介力度不够，缺乏专业策划

节庆旅游的专业化经营是确保节庆活动高质量高标准的必要条件，精心策划是节庆举办的关键和核心，而科学的营销管理是节庆旅游价值实现、效益放大的重要环节。节庆旅游主办方应在不同地区、不同旅游市场条件下对不同阶层的消费者采取不同的营销策略，如情感营销、体验营销、品牌营销、合作营销、氛围营销、网络营销等多种方式。同时，依据个性、文化、生态、创新、市场导向、体验、系统等原则，灵活采用“旧瓶装新酒”“无中生有”“拿来主义”“节外生枝”等策划模式。此外，节庆旅游需要专门的组织机构和专职的策划运作人员，特别是高级管理人员，因此积极加强节庆活动专业人才的培养刻不容缓。

【分析案例】

我国东北地区冬季气候严寒，冰雪资源丰富。于是哈尔滨等地有冰雕节、牡丹江等地有冰雪节。我国西南地区的彝族、白族、哈尼族、纳西族、阿昌族、基诺族等少数民族都有举办“火把节”的传统，“火把节”期间，村寨和田野里的火把彻夜不熄，各族青年弹唱、跳舞至通宵达旦。而维吾尔族、塔吉克族、乌孜别克族盛行的节庆活动，多数离不开草原，赛马、叼羊等比赛均是马上游戏。

端午节又名端阳节，是纪念楚国诗人屈原的，屈原在五月初五投汨罗江而死。人们先用竹筒装米投入江中纪念他，后来又改为裹粽子投江纪念他。相传扎粽子的五色丝，可以使江中蛟龙害怕，有驱禳意义。

试通过以上案例，分析节庆活动与各地的自然环境、人文环境的关系。

第二节　体育旅游

导入案例

颇具特色的湖南体育旅游

湖南岳阳每年都举行国际龙舟节，开发了龙舟竞渡这种体育旅游产品，让旅游者体会中国传统体育活动的魅力，更让到现场游客都可以到汨罗体验祭屈原、划龙舟、包粽子、点龙睛、做香囊等活动，体验原汁原味的汨罗江畔端午习俗，以吸引海外华人华侨、港澳台旅客为主。湖南益阳、郴州分别是八一女排主场和国家女排集训地，主要是吸引湖南省内和湖南省周边省市的体育旅游者。

1999年，著名旅游营销策划专家叶文智策划实施了张家界世界特技飞行大奖赛。在那次活动中，来自9个国家的11名世界级特技飞行大师成功地驾机穿越张家界天门

山洞。中央电视台直播了整个穿越过程，数百家媒体竞相报道。该项活动使张家界的游客接待量连续两年保持50%以上的增长，成为中国旅游界举办大型宣传促销活动的成功典范。2001年，他以“棋行大地，天下凤凰”的创意，在凤凰古城南方长城脚下修建了总面积达一千余平方米的世界第一大围棋盘，并请来常昊和曹薰铉手谈一局，把比赛置于湘西奇山秀水之间，与大自然完美结合，以地作盘，以人为棋子的现场大棋盘的独特创意，使得凤凰古城游成为湖南体育旅游的又一大热点与亮点。

除此之外，“奥运向前冲”、湖南·湄江首届国家悬崖跳伞挑战赛、“雪峰之巅·勇者无敌”为主题的中国洪江·雪峰山首届全国户外运动俱乐部挑战赛等都是湖南差异化体育旅游的成功之作。这种“体育＋旅游”的开发模式极大地提升湖南旅游的知名度，为设计、开发和包装体育旅游独立的旅游产品形成了有效的开发模式。

（案例来源：曹刚，彭艳军．基于STV三角营销的湖南体育旅游产品的开发与营销旅游节庆活动的策划规划方法初探[J]．体育学刊，2009(6)：47-50.）

作为一种社会现象和社会活动，体育旅游古已有之。在古希腊和罗马的历史典籍中就有人们外出旅游参加运动会的记载，我国史料中也有关于帝王将相宫廷狩猎的记述。但真正现代意义上的体育旅游是20世纪中叶之后社会经济发展的产物。

随着社会经济的发展，福利制度的完善，人们的生活理念、健康理念以及传统的旅游观念发生了根本改变。大众更注重享受生活、体验生活，外出旅游也不再只满足于欣赏自然风光，而是将体育运动和健身旅游结合起来。近年来，全世界旅游群体中以消遣娱乐、健身康复为目标的旅游者所占比例越来越大，各旅游地也纷纷开始兴建体育设施，开发特色体育旅游项目，以吸引体育旅游者。

近几年来，随着我国综合实力的增强，越来越多的大型体育赛事在我国举行，这不仅提高了我国在国际社会上的知名度，更有助于促进我国体育旅游事业的发展。2008年北京奥运会期间，北京入境旅游者超过500万人次，国际旅游收入达到56亿美元左右。由此可见，体育旅游作为一项新兴产业，已成为一些国家的重要产业和经济增长点。据统计，体育旅游正以高于旅游业总体发展速度的10%快速增长，在旅游业中所占的比例越来越大。

一、体育旅游的概念

体育旅游涉及的范围很广，它是一个不断更新、丰富和发展的名词。关于其概念，学术界尚没有统一的、权威的定义。从旅游资源的角度，陈峰认为：体育旅游作为旅游市场的一种新产品，是以体育资源为基础，通过各种体育活动来规划、设计、组合，引起人的消费欲望与需求，进而感受参与体育活动与大自然情趣的一种旅游形式。[①]从内容与目的的角度，黄贵认为，体育旅游是指旅游者以参加或观赏各类健身娱乐、体育竞技、体育交流为主要目的的旅游。[②]国外学者Gibson认为，体育旅游是个人暂时离开常住地参加体育活动、观看体育活动或者观赏与体育活动有关的吸引物的、以休闲为基础的体育活动。

①陈峰．体育旅游产业的开发模式及其可持续发展的探讨[J]．福州师范大学福清分校学报，2001(2)：86-89.

②黄贵．初论我国体育旅游的发展策略[J]．湖北体育科技，2001(3)：8-9.

综合以上定义可见，从广义上讲，体育旅游包括了各种带有体育项目的旅游活动，比如旅游者在旅游活动中所从事的身体娱乐、身体锻炼、体育竞赛、体育康复、体育文化交流以及体育设施场馆参观等各项活动，都可以算作是体育旅游的范畴。从狭义上讲，体育旅游则是指以参加体育活动或观看体育赛事为主要目的，前往异地旅游的行为。

不管是广义还是狭义，其实体育旅游都是以旅游和体育为双重目的，以欣赏、观看或参与体育活动为部分内容的旅行游览活动。即旅游与体育是相辅相成、密切相关的，旅游过程中有体育，体育活动中有旅游。就其社会本质而言，体育旅游是归属于社会经济与社会文化活动，同时也是体育迈向产业化、商品化的重要体现。体育旅游是以一定的体育资源和体育设施为条件，以旅游商品为表现形式，为旅游者在游览的过程中提供融健身、娱乐、休闲、交际等多种服务于一体的经营性项目群。它能使人与自然、社会达到高度的和谐统一，这也是体育旅游的本质内涵所在。

二、体育旅游的特点

体育旅游是一种以体育为主题的旅游形式，除了拥有一般旅游产品的特点之外，还有健身性、参与性、观赏性、挑战性、专业性等独有的特征。

（一）健身性

人们在旅游过程中得到身心娱乐，回归自然，增进其身体健康。因此，以身体运动为主基调的体育旅游逐渐成为当今社会具有代表性的休闲娱乐旅游方式，为广大群众所喜爱。

（二）参与性

参与性是指体育旅游需要通过旅游者的积极参与，才能使其获得生理与心理相结合的自我情感体验过程，如2001年宁夏举办的“激情申奥、健身自我万人徒步穿越腾格里沙漠”活动，所以参与性是情感体验的基础和前提。

（三）观赏性

通过大型体育赛事、体育文化活动、民族体育表演以及地方传统特色的体育竞赛，旅游者享受体育活动的独特魅力，欣赏表演者的技能，感受当地丰富多彩的体育文化。

（四）挑战性

与普通的旅游相比，体育旅游最大的特点就在于其活动一般都带有体验成功、挑战自我、探索未知的情感体验，如穿越沙漠、草原、森林、雪地，体验黄河漂流、悬崖蹦极、定向越野等。它们都会对体验者产生前所未有的心理和生理冲击，使其感受到成功的喜悦。

（五）专业性

进行体育旅游一般需要较强的体育专业知识或专业技能，如帆船、帆板、沙滩排球和高尔夫球等体育活动的专业性都比较强。从需求方而言，如为观赏体育比赛而进行的体育旅游，旅游者起码应了解该项目的比赛规则、项目特点、参赛双方的竞赛风格、各自的实力等知识。从供给方而言,从事体育经营的企业从设施装备到教练指导,都要有极强的专业性。

三、体育旅游的分类

按不同角度,体育旅游可以分为不同类型。本书从体育旅游参与方式、时空特征以及体育活动场所三个角度对体育旅游类型进行划分。

(一)按体育旅游参与方式

1. 观赏型体育旅游

观赏型体育旅游也可称作“间接参与型”或“体育观战旅游”,指旅游者前往异地观看某项体育赛事或休闲体育表演,如观看奥运会、世界杯、欧锦赛等。

2. 参与型体育旅游

参与型体育旅游也可称作“直接参与型”,指旅游者前往异地直接参与某项具体的体育活动,其出游的主要目的就是参加体育活动,如打高尔夫球、滑雪、冲浪等。参与型体育旅游可分为户外体育运动和室内体育运动。

具体分类详见表9.1。

表9.1 体育旅游的分类[①]

分　　类	内　　　　容
休闲体育旅游型	钓鱼、登山、冲浪、骑马、打高尔夫球、游泳、武术旅游、徒步旅游、骑自行车旅游、热气球邀请赛旅游、冰雕雪橇旅游、骑骆驼旅游等
健身体育旅游型	打保龄球、打网球、健美、溜冰、打台球、潜水、沙滩活动、打羽毛球、滑沙、滑冰等、夏令营、冬令营等
竞技体育旅游型	帆板、帆船、滑雪、射箭、滑翔、冬训等
民俗体育旅游型	民俗山寨徒步旅游、赛牛、射弩、荡秋千、摔跤、武术、攀腰摘花、竹杆舞、押加(拉乌龟)、打扁担、推磨、牛力等
刺激体育旅游型	探险旅游、海底旅游、沙漠旅游、狩猎旅游、漂流旅游、铁人三项、摩托车艇、拽伞、攀岩旅游、高山探险等
体育观赏旅游类	各种体育赛事旅游、奥林匹克运动会旅游、亚运会旅游、世界杯旅游、NBA旅游、F1赛车、其他大型球赛旅游、其他大型运动会旅游等、铁人三项比赛、沙漠汽车拉力赛旅游

(二)按体育旅游时空特征

1. 周期型体育旅游

游客在特定体育活动的吸引下,前往其举办地进行旅游。这类活动在举办时间上往往存在一定的周期性,在举办地的选择上则具有不固定的特点,例如世界杯和奥运会这类大型体育赛事,都是四年举办一届,但举办地每届都不一样。

2. 定点型体育旅游

是指游客前往某个固定旅游地参加或观看某项特定体育活动。这类旅游分两种情况:一种是这类体育赛事不但在时间上具有明显的周期性,而且在地点选择上也是相对

① 夏敏慧.海南体育旅游开发研究[M].北京:北京体育大学出版社,2005.

固定的，其举办地基本不变，如环法自行车赛、达喀尔汽车拉力赛等；另一种是旅游者出于对某项体育运动及其相关的运动场所的特殊喜好，不定期地前往某一固定旅游地或运动场所开展特定体育运动，如每年有大量韩国游客不定期地前往海南三亚打高尔夫，这也是一种定点型体育旅游。

3. 季节型体育旅游

顾名思义，这类体育活动受季节性影响十分明显，在时间上具有明显的集中性，但在空间上的指向性不太明显。如户外滑雪运动，基本是在冬季才能开展，并且游客可以就近选择目的地。

（三）按体育旅游活动场所划分

1. 陆地项目

它包括山地项目、草原项目、沙漠项目、森林项目。山地项目主要是依托山地资源开展体育旅游活动，这种类型的体育旅游爱好的项目一般为登山、攀岩、越野、狩猎、高山速降、高山探险、秘境探险。山地体育旅游一年四季都可以开展活动，选择范围也很广。安徽黟县除了宏村—西递这个世界文化遗产外，还有一个黄山名片般的盛事，吸引了来自60多个国家和地区，6000名选手前来参与，那就是一年一度的属于单车人的盛会——中国黄山（黟县）国际山地车节。作为国内规模最大的顶级业余自行车赛事，从2004年起，黄山国际山地车节已经每年4月在黟县成功举办。黟县境内峰峦叠嶂，风光毓秀，山水与文化浑然天成，被誉为“世外桃源，画里乡村”，美景与竞技在前来参与的选手和车友心中留下了美好的回忆。此外，我国各地的诸多名山大川也为登山、攀岩等项活动的开展造就了天然条件。

2. 草原项目

一般包括骑马、滑草、摔跤等活动。沙漠项目包括滑沙、骑骆驼旅游、沙漠探险旅游等。森林项目包括森林探险等活动。根据草原旅游资源特色及市场状况，我国的草原体育旅游活动主要分布在内蒙古、甘肃等西北地区。

3. 水上项目

包括陆地水域和海上项目，主要是依托水体资源开展体育旅游活动，这种类型的体育旅游者多在夏季或温带地区进行活动，主要有冲浪、划水、潜水、帆船、漂流、溯溪、游泳、海底探险等。风光宜人的海滨城市，如三亚、大连、青岛、厦门、秦皇岛等地，都是开展游泳、潜水、日光浴等体育旅游项目的理想场所。此外，内陆众多的江河、湖泊及水库也可开发成为漂流、划船等体育旅游的娱乐活动项目。如广州的长隆水上乐园作为全国著名、世界知名的水上乐园，几乎所有的设备均由国外原装进口，且有众多荣获国际大奖的顶尖项目，超大的游玩空间、顶尖的配套设施、清新宜人的环境以及优质服务，吸引了来自五湖四海的游客，让所有入园游玩的游客乐而忘返、念念不忘。

4. 空中项目

主要包括滑翔伞、热气球等。危险性大，对器材要求高，参加此类项目的旅游者专业性强。如中国国际航空航天博览会（珠海航展）就属这类体育旅游项目。珠海航展是国际性专业航空航天展览，它以实物展示、贸易洽谈、学术交流和飞行表演为主要特征。自1996年成功举办首届航展，现已发展成为集贸易性、专业性、观赏性为一体的，代表当今国际航空航天业先进科技主流，展示当今世界航空航天业发展水平的盛会，跻身世界五大航展之列。每一年的珠海航展都吸引了大量国内外航空爱好者前往观看。

5. 冰雪项目

以北方冬季的冰雪或人工冰雪场地为依托，开展体育旅游活动，包括滑雪、溜冰、冰帆、雪橇等。由于地理环境和自然条件，我国北方发展冰雪体育旅游具有得天独厚的优势，所以冰雪体育旅游是北方冬季最为流行的旅游项目之一，如东北各省开发的多个天然滑雪场及国家级森林公园，都成了我国冬季体育旅游的滑雪与游览胜地。利用科技手段，冰雪体育旅游产品在南方也得到了一定推广。如深圳世界之窗二期重点项目、南国最大的阿尔卑斯冰雪世界现已揭幕，它拥有目前亚洲最大，集体育竞技、冰上表演、冰上娱乐、冰上运动、配套餐饮以及其他流行娱乐元素于一体的大型室内滑冰场。

四、体育旅游开发的原则①

为实现体育旅游的合理开发和可持续发展目标，我们在体育旅游开发中应遵循以下基本原则。

（一）满足体育旅游者的需求原则

体育旅游的开发应能长久地满足体育旅游者的愿望和不断增长的体育旅游市场需求，所以体育旅游产品应根据市场需求，注重对新产品、新业态的开发和设计。

（二）健康与安全原则

即体育旅游开发要以增进人民健康、安全保护为第一要旨。体育旅游开发的产品和项目，应从运动生理学的角度对增进健康有益，使旅游者通过参与体育旅游活动，促进身体健康、增强体质、缓解和消除疲劳、预防疾病，提高生活质量。

（三）当地居民参与原则

即当地居民要参与体育旅游规划制定，对体育开发情况享有知情权。另外，在体育旅游开发活动中，无论是长期或短期效益，都要维护当地人民的权益。

（四）开发与保护并重的原则

体育旅游的开发和其他类型旅游项目的开发一样，也必须注重可持续发展，要把开发与保护环境结合起来。体育旅游环境及资源具有一定的环境承载力。因此，体育旅游的开发中应遵循生态规律，建立旅游容量标准，把体育旅游开发的强度和游客进入人数控制在环境及资源的承载范围内，对体育旅游的开发制定一定的限度，有效地保护旅游资源和自然环境。此外，体育旅游的开发必须遵循相应的保护性法规，如水法、森林法和自然保护区管理法以及体育旅游开发的行业性法规。

（五）经济效益、社会效益和环境效益相统一的原则

体育旅游开发要讲求综合效益，任何追求单一效益的行为都不利于体育旅游的可持续发展。虽然经济效益是体育旅游开发的重要目标，但经济目标的实现不能以损害环境为前提，在一定程度上，环境效益和社会效益高于经济效益，三者的关系应获得高

① 夏敏慧. 海南体育旅游开发研究[M]. 北京：北京体育大学出版社，2005.

度的协调统一。

五、我国体育旅游事业存在的问题

虽然我国体育旅游业近几年来发展速度很快，但和发达国家相比，我国的体育旅游产业尚未形成大的规模，存在着产业链开发不完整、力度不够、形式单一等一系列问题。

（一）经济水平制约了体育旅游事业的进一步发展

经济水平影响着体育旅游的深度和广度。目前，我国人民的生活水平和发达国家相比还存在较大差距，这在一定程度上制约了我国体育旅游业的发展。虽然当下我国的体育旅游业借助2008年北京奥运会的东风已经有了很大的发展，但就目前我国居民的收入情况而言，对大多数的人来说，体育旅游还是一项高消费的享受活动。从整体上来看，我国的体育旅游业还是缺乏消费的人群。

（二）体育旅游在开发和投入上存在很大的不足

我国是一个旅游资源丰富的国家，历史悠久，国土面积辽阔，境内民族众多，各地区的人民可以根据本地区的气候情况、民族风气等开发一些有地方特色的体育旅游项目。但在开发上，我国目前体育旅游项目形式单一。很显然，各地区并没有很好地利用当地特有的资源进行体育旅游的项目开发。

在投入上，作为一项新兴的休闲方式，体育旅游在近些年来发展迅速，但是我国的体育基础设施却并不完善，很多地区的体育基础设施陈旧，数量也较少，这导致了我国的很多地区无法承办较大规模的体育赛事；某些地区的相关部门对体育旅游的重视程度也不够，这就使得我国的体育基础设施难以满足日益发展的体育旅游事业，难以满足人民群众日益增长的需求，对我国的体育旅游事业造成了极大的阻碍。

（三）体育旅游事业明显呈现不平衡的发展状态

我国体育旅游事业存在东部沿海发达地区和中西部欠发达地区的体育旅游事业的发展明显不平衡的特点。北京、上海、广州等经济相对较发达的东部沿海地区，人民的生活水平较高，体育旅游事业发展较为迅速，而且这些地区的体育基础设施齐全，大型的体育赛事往往都在这些地方举行，体育旅游在百姓中就较为普及。而我国的中西部地区，由于经济水平较为落后，人们的思想观念也较为陈旧，体育旅游在中西部并没有获得良好的发展，再加上体育基础设施大多不完善，大型的体育赛事也无法在此举行，所以体育旅游在中西部地区的发展远没有东部沿海地区那么迅速。

六、体育旅游发展策略

（一）加大对体育旅游资源的开发力度

体育旅游在我国还是一个新兴的休闲方式，但也是一个潜力巨大的专项旅游产品市场，有关部门应该加大对体育旅游项目资金、人力等各方面的投入力度，如培养专业人才，对地区体育旅游的发展进行总体的规划，制定体育旅游区域定位策略，积极开发当地的体育旅游资源；同时有关部门应加大对当地体育旅游项目的扶持力度，投入资金,倾斜政策,构建合理的、科学的体育旅游体系,推广体育旅游。

(二) 完善体育基础设施建设

体育基础设施建设是开展体育旅游的前提,只有完善体育基础设施建设,才能吸引更多的人来当地进行体育旅游活动。我国东部沿海地区由于经济较发达,人民生活水平较高,所以体育基础设施建设较为齐全,能够举办大型的体育赛事。但是,我国中西部地区由于经济较为落后,人民生活水平较低,体育基础设施建设相比于东部沿海地区就很不完善。加强基础设施建设,特别是中西部地区的体育基础设施建设,是推广和普及体育旅游的重要途径。

(三) 挖掘体育旅游资源,开展形式多样、新颖的体育旅游项目

虽然我国体育旅游事业发展迅速,但是就全国总体情况而言,我国体育旅游项目单一,创新少。当地在开发体育旅游资源的时候应该结合当地的实际和特色,根据旅游者的需求,结合当地已有的旅游资源,发展具有特色的体育旅游项目。

(四) 加大对体育旅游业的管理力度

体育旅游作为一项新兴的旅游产业,目前在我国的部分地区还存在着管理秩序混乱的局面。国家法律部门应该制定有关体育旅游的相关条例和法律条款,协调各部门之间的发展,树立全局意识,加强部门间的合作,避免出现管理混乱、无序的局面,规范行业发展,促进体育旅游事业朝着规范化、有序化、健康化的方向发展。

(五) 加大体育旅游事业产业化发展力度

虽然近几年来,我国体育旅游事业发展迅速,但是和国外发达国家相比,我国的体育旅游事业明显没有形成产业化规模。随着我国改革开放的不断深入,市场经济已经成为我国主要的经济体制,体育旅游业也应该遵照市场经济的发展规律,进一步深化体制改革,加大产业调整力度,建立现代化的企业管理制度,政企分开,产权明确,充分利用体育资源,结合当地的旅游资源,开展形式多样的体育旅游。

(六) 加大宣传力度,提高体育旅游普及率

近年来,随着"全民健身计划""奥运争光计划"的顺利实施以及体育管理体制改革的推进,我国体育事业有了长足的发展,以足球职业俱乐部的建立和职业足球联赛的举办为突破口的竞技体育改革,推动了我国体育产业化的过程,篮球、排球、乒乓球等职业联赛相继出现,体育赞助、体育市场的经营活动日渐增多。2008年北京奥运会的成功举办更是让世界认识了中国、了解了中国,所以必须抓住这千载难逢的历史机遇,借着北京奥运会、广州亚运会等大型国际性的体育赛事的东风,积极发展我国的体育旅游事业,加大宣传力度,打造我国体育旅游的自主品牌,让世界了解中国。

【资料链接9-1】

去瑞士旅游是被旅游爱好者津津乐道的话题,去瑞士旅游到阿尔卑斯山滑雪也是首选节目。瑞士人和滑雪的关系,大概就像巴西人和足球、中国人和乒乓球的关系差不多。

阿尔卑斯山将瑞士造就成了一个滑雪天堂。从最知名的圣莫里茨和格施塔德度假

胜地到最恬静的萨斯费度假胜地，可供游客选择。在滑雪之余，游客可以花上几天时间在历史名城和广阔的农村里观光，也可以泡温泉舒缓神经，或者乘伯尔尼纳快车和冰川快车观赏景致。

被滑雪人誉为是世界十大滑雪场之一的维毕尔(Vibier)滑雪场，为瑞士一流的滑雪场地，地处于策马特(Zermatt)和白朗峰之间，属于中上级雪场。不同于亚洲或澳大利亚、新西兰滑雪场，瑞士滑雪场树林少，不乏自然地形的滑道，很适于滑雪老手挑战。

维毕尔是瑞士国内规模最大的滑雪场，滑道总长度达400千米，就和北美最大的加拿大雪场惠斯勒一样，维毕尔也是由几个滑雪场合并而成。全区的滑雪道大多可以缆车相互衔接，而且滑道都很宽敞，与亚洲滑雪场窄窄的滑道不同，滑来没有空间的压力，即使是标明属于高难度的“黑线滑道”，也没有想象中那么困难，进步也快。

瑞士滑雪人口多，维毕尔滑雪场就是瑞士雪地滑板的重镇，滑雪场上不乏雪地滑板玩家挑战试身手。欧洲雪场的滑道，以距离长著称，考验滑雪客腿力。从山脚到山顶滑道，往往得换上两三趟缆车才到达，一趟滑下来就是好几千米，而维毕尔的最长滑道，就超过8千米，最短的滑道也长达1千米。

在Verbier滑雪，最过瘾的是滑在没有滑道的雪地上。由于树林极少，1000米以上又多岩石，当积雪深厚，岩石深埋在雪堆下，就成了天然的滑雪道，也使雪场拥有极佳的视野和宽阔的滑道。

邻近大城西昂(Sion)的维毕尔，滑道分为5个等级，与一般滑雪场划分为3到4个等级不同，除了一般常见的初级道、中级道和高级道外，并设有Ski Tour和High Moun-tain Tour两种路线，后两条滑雪道专为高级玩家所设计，滑来乐趣极高，滑雪所经路线不乏松雪区，在考验滑雪客的滑雪技术与体力。

第三节 会展旅游

导入案例

2011年北京傲人的会议旅游

在世界权威国际会议组织(ICCA)公布的2011年接待国际会议数量的全球城市排名中，北京跃升到第10位，同时，北京在亚太地区的排名也由2010年的第四位上升到第二位(仅次于新加坡)。

北京市旅游发展委员会副主任、ICCA中国委员会主席孙维佳介绍，北京已经连续6年进入该排行榜全球前15位。2011年，北京接待国际会议总量达111个，较2010年增加13个，创历史新高。

“近两年，北京一直把发展会展旅游作为调整旅游产业结构、促进产业优化升级的重要突破口。”孙维佳表示，这是北京国际会议接待总量保持持续稳定上升态势的重要原因。为了吸引更多的商业性国际会议在北京落地,2011年,北京市旅游委制定了一系列奖励政策,并发起成立北京高端旅游和会议产业联盟,为企业搭建起会议产业资源库,创历史新高。这标志着北京已跻身国际会议之都的行列,在亚洲的领先地位更加巩固。

孙维佳表示,目前北京与处于"第一梯队"的维也纳、巴黎、巴塞罗那、柏林、新加坡、马德里等城市相比,还有不小的差距。如国际性、多层次的会议场馆设施仍显不足,国际会议审批流程复杂,国际会议申办周期较长等原因,导致会议承办主体缺乏申办国际会议的积极性。由于语言和文化差异,北京会议行业整体管理和服务水平亟待提高。

根据ICCA发布的数据,2011年接待国际会议数量最多的城市是维也纳,共接待国际会议181个,巴黎和巴塞罗那位列第二位和第三位,分别接待国际会议174个和150个。

(案例来源:张丽娜.2011年北京接待国际会议排名升至全球第10[EB/OL].[2012-05-18]. http://www.chinacity.org.cn/csph/csph/85933.html.)

一、会展和会展旅游的概念

会展是会议、展览等大型集体性活动的简称,是指在一定地域空间内,由许多人聚集在一起形成的,定期或不定期的制度或非制度的传递和交流信息的群众性社会活动。狭义的会展就是展览会或者展览。而广义的会展则包括会议和展览。有些学者认为,会议就是会议,展览就是展览,对两者应分别加以研究。而有些学者则认为会展不仅包括会议和展览,还包括节庆活动,这是一个更广义的会展概念。根据这个观点,会展对应发达国家所指MICE细分事件旅游市场的概念,即会展包括meetings(会议)、incentives(奖励旅游)、conventions(大会)、exhibitions(展览),并包括节日庆典和体育赛事为主题的节事(events)在内的多种形式。

相对于会展的概念,会展旅游也有广义和狭义之分。从狭义的角度,会展旅游是借助举办会议、研讨、论坛等会务活动以及各种展览而开展的旅游形式,是一种商务旅游形式。从广义的角度来看,会展旅游意指包括各类专业会议、展览会与博览会、奖励旅游、大型文化体育盛事等活动在内的综合性旅游形式。

二、会展旅游的组成

据有关部门统计,20世纪90年代以来,世界最大的国际会议主办国——美国长期占据这一市场的领先地位,其航空客运量的22.4%和饭店客人的33.8%均来自国际会议旅游。在法国巴黎,每年接待的国际会议有400多个,连续多年居世界各大国际性城市之首,这些国际会议每年给这个城市带来近40亿法郎的收入。香港旅游协会的一项调查显示,在"访港目的"一项中,商务及参加会议占32.3%,居来港旅游人数的第二位。据有关部门统计,国际会议旅游产业已在全世界旅游业中占有15%的份额。国际会议市场的巨大潜能和会议产业的高额回报,使越来越多的国家和地区盯住了这棵摇钱树。

（一）会议旅游

会议旅游（convention tour）是会展旅游的重要组成部分，国际上通常将会展旅游概括为“MICE”（meeting、incentive、convention、exhibition），其中的M和C所对应的旅游活动就属于会议旅游。

1. 定义

会议旅游是人们由于会议的原因离开自己的常住地，前往会议举办地的旅行和短暂逗留活动，以及由这一活动引起的各种现象和关系的总和。从旅游需求看，会议旅游是特定群体到特定地方去参加各类会议活动，并附带有相关的参观、游览以及考察内容的一种旅游活动形式。从旅游供给看，会议旅游是特定机构或企业以营利为目的而组织参与各类会议的一种专项旅游产品。与常规旅游相比，会议旅游具有内容主题专、旅游方式新、停留时间长、团队规模大、人员花费多、经济效益高、带动作用强的特点。

2. 类型

划分会议旅游类型的标准有多种，常见的有以下几种。① 按会议主办单位划分：公司类会议旅游、协会类会议旅游、其他组织类会议旅游等。② 按会议活动的特征划分：商务型会议旅游、文化交流型会议旅游、专业学术型会议旅游、政治型会议旅游、培训型会议旅游等。③ 按会议的性质划分：论坛式会议旅游、研讨式会议旅游、报告式会议旅游等。④ 按会议代表的范围划分：国内会议旅游、国际会议旅游。⑤ 按会议举办的时间特点划分：固定性会议旅游、非固定性会议旅游。⑥ 按会议的主题划分：医药类会议旅游、科学类会议旅游、工业类会议旅游、技术类会议旅游、教育类会议旅游、农业类会议旅游等。

其实，对会议旅游类型划分的目的不是关心开什么会，而是如何为不同类型的与会人员提供服务，从会议本身拓展到住宿、餐饮、娱乐方面，继而争取在游览、购物、旅行方面创造需求。

3. 构成要素

由会议旅游活动主体——会议旅游者、客体活动——会议旅游资源、活动中介体——会议旅游业三要素组成。

会议旅游者的组成包括与会者（即会议代表）、与会者的陪同人员（如会议代表秘书、保安人员等）、与会者家属（如会议代表的伴侣）和会议附属活动参与者（如记者、参观者等）四类成员。其中，与会者是会议旅游者中最主要的组成部分。

会议旅游资源是指吸引会议旅游者前往会议举办地的各种因素的总和，也可称为会议旅游吸引力因素或旅游吸引物，包括会议和会议的附属活动以及举办地旅游资源。决定会议价值的因素包括：会议的性质、规模、等级和知名度；会议的创意或特色；会议内容对旅游者的效用；会议主办者和组织者的权威性；计划与会的知名人物等。

会议旅游业是指为会议旅游者提供其旅游活动所需要商品和服务的部门和行业的总称。它属于第三产业，是会议行业和旅游产业的结合体，既包括专业会议组织者（PCO），即专门为会议旅游者提供服务的会议公司、会议中心、目的地管理公司（DMC）等，又包括旅行社、饭店、旅游景点、餐饮业、旅游购物等旅游企业。

4. 特点

(1) 发展持续性。1841年7月5日,托马斯·库克利用包租火车的方式,组织了570人从英国中部的莱斯特前往洛赫伯勒参加禁酒大会,这次会议旅游活动揭开了近代旅游的序幕。二战后生产力水平的发展、国际形势的稳定、教育事业以及信息技术通信手段的进步为会议旅游的持续发展带来空前的契机。按照ICCA的统计,目前,每年全世界举办的参加国超过4个,参会外宾超过50人的各种国际会议有40万个以上,会议总开销超过2800亿美元,并以每年8%~10%的速度增长。

(2) 效益显著性。首先,会议旅游的效益显著性不仅体现在其庞大的产值,更主要体现在它是一个高盈利的市场。会议旅游是典型的低投入、高产出、高利润的行业,利润率大多在25%以上。其次,会议旅游的团队规模大也是给旅游地带来显著经济效益的重要原因:与会代表人数多,与会代表"连带"游客多,会议附属活动参与者多。再次,会议旅游效益显著性的原因还在于产业关联度高,旅游乘数效应大。

(3) 地域差异性。会议旅游活动在地理区域分布上极不均衡。从国际会议旅游活动的区域分布情况看,欧美发达国家始终处于发展前列。就各洲而言,据ICCA统计,以举办的国际会议数量计算,2000年欧洲仍然占据全球会议旅游市场的首位,市场占有率为59%;以下依次为亚洲14%,北美洲11%,南美洲7%,大洋洲6%,非洲3%。就国别而言,进入20世纪90年代以来,美国一直是世界上最大的国际会议举办国,无论是会议旅游举办数量还是收入均为世界第一位。

(4) 时间均衡性。会议旅游与消遣性旅游活动相比,在时间分布上具有明显的均衡性。公司类会议旅游的时间均衡性原因在于会议是根据实际需要安排的,不必精心选择时间以扩大参会人数;协会类会议旅游在时间选择上考虑因素较多,主办者比较关心会议举办地的旅游资源、气候条件等因素,所以一般选择当地一年中最佳季节举办会议。另外,会议旅游更可能在举办地的旅游淡季举行,主要是因为会议旅游属于以工作为主要目的的旅游活动,且团队规模大,会议旅游者一般会避开假期,选择工作日出游。此外,在旅游淡季举办会议,还可以获得优惠的旅游产品价格。

(5) 影响广泛性。会议旅游对旅游举办地的影响非常广泛,涉及经济、政治、社会、文化、环境等各个领域。

(二) 展览旅游

现代展览源于欧洲的艺术展和宣传国家成就的工业展,这种有组织的展览和商品贸易功能的结合,使现代展览应运而生。

1. 定义

展览是指有固定或不固定的展示陈列和一些定期、不定期的临时性展览会、博览会及交易会等。在展出内容、时间、规模和形式等方面,展览都具有极大的灵活性。展览旅游(mice tourism)是指为参与产品展示、信息交流和经贸洽谈等商务活动的专业人士和参观者而进行的一项专门的旅行和游览活动,包括面向特定群体、规模严格限制的专业展览和面向社会公众、力求最大社会影响力的公众展览。

2. 发展条件

现在,世界许多国家政府都在强烈地希望由自己来承办世界性的博览会或交易会,尤其是希望承办一些特大型的国际博览会或交易会,以此获得繁荣经济、发展旅游业的契机。一般认为,举办博览会或交易会,需具备以下条件:① 能够保证提供合适的场所;② 拥有便捷的交通条件;③ 能够得到本国政府的支持;④ 具有充足的饭店客房;⑤ 制订比较详尽而切实可行的计划;⑥ 必须事先确定举办者和资助者;⑦ 能够得到社会公众的积极支持。

3. 主要特点

(1) 展览旅游依托于展览活动存在和发展。展览旅游者不是受旅游地固有的物质实体(如自然风景、名胜古迹)吸引,而主要是或仅仅因为这一地方发生展览活动或事件。伴随着展览活动的迅猛发展,旅游业也将形成新的展览旅游品牌。但也因为依托于展览活动,展览旅游发展的规律受到展览市场容量的限制。

(2) 展览旅游与商务旅游不是简单的包含关系。虽然展览旅游和商务旅游在很大程度上是重合的,但两者不是包含和被包含的关系。展览既有观赏教育功能,又有销售推广实效。参与展览活动的人群既有商务目的(如参加各种专业展),也有非商业目的(如观摩展览会)。同时,在参与人数、场地要求、地点重复、服务范围、餐饮娱乐、导向等方面,展览旅游与会议旅游也存在差异。

(3) 相比观光旅游,展览旅游具有自己的特点。展览旅游的展览活动服务的主要对象是参展人群,如参展商和观众。参展商不同于一般的旅游者,他们商业意识强、文化素质高、消费潜力大、时间观念强,且通常有较强独立性,追求的是放松和自由。他们参加展览活动的区域性比较集中,参加旅游活动多为就近或顺道绕行。所以旅行社针对这些展览旅游者开发的后续旅游产品以中短线为主,组团灵活。

(三) 奖励旅游

奖励旅游(incentive travel)的历史可以追溯到20世纪二三十年代的美国。如今在美国,有50%的公司采用奖励旅游的方法激励员工;在英国,商业组织的奖励资金中,40%是以奖励旅游的方式支付给员工的;在德国和法国,奖励资金中的一半以上是通过奖励旅游支付给员工的。可见,奖励旅游已成为凝聚企业向心力、提升员工积极性的一种管理手段。

1. 定义

国际奖励旅游协会(SITE)将奖励旅游定义为:一种现代化的管理工具,目的在于协助企业达到特定的企业目标,并对达到该目标的参与人员给予一个非比寻常的旅游假期作为奖励;同时也是为各大公司安排以旅游为诱因,以开发市场为最终目的的客户邀请团。

需要指出的是,奖励旅游并非一般的员工旅游,而是企业业主提供一定的经费,委托专业旅游业者精心设计的“非比寻常”的旅游活动。用旅游这一形式作为对员工的奖励,会进一步调动员工的积极性,增强企业的凝聚力。

2. 特点

奖励旅游是会展旅游的重要组成部分,它们具有共同的特点,如组团规模大、消费档次高、季节差异小、经济效益好等。除此之外,奖励旅游还具有自己的特点。

(1) 激励性。与普通员工旅游完全不同,奖励旅游是针对已达成甚至超越公司预定业绩目标之特定对象,如员工、经销商、代理商等所给予的犒赏之旅。更确切地讲,奖励旅游的受众是特殊的,其对象是针对企业的有功人员。奖励旅游会使职员在参加不同形式奖励旅游的过程中,产生令人愉悦的精神享受和难以忘怀的经历,对职员的内在激励将是持久的,并由于奖励旅游的参加者都是企业精英,可以和企业的最高领导层对话,这会使他们感到荣耀,使参与者对奖励旅游产生更多的期待。在期待中,他们会主动要求自己更加努力地工作,以获得更好的工作绩效和参加下次奖励旅游的机会。

(2) 高标准。作为一种典型的高端旅游,奖励旅游通常精心挑选旅游目的地,企业往往倾向于世界旅游胜地,比如浪漫而昂贵的夏威夷就一直高居世界奖励旅游最佳目的地的前列。此外,在住宿和餐饮上,基本是最豪华的酒店,在旅途中的交通工具、旅途中的接待服务、安全保障方面也都是享受最高规格。

(3) 交互性。奖励旅游既是对员工的一次奖励,又能加强员工之间、员工与领导之间的沟通,正日益受到企业的欢迎。不少企业希望这种旅游不是单纯的观光休闲,他们希望员工在旅游过程中,还能感受到企业文化。奖励旅游提供了为企业各方零距离交流的机会,实现了公司、员工、客户、经销商之间朋友式的沟通。特别是一些参与式项目的设立,对团队协作精神的形成能起到重要作用。

(4) 福利性。奖励旅游在性质上是一种带薪的、免费的、休闲的奖励方式,这种方式依照实际绩效与原定标准对比结果来决定奖励旅游的花费,其费用来自超过企业预定目标的超额利润。整个活动的费用由企业为参加奖励旅游的优秀职员进行全额支付。针对此特点,一些旅行社特别推出了一些主题活动,让旅途充满"惊喜"和"感动",在帮助塑造企业文化的同时,也推广了自己的品牌。

(5) 公务性。奖励旅游不是单纯的观光休闲,作为企业管理的一种策略和方法,在奖励旅游的日程中,可安排颁奖仪式、主题晚宴、先进事迹报告、企业发展战略研讨、工作计划讨论等活动,加强企业的团队建设,形成企业的经营理念,以此来凝聚企业的向心力,提高企业的运作效率,增强职员对企业的认同感,塑造企业文化。

3. 国内奖励旅游发展现状

(1) "奖励"观念渐入国内。十多年前,一些企业纷纷在海滨城市建立疗养院,可称作是中国奖励旅游的雏形。如今,奖励旅游慢慢进入国内企业。每年10月上旬,奖励旅游市场便已渐渐活跃起来。一些企业为奖励辛勤工作一年的员工,纷纷前往旅行社咨询年终包团出游事项,而旅行社为应对即将来临的"包团"出游热潮,也纷纷推出各种项目吸引企业。某网站近期对数百名在职人员进行了一项有关"非经济性福利"政策中企业奖励的调研。结果显示,外企与合资企业是奖励旅游等各种非经济性政策的忠实推行者,国企与私企也处上升态势。在众多福利机制中,大多数员工希望企业推行奖励旅游机制。76%的受访者提倡企业奖励旅游,认为这项旅游有利于员工找到企业归属感。

(2) 发展前景可观。近年来,不仅一些企业纷纷推出奖励旅游作为管理和激励员工的一种手段,一些城市也为发展奖励旅游纷纷行动起来。如2011年在宁波的旅游市场上,奖励旅游的产品已达到20%以上,该产品逐渐成为宁波旅行社行业的主打产品。与此同时,北京则在打造奖励旅游胜地。2012年9月,2012年SITE全球年会首次在中国召开。全球400余名会议策划、目的地管理公司、酒店和度假地,奖励旅游公司、会议中心、旅游管理部门、餐饮等与商务会奖旅游相关的专业领域的人士汇集北京，深入考察北京高端旅游资源与服务，共同研讨奖励旅游的持续发展课题，这也证明着中国奖励旅游的发展有着广阔的前景。

三、会展旅游的效应

（一）促进经济发展和产业结构调整

进入21世纪，会展旅游业呈平稳发展趋势。会展旅游巨大的经济收入和社会影响，使其成为全球经济的重要新兴产业之一。据ICCA提供的资料显示，2001年以来国际会议的直接经济效益达到2800亿美元。“十一五”期间，中国会展业产值从2006年的600亿元增至2010年的1453亿元，5年间增长近1.5倍，年均增长率达到26%。国家“十二五”规划对会展业的发展作出战略性的蓝图，预计到2015年，中国会展业产值规模将会达到3000亿元。同时，会展旅游对促进所在地的饭店、餐饮、交通运输、商业、通信、广告等行业的发展也具有极大的带动作用。在德国等会展业发达的国家或地区，会展业对经济的带动作用达到1:9。

（二）提高举办国（地区）的知名度

会展在短时间内将人流、物流、资金流、信息流聚集到举办地，成为当地、全国乃至世界关注的亮点。这种积聚性将推动举办地旅游业的快速发展，能大大提高一个国家或城市的国际知名度与美誉度。“博鳌效应”就是成功的典范。原本是穷乡僻壤的博鳌，因“博鳌亚洲论坛”举办而举世皆知，带动了博鳌乃至整个琼海经济的快速发展。2012年中秋国庆长假期间，琼海旅游接待总人数首次突破20万人次，旅游总收入也首次突破8000万，创下了两项历史之最，其中，博鳌贡献了超过一半的份额。

（三）促进举办地基础设施的建设和改善

会展的发展必将推动城市的展览场馆、饭店及交通基础设施的建设，特别是国际性会展，对基础设施的要求更高。北京为2008年奥运会所建的鸟巢、水立方、奥运村已成北京新的城市标志，“奥运体育场馆游”也成为“北京一日游”的经典线路。1999年昆明举办的世界园艺博览会是中国举办的首届专业类世博会，在会后，其会址及配套设施被整体保留下来并转变为企业化经营。这些设施在举办完展览之后，必定会引来大批国内外游客前去观光，为城市旅游业今后的发展奠定了良好基础。

（四）有利于降低举办地的旅游产品受季节性的影响

季节性问题是许多旅游目的地一直非常困惑的问题，从现在旅游经济发展实践来看，已经有许多旅游目的地通过在旅游淡季举办相关会展活动的方法来解决这一问题，会展项目和大型活动甚至还成为了目的地延长旅游旺季或者形成了一个新的“旅游季”的重要手段。比如在北方地区，通过在冬季举办一些冬季竞技体育活动、冬季节庆活动等，完全有可能形成一个新的旅游旺季。因此，会展或者大型活动在缓解目的地旅游发展过程中的季节性问题方面具有独特的作用。

四、会展旅游的发展趋势①

（一）举办会展的法律将进一步规范，并逐步向国际通行的登记制转化

目前，国家已经开始制定有关会展的法律、法规，今后几年有关会展业的法律、法规将相继出台，会展业的市场将进一步规范化。未来举办会展审批手续将会更为简单，并将按照国际惯例逐步过渡到登记制惯例办法，这将促使会展业真正成为一个规范的市场。

（二）自律性的协会将进一步规范会展行业的行为

自1998年6月由北京市贸促会发起，组建了我国第一家国际会议展览业的中介组织——北京国际会议展览业协会之后，2002年上海、山东省等省、市也相继组建了国际会展业协会，制订了国际展览业协会章程，旨在支持公平、平等的竞争，反对不正当竞争及欺诈行为，改善、优化展览业市场环境，更好地协调、管理、规范会展业的市场秩序。

（三）会展业将向几个大城市集中

通过对国际会展业发展的分析，会展业在特定城市的发展有“通吃”效应，即会展业的发展会自身加速，形成更大的规模，而不可能全国遍地开花。从20世纪末开始，中国的会展业正以每年20%的速度快速发展，已经形成五大会展经济带：即以上海为中心的长三角会展经济带；以广交会为龙头的珠三角会展经济带；以大连为引擎的东北会展经济带；以成都为首的中西部会展城市经济带；以北京为辐射极的环渤海会展经济带。

（四）会展旅游中介组织将大批出现，会展业将形成独立的产业

目前我国从事会展的企业数量众多，但还没有形成专业化的会展组织者（PCO），或者仅仅处于PCO的初级阶段，对组织接待会展处于不规范的阶段。目的地接待公司（DMC）也仅仅是一些单独的会展场馆出租等单项服务，没有完全形成一条龙服务的目的地接待公司。今后随着国际会展的增加，会展业培训体系的建立和国际会展人才的引进，专门从事会展的专业化中介公司将大批出现。此外，我国的很多大型会展还垄断在一些非市场化的组织手中，这些组织举办国际会展，自己联系接待服务等一系列工作，还没有完全市场化。今后随着会展中介组织的完善，会展业必将成为一个专门的行业，并从那些部门垄断中独立出来，成为市场经济中的独立产业。

（五）会展旅游市场将专业化细分

目前国际会展业已形成非常细致的市场分工，如ICCA市场范围包括50人以上的国际会议。目前我国会展公司还处于发展初期，只要有会展就接待服务，没有形成细分化的市场。今后随着市场发展必将形成专业化分工，形成专门经营展览业、会议业及更多细分市场的格局。

① 戴学峰.中国会展旅游的现状及发展趋势[M].北京：社会科学文献出版社，2002.

（六）大型旅游企业将大批进入会展旅游市场

目前我国的大型旅游集团如上海锦江、中青旅、春秋旅行社等已经加入了国际会展组织，开发会展旅游市场，但更多的大型旅游集团，如首都旅游集团、陕西旅游集团等还没有完全介入会展旅游市场，或仅仅从事了DMC的接待服务工作。这些大型旅游集团已经普遍看好会展旅游市场，有的正在开始进行市场调研，有的已经开始参与场馆建设，有的正在申请加入国际会展协会等，可以预见，今后几年我国的大型旅游集团将以其规模大、服务全、无形资产高、资金雄厚等优势进入会展旅游市场。

（七）国际会展组织和会展中介公司将大批进入中国会展旅游市场

随着中国加入WTO，国际会展组织和经营会展的大型公司大批涌进我国，会展旅游业将形成更加激烈的竞争局面。由于目前我国的管理体制还不允许国外公司单独经营会展业务，外国会展公司主要是通过与中方合资的形式进入中国市场。上海的国际会展中心就有德国的汉诺威展览公司、德国杜塞多夫展览公司、德国慕尼黑国际展览有限公司这些世界顶级会展公司加盟。ICCA 2002年在上海开办了会展培训班，通过这种形式介入中国会展旅游市场。今后国际会展公司将从会议、展览、组织、接待等方面全方位地进入中国市场。

（八）展览场馆将可能全面过剩

国际会展业是社会经济发展推动的结果，绝不是简单建几个会展场馆的问题。此外，从国际会展业向大城市集中的发展趋势上看，今后几年除北京、上海等国际大都市的会展场馆效益稳定以及一些具有独特资源的中等城市发展特种会展外，相当一些小城市的大型国际会展中心将面临生存危机。从总体上看，我国的会展场馆将会全面过剩。

【课堂讨论】

一位美国市长说："如果在我这个城市召开一个国际会议，就好比一架飞机在我们头顶上撒美元。"

你怎么理解这句话？

【资料链接9-2】：

会展旅游做得最好的国家与地区

德国被誉为"世界展览王国"，每年举办约130个国际性贸易博览会，净展出面积690万平方米，每个展览会平均展出面积超出5万平方米。德国拥有23个大型展览中心。其中，超过10万平方米的展览中心有9个，另外还有4个超过5万平方米。目前，德国展览总面积多达256万平方米。2001年德国展览组织者年收入达25亿欧元，展览业对德国经济的总体贡献约为230亿欧元，并提供约25万个就业岗位。

美国已成为举办国际贸易博览会的主要国家，吸引着世界各国的客商。美国每年举办净展出面积超过500平方米的展览会约4000个，展出总面积约4000万平方米，参展商100多万，观众超过7000万。

拉斯维加斯已成为世界上最大的会展中心之一。运用其独特的娱乐资源作为其招展的主要筹码和区别于其他展览城市的吸引力。

【分析案例】

新加坡国土面积狭窄，只有700多平方千米的土地，自然资源更是匮乏，甚至连饮用水都是国外进口的。

然而，新加坡扬长避短，充分利用自己独特的地理优势，大力发展会展经济，带动旅游业振兴，取得了非常明显的经济效益。

新加坡一直被列为最具优势的展览城市，被国际协会联合会评为世界第五大"会展之都"。许多世界驰名的专业展览组织公司，如励展博览集团、杜赛尔多夫展览机构等都在新加坡设有公司并选择新加坡作为亚太地区总部。

据统计，2007年新加坡商旅会展业接待游客300万人次，约占总游客1030万人次的30%，收益超过50亿新元，约占旅游业总收益的40%。

新加坡旅游局的展览会议署建于1974年，主要任务是协助、配合会展公司开展工作，向国际上介绍新加坡搞国际会展的优越条件，促销在新加坡举办的各种会展。新加坡展览会议署不是管理部门，只是协调配合，而且不向新加坡的会展公司收取任何费用。在新加坡举办会展没有任何管理法规，举办展会也不需要任何审批手续。

在促进会展经济发展中，政府的主要作用是促进活跃经济和加强基础设施建设。比如，新加坡展览会议署每年都有计划向世界各地介绍新加坡会展旅游方面的情况，如上半年去欧洲、下半年就去美国，并且在世界各地举办新加坡会展经济方面的研讨会。

思考：有哪些条件或原因使新加坡的会展旅游发展得如此之好？

本章小结

- **内容摘要**

与传统旅游市场相比，会展及节事旅游市场是一个极具发展潜力、效益巨大的市场，在我国正以前所未有的速度发展着，其国际化、规模化、专业化趋势不断增强。会展及节事旅游产品丰富、类型繁多，市场定位差异大，管理模式不一。本章通过对节庆、体育、会展等节事旅游产品的基本理论体系的介绍，强调了其在经济、社会文化、环境、旅游方面的综合效益，同时也剖析了其未来发展趋势。

- **关键词**

节庆；节庆旅游；体育旅游；会议旅游；展览旅游；奖励旅游

- **思考题**

1. 试述节庆旅游的特点与分类。
2. 试述我国体育旅游事业存在的问题。
3. 试述奖励旅游与一般旅游产品有何差异。

4. 试述会展旅游有何效应。

5. 试述会议旅游的类型。

【应用训练】

1. 查找相关资料，对中国主要会展中心做简单介绍（包括场馆名称、地点、建筑面积、举办过的主要会议或展览）。

2. 通过资料分析，对你所在地举办过的节庆旅游／体育旅游做一简单介绍。

第十章　文化旅游商品

学习目标

（1）掌握旅游商品、文化旅游商品的内涵，文化旅游商品同质化的原因，个性化文化旅游商品的实现途径。

（2）熟悉文化旅游商品的特征及其在旅游业中的重要地位，文化旅游商品同质化的含义和对策分析。

（3）了解文化旅游商品的类别，个性化的含义。重点掌握个性化文化旅游商品开发的实现途径。

导入案例

旅游商品：让“洛阳礼物”代言洛阳

外出旅游，带上一两件具有地方特色的旅游纪念品留作纪念或赠送亲朋，是很多游客的选择。那么，旅游纪念品市场能否让外地游客开心而来、满载而归呢?

刚刚过去的五一小长假，山东游客李晓薇携子来洛阳赏花，这已是她第四次来洛阳旅游。在参观完景点后，她突然为带什么礼物回去犯了愁：除了已带过的仿古青铜器、唐三彩、牡丹饼等，似乎已没有什么“新产品”可带，最后只好遗憾离开。

如何打破桎梏，变资源优势为市场优势?洛阳市旅游产业大发展动员大会给出了答案：立足市场定位，叫响“洛阳礼物”，让“洛阳礼物”代言洛阳。那么发展旅游，要让客人将什么样的“洛阳礼物”带回家?2013年4月召开的洛阳市旅游产业大发展动员大会提出，当前及今后一个时期，要特别下大力气补齐洛阳旅游纪念品这块“短板”，充分挖掘旅游购物消费的巨大潜力。为此，要立足市场定位，借助现代工艺，运用科技手段，融入时尚元素，激发文化创意，精心设计开发一批特色鲜明、题材丰富、类型多样、便捷实用、具有较强吸引力的旅游纪念品，让既有洛阳特色又有工艺价值的旅游商品走俏市场、走向世界，让每一位游客在洛阳都能够开心游玩、愉快购物、满载而归。

第一节　文化旅游商品的内涵

旅游商品是旅游业的一个重要组成部分，其销售收入占旅游收入的比重是衡量区域旅游经济发展的重要标尺。旅游购物是旅游活动的重要组成部分，旅游商品是伴随旅游活动而产生的一类特殊商品。旅游商品是旅游购物赖以发展的物质基础，是旅游购物的“核心”。我国具有丰富的旅游商品资源，科学有效地开发旅游商品，发挥旅游购物功能，对提升旅游业的经济效益和社会效益有着十分重要的现实意义。

一、旅游商品的概念和特点

（一）旅游商品的概念

按世界旅游组织的定义，旅游购物是指“为旅游做准备或者在旅途中购买商品（不包括服务和餐饮）的花费，其中包括购买衣服、工具、纪念品、珠宝、报刊书籍、音像资料、美容及个人物品、药品等，不包括任何一种出于商业的目的所做的购买，即为了转卖而购的物品”。这些游客在旅游活动中购买的，以物质形态存在的实物即是旅游商品，也被称为旅游购物品。我国学者对旅游商品及其相关方面的研究始于20世纪80年代，伴随着旅游业的快速发展，学术界对该领域的关注程度不断增强，研究成果也在不断增加。旅游商品是一个复杂、系统的研究范畴，何为旅游商品？它包括的范围很广。陶汉军给出的旅游商品定义是旅游者在旅游过程中购买的实物商品。田伦的概括相对广义，他认为旅游者为旅游做准备而购买的或在旅游活动中购买的实物商品都称之为旅游商品。李艳认为旅游商品是旅游者在游览过程中购买的以实物形态存在的产品，主要包括旅游纪念品、实用工艺品、文物古玩及仿制品、特种工艺美术品、土特产、旅游日用品。刘敦荣等从游客需求的角度考虑，提出旅游商品是指商品提供者为满足旅游者的旅游需求，而提供的具有使用价值和价值的有形的旅游物质实体和某些无形社会人文资源与各种无形服务享受的总和。

广义的旅游商品主要包括旅游纪念品、旅游日用品、各种土特产、各种工艺美术品、文物古玩及复制品以及各种旅游零星用品等。

狭义的旅游商品是指旅游工艺品和旅游纪念品。

在前人的基础上，本书认为旅游商品是满足游客的旅游需求，获得一切有形产品与无形服务的总和。

旅游商品和旅游纪念品既有联系，又有区别。旅游商品按用途分为旅游用品、旅游消费品和旅游纪念品。旅游纪念品注重表现其地域特色，它是旅游商品的一种，因而旅游商品不一定是旅游纪念品。

总之，现代意义上的旅游商品是旅游者所购买的与旅游活动相关的一切实体商品，它既是旅游者的经济消费品，又是文化消费品，是经济与文化的统一体。

（二）旅游商品的特点

一般说来，旅游商品具有如下特点：

(1) 实物性。与旅游产品不同的是，旅游商品是以实物形态存在的，是看得见、摸得着的实物商品，不包含旅游线路、服务等无形产品。这种在形态上的界定，是旅游商品和旅游产品的主要区别所在。

旅游商品还要排除旅游者在旅游过程中，为了维持旅游活动正常进行而必需的生活用品，因为这种必需品是为了维持正常的生活与活动，它的需求量是一个常量，在旅游者的日常生活中也是需要的。

(2) 纪念性。纪念性是旅游商品的最基本属性。旅游者购买旅游商品的动机就是使自己的旅游经历通过旅游商品这个载体进行保存。一件精美的旅游商品能激发旅游者美好回忆，显示旅游地的地方特征和旅游者的旅游活动经历。

纪念性意味着旅游商品具有“符号”的功能，从体验的角度来看，旅游商品是旅游者这出“戏”中的“道具”。

(3) 广泛性。游客购买旅游商品的目的可能是自己留作纪念、欣赏，也可能是馈赠亲朋好友或是旅途使用。基于不同的购买动机，游客对旅游商品的品种要求繁多，以便他们有可以选择的余地。

(4) 轻便性。对于大多数旅游商品而言，旅游者一般是在旅游过程中消费或携带的。因此，旅游商品应具有轻便性的特征，即消费、携带方便。旅游商品结构、容积、重量的设计方面要充分考虑旅游者携带、使用和收藏的方便，才能不至于影响旅游过程的享受而放弃购物。如在设计时可注意旅游商品重量轻便化，在生产商品时应该以轻质原料代替重质原料。

(5) 特定性。相比一般商品，旅游商品具有一定的特定性。

有特定的顾客群：一般的百货商品的服务对象主要是当地的居民，是为了满足当地居民日常生活的需要。旅游商品的服务对象是游客，游客是旅游商品存在的前提，没有游客，旅游商品就无从谈起。

有特定的购买空间：旅游商品的销售网点是根据旅游者的活动特点而布局的主要设置在旅游城市的旅游景点区、风景名胜区附近、宾馆饭店及商业繁华的地带或大的商业中心。

有特定的信息功能：购买或拥有旅游商品，将传达准备旅游或已到某地旅游的信息。

二、文化旅游商品的概念

文化旅游商品是指以文化旅游资源为支撑，旅游者以满足文化需求、提高智慧为目的的旅游商品，旅游者在旅游过程中进行一切历史、文化或自然科学的考察与交流、学习等活动的总和。

目前，学术界对文化旅游商品尚没有明确的界定。

本书认为文化旅游商品是指具有一定的文化内涵，围绕地方历史文化旅游资源和风土人情地域特色及知名景点特色等元素，适合旅游消费而设计的旅游纪念品、旅游工艺品、文物古玩仿制品、地方文化产品、工业品、农特产品等。

文化学家一般认为,文化由三个不同要素和层面构成,即物质文化、行为文化和精神文化。文化旅游商品作为一种实物,它属于物质文化层面,通过它可以反映一个国家或地区的风土人情、艺术文化、传统与现代文化等各个特征。

文化旅游商品的设计与开发特别注重文化与旅游融合、特别强调以旅游商品载体的形式挖掘当地文化旅游资源,繁荣文化旅游市场。

三、文化旅游商品的特征

实际上,旅游商品是经济和文化的载体,而文化是旅游商品的灵魂。

相比一般的旅游商品,文化旅游商品更多强调的是地域特色和文化内涵。鲜明的文化特色是其最大特征,具有不可替代性。

(一)文化内涵

在旅游商品的定义中,没有对它是否具有地方特色及文化内涵作出规定。虽然大部分旅游商品是具有文化内涵与特色的,但是仍然有一部分是没有特色的,仅仅是因为它具有某些优势,比如价格优势。所以,文化内涵是文化旅游商品区别于一般旅游商品的又一特征。

没有足够的文化内涵的挖掘,旅游商品只能是低层次的重复开发。但文化内涵又是一个非常抽象化的概念,旅游商品实物"文化"的灵魂,主要是突出独特的现代文化和传统文化,可以在商品的设计、生产、包装、宣传、销售等各个方面与文化活动结合起来。

对旅游目的地文化内涵的挖掘,首先根据旅游资源的文化内涵,以旅游地文化为导向,确定旅游地的文化主格调和文化开发方向;其次再进行旅游文化主题定位,无论是自然景物还是人文资源,都有可提炼和确定的文化主题;再次围绕文化主题开发,设计文化旅游项目。

(二)特色性

特色性是一种地域的相对优势,取决于旅游者居住地与目的地在自然、社会、文化和经济方面的对比。

1. 地方特色

所谓地方特色,是指一个旅游目的地的旅游商品区别于其他地方商品的显著特征和标志。它是由多种自然资源和人文资源组成的复合体,地方特色一般来源于下列一个或几个因素:① 自然地理因素:由于常住地和目的地在气候、地质、地貌、生物等自然地理环境方面存在差异,所以目的地可能出产有特色的农副产品、土特产。② 社会文化因素:主要表现为区域特有的文化、民族文化、宗教信仰、民俗等。③ 经济因素:主要表现在由于地区经济发展的不平衡性,出现目的地某些商品质量、价格和种类方面相对有优势。④ 历史因素:主要指某些纪念品的生产有历史渊源,或者工艺精湛,知名度高,被称为"中华老字号"。⑤ 反映旅游景点内容。

地方特色是文化旅游商品纪念性的重要组成部分,越是资源短缺或小规模生产具有本地化的商品,旅游者的购买欲望就越强。例如,到长沙的旅游者,一般喜欢购买湘绣;到景德镇的游客,多会购买瓷器。

2. 民族特色

各民族的衣食住行、风俗习惯等都有自己的独特风格。从衣着、装饰到生活用品、家具和民居,各民族均有自己的特色,都有各自的特殊要求,形成不同民族独特文化内涵的商品,具有不可替代的特征。旅游者在购物时,对富有民族性、民族文化深情的商品情有独钟。

3. 主题特色

这是将旅游活动的主体特征融入商品之中,使其变成具有纪念意义的旅游商品。这类旅游商品不仅可以收藏或使用,还可以作为礼品馈赠。如帽子、T恤、明信片、宣传画、景点门票、邮票等都可以融入主题活动的内容。

4. 宗教特色

在宗教氛围相对深厚的旅游区,旅游商品可能带有浓厚的宗教色彩,也会成为旅游者购买的对象。

(三)艺术性

首先,旅游商品的艺术性是指旅游商品的整体设计新颖奇特、美观别致,具有艺术欣赏的特性。一件文化旅游商品必须经过艺术手段表现为艺术品或者工艺品,或者对实物做艺术加工,具有形体简洁、特性鲜明、加工精美等艺术形态,旅游者才能产生购买欲望。

其次,文化旅游商品的艺术性在于人们要对普通的旅游商品进行艺术处理和艺术加工。如砚台原本是磨墨用的,但为突出艺术性,可以在砚台上雕刻一些山水人物、梅兰竹菊等图案,这样既可磨墨,又可陈列欣赏,乃至收藏。这种经过艺术加工的旅游商品附加值就提升了,深受海外华人和日本游客喜爱。

四、文化旅游商品的类别

(一)按流通形式分类

1. 导购文化旅游商品

导购文化旅游商品往往是作为旅游行程中有意安排的购物对象,这类商品必须是当地最具特色和货真价实的商品,它已经成为一个国家或地区非常有代表性的商品。例如,法国的导购文化旅游商品是葡萄酒和香水,电子制品和化妆品则是日本主要的导购文化旅游商品。

中国的导购文化旅游商品销售的主要场所是定点旅游购物商店,但由于其价格往往较高,且部分导游人员为得到购物回扣,在购物点会“强迫”游客购物,导致游客有较大的反感情绪。

2. 自选文化旅游商品

即旅游者在旅游目的地市场上可以自己选购的旅游商品。旅游地的所有消费品均可以成为旅游者的购物目标,地点可以是摊棚摊点、景点商店等,所以其购物范围远远超出旅游购物商品专营市场和专营商店的范围。

（二）按原料分类

这种分类方法是以旅游商品的原材料为标志，对其进行系统划分。一般来说，我们可以将文化旅游商品划分为以下三类：

1. 植物性文化旅游商品

即以植物性原料制成的旅游商品，如根雕、盆景、竹艺品、木艺品等。如浙江乐清的黄杨木雕、安徽黄山的竹雕、四川的瓷胎竹编、吉林树皮画、福州软木画、广东潮州的麦秸贴画都属于此类文化旅游商品。

2. 动物性文化旅游商品

即以动物原料制成的旅游商品，如皮制品、毛织品、动物性工艺品等。俄罗斯的毡靴、澳大利亚的羊毛毯、浙江海宁的皮革、藏族的牛角饰品和牦牛奶酥油都属于此类文化旅游商品。

3. 矿物质文化旅游商品

即以矿物质原料制成的旅游商品，如陶瓷制品、金银饰品、宝石玉器等。南非的钻石、江西景德镇的瓷器、江苏宜兴的紫砂茶壶、北京的景泰蓝和玉器、云南的斑铜、浙江的龙泉剑、甘肃酒泉的夜光杯都属于此类文化旅游商品。

（三）按属性分类

这是目前比较常见的一种分类方法。依据国家技术监督局1997年颁布的《旅游服务的基本术语》中对旅游购物的词义解释，我们可以将旅游商品分为以下五大类：

1. 文化旅游纪念品

旅游纪念品是旅游商品的主体。旅游纪念品是对旅行游览有纪念意义的商品，是各种各样的标有产地地名，或用产地的人或事物特征作商标的商品。它主要以旅游景点的文化古迹或自然风光为题材，利用当地材料制成等，可以表现各地风俗民情和名胜古迹的特点，具有浓郁的民族和地方特色。有人比喻旅游纪念品是一个地区的名片，旅游者可以从中感受到旅游地的独特之处并作为良好的礼物馈赠亲朋。如中国台湾的茶叶、陕西的秦俑制品、湖南韶山的毛主席像章、山东潍坊的风筝都是旅游者心中最具有当地标志性色彩的旅游纪念品。

2. 文化旅游工艺品

旅游工艺品是以旅游目的地的文化古迹或自然风光为题材，利用当地特有材料制成的设计新颖、工艺独特、富有纪念意义的艺术品，如丝织品、刺绣、陶瓷、金属工艺品、漆器、工艺画等。旅游工艺品与纪念品有时很难区分，但一般工艺品的欣赏功能更强，加工更为精巧，且具有特定审美意义。苏州的苏绣、天津的杨柳青木画版年画、北京的绢花、浙江的西湖绸伞、宁夏的鼻烟壶等都是有代表性的文化旅游工艺品。

3. 旅游用品

旅游用品就是指在旅游活动中购买的具有实用性和纪念性相结合的生活用品，包括服饰和日用品两类。服饰就是指本地制造的具有地方和民族特色的绸缎、呢绒、棉毛、皮革和皮毛等。旅游日用品是在旅游过程中必需的日用品，如毛巾、打火机等。新西兰的羊毛毯、新疆维吾尔自治区的小花帽、苏州的绸缎、贵州苗族的蜡染布等都是实用性和纪念性兼备的一类旅游用品。

4. 旅游食品

旅游食品是指旅游者在旅途中随身携带、食用或瓶装、匣装、袋装和其他软硬包装的食品，如土特产品、方便食品、快餐食品、风味食品等。这类食品中的土特产品一般具有浓郁的地方特色，既可馈赠亲友，又可自用和纪念。韩国的人参、德国的香肠、台湾的凤梨酥、杭州西湖龙井、北京的蜜饯、西安的牛羊肉泡馍都是旅游者美味的旅游食品。

5. 其他商品

其他商品是指除以上四种商品之外的旅游商品，如文物商品及其复制品。此外还可以按照用途、生产方式、标准化程度、制造方法、外观形态、生产时间、产地、包装、化学成分、市场空间等多种方法进行分类，本书不再一一赘述。

五、文化旅游商品在旅游业中的重要地位

旅游产业"吃、住、行、游、购、娱"六大要素任何一部分都不可缺少。而在2015年全国旅游工作会议报告中，国家旅游局提出了新旅游发展六要素，分别为"商、养、学、闲、情、奇"。文化旅游商品是旅游业的一个重要组成部分，发展旅游商品不仅体现在对地方经济的推动作用上，还在于其承担了满足旅游者需求和传播旅游地形象的双重责任。它是旅游者旅游体验的重要组成部分，是拓展文化产业链、促进全域旅游发展的重要方式。

（一）旅游商品收入是旅游业创汇、创收的重要来源

旅游购物的花费是"活消费"，需求弹性相比其他旅游五大要素较大，范围也相当广泛，其经济收入具有相对的无限性。因此，旅游商品收入在旅游收入中所占的比例已成为衡量一个国家（地区）旅游业发展程度的主要标志，直接影响着旅游业整体收入水平和收入结构的合理性。据国际旅游统计资料分析，欧美等旅游业发达国家中的旅游购物收入一般均占这些国家旅游业总收入的40%以上，新加坡的旅游购物收入则占旅游业总收入的50%～55%，香港旅游业总收入中有60%来自购物。从国内主要旅游城市来看，旅游购物发展水平较高的北京、上海两地，旅游购物消费已占游客旅游总支出的40%左右。

（二）旅游商品是旅游目的地吸引力的组成部分

旅游商品是目的地旅游资源的一部分，是吸引旅游者前来旅游的重要动力之一。如巴黎的香榭丽舍大道、伦敦的牛津街、加拿大的West Edmonton中心，每年吸引上万名旅游者前来购物。北京的王府井、上海的南京路、香港的铜锣湾也都成为都市旅游不可缺少的购物天堂。尤其是那些具有质优物美的地方特色的旅游商品，更是成为旅游吸引力系统中极其重要的组成部分。

（三）旅游商品是旅游活动中的重要内容

旅游购物是旅游六大要素中不可或缺的重要环节。大多数旅游者在旅游过程中都有旅游购物的愿望，一方面作为自己旅游经历的铭记，另一方面也可馈赠亲友。缺少了购物环节，旅游体验将不完美，旅游目的也略显失色。而且，现阶段的旅游商品逐渐与趣味相结合，突出了体验民风、民俗的特点，不仅增长见识，而且增加了活动的乐趣，购

物活动逐渐成为人们旅游活动中享受异乡情调必不可少的一种方式。

（四）发展旅游商品有助于扩大旅游地知名度

旅游商品承担了满足旅游者购物需求和传播旅游地形象的双重价值。一件精美的旅游商品能使旅游者长久保存，或乐于赠送亲友，乐于向周围社会介绍。它对旅游地形象传播是一个很好的渠道，有助于扩大旅游地的知名度。旅游商品是旅者旅游印象的物化。因此，研究旅游商品，对发展旅游商品、传播旅游地形象和文化、丰富旅游商品市场有着深远的文化和经济双重价值。不同学者基于不同的研究目的对品牌进行了不同定义，在这些品牌内涵中认可度较高的是AMA的定义：用于识别单个或多个产品、服务集的名称、术语和符号，使其与其他竞争产品或服务相区别。知名品牌的创造不仅需要把文化元素注入到旅游商品开发中，还需提升产品自身的理念、设计、工艺与质量，并与当前的传播媒介相结合，从不同角度打造文化旅游商品品牌。例如，与服装产业结合将东巴手工刺绣推广到居民日常服饰中；与传统工艺品结合将东巴象形文字刻于其上；与现代舞蹈结合扩展东巴舞的应用范围，进而带动相关产品的发展；与短视频平台等传播媒介结合将纳西族的各种商品的性能传播出去等。这些措施能帮助提升纳西族东巴文化旅游商品的品牌效应。

（五）发展旅游商品有助于促进传统工艺发展

发展旅游购物，可以促进工艺美术品、手工艺品和其他民间传统纪念品的挖掘与创新。有些传统手工艺品，由于不适合国内市场需要，已多年不再生产，手工艺术濒临人老艺绝的窘境。但这类传统工艺品具有独特的艺术风格和浓郁的地方色彩，是重要的文化载体，有可能成为重要的旅游商品。这种商品经过挖掘，既可满足国内外旅游者的需要，又可使濒于灭绝的手工艺得到新生。国内外实践还表明，旅游业的发展，旅游购物的活跃，不仅拯救了一些消退的艺术和手工艺技术，而且还会对一些面临衰退的行业，通过实用产品艺术化，得以起死回生。如江南水乡乌镇的蜡染坊，通过对蜡染工艺的再现，将其与景点游览、商品销售结合起来，成为乌镇独特的一景。

（六）发展旅游商品可以带动和促进工、农、商等行业的发展

许多旅游商品是由工业部门和农业部门提供的，而农副产品是许多旅游商品生产所需原料的最主要来源。所以，提高旅游商品水平，能带动工、农等相关行业的发展，活跃乡镇企业、家庭手工业和其他中小企业，并为社会就业开辟新路。

第二节　文化旅游商品的同质化现象

随着我国旅游业和旅游购物的发展，旅游商品的问题也逐渐暴露出来，如商品内容雷同、生产工艺粗糙、售卖价格虚高、文化内涵不丰富、产品形式老套、伪劣商品充斥等，导致许多地方的旅游商品经济徘徊不前，没有发挥其应有的对国民经济的拉动效应，旅游商品的发展滞后于其他一些旅游要素的发展。文化旅游商品是伴随文化旅游

业的发展而出现的一类商品。同时文化旅游商品的同质化问题也颇为突出,已经成为旅游商品发展中的一根软肋,成为影响和制约我国旅游业健康可持续发展的关键因素。旅游业缺乏有力的知识产权保护导致旅游业创新发展不足,是造成旅游业同质化发展的主要原因。

一、同质化的含义及现象

同质化是指同一大类中不同品牌的商品在性能、外观甚至营销手段上相互模仿以至逐渐趋同的现象。在产品同质化基础上形成的市场竞争行为称为同质化竞争,如出版同质化竞争的表现是出版产品的内容层次,典型特点是同一类型的出版产品品种重复,且内容替代性强。

产品的同质化使得产品差异较小,不易分清。虽然可能在形式上有差别,但内容、品质、技术含量、使用价值一样,结果导致不利于消费者识别,无特色、无差异。如果是知名品牌,尚有竞争力,但仍需进行品牌建设及产品,服务的提升。如果是一般品牌,免不了要进行残酷的价格战,市场前景不容乐观。

同质化的现象在现代社会不再少见,如在电子产品、杂志报纸、影视节目中广泛存在。在不同领域,同质化的视角、内涵、外延都不尽相同。

但在旅游产业中,同质化现象较先出现在旅游产品方面。第一个被开发或名气较大的旅游产品,会不自觉在相似资源中树立榜样作用,这就成为同类产品中同质化现象起源的一个症结所在。继而在经营过程中,因为开发资源相似,自然在形象定位、经营方式上竞相模仿,如此一来,在市场上的区分度不高,旅游产品之间相似性大、可替代性高。常州梳篦是我国的非物质文化遗产,是中国传统精致的手工艺。梳篦作为常州代表性的工艺美术品,必然会作为游客旅游产品消费的首选。但如今旅游商品市场面临技术缺乏创新、开发力度薄弱、需求市场缺乏资金等问题,导致我国的旅游商品市场存在明显的同质化现象,使得传统工艺和地域文化得不到好的宣传推广,旅游商品市场面临种种问题。

二、文化旅游商品同质化

近些年来,旅游产品的同质化现象逐渐蔓延到文化旅游商品的生产、营销等方面。

(一)文化旅游商品同质化的基本含义

文化旅游商品的同质化是指旅游地出售的文化旅游商品在其他旅游地也出售,即很少能看到旅游地所独有的旅游商品,简而言之,就是旅游商品缺乏地方特色。

从需求角度,文化旅游商品同质化现象可以看作随着旅游者旅游经验的丰富和对旅游商品新颖程度、地方特色等方面需求的增加,而现实中这些方面的旅游商品却不能满足旅游者期望的状态。说到底,是旅游者购买旅游商品时的求新求异需求不能得到有效满足的一种心理状态。

从供给角度,文化旅游商品的同质化表现为旅游商品多为若干年前某旅游地的“创新”,多年之后这种创新已经通过各种形式在各旅游地广泛扩散,而各地“创新”的旅游商品的数量相对不足,多停留在对现有商品的简单模仿层面上。

文化旅游商品的同质化已成为旅游商品市场发展的软肋，不同旅游商品经营者经营商品的差异越来越小，造成了旅游商品市场的萧条，使当地轻工业、工艺品等旅游相关行业发展缓慢，制约和影响了旅游产业的整体经济效益。

具体说来，这种同质化现象主要体现在两个方面：一是在同一旅游地旅游商品的同质化；二是不同旅游地之间旅游商品的同质化。就同一旅游地旅游商品的同质化而言，在一个旅游景点，所经营的旅游商品品种及质量往往差别不大，呈现出强烈的同质性。因此，一方面旅游商品市场给人的感觉是大同小异，摆在台面上的商品都非常雷同，甚至于根本没有什么差别，以至于让游客丧失了购买的欲望；另一方面，不同旅游景点的旅游纪念品几乎都是雷同的大路货，缺少特色，没有魅力。比如手镯、项链、戒指等金、银、玉器饰品，几乎没有一个旅游城市或风景区不卖这类商品（有的还由导游专门进行导购），既然到处都有出售，又何来“旅游商品”之称谓呢！这种不注重体现地方特色、设计雷同的旅游商品，体现不出纪念价值，也形不成自己的市场独特性。

（二）同质化的表现

1. 缺乏地方特色

一件文化旅游商品成功关乎其文化内涵，而独特的创意更是其核心价值。成功的旅游商品不仅对购买者有纪念意义，还可以使他们的旅途变得兴味盎然。当你在伦敦街头邂逅大笨钟模型，在慕尼黑遇上微缩版啤酒桶，在迪士尼抱着一个米老鼠大玩偶，那种感觉美妙得无法形容，不同的旅游目的地赋予了这些纪念品完全不一样的内涵。旅游购物是旅游活动的一个重要方面，也是旅游消费中的最大变量。具有地方特色、蕴含地域文化底蕴的纪念品、土特产和工艺品一直是旅游者购物的首选。一些当地的特产，因缺少品牌保护意识，鱼龙混杂，真假难辨，不仅造成游客选择困难，甚至一些游客因买到赝品，对旅游商品失去信心。

特色是文化旅游商品的生命，特色的内涵在于旅游商品所体现的地域特征、文化和民俗风情。然而，在同质化这样的一个怪圈中，文化旅游商品所富含的特色性已经不复存在，就像一个包围圈，旅游商品“千景一面”，频频撞车，结果令旅游者对其失去兴趣，旅游商品市场发展迟缓。

近年来，特色小镇在全国遍地开花，成为国内旅游圈热门时髦的关键词。各地政府及知名企业大规模布局特色小镇。从目前来看，全国各地的古镇和小镇都因所处地域不同，风俗文化不同，而具有各自不同的特色。然而事实上是，不少游客对小镇的印象就是“千篇一律”，饮食大同小异，玩法也无甚大差别，甚至连街边的纪念品商店售卖的特产都让游客感到似曾相识。缺乏了当地的特色，失去文化旅游产品原有的味道。因此，重视当地特色显得尤为重要。

2. 产品质量下降，假货充斥

与旅游商品同质化相联系的是旅游商品市场上商品质量的鱼龙混杂、以次充好等现象。为了争夺有限市场获得利润，旅游商品经营者们竞相压价，在原材料或制作工艺上偷工减料、偷梁换柱，结果是产品质量无法保证，大量的次品、假货、山寨品充斥市场，反而一些有代表性的、真材实料的商品退出了旅游市场。如真正的苗银、土家织锦、蜡染扎染等渐渐淡出，取而代之的是做工粗糙的“伪银器”“伪蜡染”。

3. 销售内容雷同

由于缺乏创新,如国内很多旅游城市及景点,所出售的旅游商品很大一部分都是雷同的,如伟人像章、草帽、各种材料做成的项链、陀螺,或是色彩斑斓的围巾、蜡染服装等,几乎在从南到北的每个景点外的小摊上或商店都可以看到。目前,很多所谓的旅游纪念品都是由一些地下工厂或作坊批量生产,然后送到各个旅游景点批发销售,因此无论你在海南或是青岛,在西藏或是内蒙古,甚至在自己居住的城市,都可以看到一模一样的纪念品在出售。它们的共同点是价位高、质量差,只有少部分有少许纪念价值。

4. 产业地位低下

目前世界旅游发达国家购物收入已占旅游总收入的40%~60%,而在中国这个数字平均只有20%左右,在"吃、住、行、游、购、娱"的旅游产业链中,"购"这个环节的潜力还远远未能挖掘出来。文化和旅游部发布的数据显示,2019年全年国内游客60.1亿人次,比上年增长8.4%;国内旅游收入57251亿元,增长11.7%。入境游客14531万人次,增长2.9%。其中,外国人3188万人次,增长4.4%;香港、澳门和台湾同胞11342万人次,增长2.5%。在入境游客中,过夜游客6573万人次,增长4.5%。国际旅游收入1313亿美元,增长3.3%。国内居民出境16921万人次,增长4.5%。其中因私出境16211万人次,增长4.6%;赴港澳台出境10237万人次,增长3.2%。其实,旅游商品的同质化现象还体现在地区(政府)对旅游商品产业的激励机制上。如各地为了刺激旅游商品发展,纷纷举办旅游商品博览会、旅游商品设计大赛、建立旅游商品产业园、减免税收、提供项目资金等方式,与旅游商品有关的比赛和会展层出不穷(表10.1),但是其经济效益却有待提高。

表10.1 各地举办的与旅游商品相关的比赛和展会

地　区	名　　　称	年份
芜湖	旅游商品设计大赛	1997
北京	中国(芜湖)旅游商品博览交易会	2000
张家界	旅游商品博览会	2001
杭州	中国杭州国际旅游(休闲)商品博览会	2003
海口	中国(海口国际)旅游商品交易会	2003
吉林	中国(吉林)东北亚旅游商品博览会	2004
湖北	旅游商品设计大赛	2005
江苏	旅游商品博览会	2006
陕西	旅游商品博览会	2008
西宁	中国夏都(西宁)旅游商品博览会	2008
河南	河南省旅游商品设计大赛暨博览会	2009
浙江	中国国际旅游商品博览会	2009
义乌	中国国际旅游商品博览会	2010
北京	旅游商品博览会	2012
义乌	中国国际旅游商品博览会	2013
中原	旅游商品博览会暨"老家礼物"旅游商品大赛	2015
北京	北京展会旅游商品旅游装备博览会	2016
包头	中国旅游商品大赛及首届民族特色旅游商品博览会	2017
西安	中国旅游商品大赛	2019

三、文化旅游商品同质化的原因

（一）“一次”交易市场的利益驱动

市场学中的“品牌机制”或“信誉机制”又称隐性激励，它是行为主体基于长期合作关系而放弃眼前利益的行为。但其发挥作用的前提是博弈必须是重复的，一次交易则不可能产生信誉。在博弈可以重复的市场中，顾客重复购买企业产品，如果企业作出不诚信行为，将会导致其在顾客眼中信誉受损、品牌度下降从而影响未来的销售。

而对于旅游商品市场来说，由于旅游者多为首次前来旅游，旅游商品市场是一个典型的“一次交易”市场。在这个市场中游客对产品信息了解有限，品牌认知度低，企业的一次造假不会对其未来的销售产生影响，而短期的造假行为又能够为企业带来更多的销售量，从而提升企业的利润，因此，同质化成为企业可能的选择。

（二）缺乏创新

党的十九大报告指出，我国社会主要矛盾已经转化为人民日益增长的美好生活需要和不平衡不充分的发展之间的矛盾。当前行业内缺乏满足人民对美好生活需要的个性化、创新化产品，也缺乏与现代技术紧密结合、迎合市场需求的高科技文旅产品。现实中，旅游商品品种单调、款式陈旧，甚至有些地方旅游商品的款式、品种几十年没有什么新变化。另外，常见的还有档次不高、缺少精品、缺乏创意、做工粗糙。因此，游客外出旅游往往抱怨没有什么旅游纪念品好买。无论是内容陈旧、形式单一，还是缺乏特色，都反映了旅游商品创新能力的不足。创新不足是同质化现象最明显的表征。

创新不足的原因主要有以下两点：

一是资金问题。这一直是困扰旅游商品企业发展的瓶颈。很多旅游商品生产的中小厂家，在维持生存方面的资金已经短缺，而产品创新往往需要企业在前期的市场调研、产品设计、营销推广等方面投入一定的经费。不足的资金往往使企业疲于应付生产中的各种问题，没有资金和精力进行新产品的研发。

二是市场问题。市场环境在很大程度上影响着企业产品创新的积极性。旅游市场的季节性和脆弱性增加了旅游商品经营的风险以及产品创新的不确定性。因此，旅游企业为了规避这种风险，更加倾向于生产比较大众、流传度较高的一类商品，所以旅游商品企业围绕游客市场进行地方特色产品创新的精力被相对削弱。

有的时候，仅有的少量创新还遭到市场的大量模仿，创新企业的前期投入得不到应有的市场回报，更强化了企业对模仿策略的选择。

（三）市场监督不力

很多旅游商品市场主体多为一些小工厂、小作坊，具有游击式的生产、经营特点，政府整顿具有一定的难度。再加上对旅游商品的研发、生产、销售尚没有健全的法律环境，比如对于知识产权保护力度不够，打击了商家研发旅游产品的热情以及不够持续地打击伪劣产品，为企业提供公平竞争的环境，结果导致一些创意和产品很容易被一些竞争对手或地下工厂进行“山寨”，使得开发它们的旅游企业利益受损，不少好的创意最终将难以成为产品而无缘市场。另外，很多旅游商品在法律上没有“真假”的标准，也没有相应的处罚措施，旅游市场的失序和无序要求进一步规范旅游商品市场，整顿并维护市场秩序。

（四）政府引导力度不够

政府引导是振兴旅游产品产业化、净化旅游商品市场环境、弥补旅游商品市场失灵问题的重要手段。但是，由于观念、能力等原因，政府在资金扶持、政策导向性方面常常是效率低下和时间迟缓的，甚至争取项目资金“跑关系”在旅游商品企业中还普遍存在，这些都在一定程度上抑制了旅游商品企业的规模化发展。

（五）“伪民艺”的出现

同质化现象的又一表征为旅游商品中的文化内涵缺失，一些传统工艺简单商业化变为旅游纪念品出售，而真正的民间手工艺（品）却濒临消亡。

这主要是由于社会文化的变迁，民间工艺生存的土壤发生了巨大变化；而在科技高速发展的今天，民间艺术自身传承机制又有一定的封闭性，制作方式有一定的落后性，在追求产量的现状下，其精工细作带来的是效率低下；此外，大众审美倾向和生活趣味的改变，也使得一些民间艺术品的顾客群减少。

在这样的情形下，现在充斥于旅游商品市场的许多民间艺术品或者是手工艺品只能是“伪民艺”。

总的来说，文化旅游商品同质化的原因涉及行业、市场、政府、文化等方方面面。它既有来自旅游商品企业自身的能力和资源，又有来自外界环境的各种变化和要素。所以，它不是一个单纯的局部问题，而是一个复杂的系统问题。

四、文化旅游产品同质化的对策分析

（一）建立适当的信息传递机制，在同质化中树立产品品牌

由于旅游商品经营者与游客之间的交易行为具有一次性博弈的性质，在这种一次性博弈过程中，经营者利用信息方面的优势欺骗游客就成为常态。根据有关的博弈理论，信任是人们理性选择的结果，而只有在重复博弈里，游客才能在多次的交易过程中获取关于产品质量的信息，建立游客与经营者之间的信任。那么，为什么在旅游商品市场上，这种情况没能出现呢?原因便在于旅游商品的同质化。同质化的旅游商品使经营者放弃了建立声誉、品牌的努力，转而经营质量低下的商品。在这种情况下，建立适当的信息传递机制便成为其中的关键。当质量不同的产品混杂在一起而无法让消费者区别开来时，经营者主动显示有关信号，表明自己的产品质量，反映自己产品的特征，让顾客把它和质量不好的产品区别开来。所以，在信息不对称的市场上，优质品生产企业唯一的选择是主动发送信号，使消费者能够根据这些信号识别自己的优质产品，创名牌、打信誉就是一种重要的信号显示方式。产品长期形成的品牌、信誉便是其重要的信息标识，“品牌机制”或“信誉机制”作为一种产品质量信息的表达机制，能够有效缓解经营者与游客之间的信息不对称现状。

比如，在2019年5月第11届中国旅游商品大赛中，3600多件新疆特色旅游商品亮相展会。其中阿尔泰礼物·55度降温杯获得银奖，熊悟空·新疆野生动物手绘系列·喀纳斯立体书获得铜奖。这些具有浓郁地方特色的产品，在一定程度上提高了新疆的知名度，有利于建立品牌效应。

(二) 注重创新、突出特色,把握差异化,彰显商品主题

产品创新是指向市场推出从未见过的产品或对现有产品的明显改进,即可分为突破性产品创新和渐进性产品创新。从单个项目上看,创新表现为产品某种技术参数质和量的突破与提高,包括新产品开发和老产品改进。从整体考察,创新贯穿产品构思、设计、试制、营销全过程。对旅游商品来说,其创新可以包括设计的创新、功能效用的创新、材质和制作工艺的创新、外在形式的创新(造型、色彩、包装等)、品牌的创新。但创新的核心是突出地方特色,地方特色应是旅游商品与生俱来的属性,也是旅游商品摆脱同质化,开辟新市场空间的重要手段。

具体来说,应在分析当地历史文化、民俗风情、资源特征基础上,突出地域特色,强化差异,推出"人无我有,人有我特"的"绝品""特品"旅游商品,让其真正成为当地旅游的"符号",具有强烈的不可替代性。

文化主题是旅游商品的灵魂,缺少主题,旅游商品就失去了灵性,失去了凝聚力。从旅游商品的文化特色和品牌特色进行创新,从而解决商品同质化的问题。首先,创意旅游商品。依托当地文化自然背景,充分了解旅游者消费行为特征,将旅游商品与当地文化、社会、自然背景融合。其二,旅游商品要与科技结合,在旅游商品外观形状、制作材料(工艺、材质和商品包装)等方面,运用创意和科技手段,给游客以视觉、触感和文化上高端品质的体验。其三,在开发旅游商品中,必须用品牌来提升当地未来旅游商品的开发重点,注重品牌效应,找准市场定位。其四,注重旅游商品功能性开发,使旅游商品既能玩又能用。

如福建永定以世界文化遗产"土楼"而著称,故景区结合这一资源特色推出的土楼烟灰缸、土楼月饼,创意巧妙,吸引很多游客购买。再如广州长隆香江野生动物世界,其推出的动物公仔、帽子、服饰就很有特色,旅游商品主题非常鲜明。

(三) 提高旅游商品的文化品位,促进旅游地形象树立

旅游商品可以代表一地的文化品位和素质,富含较强文化底蕴的旅游商品可树立良好的旅游地形象,成为促销广告,带来较高的经济效益并促进地区间、民族间的跨文化交流。而同质化的旅游商品通常文化内涵肤浅、文化品位不高。要凸显旅游商品的文化品位,可以从以下两个方面着手:

一是旅游商品的内涵应具备丰富的文化品位。旅游商品是当地特色文化的物质载体,其地方性文化味越浓,对游客的吸引力也就可能越强。因此,充分挖掘地方文化内涵,将其恰当地融入旅游商品中,是旅游商品开发中增强吸引力的关键因素。如回族的花帽、藏族的酥油茶、壮族的五色饭、西安秦始皇陵兵马俑仿制纪念品、各种唐三彩动物工艺纪念品等旅游商品就充分展示了当地的民族文化。

二是旅游商品的装潢要凸显文化品位。包装设计也是一种文化形态,包装的设计要与本国的传统文化、地方特色甚至是民间艺术完美和谐地相融。如传统用楠木、樟木、檀木制作的匣、盒来存放笔、墨、书画、砚等物品,正是一种彰显文化品位而且得体的包装。

此外,旅游商品的设计者应具备较强的文化修养和文化理念,充分了解民族文化、地域文化和社会消费文化,旅游商品的宣传也要突出其文化内涵,且是优秀的文化内

涵。在旅游商品开发中必须深度挖掘文化性、民族性和地方性内涵,才能独具特色,才能具有吸引力,才能从根本上丰富旅游商品的文化内涵。因此,要想成为旅游商品,该商品必须首先为本地居民所认可与喜爱,有着当地老百姓的良好口碑,承载着一定的历史文化。旅游企业在研发旅游商品时,需要挖掘旅游商品中的历史故事,在讲好历史故事的同时,要与时俱进,联系当前民风民俗,结合当前人们的消费追求点,做好旅游商品功能的研发。

(四) 加强行业监管,规范市场秩序

不健全的市场机制表现在买方垄断的市场格局使得旅游商品生产销售企业难以公平有效地参与市场竞争,相关法律法规的不健全使企业倾向于作出扰乱市场秩序的短期行为。

目前各地旅游购物存在着很多的不规范性,例如:导游回扣问题,旅游商品价格“水分”过高等,需要进一步加强管理。因此,行业协会应很好地发挥作用,建立完善的他律和自律机制。他律机制,在于有关旅游法律、法规的出台、制定与完善,这提供了行业协会规范有关经营者行为的重要法律依据。而自律机制,则需要行业协会在旅游商品的定价、质量以及违规处罚等方面作出严格的规定,以规范旅游商品经营者的行为,打造地方旅游商品的“信誉”和品牌效应,减少交易成本,促进旅游商品市场的发展和繁荣。

有关部门应该从重查处价格虚高和以次充好的行为,一旦发现有商家屡查屡犯,要张榜公布,或者禁止其进入大型商场等,让游客消费更加放心。

面对旅游商品管理混乱的现象,旅游行业主管部门要分级分层次加强统一管理,在省级层面成立旅游商品研发中心,对省旅游商品生产企业进行宏观统一管理。在市级层面成立旅游商品研发中心,制订阶段性旅游商品开发与销售计划。在企业层面,成立旅游商品研发中心,进行商品设计、开发、营销等,力求旅游商品市场运行专业化,从而优化旅游商品的有效供给。

(五) 强化政府支持引导,搭建合作平台

业内人士指出,旅游商品由于品种多、规格小、变化大,许多生产厂家不愿投入过多资金发展这一产业。因此,要发展旅游商品,必须依靠政府的支持,地方政府应该在信贷、税收、投资方面对相关企业进行扶持、优惠,调动企业的积极性,增强企业活力。作为中国首个获得国务院确定建设的国家旅游综合改革试验区,桂林市开展了旅游产品转型升级的探索。桂林市提出,将在政府的扶持下,建立起强有力的旅游纪念品生产企业和开发机构,并利用桂林地方工业优势,实现旅游纪念品生产的产业化。

【课堂讨论】

一些学者认为,同质化现象的出现与旅游商品市场的交易性质和交易频率有关。也就是说,旅游商品市场交易作为消费者(游客)与旅游商品经营者双方之间的一种博弈行为,更多地呈现出一次性博弈状态,而非多次性重复博弈,这种博弈状态往往使得旅游商品经营者利用信息方面的优势,作出相当短期化的经营行为,并由此逐渐造成了消费者(游客)对旅游纪念商品经营者的不信任。

你同意这个观点吗?为什么?

第三节　个性化文化旅游商品的开发

一、个性化

个性化(personalization),顾名思义,就是非一般、非大众化的东西。即在大众化的基础上增加独特、另类、拥有自己特质的需要,别具一格,别开生面,打造一种与众不同的效果。

在旅游领域中,个性化的旅游产品是旅游者较早提出的诉求形态。越来越多的旅游者已经把旅游当作享受生活品位的一种方式,他们已渐渐不满足于单一的旅行社组团线路和产品设计,而是渴望根据自己的喜好,设计线路,自由挑选组合旅游产品,为自己量身定做专属于自己的个性化"旅游包"。根据某一大型旅游网站的调查,选择"肯定不会跟团游"和"基本不会选择跟团游"占到被调查总数的47.2%。

二、文化旅游商品个性化

(一)基本含义

狭义上的商品个性化是指,较之竞争对手在商品整体或商品的某一方面具有该类商品的共性,同时具有其他商品没有的功能与特性,因明显的优势而领先于竞争对手,达到对消费者产生一种颇具时代性的人文关怀。

广义上的商品个性化不仅仅包括式样、功能、外观、品质、包装、设计,而且要延伸到商品个性化销售和商品个性化服务理念。它是一种建立在完全满足顾客个性化要求基础上的文化产品,体现的是每位客户的个性而不是企业的个性。

总之,对于同一行业的竞争对手来说,商品的核心价值是基本相同的,所不同的是性能和质量。在满足顾客基本需要的情况下,为顾客提供独特的商品是差异化战略追求的目标,而实现这一目标的根本在于不断创新。

(二)商品个性化的特征

1. 共性是前提保障

共性决定事物的基本性质,个性揭示事物之间的差异性,个性化商品是建立在常规产品之上的一种横向延伸,不管是个性化程度多高的商品,都必须满足这类商品的自然属性,保证商品的基本功能,遵循商品的共性规律。目前,生态农场不仅仅是为了提高农场的生产产量,也在慢慢成为游客垂钓与采摘草莓的好去处。垂钓是一种休闲的方式,也成了新的时尚,逐渐变成一个企业的品牌文化。

2. 创新是重要特征

创新是企业竞争力的源泉,是商品个性化的基本保证。创新来源于商品的差异化,产品的差异化可以增加商品的特色,进而提高企业的竞争力,树立品牌形象。

3. 高品质是核心要求

商品的个性化也是为了满足消费者的偏好而设计，个人的兴趣、经历与爱好不同，也就对商品产生不同的偏好。因此企业应当采取“人有我优，质量领先”的战略，强调以顾客为导向。

旅游商品在一定程度上可以成为一国或一地区的象征。旅游商品的基本特征要求旅游商品不管其个性化程度的高低，其材料、制作工艺、实用性能、包装装潢等都应该体现较强的质量意识，这是树立旅游商品品牌形象的基础。

4. 高信赖性是最终目的

个性化商品可以在顾客心里建立起一种高品质、人性化的形象，这样有利于提高自己在目标顾客群当中的美誉度和信赖度，有利于更快地抢占市场。

（三）商品个性化的成因

近些年来，商品个性化趋向有愈演愈烈之势，究其原因，可以分别从以下三个层面来分析。

1. 人的需求的不断变化

人是商品的消费主体，人的需求始终影响着商品生产、销售的发展趋势与潮流。现阶段，随着生产力的发展，人们的消费观念也在不断地发生变化，商品的功能性需求已不再成为人们消费的焦点，追求一种更高层次的精神、情感性需求才是人们消费的热点和焦点。人们期望通过个性化的选择性消费彰显出自身的气质、性格、品位等内在特质，从而满足求新、求异等消费心理的需求，由此获得内在精神的满足感，进而使个性得到最大程度的张扬。旅游的本质是人们利用闲暇前往异地获取独特新奇、精神愉悦的休闲体验活动。因此，对旅游者来说，这种体验应该是个性化的、特殊的，因而也是无法复制的。随着人类社会经济文化的发展，人们的旅游需求呈现出个性化、多元化、多层次、复合型、高品质的发展。

2. 企业赖以生存之道

在日益细化的消费市场和人们多元化、个性化的消费需求增长的背景下，一成不变的商品样式令人单调、乏味，传统意义上的大众化、无差异性的商品已无竞争力。这一市场形势迫使企业、商家积极寻求个性化、差异化的、具有创新性的商品提升综合竞争力，牢固扩大市场消费群和市场占有率。

其次，商品种类越来越丰富，消费者可以在众多的同类商品中随意挑选，这就对商家提出了更多的要求，生产出个性化的商品是抓住消费者心理的关键所在，唯有此，他们才能在竞争日益激烈的市场环境中占得先机并立于不败之地。

3. 体现了人文关注

从文化层面来看，商品的个性化体现了对人文的关注、文化的保护与弘扬，顺应了传统文化的传承日益被重视的时代潮流。许多个性化的商品，特别是一些传统手工艺品，都带有强烈的个性经验和个体审美趣味，形成一种饱含人情味的美。

（四）商品个性化的作用

1. 满足消费者个性化需求，体现现代市场细分的规律

在传统目标市场中，消费者选购商品时只能以“现有商品”为中心，即所需的商品只

能以现有商品选购,消费者的需要不可能得到充分满足。而在个性化营销中,消费者选购商品完全以“自我”为中心,现有商品如不能满足需求,则可向企业提出具体要求,企业也能满足这一要求,让消费者买到自己的理想产品。

现代营销认为,每一类顾客、每一位顾客其需求特点都不尽相同。个性化商品则是充分体现这一心理规律,是以满足顾客个性化需求为目标的活动,极好地满足了消费者创新的心理、情感及精神需求,一切从顾客需求出发,开展差异化的生产、销售和服务。

2. 增强企业市场竞争力,提高企业经济效益

在竞争日益激烈的市场上,谁的商品最能满足顾客需要,谁就最终赢得市场。而个性化产品是顾客根据自己的个性需求设计、改进的产品,是顾客最满意的商品,这样的商品才更具适应性,更有竞争力。

由于与消费者保持长期的互动关系,企业能及时了解市场需求的变化而有针对性地生产,不会造成产品积压,缩短再生产周期,降低流通费用。另外,个性化产品使产品需求价格增加了弹性,售价提高,从而提高单位产品利润,企业经济效益自然实现。

现代商品在满足基本功能性要求的前提下,表现出一种强烈的个性化趋向。对于企业而言,个性化成为打造企业文化、树立品牌形象的主要抓手,它使得企业在大同的生产世界中创造了大不同的生产意境,在某种程度上促进了企业、消费者甚至环境之间的协调发展。

三、个性化文化旅游商品的实现途径

旅游商品市场是发展旅游经济和旅游文化不可缺少的组成部分,旅游文化不仅是景观本身,还包括景区纪念品和商品在内的文化内涵。文化旅游商品的生命力在于个性化。打造品牌,切实开发代表地域文化、体现景观特色的品牌是个性化实现的重要途径。

(一)“一区一品”的特色战略

所谓“一区一品”战略,是指以一个地区为单位,利用当地有特色的工艺、材料、开发有特色的产品。最早,泰国、韩国、日本等国家在发展本国旅游购物时纷纷提出这个口号,以培育地方有特色的土特产、民间工艺品、风味食品等为主要内容,旨在提高地方竞争力,增加地方收入。例如,泰国有专门生产雨伞、泰丝、花卉的村镇,游客到那里,既可以参观整个生产加工过程,又可以亲自动手制作,最后购买或定做自己喜欢的有纪念意义的旅游商品。例如,陕西宝鸡的旅游商品大到青铜礼器,小到凤翔泥塑、木板年画、马勺脸谱等都非常有特色,其种类在陕西省民间工艺美术品中占到了70%,为了强化品牌意识和市场作为,当地建起了“泥塑村”“马勺村”,以“品”创“牌”,统一推向市场。设计多元化旅游线路,丰富产品内容。首先,要做好市场调研工作,根据旅游者的实际需求进行个性化旅游线路的设计规划和实施。由当地的旅游行政管理部门牵头,各旅行社充分发挥能够第一线接触旅游者的优势,进行市场调研,充分了解旅游者对当地个性化旅游产品的心理诉求和需求变化趋势。其次,要做好对现有成熟旅游线路的研究,对线路进行深度挖掘,丰富产品内容,突出地方特有风格。

一个地区的旅游商品品牌究竟应该如何凝练呢?个性化旅游商品的特征是“人无我有,人有我优,人优我特”,关键是要在“特”字上做足文章。

一是开发研制反映当地文化内容和形式的商品。仔细梳理当地的物质文化和非物质文化遗产形态，研发将这些文化遗产物化成为有特殊纪念意义的旅游商品。

二是开发研制反映地域风俗文化内容和形式的商品。各地特有的地域环境和历史环境演绎出特有的民俗事象，由南到北的“十里不同风，百里不同俗”正是这一事象的真实写照。遍布各地的旅游景区自然打上了当地风俗文化的烙印，这为开发富有地域文化特征的旅游商品提供了广阔空间。这是个性化文化旅游商品个性化的关键所在，即可以化“民俗”为商品。在外来旅游者眼中，旅游目的地最吸引他的还是民俗工艺品，因为这是当地地域文化的“符号”，是其旅游经历最有标志性的载体。如陕西宝鸡组织民间艺人，紧扣青铜器、民间工艺美术、石鼓拓片等地方特色文化，将民俗文化转化为商品，打造独具特色的旅游商品，开发了小包装的泥塑、马勺、小石鼓，方便游客购买和携带。

三是开发研制反映景观自身特色内容和形式的商品。各旅游景点都有着鲜明的个性特征，关键是如何将这些个性鲜明的景观文化打造成为游客所喜闻乐见的旅游商品。实际上，在规划开发旅游景观的同时规划开发旅游商品市场，从而以旅游景观的大市场带动旅游商品的小市场，以旅游商品市场补充旅游景观的大市场。

（二）产品质量战略

为了降低成本，许多文化旅游商品生产厂商使用廉价原料、缩减制作工艺程序，以次充好、以劣取优，追求功利的短期经济效益。如很多景点的蜡染是用工业染料染的，一洗就掉色；再比如苗银非真银制作，葛根粉里的真正成分也无从辨别。

长此以往，品牌作为一种公共资源，由于受到了这些不法生产者和经营者的侵害，会连带旅游地的整体公共形象打折，导致其美誉度降低。

所以，加强产品质量管理有助于旅游商品个性化的呈现，有助于提升企业的外部形象。具体来说，首先，从行业协会层面就应该建立质量检查制度，定期对旅游商品市场进行质量专业检查和质量管理情况通报，对于“假货”市场，从严惩治。其次，对于一些制作工艺程序化的旅游商品，可以加强对生产控制过程的监督和管理，从工艺控制环节加大管理力度，提高工艺操作的精细化程度。此外，还要加强与游客、供应商、销售网络的信息沟通交流力度，加强对游客质量投诉调查的处理。

（三）利用包装、外形和颜色等外部要素实现产品个性化

商标是产品、声誉、特性及其效用的象征，名牌商标显示其实用价值，产品的质量与特色与商标的信誉与知名度紧密相连，而与众不同地强调人性化的包装、外形和颜色也同样能达到吸引消费者眼球的效果。如康佳电视有外形现代前卫的DVD系列电视、有披红挂绿的“七彩小画仙”系列；还有自然亲和的宠物海洋系列电视，这些产品的外形创新或增加产品特点的创新，满足部分细分市场中顾客的特殊需要，旨在为单身、新婚阶段的年轻人和满巢家庭中的未成年人设计他们喜欢的产品。

同时，旅游商品的包装、外形和颜色还要充分体现旅游目的地的民族化、地方化和本土化。因为旅游商品的这些外在形式是与其内在产品紧密相连的，旅游商品的包装、外形和颜色等外部要素作为旅游商品的重要组成部分，不仅具有使用价值，而且还具有区别于其他商品的内在特征。

如重庆推出的“重庆味道”特产包装设计，就非常具有个性化。选材为当地产楠竹，在上面分别烙画“巴渝十二景”，不仅可以包装“重庆味道”的十二种佐料，还可以做笔筒和插花等。小小的外形改良，带来了“独一无二”的个性化差异，不但给当地带来巨大的经济利益，而且大大提升了旅游商品本身的知名度。

因此，一方面，考虑到旅游商品应具有便携性的特点，在包装上可以分零组合，使商品变得轻巧而经济适用，切实为游客考虑。另一方面，这也是为商品销售创造机会，传达旅游商品的生产者、经营者对游客的一种人文关怀，这种关怀也是一种差异化的体现。

（四）通过信息传递和广告运作实现产品个性化

可口可乐在2008年北京奥运会举办以前，在中国市场，本土品牌影响力明显较弱，可口可乐的问题主要体现在与百事可乐的竞争上。2007年4月26日晚，北京奥运会火炬接力传递计划及火炬路线图发布，宣布可口可乐成为北京奥运会火炬接力全球合作伙伴。正是广告的投入以及对市场信息的判断，使之脱颖而出。

旅游商品的广告运作可以效仿这样的营销方式，让成功的广告创意和策划成为旅游商品个性化法宝。同时，企业还可以通过声音、图像、文字等信息或报刊、杂志、广播电视等各种信息传递工具，将有关商品特征的信息传递到目标顾客中，让他们认识商品的差异，熟悉商品的特色，从而在市场上树立与众不同的形象。旅游行政主管部门要充分发挥自身在信息资源上的强大优势，及时向旅游企业和旅游者发布最新的旅游资讯。此外，政府有关部门要加快旅游基础设施建设和加强维护，为发展个性化旅游提供保障。政府部门也要加强对于发展个性化旅游的宣传力度，充分利用每年举行旅游节的好机会，向旅游者展示当地的个性化旅游产品；通过组织和参加各种旅游博览会，让更多的旅游者了解当地的个性化旅游产品。

本章小结

- **内容摘要**

和世界上许多旅游业发达国家和地区相比，旅游购物是中国旅游业发展中的一个薄弱环节。其实，同质化现象是广泛存在，是阻碍旅游商品健康持续发展的重要症结。本章通过旅游商品和文化旅游商品基本理论体系的介绍，分析了旅游商品同质化现象产生的原因和具体表现，在此基础上提出相应的对策，并对个性文化旅游商品的实现途径进行了初步探讨。

- **关键词**

旅游商品；文化旅游商品；同质化；个性化

- **思考题**

1. 试述文化旅游商品的特点与分类。
2. 试述文化旅游商品同质化产生的经济、社会、文化等原因。
3. 试述文化旅游商品同质化有哪些表现。
4. 试述文化旅游商品个性化的原因。
5. 试述如何实施“一区一品”的特色战略。

第十一章　文化旅游活动项目的策划

学习目标

（1）理解文化旅游项目策划的内涵。

（2）了解目前中国文化旅游项目策划发展的现状及存在的问题。

（3）熟悉与掌握文化旅游项目策划的原则及要点。

（4）掌握文化旅游项目策划的程序。

导入案例

宜兴大拈花湾来了①

“宜兴大拈花湾项目今年力争奠基，体量将超过现有灵山和拈花湾的总和。”无锡灵山文化旅游有限公司董事长吴国平透露，将在宜兴周铁镇打造拈花湾的“升级版”，力争3～5年内建成。除了颇为可观的规模容量，“大拈花湾”将是大文化、大旅游、大健康、大智慧、大产业融合的综合体。最关键的是，宜兴周铁镇与马山的直线距离仅3.6千米，随着宜马高速公路和太湖隧道的建设，“大拈花湾”与无锡市区的距离可大大拉近，最快半个多小时就可从无锡市区到达宜兴周铁。

据了解，无锡万达文化旅游城位于滨湖区蠡湖大道，具区路一线，总建筑面积120万平方米，总投资360亿元，其中文化旅游投资达210亿元。项目规划有文化、旅游、商业、酒店四大内容。文化项目包括大型舞台秀、电影乐园和电影城。大型舞台秀是以无锡当地文化为背景创作的高科技舞台演艺节目。电影乐园包括3D动感剧场、3D互动剧场等世界最新电影科技娱乐项目。

吴国平指出创新、创意、创造建设世界级心灵度假目的地。大拈花湾项目将遵循大生态、大文化、大旅游、大健康、大产业的创新融合发展理念，着力构建“美丽太湖湾区”的生态工程，锡宜一体化实施的先导工程，太湖治理、转型发展的示范工程，大灵山旅游经济产业的辐射工程，拉动就业、精准扶贫的惠民工程。项目将致力于做到以下几点：

① https://dy.163.com/article/ED48888T0514DR7N.html?referFrom=bing.

① 打造一个生态乐园：大拈花湾将再造生态基底，重现千亩芦苇随风摇曳、碧波荡漾、白鹭翩飞的诗意画卷。我们畅想的大拈花湾是一个绿野蓝天、水清鱼乐的美丽湖湾，一个令人向往的世外桃源。

② 再现一个文化盛地：宜兴自古以来物华天宝、湖山毓秀，文人杰士灿若群星。我们将依托当地得天独厚的人文禀赋，创造性实现对文化经典、历史神韵的审美化表达、生活化呈现、体验化落地，构建长三角区域的文化后花园、度假新天堂。

③ 创造一个旅游奇观：大拈花湾将秉承灵山"打造当代精品、创造未来遗产"的理念，以国际化的视野，建设极具吸引力的超级心灵度假文旅项目。

④ 营建一个心灵牧场：大拈花湾将打造心灵产品，走向对人类内心的关怀，引进整合国际国内一流医疗养生机构，打造独具特色的抗衰老中心、睡眠中心、精神减压中心、诊疗康养中心、银发怡养中心等十大中心，造就一个宜游、宜养、宜居的心灵度假目的地。

⑤ 构建一个产业高地：大拈花湾项目将以心灵产品、健康产业为核心，并与文化、旅游、教育、养老多产业集聚、多业态叠加，构建覆盖全系、全龄身心度假的高人文产业链，驱动本区域向绿色环保、高附加值的新经济产业全面转型。

第一节　文化旅游活动项目策划的内涵

策划、设计、引导、营销具有较强吸引力、文化创意特色的文化旅游活动项目是全国各政府部门、企业经营者、文化创意者所思考的一个重大问题。尤其是近几年来，文化旅游成为文化产业发展的新引擎，并成为各种投资主体所青睐的投资产品，因此，如何用思想之笔让文化旅游焕发活动的力量，用文脉之血让文化旅游不断延续，用创意的灵魂让文化旅游破解生命密码，使策划具有生命力、文化力。无限创意的文化旅游活动项目成为打开文化旅游的第一把关键钥匙。

一、文化旅游活动项目策划的相关概念

（一）策划

国外很多管理者及策划大师对策划都有不同的理解，日本著名策划大师和田创认为，策划是通过实践活动获取更佳效果的智慧，是一种智慧创造行为。韩国的权宁赞认为，策划是为达到目标寻找最适当的手段，是对未来采取的行动作决定的准备过程。美国《哈佛企业管理丛书》中的《企业管理百科全书》认为：策划是一种程序，在本质上是一种运用脑力的理性行为；基本上所有的策划都是关于未来的事物，也就是说，策划是按照事物因果关系，衡量未来可采取之途径，作为目前决策之依据；策划是预先决定做什么，何时做，如何做，谁来做；策划如同一座桥，它连接着我们目前之地与未来我们要经过之处。

策划在中国自古到今都是存在的，在《战国策》《孙子兵法》等古籍中都有对策划理论的精彩论述。《后汉书·隗嚣传》中提到，"是以功名终申，策画复得"中的"策画"，就

是指策划。随着改革开放后中国各项事业的起步、发展对策划咨询及设计规划的需求,各行各业涌现了不少策划师与机构,因而不同行业、不同角度对策划都有了不同的认识和看法。

从公关关系的角度来看,学者周黎民在《公关策划》一书中提到,"策划,也称作策画,是出主意、想办法、出谋划,它与谋略、创造、运筹、决策紧密相关"。

从城市开发来看,学者马文军在著作《城市开发策划》中提到,根据已经掌握的信息,推测事物发展的趋势,分析需要解决的问题和主客观条件,在行动之前,对指导思想、目标、对象、方针、政策、战略、策略、途径、步骤、人员安排、时空利用、经营开发、方式手法等作出构思和设计,并形成系统、完整的方案,这就是策划。

从建筑设计来看,学者杨永生在著作《建筑百家言》中认为,建筑策划是在建筑学领域中,建筑师根据总体的目标设定,运用建筑学及相关学科的原理,通过对目标环境及条件的实态调查,对目标相关因素进行分析,从而得出既满足业主要求又有环境效益、经济效益和社会效益的建筑设计的科学而符合逻辑的依据。简单地说就是建筑师对设计任务的研究。

从投资项目来看,学者高德敏在著作《投资运筹》中谈到,投资项目策划就是投资策划人员通过对投资项目进行系统分析和实时跟踪,对投资活动的整体战略和策略进行运筹规划,从而对提出投资决策、实施投资决策、检验投资决策的全过程作全面的考虑和设想,以便充分运用自有资本,巧妙利用社会资本,在资本运动的时间、空间、结构三维关系中选择最佳结合点、最佳投资时期、最佳投资方式、最佳投资结构进行资本重组和开展资本运作,以获得满意、可靠的投资回报。

从旅游学的角度来看,学者陈放认为策划是以旅游资源为基础,通过创造性的思维整合旅游资源,在旅游资源与市场拟合的同时实现旅游业发展目标的过程。

不同的学科,不同的背景,不同阶段下对策划的定义都会有不同的看法。本书认为,策划就是策略、谋划与设计,是为达到组织的预期目标,在调查分析的基础上,遵循一定的程序与规律,对未来某项工作或事件进行系统、全面的构思和设计,谋划对策,制定切实可行的执行方案。

(二)旅游策划与旅游项目策划

1. 旅游策划

学者杨振之认为,旅游策划是通过整合各种资源,利用系统的分析方法和手段,通过对变化无穷的市场和各种相关要素的把握,设计出的能解决实际问题的、具有科学的系统分析和论证的可行性方案和计划,并使这样的方案和计划达到最优化,使效益和价值达到最大化的过程。[①]

也有学者认为,旅游策划"是一种思维活动、智力活动,必须有创意和理念,必须有目标和实现目标的可行性方案,策划的高下在于资源优化配置的程度不同"[②]。作为旅游业的重要组成部分,旅游策划是特定的机构或个人运用独特的方法,对特定环境下旅

① 杨振之,陈谨.旅游产品策划的理论与实证研究[J].四川师范大学学报(社会科学版),2006(4):105-110.

② 邵春.策划在规划中应用[DB/OL].http://www. davost. com.

游产品的生产、营销与交换进行运筹和谋划，形成文案以指导未来的经营与管理，从而获取最佳效益的创造性思维活动。[①]

根据学者们从不同角度对旅游策划的概念界定，可以这样理解：旅游策划是旅游策划者或旅游策划机构，为实现旅游组织的目标，以旅游资源为基础，通过对旅游市场和旅游环境等的调查、分析和论证，对旅游资源的转化路径进行谋划，创意设计旅游方案，谋划对策，然后落地实施，以便使旅游资源与市场密切结合，从而获得最佳经济效益、社会效益和生态效益的运筹过程。

旅游策划包括很多方面内容。学者陈放认为，旅游策划包括景点策划、旅行社策划、饭店策划、主题公园策划、节庆旅游营销策划、旅游商品策划、旅游品牌策划。作用更大的是整体策划，即在一定价值取向下的整体发展思路与规划以及为落实这一思路、规划而采取的具体战略和策略。学者周勇认为，旅游策划也可分为区域旅游策划、旅游立项策划、旅游推广策划。立项策划是上游，推广策划是下游。学者杨振之则认为旅游策划包括旅游地形象策划、旅游产品策划和旅游市场策划三大部分构成。在所有的旅游策划实践中，旅游项目策划是现代策划者及组织者提及最频繁的关键词，也是旅游策划中最核心、最主要的一个部分。

有学者曾对1993—2019年度知网数据库关于旅游策划的研究进行统计，发现旅游策划的研究内容较为宽泛，基本上涉及了与旅游相关的方方面面，如表11.1所示。

表11.1 旅游策划研究内容分类与数量统计表[②]

序号	研究内容	篇数	比重（N=498）
1	旅游品牌形象与营销策划	174	34.74%
2	旅游项目与产品策划	94	18.88%
3	旅游目的地策划	33	6.63%
4	旅游开发策划	30	6.02%
5	旅游节庆与活动策划	32	6.43%
6	旅游媒体策划	30	6.02%
7	各类旅游形式策划	23	4.62%
8	其他策划（例如旅游策划教育/主题与创意策划/景观/会展/解说系统/公路设计等）	83	16.67%

从上表可看出，目前旅游策划研究主要集中在品牌形象与营销策划研究，项目与产品策划研究次之，两者总比例接近一半，其他方面的研究相对较为薄弱。随着5G技术的发展与应用，互联网格局也将发生重大变化，智慧旅游、大数据分析等都会因此而得到提升，因此未来旅游策划中如何运用新技术与新媒体，让策划更加迎合当下的市场趋势，满足人民群众对美好生活的需求，是趋势所在。

2. 旅游项目策划

关于旅游项目，学者们主要有3种看法：第一种，旅游项目是一种持久的旅游吸引物；第二种，旅游项目是一种具体设施和节事活动；第三种，旅游项目就是在旅游过程

① 李庆雷．当今旅游策划需要关注的五大基本原理[J]．西华大学学报（社会科学版），2013(2)：98.

② 郑伯铭，明庆忠，刘宏芳．中国旅游策划研究回顾与展望：1993—2019[J]．四川旅游学员学报，2020(2)：71.

中所采用的具体娱乐休闲活动及其方式，涉及“食住行游购娱”等方方面面，它贯穿于旅游的整个过程。

本书认为，旅游项目是指为完成旅游组织者的目标而规划的投资、政策、机构、策划等方面的综合体，或综合体内部的如资源整合、节事及会展活动、住宿等单个项目，这种策划不仅是计划方案的形成，更包含目标实现过程中根据实际情况进行的调整与纠正。旅游项目是旅游产品的核心组成部分，而和旅游产品要严格区分开来。旅游项目策划作为策划的一种，是依据旅游市场的需求和旅游地的资源优势，对该旅游地的旅游项目进行定向和定位的过程。[①]旅游策划与旅游项目策划是两个不同的概念，旅游策划所包含的内容更广，旅游项目策划则是一种专项旅游策划。旅游项目策划和旅游策划的方法都要遵循旅游发展的基本规律，但旅游项目策划因每个项目都是不同的，所以更要注重彰显个性，突出主题，其策划方法也较为多样。

【资料链接 11-1】

目前国内旅游开发策划的实践还没有成熟的行为规范，也缺少成熟的思想方法。旅游项目策划需要从旅游地客观实际出发，运用正确的方法，谋求低收入、高产出且可持续的策划方案。除了表11.2中所列出的方法外，比较流行的还有王志纲提出的五层次策划法、张述林等提出的点线面体四位一体思考法。

表11.2　旅游项目策划的主要方法[②]

方法名称	主要内涵
比较法 （Comparative Method）	对类似旅游项目的优缺点进行深入分析，取长补短，从而使旅游项目具有比较显著的优势
逆向思维法 （Reverse Thinking）	突出自己策划方案的与众不同，以达到吸引游客的目的
调查研究法 （Investigation Study）	通过现场的调查从而占有策划所需要的第一手资料，并且在头脑中形成一个开发策划的基础模型，之后需要对资料进行深入研究，通过分析最后确定策划方案
移植法 （Portability）	把其他事物的特点和功能合理地移植过来创造另一种新事物
市场-项目-资源法 （MIR）	在所想到的项目种类的基础上，按市场选择、资源制约两大因素进行筛选，直到选定合适的项目
时空搜寻法 （TSS）	从空间轴、时间轴两个向量上搜寻与本地区位、市场和资源条件的最佳交叉点的方法
项目归纳 （Program Summary Method）	在空间上找寻与旅游目的地相似的地区，在时间上找寻与旅游目的地相似的发展阶段的其他旅游目的地的项目策划，并分析这些项目对于该旅游目的地的相似程度和借鉴意义，从而根据本地的资源、市场等条件进行策划的方法
人工建设法 （Artificial Construction Method）	建设人工景观的方式来创新性地策划旅游项目

① 宋文丽. 旅游项目策划初探[J]. 重庆师范学院学报（自然科学版），2000（S1）：72-76.

② 刘琴. 旅游项目规划的理论与方法研究进展[J]. 安徽农业科学，2011（8）：4839.

续表

方法名称	主要内涵
专门技术综合法 (STS)	以艺术、科学等专门技术线索,通过浓缩、拓展、综合再现等途径,将科学技术主线转化为形象生动的物化形式
旅游机会谱法 (TOS)	利用旅游资源与环境的特点,通过规划管理措施,衍生出一系列具有不同发达程度和交通便利程度的旅游机会,使尽可能多的人获得自己所期望的经历
破除法 (Eradication Method)	运用创造性思维,打破常规惯例而构思出"人无我有,人有我优,人优我专"的项目
优势组合法 (Advantage Combination Method)	将不同的要素重新进行联结组合
昂谱分析法 (RMP)	从旅游资源、旅游市场、旅游产品3个方面分析旅游项目的开发
经验分析法 (Experience Analysis Method)	首先根据当地旅游资源状况,提出每种旅游资源能够开发成的旅游项目,并把这些项目列举出来,对其进行功能定义和整理,然后分析旅游市场状况可能会在某个项目出现制约因素,或者在一定的时期内会有制约以及市场价值存在的问题;最后根据市场价值和实施的可能性排列出各个项目的重要程度
属性列举法 (Nature Listing Method)	将旅游项目的所有功能一一列举出来,然后对这些功能的属性进行分析,以找到适合进行旅游开发的项目
强制关联法 (Obliged Correlation Method)	将几个不同的旅游项目排列出来,然后考虑每一个项目与其他项目之间的关系
问题分析法 (Problem Analysis Method)	从旅游者入手,询问旅游者对有关旅游的需求、问题和对项目策划、创意的想法。根据旅游者的启发,来进行项目的创意
拍脑瓜法 (Brain Method)	又称创意法。收集有关产品、市场、消费群体的信息,对材料进行综合分析与思考,然后打开想象的大门,形成意境,但不会很快想出策划方案,它会在策划人不经意间突然出现
灰色系统法 (Grey System Method)	利用一些已知的行为结果,来推断行为的原因或未来模糊的不确定性的行为
智能放大法 (Smart Amplify Method)	是指对事物有全面而科学的认识,然后在这种认识的基础上对事物的发展作夸张的设想,运用这种设想对具体项目进行策划
嫁接法 (Transplantation Method)	往往建立在哲学、文学、艺术、地理、建筑等学科的研究成果基础上
德尔菲法 (Derfi Method)	指采用函询的方式或电话、网络的方式,就具体旅游项目反复咨询专家们的建议,然后由策划人作出统计,如果结果不趋向一致,那么就再征询专家,直至得出比较统一的方案
头脑风暴法 (Brainstorm)	利用群体的力量,成立创意小组,加强小组成员之间知识、经验、灵感的交换和激励,集思广益,从而激发创意

(三)旅游规划

旅游规划从目前来说,在中国发展得比较成熟和系统,国家及各省市,乃至县域均根据当地资源特色及区域发展规划,请专家、学者等专业团队来编制并更新当地的旅游发展总体规划,旅游规划的制定已经成为旅游项目开发、旅游业发展的必修课。

一般意义上讲,规划是全面的长远的计划,从专业角度来讲,规划必须有明确的本专业公认的内涵和编制程序,规划要求规范化、科学化。旅游规划是指以旅游市场的变化和发展为出发点,以旅游项目设计为重点,按国民经济发展的要求和当地旅游发展的基础,对旅游消费的六大要素和相关行业进行科学的、长期的、全面的、宏观的、前瞻的具体安排、发展战略和部署。《旅游规划通则》规定,旅游区规划按规划层次分为总体规划、控制性详细规划、修建性详细规划等。

(四) 旅游策划和旅游规划的关系

旅游策划与旅游规划是有区别的,但同时两者是相通的,尤其在旅游实践中,两者基本上可以前后呼应,交叉进行,相辅相成。

在旅游实践中,旅游开发策划和旅游规划要共同配合回答5个问题:我是谁——旅游区定位;我要到哪里去——旅游区发展战略;我有哪些资源——旅游区的要素梳理与整合;我要如何成长——旅游区规划和空间布局;我将如何让世人认识自己——旅游区形象包装和推广。因此,可以看到,在运作的规律与准则上,旅游策划和旅游规划都是相似的,都是以对内部旅游资源和外部市场环境的调研分析为基础,审时度势,运筹策划,出谋定计。

旅游策划与旅游规划的区别主要体现在下面几个方面:

第一,旅游策划在于"策"字,在于谋划,在于布局。策划是解决"能做什么",规划是解决"怎么做"的问题。因此旅游策划可以说是旅游规划的灵魂。策划更看重于把握大局,对社会大趋势的把握。

第二,旅游开发策划是总体规划的先导,是前期工作,也可以说是总体规划策划;而总体规划则是策划的深化和具体化,逐步落实到位。规划比策划更讲综合效益和协调发展,但规划的可操作性是由策划来作保证的。旅游策划主要是围绕旅游的主题、旅游地行动等非实体性因素展开的,旅游规划是围绕旅游开发的实体性因素开展的。

第三,旅游规划更多地指向政府行为,规划文本是法规性文件,对地区、政府、部门、企业和人的行为起规范作用,它强调整体战略性、方向性,其实质是制定地方性法规。而旅游策划指向的是市场需求,旅游策划是为政府旅游开发项目的立项提供科学的可行性研究方案。

(五) 文化旅游活动项目策划

结合以上对几个概念的梳理,本书中提到的文化旅游活动项目策划,根在文化旅游项目策划之上,但有两个重要的关键词,"文化"和"活动"。"文化"不用赘述,"活动"的含义体现在文化旅游的定义中,文化旅游是以历史文化遗存、自然风光为基础进行资源拓展(如印象系列演出),或者以文化活动作为核心产品的旅游,即强调文化旅游的动态发展——资源拓展后的展示,也就是活动经济。

因此,现在所说的文化旅游活动项目策划,是运用创造性思维,对文化旅游资源及各种相关资源要素的优势和特点进行创意优化整合,资源拓展,酝酿设计创意,以精髓文化主题进行谋划,开发出具有吸引力的文化旅游项目。这种策划既注重理性,又要求感性;既注重程式,又讲究创造。

二、中国文化旅游项目策划的现状与问题

（一）中国文化旅游项目策划的现状

1. 文化旅游项目策划意识不断强化，并成为文化旅游发展的必要前提

随着旅游业和文化产业的快速发展和其带来巨大的经济效益及社会效应，各地在短时间内均涌现了大量的文化旅游项目，策划了系列和文化旅游相关的重大节事活动，出现了许多内容丰富的文化旅游产品。但同时，也出现了一些低水平重复建设、综合效应较差、毫无文化内涵价值的项目，甚至还出现一些“文化造假”的旅游项目，导致浪费社会资本投资、文化生态环境破坏，且破坏了文化旅游在消费者心目中的形象与地位。

无论目前文化旅游项目的知名度、综合效益及生命周期如何，项目数量的骤然增多、策划方案的质量不一都说明了一个问题，就是组织者们越来越重视发展文化旅游，而发展文化旅游不是一句空话，需要精心设计和成功设计。在这种策划意识的提高和策划市场的形成下，出现了一些专门做文化旅游项目策划的机构，同时在旅游企业和文化企业的营销策划机构中，专门设置了为文化旅游项目开发进行策划的部门，在实践中两者互相配合。

以近年来文旅出现的新业态——特色小镇为例进行分析，2014 年前后，浙江省首次明确提出“特色小镇”的概念，其做法和经验引起了社会各界和各省市的关注，国家领导层也给予了充分的肯定。国家各有关部门在有关的文件中，先后提出鼓励有条件的地区规划建设特色小镇。2016 年 1 月 27 日，中共中央、国务院在《关于落实发展新理念加快农业现代化实现全面小康目标的若干意见》中指出，“加强小镇生态环境和文化遗产保护，发展具有历史记忆、地域特点、民族风情的特色小镇。”2016 年 2 月 2 日，国务院在《关于深入推进新型城镇化建设若干意见》中提出，加快培育中小城市和特色小城镇发展魅力小镇，带动农业现代化和农民就业城镇化。2016 年 7 月 1 日，我国住房和城乡建设部等三部委联合发布《关于开展特色小镇培育工作的通知》，这些政策文件从高屋建瓴的角度对特色小镇的发展进行了策划、谋划与发展的布局。

在此背景下，全国特色小镇兴起规划、申报、组织建设热潮。到 2017 年国家有关部门分两批公布了总计 403 个特色小镇，提出若干年内要在全国建 1000 个特色小镇。实际上各地准备和规划的特色小镇远超过这个规划目标。各地省级、市级，甚至县级也规划筹建各自“特色小镇”。安徽省到 2017 年底，除国家公布的 15 个特色小镇外，市县推荐 330 多个特色小镇，安徽省确定了 25 个特色小镇。这个阶段，特色小镇的建设几乎遍布全国各省市自治区，数量大，种类多。在全国各地蓬勃兴起建设特色小镇的热潮中，难免泥沙俱下，鱼龙混杂。针对这些问题，2017 年 12 月 4 日国家发改委等四部委联合下文，发布了《关于规范推进特色小镇和特色小城镇建设的若干意见》。这个意见对特色小镇做了明确规定，特色小镇是在几平方千米土地上集聚特色产业、生产生活生态空间相融合、不同于行政建制镇和产业园区的创新创业平台。特色小城镇是拥有几十平方千米以上土地和一定人口经济规模、特色产业鲜明的行政建制镇；同时明确了特色小镇是具有产业“特而强”、功能“聚而合”、形态“小而美”、机制“新而活”，推动创新性供给与个性化需求有效对接，打造创新创业发展平台和新型城镇化有效载体的内涵特

质。在重点任务中，指出要有效推进“三生”融合，促进产城人文融合发展，提炼文化经典元素，将美丽资源转化为“美丽经济”。特色小镇的产城与人文融合发展，其本质就是寻求“生产、生活、生态”有机融合的发展，体现四个“必须”：一是必须充分发挥市场主体作用；二是必须坚持因地制宜，突出特色，打造具有可持续竞争力的独特产业优势；三是必须以人为核心，统筹生产、生活、生态空间布局；四是必须高起点规划、高标准建设、精准投资，提升土地集约化利用水平建设特色具有明确产业定位、文化内涵、一定旅游和社区功能的小镇。[①]这个意见及时地引领了特色小镇走上科学健康、高质量发展道路，为特色小镇策划与规划发展指明了正确的方向，也标志着我国特色小镇走上了规范化发展阶段。

在文化旅游“忽如一夜春风来，千树万树梨花开”的“繁花”下，“生命在于运动，旅游在于活动”，“旅游呼唤策划，策划改变世界”，“没有高水平的策划就没有高水平的发展”等理念已经深入人心。人们在实践中越来越体会到对文化旅游活动必须进行策划的重要性。但文化旅游的策划不同于一般的旅游规划或策划，其创意的核心环节表现为个人的内在的心理活动和思维过程，长期以来被认为“像爱情一样不可分析”，不容易被准确描述，更不容易形成规律性的东西[②]，而且这种创意基本上必须紧密和文化命脉结合在一起。

2. 文化旅游策划项目活动先后兴起，成为推动中国旅游业发展的重要龙头

在经济文化大局和全民所需的推动下，中国旅游策划好戏连台，文化旅游策划更是不断场次地登台。从旅游策划的大背景下来看，国家旅游局每年都会推出全国旅游主题年活动，这就是立于大旅游角度的策划。而在每年推出的主题旅游年中，都有包含在其中的文化旅游线路。除了国家旅游局每年度的策划外，很多省市的文化旅游项目也不断推进，如2005年广汉市三星堆文化旅游项目定位策划、2006年西安楼观台道文化旅游度假区项目策划、2008年昆明郑和文化旅游休闲度假区市场研究及整体旅游策划设计、2009年湖北鄂西生态文化旅游圈生态专项策划、2011年11月盘锦市红山文化旅游产业园总体策划等均取得了不错的效应，引领着中国的文化旅游策划走上了新的轨道。

“现代旅游现象，实际上是一项以精神、文化需求和享受为基础的，涉及经、政、社会、国际交流等内容的综合性大众活动。”[③]中国拥有的旅游资源值得以各种积极的创新方式进行精品策划，推出市场，从深圳世界之窗的建设、大连国家风筝节的举办，到湖南张家界的飞机穿越天门洞、五岳联盟、十万人同唱浏阳河，再到如今疫情后以湖北为代表的许多省、市开展的免费旅游活动，这些精彩的旅游策划案例不仅在旅游界，在整个社会都掀起了一阵阵“狂风巨浪”。

3. 文化旅游项目策划的繁盛促生了人才的培育机制，已涌现出一批较为优秀的文化旅游项目策划人才

自国家旅游局每年推出主题旅游年，特别是文化产业得到国家重视和发展以来，文化旅游策划越来越多地被人们所接受，文化旅游策划也在实践中不断地经历、运用和考

---

① http://www.besticity.com/ministries/195850.html.

② 谭小芳.策动旅游[M].北京：中国经济出版社，2010：137-138.

③ 喻学才.近七年来旅游文化研究综述[J].社会学科动态，1996(8)：5.

验。一些做营销、公关、旅游、广告、影视甚至媒体的学者，转入文化旅游策划的行业，在不断加强自身理论修养的同时，于旅游实践中加强了实际操作能力，在文化旅游策划的实践中脱颖而出。在这一时期，涌现了大量的文化旅游策划公司和文化旅游策划者。

熊大寻，中国十大策划人排名第一，中国策划20年十大策划专家，策划最高奖“金钥匙”奖持有者，被第三届中国策划大会授予“中国策划新一代掌门人”，提出“牵文化旅游一发，动城市发展全身”，文化旅游的消费可以辐射全国，为城市发展带来新的契机。他策划的“梅里雪山文化节”“中国都市第一禅林”（成都）、清泉石上流（石屏）等文化旅游项目，以文化指纹打开了城市财富的大门。王志纲，自1994年成为独立策划人后，从“99昆明世博会”成功策划开始，其工作室先后介入武夷山、丽江、黄山、崂山、重庆大三峡、旅顺、长白山、西双版纳等国家级旅游开发区的发展战略策划，引起了策划界的一股潮流。除了这两位业界大师外，学术界的乔然、王明星、杨振之、马勇，还有年轻一代的刘勇、简玉华、李庆雷等新一代。张艺谋、梅帅元、王潮歌、樊跃等印象大师，也加入文化旅游演艺项目的策划行列，陆续策划了《印象·刘三姐》《印象·丽江》《印象·西湖》《印象·海南岛》《印象·大红袍》《印象·普陀》等项目，引起近几年来文化旅游界印象系列疯狂崛起。无论文化旅游策划者的背景如何，可以看到的是，他们策划的项目均把握住了当地的文化特色和产业发展。

以拈花湾小镇为例，作为后起之秀，其成功的策划范式也不断刷新业界的高度。拈花湾首创了国内以禅意文化为主题的特色小镇，与国内其他江南古镇形成显著区别，通过建设集旅游、观光、住宿、度假、体验于一体的旅游度假综合体，开创了特色文化旅游的新市场。早期灵山集团以宗教文化主题切入旅游市场，可以说是非常明智和审慎的。宗教型景区相较自然、古迹型景区有着明显的优势：一是重游率高，这是因为宗教信徒有许愿还愿的传统习惯；二是游客消费意愿强烈，宗教热情可以让信徒产生强烈的、高额的消费意愿；三是淡旺季更加平均。在十余年的发展中，灵山凭借不断深耕集团品牌，迭代旅游吸引物（四期），完善胜境内的佛、法、僧的观光体验内容，同时荣获国家5A级景区、世界佛教论坛永久性会址的殊荣以及每年超300万的客流量，奠定了无锡灵山在旅游界的行业地位。

作为景区，灵山无疑是公认的中国一线景区，但是从商业角度来看，作为国企性质，灵山胜境承担了太多的政治任务，其实并没有赚到什么钱。并且同一时期，同类型旅游产品增多，而作为重资产的景区，投资体量大，如何变现盈利成为一个问题。于是灵山开始筹划了一个新的变现项目：拈花湾，主题定位是“开启东方旅居禅意度假方式”，从文化属性来说，禅是佛文化世俗化的象征，也是东方文化精神的独特代表。从度假命题来说，禅所表达的随缘、放下，正是解决当下时代普遍焦虑的良方。正是在“禅”的统领之下，拈花湾才有了自己的灵魂，才有了“东方禅意生活乐土，世界心灵度假花园”的总体定位，也才有了策划设计者们后来尽情诠释的各种对象和追求。拈花湾的命名，一方面源于佛经中“佛祖拈花，伽叶微笑”的典故，另一方面也缘于它所在的地块形似五叶莲花的神奇山水。拈花湾通过三条主要交通道路和水系的组织，规划了“五谷”“一街”“一堂”的主体功能布局，并配以禅意的命名体系，形成以“五瓣佛莲”为原型的总平面。“五谷”分别为云门谷、竹溪谷、银杏谷、禅心谷、鹿鸣谷，形似五瓣花瓣。在拈花湾，一片瓦，一丛苔藓，一排篱笆……所有的建筑、景观都是会“呼吸”的，就像从自然中生长出来的一般。诵一段经文、品一壶清茶，青灯古佛，禅修归隐，将心灵完全沉浸在禅意之中，借此寻找生活的平衡，让心灵有一个空间可以“停一停，净一净”，褪下疲惫，听听大师的禅道，收获一份心灵的感悟。[1]

拈花湾小镇的成功策划充分体现了文旅人才高水平的策划能力，与此同时，文化旅游项目策划人才的培养也将会成为高校人才培养模式的一个新方向，主要会集中在旅游管理专业和文化产业管理专业，培养具有文化旅游项目策划、组织、影响推广、管理及文化旅游资源开发、整合和规划等能力的学生。

（二）中国文化旅游项目策划发展的问题

1. 文化旅游发展战略和规划中，策划定位及资质明显缺位

在各级政府制定的旅游发展战略中，并没有看到多少策划的意识包含在其中，更不用提到文化旅游发展策划的概念了。在相当一部分战略决策的制定者和组织实施者头脑中，暂时还没有策划这根弦。现在，尽管这种状况在改变，但其速度是缓慢的，效果也是不太显著的。策划先行的意识并未能很好地贯彻实施。

同时，翻开各个地方或者旅游区的规划书，可以看到策划并未很好地和规划融合在一起，并进入实际规划论证中。旅游规划是旅游开发建设的龙头，是旅游产业发展的大纲，其战略地位和重要作用已越来越为旅游决策者所认识。从省级规划到县区的规划，甚至具体到一个乡镇、一个景点的规划，少则十几万元，多则百万元，甚至上千万元，旅游规划决策者或者地方政府毫不吝惜。且旅游规划越做越豪华，文本包装越来越夸张，然则翻开这些外表高贵无比、精彩绝伦、十分厚重的规划文本，除了极个别的规划对市场状况和形象策划用了一定的笔墨之外，更多的规划篇是资源优势、区位条件、开发布局、SWOT 分析等千篇一律的文字，对于目标市场的准确定位、区域形象的特色设计、市场营销的精心策划却没有详细的论述和设计，如此一来，如何落实旅游规划，如何体现可持续发展的旅游产业。例如，永城市汉兴园景区是以汉文化为主题的，但园区内部的建筑风格却又是仿明清时期的。又如“刘三姐印象”系列演出获取巨大成功后，许多地方争先恐后地兴起印象系列，殊不知“印象”本身就是创意演出，如果有资源可以复制，还不失为一种做法，但在没有任何资源基础之上盲目地做印象演出，只会导致资金、人力的浪费和名声的损失。这就属于策划角色的缺位。

在前文中提到，旅游策划主要是围绕旅游的主题、旅游地行动等非实体性因素展开的，旅游规划是围绕旅游开发的实体性因素开展的。在旅游地真正开发论证前，旅游策划和规划应该是密不可分的，规划以策划为前提。但遗憾的是，我们看到一方面规划呼唤策划，另一方面策划又无法进入规划。规划是一项专业性很强的工作，规划设计部门应该首先具备相应的资质，取得相应的资格，这一点完全正确，无可非议。问题是应该具备什么样的资质。令人费解的是，对规划设计部门资质审定的内容，至今尚无有关策划方面的要求。自然，在规划的编制和评审过程当中，很少有专业策划人员参与。相反，那些具有较高技术水平的专业策划人员往往无法取得规划的编制权和规划评审的参与权。有规划设计权的不懂策划，有策划知识的参与不了规划。

① https://www.bunbo.com.cn/news/industry/2019/NianHuaWanbyPanShun.html.

2. 文化旅游策划的方式略显单一，尚处于探索阶段，地域文化特色策划的文化旅游项目有待开发

目前很多地方在宣传文化产业发展时都强调地方文化旅游的发展，但是我们看到的许多项目，打着文化的特色，却无文化可言，从项目的策划中看不到地域文化的特色。而且大部分地方的文化旅游策划方式十分单一和类似，且跟风现象较为严重，甚至都在盲目地追求"最大""第一""唯一""最早""最高"等。

文化旅游一经被学界、业界人士提出后，许多地方政府及旅游区或内部开会，或请旅游专家对当地的文化旅游资源进行策划、定位及整合，但大多数地区主要以历史环境的陈列式复原为主要展示手法，缺少满足现代游客观光之外的娱乐、参与、休闲、生态等多层次多角度的旅游产品。一些体验性、参与性较强的文化旅游策划仅会在一些特别注明的文化旅游区中体现出来，但由于文化旅游、文化旅游产业的发展还处于初步阶段，文化旅游产业链的发展也尚未成熟，所以出现一个地方出现旅游景点建造、某个文化旅游体验活动运营推出市场后，很多地方就开始盲目跟风。印象系列一推出市场，引起了许多文化旅游区都大兴"印象"系列，这种大型的声光电文艺表演，在很大程度上满足了现代旅游者对体验、娱乐和视觉冲击的需求。印象的成功，说明这种实景演出的创意是成功的，并且能够实现文化和产业的双盈利。然而这种实体演出"一夜间"遭到了其他区域旅游市场过度策划的复制和模仿，导致粗糙模仿、随意复制的实景演出项目经营状况不佳。同时，总投资约35亿元的西安"大唐西市工程"，欲重建唐朝西安某贸易市场，河南洛阳在出台龙门石窟园区发展规划时，也计划投资约260亿元打造唐城古镇，这些盲目仿古规划的现象跟风挖掘传统文化，硬搬生造古文化。这些现象都反映了现在文化旅游策划方式的不成熟，文化旅游策划的方式不仅仅是单独挖掘传统文化，而且并不是每个旅游区都必须走这条路，策划方式的单一只会褪去文化旅游的魅力，导致地方社会价值、文化价值的缺失，并将导致所有文化旅游趋于一致性，削弱文化旅游产品的吸引力。

3. 文化旅游传播策划错位，旅游信息不能有效地传递给旅游者

"酒香也要勤吆喝"，文化旅游策划包括整个项目运营之前的调查分析、项目特色的定位整合以及对项目运营进入市场的营销策划。中国的文化旅游产业不缺的是文化旅游资源的知名度，缺乏的是推出市场的新鲜度，新鲜度与声誉管理是吸引旅游者进入到文化旅游区以及故地重游的重要原因。因此在当今媒介融合时代，最需要重视文化旅游的宣传策划能够有效地在地、在场、在线[①]传达给消费者。从在地到在场到在线，传播不仅仅是锦上添花，传播是生产力，就是通过在线的大流量引发的裂变式传播而产生的流量经济。[②]

---

① 2018第二届博鳌国际旅游传播论坛上中国传媒大学广告学院旅游传播研究中心副主任张婷婷发表了演讲并发布了《2019年中国旅游传播十大趋势》，其中文中指出，在地，是实地感受后的传播；在场，是实景体验式的传播；在线，是因为大流量引发的裂变式传播，三者的融合，将会让旅游传播产生巨大的生产力（http://travel.china.com.cn/txt/2018-11/26/content_74208662.htm）。

② 2018第三届博鳌国际旅游传播论坛上中国传媒大学广告学院旅游传播研究中心副主任张婷婷发表了演讲并发布了《2019年中国旅游传播十大趋势》（http://travel.china.com.cn/txt/2018-11/26/content_74208662.htm）。

然而环顾许多地方每年举办的文化旅游产品交易会、文化旅游艺术节等，活动背景、文化旅游形象设计、创意阐述、布展设计、宣传手段等，似乎千人一面。有的旅游区甚至不重视宣传的策划，多数旅游者并不知情，甚至一些当地居民也不了解自己所居住地方的文化旅游信息。一些旅游区虽然也在极力地迎合市场营销的宣传方法，借助电视、报纸、网络等媒体，一掷千金地卖力宣传，但往往忽略了现在新媒体时代带来的"小屏幕＋移动场景＋社交"的内容营销传播方式。宣传不仅仅是单独地将地方文化旅游的特色植入到媒体中，进入大众的视野，更重要的是如何在最短的时间、最快的速度、最长久的记忆于旅游者的脑海里，如文物戏精大会的1分54秒，产生了4天1.18亿的总播放量。每位受众每天所接收的广告信息是有限的，被大脑能够记忆的信息更是屈指可数的，所以抓住新媒体特点的内容策划，才能抓住受众。

西安永兴坊就是在抖音上火起来的网红打卡胜地，初建时其并不为游客所知。让永兴坊火起来的就是在抖音上的一次传播，带火西安的也就是永兴坊的摔碗酒，这是到西安必打卡的景点之一。2017年12月，一条西安永兴坊"摔碗酒"的视频突然在抖音上流行起来。五元一碗的米酒用武侠剧中常见的大碗装着，喝完后将碗狠狠摔在地上就是摔碗酒活动的全部。抖音上的视频记录了这样的过程，并配上了《西安人的歌》做BGM，简单的视频却在2017年年末得到了上千万的点赞和模仿。很快，摔碗酒和永兴坊就成了抖音上与西安相关的最火爆视频，其中单条视频最高播放量达到了8111.3万。从一条简单的视频起步，西安迈上了"网红城市"的发展之路。摔碗酒原本是古代士兵上战场前喝的壮行酒，经商家的营销后被赋予了摔走晦气、生活压力，摔出福气和好运的集体文化活动。从数据上来看，自2014年永兴坊开业，截止2017年11月1日，三年的时间里有近50万人在此喝过摔碗酒。而仅在被抖音渐渐带火的2017年，就摔掉了20万只碗。至于接踵而至的2018年春节假期，在八天时间里，有两万人在此摔碗。在旅游高峰时期，西安永兴坊的摔碗酒店铺前，游客经常需要排队一两个小时才能体验到摔碗酒的活动，摔走自己的压力与疲惫。[①]这就是典型的成功运用新媒体对文化旅游活动项目进行传播的案例，既带动了当地的文旅经济效益，又让更多的人了解了摔碗酒的历史与西安的故事，从而期待走进西安，领略古城魅力。

4. 文化旅游策划过度商业化，人文环境的原真性面临丧失的危险

文化旅游策划的目的不仅是挖掘当地的文化旅游资源，也是为了更好地将文化资源转化为文化产品，进入市场转化为经济效益。尽管在一些旅游区的旅游策划书或者规划书中并未明显提及商业利益的创造，但是在实际运营过程中，我们看到一些地区的策划已经带着文化旅游走进了纯商业的圈子里，0.47平方千米的古镇区周庄内就有100多家商店和上百家饭店，严重影响文化旅游环境的原真性，特别是人文环境的原真性。

文化旅游的人文环境是由人（旅游者、接待者、当地居民）、文化特质（文化展示、文化观赏）、特殊意义与关系（异地或异质）、动的过程（情景的不断变动）、时间（文化旅游过程）、地点（文化旅游景区或景点、旅游目的地）等六种因子组成。[②]波洛尼亚（意大利）更是提出了全球文化遗产保护的新观念——"整体性保护"，其内容是不仅要保存历史建筑，更要留守居住在其中的生活者。然而一些旅游区，缺少可持续的科学策划，历

① http://media.people.com.cn/GB/n1/2020/0108/c431265-31540032.html.

② 张国洪.中国文化旅游：理论·战略·实践[M].天津：南开大学出版社，2001：74.

史文化古迹遭到严重毁坏，一些旧的文化旅游工程破坏了文化旅游的原始味道。同时，文化遗迹居民主动或被迫迁徙，或者被限制居民生活，营造“舞台式”的旅游区，景区已失去了原有的生活气息和淳朴的民风。在过度追求商业利益的背景下，许多地方文化旅游策划下的发展导致人文环境已经受到了严重破坏，而人文环境的原真性正是文化旅游的精华和核心。“皮之不存，毛将焉附”，从而导致游人对其欣赏程度也大大降低。

第二节 文化旅游项目策划的原则与要点

一、文化旅游项目策划的原则

（一）文化导向

华夏西部影视城把一片荒凉地、两座废古堡变成颇有吸引力的旅游精品，享誉“中国一绝，宁夏之宝”的称号；宋城千古情以杭州的历史典故、神话传说为基点，融歌舞、杂技于一体，加上高科技手段，被海外媒体誉为与拉斯维加斯、法国“红磨坊”并肩的“世界三大名秀”之一；杭州的南宋御街，“流水绕古街，小桥连老铺，清池围旧宅”，以“缤纷夜游，皇帝巡街”“清河坊民间艺人节”“吴山庙会”，再现杭州特色人居风情街巷文化。这些是成功将文化与旅游开发有机结合的典范，是文化旅游成功策划的案例，这里集中了大量传统物质文化和非物质文化遗存，再现过去人们的生活、生产和娱乐方式。这一事例启示我们，在市场经济与知识经济时代，只有牢牢把握文化内涵这一主题，才能开发出有强大吸引力与长久生命力的旅游产品。

随着社会经济发展速度的加快和经济收入的不断增长，旅游者对异域文化的好奇与探索欲望越来越强烈，跨地域空间的文化将成为主导方向。无锡影视城中水浒事迹的演绎，艺术地再现了北宋末年的历史，吸引了一大批对这段历史感兴趣的旅游者。同时，生活节奏的加快、工作压力的加剧和人际关系隔膜的增长，旅游者对传统文化的认同也越来越深入，落叶寻根的传统文化也将成为文化旅游主题策划的重要方向，最近一些地区不断发起的寻根旅游受到了许多人的关注。因此，文化旅游策划必须坚持在策划中以文化为中心的导向，确定文化为旅游策划的主流，要保持文化导向的标杆最重要的是确定旅游的文化属性和审美价值。文化旅游可持续发展的实质，是要求旅游与自然、文化和人类生存环境成为一个整体，正确的文化导向是保证资源永续利用的前提，是保持文化旅游持续发展的平衡。

因此，旅游策划的主题一定要具有文化内涵，在市场上能够有较强的识别性，并具有一定的商业感召力，旅游本质上是旅游者寻找与感悟文化差异的过程，文化旅游业在本质上应该是生产文化、经营文化、销售文化，通过特定的文化符号，让消费者感受一场文化特色的体验之旅。

（二）定位各异

文化旅游资源是旅游地吸引旅游者的重要因素，定位是对文化资源的高度提炼，文化旅游策划要充分挖掘出旅游吸引地中不同于其他地方的异地文化或者异质文化风貌，找到一个核心的卖点，找到自己的长板。即特色在哪里？个性在哪里？核心竞争力在哪里？这是一个文化旅游项目可持续发展的基础。当然，只有充分掌握了旅游资源和旅游者双方的信息，才有可能很好地对文化旅游项目进行定位。

以现在遍地在建的特色小镇为例，部分特色小镇缺乏特色文化主题的认识，小镇文化内涵没有经过充分研究，文化资源和创意资源挖掘不够。只是简单地进行特色建筑的修复、仿造、重建，特色标识(Logo)张贴、悬挂，忽视了这些特色物质文化景观只是小镇文化的一种表现形式，忽视了其内涵、内容的建设，体现出本末倒置的“重形轻魂”，披着特色的外衣，做着没有文化内涵的文化产品或文化服务，出现了一批各种形式的“山寨”文化。这些所谓的“特色”建设显然无法得到受众的认可，也无法满足人们对特色精神文化价值以及“求新、求奇、求异”的文化需求。文化旅游特色小镇的特色定位必须立足于小镇既有的资源禀赋，包括自然生态资源、历史文化资源和创意资源、人力资源、产业资源等，在深入研究上述资源尤其是小镇历史文化内涵和人文精神的基础上，选择小镇特色发展的主题，明确小镇特色发展的定位。而纵观国内众多特色小镇未能形成良好的特色效应，根本原因在于小镇的特色文化内容挖掘不够，小镇的特色定位策划不准，或不够专、精、深，从而导致小镇文化特色不彰。一些特色小镇文化资源和创意资源较为富集，这本来是小镇的优势所在，但这些文化资源和创意资源比较零散也难以选择，以至于盲目地、不经筛选、不经提炼地全部拿来开发，没有进行特色文化主线梳理以及特色主题打造，导致特色发展定位不明晰，特色文化场景散乱，无法形成特色集聚效应，难以形成引人注目的特色产业和特色旅游线路，无法打造小镇的整体特色效果，难以给受众留下深刻印象。同时，由于特色发展定位不清晰，难以打造具有影响力特色文化品牌，吸引不到人才尤其是文化创意人才和企业，难以形成“筑巢引凤”效应。如浙江新加坡风情小镇，历史文化与现代文化混乱，把历史文化资源和创意资源开发搞成古今文化、东西方文化大杂烩，造成文化主题混乱，缺乏核心文化带动。

在文化旅游市场，通过策划挖掘地方的特色、营造文化场景的方式是十分有必要的。根据区域比较理论，区域之间自然与社会经济要素的特征大多是相对的，通过比较而存在的。通过区域之间相互比较，才能对本区域的文化旅游资源作出科学正面的评估，有助于识别本区域和其他地方旅游资源的特色，从而对自身旅游发展正确定位，突出资源开发的重点与亮点。

（三）保护、恢复和重建文化生态环境

文化旅游产业本身是一个新兴的产业，目前在策划、利用、开发过程中普遍存在着粗放型和非科学性的开发模式，而且目前很多文化旅游策划还是多数建立在对历史文化遗存的挖掘，加之管理不善，造成对很多文化旅游资源的破坏。各种文化都是经过漫长历史过程形成的，具有潜在的现今人类未发现的价值，一旦失去就无法再现。同时，任何一种文化也都是发展的，在信息时代背景下，优势的城市文化无孔不入地影响着传统文化，引起了社会文化环境的变迁。在文化变迁下，很多传统文化在外来文化的冲击下，逐渐被强势文化所同化。因此文化旅游的策划和文化生态环境的保护、恢复和重建应该是要同步进行的，要在文化发展观和多样观思想的指导下，通过文化旅游策划的实

施,保护、恢复和重建文化生态环境,策划与保护相协调一致。

【分析案例】

贵州黔东南打造原生态国际文化旅游目的地

2014年7月21日,一支支充满民族特色的歌舞表演掀开了第七届中国·凯里原生态民族文化旅游节的帷幕。

凯里市享有"苗岭明珠""百节之乡""芦笙的故乡""东方斗牛之乡"等美誉。而东临凯里,清水江畔的下司古镇如今则以商埠文化为基础,以山水田园为依托,以"天造山水、人文下司"为主题,融合苗、侗、汉等民族文化特色,渐渐揭开她神秘的面纱。

此次文化旅游节以原生态民族文化为载体,主打"体验"牌,以"苗山侗水,风情凯里"为主题,推出了古镇之旅、乡村之游、酸汤之约、银秀之美、田园之幻的"五部曲"旅游精品线路,让国内外游客充分享受到原生态旅游的魅力,从而进一步培育'千年原生态·万象黔东南'的品牌形象,打造以民族文化为核心竞争力的原生态国际文化旅游目的地。

以贵州文化旅游节及其中的项目策划为例,谈谈在文化旅游项目的策划中如何处理与文化生态环境的关系。

(四)文化旅游策划与文化旅游规划相结合

无论是从战略层面还是从战术层面来看,文化旅游策划都是先于文化旅游规划的。可以说文化旅游策划是文化旅游规划的核心和灵魂,规划的可操作性是由策划来保证的。如果说在文化旅游规划中不能很好地运用和运营策划,那么这一文化旅游区文明的高度就不能很好地转化为旅游的高度,文化的品牌不能很好地转化为旅游的品牌,同样,没有文化旅游策划在规划中的指导,文化旅游资源的优势就不能很好地转化为产品的优势。

二、文化旅游项目策划的要点

文化旅游产品开发策划的要点与方法有很多种,但从根本上不会脱离资源和市场两个基本元素。总体而言,应以文化资源为主体,旅游者(市场需求)为客体,主体和客体互动,双向选择,优化配置,实现主体的情景空间设计和客体的人性关怀体验,解决文化与经济活动形态如何结合带来综合效益的问题。

(一)注重产业整合和文化资源拓展

文化资源要转化为文化产品,成为品牌文化,首先要做的就是要有高大上的文化。由于不是每个地区都拥有丰富的自然、历史与人文资源,或者是资源有限,或者是缺乏广度或深度。因此,主动策划和内容的创意设计,通过活动经济来拓展这些现有的资源,实现资源的高效整合和利用成为策划的第一要点。例如,可以对传统历史文化资源进行新的包装,可以对山水资源等自然资源与文化资源进行整合,可以构建大型的旅游项目来拓展旅游资源,最典型的体现就是会展经济,主题公园也是一种新兴的旅游创意设计。

在文化旅游资源拓展的同时,也要意识到产业是需要整合的,产业链是需要延长的。文化旅游产品的策划是一个系统工程，各部分互为融合，成为一个有机整体。所以需要以全局的理念来把握整个项目，以地域文化特色为主线，围绕某一文化主题进行产品策划。在贯穿吃、住、行、游、购、娱各要素的同时，包含演艺、会展、休闲度假等一体化，发挥大旅游产业关联带动作用，将第一、第二产业纳入考虑范畴，形成产业整合优势。完整的文化旅游产业链不仅包括吃、住、行、游、购、娱、健、闲、体“九个环节”，而且由一系列相关的文化景点与场所构成，“品、享、通、学、汇、动”“商、养、学、闲、情、奇”都是重要元素，文化景点、文学艺术场所、演出会展场所布局愈密集、愈完整，文化旅游产业链就愈长。

近日，2020年度北京市级文化产业园区授牌。98家园区分获市级文化产业园区、市级文化产业示范园区（提名）、市级文化产业示范园区。本次发布的市级园区名单中，有首钢、798艺术区、751时尚设计广场等传统知名城市文化地标，也有E9创新园、首创郎园、北京坊、隆福寺文创园等新晋网红打卡地。这些文化产业园区不再是简单的“二房东”和“物业”模式的“瓦片经济”，而是与厂区、校区、街区、社区融合，实现“多功能”发展，深度融入业态中，升级为“服务经济”。通过版权服务、技术支持、创业孵化、投融资、法律政策咨询等各类增值服务，既支撑园区内企业的成长，又打通产业链，形成生态圈，促进文化产业要素有序集聚和高效集约利用，助力高质量发展。①

（二）提炼IP符号，选择合理的文化内涵进行外化

文化产品不同于普通的产品，其主要的一大特点就是在于符号化的消费。文化类旅游项目在进行策划时，一定要有丰富的文化底蕴，提炼具有代表性的文化IP。用合适、恰当的途径与方式将文化旅游项目的文化底蕴进行外化，否则，即使策划的目的地有再丰富的文化内涵，也无法将最好的一面展示出来，并吸引旅游者。

传统意义上的IP诞生于欧洲，是指“知识产权/知识财产”，是一种无形的智力成果权。2007年在德国慕尼黑欧洲专利论坛首次被提出，其内涵侧重于知识产权，专指著作权、商标权、其他与艺术等作品有关的概念权利所赋予的权利。我们认为IP主要是由内容开发商、运营商从文化内容的商业价值的角度提出，它被赋予了更加广泛指向和更多商业化的价值，往往指那些拥有众多粉丝的内容且能被跨界融合与传播、创造多元市场价值的标识品牌，人们通常也称为“泛IP”。“IP经济”的核心是寻求商业变现。它的商业模式主要是在获取具备大量粉丝群体的大热IP后，对其跨界赋权，实现“一源多用”下不同产品吸引粉丝购买变现。

因此，选择提炼IP的基础是要对文化旅游资源有清晰的认识、评价和把握，这种调查和评价是一个科学的系统，专业性很强，涉及面广，几乎涉及自然、人文、社会学科的方方面面，需要通才式的或者跨各个学科的专家邀集到一起，将文旅IP做好。凝聚出文化旅游资源的特色，才能够将文化旅游产品的外衣设计好。可以采用场景设计、拟景再现、环境营造等途径，其中场景变换法对文化旅游产品的策划十分重要，它可以使抽象的文化具象化，无形的风情固化，通过不同场景的变换演绎，设计出各种独特的旅游精品。

---

① 从“瓦片经济”到“服务经济”：来自北京文化产业园区转型升级的报道[EB/OL].[2020-08-26]. http://www.lzbs.com.cn/gnnews/2020-08/26/content_4670730.htm.

（三）体现沉浸式体验性、参与性和娱乐性

静态的“文化观赏”是传统的、低层次的一种旅游方式。由于时代的变迁和发展，当代人对旅游的要求越来越高，单纯的静态观赏历史古迹已经无法满足当代人对文化旅游的需求，人们要在体验和参与的过程中感受文化。文化旅游从大众观光时代到大众休闲时代，再到大众体验时代，体验时代已经到临。此外，从市场主体的角度来看，文化旅游市场的主体以中青年人群以及“年老的老年人群”为主，客观上也要求参与性、体验性较强的文化旅游活动。没有参与性、体验性的旅游产品是难以长久吸引游客的，因此文化类旅游产品策划应具有艺术娱乐和游客参与的内容，使其喜闻乐见、雅俗共赏，身心得到全方位的体验。

2018年，美国加州迪士尼星球大战沉浸式乐园开业，50万张票，2小时抢空。迪士尼推出互动应用程序“Play Disney Parks”的App，整合了园区内的各项游乐设施，游客可以用它翻译园区里的银河语言，并额外提供交互式冒险和体验；坐在“千年隼号”的驾驶舱内，带领飞船在太空中疾速行驶，置身于“第一军团”（First Order）和“反抗军”（The Resistance）之间的激战，尝尝“绝地大师”喜爱的蓝牛奶以及各种银河的美食，这些《星球大战》影迷一直幻想的场景都可在其中一一亲身体验。国内位于苏州的华谊兄弟电影世界也是致力于延伸电影IP的场景体验项目，游客进门就能化身“电影大咖”，在“星光大道”体验明星走红毯拍通告，在“非诚勿扰”“通天帝国”“集结号”等园区里走进电影场景。通过游乐项目还原电影桥段，如在“能取岬”蹦极就是复现《非诚勿扰》里“舒淇跳海”那一幕，游客也能过一把电影主角瘾。还有今年在短视频平台上爆火的西安大唐不夜城也是沉浸式夜游的典型例子。“沉浸式体验”往往以一个IP为中心来拓展开发，让体验过程围绕着一个主题进行。故宫、天坛、长城、颐和园都是属于具有中国传统文化特色的IP，除了这些文化类综艺节目，“沉浸式体验”也已经在各类线下文娱产业中遍地开花，沉浸式的景区、剧场、展览，甚至还有沉浸式自习室等，各种借助沉浸式体验的文化项目大放异彩。①

（四）做好景观文化氛围的保护工作

文化是灵魂，文化旅游资源的开发和保护是文化旅游可持续发展在文化旅游业的集中体现，因此在对文化旅游项目进行策划时，应当树立起保护开发的意识。

文化旅游资源必须经过开发利用和拓展，才能发挥它的功能，但同样科学、合理的开发才具有真正的经济意义和社会意义。过度的保护是不能体现出文化旅游资源本身所具备的意义，而同样粗放型的开发、过度商业化及城市化也是有损于景观文化内涵。因此，文化旅游项目在策划时，但凡涉及文化旅游资源时，都必须是开发与保护同步进行。

（五）实现历史与时尚的适度结合，打造国潮品牌

在策划文化类旅游产品时，可适当加入现代时尚文化的元素，同时在一些会展、民俗旅游项目策划时，可适当加入时尚潮流因素，迎合新时代消费者的需求。2020年，上海市在“遗产日”期间，推出“2020年首届上海非遗购物节”，既是今年“遗产日”的重点

① http://culture.workercn.cn/32874/202008/19/200819141553226.shtml.

活动，又是上海“五五购物节”、上海文旅行业“五个一百”系列活动的重要组成部分。在“文化上海云”线上活动平台首栏，设“2020上海非遗购物节”专版。这些店铺来自全市16个区、百余家项目保护单位、30多家中华老字号、上海老字号，多所中国非遗传承人群研培计划参与高校、多家文创企业，以及部分结对帮扶地区的企业和传承人，涵盖传统工艺、非遗美食、非遗文创等门类，近300家网店，汇集非遗主题产品上万款。这些充满传统历史文化特色，又极具时尚气息的非遗产品，受到了线上消费者的热烈欢迎，也成为上海海派文化二次传播的重要载体。

第三节　文化旅游项目策划的程序

一个完整的文化旅游活动项目策划要经历前端的计划拟定、中端的价值盘点、终端的创意战略定位三个环节，每个环节中的详细内容均是环环相扣，充实丰富。在实际运作过程中，不是所有的项目都会按照这些步骤步步进行，有的文化旅游活动项目策划是会跳过某一个大的步骤或者是某一步骤其中的几个环节。

一、文化旅游项目策划前端——计划拟定

文化旅游策划是一个庞大的文化创意工程，涉及不同学科、不同单位，需要大量的人力、物力来共同完成。因此，一个完整的文化旅游策划必须要有较强的计划性。

文化旅游策划的计划要根据策划的委托方要求去制订，主要内容应该包括：文化旅游项目的策划目标；策划文化旅游项目应该包括几个阶段；每个阶段的详细工作及分工；每个阶段最后完成的时间；每个阶段的经费使用等。具体来说，计划的拟定往往是确定以下几个要素：第一，哪些人来参与策划（who）；第二，在哪些区域策划（where）；第三，完成项目的时间（when）；第四，确定做什么工作（what）；第五，具体分工（work）。从不同的对象角度分析，文化旅游项目策划的计划拟定包括两个方面：一是针对文化旅游项目本身的策划，这个策划是对外的，即项目的发起者或组织者、经营者等；二是针对如何做这个项目本身的策划，这个策划是对内的，即项目组的人员何时、何地、怎么做这个策划。

在计划拟定阶段最核心的一个问题，就是要理清思路，明晰整个策划项目的目标。一般而言，文化旅游项目策划的目标在于三点：第一，以所策划的文化旅游精品内容为核心，结合文化旅游的功能，将即将策划的文化旅游项目做大、做精、做活；第二，文化旅游项目的策划一般是在当地政府或者是大型旅游企业的规划中，因此策划的一个目标就是要使此项目成为政府或企业在发展过程中的支柱项目，引导规划的运作；第三，每一个文化旅游项目都是经过仔细考虑，认真研究后推出的，因此其策划的结果一定要不负所望，成为精品、精彩的文化旅游区，成为生态、自然、人文三位一体，并能够可持续发展的结合体。

文化旅游策划组织分工与计划拟定能使策划人做到心中有数，有条不紊地按时去完成每项工作。在计划拟定之后，就要按照计划的安排，定人、定时、定工地组织每个

小组成员进行自己的工作。同时，也要注意，分工不分家，分组有特色，每个小组成员都要发挥自己在策划项目中的特长，职责分明地做每个环节中的工作，文化旅游活动项目的个性、特色、创新等核心内容也必须放在大局中集体讨论，并在每一个工作环节中辐射出来。

二、文化旅游项目策划的中端——价值盘点

文化旅游项目策划的中端主要是对文化旅游整体进行调查研究、项目分析。每一个策划对象不同，其调查、分析和研究的内容也会大不相同，但是策划前端及中端的结果会直接影响到项目策划的后期定位及策划的效果。

（一）文化旅游项目背景分析

每一个文化旅游项目都有其策划的大环境背景，并且是在不断发展变化的，因此在对文化旅游项目进行策划时，必须对整个项目的背景进行详细的分析。

从宏观背景来分析，目前社会已进入到大众娱乐时代、体验经济时代和文化产业时代，不同时代对文化旅游项目策划的要求是不一样的，不同地域对文化旅游项目策划的期待同样也是不一样的。世界旅游趋势凸显区域之间的合作在不断加强，中国在世界旅游业的地位日益彰显，中国旅游发展的趋势体现观光、休闲、体验三位一体的需求在不断增加，中产阶层成为主导，民间资本大量进入等，这种趋势和需求对正在进行的旅游策划都提出不同的要求。同时，项目的策划还要对目前的产业发展进行研究，即对文化旅游研究、体验旅游研究、旅游形态进行分析。

（二）文化旅游资源挖掘与评估

现阶段来说，目前对于文化旅游项目旅游资源调查可具体从三个层面进行挖掘：自然旅游资源、历史文化资源、民俗风情资源。自然旅游资源主要包括水体、地貌（山坡、湖泊、湿地）、林木、气象旅游资源；历史文化资源是历代文明变迁的见证，包括名人、名事、民迹；民俗风情资源包括地方的生活民情、节庆、民居等。在深入整理挖掘这些文化旅游资源之后，根据国家《旅游资源分类、调查与评价》（GB/T 18972—2017），进行分类评估、评价。

在《昆明市晋宁县郑和故里文化休闲旅游小镇项目市场研究及整体旅游策划设计方案》里，可以看到策划部门对郑和故里旅游资源进行梳理的结果（表11.3）。

表11.3　昆明市晋宁县郑和故里文化休闲旅游小镇资源类型一览表

资源类型		现　状	拟规划景点
自然旅游资源	地貌资源	山丘、湖滨、岸滩	石滩拾遗 山崖小品 望海楼
	水体资源	湖区（滇池）、湿地、温泉	鲸波万里 湿地观鸟 渔舟唱晚

续表

资源类型			现状	拟规划景点
历史文化资源（郑和文化）	郑和一生到过地点		郑和公园 郑和故居	明城明街、马府、滇阳侯府、西洋各国建筑群落
	郑和文化	和平外交	/	和谐论坛
		开放商贸	/	各国特色贸易
		航海事迹	/	宝船船队 郑和事迹雕塑
		宗教文化	/	三宝塔 宗教碑刻

除了这种资源的梳理方法之外，还可以利用资源的元素构成分类方法来进行分析。如三星堆在进行文化旅游项目策划时，先归纳目前发现的文物类型，有青铜器、金器、玉器、陶器、象牙、金杖、神树、手工艺、鸟形器等。于是归纳按照艺术的分类为三星堆艺术氛围实用艺术（实用工艺：包括手工艺品）和造型艺术（包括雕塑和雕刻等）。对于三星堆文化的梳理，按照去粗取精、去伪存真的原则，将三星堆文化元素中的合理因素加以选取。

在整理、梳理策划区的文化旅游资源时，要注意立足于整个大的环境区域，即不仅在本策划区内进行资源的评估，而且要同相近的、相类似的资源进行比较，评估策划区的自然资源、历史文化资源、民俗风情资源是否丰富，是否浓厚，是否在这一领域具有独占枝头的魄力，从而在后期的策划定位中可以注意扬长避短。

同时，在整理、调查、研究、挖掘策划文化旅游资源时，注意保持和保护历史景观的原貌，同时放大历史文化的部分，从而使得文化旅游项目不仅有观光景点，还有休闲度假功能，更做到了环保开发和可持续发展。

（三）文化旅游区域开发条件调查

项目所在区域具有一定的旅游资源，但这仅仅是成为旅游地的必要条件，也是内部因素。但同时，这一地区能够在策划为成功的文化旅游项目外，还需要具备充分条件，这些充分条件主要指的就是文化旅游设施。

文化旅游设施主要包括基础设施和旅游专门设施。基础设施主要是指被策划区域内电力、通信、电视、广播接收、供水、排水、环卫、污水处理等。根据现在文化旅游业发展的趋势，越来越重视生态旅游的发展，因此在基础设施的调研中必须注意绿化带、公园的建设，并在后期策划中注意这方面。旅游专门设施是指提供交通服务的汽车、火车、飞机、游船、索道等，主要要注意该项目区域与其他旅游区及文化旅游区的距离、旅游区内的交通状况是否通畅、旅游者来源地到达旅游目的地的交通状况、在未来几年内旅游区交通状况的变化等；住宿设施有饭店、旅馆、度假村、农舍等；提供餐饮的餐厅、冷热饮店、茶馆、烧烤场所等；购物设施有旅游商品、纪念品、土特产品摊点等；娱乐场所有保龄球馆、游泳、桑拿、温泉、健身房、乒乓球室、羽毛球场地、歌舞厅等；另外，医院、银行、旅行社、车票代办处等提供其他服务的设施。文化旅游的专门设施要求更高，因此在考察时还要注意文化氛围的营造等细节问题。同时，还要注意开发地的地方管理状况,包括管理体制、机构设置、管理水平等。

(四) 文化旅游区域市场环境的调研

中国有很多优秀的文化旅游资源,但是却缺乏品牌的文化旅游产品,缺乏获得市场认可的优秀产品,因为文化旅游资源的科学价值并不一定等同于旅游产品的市场价值,因此做好文化旅游项目,必须了解文化旅游市场。

文化旅游区域市场环境的调查主要包括客源市场调查、区域消费特征、区域旅游环境、区域文化环境、区域政策环境、区域经济环境,在调研中尤其要注意对象是文化旅游市场,而不是普通的旅游市场。

对这一区域环境的调研和评价,要明晰小区域和大地方,注意这一项目在本旅游圈、本地和中国甚至世界的影响情况,尤其要注意以下几个方面:该文化旅游区的知名度与其他邻近旅游区、与其他有类似文化旅游资源区域知名度的比较;该区域旅游资源特色与其他文化旅游区的比较;该区域的文化管理政策与其他地方的比较;该区域的旅游设施、服务的比较以及经营策略的比较。例如,在对三星堆旅游区进行文化旅游项目策划时,就分析其市场现状是省外游客多于省内游客,逗留时间过短,其中以中青年为主,普遍文化层次较高,消费能力较强;产品现状可以说是"有说头,少看头,没玩头",企业没赚头;且三星堆景区周边相关的旅游配套设施不足。针对这样的区域环境,可以对症下药,头痛医头,脚痛医脚,利用区域环境的文化优势,以及其知名度、品牌方面的战绩充分结合旅游功能和要素,使其旅游地位和文化地位、经济地位相匹配和协调。

(五) 文化旅游消费者的调查

文化消费占据了目前个人、家庭消费的很大一部分,根据调查结果显示,随着经济水平的提高,文化消费在家庭消费支出的比重会越来越大。因此,文化旅游产品的策划就必须熟悉旅游消费者,通过对消费者需求的确认,来决定将哪些有市场价值的旅游资源转化为旅游产品,以及该旅游产品的表现形式如何。由于游客购买的是特殊的经历,许多旅游产品具有无形的特征,而且每个人对购买的文化经历评价不同,同时对旅游经历的感受又受着时时变化的游客心理因素的影响,所以对文化旅游消费者调研的难度又大一些。

同时,对文化消费者的消费结构调研就显得格外重要,而对于文化旅游消费者的调查内容主要是包括文化旅游消费者的分布特点(地域分布);文化旅游消费者的可支配收入;文化旅游消费者的旅游消费结构;文化旅游消费者的生活习惯与消费习惯;文化旅游消费者的闲暇时间、可支配时间;文化旅游消费者的休闲倾向;文化旅游消费者的教育水平、生活背景、传统习惯等。这些调研分析的结果均有利于后期的定位。

通过对以上情况的排期调查和研究分析,我们可以基本得出这一文化旅游区的优势与空白点,从而为下一步的终端运作打下基础。

三、文化旅游项目策划的终端——创意的战略定位

(一) 定位项目的盈利结构

从旅游收入上分析,传统观光景区(点)明显与常变常新的体验娱乐景区(点)存在很大的差距,文化旅游IP特色明显的盈利收入与普通的旅游收入也有很大不同。因

此，定位好一个文化旅游项目的盈利结构是旅游中最重要的环节，主要盈利点的准确定位关系到策划的核心，更关系到策划方投资方向的确定。一般来说，文化旅游项目的盈利来源主要体现在以下几个方面：

1. 休憩产品及衍生服务盈利

提供有助于丰富体验(经历)的游憩服务以及相应的服务体验来实现盈利。包括各种游客观赏和体验游乐。它是文化旅游项目最核心，也是最能体现产业化的重要盈利结构。

比如，和项目主题紧密相关的主题影院及会所、生活馆、演艺节目、主题文明庄园等。常州中华恐龙园因与游戏《魔兽世界》的互动，接待人数增长高达66%，这些知名主题公园因运作得法增长迅速，其相关衍生消费惊人。主题旅游娱乐业的相关拉动效应是巨大的，既是经济性的文化产业，又是文化性的经济产业。通过内容资源的反复持有从而形成产业规模。

2. 文化旅游综合服务盈利

通过文化旅游者的餐饮、住宿、购物等相关外延服务来获取盈利的模式。如主题酒店、美食街、购物坊、精品展销等。特别是主题酒店，目前国内还比较缺乏和文化旅游主题相契合的主题酒店。

3. 对外商业盈利

即通过自身的节庆活动和对外招商以及其他会展、广告等其他的一系列对外服务而达到盈利目的的盈利结构的组合。

4. 部分项目门票收入

有门槛的项目的收费，比如，举办大型演艺活动，如嘉年华期间的门票收费、芜湖方特举行夜间演出的另外收费等。

(二) 文化旅游项目结构的创意阶段

策划创意是整个策划过程的核心部分，它是日积月累的经验、善于创意的秉性和集体智慧的结晶，需要明确策划定位、酝酿主题概念，最终才能形成策划创意。文化旅游项目是紧跟着深邃文化，紧随着瞬息万变的产业而发展起来的，在竞争日益加剧的形势下，文化旅游项目如果没有文化创意，策划也就没有生命力。

什么是创意？复旦大学的沈祖祥教授认为："好的策划创意往往来自创意的灵感，也就是创意暗示、创意联想、模糊印象、灵动闪现等，将灵感经过整理、变形、加工和组合，就形成创意。"策划专家周勇认为："创意就是思想冒险的开始，不断地更换着思想冒险的频道去探'险'，终究会柳暗花明。"无论专家们如何认识创意，创意实际上是一个艰难的过程。创意是离不开创造性的，这种创造性既是实实在在地从实践中得来，又是人们凭借智慧和思想碰撞的结晶。

创意的来源有几种渠道：

第一，在调查中获得资料，总结归纳，这是基础，也是文化旅游策划来源最常见的一个渠道。策划者经过调查研究，长期酝酿及缜密的理性思考、逻辑推理，演绎出新观点或者"火花"。但是这一渠道最大的弊端不太容易找出文化旅游项目的特色，特别是在历史文化类旅游项目中，中国地域广博、底蕴深厚，有许多地方的历史文化资源十分类似，特别是同一个大的地域，小城镇的文化旅游资源基本大同小异。在这种情况下，通过调查分析而得出的结果，往往不太能够找出项目的特色，往往要借助其他方法。

第二，从过去经验和经历中去寻找，把曾经有的好的思想增补在现在的创意上。这是策划者长期职业价值取向的积累，在积累过程中，志向与目标装在头脑里，好像经常绷着一根弦，经过某事的诱发，引起联想，突然形成思维闪光或称之为灵感。策划师的思考能力和“注意力”要优于一般人，这不仅来源于日常理论、经验的积累，更主要的是在于他们十分注重挖掘、培养策划反思和注意力。每个项目都是现阶段完美和不完美的结合，在现阶段策划组都是集组员智慧的结晶，在现阶段审视都是完美的，因此每一个在当时完美的策划都有很多可以借鉴的创意可以运用；但是经历一段时间后，又会有新的创意和亮点出现在策划组人员的脑海里，而这个时候，尽管无法弥补在已经实施的项目策划中，但策划人员可以将其运用在下一个策划中。因此，策划人员需要的不仅是对过去阶段取得成绩的回忆，更是反思与总结。

第三，跟踪他人的新观点、新见解。在研讨会上、报刊上，某位专家和学者对某一问题提出了新见解、新观念、新理念，我们就可向他们请教。用这种方法获得资料的档次和价值都比较高。

关于创意的来源有许多种方法，比如收集信息法、感性认识法，还有日积月累法及联想法等。这些方法都是行之有效的，是创意不可少的方式，但相同的是它们应该有两个突出点：一是创意需要交流。通过交流，新的思想、文化、观念就产生了，思想的“火花”很容易诞生。二是创意需要借鉴。一个企业或一个人要想做好一件事，至少要了解十个同行在做什么和怎么去做。也许有的同行做得还不如你，但其他同行总有比你有独特或优秀之处，这种借鉴是非常重要的。

（三）文化旅游活动项目的设计

1. 文化旅游项目的策划重点

【资料链接11-2】

无锡古运河历史文化街区旅游策划方案

与其他城市的古运河相比，古运河无锡段是最具原生态风貌的、历史最悠久的、保存最完整的、“水”与“文化”完美结合的运河段，曾被全国政协大运河保护与申遗考察团誉为中国运河“绝版之地”，其中，“水弄堂”已经成为古运河无锡段的专有代名词。

定位：生活风情+民族工商业。文化古运河生活文化和中国民族工商业文化，是古运河历史文化街区最具特色的文化，以这两种文化为魂，清名桥为龙头，弄堂为体，运河为脉，古运河无锡段将建设成集遗产旅游、休闲度假、文博艺术欣赏体验于一体的国际旅游目的地。

根据古运河地区旧时民族工商业发达、遗留了大量的工业遗产与遗迹的条件，方案提出在运河开发产业选择中，着重恢复、保护工业遗址与厂房，适当还原老工厂的旧貌，建设以展示民族工商业为主的工业遗产带。与此同时，重点吸纳第三产业，发展住宿和餐饮业、零售业、娱乐业、文化艺术业、水上运输业、邮政业、居民服务业、水利、环境和公共设施管理业、房地产业等。

空间格局：东静西闹、东闲西游。根据古运河沿河街道的现状，方案认为，南长街一侧适合于开发热闹、积聚人气的旅游产品，南下塘与大窑路一侧安静的气氛适合于开发休闲类的产品，于是提出了“东静西闹、东闲西游”的格局。

根据这一设想，方案进而提出了“一核三廊三节点”的旅游空间布局。“一核”即以清名桥、伯渎桥为中心的两水相交处的景观核心区，内有造型古朴的古桥、古运河与伯渎港相交所形成的宽阔水面、运河水天相接的景色，这是古运河历史文化街区景观的精华所在。“三廊”即南长街街廊道、古运河水廊道、南下塘巷廊道，分别对应岸上游览、水上旅游和岸上休闲三个旅游功能。“三节点”即跨塘桥入口节点、南水仙庙节点、伯渎港节点，具有集散游客的作用。

产品：四个系列、六个项目、两个活动桥、河、街、坊、窑、弄、堂、馆……古运河无锡段旅游资源丰富，根据其特色，方案整合推出四个系列产品，分别为“码头运河”遗产文化产品、“品味运河”生活风情产品、“人泊运河”休闲度假产品、“灯火运河”夜运河产品。具体说来，码头是古运河风光的代表性景观，通过运河和码头，将散布如珠的遗产旅游点串联成链，构成一个有机整体；生活风情产品属于体验型产品，是游人在观光之余深入体验运河人家风情、获得别样感受的产品；而由游船、茶馆、水吧、餐厅等各种游憩设施、场所共同组成的休闲度假产品，则可以延长游客停留时间，刺激消费，加深体验；同时，打造一条充满生机和吸引力的“夜运河”，将以“灯”和“火”为主题的运河旅游产品充实到“夜运河”中去。

在此基础上，方案建议重点建造六个项目：一是在大窑路和南长街之间新修建一座桥，取名“窑上桥”，与古运河上的清名桥、伯渎桥形成三桥环绕、遥相呼应的景观效果；二是建中国民族工商业博物基地，以展现无锡民族工商业的发展历程，加深游客对无锡民族工商文化的了解；三是以复原、搭建沿河的古戏台、书场为基础，造无锡“戏码头”，并发展戏装制作业；四是建运河客栈，以高端的休闲度假旅店和居所为目标，为旅游者创造闲暇自得运河游的新体验；五是建一个集餐饮、文化、休闲功能于一体的餐饮文化浜；六是造古窑遗址公园，选取一两个规模较大的古窑进行“活化”，展现无锡古运河一带曾经盛行的烧砖业。

（资料来源：http://www.thmz.com/col25/col51/2006/09/2006-09-13101570.html.）

文化旅游活动项目包含了很多环节和细节部分，但策划的重点主要集中在三个方面：文化旅游总体形象、文化旅游产品、文化旅游场景。

文化旅游总体形象，也是这一文化项目的总体定位，即展示在旅游消费者面前的项目精髓。所以，这一形象的定位在策划的时候一定要“精、准、特、鲜、活”，要使得策划的总体形象能够闪亮登场。同时，在定位文化旅游主题时，一定要本着高度还原历史原貌、尊重自然生态和可持续发展的原则。无锡古运河历史文化街区旅游规划策划时，就将其总体形象定位为“江南水弄堂，运河绝版地”，这一形象定位有两大意义：第一，“水弄堂”是无锡古运河特有的运河景观，是专有代名词，是世界上独一无二的，用江南水弄堂作为总体形象，既强调了它是核心的组成要素，也强化了既有的文化旅游品牌形象；第二，用“绝版”来强调无锡古运河段在整个京杭大运河的独特性。浓郁的民间风情、保存较好的古老建筑和街道，都是其他城市已经消失的人文历史景观，定位在这样独特的资源特色，以这种绝版形象亮相旅游者面前，有利于无锡古运河街区区别于国内其他运河城市的定位，也有利于无锡古运河街区文化旅游业的持久发展。

文化旅游产品是文化旅游者亲身体验、接触并直接感知到的实物，所以对于文化旅游产品的设计更是项目策划的关键因子。产品的策划要考虑到文化旅游资源的文化可进入性、可利用性、创新性、连贯性和吸引力，要体现旅游市场消费者的需求，考虑区别其他类似旅游景点的特性，最主要的是留得住游客，打得出名堂，看得到文化，赢得到效益。无锡古运河历史文化街区旅游规划策划方案在其中就策划了“三个节事活动”“四个系列产品”“五个重点项目”的产品格局，三个节事活动包括“穿越运河三千年”大型实景歌舞剧、清名古运河国际旅游文化节、京杭大运河学术研讨会，四个系列产品包括“码头运河”遗产文化产品、“品味运河”生活风情产品、“人泊运河”休闲度假产品、“灯光运河”夜运河产品，五个重点项目包括窑上桥新建工程、水泰丝厂、铁树桥“CANOTEL”运河客栈、古窑遗址公园、“无锡戏码头”。这些共同组成了无锡作为一个文化旅游地的产品体系，既有静态的建筑和传统的博物馆，又有动态的歌舞剧和学术会议，突出无锡古运河是一个可观光、可教育、可参与和可娱乐的地方，一个观自然、游古迹、赏文脉、听故事、品民俗的地方。

文化旅游场景所展示的是一种文化情景，是旅游者活动的中心点。目前，历史文化旅游场景是目前文化旅游产品所依托的最大一部分，考古遗址、古代建筑、博物馆、尚存在或已消亡的文明或文化的名胜古迹，是旅游者人数最多的地方。完美的文化旅游场景，不仅具有满足旅游者综合消费的功能，而且其本身往往就可以成为文化旅游的吸引资源。因此，在策划、营造、丰富和完善文化旅游场景时，必须考虑独特的文化形象、氛围和意境三个方面，融“独有权、完整性、宜参与、深层次”于一体。无锡古运河历史文化街区旅游规划策划时就根据街区现状及“东静西闹、东闲西游”的特点，落实水弄堂文化，在空间布局上策划三个廊道场景，南长街街廊道——岸上游览、古运河水廊道——水上旅游、南下塘巷廊道——岸上休闲，以廊道承接“东静西闹、东闲西游”的格局，同时结合沿街分布的各种景点，在廊道中建设博物馆综合体与工商业文明的载体。

2. 设计文化旅游项目步骤

(1) 确定“诱惑力”亮点。亮点是吸引某一个文化旅游群体前来目的地的重要因子，因此在设计文化旅游项目步骤的第一步，就是要打造出一个极具“诱惑力”的亮点。这一亮点可以是目的地在全国十分享有盛誉和知名地的景点或旅游区，如美国的大名案旅游目的地，或者在这一景点上加以文化因素的加工，如维也纳音乐之都作为华尔兹的故乡，在挖掘展现维也纳文化时，维护音乐遗产，保存音乐家纪念地。

同时，这一亮点也可以是在一些已经开展进行的文化旅游项目中，创造性地策划一些活动，如具有学术性的和主题相关的论坛、会展、研讨会，养生会馆、主题公园、大型的和旅游资源相关的文艺演艺，独特的夜间活动，电影电视剧的拍摄等亮点活动。

(2) 设计“细节化”情节。即使有了“诱惑力”的亮点，也在项目的各个环节中，要体现这一亮点、强化这一亮点，从而更好地在旅游者心目中留下更为深刻的印象。包括景观标识系统、主题板块、场景印象维护、游客中心等，在每一个环节务必强化文化旅游主题，让其深入人心。在音乐之都维也纳，在市区的许多重要街道、礼堂、会议大厅都以音乐家的名字命名，使自然、人文的环境更加闻名于世。

(3) 导演“互动性”活动。文化旅游本身是两种及以上不同价值观念和价值标准的文化相互碰撞的过程，区域文化之间的互异性是文化旅游者决定是否旅行的重要原因，对文化体验性、新鲜性的追求正是文化旅游者决策的催化剂。因此，在文化旅游项目中必须策划隐形或明晰的互动性活动。在美国的“活人博物馆”，通过表演向旅游者展示传统习俗、民间舞蹈，再现了几百年前欧洲移民的生产、生活等风俗习惯，这是隐形的互动活动。在一些主题公园，设置旅游者亲身参与和文化旅游主题相关的活动，让游客亲身体验策划者预先设计的主题文化。

本章小结

- **内容摘要**

本章从文化旅游活动项目策划的相关概念入手，阐述了文化旅游活动项目的含义。从目前中国文化旅游项目策划的现状来看，目前文化旅游项目策划还是存在一些问题。一个合格的文化旅游项目策划必须坚持文化导向、定位各异、保护和恢复及重建文化生态环境、文化旅游策划与文化旅游规划相结合的原则，并注重产业整合和文化资源拓展、提炼符号并选择合理的文化内涵进行外化、体现体验性和娱乐性及参与性、做好景观文化氛围的保护工作、实现历史与时尚的适度结合等要点。同时，文化旅游活动项目策划要经历前端的计划拟定、中端的价值盘点、终端的创意战略定位三个环节，每个环节中的详细内容均是环环相扣，充实丰富。但文化旅游项目经历策划、实施，想华丽转身与市场结合，还是需要营销推广等力量的助推。

- **关键词**

旅游规划；文化旅游项目策划；创意设计；文化导向

- **思考题**

1. 旅游规划与旅游策划之间的关系是什么？
2. 什么是文化旅游项目策划？
3. 目前中国的文化旅游项目策划的现状是什么？
4. 在文化旅游项目策划活动中，如何才能找到文化亮点，如何打造IP？
5. 创意在文化旅游项目策划中的地位与作用是什么？
6. 有人认为，文化旅游项目之所以大受欢迎，是靠策划出来的。请问你如何看待这一观点。
7. 在文化旅游项目策划中，如何解决“私人定制”的市场需求与现象。

【应用训练】

成都投资20亿古镇的凋亡之路[1]

成都平原，沃野千里，山川俊美、人杰地灵，自古就被誉为天府之国。2003年，著名导演张艺谋为成都拍摄了一部片长5分零9秒的城市宣传片——《成都，一座来了就不想离开的城市》。从此，这句让人怦然心动的话语便成为成都奠定中国休闲之都地位的代名词。十年后的2013年4月26日，在继宽窄巷子、东郊记忆、锦里等成都市文化旅游

① https://new.qq.com/omn/20200729/20200729A0N0DJ00.html.

名片之后，投资20亿，被业内称作“成都清明上河图”的龙潭水乡，在成都市区东北的成华区龙潭总部经济城正式运营。

来到景区，映入眼帘的是高达35米，巍峨壮丽的宫殿式大门。据说设计者为北京中华世纪坛的总设计师余立博士，城门高悬大红灯笼，巨型铜匾上，龙飞凤舞地书有“龙潭水乡”几个大字，一对憨态可掬的石狮子镇守着大门。

冠以“成都清明上河图”“成都周庄”头衔的成都龙潭水乡在2013年4月26日开业。据当时开发商统计，开业头三天保守估计涌入13万游人。媒体的报道这样描述：这几天，龙潭水乡里的商家，尤其是餐饮的商家们简直笑欢了。

一家豆花店老板说，周日中午1点就已经卖光了所有食品。而另一家中餐酒楼的老板，面对满当当的大堂，忙得不可开交：“生意太好忙得没时间统计这几天的营业额了”。

面对成都市民的热情，相关负责人呼吁：“龙潭水乡天天开放，市民们不用着急打拥堂”。

“不着急打拥堂”竟一语成谶。三年之后，龙潭水乡走向了另外一个极端。

周庄古镇的配置、20亿元投资的项目。龙潭水乡投资20亿元、经4年打造和建设，位于成都市成华区龙潭总部经济城核心区域，占地面积220亩，建筑面积16.1万平方米，其规模相当于周庄古镇，是龙潭总部经济城最大的配套项目。

如今关门闭户，只剩下凄清冷静的街道，破旧的船只，曾经的美食一条街只剩几个空落落的小摊。面对这个不可挽回的局面，业内专家纷纷提出不同的见解：

有人认为在这个悲剧中，最核心的问题出现在策划环节。

第一，龙潭水乡位于龙潭工业总部基地核心区，有类似刚需的市场支撑，可惜现在该区域还有待发展。

第二，龙潭水乡主打的当然是成都及周边城市的周边游市场，可是现在除了建筑之外，文化上的混乱、业态上的空白，显然低估了成都人的要求。

第三，龙潭水乡号称清明上河图(这个又是北方的、宋代的)，可惜也看不到任何与之相关的内容，和《红楼梦》一样是个噱头，而龙潭水乡真正的文化灵魂是什么。

第四，倘若学习《宋城千古情》，需要强大的市场支撑(外地游客，旅行社)，且与本土发生关联(文化演出上的会客厅功能)，而且需要投入巨大精力、财力打造演艺项目，难度也非常大，显然龙潭水乡走的也不是这个路子。

第五，不管景区再好，没有内容，一切都是零，现在的龙潭水乡确实没有任何内容。

第六，一个在成都城市核心地带的重大项目，龙潭水乡与成都、西蜀乃至西南，关系甚微。

第七，如果这是一个飞来的、外来文化，它是否有落地生根的必要和可能，也就是说，在深圳世界之窗已然进入博物馆的现在，江南水乡从物理距离、文化距离、心理距离等角度，已经缺乏构成“魅惑”的可能了。

你认为，龙潭水乡从一夜暴红走向凋亡之路的原因是什么？

第十二章　文化旅游产业的经营与管理

【学习目标】

（1）掌握文化旅游管理体制含义及我国文化旅游管理体制存在的问题。

（2）文化旅游企业经营管理含义和核心。

（3）目前我国文化旅游产业品牌管理存在的问题和不足。

（4）文化旅游品牌塑造和战略选择。

导入案例

西递VS宏村旅游开发模式

一、西递旅游开发模式的演变

西递在旅游开发中，以当地居民为主体，采用集体经营的开发模式，无论是景区导游还是内部维护人员，都优先选用当地居民，对居民的工作时长和工作内容进行记录，最终分发奖金。同时当地政府灵活放权，以监督指导为主要职责。这种当地居民和政府的良性互动模式，极大调动了当地居民的积极性，贯彻了以人为本的治理理念。1985年，当地政府成立旅游开发部门，在经过全面学习和调研后，发现多数景区选择先开发后保护的模式，对历史景区、古村落建筑群等旅游资源未加以合理保护，直接作为裸露的旅游景点进行开发并吸引游客，这无疑对旅游资源的可持续发展产生了负面影响；同时，许多开发部门对受影响的景区居民的生活关注度不高，环境污染和开发过程中攀高的生活成本，引发了当地居民和游客之间的紧张关系，一定程度上降低了游客对当地真实风土人情的体验效果。认真总结经验之后，当地政府对西递村的牌坊、古祠堂和书屋等建筑进行了维修，投入资金对西递村的旅游资源进行全面开发。在西递村的早期建设中，当地政府一直处于亏损状态，直到1989年，前期成本得以回收，财政收入得以提高，居民的分红也得以改善。

当地政府和居民为了进一步提高共同开发和管理西递的效率，在1994年设立了“西递旅游服务总公司”进行统一的规范管理。该公司在开发过程中，广泛吸取成功经验，在保证居民原有生活质量的基础上，努力提高其生活水准，以促进经济文化共同发展为目标，带动了西递发展进入良性模式。例如，每年的门票收入是西递旅游开发的主体收入，西递旅游服务公司将总收入的80％用于员工的日常工资、年终红利，以及对西递的再次投入、开发和管理，包括对外宣传和基础设施的建设等方面；将余下收入上交当地的文物保护局，此项资金用于聘用专业人员对西递村进行维护，以及用于县政府的统筹管理。这种社区主导的旅游开发模式，既保留了当地的文化习俗和风土人情，又调动了全民参与旅游开发的积极性。通过这种友好型的旅游开发模式提高居民收入，既缓和了游客与景区居民的导向冲突，形成了“吃住行游购娱”多维度的旅游开发方向，又确保了西递旅游规划能够切实贯彻可持续发展的理念，形成特有的西递旅游开发模式。1998年，在县政府的支持下，西递村与宏村共同申请了世界文化遗产称号，在政策导向上确立了旅游开发在村落经济发展中的支柱地位。在2000年时，西递、宏村获批为世界文化遗产地，从此西递的旅游资源在全国乃至全世界名声大噪。随着旅游资源声誉的提高，当地居民的收入也实现快速增长，这进一步促使当地居民投入西递旅游资源开发的事业之中，社区主导型的旅游资源开发模式在实践的成果中得以巩固和改进。

二、宏村旅游开发模式的演变

在旅游资源开发的过程中，宏村经历了旅游开发模式的巨大变革。在20世纪80年代资本市场较为单一的情况下，宏村的旅游资源尚属于政府的行政资源，其开发模式以政府为主体，统一开发权、经营权和管理权于一体。在经历十年探索式发展之后，当地政府以发展的眼光和前瞻性的思维策略，将宏村旅游资源的所有权和经营权进行分离，通过投标式招商引入资本，借助市场力量盘活宏村旅游资源，即采用以企业为主导，同时接受政府监督的开发模式。1996—1997年是宏村旅游开发模式的重要变革时期。为贯彻落实“保护优先、开发在后”的可持续发展理念，经过当地政府严格的筛选和激烈的竞标把控，北京中坤工贸集团获得了宏村30年的独家开发经营权，该公司对宏村整体进行了规划和开发，并下设京黟有限公司对宏村进行具体管理。

北京中坤工贸集团保留和挖掘皖南徽文化的同时，秉持了保护重于开发的发展理念。首先，该公司加强了对古建筑的修护和完善工作，对不同类型的古建筑采取适合且独特的修护方式。针对景区木质建筑的特点，尤其注重白蚁的防治工作，努力消除各种安全隐患，提高对古村落火灾的防范意识和扑救能力。其次，该公司注重村落内的原有环境问题，在认真考察后，选择新区修建现代化住房，解决当地居民的生活问题，有效地缓解了新建的现代化住房与古村落建筑之间不协调的矛盾。再次，制定了先进的规划思路和科学的保护措施，积极配合当地政府，将宏村成功申报为世界文化遗产地。2005年，通过当地政府和中坤工贸集团的良好合作，宏村居民的人均收入相较于2000年翻了一番，达到5600元左右。同时，多赢互动开发模式下，北京中坤工贸集团也获得了可观的利润，例如，每季度的收入额都呈现快速上升趋势。所有权和经营权的分离，为景区引入了先进的管理制度。第三方的介入，从根本上避免了大量的逃票现象，规避了“亲情票”等景区常见问题，使得宏村在门票价格低于西递村的情况下，所获得的门票总收入仍能高于西递村。同时，宏村的居民对自己现今的生活满意程度较高，再次证明了先进管理制度的多赢性。

总之，宏村旅游开发模式的演变，验证了以企业为主体，辅以政府监督的旅游开发模式的有效性。宏村成功入选世界文化遗产地以来，北京中坤工贸集团仍对宏村例行日常维护管理工作，对管辖区域内的原有居民登记在册，对原有民居进行常年排查、诊断和修缮管理，不断攻克古民居维护修缮以及白蚁黄蜂防治等常见难题，作为第三方，能够通过多赢互动与当地居民融为一体，使得旅游资源开发的可持续性增强。

（资料来源：金牛.西递宏村旅游开发模式的问题及对策探析[J].四川旅游学院学报，2018(5):82-85.）

第一节　文化旅游资源管理体制

一、文化旅游管理体制的内涵和本质属性

管理体制是指一定社会经济发展阶段中文化产品的生产、管理和传播的具体形式和运行方式，它包括文化生产组织、管理制度、管理形式、管理方法及传播方式等。文化旅游管理体制是指国家对整个文化旅游经济活动和运行进行协调与管理的组织形式、机构设置、职权划分和管理制度的总和。

文化旅游管理体制是文化旅游管理的基础和核心，其渗透到文化旅游管理的各环节、各领域和各个方面，是文化旅游经济活动正常开展和文化旅游经济有效运行的重要保障，也是实现文化旅游经济发展目标的重要手段。①

（一）所有制结构是文化旅游管理体制的前提基础

生产资料所有制结构是经济社会的最基本结构，其不仅决定着一个国家或地区经济社会的性质特征，还决定着文化旅游管理体制的性质和方式，因此不同的所有制结构必然形成不同的文化旅游管理体制和模式。我国文化旅游管理体制的性质必然体现以公有制为主体、多种所有制形式相结合的要求，实行“国家调控市场、市场引导企业”的文化旅游管理体制模式。

（二）组织形式是文化旅游管理体制的重要方式

从世界各国的情况看，适应不同国家经济社会体制和旅游管理模式而形成不同的旅游组织形式，主要有以下三种基本方式：① 集权制模式——文化旅游经济活动和运行管理主要集中于政府旅游行政管理部门和相关行政部门，如美国；② 分权制模式——按照文化旅游宏观管理职能而分属于不同层次的文化旅游行政管理部门和文化旅游行业组织，如澳大利亚和德国；③ 混合制模式——有关文化旅游经济活动和运行的主要管理职能部门由文化旅游行政管理部门负责，而其他管理职能则分别由相关行政管理部门，或者由文化旅游行业组织负责，如日本。

（三）机构设置是文化旅游管理体制的主要载体

文化旅游管理体制的机构设置，是指在相应的文化旅游组织形式基础上，建立明确的文化旅游管理组织机构，配备相应的文化旅游管理人员，具体负责文化旅游管理职能的实施。

文化旅游机构设置的前提是应符合文化旅游组织形式的要求，具体的设置原则包

① http://wiki.mbalib.com/wiki/%E6%97%85%E6%B8%B8%E7%AE%A1%E7%90%86%E4%BD%93%E5%88%B6.

括：一是必须依法设立，符合国家有关法律法规的规定和要求；二是具有明确的文化旅游管理职能目标，能够有效履行文化旅游宏观管理的基本职能；三是必须权责统一，做到职权与责任、领导和指挥、协调和管理的统一；四是精简高效，符合文化旅游宏观管理中的决策集中、协调快速、管理有效的基本要求。

（四）权责划分是文化旅游管理体制的核心内容

文化旅游管理体制的权责划分，是指明确划分文化旅游管理机构和相关部门的管理职权与责任，是合理配置文化旅游管理职权和责任的主要内容，也是文化旅游管理体制的核心问题。权责划分通常涉及三个方面：一是明确划分文化旅游行政管理部门和相关行政管理部门的职权与责任；二是对各级文化旅游行政管理部门的管理职权和责任的划分；三是对文化旅游行政管理部门与旅游行业组织、文化旅游企业之间的管理职权和责任的划分。

权责划分是文化旅游管理体制的核心问题。如果权责划分不当或权责不清，就会造成文化旅游管理中集权与分权、侵权与放权等矛盾，甚至损害各方的利益和积极性，影响到整个文化旅游经济活动的正常开展和有效运行。

（五）管理制度是旅游管理体制的主要手段

在文化旅游管理体制中，管理制度一般包括文化旅游宏观管理制度、文化旅游行业管理制度、文化旅游区域管理制度和文化旅游企业管理制度。文化旅游宏观管理制度，是国家从国民经济总体角度对文化旅游发展、文化旅游市场进行规范和管理的制度。文化旅游行业管理制度，是由文化旅游行政管理部门和文化旅游行业组织对文化旅游活动和文化旅游企业进行规范与管理的制度。文化旅游区域管理制度，是各级文化旅游行政管理部门和相关行政管理部门对区域文化旅游发展管理的有关制度。文化旅游企业管理制度，则是文化旅游企业根据自身管理的实际需要，所制定的企业内部各种综合管理制度和专业管理制度等。我国现阶段文化旅游管理体制模式是“政府调控市场，市场引导企业（旅游者），企业自主经营”，其中文化旅游者和文化旅游企业是文化旅游经济运行的微观基础，文化旅游市场是文化旅游经济运行的核心条件，政府宏观管理是文化旅游经济运行的重要保障。

二、中国文化旅游管理体制的现状

（一）文化旅游管理体制现状

我国的文化产业起步不久，距离市场化产业运营的目标尚有很大差距。我国现行的文化管理体制基本上还是处于部门分割、各自为政的状态。文化产业的七大门类分别由广播、电影、电视、新闻出版、文化、工商行政管理等不同部门进行监管，相应的产业政策的制定具有明显的部门特点，政出多门的状况短时间内还难以改变。文化旅游管理体制尚未理顺，体制性障碍依然存在，表现为：在文化管理上，政府与文化经营单位之间的责、权、利关系尚未理顺，经营者难以成为真正的市场主体或法人主体，政府过多地直接管理文化；在文化建设投资方面，实行文化产业经费统包制，产业的行政化与非产业化，造成中国文化产业运行机制的低效率；在文化事业与文化产业运作上，采取非法治化的人为方式，行政管理者对文化产业不仅缺乏必要的规划意识，而且文化产业管理缺乏法律依据。

1. 行政管理机构不规范，存在部门分割管理的现象

虽然国家、地方的旅游管理部门都得到了设置，但是没有统一名称、级别与职责等；我国初步创新完善了旅游管理体制，旅游管理机构层级分明，各个省市、县等都设置相应的管理部门，但是管理机构网络体系还不够规范与完善，旅游管理的覆盖面需要进一步扩大。首先，需要进一步完善各级政府行政管理机构，国家层面上旅游行政管理机构权力较小、级别较低；地方层面上旅游管理机构因为权力不够，影响协调功能的发挥，甚至部分地区没有将旅游管理机构独立开设出来。民间管理机构环节需要进一步强化，还没有充分重视公民参与的价值和意义；我国旅游大市场还没有统一，政府在管理旅游企业方面需要进一步完善制度，采取科学方式，还存在诸多问题，如投融资环境需要进一步优化、统一开展部门管理、完善企业内部管理制度体系等，旅游企业的独立性与自主性需要增强，否则就与社会主义市场经济体制发展要求不相适应。旅游管理机构没有足够的职权范围，就无法科学制定相应的旅游政策及法律法规等，并难以贯彻和执行。部门分割管理是我国现行旅游管理体制的一大特点，如建设、林业、环保、文化等各个部门都可以管理旅游景区资源、文物资源等，纵向角度又划分为多个层级，涵盖了省级、市级等。这些管理部门有不统一的职责权力，旅游主管部门与其他部门之间的关系难以有效协调和组织。同时，上下级旅游部门没有将相应的交流沟通机制完善构建起来，上级旅游管理部门可以垂直管理下级，但是下级不能够有效反馈监督上级部门。再加上存在着地方保护主义，人为分割了旅游产品与景区，加剧了旅游行业之间的冲突，无法整体设计旅游产品及统一规划和开发旅游资源，降低了我国旅游业的整体竞争力。

2. 未能实现市场化管理

经过20多年的体制改革，我国许多文化旅游资源逐步转化成经营性企事业单位。可是，处于由计划经济向市场经济过渡的转轨时期的文化旅游产业，产业界定尚不清晰，产业组织也不健全，大部分文化旅游资源并没有真正实现产业化。各级政府部门实际上是旅游资源配置权的主宰者。我国许多文化旅游产业仍是政府部门管辖下的国有事业单位。在发展文化旅游产业上，这些行政管理部门仍习惯于通过直接的物权、财权、人事权来行使管理职能，虽然一些文化旅游管理部门已经建立了企业或经营性事业组织，但实质上仍是半政府、半事业性质，具有很强的政企不分、条块垄断的特点，致使文化旅游资源利益单位化，所有权、管理权和使用(经营)权三者的权限过于集中在某些部门，国家仅是这些文化旅游资源的抽象业主，并且大部分部门的权利被各种行业法和专项法律法规确认和保护。即使有的成立了公司，其管理体制仍是非市场化的事业性质，不是真正的市场经营体制，主管人员对文化旅游市场运营的企业经管、产品生产、销售、服务和投资效益及人力资源等一知半解，甚至一窍不通。因此，现行体制已构成了阻碍文化旅游产业发展的非市场经营体制障碍，不断与文化旅游产业的创新改革发生冲突，严重束缚了文化旅游产业发展，阻碍着文化旅游产业化和市场化程度的提高，限制了经济效益增长和产业发展。

3. 多头管理、区域联动性差、服务质量有待提升

全域旅游背景下，旅游业的发展格局逐渐从“小旅游”转变为“大旅游”。旅游公共服务体系的建设单纯靠旅游行政管理部门是无法完成的,还需要交通、安全、社会保障等部门的支持和协作。而实现区域联动发展,除了需要发挥横向政府部门的积极作用,还需要理顺纵向政府部门之间的职责关系,避免形成交叉管理和多头管理的局面。因此,政府需要加强旅游行政管理部门的综合协调职能,统筹协调好横向和纵向部门的旅游发展职责。

旅游景区服务差、厕所不达标、导游服务态度恶劣等问题不断凸显,全域旅游背景下,实现优质旅游成为我国旅游业新的奋斗目标。在全域旅游背景下,政府需要不断强化行业监管职能,改善旅游市场秩序,优化旅游服务体系,提升旅游行业整体服务水平,打造"中国优质旅游服务"品牌,更加坚定地向着"旅游强国"之路迈进。各级政府对发展旅游业重要性的认识越来越深刻,不断加大对旅游业的扶持力度,同时也对现代旅游治理体系进行了一定程度的探索,如建立旅游巡回法庭,在景区景点进行流动式办案等。但是目前大多数政府对旅游业的管理主要还是停留在以微观监管为主的模式上,这显然是与全域旅游所要求的现代旅游治理体系是不相符合的。因此,政府需要进行旅游行政管理职能的转变,从微观的全能包办式管理向宏观的有限管理和治理转变,将政府的管理职能聚焦于宏观调控上,增强政府的旅游宏观调控职能。全域旅游背景下,政府在旅游业发展中的宏观调控职能主要包括:制定科学的旅游业发展规划;综合利用全域旅游所带来的各项政策红利;引导旅游投资方向;加强对旅游资源的保护以及为旅游业培养高素质人才等。

4. 发展与保护相关法律制度尚未健全

目前,我国已初步形成了相对完善的旅游法律法规体系。但是随着旅游业的不断发展,原有的旅游法律法规已经无法完全满足和适应旅游业的发展,旅游法规体系仍需进一步完善。2013年,《旅游法》颁布实施,填补了我国旅游基本法的空白,为我国旅游业带来了新的发展活力,但是与之配套的地方性旅游法规以及其他部门的相关法规却没有及时地进行改革。

首先,我国并没有一部关于文化旅游产业的基本法,同时,目前我国旅游法制体系仍有许多方面未能与旅游资源和生产要素合理配置和使用的要求相适应。我国的文化旅游产业立法还处于初级阶段,目前多通过行政法规、规章、政策来调整,缺少较高层次的立法。与之相关的法律制度分散在各个关于文化与旅游业的法律法规、规范性文件、地方政策中。如《文物保护法》《森林法》《水法》《农业法》《环境与资源保护法》《文化管理条例》《风景名胜区条例》《宗教事务条例》《国务院娱乐场所管理条例》等。这些法律法规有的是国务院批准的文化、旅游法律法规,有的是国家旅游主管部门单独或会同有关部门制定的行政法规。此外,还有大量的地方政府制定的有关地方旅游的法规。在对旅游资源开发、旅游市场秩序、旅游者权益保护等方面未作出明确的规范,有必要依法协调解决文物、建设、文化、水利、林业各部门,明确其权利和义务。

其次,从旅游市场的角度来看,文化旅游产业的发展难以靠文物、建设、文化、水利、民政等行业和部门来主持,因为他们并不掌握旅游市场,只有旅游行业部门一直与旅游市场保持着密切的关系。在我国大部分地区,主要是旅游行业和管理部门在开拓和管理旅游客源市场与旅游供应市场。但是,旅游业的低下产业地位和无行业法律保障的状况阻碍了我国文化旅游产业化发展。一些地区文化旅游产业发展严重滞后，一方面政府没有把旅游真正作为经济产业来抓，往往把本地的名胜当作发展地方的公关资源和接待设施来开发利用；另一方面政府虽然重视旅游，但是各部门借助法律的保护控制权力，各自为政，形成不了合力，阻碍了发展。这两种情况的结果都一样，文化旅游产业无法实现企业化、系统化、市场化和规模化，因而产业不可能得到发展。

（二）文化旅游管理体制改革取得的成绩

近20年来，我国文化旅游体制改革的成就主要表现在四个方面：一是在所有制上的突破。国有文化与非国有文化共同发展，认同现代经营管理制度对文化行业的共通性，对部分地区和部分文化行业实现了战略性重组。二是在资源配置方式上的突破。文化行业中资源计划配置与市场配置方式并存。三是文化市场的建设、培育和管理上的突破。承认并发挥文化市场对文化体制改革的重要作用，初步建立了文化市场管理体系。四是在文化行业性质认定和划分上的突破。区别公益性文化与经营性文化、竞争性文化行业与非竞争性文化行业，并在理论上初步确立了不同的管理模式。

2018年3月组建文化和旅游部，能增强和彰显文化自信，统筹文化事业、文化产业发展和旅游资源开发，提高国家文化软实力和中华文化影响力，推动文化旅游业多层次发展，对国家文化、资源起到宣传作用，增强文化自信与民族信心。旅游的灵魂是文化，旅游的吸引力来自文化，这将贯穿于今后旅游发展过程中。新组建的文化和旅游部的主要职责是，贯彻落实党的宣传文化工作方针政策，研究拟订文化和旅游工作政策措施，统筹规划文化事业、文化产业、旅游业发展，深入实施文化惠民工程，组织实施文化资源普查、挖掘和保护工作，维护各类文化市场包括旅游市场秩序，加强对外文化交流，推动中华文化走出去等。

改革中还将国家林业局的职责，农业部的草原监督管理职责，以及国土资源部、住房和城乡建设部、水利部、农业部、国家海洋局等部门的自然保护区、风景名胜区、自然遗产、地质公园等管理职责整合，组建国家林业和草原局，由自然资源部管理。国家林业和草原局加挂国家公园管理局牌子。其主要职责是，监督管理森林、草原、湿地、荒漠和陆生野生动植物资源开发利用和保护，组织生态保护和修复，开展造林绿化工作，管理国家公园等各类自然保护地等。这意味着自然保护区、风景名胜区、自然遗产、地质公园等绝大部分旅游资源将由同一个部门掌管，统一的规划、保护、监管和开发，将使旅游资源的利用更加科学合理，更加符合全民的公共利益。

三、完善文化旅游管理体制的发展建议

（一）完善旅游管理机构设置

一方面，文化和旅游部、旅游协会、工商局、交通运输局、文物管理局等应该共同携手建立一套全国性旅游管理体系，对全国旅游市场进行统一规划管理。对旅游事业整体发展制定总方案，并拟定相关规章及政策；密切监管各项规章制度的落实情况，及时发现问题、解决问题；及时调节各个管理部门之间关系，化解内部矛盾；制定并实施国内、国外旅游市场开发战略，并加强宣传，增加我国在国际旅游市场上的核心竞争力；加大对国内旅游人才的培养力度，全面加快旅游行业发展脚步。另一方面，是对地方性

旅游管理机构进行全面完善。一些地方旅游管理机构应积极学习并借鉴省级、市级试点旅游管理经验,再与自身发展特点进行结合,制定出适合本地旅游发展的管理方案。由省级旅游管理相关主任及负责人共同设立旅游管理委员会,作为该区域内旅游业最高综合管理协调部门,并且在其下设各职能处室,协调各市、各部门之间的关系。

(二)充分发挥行业协会作用

市场经济的逐渐发展,政府部门在旅游行业中所占据的位置和发挥的职能也处于不断转变之中,充分发挥旅游行业协会的职能作用,提升行业自律性,必然会成为未来我国旅游管理体制改革的必然选择。在当前的新环境之下,国家应当引导帮助旅游行业各部门按照自身发展情况设置旅游行业协会,逐渐将旅游行业和政府行政机关分离,依靠市场的调控作用确保旅游行业能够得以持续健康发展。具体而言,国内旅游行业协会的组织架构通常来说包括了决策机构、执行机构和监督机构三项内容,而决策机构一般是旅游行业各个部门、各企业会员代表所构成的,其主要职能是审议和决定行业内部的规章制度;执行机构主要设置了理事会,由管理、经营以及服务三种机构构成,主要用于相关决策的落实;监督机构设置监事会,针对旅游行业内部和协会自身行使监督权。除了上述职能之外,各个地区旅游行业协会还必须负起统领职责,第一时间向会员单位传达告知行业相关的政策法规,充分发挥出行业中介组织作用,结合行业具体需求组织进行各种旅游行业知识培训活动,强化与国内外同类组织的交流,推动旅游行业朝着国际化现代化发展。

(三)积极发展旅游行业企业

和过去的计划经济时代不同,市场经济体制下注重企业的主导地位,旅游行业的发展也是如此。所以我们要促进旅游企业的发展,尽可能地发挥其在旅游业中的主导位置,不仅要政府部门充分发挥宏观调控作用,把旅游企业推向市场,给旅游企业更多的自主发展权,对于旅游企业的经营管理不作更多干涉,仅仅以监督者的角色出现,对旅游业进行监督指导;同时旅游企业必须结合市场发展规律来经营管理,实现自主经营、自负盈亏,如此一来才能够确保旅游服务质量的持续提升,才能够最终促进旅游企业的发展,进而推动现代旅游业的发展。另一方面,旅游企业还可以选择走集约化的发展道路,对自身企业结构进行不断调整,构建跨区域的多种企业格局,比如说集团化的大型企业、专业化的中型企业以及网络化的小型企业,如此才能增强国内旅游企业的竞争力,吸引更多的闲散资金,进而构建多元化的市场运作机制。

(四)建立完善公众参与制度

在现代旅游管理活动中,公众占旅游管理的主体地位,在很大程度上决定了旅游管理体制改革的最终效果,因此应当尽快完善公众参与机制,对旅游管理进行有效监督。

其一,旅游管理部门在建立旅游发展规划和制定相关决策的过程中都必须事先给予公众知情权与提议权,从而保证公众主体地位的有效性。在制定和实施过程中也应当确保公众能够充分发挥出监督权,对旅游管理活动实施监督。

其二,要避免公众参与制度流于形式,不单单是公众对旅游管理意见的表达或者相关信息的了解,更关键的在于具体的决策和执行过程中是否能够实质性地参与。

其三，公众创造多样化的参与途径，不仅要有制度化的参与方式，例如，诉讼方式或者信访方式等，同时也应当提供非制度化的参与方式，例如，公众能够依靠传媒方式或者其他志愿活动来参与其中。同时政府部门也可以借助于咨询、调查或者评议活动来了解公众看法，进而对旅游管理制度实施全面的评估和判断，并及时调整。

第二节　全域旅游导向下的文化旅游管理体制构建

一、全域旅游是文化旅游管理体制改革必然发展方向

（一）文化旅游管理体制改革重大事项——组建文化和旅游部

组建文化和旅游部是近20年来旅游管理体制最重大的变革。此次改革意味着中国旅游业将加强综合发展、联动能力，这也是业内人士的心声。长期以来，旅游管理体制中存在“权责不统一”“多头管理”“主管机构弱”等现象。旅游最重要的景区资源，也是分别由文化部、农业部、住建部、林业部、水利部等多个部门分头掌管。资源分散、政出多门，导致旅游业身不由己。从此次改革，能看出国家对旅游业未来方向的定位以及发展的走势。

新组建的文化和旅游部主要职责是，贯彻落实党的宣传文化工作方针政策，研究拟订文化和旅游工作政策措施，统筹规划文化事业、文化产业、旅游业发展，深入实施文化惠民工程，组织实施文化资源普查、挖掘和保护工作，维护各类文化市场包括旅游市场秩序，加强对外文化交流，推动中华文化走出去等。

（二）全域旅游发展的必然性

从1995年起，国家旅游主管部门的旅游管理体制极大地推动了我国旅游业的发展，2016年以来，我国旅游产品更加多样化、个性化、全面化，“大众旅游”“全域旅游”时代已经到来。在大众旅游、全域旅游理念引领下，“旅游＋”产品不断推出，比如音乐旅游、体育旅游、工业旅游等，旅游已经渗透到社会的方方面面。全域旅游作为一种新的旅游模式，现有的旅游管理体制必然满足不了其发展需求，主要体现在以下几点：

第一，全域旅游的理念是“社会共建共享”，是以旅游业为基础，通过旅游业将各种社会、产业资源在旅游层面进行整合，从而促进旅游业发展的一种旅游发展模式，因此其需要各种行业的参与，需要调动所有的社会资源和社会力量，因此原有的旅游局实行条块分割的职能管理模式阻碍了全域旅游的发展，需要形成一种统一规划、统一力量、统一行动的旅游管理部门。

第二，全域旅游时代的旅游行业经营管理体制需要变革，原有的旅游局作为政府的直属机构，其资源管理体制导致旅游行业的经营机制与市场存在一定的脱节现象，不同的制度设置会对经济绩效产生重要影响，因此需要对传统的旅游局管理体制进行变革，从而促进旅游市场的经营行为更加贴近市场，更有活力和创新力。

（二）全域旅游的含义及本质

1. 全域旅游的含义

全域旅游是指在一定区域内，以旅游业为优势产业，通过对区域内经济社会资源尤其是旅游资源、相关产业、生态环境、公共服务、体制机制、政策法规、文明素质等进行全方位、系统化的优化提升，实现区域资源有机整合、产业融合发展、社会共建共享，以旅游业带动和促进经济社会协调发展的一种新的区域协调发展理念和模式。

全域旅游是我国旅游产业发展的又一重大战略导向，将对未来旅游的资源保护、规划设计、投资建设、运营管理、体制机制构建等产生积极而深远的影响，在全域旅游导向下的体制机制构建需要地方政策法规、管理制度、税费安排作为支撑，从而打破行政藩篱，促进公私协作，为全域旅游的发展构建一个良性的体制机制。

2. 全域旅游的本质

全域旅游的本质特征可以归纳为“整合、融合、协同、联动”四个方面。

所谓“整合”，就是指在全域旅游需要将景区（点）旅游拓展到更加广阔的空间的背景下，以核心旅游景区、重点旅游项目、特色旅游小镇为依托，整合区域内的旅游资源并优化整体环境，建造若干旅游集聚区，形成区域旅游发展的极核。在此基础上，进一步以旅游发展极核为带动，扩大资源整合的空间范围，整合周边地区的旅游资源和相关要素，形成板块状旅游集聚区，带动区域内旅游业的发展。除此之外，还需要不断加强全域内的旅游基础设施和公共服务体系建设，打造全域旅游目的地，发挥引领示范作用，满足人民的美好生活需要。

所谓“融合”，通过“旅游＋”融合发展，早在2011年，旅游业与相关产业的融合发展就被国家旅游局确定为促进旅游业进一步发展的重要战略和方针。全域旅游背景下，产业融合更是成为当前旅游业发展的一个鲜明特征。全域旅游的发展不仅强调“全景”，还强调“全业”，即以旅游业为主导产业，加快产业融合，促进产业结构的优化升级，通过协同发展的体制创新，形成全民共建共享旅游发展的新局面。改革开放以来，我国政府对旅游业的管理还长期采用传统的旅游局的模式，存在资源条块分割、多头管理的弊端。

所谓“协同”，就是指旅游部门要主动对接其他相关部门，充分发挥交通、市政、公安、工商、文明办等旅游相关部门或涉旅部门在旅游业发展中的积极作用，真正发挥旅游行政管理部门的综合协调管理职能，形成多元协同，促成全社会办旅游，全民分享旅游发展成果的局面。通过体系建设和区域联动，支撑全域旅游的发展。我国旅游业是从改革开放以后正式开始起步，与国外的旅游业相比，发展时间较短，旅游发展还存在着一些不容忽视的问题，例如，旅游公共服务体系不健全和基础设施不完善等。全域旅游背景下，旅游业的发展不再是单纯追求游客量的多少和景区门票收入的增长，而是追求游客满意度和体验度的提升，朝着优质旅游不断迈进。加强旅游要素体系和公共服务体系建设，推进全域旅游各项工作的有效落实，大力发展优质旅游。

所谓“联动”，一方面是要打破原有的景点景区封闭式建设模式，从城乡规划、旅游配套设施和公共服务体系建设等多方面统筹全域旅游目的地的建设。另一方面是要以全域旅游目的地和区域旅游一体化为建设方向，通过品牌共享、线路共建、产品共推、发展共谋等方式，推动景区与景区之间的联动、城市之间的联动和区域之间的联动，实现共同发展。同时要跳出区域范围看待旅游业的发展，重新布局旅游公共服务设施，合作串联组织旅游线路，并组建跨区域旅游营销联盟。

二、全域旅游发展背景下体制构建途径

长期以来，旅游资源的特质、形成机理和旅游业发展进程使得旅游资源分割成为不可避免的现象。旅游资源的分割现象成为旅游资源的一种客观属性。分割现象为旅游行政部门的管理带来了很多不便，同时各类涉旅资源的主管部门为了实现资源的多功能利用，不仅将资源开发向旅游业延伸和渗透，而且担负起旅游资源开发和管理职能，出现了形形色色的旅游品牌和称号，也给旅游行政管理部门的统一管理造成一定的难度。全域旅游要求对区域内的旅游资源进行有机整合，在全域旅游背景下，政府需要做好旅游行政管理职能的加减法，增加和强化必须承担的职责，减弱甚至舍弃可有可无的职能。全域旅游背景下政府应重点行使"综合协调、产业促进、宏观调控、法规建设、行业监管"等旅游行政管理职能。

（一）政策法规支撑

落实旅游用地差别化管理。从《关于支持旅游业发展用地政策的意见》可以看出，目前国家层面已经初步形成了旅游产业用地政策改革创新的思路框架。该思路框架充分体现土地制度改革方向、差别化管理、改进规划计划管理方式、利用节约集约用地措施促进旅游产业转型升级等四大特点。在意见中提出有效落实旅游重点项目新增建设用地，支持使用未利用地、废弃地、边远海岛等土地建设旅游项目，依法实行旅游业用地分类管理制度，多方式供应建设用地，加大旅游厕所用地保障力度，明确旅游新业态用地政策。

同时，还应推动农村集体土地、低区缓坡等政策在旅游项目中的使用，并多方式供应建设用地，探索推行旅游用地"长期租赁、先租后让、租让结合"的供地方式，实施"弹性土地出让年限"的供地政策，落实弹性土地的抵押政策，以降低企业用地成本，减轻企业负担，助推企业发展。

【资料链接12-1】

河南省嵩县全域旅游发展案例：制度创新、全民参与

嵩县地处河南省洛阳市西南部，是一个生态大县、矿产资源大县，却顶着国家级贫困县的帽子。而随着"5A嵩县"理念的提出及实施，扭转了外界对嵩县的看法及感知，成为县域旅游发展的新亮点和扶贫旅游的典型案例。

1. 全域理念和制度创新的顶层设计

依托自身优势，嵩县在全国率先提出"打造'5A'级景区县域"，即"5A嵩县"的新理念，把3009平方千米县域打造成开放式的5A景区。同时，各个产业按照旅游的标准和理念来转变发展方式：农业围绕旅游调整结构，工业围绕旅游开发产品，城镇建设围绕旅游完善功能，社会服务围绕旅游突出特色。为保障"5A嵩县"有章可循、有据可依，嵩县参照国家5A景区标准、《中国优秀旅游城市检查标准》《中国旅游强县标准》等内容，

结合自身实际，编制了《“5A嵩县”标准(草案)》。成立旅游标准化领导小组，下发《嵩县旅游标准化试点实施方案》，多次举行培训会议。

2. 机制运行及规划设计的保障支撑

为保证“5A”目标顺利实现，嵩县参照北京市和海南省的经验，决定“撤局建委”，把县旅游局升级，更名为“嵩县旅游发展委员会”，由县政府直属机构调整为县政府组成部门，形成部门联动。为保证旅游规划的科学设计及规划工作的有效衔接，把熟悉本地旅游环境的“土专家”和专业的旅游规划机构相结合，成立了嵩县旅游规划研究院，专门进行旅游开发宣传推介的规划研究设计工作。

3. 全民参与和资源共享的政策安排

“5A嵩县”的打造，实现了上至县委书记、县长，下至普通百姓的全员参与，调动了建设“5A嵩县”的积极性。成立了以县委书记任政委、县长任指挥长的“5A嵩县”建设指挥部，确定了“5A嵩县”的总体思路、总体目标、发展定位及支撑项目，建立打造“5A嵩县”联席会议制度，制定“5A嵩县”标准和考评体系，把120项任务分解到65个县直单位和乡镇，实现全体动员，全民参与。嵩县为回馈社会，于2012年开始推出A级景区免票政策，不断优化免票举措，推出“分时段分区域免票”措施，真正达到了惠民利民的目的，为嵩县赢得了良好的旅游口碑。

4. 全方位多角度的立体化品牌营销

首先，在形象上进行整体营销。县域范围内所有景区都以“真山真水真空气，5A嵩县欢迎您”为主题，全县域统一策划，打包营销，整体宣传。其次，通过系列活动进行品牌打造。通过开展节庆活动，推介“5A嵩县”。再次，利用名人效应进行品牌宣传。邀请著名演员、著名作家、文学评论家、经济学家、旅游专家等名人体验、评论、宣传“5A嵩县”。最后，运用新媒体进行微博营销。组建了由86个实名认证微博组成的“微之博动队”，为解决游客在旅游咨询及投诉、了解免票区域及时间、到达景区线路、各景区的客流情况等需求提供了便利。

(二) 深化旅游+产业发展

积极利用涉旅产业政策，全域旅游的发展离不开各部门、各产业政策的支持。未来旅游产业和其他产业的融合发展将达到前所未有的高度，将进一步提高旅游产业在融合产业中的主导作用。“旅游＋”产生了诸如中医药旅游、体育旅游、冰雪旅游以及康养旅游等多种全新的旅游形态，这些旅游形态使得旅游业的发展不断向其他产业延伸。通过“旅游＋”与“＋旅游”，令各产业政策之间的利用更加紧密，尤其是对农、林、牧、渔、金融、教育、文体等产业专项政策中与旅游产业相关的利用，以发挥各产业政策对于旅游业发展的叠加增值效应，推动旅游业实现“众业拾柴火焰高”。

(三) 优化创新资源保护政策的保护

要对资源进行有效的保护，首先需摸清文化遗产、自然物种、生态环境、农耕民俗等全域旅游资源的价值体系。在合理利用资源方面，应将资源视为公共资产加以管理，其核心是产权管理。对资源的保护要制定科学的技术政策和经济政策以及相关配套的一系列创新政策。这样才能更好地保护资源，也才能使资源得到可持续发展，延续资源的生命力。

在全域旅游的规划中，全面梳理全域资源后，便要优化创新资源保护政策来支撑其开发与利用，通过相关职能部门建立权责清晰、交接顺畅的管控机制，并探索与原住社区、私营部门的协作机制，令农地资源、森林资源、湿地资源、野生动物资源、水资源、古村落资源等得到高度联动、高效合理、灵活弹性的可持续保护与优化，真正成为助力全域旅游保持发展生命力的可靠基础，演化出新的业态、新的产品和新的模式。

（四）税收政策优惠

全方位提供税费减免以优惠投资的重大旅游项目，在一定时期内免除其应缴的全部或部分税款，或者按照其缴纳税款的一定比例给予返还等，从而减轻其税收负担。同时，应扩大享受旅游项目税收优惠政策的企业范围，通过税收优惠政策来扶持当地一些乡村民宿、文创实体、低碳建设和运营等轻资产投入的新兴旅游项目门类，以促进全域产业结构的调整和社会经济的协调发展。

（五）管理制度优化

加强顶层设计。通过顶层设计，破除行政藩篱并统筹各部门各环节的资金安排，用于公共服务设施的均质化建设，以期实现县城、乡镇、村落的协同发展、一体化发展。协调各职能部门，建立能够基本完成全域旅游相关项目全部行政审批需要的“一站式”行政审批大厅。在此基础上，创新行政审批模式，明确部门职责边界和交接节点，简化、优化行政审批流程，着力简化部门内部办事程序，延长审批服务时间，增强政府的服务意识，加大重点领域行政审批程序改革力度。

破除“碎片化”区域空间发展，施行一体化发展战略。我国很多地区缺失城乡产业发展空间统筹协调机制，各城市、乡镇之间产业结构趋同，大量的重复建设、过度投资、地方保护等问题造成竞合关系失衡，很难实现资源的共享与整合利用，最终导致城乡空间的“碎片化”现状。加大对旅游业发展的专业技术支持力度，如建立健全旅游项目开发管理体系、旅游“大数据”平台以及智慧旅游体系等。构建协同管理体制需要发挥涉旅职能部门的协调作用，这就要以规划为起点，将旅游规划的主体由旅游行政管理部门上升到政府层面，以全域旅游规划作为推动“多规合一”的核心抓手，对全域国土空间进行旅游发展导向下的统筹安排，令所有产业门类“各得其所”，在最为适宜的城乡发展空间中实现集约化、差异化、可持续发展。

积极探索跨区域及公私之间的利益分享机制的新方式、新模式、新机制来促进全域旅游一体化发展，建议区域政府与企业协同起来，各城市、乡镇之间大力探索跨行政区合作新形式，以跨景区、跨度假区等形式，充分发挥市场的力量，统筹公私部门、原住社区等利益相关方在资金、技术、人力、土地等方面的各自优势，实行资源共享、统一经营、税收共享，促进跨区域、跨行政之间的经济协调可持续发展，促进公私之间利益的合理分配。

由地方政府统筹构建统一的信息管理平台，构建全域公共服务平台，针对公私部门、原住社区、外来游客等利益相关方实行统一标准、统一待遇、统一服务，保障信息的统一及时发布，统一形象，统一营销，从而根除跨行政区之间的信息发布不及时与不统一问题，提高全域旅游服务和监管效率与质量。

三、全域旅游的五种典型发展模式

（一）龙头景区带动型

依托龙头景区作为吸引核和动力源，按照发展全域旅游的要求，围绕龙头景区部署基础设施和公共服务设施，围绕龙头景区配置旅游产品和景区，调整各部门服务旅游、优化环境的职责，形成了“综合产业综合抓”的工作机制，推进“景城一体化发展”。以龙头景区带动地方旅游业一体化发展，以龙头景区推动旅游业与相关产业融合，以龙头景区带动地方经济社会发展。其典型代表有湖南张家界、四川都江堰。

【资料链接12-2】

典型代表：四川都江堰、湖南张家界

都江堰：作为四川省旅游特色突出的亮点城市，2016年都江堰市列入全国首批国家全域旅游示范区创建单位以来，紧紧围绕全域旅游示范区创建，探索形成“旅游主导、国际视野”的全域旅游发展模式，绘就了都江堰旅游发展由“5A”景区观光旅游向“5A+”全域旅游转型的“都江堰样本”。2018年，都江堰市持续推动国际生态旅游名城的建设，加大了旅游产业的投入与招商引资。以升级为“三遗城市”的发展契机，加快构建以旅游为主导的现代产业体系，努力建设宜居宜游的现代化旅游城市。都江堰还瞄准游客消费需求变化趋势，深入挖掘“山、水、道、熊猫”世界级文化旅游资源内涵，以“5A+”的标准做精遗产观光旅游产品；坚持“旅游+”“+旅游”，突出打造康体养生、时尚游乐、山地运动等旅游产品体系，万达文化旅游城、安缇缦国际旅游度假区、蓝光水果侠星球等重大旅游项目相继落地。

张家界：湖南张家界拥有世界首批地质公园、我国首批世界自然遗产、世界“张家界地貌”命名地、我国首批5A级风景区、第一个国家森林公园、全国文明风景旅游区等金字招牌，其全域旅游的发展是典型的龙头景区带动型模式。湖南省提出以“点线面”逐步立体实施全域旅游发展理念，张家界市委、市政府在此政策背景下提出“提质张家界、打造升级版”战略，以武陵源中心景区作为全域旅游发展核心，构建“东线、西线、南线”三线发展的全域旅游新格局，以武陵源核心景区为抓手，重点抓提质升级，加快推进生态停车场、游客服务中心、景区基础设施等建设。同时，按照建设武陵山片区游客集散中心城市、国际旅游服务型城市、区域性旅游交通枢纽城市、国际休闲度假城市“四个城市”目标，推进园区、景区、城区共同发展。政府管理体制机制层面，以公安、检察、巡回法庭、工商为基础，构建市级、区县级、乡镇级三级联动的产业管理体系，形成全行业监管机制，促进全域旅游综合管理体制改革创新。

（资料来源：腾讯新闻.全域旅游种的五主要模式及典型案例[EB/OL].[2019-11-20]. https://new.qq.com/omn/20191120/20191120A0AH5W00.html.）

（二）城市全域辐射型

以城市旅游目的地为主体，依托旅游城市知名旅游品牌、优越的旅游产品、便利的旅游交通、完善的配套服务，以都市旅游辐射和带动全域旅游，推动旅游规划、城乡规划、土地利用规划、环境保护规划等“多规合一”；促进城乡旅游互动和城乡一体化发展，形成城乡互补、优势互动的城乡旅游大市场。按照“旅游引领、融合发展、共建共享、提升价值”的思路，推动旅游规划、城乡规划、土地利用规划、环保规划等“多规合一”，以旅游引领新型城镇化。其典型代表有辽宁大连、福建厦门等地。

【资料链接12-3】

典型代表：福建厦门、辽宁大连、新加坡

厦门：作为全域旅游的先行者和实践者，厦门市具备先天的发展基础和优势，着力将创建“全域旅游示范区”工作与建设“五大发展”示范市相结合，在提升目的地生活品质、完善城市基础设施、推动相关产业融合发展、改善人居生态环境等方面积极发挥作用。以全域旅游为抓手，进一步呵护、扮靓厦门的“高颜值”，不断提升旅游产业发展的“高素质”。按照“全域旅游·跨界融合”的工作思路，厦门建立健全城旅一体、行业互通融合发展机制，将旅游发展作为城市发展的硬实力，通过联动挖潜、空间融合、业态互动，着力推动“旅游+会展”“旅游+邮轮”“旅游+乡村”“旅游+工业”“旅游+商贸”“旅游+文创”“旅游+康体”等多个“旅游+”。为解决厦门土地紧缺的实际问题，拓展“上山下海”的空间和旅游增量发展思路，编制《厦门市休闲农业与乡村旅游发展规划》，坚定不移地实施乡村振兴战略，推进乡村旅游高品质发展。编制《厦门涉海旅游规划》，充分挖掘和利用好海洋这一厦门特色旅游资源优势。实现旅游产业与其他产业共融共赢，让相关行业的资源转化为旅游资源和产品，形成新的增长极。

大连：作为我国首批“优秀旅游城市”，大连市的旅游产业发展十分迅速，其全域旅游的发展模式为城市全域辐射型。大连市拥有得天独厚的海滨旅游资源，近代人文历史旅游资源更为丰富，众多优质的旅游资源为大连市的全域旅游发展奠定了坚实的基础，高效便捷的海陆空立体交通网络为游人提供了优质的交通服务。区域旅游规划方面，大连市将市域范围作为整体，打破行政分割，发挥旅游业融合力、辐射力强的产业特性，通过“促城、造镇、兴村”形成由1个旅游度假群岛、十大旅游经济区、28个旅游镇、120个旅游村组成的旅游空间结构体系，加强城乡沟通，形成旅游产业发展的全域覆盖，逐步推进大连市城乡一体化、新型城镇化发展进程。

新加坡：新加坡传统资源匮乏，通过花园城市的持续建设，营造全域可游的旅游环境，建设创意旅游项目，成为东南亚旅游的重要一极。新加坡政府指导开展绿化，绿化净化、种植树木、建设公园；道路绿化规划、特殊空间的绿化、灯柱、人行过街天桥等；绿地中增加娱乐设施，每条路的两侧都得有150厘米的地来种植花草树木；长期战略计划、机械化操作与计算机化管理，用GIS系统监管140万棵遍布全岛的重点树木，5%的地设为自然保护区；建设生态平衡的公园、建设连接各公园的廊道系统、建设绿色政府组屋与公寓。政府十分重视旅游业，把其视为“无限资源”。整个产业链涵盖多个领域，从业人员占当地劳动力总量的7%，对GDP的直接及间接贡献率达到10%。注重内部资源整合，集中航空、宾馆、酒店等服务设施，形成区域一体化的旅游服务。开拓新兴领域，大力推行“保健旅游计划”。积极的市场营销，为各类旅游企业架设、营造合适的产业框架与氛围。

（资料来源：腾讯新闻.全域旅游种的五主要模式及典型案例[EB/OL].[2019-11-20]. https://new.qq.com/omn/20191120/20191120A0AH5W00.html.）

（三）全域景区发展型

把整个区域看作一个大景区来规划、建设、管理和营销。按照全地域覆盖、全资源整合、全领域互动、全社会参与的原则，深入开展全域旅游建设，推进旅游城镇、旅游村落、风景庭院、风景园区、风景厂矿、风景道路等建设，实现“处处是景、时时见景”的城乡旅游风貌。其典型代表有浙江桐庐、河南栾川、宁夏中卫等地。

【资料链接12-4】

典型代表：浙江桐庐

桐庐：桐庐县依靠其独特的资源禀赋、历史人文积淀，将整个县域11个乡镇、183个行政村作为一个大景区来规划，每个镇村按景点要求建设，形成“县城—中心镇—特色镇—中心村—特色村”空间结构。整个大景区从全地域覆盖、全产业融合、全景化打造、全方位保障、全社会参与五个方面进行构建，依托美丽乡村精品村和风情小镇建设，打造产业风情带、诗画山水带、古风民俗带、生态养生带、运动休闲带五条风情带。通过整乡整镇美丽乡村建设，风情村镇与富春山水巧妙结合，田园风光与历史人文底蕴融合穿插，打造处处有风景、时时见风景的县域大景区。

（资料来源：腾讯新闻.全域旅游种的五主要模式及典型案例[EB/OL].[2019-11-20]. https://new.qq.com/omn/20191120/20191120A0AH5W00.html.）

（四）特色资源驱动型

以区域内普遍存在的高品质自然及人文旅游资源为基础，以特色鲜明的民族、民俗文化为灵魂，以旅游综合开发为路径，推动自然资源与民族文化资源相结合，与大众健康、文化、科技、体育等相关产业共生共荣，谋划一批健康养生、避暑休闲、度假疗养、山地体育、汽车露营等旅游新业态，带动区域旅游业发展，形成特色旅游目的地。其典型代表有重庆武隆、云南抚仙湖、贵州花溪等。

【资料链接12-5】

典型代表：重庆武隆

重庆武隆同时享有国家5A级景区、国家级旅游度假区、世界自然遗产三大美称。作为我国著名的旅游目的地，武隆全域旅游的发展模式为特色资源驱动型模式，武隆区依托“一心一带四区一网”的空间布局，成为一个整体景区。其自然资源得天独厚，拥有独特罕见的喀斯特地貌，被誉为“世界喀斯特自然博物馆”。武隆虽以汉族为主，但区域内混居着苗族、仡佬族、土家族等少数民族，各民族间杂居通婚、相互交融，形成绚丽多彩的民俗文化。武隆区推出“印象武隆”“仙女恋歌”等文旅结合项目，以农业生产和旅游扶贫示范村为载体，大力发展乡村旅游，构建夜宴仙女山，建设以仙女天街为首的多条特色购物街，文化、农业、商贸等多种产业在旅游业的引领下，相互促进，融合发展，逐渐形成由特色资源驱动的“旅游+”产业发展格局。

（资料来源：腾讯新闻.全域旅游种的五主要模式及典型案例[EB/OL].[2019-11-20]. https://new.qq.com/omn/20191120/20191120A0AH5W00.html.）

（五）产业深度融合型

以“旅游＋”和“＋旅游”为途径，大力推进旅游业与一、二、三次产业的融合，以及旅游业与文化、商贸、科教、体育、宗教、养生、教育、科研等行业的深度融合，规划开发出一批文化休闲、生态观光、商务会展、休闲度假、乡村旅游等跨界产品，推动全域旅游要素深度整合，进一步提升区域旅游业整体实力和竞争力。其典型代表有南京江宁区、北京昌平区。

【资料链接 12-6】

典型代表：山西杏花村镇，安吉县

杏花村镇：杏花村镇拥有国家特色景观旅游名镇、全国最大的清香型白酒生产基地两大品牌，其旅游产业、文化产业、工业、农业等的发展均具备产业深度融合模式的发展要求。山西杏花村汾酒集团公司、杏花村汾酒作坊作为小镇的有机载体，可将其特有的诗酒文化融会贯通，开发出汾酒生产线工业旅游项目，再配合集采摘、休闲、游玩于一体的观光农业，在延伸、重组、渗透等产业融合模式下，将旅游产业与第一、第二、第三产业深度融合，切实发挥旅游产业辐射带动作用，提升各产业综合竞争力，将杏花村镇打造成为产业深度融合发展的特色旅游小镇。

安吉县：安吉县地处浙江西北部，境内“七山一水二分田”层峦叠嶂、翠竹绵延，被誉为气净、水净、土净的“三净之地”。率先提出建设美丽乡村的口号，以“村村优美、家家创业、处处和谐、人人幸福”为目标，成为全国乡村建设典范。安吉县在建设美丽乡村的实践中，坚持“尊重自然美，侧重现代美，注重个性美，构建整体美”原则。强化全局战略思维，把全县当作一个大乡村来规划，把一个村当作一个景来设计，把一户人家当作一个小品来改造，推进环境、空间、产业和文明相互支撑、一二三产整体联动、城乡一体有机链接，力求全县美丽、全县发展。安吉县在浙江率先成立旅游委，政府职能实现从行业管理转向更深层面的产业推进。为整合资源提高效率，部门书记、镇书记、各局部分局长都兼任副主任；为和市场结合，又成立旅游发展总公司，政企分开，以便让“政府的归政府，市场的归市场”。在全省首创设立专业总规划师，项目审批“一支笔”；建立全县资源、项目库，全县资源一盘棋，统一管理，统筹操作，形成合力。

（资料来源：腾讯新闻.全域旅游种的五主要模式及典型案例[EB/OL].[2019-11-20]. https://new.qq.com/omn/20191120/20191120A0AH5W00.html.）

第三节　文化旅游企业的经营管理

一、文化旅游企业概述

在中国学术界和一些省市政府部门对文化旅游产业的认识存在泛化现象，许多人把旅游业主体都作为文化产业的组成部分，包括旅游交通企业、旅游住宿企业、纯自然的观光型景区等。其实，这是把旅游文化与文化旅游混为一谈。真正的文化旅游产业主要是由人文旅游资源所开发出来的旅游产业,是为满足人们的文化旅游消费需求而产生的一部分旅游产业。它的目的就是提高人们的旅游活动质量。文化旅游的核心是创意。特别强调"创造一种文化符号,然后销售这种文化和文化符号",并强调文化旅游的"文化"是一种生活形态,"产业"是一种生产营销模式,两者的连接点就是"创意"。文化旅游可以理解为"蕴含人为因素创造的生活文化的创意产业"。作为文化与旅游结合的产物,文化旅游企业所提供的业务可以满足消费者对文化旅游的消费需求。文化旅游企业是指能够以文化旅游资源为依托,以有形的空间设备、资源和无形的服务效用为手段,在文化旅游消费和服务领域中进行独立经营核算的经济单位。目前国内大部分的文化旅游企业都是由旅游企业发展、转型而成,除具备原有企业"吃、住、行、游、购、娱""商、养、学、闲、情、奇"等旅游业务相关功能外,还要更多地注重对企业所拥有的"文化"经营。

二、文化旅游企业的组织形式

(一) 业主制旅游企业

业主制企业是最简单的旅游企业组织形式。企业是业主的个人财产,由业主直接经营,业主享有该企业的全部经营所得,同时对它的债务负有完全责任。如果经营失败,出现资不抵债的情况,业主要用自己的家庭财产来抵偿。

业主制企业一般规模很小,结构简单。例如,有些小旅行社可能一个月也只有几单生意。这些企业数量很多,但总销售额却很小。业主制企业的平均寿命通常较短。因为它们本身财力有限,并且由于受到偿债能力的限制,取得贷款的能力也比较差。这种类型的企业通常在旅游中介、旅游公路交通、个体餐饮、旅游购物等领域中活动。业主制旅游企业也有许多长处。例如,建立和歇业的程序十分简单易行;产权能够较为自由地转让;经营灵活;决策迅速;经营者与产权关系紧密直接。

(二) 合伙制旅游企业

合伙制企业是在两个或两个以上业主的个人财产的基础上经营的。合伙人分享企业所得,共同对企业债务承担责任。它的筹资能力较单个业主制企业大大提高。合伙制旅游企业也有一定的缺陷。建立合伙制企业和接纳新的合伙者的谈判程序和法律程序都很复杂。决策延误和差错率高。所有合伙人对于合伙制旅游企业的债务负有无限责任。不能对企业的经营活动单独行使完全控制权的合伙人会面临相当大的风险。

(三) 公司制旅游企业

公司制旅游企业是一个法人组织体。它以法人的名义行使民事权利,承担民事责任,有权举债,签订合同,能在法院起诉和应诉。公司的产权分属于股东,股东有权分享公司的赢利。公司入股人(股东)并不对企业债务负无限责任,而只在他投入的股本的范围内对债务负责。同时,公司股东不能退股,而只能转让他的股权。

公司制这种组织形式的缺点是:公司设立程序复杂,公司法人地位的确定,需要政府的认可,歇业也要通过一定的法定程序。因此。公司的组建不像其他两种企业形式那样方便灵活。股东购买股票,只为取得股利和从股票升值中谋利。对公司缺乏业主制企业和合伙制下那种所有者同企业之间的血肉相连的关系。同时,由于经营者往往不是拥有股权的股东,他们同企业的利益关系也不像业主制及合伙制那样紧密。

(四) 旅游企业集团

旅游企业集团是指多个旅游企业通过资产或契约关系进行联结。由一个集团公司对其下属多层次的成员企业实施投资、控制和协调等职能活动的经济联合体。旅游企业集团主要以母子公司体制为主,以资产为主要纽带。因而集团内部具有较强的自主性,各成员企业都具有独立的法人资格;尽管在资本、人事和业务等方面存在交叉关系。但一般都根据经济合理性的原则进行自主决策,不存在支配与被支配的关系。核心旅游企业在旅游企业集团中起主导作用,通过控股、持股所赋予的控制权掌握成员企业的投资决策、人事安排等各个环节的经营活动。

(五) 旅游企业战略联盟

旅游企业战略联盟是指两个以上的旅游企业为了实现特定的战略目标。通过相互合作,共担风险,共享利益而形成的一种优势互补,分工协作的长期松散联合和合作。由于它是一种处在企业组织和市场组织之间的企业间合作形式。联盟的各个旅游企业是独立的,仍保持着自己的经营自主权。它既包括从事类似活动的旅游企业之间的联合,又包括从事互补性活动的旅游企业之间的合作。

旅游企业间的战略联盟比较广泛,体现在旅游景区、旅游游乐区、旅游零售商和旅游批发商、酒店业、康乐业、航空公司、汽车租赁等一系列企业间的合作联盟。较高程度的战略联盟存在于航空公司、旅行社和酒店之间。旅游业与不同行业进行着非竞争联盟,如旅游业与葡萄酒业联盟,旅游业与历史文化遗产导向的经济四体联盟等。这种将产业、产区、历史文化、景区、人文地理相结合的联盟体将成为今后的趋势。

旅游企业战略联盟有以下一些特点:合作伙伴资源互补,联盟成员实现双赢,组织结构上的松散性,很难用传统组织内部那种行政方式进行协调管理,合作各方主要通过协商的方式解决各种问题,提高旅游企业规模经济效益及竞争力。

【资料链接12-7】

77家文旅企业集结!四川省文化旅游企业联盟成立

2019年5月13日,77家企业机构联合组建的四川省文化旅游企业联盟正式成立并授牌。联盟由四川省旅游投资集团有限责任公司、四川日报报业集团、成都文化旅游发展集团有限责任公司、腾讯科技(成都)有限公司、华侨城西部投资有限公司、咪咕音乐有限公司、四川省峨眉山乐山大佛旅游集团总公司、峨眉山旅游股份有限公司等8家第一批四川文化旅游产业优秀龙头企业共同发起,雅安文旅、阿坝文旅、稻城亚丁景区旅游开发有限责任公司等文旅企业参与。

未来联盟将从行业引领、政策研究、资源共享、项目对接、推广宣传、抱团发展、标准制定、行业自律、人才培养九个方面展开合作,服务四川文旅发展大局。其中,联盟将集中力量重点打造四川文旅企业发展综合服务平台,通过定期公布文化旅游产业发展数据和发展趋势分析报告,为企业开展文化旅游领域的合作提供全方位的综合信息支持和服务。聚焦文旅融合,创新机制、汇集动力、激发活力,着力做大做强引领发展的市场主体,深度推进"文化+""旅游+""文旅+",打造出四川特色鲜明的文化旅游发展新平台。

三、文化旅游企业的经营与管理

【资料链接12-8】

成都文化旅游发展集团有限公司

成都文旅成立于2007年3月30日，是按照成都市委、市政府“发展大旅游、形成大产业、组建大集团”的思路，为深化文化旅游体制改革，提升成都文化旅游产业管理水平和竞争实力，推动文化旅游产业的发展而组建。成立之后，成都文旅集团迅猛发展，目前下属19家全资、控股、参股子公司，成为成都文化旅游投融资平台、营销平台及主要文化旅游项目运营平台。宽窄巷子、中国博物馆小镇、南丝路风情古镇、西岭雪山……一张张成都旅游的新名片破茧而生，“大旅游带动大产业”的创新思路成效显著，成都文旅集团交出了一份让社会满意的答卷。

1. 成都文旅发展战略

文旅集团成立以来，实施“一手抓资源，一手抓市场”战略，已经开发、整合和储备了大量优质资源，并创新开展了丰富的市场营销活动。

2. 成都文旅旅游项目

打造系列文化、旅游项目：西岭雪山灾后重建和景区基础设施提档升级及经营设施项目全力推进；大熊猫生态园三期完成并交付使用，四期项目正在抓紧前期筹备工作；天府古镇系列项目，先期开发的安仁世界级博物馆小镇、平乐古镇、西来古镇全面铺开；三岔湖项目按计划推进；都江堰龙池项目及西区项目、金沙艺术剧院旅游实景剧场及杂技剧院项目均稳步推进；抓紧实施宽窄巷子历史文化保护区二期项目计划；与锦江区合作打造的水井坊历史文化保护街区已经启动。

形成游线产品，城市营销初见成效：举办“冬日暖阳成都年”活动，有效整合成都及周边各主要景区及重要节庆活动，拉动文化旅游消费，有效提升城市形象；全球发行熊猫卡，带动成都旅游全面复苏；开展网络（熊猫故乡网、宽窄巷子平台、四川资讯网以及其他川内各大网络媒体）营销、联合google全球推广等新颖方式营销成都旅游；熊猫品牌知名度不断提高，全力打造熊猫故乡网，与迪斯尼合作发行《熊猫回家路》，全球播映成都城市形象宣传片，继续在台湾、香港成功举办熊猫节。

各项资产高效运营，国有资产保值增值：文旅集团打造的宽窄巷子历史文化保护区成为成都重要景区，截至2009年5月底，累计接待游客867万人次；成都市灯会连续实现收入、观灯人数大幅增长；“成都年”品牌逐步成熟；“天地吉祥”走出成都，其主题曲《大地吉祥》成为成都第一个受邀参加春晚的完整节目，并获得全国观众最喜爱节目奖，现已展开全国巡演。

（一）文化旅游企业的经营管理的含义

近几年，国内先后出现了锦绣中华、宽窄巷子、曲江新区等以文化旅游为主导的旅游企业，文化旅游企业都结合当地文化特色，合理开发利用文化旅游资源，给旅游企业和当地经济都带来了很大效益。文化旅游企业的经营管理是指在市场经济条件下，文化旅游企业借助于经营要素(资金、设备、劳动力、市场等)以及职工的协作,持续不断地进行旅游商品生产、分配与流通的一种动态的旅游经济活动。其主要内容包括:第一,制定文化旅游企业的发展方向和目标以及达到这个目标的各种方针及具体措施,并加以实施;第二,对影响达到这一目标的各种条件和因素加以分析研究,制定有效对策;第三,有效地利用文化旅游企业的一切资源,全面筹划,争取最佳的经济效果。

(二)文化旅游企业管理的职能

1. 决策职能

决策就是企业的管理者在企业发展面临多种选择时,根据企业的实际情况和根本利益的需要,为企业选择正确的方向和目标,它解决的是做什么的问题。文化旅游企业在进行微观决策时,一定要在掌握相关信息的基础上,实行民主决策并分工落实,还要注意随时进行检查和督促。计划就是预先决定如何做、何时做和由谁做的问题。

2. 计划职能

文化旅游企业的计划职能就是旅游企业确定实现目标的途径和方法的管理活动。文化旅游企业的组织职能是为了有效实现企业的目标,管理者确定组织结构,进行人、财、物、时间和信息等资源的调配,划分部门,分配各部门的任务和权力的管理过程,它要解决的中心问题是组织管理体制的建立和人力资源的运用。

3. 组织职能

组织职能是计划职能的自然延伸,贯穿于企业管理的全过程,企业的组织是否有效合理,将直接影响到企业的经营。文化旅游企业的控制职能是指旅游企业根据计划目标和既定标准,对企业运转过程中的各项业务进行监督、检查和分析,以确保目标任务按时完成。

4. 控制职能

文化旅游企业通过控制职能,可以使计划目标和实际结果之间的差异减少到最低限度。领导也是企业的必备职能之一,当旅游企业的管理者通过塑造自我形象影响下属的价值观和态度,改变下属的认知,给予下属权利和义务时,他就在行使领导的职能。

(三)文化旅游企业经营管理理念的核心

1. 市场管理观念

认识市场、开拓市场,是文化旅游企业经营管理的首要任务。企业要在市场上生存发展,必须精心策划自己的行为,也就是树立什么样的市场观念,利用什么方法开拓市场,如何适应市场环境,从而在市场竞争中立于不败之地。因此,市场观念是文化旅游企业市场行为的指导思想。

2. 战略管理观念

实行战略管理使分散的应急管理转向全面系统的目标管理:由事后反应变为预先策划,由孤立的决策变为集体决策;由主观决定变为有根据的决定,由猜测结果变为具体评估结果,而其特点则表现为整体性、预见性和权威性。

3. 创新观念

创新是现代企业家精神的核心。成功的企业家不仅要勤奋苦干,而且要矢志不渝地从事有计划的创新活动。通过创新寻求和利用新的资源创造新的市场、新的技术、新的管理方法。创新是企业生命活力的源泉。创新是人类进步的推进器。

4. 可持续发展

文化旅游企业在开发过程中牢固树立“在保护中开发,在开发中保护”的理念。文化旅游资源在开发过程中存在开发不够全面,管理跟不上,在旅游发展中重开发、轻保护,重经济效益、轻社会效益的问题值得人们关注。

(四) 文化旅游企业经营中需要注意的问题

1. 文化旅游企业经营中遇到的瓶颈

文化和旅游在技术、产品、市场等方面有明确的边界,但又常常相互渗透、交叉、融合。根据《国务院机构改革方案》,文化部和国家旅游局合并,成立文化和旅游部。这是从国家战略层面推动文化和旅游深度融合发展的有力举措,将为建设文化强国增添动力。用文化的理念发展旅游,用旅游的方式传播文化,有助于提高国家文化软实力和中华文化影响力。目前,我国文旅业的发展体量和市场规模已走在世界前列,但从产业发展质量和整体效益上看,仍处于发展初期,总体受限于社会发展阶段,其瓶颈主要表现在以下方面:

第一,我国文化和旅游融合领域还较为单一,深度合作方面有待加强。主要表现为如下几个方面:文化内涵挖掘得不够深入,很多区域的悠久文化尚未得到很好彰显,旅游景区特色定位不够准确、清晰,一些地方忽略了文化在旅游业发展中的核心地位,在优秀传统文化的创造性转化、创新性发展上存在短板;文化、旅游的合作不够畅通,缺乏完善的制度作保障,部门之间在一定程度上仍然存在着管理不精细不严格、流程不清晰不科学等现象;各地政府在政策支持上缺乏协调机制,宏观调控作用尚没有得到有效发挥,对产业的促进作用不明显,在税收、财政、产业扶持上的相关政策尚不完备,文化和旅游市场不够规范等。

第二,我国当前的文化和旅游产品设计总体上还处于跟随阶段,缺少引领时尚的创意性产品;缺少满足人民日益增长的文化需求的个性化产品;缺少文旅与科技融合的高端产品。

第三,文化旅游资源开发不够、区域发展不平衡。我国拥有丰富的文化旅游资源,据不完全统计,可供观光的旅游景区有一万余处,而已开发并具有接待国内外游客能力的景区仅有1800余处,不足总数的五分之一,文化旅游资源尚未得到充分挖掘。同时,还存在一定程度的规划不当、区域发展不平衡等问题。《中国国内旅游年度发展报告2017》指出,我国国内旅游产业发展东强西弱,南强北弱。“旅游发展指数”从东向西、从南向北递减,东、中、西“旅游产业综合发展水平”表现为532的三级阶梯状分布。

第四,文化旅游配套基础设施不够完善,不同地区存在较大差距。文化旅游基础设施,不仅包括传统意义上的旅游交通业、餐饮酒店业,也包括融入新技术的旅游信息化基础设施等。我国基础设施建设方面还存在很多问题,尤其在一些经济不发达地区,由于缺乏相应的配套设施,文化旅游业发展受到很大限制,东部特大城市群和中西部大城市等基础设施完善的地方仍是主要的旅游目的地。

第五,发展资金不足,投融资渠道单一。发掘文化旅游业价值,要以文化为底蕴,以历史文物景观及文化活动观光服务为核心,在这一过程中需要大量的资金投入。我国目前文化旅游发展的主要资金来自政府投入,民营资本介入很少,融资渠道较为单一,在一定程度上制约了文化旅游业长远发展。

2. 推动新时代文化和旅游深度融合发展

(1) 加大政策扶持力度,构建大产业体系。文化和旅游同属于精神需求消费内容,推进文化与旅游产业融合,政府要加强政策引导和规划,给予一定的优惠和政策倾斜,充分释放文化旅游结合的红利。一方面,在文化和旅游部完成融合的基础上,在2018年底前完成全国31个省、自治区、直辖市和新疆生产建设兵团文化和旅游部门的融合;在2019年底前对全国省、市、县三级文化和旅游行政部门进行全面融合,在编制上与中央的顶层设计紧密结合,形成从上到下统筹发展格局。另一方面,对全域旅游的发展加大宏观调控,结合《中共中央、国务院关于实施乡村振兴战略的意见》,以文化和旅游业为主导,形成多种新的旅游业态、旅游产品,共同构建文旅大产业体系,提升文化产业的附加值,把文旅产业链条向上下游延伸,拓展文旅产业发展空间。

(2) 创新融合体系,实现文化和旅游无缝连接。要创新融合体系,打造旅游精品项目,结合区域优势和文化特色,构建更具内涵的文化旅游项目;要协调好区域之间旅游集团的融合发展,在文化和旅游部建立后,对省、市、县三级文化旅游部门实施统一管理,完善营销战略和宣传手段,推动旅游热潮的兴起;在掌握文旅系统百姓需求和资本规范接口的基础上,开发出与上下游需求兼容的文旅产品,更多采取能够满足百姓旅游需求并与旅游投资相匹配的开发手段,以便更快更好地推进文化产品创新开发,推动文化产业规模化发展。

(3) 传承中华优秀传统文化,丰富融合发展新形式。旅游是保护、传承和发展传统文化的有效途径,在传承弘扬中华优秀传统文化中发挥着重要作用。要弘扬特色文化,丰富新的旅游模式,将物质文化与非物质文化有机结合起来。在弘扬中国革命精神的红色旅游、传播中国优秀传统文化的民俗旅游、体验祖国大好河山的田园风光旅游等的开发中,要以多样化手段推动中华优秀传统文化的保护、弘扬以及对外传播。

结合民俗文化、民间工艺体验旅游等的开发,保护和发展传统民间艺术,推动传统工艺走进现代生活,促进传统工艺提高品质、形成品牌,走上产业化发展之路。在打造文化旅游品牌的同时,注重知识内涵发掘,满足人民群众多元化消费需求,构筑多元立体的文化旅游融合发展新形式。

(4) 促进文化交流与传播,用文化和旅游讲好中国故事。近年来,随着国际出入境旅游、文化旅游交流年、主题旅游年等的开展,旅游已经成为我国跨文化交流的重要方式。如中俄旅游年、中美旅游年、中丹旅游年等,都是重大文化旅游交流活动。这些以旅游为载体和平台的跨文化交流活动,不仅刺激着文化旅游产业的发展,而且推动着中国文化走向世界,在文化交流中塑造中国的国际形象,提升中国的国际影响力。

(5) 在技术、资源、市场、产业上进行深度融合。在技术融合方面,要通过对现有的技术进行创新,改变原有技术和工艺流程,减少同质化技术,形成共同的技术基础,消除技术壁垒。在资源融合方面,文化资源与旅游资源具有较大重合性,进入新时代,要通过创新创造使最新的开发技术得到有效整合利用,既保护有形文化资源,又传承非物质文化,吸引更多旅游者,实现产业发展和文化保护的双赢。在市场融合方面,要通过市场的创新整合、共同品牌的培育、资本整体运营来推动和实现文化和旅游产业的深度融合。在产业融合方面,要把打造文旅产业集团作为文化与旅游产业融合的重要载体,着力发展文化旅游业、文化会展业、娱乐业、动漫业等。

(五) 文化生态保护策略

文化旅游资源要秉持可持续发展的原则,坚持开发和保护相结合。曲江文化旅游集团对可利用的物质文化生态资源进行调查,并对这些资源进行合理的开发保护利用,保护资源的可持续发展,把对资源的破坏控制在最小范围内。曲江文化旅游集团在发展中可以充分利用当地的资源,从西安当地的博物馆和图书馆中挖掘出与文化旅游资源相关的文字记载,并从中找出与文化旅游资源相关的文化内涵和共性元素。通过从博物馆、图书馆等当地资源中收集与文化旅游资源相关的资料,对西安市可利用的文化旅游资源有一个全面、准确的了解,并在开发利用这些资源的过程中保证对资源的本真性和原始性的保护。坚持"合理利用,古今结合"的原则,保持文化资源的原始理念,不仅保持了资源的文化内涵,还能满足游客的需求。

第四节　文化旅游产业品牌管理

一、文化旅游产业品牌的内涵与作用

旅游者对一个旅游产品的高认可度往往来源于对某个特定知名品牌的认可。文化旅游产业品牌有利于打造出特色鲜明的拳头产品,成为区域旅游的核心竞争力。旅游产业品牌一词第一次出现于2000年。姚作为指出,一个完整的旅游品牌应包含属性、利益、价值、文化、个性、旅游者在内的六层含义。蔡善柱认为,旅游品牌是指旅游经营者凭借其产品及服务确立的代表其产品及服务形象的名称、标记或符号,或它们的相互组合,是企业品牌和产品品牌的统一体,它体现着旅游产品的个性及消费者对此的高度认同。文化旅游品牌是指以高质量和知名度为特征的旅游目的地、企业、产品以及服务为代表的产品系统和认知系统,体现着旅游产品的个性及旅游者的高度认同。

利用塑造文化品牌树立本地鲜明的旅游形象,增强文化旅游的竞争力,是世界各地文化旅游发展的重要趋势。把文化资源、文化内涵及文化理念以各种形式融入旅行游览过程之中,并使其精髓与整个旅游活动融会贯通,以此对游客进行文化引导和揭示,从而提升旅游过程中的文化含量与旅游产业产值和品质的生产经营活动。文化旅游产业品牌有助于旅游产业链的扩展和延伸。旅游目的地形象品牌具有公共产品的性质,与单个企业品牌、旅游产品品牌相比更具有广泛、持续的品牌效应。同时,它还是旅游产业发展共同拥有的无形财产,可以为旅游行业与企业所共享,许多旅游企业和产品通过"搭便车"共同分享利益,有助于打造和拓展旅游产业六要素。各个链条的系列产品品牌,为文化旅游品牌的成长提供有力支持。

【资料链接12-9】

“好客山东”品牌的诞生——区域性旅游品牌打造

2007年山东旅游局创建“好客山东”品牌。“好客山东”旅游品牌是优秀传统文化与现代旅游产业的有机结合，它通过凝练山东地域文化特征，将连绵2000多年的“好客文化”作为“好客山东”品牌的核心价值，同时，“好客山东”品牌又适应现代旅游业发展趋势，充分体现“以人为本”这个旅游产业的本质特征，既将其塑造成山东旅游品牌的文化标志，又打造成山东高品质旅游品牌的标志，使“好客山东”成为引领山东旅游业发展的一面旗帜。

好客山东贺年会已成功举办了三届。其核心内涵是创新年节文化，将元旦、春节、元宵节三大节点连接到一起，推出贺年宴、贺年礼、贺年福、贺年乐、贺年游等贺年会五大产品，以浓郁的年节文化特征营造了浓厚热烈的消费氛围，使年节更长，年味更浓，消费更旺。

好客山东休闲汇创立于2011年。“休闲汇”是在8—10月旅游旺季，汇集休闲资源，汇合休闲产品，汇总休闲活动，推出了乡村、健身养生、旅游、文化、夜间、节庆等10大休闲系列产品。

山东“三个一百”创立于2011年京沪高铁开通的时机。山东发起了“三个一百”评选活动，包括“到山东不可不去的100个地方”“到山东不可不品尝的100种美食”和“到山东不可不买的100种特色旅游商品”，历时两个多月，共收到有效选票63.73万张，经各市旅游行政管理部门推荐、专家推选、公众投票和专家评审等阶段，最终确定各评选项目前100名名单，在全国引起巨大反响。

山东“三珍”是2011年底山东省旅游局提出的品牌概念，将阿胶、海带和胶东参这三种久负盛名的山东特产整合为“山东三珍”，以“好客山东有三珍，阿胶、海带、胶东参”为形象口号进行宣传推广，成功确立首个好客山东商品品牌。

此外，还推出了“鲁菜馆”和“山东客栈”两大品牌。

二、我国文化旅游产业品牌建设的现状及问题

当前我国打造文化旅游品牌成绩凸显在以下几个方面：第一，找准文化旅游发展定位。文化和旅游的发展，不能相互孤立、各自为政。要强化综合带动，突破产业边界，突出文化与旅游产业溢出效应和叠加效应，实现优势互补、互动共融。第二，突出重点文化旅游项目建设。高质量策划一批文旅深度融合互促发展的大项目，同时加强各领域项目与文化旅游项目的统筹与整合，实现文化旅游项目与其他各类经济社会发展项目统筹规划、同步建设。第三，加强文化旅游品牌营销。树立“政企联动、抱团营销”宣传理念，创新宣传营销方式，建立完善宣传营销体系。第四，理顺文旅融合机制体制。进一步理顺政府文化行政部门和文化事业单位、社会文化团体、文化企业的关系，推动文化旅游产业发展由政府主导向市场主体转变，充分发挥市场配置资源的决定性作用，加快文化旅游市场化进程。下面就我国文化旅游产业品牌存在的问题和不足进行分析。

1. 文化旅游品牌发展理念有待进一步提高

对文化旅游品牌的理解运用，许多地方、部门还停留在浅层次上，文化旅游品牌的建设带有较大的盲目性和随意性。文化旅游品牌的建立随机性强，品牌内涵不够深入，挖掘不够，主题不够鲜明。文化旅游品牌的打造其实要经过合理的论证和科学的规划，进行系统深入的整合和挖掘。

2. 忽视文化旅游品牌发展规律，造成恶性无序竞争

文化旅游品牌对地方旅游产业经济发展产生的效益作用愈来愈明显，在经济利益的驱使下，各地纷纷抢占文化旅游品牌为发展本地经济所用，打起了品牌官司，极大地破坏了文化旅游品牌的整体形象宣传，不利于各地旅游品牌的成长。如水浒文化本身是一个发展文化旅游的好题材，但是山东相关地区在水浒发源地上打起了官司，延误了水浒旅游品牌的市场开发，也破坏了水浒旅游品牌的良好形象。

3. 旅游产品的整体吸引力不强，文化品牌影响度有限，文化旅游产业营销不够，文化旅游品牌管理欠佳

在品牌塑造中，坚持清晰易辨、鲜明有力的品牌形象。有些文化旅游品牌形象定位不准确、口号不鲜明，特别是品牌的核心价值研究重视不够。旅游企业的管理是旅游产品质量优劣的重要因素之一，企业管理对品牌建设有着重要影响。价格战在一些地区和企业间仍然继续，这不仅影响了旅游业的经济效益，而且使旅游质量大打折扣。品牌策划创意性不强，克隆现象普遍存在，雷同化有余，差异性不足，从而导致旅游品牌毫无特色，缺乏竞争力，产生不了品牌效益。一些企业看重的是短期直接的营销效果，并未或很少从品牌经营的高度认识品牌的战略意义。品牌经营的着眼点并非品牌本身，即不是为塑造品牌而塑造品牌，而是立足于长远利益、远期利益。缺乏旅游品牌经营的能力是很难取得实际效果的，也就无助于旅游业发展。

三、我国文化旅游产业品牌塑造和管理

（一）文化旅游品牌塑造

1. 抓住文化和地方特色的核心

文化旅游品牌化有利于打造出特色鲜明的拳头产品，成为区域旅游的核心竞争力。合理利用特色文化打造强有力的旅游品牌。假如没有大理的苍山洱海、丽江的古镇之类的景观，云南的少数民族文化旅游，很难想象能够那样的火爆；没有那些气势恢宏的佛教与道教建筑，佛教文化、道教文化旅游又怎么能长盛不衰。旅游品牌的定位有其自己独特的一面，除了有一般品牌共同的原则外，还应遵循民族化与地域化的原则，地域化的核心是地方特色，而地方特色的核心是独特的文化，因此独特的文化是旅游品牌的灵魂。提高旅游品牌的文化价值含量是旅游品牌开发的核心，文化特色是旅游品牌的价值基础，强有力的旅游品牌需要有独特的地方文化作为支撑，这就需要用创新的理念去发现地方文化的独特之处，并将其进行合理的组合和包装，设计成为深层次文化品位的旅游产品，提高产品的认知度和品牌效应，同时要避免景区建设和线路设计上产品结构单一、内容雷同的弊端。

在《功夫熊猫》影片中，神龙大侠“阿宝”在充满成都元素的凤凰城里大施拳脚，俏皮亮相。另外，担担面、四川火锅、鸡公车、宽窄巷子、青城山也都成为该影片的视觉要

素。其俨然一部美国大片，成了中国西部城市——成都的形象代言人，听上去很不可思议。但这归功于成都市旅游局与梦工厂的合作。在《功夫熊猫2》中植入的川味风情，使成都不动声色地向世界打了个招呼。

2. 文化旅游品牌化过程中要防止急功近利

打造特色文化旅游品牌要因势利导，防止资源盲目开发和过度开发，在获得有限经济效益的同时付出高昂社会文化代价的恶果，导致品牌生命力减弱，开发走上不可逆的歧途。同时，为追求经济利益，许多旅游目的地的一些叫得响的品牌文化旅游资源越来越趋近商业化，与品牌内涵相左，失去了文化的风格和品位。另外，更要克服特色文化对主流文化的迎合和模仿，防止不合理地剔除特色文化中的特色元素，导致文化魅力大大减弱，品牌形象失效。

3. 文化旅游品牌化的打造要与时俱进

在未来旅游的发展过程中：① 不断加入旅游行列的旅游者由于所处的时代环境不同，消费观念不同和自身文化素质不同等因素，将会对旅游的价值观念产生新的价值尺度，这就需要文化旅游的品牌定位要尽可能多方位考虑，并考虑品牌建设的可持续发展；② 未来的旅游者对于文化旅游的需求在内涵和形式上的追求倾向，很可能不仅尚古，还要求新，这就需要品牌内涵外延，扩大特色文化的价值指示范围，追求创新发展；③ 品牌形象设计也要与时俱进，随着旅游文化的自我变革和不断调整，品牌形象也应相应有所调整，做到灵活应对才能长期立于不败之地。

4. 突出重点文化旅游项目建设

高质量策划一批文旅深度融合互促发展的大项目，同时加强各领域项目与文化旅游项目的统筹与整合，实现文化旅游项目与其他各类经济社会发展项目统筹规划、同步建设。

5. 加强文化旅游品牌营销

树立"政企联动、抱团营销"宣传理念，创新宣传营销方式，建立完善宣传营销体系。

6. 理顺文旅融合机制体制

进一步理顺政府文化行政部门和文化事业单位、社会文化团体、文化企业的关系，推动文化旅游产业发展由政府主导向市场主体转变，充分发挥市场配置资源的决定性作用，加快文化旅游市场化进程。

（二）我国文化旅游品牌塑造的途径和方法

1. 品牌形象塑造创新

品牌形象塑造创新就是旅游景区将自身个性化的信息在市场中推广，并使之具有一定的知名度。旅游景区应该以其独特的经营方式扩大景区的市场规模，使旅游者通过该形象认识旅游景区。可见，旅游景区品牌塑造有多种渠道的选择，因此把景区特点传递给旅游者就成为旅游景区的重要目标之一。

(1) 形象定位要准确。旅游景区在其市场范围内的准确定位非常重要，这是旅游景区品牌塑造的关键。好的品牌定位是旅游景区成功的重要保障，旅游品牌定位就是在原有形象的基础上，创造具有鲜明个性和独立形象的旅游卖点，最终赢得市场客源。

(2) 品牌创意要新颖。旅游景区的发展是一个动态的过程，要求对旅游景区精心策划,并不断推出新的旅游产品。因此,品牌创意是旅游景区发展的灵魂,是品牌成功的关键。充满新意的策划可以避免景区雷同,从而给旅游者留下深刻的印象。

例如,通过网络利用微博使文化旅游景区名扬国内。中共红河州委宣传部与腾讯微博联手面向全国微博网民公开征集《我要去红河》为主题的歌曲,是一项在全国开先河的微博征歌活动。公开征集地方形象歌曲的公告在腾讯微博上横空出世,整个征集、制作、评选过程全部通过微博开展,迅速吸引了全国2亿多微博用户的热烈关注。同时利用征集到的歌曲拍成电视音乐作品,完成了二次传播,再次激发了广大网民的热议和追捧。微博强大的力量宣传了红河,让人们唱起了“红”歌,知道了红河。

美国布兰桑市位于美国中西部密苏里州西南,人口7500人,面积约30平方千米,从20世纪60年代Herschend家族建成银元城主题公园(Silver Dollar City Theme Park)、玛比兄弟建成Baldknobbers剧院、普雷斯利家族建成家族剧院起,布兰桑市以主题公园和娱乐演出为主要手段发展文化旅游,成为以家庭度假为核心的世界级旅游城市。布兰桑市没有什么特别的自然资源禀赋,也不具有什么可以称道的文化遗产,这样一个仅有7500人口的内陆市镇创下年接待度假游客720万人的奇迹,主要凭据的是其拥有的3座主题公园、10座博物馆、49座剧院及其达到世界水平的演出规模和质量。布兰桑市不是一般意义上的旅游成功的典型,而是文化旅游的成功范例。布兰桑市文化旅游兴盛的根源是三大创意。

第一,不依赖现有自然景观和人文景观,自行创造调动现代人观赏与玩乐情趣的主题公园。例如,再现19世纪80年代文化和生活方式的“银元城主题公园”,巧妙地融入高科技互动项目、6项全国知名的节庆活动等,构成一个集传统生活、娱乐演出、运动探险、节庆狂欢等于一体的文化娱乐巨无霸,被国际露天游乐场协会授予世界顶级主题公园称号,年接待游客200万人。

第二,抛弃传统的博物馆静态展示方法,创造游客与景区(点)互动的观赏方式,变单纯的观看展出为游客与景区(点)融为一体的参与式体验学习。

第三,创造体现传统家庭价值观的娱乐演出。布兰桑抓住相当数量美国家庭价值观回归的社会思潮,通过策划一系列演出活动,将以传统家庭价值观为核心的人文精神注入演出节目,使传统家庭价值观通过持续40多年的玛比兄弟、雷斯利家族等家庭表演团体展示出来。这样,布兰桑的文化娱乐具有多数美国家庭赞赏的人文精神内涵。

由于布兰桑将以传统家庭价值观为核心的人文精神贯注于娱乐演出这种创意的成功,就保证了源源不断的观众到来,就开辟出布兰桑规模宏大的演出市场。依靠创意,依靠现代人的创意活动,本身不具有旅游资源的布兰桑却开创了令世人称奇的辉煌的文化旅游。这才是布兰桑经验的真谛。

(3) 品牌形象随着市场进行调整。旅游者的需求、爱好随着时间的推移、社会的发展而变化,因此,文化旅游产业品牌要根据市场的动态变化不断调整策略。品牌形象总是随着市场、消费者、竞争对手的变化不断地调整,因此,塑造品牌形象是一个动态过程,在塑造品牌形象之后,要适时、适当地提出更新措施,以保持或提升品牌形象在社会公众心中的地位。品牌形象的调整一般是由于品牌形象老化、原有的品牌定位发生变化、应对竞争对手的威胁、配合企业整体战略。当目标消费者的消费习惯发生变化或者出于反击竞争对手进攻的需要时,企业需要通过品牌再定位来重塑自己的新形象。

品牌形象识别更新包括变换品牌标识、改变品牌名称、以产品创新为支点。无论是经营战略的转变和品牌形象的重塑，最终要落实在产品上。名称和标识的更新只是表面的现象，而要使品牌在消费者中重树新形象，必须进行相应产品的创新。

（三）提升文化旅游产业品牌传播的方式

品牌的经营不仅要经营好形象力，还要经营好注意力。当今旅游业的发展就是争夺注意力的竞争，因此，提升旅游景区知名度就要靠品牌有效传播。

1. 借助媒体影视宣传的强势作用

在新媒体与传统媒体互动合作的基础上，充分利用微博、微信、微电影、手机报、数字旅游、影视植入等新媒体、新技术"短、平、快"的传播优势和形式丰富、互动性强、覆盖率高的优点，联合电视、报纸、网站、手机报，携手微博、微信等进行立体式全覆盖的宣传。还可搭建"淘宝"营销平台，依托部门户网站构建文化旅游推广平台，与动漫电影联姻营销文化旅游；利用微电影大赛搭建旅游营销新平台，以智慧旅游为抓手，推动旅游管理服务升级。例如，构建旅游公共信息平台，提升旅游服务智能化水平，推广3D实景展示和全景导游通，开发智能旅游电子地图，推广数字宣传推介系统。

众多新闻媒体的宣传报道可以聚焦游客的吸引力，并提升知名度和美誉度，旅游品牌也就转化为持续的生产力。还可以同旅游主流媒体合作，定期举办品牌点评活动，从品牌定位、品牌传播、旅游管理、发展潜力等多方面让旅游者对景点进行立体客观的了解，同时对旅游品牌进行有效的传播，极大地提升品牌形象。

借天龙八部影视城及影视剧的拍摄，以之为杠杆，以之为契机，整合、创新大理旅游品牌形象，大理旅游形象再上新台阶，在全国（甚至世界）范围掀起大理旅游继电影《五朵金花》之后的第二次高潮，撬动大理经济和文化板块。除此之外，南非借力"世界杯"，博鳌论坛对博鳌旅游业的带动。一部电影——《非诚勿扰》，一句台词——"西溪且留下"让杭州西溪湿地扬名中国，迅速成为新的旅游热点。200万元在《非诚勿扰》中植入式营销西溪，换来的是"半城营销"。后期园区的活动步步为营，让西溪从大银幕走进人们的生活。

2. 借助节事活动的拉动效应

2010年，最受全球瞩目的盛会当属上海世博会。以"城市，让生活更美好"（Better City，Better Life）为主题的上海世博会，使旅游者在参观的过程中潜移默化的接受诸如低碳、环保、创意、科技等价值观，真正实现了文化旅游传播新理念的作用。2010年10月23日，主题为"畅游神州、赏阅华夏"的首届中国国际文化旅游节在湖南省张家界市隆重开幕。中国国际文化旅游节将每两年举办一次，除中国国际文化旅游节外，各地纷纷举办多姿多彩的文化旅游节庆活动，四川国际文化旅游节推出灾后重建旅游精品线路；四川乡村文化旅游节提出乡村文化旅游概念；临淄齐文化旅游节将春秋文化推向极致；黄河壶口文化旅游节传承黄河文化；巴丹吉林沙漠文化旅游节凸显异域风情……各具特色的文化旅游节庆活动带热了中国文化旅游，成功塑造了当地文化旅游品牌。在众多的国际选美赛事中，"世界小姐大赛"是最受全球关注的文化盛典。"世界小姐总决赛"多次落户三亚，使三亚成为名副其实的"世界小姐之家"。三亚市通过与"世界小姐大赛"联姻，持续举办世界级的赛事，加速推动了三亚旅游的国际化进程，使"美丽经济”成为三亚的一张亮丽名片。

3. 借助政府职能的有效保障，打造区域性文化旅游品牌

政府部门要做好旅游景区的规划编制、理顺管理体制、古建筑的保护与管理、部门配套设施与资金投入等方面的宏观调控。正确处理世界文化遗产保护与开发的关系，在保护的前提下加快旅游经济的发展。对旅游景区发展实施有效的监控，保障景区在健康的轨道上发展。要树立“大旅游”观念，采取“大旅游”措施。抓结构调整、抓城市建设、抓投资环境、抓可持续发展的“大旅游”观念，抓生态环境建设和城市形象的塑造等，树立区域性文化旅游品牌。

文化旅游品牌是整合旅游资源联合宣传推销的最佳方式。塑造文化旅游品牌的过程就是包括文化旅游资源在内的各种资源不断集中配置的过程，云南就是在培育香格里拉、石林、大理古城、茶马古道、云南印象等文化旅游品牌的过程中实现了对文化旅游资源的集聚整合，打造了“七彩云南”的民族风情旅游系列品牌产品，成为我国文化旅游品牌塑造的成功案例。湘西正在打造整体的旅游品牌策略。目前，大湘西的旅游发展目前总体来说程度不一，内部各地区发展速度和规模不一样。张家界发展速度最快，已开发的旅游产品最为丰富，知名度也最高，在国内外都有较大影响。湘西自治州的旅游开发中，凤凰、德夯的开发已具有一定规模，具备一定知名度。怀化的旅游开发相对来说知名度要小一些，但也有一些景点得到了初步开发，如通道侗乡风情等。但通过相互之间的带动和整体发展，有效促进大湘西品牌的建设。

本章小结

- **内容摘要**

本章首先介绍了文化旅游管理体制的内涵和本质属性、当前我国文化旅游管理体制存在的问题及策略分析，其后介绍了全域旅游导向下的文化旅游管理体制构建、文化旅游企业含义及组织形式、文化旅游企业的经营管理及文化旅游企业经营中需要注意的问题，最后介绍了文化旅游产业品牌的内涵与作用、我国文化旅游产业品牌建设的现状及问题、我国文化旅游产业品牌塑造和管理。

- **关键词**

文化旅游管理体制；全域旅游；文化旅游企业；文化旅游产业品牌塑造

- **思考题**

1. 中国现行文化旅游管理体制存在的问题是什么？
2. 全域旅游的未来发展方向是什么？
3. 文化旅游企业的经营管理理念是什么？
4. 文化旅游品牌塑造的核心是什么？
5. 文化旅游品牌塑造的途径和方法有哪些？

【应用训练】

淄博文旅出圈

随着国内文旅产业快速复苏，根据文化和旅游部日前公布的数据显示，今年“五一”

期间，国内旅游出游合计2.74亿人次，按可比口径恢复至2019年同期的119.09%。在文旅产业强势复苏的背景下，淄博文旅产业异军突起，“淄博烧烤”的成功“出圈”让人猝不及防，却又眼前一亮。本来一个普通的三线城市，却快速成为游客眼中的“消费圣殿”，久违的“烟火气”和大众市井消费，成为吸引全国游客前来体验的主要场景和重要内容；热情周到、无微不至的城市关怀与诚实守信、童叟无欺的市场环境，则让淄博获得效益与口碑双丰收，“淄博烧烤”这一品牌一炮而红。

一、淄博“出圈”系政府主动作为

“淄博烧烤”之所以能够“出圈”，淄博之所以能够成为现象级文旅消费案例，不可否认有市场偶然性因素存在，但更重要的是让人们意识到淄博在持续“出圈”的过程中，始终能看到政府在调控方面的作用，是政府的主动作为才让淄博获得了如此斐然的成绩。

烧烤是一种大众化的传统美食，其中东北烧烤、新疆烧烤更是声名远扬，而“淄博烧烤”在吃法上确实有一定的独特性，但是仅靠这点还无法承担“出圈”的重任。淄博之所以能够“出圈”，主要原因是在此次事件发展的整个过程中，政府占据主导地位，能够系统性地、及时有效地做好营销与服务两方面工作，不仅获得了全国消费者的情感共鸣，同时又获得了普遍一致的良好口碑。

在营销方面，淄博政府充分借助互联网媒介的传播渠道，快速对“淄博烧烤”的意义进行升华，使其具备了广泛的情感属性，让它成为一座城市与大学生群体患难与共时所产生的一种情感维系方式，通过人与人之间情感的良性交互，更传递出淄博是一座有温度的城市，快速引发大众的情感共鸣。

在服务方面，政府通过简化行政职能，高效地提升了游客的消费体验。一是对市场价格的整体调控。在“五一”期间文旅市场需求猛增的情况下，政府适时地对物价进行合理的调控，及时地抑制了市场疯狂涨价的趋利性。餐饮、住宿、交通等等游客关注度较高的各项消费支出，均维持在游客能够接受的水平。价格的稳定让“淄博烧烤”这一定位于大众休闲放松的消费场景更加深入人心。二是政府主动参与为市场需求提供全方位服务。不仅积极扩建或增建符合市场需求的大众休闲娱乐消费场景，而且集全市之力解决场地不足、停车困难、道路拥堵等问题，满足市场需求。

二、“出圈”背后的双重压力

淄博文旅爆火的整个过程，是文旅产业发展的一个典型范例，是中国文旅产业发展史上的一次重要标杆事件，它让我们看到政府在推动文旅产业发展中起到了至关重要的作用。但在接下来的发展中，可以预见淄博文旅发展仍然要面临来自内部物价上涨与来自外部发展趋同的双重压力。

问题一，市场逐利行为驱动淄博整体物价上涨。“市场价格会因为需求的增加而不断提高”是经济学中的基本理论。当淄博爆火之后，大量的游客前来体验消费，势必会推动当地物价的快速上涨，近期相关问题已经逐渐显现。

文旅产业对于价格具有很高的敏感性，会因为价格的波动而影响行业的发展。“淄博烧烤”定位为大众休闲消费，对价格的变化更为敏感，如果因为需求的增加而导致价格快速上涨，那么必然会影响“淄博烧烤”的可持续发展。

问题二，城市间的激烈竞争导致发展的趋同化。笔者始终坚信文旅产业的发展要坚持特色化和差异化的发展路径，一旦被做成某种模式快速复制，从整体上便失去了吸引力，最终被市场淘汰。

一方面，“淄博烧烤”爆火之后直接推动了全国范围内的“烟火气”复兴，包括一线城市在内的地方政府都在宣传自己的“烟火气”消费场景，“烟火气”成为今年我国文旅产业发展的关键词。当每个城市都在主推自己的“烟火气”场景的时候，文旅的差异化便逐渐消失而走向趋同，这样就助推了“淄博烧烤”的热度快速降低，特色逐渐消失。另一方面，当很多城市看到了“烧烤”的热度之后，开始通过各种宣传手段来跟淄博的“烧烤”进行比拼，以此来蹭热度。“千城一面”无法满足消费者多样化的消费需求，跟风“抄袭”行为只会消耗掉消费者对于“烧烤”的热情，也会间接导致“淄博烧烤”知名度降低。

三、城市发展压力仍然需要政府来疏导

从长期来看，本来淄博所面临的问题需要通过政府的长期主动干预，才能够确保其来之不易的品牌持续爆火下去。

针对物价上涨的问题，人们应清楚地认识到逐利是市场的本性，淄博的走红必然导致其市场物价的上涨，而“淄博烧烤”是大众消费场景，对价格波动十分敏感，一旦物价上涨，便会在失去客户流量的同时，失去游客对淄博的良好口碑。在“五一”假期，人们已经看到通过政府的消费反哺、物价调控等一系列措施能够让物价维持稳定，政府的主动作为得到了社会的广泛美誉。

而要想解决发展趋同的问题，就需要通过国家层面的宏观调控和城市各级政府层面凝聚的发展共识来共同维系。国家层面虽然提出避免同质化竞争的问题，但是至今没有可实施的政策出台，只有出台保护品牌独特性的相关政策，才能够有效地保护已经出名的品牌。而各地市政府应有主动回避意识，既可以维护兄弟城市来之不易的成绩，又可以让自身的发展具有独特性。这样才能有效解决我国文旅产业的跟风现象，避免形式单一、缺乏独特性和创新性的问题发生。单就各地文旅宣传为例，一旦出现文旅局长以角色扮演为家乡代言的文案，很快全国各地文旅局长便争相模仿，虽展现内容不同，但形式单一如出一辙，这一同质化必然导致游客出现消费疲倦，进而最终失去了兴致。

四、政府可在文旅产业发展中发挥更大作用

淄博文旅产业发展具有典型性，是各地文旅产业发展的优秀范例。管中窥豹，人们可以进一步探讨政府在文旅产业发展中的职能和作用，使我国文旅产业能够实现可持续发展。

一是政府需要转变发展思路，做好基本功。政府需要对文旅产业的特色化和差异化有全新认识，要树立不跟风的发展思路，要将本地文旅产业的发展思路，聚焦在探讨本地资源如何更为有效地满足市场需求上，而不要过分强调对文旅产业的既有模式和成功经验的学习。一旦本地文旅产业形成了自有的发展模式和品牌，就要不遗余力地坚守，形成城市发展的核心竞争力。

二是政府需要为发展产业做好服务。政府需要通过大数据等监测手段及时掌握文旅市场的变化，积极获取游客的反馈信息，并快速对相关需求作出回应；主动协调相关职能部门，对影响发展的问题作出调整，确保为市场提供周到的、全方位的服务。

三是政府需要积极制定落地政策及措施。政策与措施的制定，既要在宏观层面对整体布局有所考量，能够保障各地文旅产业走特色化和差异化的发展路径，又要在微观层面对各地自身的发展起到促进与扶持的作用。

文旅产业是服务于人们精神需求的高层次产业业态，不能一蹴而就，也并非能够通过复制而快速发展的产业。它的发展需要按部就班，细细打磨，才会获得市场认可。当下，社会经济在资本推动下快速发展，逐利成为大多数产业发展的驱动力。所以在文旅产业发展的过程中，政府要主导产业的发展，而不是完全交给市场机制来运作，这样才是文旅产业的可持续发展之路。

（资料来源：宋存洋.淄博出圈：从淄博出圈谈政府在文旅产业中的职能与作用[EB/OL].[2023-06-08].https://www.chinatopbrands.net/s/1450-6315-48967.html.）

1. 通过资料分析，了解政府在城市文旅发展“火爆”背后的力量

2. 延伸阅读，了解社交媒体在文旅产业中作用的发挥

第十三章 城市文化旅游产业与城市旅游形象

学习目标

（1）了解城市文化旅游产业与城市旅游形象之间的互动发展关系。

（2）掌握城市旅游形象塑造过程中的文化要素。

（3）掌握旅游给城市文化的传承带来的影响。

（4）掌握旅游给城市文化的创新带来的影响。

导入案例

从动漫IP到城市IP(节选)

在日本,47个都道府县都有着属于自己的吉祥物,这些吉祥物往往承担着推广地方旅游的重任,它们不仅常常在电视综艺节目上露脸,还要参加吉祥物之间的各类比赛。

熊本熊是这些吉祥物中最杰出的一个。它的家乡熊本县位于日本西部、九州岛的中心位置。根据日本银行的计算,熊本熊出道的头两年(2011年至2013年),就为熊本县带来了1244亿日元的收益(约合76.3亿元人民币)。熊本县也从一个落后的农业县变成了日本热门旅游地。

一、一只熊打开一扇窗

日本之所以成为“熊本模式”的先行者,与其对“萌文化”的推崇有关。生活压力相对较大的日本人尤其注重吉祥物身上的幽默感,这些代表本地风物和民众精神的“萌物”,往往都有一套自己的搞笑方式,也就是某种“萌点”。

熊本县是传统的农业大县,产业的单一性一度导致其经济低迷,后来,开发旅游资源被视为熊本县的出路。

在乡村风光之外,熊本县还有熊本古城、世界最大的重叠式活火山阿苏山、广袤的熊本草原,以及盛产对虾的明海与不知火海。九州新干线在熊本县的全面通车,让其迎来了发展旅游业的机会。

坐拥旅游资源的熊本县,该如何打响知名度呢?

熊本县知事蒲岛郁夫认为,设计一个全新的吉祥物可以成为推广熊本县旅游的开始，于是找到熊本县出身的作家小山薰堂，后者邀设计师水野学一起设计出了新的吉祥物。

评价熊本熊的设计时，胡月明说："关键在于关联性和代表性，就是接地气的问题。"

在几个初稿中，设计团队选择了最为"呆萌"的形象，取名为能代表熊本县的熊本熊。在设计元素上，熊本熊采用了熊本古城的建筑主色调黑色和代表熊本县"火之国"特色的圆形腮红，同时，他们调查了当时在网络上颇受国民欢迎的性格，为熊本熊设计了"呆萌与贱萌"兼具的性格。

日本吉祥物文化的一大特点是重视拟人，将平面的动漫形象实体化，真人穿上套装来表演。熊本熊的套装曾找不同厂家制作，经历了三次迭代，最终才定型。

而熊本熊的走红更是借助了日本吉祥物排行榜大赛的东风。熊本熊获得了首届吉祥物排行榜冠军，2011年还正式获得了"公务员"身份，被"任命"为熊本县"营业部长兼幸福部长"。

如今，熊本熊不仅为熊本县带来了可观的经济收入，也成为闻名于世的日本城市IP。

二、营销很重要

其实，细数日本各地的吉祥物，并不是所有的都一眼望之便觉可爱，也常有一些"不明所以"的地方特色表达要素，但本地民众对吉祥物的接受度却很高，这是因为这些吉祥物背后都有地区专门委员会负责运营，还通过参加各项活动来强化它们的性格、提升"萌感"。

熊本熊的成功与熊本县的版权开放、整合营销密不可分。熊本县采取免费授权的方式，让熊本熊迅速发展出了一系列周边产品，包括熊本本地的农产品等，这让熊本熊迅速在各个行业具有了知名度。

同时，熊本县将熊本熊当作艺人一样来运营，为熊本熊开设官方网站和官方社交账号，预告熊本熊的日程，宣传其活动与出现地点。

在这些日常活动中，熊本熊会分发名片，它的32种名片每天只给同一人发一张，这引起了收集爱好者的兴趣。

熊本熊还经常参加电视综艺节目，包括在日本新年时最具影响力的节目红白歌会等。

在整个营销中，熊本县的团队还玩了很多花样，例如，制造熊本熊在大阪"出差"途中因流连忘返而失踪的事件、熊本熊"腮红丢失"事件等，县政府还紧急召开记者会，进行事件的全民营销。有日本媒体估算，仅"腮红丢失"事件，就让熊本县实现了 6 亿日元(约合 3360 万元人民币)的广告营销效果。

三、柯南机场的启示

事实上，从本地文化资源出发孵化出一个动漫化的城市IP难度较高。近年来，有些城市选择了另一种路径：与现有的动漫IP进行合作，通过城市与知名动漫IP的联动，为城市进行形象推广。

此前，这种尝试就不在少数。"杭州及北京市朝阳区都曾经和动漫企业合作，将动漫形象'洛宝贝'作为代言人，但并不是很成功。"胡月明认为，这一动漫形象——一个黑头发、齐刘海、穿小裙子、梳丸子头的小姑娘——本身是亲民友好的，但问题的关键是，动漫形象与城市的内涵关联不强。

在日本，动漫IP与城市IP结合的模式其实并不复杂，知名动漫作品往往会带动人们对故事发生地的兴趣，粉丝的"朝圣"热情让地方政府主动借势打造相关联的产业：樱桃小丸子的家乡静冈有专门的"樱桃小丸子乐园"，柯南的故乡鸟取，甚至以"柯南"来命名本地的机场。

也就是说，这种合作要成功，有两个必要条件：动漫IP具有一定知名度；动漫IP与城市之间有密切的内涵关联。

（资料来源：刘佳璇.从动漫IP到城市IP[N].瞭望东方周刊，2019-07-18.）

问题：查找国内"城市＋动漫"的典型案例，如"狐妖小红娘"和杭州市，结合上述材料，在对中华优秀传统文化进行创造性转化与创新性发展的背景下，我国城市IP应如何与动漫IP结合？

第一节　城市文化旅游产业与城市旅游形象的互动发展

随着全球化、信息化以及后工业化的不断发展，城市在集聚政治、经济、文化等资源方面的中心角色愈发凸显，城市成为现代社会的消费城市和"娱乐机器"。依托城市文化资源，城市文化旅游产业得到了迅猛发展，不仅满足着人们的精神文化需求，是城市经济的重要支撑，而且成为一个国家文化旅游产业的重要组成部分。21世纪的城市是文化城市，塑造具有特色的城市旅游形象不仅是推动城市文化旅游产业高质量发展的关键，而且是提高城市文化吸引力、打造文化城市的根本。城市文化旅游产业与城市旅游形象存在互动发展关系。

一、城市文化旅游产业是城市经济的重要支撑

1979年美国经济地理学家诺瑟姆（Ray M. Northam）提出的城市化理论表明，当一国城市化率超过30%时，就进入快速或高速发展的时期。2012年，由中国科学院可持续发展战略研究组主持编写的《2012中国新型城市化报告》称，2011年中国城市化率首次突破50%，达到51.3%。这意味着中国城镇人口首次超过农村人口，中国城市化进入关键发展阶段。由此也推动着中国经济和社会的重大转型。清华大学中国新型城镇化研究院和北京清华同衡规划设计院联合撰写的《中国都市圈发展报告2018》指出：2018年，中国城镇化率达到59.6%，城镇化发展迈入中后期。2019年，中国新型城镇化发展正式进入都市圈时代。

城市作为人类相互联系、聚集、聚居的产物，是人类文明的标志。城市往往是一个区域人口、企业、学校、娱乐场所等的集中地，具有良好的交通设施、完善的服务设施，这种集聚效应不仅使其成为区域的政治中心、经济中心，也越来越成为该区域的文化中心。现代旅游不仅是市场经济的产物，而且是城市化的产物，没有现代化的城市，不可能有现代化的旅游业。[①]因此，城市逐渐成为重要的旅游目的地。2007年，国际旅游

① 于英士.北京建成现代化国际旅游城市[J].旅游学刊，1994，9(1)：13-15.

（外汇）收入超过10亿美元的城市有上海市、北京市 、广州市、深圳市和杭州市等5个，共实现国际旅游外汇收入161.94美元，占全国国际旅游外汇收入的38.6%。[①]2018年10月，世界旅游业理事会（WTTC）发布《2018年城市旅游和旅游业影响》报告，评估了全球72个城市的旅游经济贡献，这72个城市去年共计实现了6250亿美元的旅游收入，占全球旅游GDP的比重约为24.3%。据调查，按旅游市场规模大小排名，全球十大旅游城市分别是：上海（350亿美元）排在第一位、北京（325亿美元）仅次于上海位于第二、巴黎（280亿美元）则排在第三，其余依次为奥兰多（248亿美元）、纽约（248亿美元）、东京（217亿美元）、曼谷（213亿美元）、墨西哥（197亿美元）、拉斯维加斯（195亿美元）、深圳（190亿美元）。其中这十大城市，中国占据三席。[②]城市文化旅游产业是城市经济的重要支撑，是一国旅游产业的重要组成部分。现代城市发展文化旅游产业，既是城市资源综合开发的要求，也是城市功能升级、城市健康发展的要求。[③]发展城市文化旅游产业不仅有助于城市经济发展和城市竞争力的提升，而且有利于推动城市的现代化建设，改善城市的自然环境和文化生态环境，实现城市可持续发展。

二、城市文化旅游产业是塑造城市形象的重要手段

文化旅游产业并不是文化产业和旅游产业的简单叠加，而是旅游资源、文化产业、旅游产业以及政府的有机整合。因此在发展文化旅游产业的过程中，要注重各种影响因素的作用。[④]作为城市经济的重要支撑，在城市文化旅游产业追求高质量、可持续发展的背景下，塑造特色鲜明的城市旅游形象就成为内在要求。

Reinhard和Andreas认为社会的发展、游客的需求也使得对文化旅游的需求日益剧增，文化旅游成为城市旅游业稳定发展和具有良好发展前景的部分。[⑤]Russo和Van der Borg以欧洲的四座文化旅游城市为例研究其旅游发展状况，并提出城市文化旅游的发展要注意政府、旅游业的政策与策略以及旅游形象等无形因素的影响作用问题[⑥]。

三、塑造城市旅游形象是推动城市文化旅游产业高质量发展的关键

土耳其诗人纳齐姆·希克梅特（1902—1963）说，人的一生有两样东西是不会忘怀的，一个是母亲的脸庞，一个是城市的面孔。随着城市化进程的加快、城市数量的增加，城市竞争日益激烈，再加上全球化、信息化和后工业化的深化，城市在集聚、组织和调配资源方面的中心角色愈发凸显，进入了文化城市时代。在“注意力经济”时代，在旅游产业升级、城市功能再定位的社会背景下，塑造城市旅游形象成为城市文化旅游产业实现高质量发展的关键性和战略性问题。建立独特、鲜明的旅游形象是现代城市旅

① 高峻.中国城市旅游发展报告[M].北京：中国旅游出版社，2009：18.

② WTTC：2018年城市旅游和旅游业影响报告[R/OL]. http：//www.199it.com/archives/787840.html.

③ 朱德莉.现代城市文化旅游产业发展研究[J].湖南社会科学，2012(4)：156-159.

④ 张春香，刘志学.基于系统动力学的河南省文化旅游产业分析[J].管理世界，2007(5)：52-54.

⑤ 宋振春，李秋.文化旅游产业与城市发展研究[M].北京：经济管理出版社，2012：30.

⑥ 宋振春，李秋.文化旅游产业与城市发展研究[M].北京：经济管理出版社，2012：31.

游发展的核心。[1]城市旅游形象战略是提升城市旅游竞争力的重要环节。[2]

【资料链接13-1】

Michaelh Goahber在新著作《注意力经济》中指出："在新的经济下，注意力本身就是财产"，"现在金钱开始与注意力一起流动。或者更通俗地讲，在经济转型之际，原有的财富将更自然地流向新经济的持有者"，"如果金钱真能有效购买注意力，那么我们要做的就是付给你一定的钱，让你全神贯注地听讲。但若有人想获取你的注意力，他不可能依靠付钱的方式来真正获得。虽然金钱流向注意力，但注意力很难流向金钱"。注意力形成经济，争夺眼球形成竞争，这已是世界不争的理论和事实。早在1996年英特尔的前总裁葛鲁夫就提出：争夺眼球的竞争。他认为：整个世界将会展开争夺眼球的战役，谁能吸引更多的注意力，谁就能成为下世纪的主宰。

1995年3月15日，国家旅游局发出了《关于开展创建和评选中国优秀旅游城市活动的通知》，决定开展创建中国优秀旅游城市活动，同时公布了创建"中国优秀旅游城市"基本要求以及《中国优秀旅游城市现场检查标准（征求意见稿）》。自此，正式拉开了创建中国优秀旅游城市活动的序幕，也正式宣告了我国塑造城市旅游形象的开始。城市旅游形象是指一座城市在人们心目中的综合性印象和评价，是城市旅游形象塑造者和旅游者之间共同作用而形成的。城市定位问题是城市旅游形象定位的前提。支持城市旅游形象定位的因素有政府引导、城市管理、科技创新和市民行为。城市旅游形象定位模式主要有资源主导型定位、文化功能型定位、都市引力型定位、市场需求型定位和功能复合型定位。[3]由于旅游者对城市旅游形象的感知不可能面面俱到，因此科学地揭示旅游者城市旅游形象感知的机理，是确定城市旅游形象战略、选择城市旅游形象营销模式的基础和技术前提。[4]

城市要打造独特而鲜明的旅游形象。独特的城市形象展现城市的历史、现在和未来，有助于提升城市的知名度和吸引力，明确界定城市身份，从而成为推动城市经济、文化、社会发展中的一股重要推动力量。

李蕾蕾将城市旅游形象识别划分为人-人识别系统和人-地识别系统，宋欢认为人-人识别系统是对一个城市精神文化的识别，主要包括城市政府形象、城市居民形象、服务形象和旅游者管理等四方面。[5]

程金龙在分析城市旅游形象评价主体（旅游者）与城市旅游形象赋予主体对城市旅游形象诸多层面上认知的差距以及对城市旅游形象策划设计的影响因素进行分析的基础上，明确了城市旅游形象管理部门的工作内容，并从常态管理、战略管理、危机管理和优化管理4个层面对城市旅游形象的管理策略进行了探讨。[6]

黄河认为目前城市旅游形象策划实践应用效果不佳，主要有以下几方面的表现：策

---

① 李蕾蕾.城市旅游形象设计探讨[J].旅游学刊，1998(1)：46-48.

② 熊礼明.基于利益相关者理论的城市旅游形象战略探讨[J].商业时代，2007(22)：100-101，104.

③ 赵煌庚.论城市旅游形象定位条件及模式选择：以岳阳市为例[J].云梦学刊，2004(1)：40-42.

④ 程金龙.城市旅游形象感知的机理研究[J].人文地理，2011(3)：142-146.

⑤ 宋欢.浅议城市旅游形象人-人识别系统[J].商场现代化，2011(1)：6-7.

⑥ 程金龙.城市旅游形象的监控与管理研究[J].旅游科学，2006(5)：13-19.

划成果不能很好得到应用;城市旅游形象建设沦为“形象工程”;忽视城市居民的游憩需求;旅游形象定位雷同,缺乏特色。出现这些问题的原因主要有:政府的无为与“失位”;策划者缺乏对地方文脉的准确把握;在专业与非专业之间,没有真正进行市场调查。①

陈传康先生最早提出了文脉的概念,范业正、张鸿雁在继承陈传康先生的文脉理念基础上,将其细分为文脉(社会人文背景)和地脉(自然地理背景)两个子系统,并将对区域文脉、地脉的研究称为人文识别(HI)和地缘识别(GI)。

第二节 城市旅游形象塑造过程中的城市文化要素

一、城市文化的内涵

可以说文化是人类社会中最为复杂难界定却又至关重要的概念之一。雷蒙德·威廉斯(Raymond Williams)将文化描述为“英语中最复杂的单词之一”;罗伯特·博罗夫斯基(Robert Borofsky)提出,试图定义文化“无异于试图将风儿关入笼中”。②

目前,关于文化尚没有确定而统一的定义。英国著名人类学家爱德华·泰勒是现代第一个界定“文化”的学者,他在《原始文化》这一著作中第一次对文化进行了界定:据人种志学的观点来看,文化或文明是一个复杂的整体,它包括知识、信仰、艺术、伦理、道德、法律、风俗和作为一个社会成员的人通过学习而获得的其他能力和习惯。

雷蒙德·威廉斯(Raymond Williams)是早期英国文化研究的集大成者。在《文化与社会》《漫长的革命》等著作中,威廉斯重新拓展了文化的概念,将文化从原有狭隘的、精英文化范围的概念体系中剥离出来。威廉斯在他的第一部作品《文化与社会》中,重新阐释了文化的概念,提升了文化的内涵。他摒弃了狭义的文化概念,认为文化不应该是一个时代高级的精神和艺术产品,从根本上来说它是“一种生活方式”(a way of life),从而在理论上确立了“文化是普通的”(culture is ordinary)这一论题。

我国著名学者梁漱溟先生在《中国文化要义》一书中指出“文化,是吾人生活所依靠之一切。”认为“文化是极其实在的东西。”指出中国文化特征源于中国人的表现,在中国人生活中有不可或缺的意义。他认为文化是一个民族生活的种种方面。一个国家的人们的生活方式构成文化。这种具体化的定义表明文化是生活的一部分。

另外一个普遍被接受的文化定义是联合国教科文组织的界定。联合国教科文组织将文化定义为:文化是人的文化,是人改造世界和认识世界的成果。可分为精神文化、物质文化、制度文化。狭义的文化仅仅是指人类所创造的精神财富,包括宗教、信仰、风俗习惯、道德情操、文学艺术等。

我国著名的历史学家、社会学家陈序经先生在《文化学概观》这本著作中将文化界定为“文化既不外是人类适应各种自然现象或自然环境而努力于利用这些自然现象或

① 黄河.城市旅游形象策划实践应用效果不佳的原因探析[J].生产力研究,2009(14):57-58.

② 戴维·思罗斯比.经济学与文化[M].王志标,张峥嵘,译.北京:中国人民大学出版社,2011:3.

自然环境的结果，文化也可以说是人类适应时境以满足于其生活的努力的结果"[1]。因此，文化是一个复杂的系统构成。从狭义上说，文化指精神文化，即人的生活方式和精神教化。从广义上讲，文化是人类创造的所有物质财富和精神财富的总和。但是不管是狭义上的还是广义上的文化概念，有一点是确定无疑的，那就是：文化是人类活动的反映和记录，是一种人类特有的社会现象。本书将文化界定为广义上的文化，即是人类认识世界和改造世界的过程中创造出来的所有物质成果和精神成果。

与文化的概念相对应，城市文化是城市在发展过程中的积淀，是动态的概念，同时也是一个复杂的构成系统，它既包括历史文化要素，又包括当代社会创造，如节庆、大型展览等，既包括历史遗迹、建筑、道路街区、主题公园诸如此类的现代创造物等有形的物质文化，又包括语言、风俗习惯、宗教信仰、伦理道德等无形的非物质文化。不管是历史遗产，还是当代创造，不管是物质文化，还是非物质文化，都是城市旅游形象塑造的构成要素。

【资料链接 13-2】

路易斯·芒福德自1922年第一部著作出版以来，一生出版了25部极具分量的著述，对社会哲学、美国文学、文化史和技术史都有着重大的贡献，尤其对城市历史和城市规划产生了不可低估的影响（摘自《路易斯·芒福德：城市是什么》，张艳华译；原载罗岗主编《帝国、都市与现代性》（江苏人民出版社2006年版））。

路易斯·芒福德（Lewis Mumford，1895—1990），美国著名的城市理论家、社会哲学家、技术思想家。代表作有《城市文化》《城市发展史》《技术与文明》等。《城市文化》一出版就获得了整个评论界的赞誉，将它评价为关于城市的具有里程碑意义的最优秀的文献，芒福德的照片也登在《时代》周刊的封面上。

芒福德在《城市文化》中写道：城市的标志物是它那目的性很鲜明的、无比丰富的社会构造。城市体现了自然环境人化以及人文遗产自然化的最大限度的可能性；城市赋予前者（自然环境）以人文形态，而又以永恒的、集体形态使得后者（人文遗产）物化或者外化。

原始社会人类文明尚未成熟，而文明过度发展又会导致自然崩溃。城市是两者之间的平衡木，提供了两者最大限度地相互渗透而又保持本质的可能性。

二、城市的未来："文化城市"

21世纪的城市是文化城市。1938年，美国著名的城市理论家、社会哲学家刘易斯·芒福德出版《城市文化》一书，从此享誉世界。他强调城市规划的主导思想应重视各种人文因素，从而促使欧洲的城市设计重新确定方向。2010年上海世博会的主题是"城市，让生活更美好"，也在一定程度上预示着我们的未来与城市紧密相关。国家文物局原局长单霁翔在"第二届中浦长三角论坛·2012杭州"上作了《从"功能城市"走向"文化城市"》的演讲，他认为，城市文化是建设和谐城市的重要基础，是城市竞争力的核心内容，是城市创新发展的强大动力，影响并决定着城市发展的前景和方向。从传统的功能城市到今天的文化城市，文化已经成为城市生活中举足轻重的元素。

① 陈序经．文化学概观[M]．北京：中国人民大学出版社，2005：24-28.

2016年10月18日，联合国教科文组织发布的《文化：城市未来》全球报告称，文化具有使城市更繁荣、更安全和更可持续的力量。文化的作用主要体现在三个方面：第一，以人为本的城市空间应以文化为中心；第二，优质的城市环境由文化塑造；第三，城市可持续发展需要基于文化的综合决策。全球范围内的城市逐渐意识到历史文化地区对均衡和可持续的城市发展进程的重要性；城市文化作为社会凝聚力和身份资产的重要性在增强；城市文化在城市可持续发展的资源开发过程中具有战略作用；城市文化具有较强的经济潜力，这体现在文化在增强城市文化旅游流量所表现出的吸引力，也体现在文化是城市发展创意产业的根源与关键。[①]“文化是制造过程(知识)和产品(设计和款式)的一种横向表征成分，它为地方和集体身份的概念赋予了内涵，因此文化从经济、情感和物质上被转化为一种促进资本流向城市的催化剂”。[②]文化不仅是实现城市可持续发展的重要资本，还是形成城市居民认同感和凝聚力的根本因素，是城市竞争力的重要组成部分。

三、塑造城市旅游形象的城市文化要素

【资料链接13-3】

法国：文化传承与城市化结伴而行

目前，我国的城市化建设步入一个新的发展阶段，文化建设开始受到广泛关注。法国在城市化进程中重视文化遗产的保护与利用、保持地域文化特色以及积极培育城市文化品牌等做法，在很大程度上避免了历史遗产遭受破坏和颓败、地域文化出现断层、片面追求硬件建设、文化魅力缺失、千城一面等现象发生。

一、戛纳：大力培育城市文化品牌

法国的城市化进程并非只体现在修路铺桥、大兴土木等硬件建设上，更重要的是注重营造城市文化环境，培育城市文化品牌，从而提升城市生活品质和竞争力。法国许多城市都精心培育各类艺术节和电影节，形成城市文化特色和品牌效应。如阿维尼翁艺术节、昂古莱姆漫画节、安纳西动漫节、戛纳国际电影节等，这些特色文化活动都已有超过半个世纪的历史，经过长期不懈的努力，成为了国际知名度很高的文化品牌，其文化影响力大大推进了本地区的城市化进程。

戛纳位于法国东南部，面积不到20平方千米，人口仅7.1万，昔日只是一个名不见经传的小渔村。在某种意义上来说，是电影节成就了戛纳今日的辉煌。

首届戛纳国际电影节于1946年创办，如今已成为世界上最大和最重要的电影节之一。长期以来，法国中央和地方政府一直对电影节给予扶持和资助。1949年兴建了第一座电影宫，1979年增建卢米埃尔宫，之后又开辟了拥有30多个展厅、面积1.3万平方米的大型电影交易市场。资料显示，目前，戛纳电影节每年吸引至少6万名电影界专业人士和20万名游客，电影节所创造的直接经济价值达2亿欧元，间接经济价值达7亿欧元。每年有4000多部影片在此交易，销售额达10亿美元。

---

① 联合国教科文组织发布《文化：城市未来》报告建议加强文化多样性 打造城市变革中的文化力[EB/OL].http://www.sohu.com/a/132149331_534424.

② 宋振春，李秋.城市文化资本与文化旅游发展研究[J].旅游科学，2011(4)：1-9.

电影节的举办为这座小城增加了就业机会。正是在电影节的带动下，戛纳逐渐形成了以商业展销为主体、以吸引游客为目的的经济模式，拉动了文化场馆建设、餐饮业、运输业、旅游业等城市化进程。据统计，全年的旅游收入已占到戛纳市财政收入的一半。从长远来看，这种经济效益是可持续发展的，所带来的社会效益以及文化软实力难以估量。为此，当地政府和民众更加高度重视城市文化环境、人文气息的营造，增强城市魅力。

二、波尔多：传承创新葡萄酒文化

保持地域文化特色和注重传统文化的传承是法国城市化进程中的另一特点，例如，被誉为“香水王国”的格拉斯、“香槟之都”兰斯、“葡萄酒圣地”第戎、波尔多等许多城镇的发展都具有鲜明的地域传统文化特色。其中，波尔多在城市化建设中充分发挥自身所拥有的乡村田园文化和葡萄酒文化优势，增强本地区发展的核心竞争力，就是一个很有说服力的例证。

葡萄酒文化与法国人生活的各个层面息息相关，也影响着全世界人的生活方式和文化情趣。波尔多是法国最大的葡萄酒产区。自古以来，波尔多一直是世界葡萄酒贸易中心。随着18、19世纪葡萄酒贸易的快速发展，葡萄酒业开始在波尔多经济中占据重要地位，许多历史建筑上的葡萄石雕都记录着当年的辉煌。在城市化进程中，波尔多始终注重发挥其地域特色优势，推动葡萄酒文化的传承和发展，让传统文化成为城市化的推动力。目前，波尔多拥有葡萄园10万多公顷、1.3万个酒庄，年产量将近10亿瓶，在波尔多有大约1/5的人口依赖于葡萄酒产业，而葡萄酒也使波尔多成为闻名世界的原产地地域文化品牌。

波尔多在城市建设中十分注意保存历史发展的轨迹，夏特龙城区的改造充分体现了这一理念。夏特龙城区位于波尔多东北部，18世纪，夏特龙的葡萄酒贸易达到鼎盛时代，该地因此聚集了众多商店、酒库、酒窖和豪华住宅，形成了一个高密度葡萄酒贸易区，具有独特的地域文化风貌。在城市化进程中，夏特龙作为一个改造后的新居住区，在增加城市社会住宅和现代化设施的同时，在建筑布局上延续该区作为历史上葡萄酒交易地的特征，保存了当地历史发展的轨迹，并在该地区建立了一座葡萄酒博物馆，赋予这一新区深厚的文化内涵。

在坚持传统葡萄酒文化、技艺传承的同时，波尔多酒业积极进行结构调整、文化创新、方式转变等。波尔多注重发挥酒文化在社会中的积极作用，通过酒文化的诉求与传播，反映时代风貌，以酒文化创新促进社会文明进步。如举办葡萄酒知识礼仪培训、知识讲座、品鉴会、文化节等，引导红酒消费，传授美酒与美食的搭配技巧，帮助顾客领略世界各地不同国家知名酒庄的名品风范。

目前，波尔多已经成为法国政府重点保护的地区。波尔多极富地域特色的葡萄酒文化和乡村田园文化，吸引城市人口纷至沓来，给波尔多带来了消费需求，带来了商机与发展，促使农民变身为服务行业工作者，解决了城镇化过程中富余劳动力的就业问题。

三、普罗万：保存历史风貌和生活方式

法国在城镇化进程中，普遍重视文化遗产保护，政府根据不同城市的实际情况进行规划性建设，对老城区以及历史建筑给予立法保护。由于这种长远眼光和精心规划，许多历史建筑在大规模的城市建设中免遭破坏,保留了城市原有的历史风貌和文化底蕴。其典范当属位于巴黎以东约80千米的普罗万古城。这座建于欧洲中世纪的古代集镇,至今仍完整地保留着原有的历史风貌。2001年,普罗万整个城区被列入联合国教科文组织《世界遗产名录》。

在普罗万的城市化进程中,政府依照相关法律对于这座城市的保护和修缮作出严格的规定。无论是政府部门还是房屋所有者,任何人都无权对古建筑进行任意改建。确需修缮,须经建筑师协会批准,政府可提供部分资金支持。如因未能及时修缮而出现损毁,政府有权命令房屋所有者实施修复。由于居民仍在古镇中生活,城内建筑物的内部设施可以进行现代化改造,但外观必须保持原状。几百年来,普罗万雄伟的城墙以及古老的建筑、教堂、街区、广场、石屋、民舍、小桥等虽经无数次加固和修缮,但始终保持历史原生态,古韵十足。

长期以来,普罗万一直致力于古城的保护和发展,既注意保留中世纪的生活方式和人文气息,又利用现代技术改善城中居民的生活条件,发展工业和现代商业。对于这个看上去很难调和的矛盾,普罗万人找到了两者的平衡点:通过对城区进行合理划分,将其分为上城和下城,内城和外城,使这座古城的保护与城市化建设之间的矛盾得到有机协调。现代文明的进入不扰乱已有的传统,很多商务活动在老房子里进行,餐厅、酒吧照常经营。居住在古城中的以耕种为主体的农民,仍继续耕种,而不是将中世纪的老农具摆在那里展览,更不是把那些房子全都变成商铺。

普罗万在城市化建设中注意盘活当地的文化资源,善于开发利用其完整的中世纪古城的历史文化底蕴,营造良好的经济氛围和舒适的生活环境。如今的普罗万以它原汁原味的历史吸引着来自世界各地的人们,每年来此参观者以数十万计。

资料来源:梁建生.法国:文化传承与城市化结伴而行[N].中国文化报,2014-08-21.)

城市旅游形象(tour-city identity system),是人们对该城市旅游产品、旅游设施、旅游服务功能等总体的、抽象的、概括的认识和评价,是对该城市的历史印象、现实感知与未来信念的一种理性综合。①城市旅游形象是综合性的社会现象,并且随着社会大发展而不断丰富,文化也是一个复杂的系统,所以在城市旅游形象塑造过程中的城市文化要素也包含众多方面,不仅包含一个城市在发展历程中的历史文化积淀,还包含城市居民在社会生活中的各种创造,如人造景观、城市事件、产业集聚区、流行的文化产品和文化服务等。城市旅游形象塑造的过程其实是城市IP打造的过程。

(一) 历史文化要素

习近平总书记指出:历史文化是城市的灵魂,要像爱惜自己的生命一样保护好城市历史文化遗产。一个城市的形成、确立经过了长时间的发展,在这些或长或短的历史进程中,也积淀了相应的历史文化,不仅形成了独特的建筑、遗迹等有形的物质文化积淀,也形成了独特的民俗风情、宗教信仰等无形的非物质文化积淀。这些历史文化积淀不仅是城市发展历史的见证者、记录者,还形成了一个城市的独特风貌,在当今时代更是成为城市旅游形象塑造中的重要因子。

① 成伟光.论城市旅游形象战略[J].学术论坛,2001(5):127-130.

哈尔滨被誉为"东方小巴黎",中西方文化在此交融,中古风貌的建筑、俄式建筑等印度风情、俄罗斯风情形成了其独特的异国风情,也吸引着源源不断的中外游客慕名而至。

我国国土面积辽阔,地理位置的差异造就了独特的居住景观。四合院是我国传统民居建筑的代表,从南到北、从东到西均有分布,然而北京四合院名气最大,它已经成为北京传统文化的代表,也是北京的城市名片之一。

(二)城市事件

近年来,越来越多的城市开始成为各类城市赛事、节庆的创办者或者组织方,"城市事件营销"也越来越得到城市的重视。奥运会、世博会、亚运会、电影节、狂欢节、论坛活动等体育赛事、节庆活动的举办,不仅可以带来可观的票房收入,还提高了举办城市的餐饮业、交通等行业的收入。更为重要的是,这种体育赛事或者节庆活动的举办,也成为城市改善形象、提高城市竞争力的绝佳机会。

昆明理工大学建筑学系教授翟辉认为,城市大事件是城市重要的"发展触媒"。如韦恩·奥图所说,"城市触媒是城市塑造的元素,反过来可以促进城市持续与渐进的发展"。

究竟什么是"城市事件"呢?天津大学建筑设计规划研究总院院长洪再生认为,"城市事件"是城市政府直接主办或由其授权主办的,重要的政治、经济、文化、体育等大型活动,往往依靠一定的政府资源,具有广泛影响力的,有助于实现城市发展目标。①北京大学教授吕斌认为,城市大事件,广义上讲,指的是在政治、经济、社会和文化等各个领域发生的,对城市发展产生重要作用的关联事件,在其所属领域具有广泛的关注度和社会参与度,并能延续一定时间,对国家、地区、城市的各个领域产生广泛的影响,对城市空间结构和形态的演化产生明显的作用。②本书认为"城市事件"是指在政治、经济、文化等各领域发生的(包括政府直接主办或由其授权主办的以及既非其主办又非其授权主办的)、对城市发展产生一定影响的事件。

城市大事件的积极影响包括:在城市营销方面,可以塑造城市形象和提升城市知名度,可以拓宽城市旅游市场,可以促进城市基础设施的进一步完善,可以带来长周期的后续效应;在提升城市竞争力方面,城市大事件被喻为"可与19世纪工业革命相比的发动机",是提升城市竞争力的重要战略工具。城市事件的本质是城市融媒体,能够"激发并维系城市发生化学反应"。③尤来菊认为:申奥、筹办和举办奥运会让中国人重新审视本国传统文化,激发了中华民族的自豪感和自信心。北京奥运会使"更快、更高、更强""健全的精神寓于健全的身体"、和平、友谊、进步、一切体育为大家等奥林匹克思想更加深入人心,并对中国人的思想观念、行为习惯和生活方式等产生影响。北京奥运会使中国人对体育的认识有了新的升华,对"体育强国"的争论形成了基本共识。就是中国的体育发展既要金牌银牌更要全体国民尤其是青少年的身心健康,即所谓"奥运争光计划"和"全民健身计划"齐头并进,两手抓,两手都要硬——争奥运金牌,谋百姓健康。北京奥运会为中国的文化艺术领域留下一大笔带有奥林匹克特色的宝贵遗产。北京奥运会同时丰富了奥林匹克文化的多元色彩。北京奥运会使更多的外国人对中国文化有

①②③ 徐苏宁.城市大事件与城市发展[J].城市建筑,2010(2):6.

了直接的了解和认识，在世界范围掀起了一股中国热。

城市事件能够在城市形象塑造中起到一定的作用，但是并不能作为“万能药方”。调查显示，53.5%的人在提到啤酒节时，最先想到的是青岛。这一比例远远大于排名第二的城市——哈尔滨(5.9%)。青岛，因其著名的啤酒品牌和节庆活动，已经名副其实地成为人们心目中的啤酒之乡。而在利用啤酒节做城市营销方面，最失败的城市要数大连了。调查显示，提及啤酒节最先想到大连的人只有0.8%，还远不如回答重庆(5.2%)、天津(4.3%)、上海(2.2%)和北京(2.0%)的比例。提到电影节，您最先想到的是中国的哪个城市？调查显示，38.1%人称最先想到的是上海，而只有10.5%的人选择了长春。此外，有10.9%的人称最先想到的是北京。这一比例比长春还略高。[①]

（三）人造景观

人文旅游资源是旅游产业发展的重要资源类型，这类资源不仅包括历史上留存下来的物质遗产、流传下来的非物质遗产，而且包括现代社会的物质和精神创造。随着我国经济社会的发展，人们精神文化需求多样化，为了满足新时代人们的精神文化需求，自深圳华侨城后，人造景观热兴起。

所谓人造景观是指现代社会创造的为了满足现代人的旅游需求通过创意建设的所有人工景点。就其内容来看，大致可分为六类：一是仿古景点类。如山东烟台的“登州古市”、安徽黄山的“屯溪老街”、河南开封的“宋都御街”、广东珠海的“圆明园”等。二是神话传说类。如北京的“魔幻世界”、浙江瑶琳的“神仙世界”、山东蓬莱的“八仙幻宫”、河南浚县的“中华神话大世界”、山东青岛的“中国神话洞”等。三是名著典故类。如山东淄博的“聊斋大观园”、河北白洋淀的“水泊梁山”、上海淀山湖的“大观园”、河北正定的“荣、宁二府”、天津杨村的“封神榜艺术宫”等。四是民俗风情类。如广东深圳的“中国民俗文化村”、江苏苏州的“吴文化公园”、武汉东湖的“楚市”、四川成都的“巴蜀民俗文化园”、山东莱阳的“华夏酒都”等。五是影视文化类。如江西抚州的“汤显祖文化艺术中心”、山东曲阜的“六艺城”、江苏无锡的“太湖影视城”、宁夏北堡的“华夏西部影视城”等。六是科普知识类。如山东青岛的“海底世界”“水族馆”、辽宁大连的“科幻宫”等。

如果从形式上来区分，我国目前的人造景观大致可分为五种不同的形式：一是“古迹延伸型”。即在原有的自然景观与人文景观的基础上扩建延伸的人造景点。如山海关长城脚下新修的“孟姜女苑”及“长城博览馆”和湖北蒲圻赤壁景区新增的“祭风台”“草船借箭”等。二是微缩景观型。这类景点不受时间、空间的限制，大江南北，古今中外，“移天缩地”于一地。如深圳的“锦绣中华”、无锡的“世界奇观”、上海南汇的“五洲风采”和北京昌平的“老北京微缩景园”等。三是“借题发挥”型。以文学名著或历史典故借题设景，大做旅游文章。如河北邯郸的“中国梦幻文化城”、湖北武汉东湖的“屈原行吟阁景区”等。四是宫、馆展览型。如北京的“明皇宫蜡像馆”、杭州吴山的“先贤堂”等。五是娱乐参与型。如深圳的“中国民俗文化村”、苏州的“吴文化公园”等。[②]这些

---

① 城市如何运作“事件营销”[EB/OL]. [2010-08-26]. http://business. sohu. com/20100826/n274480972.shtml.

② 陈光照. 对当前我国人造景观现状的描述与思考[J]. 中国园林，1996(4)：33-38.

人造景观的出现使旅游资源的开发和利用打破了地区限制,不仅为这些城市带来了可观的经济效益,而且在塑造城市形象的过程中发挥着越来越重要的作用。

深圳华侨城文化旅游区的锦绣中华是我国最早开发的大型微缩景观,也是香港中旅集团与深圳华侨城开发的人造景观的第一次实践。景区于1989年9月建成开放,她以浓郁的民族特色和深邃的历史文化内涵,在海内外产生了强烈的轰动效应,被当时报界称为"锦绣中华现象",它对1989年一度处于低潮的中国旅游业复苏,起到积极的促进作用。①

从2008年方特欢乐世界落户芜湖至今,"方特"已然为已经成为芜湖一张璀璨的城市名片,"天造黄山、人造方特"成为了业内对其无上的赞誉。"我们依托科技手段来传播文化因子,公园里的每个项目都是科技创新的产物。"芜湖方特主题公园营销总监佟兴说。在这里不仅有中国首创的大型穿行历险项目"威苏维火山"、亚洲仅有的球幕高空飞翔体验项目"飞越极限"、亚洲最大的环境4D剧场"海螺湾"大型高科技水灾难体验项目"水漫金山"……已经连续接待游客达一千万以上人次,连续多年获得安徽省最具竞争力主题公园、安徽省最受游客喜爱的十大景区、国家文化产业示范基地等多项荣誉,芜湖这座城市也广为人知。②

好莱坞环球影城是世界上最大的电影、电视制片厂,运用电影拍摄题材的主题公园也是洛杉矶市最重要的旅游景点之一,是洛杉矶旅游的必到之处。旅游者能够亲临片场,亲身体验一系列经典电影的拍摄技术和制作过程,与此同时神鬼传奇、回到未来、动物星球、侏罗纪公园等主题馆,高科技和文化的融合,一定让你大呼过瘾。

(四)产业集聚区

产业集聚是产业经济发展到一定程度的必然产物。所谓产业集聚是指某一产业及其相关产业或者不同产业在同一地理范围内的集中。可分为传统产业集聚区,如服装产业集聚区和新兴产业集聚区,如创意产业集聚区、高科技产业集聚区等。产业集聚区内部所特有的专业化分工和相互协作功能促使某一产业及其相关产业或者不同产业在某个特定地理区域内高度集中,从而实现优势互补、链条互动、资源共享、共同促进,不仅形成了规模经济,推动整个产业集群内部竞争力的整体提升,并且有利于区域文化品牌的建立,形成新兴的旅游景观,发挥在城市旅游形象塑造过程中的重要作用。

北京798艺术区已成为北京地标之一,占地面积近20万平方米的798艺术区,到2011年有文化艺术机构450家,其中文化创意工作室200多个,画廊数量接近200个,每年9月底举办798艺术节,2012年798艺术节期间,共迎来国内外游客70万余人次,创造了798艺术节游客史上的新高。北京798艺术区浓厚的艺术氛围吸引着源源不断的中外游客。

好莱坞,明媚的自然风光、充足的光线和适宜的气候是拍摄电影的天然场所。1910年之后众多电影公司等纷纷在此建立,其他相关行业纷纷因之而集聚,成为现今美国电影产业的代表。

---

① 马志民.人造景观的实践与体验[J].深圳大学学报(人文社会科学版),1995(4):84-88.

② 合肥热线.江城芜湖两个方特主题公园激活一座欢乐城[EB/OL].[2013-05-24]. http://news.hefei.cc/2013/0524/021883688_01.shtml.

（五）流行的文化产品和文化服务

旅游产业与影视产业、演艺产业等文化产业的不同行业不断融合的趋势逐渐加强，带动着影视旅游、演艺旅游等文化旅游新形式层出不穷。某一文化产品和文化服务的流行，一本书、一首歌曲、一部电影、一场演出……无形中都可起到提升旅游目的地的知名度和影响力的作用，在城市定位不断鲜明的背景下，城市如何依托流行的文化产品和文化服务塑造城市旅游形象变得至关重要。

影视是大众最喜闻乐见的娱乐形式，它集声音、画面、音乐、灯光、色彩等多种表现形式于一体，能给大众带来更加立体化的审美感受，同时也带来更加真切的文化内涵的冲击，从而使影视作品中的旅游景点（包括真实存在的景点和虚构的景点）对大众形成更大的吸引力。Kim 和 Richard 通过案例研究，认为电影作为自发的形象构成因素可以在很短的时期内极为显著地改变目的地的形象。[①]流行的影视作品也因此而成为城市在塑造旅游形象过程中重要的借势工具。

《福尔摩斯探案》系列图书和电影的热播，塑造了举世闻名的大侦探夏洛克·福尔摩斯，他是英国侦探小说家阿瑟·柯南·道尔爵士笔下的一个虚拟人物，居住在伦敦贝克街 221B 号。伦敦贝克街 221B 号原本是小说中虚构的住处。在福尔摩斯系列小说刚出版的时候，贝克街还没有 221 这个门牌号。后来此屋在 1934 年被艾比国家建筑协会（Abbey National Building Society）买下，人们发现它不仅像小说里一样，是招收房客的，而且构造、装饰风格、家具都与小说描述类似。[②]1990 年，伦敦政府为了纪念福尔摩斯，在伦敦贝克街 221B 号修建了一个福尔摩斯“故居”。为了让这个旅游品牌更加生动，英国皇室煞有介事地授予了福尔摩斯爵士爵位。每年吸引着数量众多的游客前来参观，成为前来英国旅游的人士必去的两个故居之一，另一个是大文豪莎翁的故居。

2009 年，电影《非诚勿扰》的大热再次带火了杭州旅游。这部电影拍摄早期，由浙江影视集团、浙江广电集团牵线和剧组接洽之后，杭州市委宣传部正式成为《非诚勿扰》合作拍摄方之一全程参与了拍摄。杭州方面把影片列为杭州市委宣传部重点扶持作品，提供了资金、外景地、首映礼平台。杭州市委宣传部出面联系了影片中所有出现的茶馆、餐厅、咖啡馆。而影片中葛优想买的全玻璃别墅，则是杭州省委宣传部为了宣传西溪创意园区而提出的要求。无论是电影中呈现的古朴典雅与现代融合的江南美景，还是葛优的一句“西溪，且留下”让西溪湿地这个鲜为人知的世外桃源引起大众的关注，都成为杭州旅游形象塑造过程中浓墨重彩的一笔。除了依托影视作品，定位于“动漫之都”的杭州通过完善动漫产业政策、举办中国国际动漫节、携手腾讯联手打造城市动漫文化品牌等形式，不断凸显“动漫之都”的旅游形象。如何打造出属于中国的“熊本熊”或许前面案例中的熊本县“熊本模式”？可以给我们些许启示。

此外，还不得不提到方兴未艾的演艺旅游。在旅游六大要素中，“娱”既是要素之一，又是宣传城市或景区、提升旅游产品档次的重要内容。因此，在一段旅游行程中，

---

① Kim T，Richardson S L. Motion Picture Impacts Ondestination Images [J].Annals of Tourism Research，2003，30(1)：216-237.

② 李捃君．伦敦福尔摩斯大展：一个从未存在也永不死去的人[EB/OL].[2015-01-22].http：//collection.sina.com.cn/hwdt/20150122/0809177138.shtml.

一场旅游演艺必不可少。[1]演艺旅游分为多种形式，这里着重介绍的是新型演艺旅游，即以山水实景为依托打造旅游实景演艺产品。《印象·刘三姐》是国内首个山水实景演出，上映之初便受到全世界的关注，也是桂林旅游的必看演出。自2004年3月20日试营业，当年10月1日正式运营，到2005年年中，演出180余场，票房收入2600万元，拉动周边产业成效显著。[2]之后，《印象·丽江》《印象·西湖》等"印象系列"、《禅宗大典》等实景演出不断出现。不可否认的是，这些演艺旅游产品在城市的旅游形象塑造中发挥着重要作用，然而一拥而上、盲目跟风的现象也不少见，各个城市在进行演艺旅游产品开发的过程中要综合考量各种因素，真正将文化资源开发和旅游活动融合起来。

【分析案例】

从夜间经济2.0到城市核心IP　看成都怎样进阶世界文化名城

熊猫"滚滚"在塔上爬来爬去，五颜六色的焰火照亮蓉城……2月19日元宵节，一场电子烟花秀在339天府熊猫塔点亮了成都的夜空，一度与"故宫烟花秀"一起喜提热搜。而离此不远的合江亭，永陵二十四乐伎演绎《蜀宫乐舞》，再现古蜀宫夜宴的场景。

仅仅过去两月，4月21日晚间，一幅200米长画轴"天府幻夜图"精彩亮相锦江边，立即成为夜游成都的"网红"新地标，微博话题#一张图证明你是成都人#也在两小时后登上微博同城榜第一名。

"越夜，越成都"。随着成都建设世界文创名城、旅游名城、赛事名城，高标准打造国际美食之都、音乐之都、会展之都的"三城三都"城市品牌的深入，融合了艺术、文创、文博、赛事等新兴消费业态的出现，以及更具"国际范、蜀都味"的多元消费新场景的营造，成都2.0夜间经济业态正逐一解锁，"夜游锦江""有一种生活美学叫成都"等城市IP内涵更加丰富。从历史深处走来的成都，正以文化着墨，开启大城崛起、通向世界的征程。

一、夜间经济2.0时代　成都"不夜城"的新场景

有人曾用美国国家航天局夜间灯光图来研究城市发展，发现灯光越是明亮，往往意味着越高的经济发展水平。

夏夜的锦江，热闹依旧，古香古色的乌篷船载着意兴阑珊的游客，缓缓地向合江亭摆渡。沿途古乐悠扬，蓉城繁盛的商贸映衬在河畔建筑的墙体上，诗意古韵与现代建筑在碧波缓流中融为一体，以河堤为画布勾勒出"夜游锦江"的美学体验。

凌晨1点过，深处窄巷子一院落里的三联韬奋书店，依旧人来人往。作为成都第三家24小时书店，三联韬奋每个周五周六夜间还会有新书发布、作家对谈等活动。"每晚7点以后的客流量可占全天的一半。"书店工作人员付小明介绍。

不仅可以睡在博物馆的帐篷里，还能观看舞台剧、动物侦探互动游戏、动物绘画比赛……成都拾野自然博物馆推出针对中小学生的"博物馆奇妙夜"活动，最受欢迎的是"夜宿博物馆"主题，被列入不少小朋友的假期"心愿清单"。

今年3月下旬，第一财经·新一线城市研究所公布了各大城市的"知城·夜生活指

① 旅游目的地：演艺旅游渐成主流赢利现象[J]. 旅游时代，2009(1).

② 徐世丕. 异军突起：勃兴的旅游演艺市场[J]. 中外文化交流，2006(3)：16-19.

数”,从夜间灯光值、抖音夜间打卡量、夜间电影放映场次数量、城市夜间公交覆盖范围占比等多个维度,评估出不同城市的人在夜间的活跃程度,以及城市能否提供夜生活的便利条件。其中,成都以76.21分占据了新一线城市的夜生活指数首位。

如果说美食、酒吧是成都夜间经济1.0形态的代表,那么,随着融合了艺术、文创、文博等新兴消费业态的出现,以及更具“国际范、蜀都味”的多元消费新场景的营造,成都的夜间经济正迎来全新2.0时代。

二、城市核心IP　文商旅体融合发展让成都别具魅力

文化是旅游的灵魂,文旅融合让文化更有活力、旅游更有魅力。在仲量联行成都战略顾问部负责人邹丽娟看来,成都夜间经济迭代的本质就是一种以天府文化创新演绎为内核,叠加科技等前沿表达手段,融合多元消费场景的新模式。

以被誉为成都夜间经济2.0版本开山之作的“夜游锦江”为例,作为锦江绿道的核心IP,“夜游锦江”项目在春节期间吸引了超过16万人次到访。该项目用生活美学的艺术表现手法,将蜀都历史文化融入夜间经济业态,以“锦江故事卷轴”为主线,呈现“夜市、夜秀、夜食、夜展、夜宿、夜节”六大主题场景,串联起成都339、兰桂坊、合江亭等片区,最终将形成各具特色的成都夜间经济活跃区。

“夜间经济消费场景设计是仲量联行为锦江绿道、锦城绿道等进行策划时的重点之一。”邹丽娟表示,“在《夜游锦江IP发展计划》中,IP项目不仅要国际化,更要挖掘和结合当地文化深刻内涵,并将绿道生态资源本底综合考虑。”

去天府绿道走一走,去博物馆里打个卡,或者去音乐厅听一场中外交响乐……围绕天府文化可阅读、可感知、可欣赏、可参与、可消费,“慢游新天府,感受新成都”——百万市民游成都活动,聚焦10个美学主题,塑造100个经典美学场景,推出100条生活美学体验线路。天府文化浸润出的“有一种生活美学叫成都”吸引了大批游客点赞打call,新玩法、新IP、新地标,一个全新的成都散发出别样的魅力。

三、烟火气之上　成都如何更有文化、有品位?

拥有2300多年建城史的成都,文化流动无处不在。而对于成都来说,文化、商业、旅游、体育产业更是具有天然耦合性和产业关联性。

事实上,在成都市世界文化名城建设大会上,成都就明确要走一条文商旅体融合发展之路,以文化为灵魂、以商贸为依托、以旅游为载体、以体育为推手,到2022年,基本形成高质量发展的现代文商旅体产业融合体系,形成一批彰显天府文化、引领生活时尚、影响全国全球的文商旅体融合成都品牌和行业标准。

“三城三都”,是新时代成都构建世界文化名城的重要目标,同时也需要重量级的文化IP来支撑。

“文化和旅游历来相伴相生,构成了深入推进文化旅游融合发展的内在逻辑和强劲动力。”成都市文化广电旅游局局长多央娜姆对此感触颇深,在成都建设世界旅游名城的路径中,今年的目标就是深入挖掘天府文化,围绕“熊猫、交子、美食、休闲、绿道”五大品牌,按照“八街九坊十景”的总体布局,打造成都自然博物馆、四川大学博物馆群、张大千艺术博物馆、宽窄巷子二期、东华门遗址等重大文旅融合项目;继续推进打造“夜游锦江”项目,策划培育一批夜市、夜秀、夜宴、夜宿、夜节、夜展等夜间旅游产品;推出一批展示成都原真生活、有文化底蕴、气质独特的特色街区,讲好成都故事;推出一

批诸如舞台剧《舞韵天府》、现代川剧《天衣无缝》这样呈现天府文化独特魅力的舞台艺术精品，打造一批诸如《今时今日》《成都偷心》这样温暖走心的旅游演艺剧目，体现成都的“蜀都味、国际范”，提升成都都市旅游的魅力。

同时，还将全力塑造天府绿道、川西林盘等核心旅游IP，打造三郎国际旅游度假区、安仁幸福田园、黄龙溪华侨城农业创意博览园、江家艺苑湿地公园等一批重大乡村文化旅游项目。以天府文化为帆，成都已经找到了破解大城崛起的深度密码，扬帆起航，一往无前。

（资料来源：李彦琴.从夜间经济2.0到城市核心IP看成都怎样进阶世界文化名城[N].成都商报，2019-07-22.）

问题：1. 从以上案例中，谈谈城市旅游形象塑造过程中的城市文化要素还有哪些。

2. 结合上述内容，并通过搜集其他世界文化名城的资料，谈谈你认为成都应如何打造世界文化名城。

四、城市旅游形象的传播

世界著名营销学家考特勒在大市场营销中，把地域形象纳入市场营销，是对市场营销学的新贡献。在西方旅游学中，“形象”一词是指“一种抽象的概念，它包含着过去存留的印象、声誉以及人们之间的评价，并蕴含着使用者的期望”。形象主体、评价主体、沟通中介是它的三个基本要素。[①]上海交大舆情研究实验室社会调查中心发布的《中国城市形象六维度综合报告》中将城市形象划分为“政府形象”“经济形象”“文化形象”“生态形象”“居民形象”以及“城市形象推广”六个维度。[②]城市旅游形象的形成离不开形象塑造者的塑造，更离不开旅游者的感知，城市旅游形象的形成是城市与旅游者通过媒介相互沟通实现的，能被旅游者感知到的并被认可的城市旅游形象才是成功的，才是城市旅游形象塑造者追求的终极目标。旅游者对城市旅游形象的感知离不开城市旅游形象的传播，因此，城市旅游形象传播是城市旅游形象塑造的核心要素。

城市旅游形象的传播是指城市旅游形象塑造者通过一定的传播媒介将精心构思和设计的城市旅游形象信息传达给城市旅游目标消费群体的过程。城市旅游形象的传播可通过报纸、电视、广播等传统媒体，还可通过网络直播、短视频等新媒体。传统媒体时代，城市旅游形象塑造者是城市旅游形象的设计主体、传播主体，这种形式固然可以设计出统一的城市旅游形象，并通过媒介公信力强的报纸、电视、广播等传统媒体进行统一口径的传播，但是可能导致以下问题：第一，设计的城市旅游形象可能只是旅游形象塑造者想要传达的，但并不是该城市居民认同的；第二，传播的城市旅游形象信息狭隘单一；第三，城市居民的参与不足。随着媒介融合步伐的加快，短视频、网络直播等新媒体的出现，不仅克服了传统媒体在传播内容、传播主体等方面的问题，而且依托其强社交属性、内容创作主体的草根性、传播内容的多元性、易分享性和模仿性等优势成为媒介融合时代城市旅游形象传播的最重要载体。2018年9月11日，抖音、头条指数与清华大学国家形象传播研究中心城市品牌研究室联合发布了《短视频与城市形象研究白皮书》，在对我国369个城市的近8000万条城市形象相关视频的播放量、打卡热力、

① 成伟光.论城市旅游形象战略[J].学术论坛，2001(5)：127-130.

② 上海交大舆情研究实验室社会调查中心.中国城市形象调查总报告：2015[R]. 2015.

观看行为等数据解读的基础上得出：抖音数据显示，西部三城重庆、西安和成都，是目前抖音上最火的城市。它们在抖音上的火爆程度，已经超过了北上广深。这三座城市也正是国内新一线城市的代表。其中，重庆是最受欢迎的“抖音之城”，其相关视频总播放量破百亿。传播主体方面，市民成为城市形象传播主力军，呈现“政府搭台，民众唱戏”的新格局。播放量最高的前100位城市形象视频创作者，个人账号占比超过八成。[①]字节跳动头条指数团队联合清华大学国家形象传播研究中心城市品牌研究室共同研究完成的《短视频与城市形象研究白皮书》以湖北恩施为案例，分析了其将短视频作为最重要的媒介实现了显著的城市形象推广效果，打开了城市知名度的同时创造了良好的经济效益。截至2018年9月，恩施州累计接待游客和旅游综合收入均超过2017年全年指标数，其中接待游客5438.66万人次，同比增长29.69%；实现旅游综合收入387.28亿元，同比增长29.81%。[②]

城市旅游形象的塑造固然离不开传播，但切忌夸大营销传播的作用，忽略“长红”的城市是深厚的城市文化底蕴、雄厚的经济实力、良好的城市生态等一系列因素综合作用的结果。塑造和推广城市形象，决不能只顾面子不顾里子，只顾形式和手段不在意内涵和底蕴。一位建筑学家说得好：“城市是一本打开的书，从中可以看到它的抱负。”要想打造出独具特色的城市品牌，必须做好高质量发展的大文章，从软文化到硬产业，从大城建到微治理，从烟火气到时尚感，方方面面的沉潜功夫都不可忽视。[③]

【课堂讨论】

1. 与传统媒体相比较，新媒体有哪些不足？

2. 你知道的“网红城市”有哪些？是通过哪些渠道获得的信息？这些“网红城市”给你留下了哪些印象？

第三节　旅游对城市文化传承和创新的影响

1999年学者申葆嘉提出“旅游现象的双重结构”之说，其著作《旅游学原理》明确指出：“旅游现象的双重结构，是指在旅游现象的运行中，旅游者和旅游服务诸行业所处的旅游活动核心结构，呈现经济现象的外壳和文化现象的内涵的双重结构现象。”[④]

旅游与文化天然地存在着密不可分的内在联系，两者相互影响、相互渗透。从文化的角度来看，旅游从本质上来说就是一种文化活动，它是文化的重要载体之一，作为一种跨区域的移动行为，是旅游客源地和旅游目的地这两种不同文化之间的交流，旅游主

① 抖音等短视频的兴起，让市民成为城市形象宣传主力军[EB/OL]. https://www.tmtpost.com/3470079.html.

② 恩施州旅游写进《全国短视频与城市形象研究白皮书》案例[EB/OL]. http://www.hubei.gov.cn/zwgk/szsmlm/shzqb/201810/t20181031_1363309.shtml.

③ 人民时评：“网红城市”如何“长红”？[N]. 人民日报，2019-07-17.

④ 申葆嘉.旅游学原理[M].上海：学林出版社，1999：2.

体为旅游目的地带来了异质的文化因子，从而在一定程度上为促进当地文化的创新提供了重要条件；从旅游的角度来看，不管是何种形式的旅游活动，文化是旅游的灵魂，没有文化，旅游就失去了生命力，文化为旅游业带来独特的魅力和源源不断的活力，作为旅游目的地，城市文化为旅游业的开展提供吸引物，是旅游业可持续发展的根本力量，文化是旅游活动的出发点和归宿。

拉里·A. 萨默瓦指出："文化是可变化的。文化是一个活性系统，并非存在于真空之中，所以它是可变化的。"[①]"文化交流是文化发展的重要途径。……文化接触是实现文化突变、产生新文化的重要条件。"[②]虽然对于旅游者而言，旅游活动只不过是短暂时间的旅行，然而，对于旅游目的地而言，这些短暂的时间汇聚在一起，必将会对整个城市的文化传承和创新产生重要影响。

一、旅游对城市文化传承的影响

旅游人类学认为，旅游过程也是游客与东道主进行文化接触、碰撞的过程，不管人们愿意还是不愿意，只要发生文化接触，其社会文化就会发生变化。[③]旅游者都是特定文化背景下的产物，旅游行为促成了旅游客源地文化与旅游目的地两种文化之间的接触，旅游不可避免地对城市文化的传承带来一定的影响。

城市文化是城市发展历史的见证，也是城市实现可持续发展的根基，对城市文化进行传承是城市居住者不可回避的责任。文化濡化是指"在特定文化中个体或群体继承、适应和延续传统的过程；是把人类和其他生物加以区别的学习经验，能使一个人在生命的开始和延续中，借此种经验以获得在该文化中生存的能力"。[④]作为两种异质文化的接触、交流和碰撞，旅游活动对城市文化的传承具有积极和消极两方面的影响。

一方面，旅游活动的积极开展在一定程度上为城市文化的传承、传播和新时期的发展提供了更广阔的平台和空间。

另一方面，文化商品化对文化的发展有着显著的积极影响，它可以树立当地人的文化自信，促使传统文化更好地适应现代社会的发展。[⑤]旅游业的蓬勃发展能够在一定程度上提升人们对传统文化价值和意义的认知，推动传统文化在当今社会的弘扬和传承。

传统文化得以传承的前提条件是其在当下的有用性。[⑥]由于环境的变迁，一部分传统文化逐渐退出历史舞台，湮灭在人们的记忆中。然而随着旅游业的发展，人们在不同文化的对比和参照之下，进一步加深对自身的认识和文化认同，并且认识到传统文化的价值而将其重新挖掘、利用，推向市场，因此这些慢慢消失在人们视野中的传统文化因素得以重新进入社会中，再次散发出崭新的生机和活力。同时，旅游业的发展使文化从

① 拉里·A. 萨默瓦. 文化模式与传播方式：跨文化交流文集[M]. 麻争旗，译. 北京：北京广播学院出版社，2003：11.

② 司马云杰. 文化人类学[M]. 济南：山东人民出版社，1987：363.

③ 丹尼逊·纳什. 旅游人类学[M]. 宗晓莲，译. 昆明：云南大学出版社，2004：80-82，104-108.

④ 蒋立松. 文化人类学概论[M]. 重庆：西南师范大学出版社，2007：129.

⑤ 马晓京. 民族旅游开发与民族传统文化保护的再认识[J]. 广西民族研究，2002(4)：77-83.

⑥ 郭山. 旅游开发对民族传统文化的本质性影响[J]. 旅游学刊，2007(4)：30-35.

实用自娱向审美跃迁，这样不仅在本土也可在他乡设计出新的传承物。[①]旅游业的发展为城市文化的传播提供了一个更加广阔的平台。

然而，两种不同的文化发生接触时难免会产生抵触，甚至是冲突，而且不同文化之间的交流并不存在绝对的平等，而是有强势文化和弱势文化之分。美国学者托马斯·哈定在《文化与进化》中这样来定义文化的优势法则，他说："我们的文化优势理论指出了，有一个更为普遍的原则，可以作为犹如边缘环境中残存至今的狩猎和采集部落那样的特殊优势状态，以及一般进步文化模式的广阔优势范围的共同基础。这个原则即所谓文化优势的法则。它可以这样来规定：那些在既定环境中能够更有效地开发能源资源的文化系统，并对落后系统赖以生存的环境进行扩张。"[②]因此，旅游业的发展也给城市文化的传承带来了不可忽视的消极影响。

一是为了迎合当代人的需要，旅游业需要将城市文化进行商业化开发，过度追求商业利益的例子并不鲜见，城市文化的表达要么不顾城市历史和文化积淀呈现出千城一面的雷同现象，要么对其内涵进行扭曲化表达，造成对城市文化特质的扭曲，这种表面保护和利用的行为实质上是一种更为严重的文化破坏，给城市文化的传承带来极为不利的影响。

二是旅游业的发展虽然为城市带来了源源不断的经济效益，也在很大程度上提高了城市的知名度和影响力，然而城市承载力毕竟是有限度的，很多旅游活动忽视了城市的承载力，过度开发和利用，不可避免地会对城市文化造成破坏。

三是旅游活动带来的文化趋同性是值得警惕的现象。早在1995年，《可持续旅游发展宪章》就已经指出："旅游具有二重性，一方面旅游能促进社会经济和文化的发展，同时旅游也加剧了环境的损耗和地方特色的消失"。[③]

美国学者托马斯·哈定在《文化与进化》中这样说道："高级的类型在其扩展中，能够通过强制或半强制地将它们改造成自己的模式，支配和同化文化系统的其他类型。由此可见，文化进化恰是一个双向运动的过程：一方面是高级文化类型自身多相性的不断增长；另一方则是由于不同文化类型的同化而产生的文化同质性的不断增长。无疑，世界文化走向统一的现代趋势，定将在未来社会取得较过去更为迅速的发展。"[④] 因此，在两种文化交流过程中，强势文化会对弱势文化带来一定程度的冲击，相对处于弱势的城市文化更容易被另一种相对强势的文化同化，这也会对城市文化的保存、传承带来不可忽视的不利影响。

二、旅游对城市文化创新的影响

文化不是一个静止不变的实体，不是一个凝固的概念，在人类的历史进程里始终处于永恒的运动和变化之中，不断发生变迁，不断被赋予新的内容：一方面文化始终在不断地进行自我更新；另一方面，人类社会的各种活动持续不断地为文化的变化提供各种条件。文化创新是推动世界发展的主要动力。

① 魏美仙.文化生态：民族文化传承研究的一个视角[J].学术探索，2002(4)：106-109.

② 章海荣.旅游文化学[M].上海：复旦大学出版社，2005：185.

③ 迟景才.改革开放20年旅游经济探索[M].广州：广东旅游出版社，1998：342.

④ 托马斯·哈定.文化与进化[M].韩建军，商戈令，译.杭州：浙江人民出版社，1987：5.

2005年10月第33届联合国教科文组织大会上通过《保护和促进文化表现形式多样性公约》中指出,文化多样性是人类社会的基本特征,也是人类文明进步的重要动力。2014年3月27日,习近平主席在联合国教科文组织总部发表演讲时强调,文明因交流而多彩,文明因互鉴而丰富。文明交流互鉴,是推动人类文明进步和世界和平发展的重要动力。因此,文化差异性是文化交往的内在动力,文化交流是文化发展的根本性的推动力量。尤其是全球化趋势的不断深入,愈加频繁的文化交流成为推动文化更新的重要因素。作为国民经济重要构成的旅游产业,作为人类活动重要活动之一的旅游活动的进行使旅游客源地和旅游目的地两种异质文化不断发生接触、交流和碰撞,为城市文化的更新提供了动态的外部土壤环境,从而发生文化变迁现象。

涵化是人类学文化变迁理论中的一个重要概念,是一种文化从其他文化中获得对新的生活条件的适应过程,是在过程中的文化传递、交流,“也被称为文化潜移或文化移入,它是指当两个或两个以上不同文化的人相互持续接触一段时间后,因互相传播、采借和影响,而使一方或双方原来的文化体系发生规模的变异”①。

与此同时,城市旅游活动的发展促进了城市文化不断的自我发展和更新,这是创新城市文化的根本因素。因为在文化旅游产业逐渐成为我国旅游产业的重要组成部分的今天,发展旅游产业的城市必将更注重对旅游资源的文化内涵的深层次挖掘和创造性利用,更加注重旅游者的主观体验以及多样化、个性化的旅游需求,创意思维在文化旅游活动中发挥越来越重要的作用,因此旅游业的发展成为推动城市文化更新的重要推动力。城市更新是通过对城市旧城区域结构与功能调整、环境治理改善、设施建设、形象重塑等手段使城市保持发展活力,提高城市综合竞争力的过程。②城市更新作为振兴城市产业经济,复兴城市功能,实现城市社会、经济、环境良性发展的复杂体系和周期性活动,从最初的西方旧工业城市复兴的特定策略逐渐演变为当前全球范围内各地区不同城市化发展阶段即将或正在进行的城市再开发活动。③城市文化更新是城市更新的重要组成部分。旅游业的发展不仅带动了城市基础设施、城市治理体系等经济社会条件的改善,而且带动了城市的文化内涵、文化品位等文化生态的改善,推动了城市文化的更新和发展。由于旅游活动的频繁展开,异地的旅游者也必将给该城市的文化发展带来源源不断的异质的旅游客源地的文化因子,对该城市的文化发展带来一定的刺激和推动。

【分析案例】

“好客山东”实现华丽转身 从形象品牌走向产品品牌

“有朋自远方来,不亦乐乎”,孔子在2500多年前脱口而出的这句名言,成为让山东人受益不尽的形象代言。也正是这句话,诠释出“好客山东”的品牌活力。

一、从山东走向世界的“好客文化”

2007年,伴随山东旅游业的蓬勃发展,“好客山东”旅游品牌顺势而生。

追溯山东打造区域旅游品牌的历史,可以分三个阶段。第一阶段是对山东的著名

---

① 蒋立松.文化人类学概论[M].重庆:西南师范大学出版社,2007.

② 温日琨,应小宇.城市更新中的非物质文化遗产更新方法研究[J].现代城市,2009(4):54-56.

③ 严若谷,周素红,闫小培.城市更新之研究[J].地理科学进展,2011(8):947-955.

景区，作了一些物化的描述，提出“一山一水一圣人”，代表泰山、曲阜和济南的泉水，沿黄河和沿海。第二阶段提出“走进孔子，扬帆青岛”，这个阶段主要是配合2008年北京奥运会，因青岛承担奥帆基地的角色而推广。在业内看来，上述两个形象还停留在一个形象口号的阶段，还不能算是真正意义上的品牌。第三阶段提出“好客山东”的品牌，揭示了现代旅游的本质，以人为本，表现为关心人、体贴人、实行个性化服务。

起初，人们抱着怀疑的眼光审视“好客山东”：难道只有你们山东才好客？在2009年举办的中国区域旅游品牌传播论坛上，“好客山东”作为传播学界大佬们品评的重点对象，被推至舆论顶端。山东省旅游局局长于冲在发言中，播放了一段宣传片，让在座人等好奇的是，这段宣传片并非介绍“好客山东”，而是“好客美国”。

于冲介绍说，从宣传片的内容看，美国人也好客，“好客”是全世界人民共同发扬的美德，但好客文化的渊源在哪里？在山东！我们要让全世界人民知道，“好客”是从山东传播出来的。也正因为这样，“好客山东”从山东的文脉入手，从山东的文化中提炼而来。于冲说，好客文化源远流长，孔子在两千多年前，就向全世界发出了“有朋自远方来，不亦乐乎”的邀请。2008年奥运会开幕式开场的第一个口号，就用的这句话。“好客”已经形成山东人的性格和口碑。

山东打出“好客”形象，被业界评价为“精准定位”。南开大学旅游与服务学院院长白长虹说，定位是我要干什么，选什么，我要拿什么来说事，我找到了什么价值来推广。美国可以叫“好客”美国，法国可以叫“好客”法国，实际上世界各地，全国各地搞旅游的，哪有不提“我是一个好客的地方”？从这个意义上来讲，“好客”原本不独数山东，原本是搞旅游的人或地区共同希望张扬的价值，现在独独戴到了山东头上，这就是成功的定位，恰恰是山东应该得意的地方。

在品牌推广初期，“打形象”成为“好客山东”的重头戏。为全面推广“好客山东”，山东省委、省政府确定将其纳入公益广告宣传，在省级主要媒体开设专题栏目，在各市媒体设立城市旅游形象宣传板块，在重要口岸及公共场所设立“好客山东”系列旅游品牌公益广告，同时要求各级部门在对外宣传、重大文化经贸交流活动中使用“好客山东”标识和带有“好客山东”标识的宣传品、纪念品、名片等，充分运用各种平台和渠道开展“好客山东”旅游品牌形象宣传。

2008年1月28日起，“好客山东”旅游板块形象宣传正式在央视综合频道、国际频道和新闻频道的“媒体广场”和“走遍中国”等栏目播出，引起海内外业内人士及游客的广泛关注。央视调查公司统计数字显示，2008年，全国71%的电视观众约9.12亿人次看了“好客山东”的形象广告。

2008年到2013年的六年间，山东共有250家单位（市、县、企业）参与“联合推介，捆绑营销”，涵盖全省17个市、大部分县（市、区）和重点旅游企业，累计投入宣传资金10亿多元。其中，山东省旅游发展专项资金的80%用于了“好客山东”品牌营销。这种营销模式被誉为“全国首创，众省效仿”。其间，“好客山东”不断加大在互联网的宣传力度，在网上开辟了“好客山东”品牌专区，开通了“好客山东”官方网站和微信、微博。2013年，“好客山东”开始实施品牌国际化战略，在韩国、日本、美国、新加坡等山东省主要旅游客源地国家和地区设立了“好客山东”海外营销中心，“好客山东”已经成为国内外知名的区域旅游形象品牌。

二、从“让人知”到“让人来”

“好客山东”广为人知，一系列问题随之而来：外地游客认不认，媒体认不认，国际认不认？既然引起大家对“好客山东有什么”“到好客山东看什么”的好奇，怎么解决物化的问题？只有游客来了、认了，才是对“好客山东”品牌化的成功印证，才能称其为一个好品牌。

“在阿里山，当我们听到台湾同胞提起‘走遍四海，还是威海’时，心里满是亲切感和自豪感。”威海市旅游局的一位负责人提起5年前在台湾的偶遇，仍然记忆犹新。

游客到山东来，首先要选择一个目的地落脚，这个落脚点就是城市。一个能让人记住的旅游形象，可以迅速拉近外地人对陌生城市的认知，逐渐演变成为城市品牌。从2007年开始，“好客山东”品牌建设首先向旅游目的地城市延伸。山东省旅游局积极鼓励推动各市在政府主导下，策划城市旅游形象品牌，打造城市文化名片。“泉城济南”“中华泰山，天下泰安”“走遍四海，还是威海”“人间仙境、醉美烟台”“山水沂蒙、多彩临沂”等一批城市旅游品牌逐渐叫响。到2010年，山东的17个地级市，全部被评为“中国优秀旅游城市”，均已推出了城市旅游宣传口号，14个市推出了旅游品牌形象标识，枣庄、德州、滨州3市旅游品牌形象标识正在设计中，有望于今年上半年推出。

创造产品，是让品牌落地的唯一途径。从2011年开始，全省17市普遍包装推出了具有城市特色和价格竞争优势的城市二、三日游旅游产品。泰安市开发二日游产品，使过夜游客人数大增。济南、青岛、枣庄、烟台、济宁、泰安、威海7个城市提出了打造国际著名旅游城市的发展目标。其中，济南、青岛市政府正式出台了打造国际著名旅游城市的意见。

旅游经济活动提供最多的是服务体验，“好客”即对“人”的服务，“好客山东”也是对山东旅游服务的庄严承诺。在全运会、世博会、十艺节期间，全省服务行业组织开展了“好客山东”服务竞赛活动，重大活动上的服务“大练兵”，没有给山东人丢分。省旅游局会同省文明办出台的《好客山东旅游服务标准》，对旅行社、星级饭店、星级餐馆、旅游景区、旅游汽车公司、旅游购物场所、旅游娱乐场所、高速公路服务区、飞机场、火车站、汽车站、码头等12个行业和部门、539个服务环节以及服务礼仪、服务环境等，提出了一系列标准和工作规范。

同时，旅游服务质量被纳入优秀旅游城市、旅游强县、星级饭店、A级旅行社、A级景区评定和复核的内容。2013年10月1日《旅游法》实施以来，山东针对零付团费、强迫购物、随意变更合同等影响“好客山东”旅游形象的突出问题，集中开展了旅游市场秩序专项整治活动，建立了常态化的旅游市场秩序暗访、旅游重点案件曝光、旅游联合执法制度和机制，查处或摘牌处理了一批旅游违法单位和人员。

2013年，全省取消了11家景区等级，对27家景区提出了警告或要求其限期整改。据中国旅游研究院作为第三方机构评估机构，对全省17城市开展的城市游客满意度调查结果，游客对山东旅游的平均满意率达到了85%以上。经专业机构评估，2012年“好客山东”品牌价值达到170亿元，比2011年上涨了55亿元。

三、从整合资源到集聚资本

品牌要跟市场结合，才能产生价值。“好客山东”在市场的摸爬滚打中，不仅对旅游资源进行了全面的整合，也逐渐形成对资本的吸引和集聚，带动旅游企业的发展壮大和大项目的生成落地。

从2009年起，资本市场对山东旅游业报以前所未有的热情，国有、民营、外资旅游大企业的身影齐头并进。山东银座旅游集团、山东交运旅游集团、青岛城投旅游集团、张裕旅游集团、蒙山旅游集团等先后挂牌，鲁商集团、黄金集团、高速集团、鲁信集团、青啤集团、魏桥集团等积极投资旅游项目，组建旅游大企业。港中旅集团、深圳华强集团、无锡灵山集团等先后落户山东。临沂龙岗旅游集团、蓬莱八仙过海旅游集团、烟台蓬达旅业集团，以及烟台南山旅游集团、威海西霞口旅游集团、赤山集团、青岛龙腾集团、泰安太阳部落有限公司等一批民营旅游企业成为全省旅游业发展的重要力量。

景区、饭店、演艺等业态蓬勃发展。在泰山、曲阜"三孔"和蓬莱阁成为山东首批国家5A级旅游景区的基础上，刘公岛、崂山、烟台南山、台儿庄古城、三仙山·八仙过海等相继进入国家5A级旅游景区行列。去年以来，指导济南市整合资源打造"天下第一泉"5A级景区，指导临沂、潍坊两市联合创建沂蒙山5A级旅游景区，双双创建成功。全省5A级景区总数达到9家，位居全国各省(市、区)第三位。

通过推行国家旅游饭店标准，在旅游饭店行业涌现出了一批品牌饭店企业。目前，全省星级饭店总数达到903家(其中5星级32家、4星级169家)，一批国际著名饭店管理品牌落户我省。山东大厦、蓝海、银座佳悦等山东自主饭店品牌快速成长，青岛海景花园管理和服务模式被美国哈佛大学纳入教学案例。本土餐饮品牌企业开始走向全国。像倪氏、净雅等，在做大做强中已经开始参与国内餐饮市场竞争。

旅游演艺品牌开始叫响。由中国大型山水实景演出创始人梅帅元制作团队精心打造的泰山封禅大典、著名导游李安指导的威海神游华夏、赵本山刘老根大舞台等先后落户我省，成为山东经典文化旅游品牌演艺项目。

当前，在全面梳理齐鲁历史文化资源的基础上，按照用品牌整合资源、用资本转化资源的思路，山东省旅游局策划了东方圣城、泱泱齐风、平安泰山、仙境海岸、天下名泉、千年运河、水浒英雄、兵学之源、沂蒙精神、神秘恐龙共10大跨区域旅游目的地品牌，涵盖了52个重点文化旅游项目，总投资2281亿元。其中，在建项目32个，总投资1683亿元，规划建设项目20个，总投资598亿元。

于冲说，这些项目，就是用文化打造"好客山东"品牌当中真正溢价的部分，把山东的热情表达得更够味儿。

四、从形象品牌到品牌"航母"

近年来，山东确立了以市场为导向，省、市、县和旅游企业不同的旅游产品开发责任。市、县重点加强城市、乡村品牌旅游产品的开发。各市相继创建了像济南泉水节、青岛国际啤酒节、烟台国际葡萄酒文化节、曲阜国际孔子文化节、泰山国际登山节、潍坊国际风筝节、烟台樱桃节等一批城市品牌节事活动。胶东渔家、沂蒙人家、水浒人家、运河人家、黄河人家、泰山人家、岛上人家、圣地人家、鲁艺人家、湖上船家等乡村旅游品牌建设正在加快推进。省里重点抓好跨区域品牌旅游产品的开发，成功策划举办了"好客山东贺年会""好客山东休闲汇"等重大旅游品牌节事活动。突出齐鲁文化特色，创新推出了"孔子在这里诞生——游三孔知天下；泰山在这里崛起——登泰山保平安；黄河在这里入海——赏奇观抒豪情；长城在这里始建——读齐鲁做好汉；运河在这里重现——品水城揽古今；奥运在这里扬帆——亲蓝海享休闲"六张文化旅游新名片和

“好客山东有三珍：阿胶、海带、胶东参”三大品牌旅游商品，以及“到山东最想去的100个地方”“最想品尝的100种美食”“最想购买的100种特色旅游商品”三个“山东100”品牌，受到市场的广泛欢迎。

对“好客山东”品牌持续7年的投资所产生的价值，反映到山东的旅游经济中是这样一组数据：从2005年山东全省旅游总收入首次突破了千亿元大关后，到2008年，用了三年时间迈上了第二个千亿元台阶；2010年，仅用了2年时间迈上了第三个千亿元台阶。2013年，山东省旅游总收入突破5000亿元，位列全国三甲。

（资料来源：刘英，刘印河.“好客山东”实现华丽转身 从形象品牌走向产品品牌[N].大众日报，2014-05-19.）

问题：1. 山东的文化积淀主要有哪些？

2. 结合上述案例谈谈如何进行城市定位以及如何打造城市旅游形象品牌。

本章小结

- **内容摘要**

城市已经成为当前重要的旅游目的地。本章在对城市旅游业、城市旅游形象研究现状分析和总结的基础上，着重阐述了城市旅游形象塑造的重要性和城市旅游形象塑造过程的文化要素。城市旅游形象塑造的成功与否取决于旅游者的感知和认同，城市旅游形象的传播是城市旅游形象塑造的核心要素。随着新媒体的不断涌现以及媒介融合步伐的加快，短视频、网络直播等新媒体成为城市旅游形象传播、塑造过程中的最重要推动力，出现了重庆、西安、恩施等众多“网红城市”。城市旅游形象塑造要与时俱进，积极利用短视频等新媒体进行城市旅游形象的传播。文化异质性是文化交往的动力，文化接触是文化发展的重要因素。本章认为旅游活动的进行给城市文化的传承和创新都带来了深刻影响。旅游一方面加深了城市居住者对城市文化的认同和自豪感，给城市文化的扩散、保护和传承、创新和发展带来了一定程度的有利条件，然而过度商业化、强势文化对弱势文化的动机等影响的存在也使得城市文化的传承受到了不利影响。旅游活动的开展为城市文化的创新提供了土壤。

- **关键词**

城市旅游；城市旅游形象；城市文化传承；城市文化创新

- **思考题**

1. 谈谈你对城市成为旅游目的地原因的认识。

2. 塑造旅游形象对城市来说具有哪些意义？

3. 城市旅游形象塑造过程中的文化要素都有哪些？

4. 短视频等新媒体会给城市旅游形象传播带来哪些消极影响？请结合案例进行说明。

5. 旅游给城市文化的传承带来了哪些影响？

6. 旅游给城市文化的创新带来了哪些影响？

【应用训练】

1. 通过对旅游活动给所在地区的某一旅游景点带来的影响进行实地调查,写一篇调查报告。

2. 搜集一个利用城市事件打造城市品牌成功的案例和失败的案例,进行对比,并从中总结利用城市事件打造城市品牌形象的途径和方法。

3. 搜集一个“网红城市”的资料,分析它的城市旅游形象是如何打造的,有何借鉴和启示。

第十四章 民族地区文化旅游产业与文化变迁

学习目标

(1) 掌握文化变迁的概念,了解民族地区文化旅游产业、民族地区文化变迁的现状。

(2) 掌握民族地区文化变迁的表现,了解民族地区文化旅游产业对文化变迁的影响。

(3) 合理把握民族地区文化旅游产业与文化变迁的协调发展。

导入案例

贵州用"精品"理念打造民族特色文化

民族文化旅游是当今旅游发展的趋势,贵州对此有着先天优势和良好基础,在加快民族文化重点项目建设的同时,民族地区也要注重抓好"树民族魂,做地方特色"工作,积极营造浓厚的少数民族文化氛围和富有个性的地方特色。

当前,天柱县围绕"旅游活县"战略,打造三门塘、金凤山、凤园、三十里水景长廊等旅游景区;办好四十八寨歌节世界最长歌会,进一步挖掘家祠文化内涵,全面提升注溪社节、邦洞耕牛节、远口龙舟节、渡马七月二十坪等民间办节水平。省人大代表、天柱县人民政府县长吴绍东介绍,通过民族文化旅游,充分展示了天柱的民俗风情和人文风貌,让世界了解天柱,让天柱融入世界。

近年来,榕江县以"山水诗行·醉美研学""牛斗人和·醉强斗牛""匠心木作·醉心露营""牛瘪争霸·醉牛小镇""味觉古州·醉佳美食"等为主题,不断提升"苗山侗水·甜甜榕江"的影响力和知名度。省人大代表、榕江县人民政府县长侯美彪介绍,榕江县将继续强化旅游策划营销,加强与黎平、从江、雷山、荔波等县抱团开展整体旅游营销,打造区域旅游精品线路。

在民族特色文化旅游融合项目实施中创建精品,树立今天的精品、明天的文物、后天的遗产意识，可以多为未来创遗产，少给后人留遗憾。[①]

第一节 文化旅游开发背景下的民族地区文化变迁

一、民族地区文化变迁

（一）文化变迁的内涵

文化变迁就是指由于族群社会内部的发展或由于不同族群之间的接触而引起的一个族群文化的改变。促使文化变迁的原因，一是内部的，由社会内部的变化而引起；二是外部的，由自然环境的变化及社会文化环境的变化，如迁徙、与其他民族的接触、政治制度的改变等而引起。一个社会内部和外部的变动都会促使其文化系统发生适应性变化，从而引发新的需要。创新、传播、涵化是文化变迁的过程和途径。文化变迁的模式中各个环节之间并非单向的因果关系，而是相互作用的一种关系。当环境发生变化，社会成员以新的方式对此作出反应时，便开始发生变迁，而这种方式被这一民族的有足够数量的人们所接受，并成为它的特点以后，就可以认为文化已发生了变迁。

（二）民族地区文化的变迁

马克思主义哲学原理告诉我们，一切事物都处在联系和发展之中，联系和发展是客观事物固有的特征。联系和发展也是民族与民族文化的特征之一。民族是人类社会历史发展的产物，它总是处在发展、演变中。文化是在人们不断的联系与交往中发展起来的，它是一个民族在其发展过程中创造出来的衣、食、住、行方面的生活文化、婚姻家庭和人生礼仪文化、民间传承文化、科技知识、工艺文化、信仰崇尚文化及节日文化等。人类的历史表明，一个民族在不同的历史阶段，文化的内涵是不同的。随着民族的发展、演变，文化的民族特征也随之变化。

我国少数民族文化的发展更是离不开多层面的文化互动，如西南地区的纳西族、白族，历史上都与其他民族有着文化交往。因地理位置独特，纳西文化不仅汲取了中原文化的精华，还吸收了藏族文化的内容。白族历来与汉族交往密切。为了便于与汉族往来，白族语言中适时地增加了大量的汉语借词。白族对汉文化的吸收，很少原封不动地照搬，而是进行必要的调和，以适应本民族的需要。纳西文化、白族文化的开放性，并没有导致其特色消失，在多次吸收、选择、调适的过程中，民族文化的个性反而增强了。现代社会，教育的发展，交通的便利，电视、广播、互联网的普及，使得不同文化的交流更加便捷，少数民族传统文化在交融互动中变化着。[②]

---

① 巩固提升“多彩贵州”品牌 推动文化旅游深度融合[EB/OL]. http://www.gzmzb.com/Item/Article/n/62773.

② 伍锦昌.旅游开发与民族文化变迁：以广西龙胜各族自治县龙脊平安壮寨为个案[D].桂林：广西师范大学，2005：4.

二、民族地区文化旅游产业的发展现状

我国是个多民族的国家。由于诸多的历史、社会、经济等方面的影响，当前少数民族地区的交通通达度不好，经济发展比较缓慢，社会环境相对封闭。但是这些问题为现在民族文化旅游发展创造了优越的条件，保留了丰富的文化旅游资源。

没有文化，旅游就没有灵魂。民族文化旅游在旅游者对文化需求的不断提升中逐渐发展。每个民族都在漫长的发展中，形成了具有自己特色的文化习俗，主要包括服饰饮食、民族建筑、民族工艺、音乐舞蹈、神话传说、宗教信仰、节庆礼仪、婚丧嫁娶等。这在许多少数民族聚集地区已经形成了别具一格的人文景观。

在经济飞速发展的同时，民族文化旅游也跟着较快地发展，旅游者们掀起了享受和追赶民族文化旅游的潮流。由此民族文化旅游逐渐成了地方经济发展新的增长点，为地方经济发展注入了新的活力。在一些偏远的民族地区，民族文化旅游逐渐成为创造经济收入的主要源泉，成为地区最主要、最重要的产业。并且民族文化旅游具有绿色、可持续、带动性强、关联面广的特点，非常适合民族地区经济、文化、社会的全面发展。

民族村寨旅游因其具有丰富的民族文化资源和非物质文化遗产而越来越受到游客的关注，并在近年来取得了前所未有的发展，对少数民族地区经济发展起到一定的推动作用。但随着对民族村寨的开发程度与到访游客的不断增加，民族地区文化旅游的发展也出现诸多问题，如设施不完善、旅游产品和活动吸引力不足、民族文化传承出现断层、资源环境受到破坏等，这些问题严重影响着民族村寨旅游资源、文化的有效传承和可持续发展。与此同时，外来文化所带来的冲击和影响，逐渐改变当地村民对自己民族文化的感知水平，以至于在被外来文化同化的同时，慢慢摒弃对自己民族文化的保护与传承意识，民族文化保护工作越发显得重要。

三、民族地区文化变迁的表现

一个社会内部和外部的变动都会促使其文化系统发生适应性变化，从而引发新的需要。从民族旅游地文化变迁的主要脉络来看，旅游开发对文化变迁的影响主要通过表层文化变迁和深层文化变迁两个方面呈现。深层文化中的一部分将作为民族文化的标志存在，在很大程度上焕发了民族自信心、自豪感和自觉意识，并将成为民族文化再生产的新的起点和依据。表层生活中的这一部分传统文化或许会逐渐消失，溶解于现代文明中，或许会从深层文化的那部分借鉴过来一些因素，并得到刻意的强化。[①]

（一）服饰文化变迁

服饰是人类特有的劳动成果，它既是物质文明的结晶，又具有精神文明的含义。几乎是从服饰起源的那天起，人们就已将其生活习俗、审美情趣、色彩爱好以及种种文化心态、宗教观念，都沉淀于服饰之中，构筑成了服饰文化精神文明内涵。民族地区文化旅游活动的开展，一定程度上保持了民族服饰继续存在的土壤，让人们认识到自身服饰文化的价值，同时也促进了民族服饰文化的变革与发展。民族传统服饰作为少数民族

① 李伟.民族旅游地文化变迁与发展研究[M].北京：民族出版社，2005：215.

特定社会、历史与文化传统的产物，随着时代的变革与发展，它所依附的封闭式社会结构在现代文明的冲击下逐渐解构。①

【资料链接 14-1】

蒙古族服饰的保护和发展

无论是在风靡一时的亲子真人秀《爸爸去哪儿》走进草原的节目中，还是在火爆热映的电影《狼图腾》中，演员们身上那威武庄严的蒙古袍，总让人久久不能忘怀。蒙古族服饰是流动的文化历史画卷，是民间艺术宝库，是草原儿女生命的保护伞，是朴实与精美的结合体。如果你未曾走进草原，就无从知晓草原上的“锦绣华服”多么让人叹服；如果你未曾走进草原，就无从体会那一袭蒙古袍中蕴藏着多少大自然的恩赏。内蒙古地域辽阔，各地、各部落蒙古族形成了各具特色、丰富多彩的服饰文化。2008年，蒙古族服饰被列入第二批国家级非物质文化遗产名录。2018年，蒙古族服饰制作技艺还入选第一批国家传统工艺振兴目录。然而，上世纪末，蒙古族服饰的多样性越来越模糊，趋于同化，日常生活中穿蒙古袍的人也逐渐减少。

“一个时期，蒙古族服饰不伦不类的搭配现象很普遍，甚至一些博物馆中模特身上服装的搭配都是错误的。”内蒙古自治区标准化院院长兰英说，传统服饰文化的这种不规范应用尽管无意识，却往往产生误导。为了保护、传承这一文化遗产，从2009年起，我区开展了历史上规模最大的蒙古族服饰保护行动。

据兰英介绍，在为期两年的行动中，调查队走访内蒙古10个盟市、28个蒙古族部落，共采集蒙古族服饰图片资料1.5万多张，以召开民间专家和蒙古族服饰传承人座谈会或入户访谈形式，进一步确定了各部落服饰特征和传统款式。在此基础上，经过专家反复论证和精心选择，确定了蒙古族28个部落及元朝时期106套服装和34套头饰等蒙古族传统服饰的制作工艺。目前，这些蒙古族传统服饰被内蒙古博物院所收藏。

为了更好地传承发展蒙古族服饰文化，搭建传统技艺与现代市场衔接融合的平台，内蒙古自治区旅游发展委员会从2003年开始主办蒙古族服装服饰艺术节，迄今已举办14届。该委员会负责人说：“举办这样的艺术节，主要是为了以市场需求为导向，以创意创新为动力，推动民族服装产业向市场化、现代化、时尚化方向发展，实现以旅游促进民族文化传播，以民族文化促进旅游发展的目标。”

蒙古族服饰，用它的花纹、用它的银饰，静静地守护着草原和草原上的人们，讲述着马背民族可歌可泣的征途。它赐予历史以色彩，赐予草原以灵动，过去如此，未来亦如此。②

（二）饮食文化变迁

人们的食物结构及其饮食习俗，主要是由其民族的传统经济类型和生产方式决定的。

民族地区文化由于中国各少数民族居住地区的自然环境不同，生产活动、生活方

① 杨昌国．符号与象征：中国少数民族服饰文化[M]．北京：北京出版社，2008：8.

② 人民网．蒙古袍：草原上永不褪色的灵动风景[EB/OL]．[2018-07-20]．http：//nm.people.com.cn/n2/2018/0720/c196687-31839220.html.

式、历史进程、宗教信仰、风俗习惯的差异，其饮食来源、制作、器具、礼俗、饮食观念和思想等也迥然不同，从而形成了各自的饮食文化模式。即使同一民族，因居住地不同也存在明显的差别，自古就有“千里不同风，百里不同俗”之说法。文化旅游开发使得民族地区饮食文化发生了很大变化，民众生活富裕，能够吃到的菜品越来越丰富，与外界交流也增多了，许多其他地方的饮食文化也开始逐渐融入。特色菜肴虽然得以保留，但显然已经不能满足大众旅游时代游客的口味。越来越丰富的饮食也是文化旅游产业发展的必然要求。

海南琼中的什寒村，以黎族、苗族为主，随着旅游的发展，一些传统食品被引入到旅游产业中来，一些过去只有节庆才吃的小吃、民族传统食品和餐饮方式为旅游服务，由过去的自家吃变成游客吃的商品，如三色饭、“鱼茶”“南杀”“山兰酒”“米酒”“灵芝酒”“牛大力酒”等一些自家食用的食品变成了饭店、农家乐旅游餐饮和旅游特产，黎族“长桌宴”变成了餐饮店吸引游客的一种特色餐饮形式，黎族、苗族传统食品也成为旅游消费的重要组成部分。同时，该地未开发之前，像“红烧”“油焖”等汉族烹饪菜品很少能在未开发地区黎族、苗族家庭餐桌上见到，一般一盘或两盘白斩鸡（白斩鸭）、几盘清炒或者水煮的青菜、一个水煮肉汤或者菜汤足矣。而在什寒，由于本地餐饮经营者为满足游客需求而受外部饮食习惯影响，一定程度上也扩展影响到经营者自身家庭用餐，村民的饮食习惯也受到不同程度的影响。[①]

（三）居住文化变迁

居住文化是人类丰富多彩的物质文化和精神文化体系中的一个重要组成部分。居，指住宅，就是人们使用一定的物质材料和劳动手段建造的一种具有挡风、遮阳、避雨功能的可供人们栖身、活动的实体空间，故也称为住宅、居室。住，就是人们在这个实体空间里栖息。居住，就是人们在建造的房屋里栖息生活。民居建筑及其居住习俗是民族居住文化的载体和表征。民居建筑文化的产生和变化与民族所处的人文地理环境、生产生活方式息息相关。不同地区或民族，其建筑形式多不相同，并且与其民族的生活环境、生产方式、宗教信仰、审美观念乃至建筑技艺等密切相关。随着民族地区旅游产业开发的不断深化，民族地区的居住方式和建筑风格为了适应旅游的需要而发生变化。

浦市古镇旅游业发展之后，建筑的修缮和保护也在同步进行。修缮后的大码头周边的码头墙，统一成了徽派建筑，以水泥作为马头墙的翘角，而据当地老者经验，码头墙只能以瓦作翘角，不能以水泥作翘角，当年在修马头墙的年代，并没有水泥的存在。他们建议按照原有风格，修旧如旧，保持其风格的多样化。所以，在后来万寿宫修缮过程中，开始摆脱样板，保持原有风格，摆脱了之前码头墙普遍的徽派风格。所以，现在的浦市的建筑，是原有风格与新风格的融合，大码头是新式的徽派建筑（图 14.1），而古镇内的建筑还是较好地保持了原有风格（图 14.2）。[②]

① 李晖．旅游开发背景下琼中什寒村社会文化变迁研究[D]．三亚：海南热带海洋学院，2019：5.

② 姜雅琪．旅游开发中的民族文化变迁与保护研究：以浦市古镇为例[D]．吉首：吉首大学，2017：5.

图 14.1　大码头翻新的建筑

图 14.2　传统窨子屋

（四）出行文化变迁

我国少数民族大多分布在东北、西南、西北等边远地区。这些地区环境复杂，对外交通受自然条件的限制比较大。恶劣的交通条件严重制约着少数民族人民的出行与生活。民族地区文化旅游开发前，交通运输主要依靠动物驮运和人力搬运，出行极其不便。旅游开发后，民族地区大修公路，一些具有民族特色的传统道路得到改建，彻底改变了当地人的出行。随着收入水平提高，很多家庭都购置了现代交通工具，人们的出行方式多样化和随意化了。

广西阳朔，有很多著名的景点，很多游客选择自驾车到景区游玩，但过去因路小车多，交通拥堵，极大影响了景区发展。2013 年桂林市开始实施“北通南畅”工程，国道 321 线桂林至阳朔扩建工程于 2017 年交工验收，成为广西首条旅游公路，扩建后的桂阳公路为双向 6 车道，比之前的道路宽了两倍，景区游客量倍增。中国西南三大名泉之一的鹅泉，坐落在靖西市鹅泉村旁。之前进入景区的道路狭窄不平，旅游发展不起来，村民的收入十分微薄。为此，靖西市狠抓交通建设，修通一条途经鹅泉景区的三级公路，路修好后，旅游业也日益红火。①

（五）节庆文化变迁

节庆是一个民族传统文化重要的组成部分，它是一种综合性的文化现象，特别是一些大的节日，几乎是政治、经济、生产生活、宗教信仰、文化艺术等的综合反映，具有全息性质。②随着生产、生活水平的提高，人们通常还利用节日聚会的机会进行商品交换活动。发展旅游事业以后，节日的这一功能被进一步发挥，节日成为新的历史时期中、

① 广西：创新“交通＋旅游”模式 推动全域旅游发展_华声晨报网，华声晨报，华声晨报社唯一官方网站[EB/OL]. http://www.hscbw.com/a/2019/0301/122003.html.

② 陶立蟠. 民俗学[M]. 北京：学苑出版社，2003.

新的时代背景下，文化实现产业化的重要手段。这在全国已成为一种潮流。如傣族的“泼水节”，苗族的“火把节”，壮族的“三月三”歌会等各民族的特色节日，还有现代化的大型节日，青岛的啤酒节，大连的服装节等都发展成为当地旅游的高峰日，节日期间，往往游客如潮，商品交换活动兴盛。[①]

根据对贵州三大典型民族旅游村寨——西江千户苗寨、黎平肇兴侗寨、贵定音寨的研究，其传统节庆文化得到重视，有越来越隆重的趋势，且民族节庆参与的村寨居民人数增加。但传统节庆为了迎合游客需要，逐渐商业化和舞台化，失去了其真实性，传统节庆参与人数减少，热闹程度降低。具体表现在：① 部分村寨中传统节庆文化变迁开始出现停滞的现象。② 节事隆重度感知方面，村寨居民在时间上呈现感知下降的趋势。③ 旅游巩固区与旅游发展区传统节事活动的“舞台效应”越发明显，政府采取行政手段组织村民参与节事活动的参与次数频繁，而基于各村寨生产形态的节事活动更趋于平淡。[②]

（六）民族意识变迁

民族意识亦称“民族性格”，指各民族在形成和发展过程中凝结起来的表现在民族文化特点上的心理状态。民族共同心理素质通过民族的物质文化和精神文化的特点表现出来。例如，建筑的艺术和风格，住宅的安排和使用，语言、文字、音乐、舞蹈、戏曲、饮食、服饰的特点，以及社会风尚、节日和民族传统等，都表现出一个民族的性格、情操和爱好。民族的共同心理素质是不能离开民族文化而存在的，民族共同心理素质也不是一成不变的。随着各民族的物质生活条件和社会环境的变化，民族之间经济、文化交流日益广泛、频繁，民族的传统和生活习俗等随之发生变化，民族的性格、情操和爱好也不能不发生变化。

散布在湘西、鄂西、黔东北、渝东的土家族与汉族交错杂居，北、南、东三面与汉民族相邻，处于内陆汉文化、语言的包围之中。语言接触的历史和现状表明，汉语无疑是对土家语影响最大最深远的周边语言。土、汉两种语言的接触很早，在漫长的接触过程中，汉语对土家在语音、词汇以及语法层面都有不同程度的渗入。当然，语言接触是双向的，土家语在与当地汉语方言接触中，固然也对该方言产生影响，但是，土家语语言竞争的功能弱势注定了它在语言竞争中无法改变汉语言发展的路径和方向，反而是在语言的各个层面深受汉语的影响，逐渐发展至转用汉语方言的单向走向。[③]

旅游活动不再使村落生活在狭小的时空之中，而是走向了更为广阔的天地。“他者”纷至沓来，人际交往面的扩大，强化了当地人的自我认同与民族意识，而且旅游进一步的发展，使得他们收入不断增加，生活水平进一步提高，对于自身文化的自信心也在进一步加强。[④]

---

① 朱燕红．旅游开发与文化变迁：以山西太原晋祠文化为个案[D]．太原：山西大学，2007：6.

② 邓欣悦．基于旅游生命周期的民族村寨旅游地民族文化变迁的差异分析[D]．贵阳：贵州师范大学，2017：5.

③ 尚巾斌．湘西地区土家语濒危的生态语言学研究[D]．上海：上海外国语大学，2018：5.

④ 张祖成．旅游开发背景下民族文化变迁及其对策研究：以青海互助小庄村为例[D]．兰州：西北民族大学，2013：5.

（七）价值观念变迁

宗教信仰是在长期的历史发展过程中，在民众中自发产生的一套神灵崇拜观念、行为习惯和相应的仪式制度。①宗教信仰是民族精神文化的重要组成部分，是在特定的历史时期和特定生产条件下产生的，必然会随着人们赖以生存的经济基础和物质文化、制度文化的变迁发生变化。随着民族地区文化旅游产业的发展，民族地区已转化为以旅游业为主体的现代社会，经济生活水平提高了，原始的宗教信仰丧失其生存的物质基础，本民族宗教信仰在文化旅游产业中被有选择地继承了。

（八）文化艺术变迁

民族地区传统文化艺术，具有民族独特性，是民族的身份符号。它与先民们的生产生活息息相关，伴随着人口的繁衍流传至今，时刻在发生着变迁。尤其是在旅游经济发展的大背景下，作为民族旅游文化开发的重要组成部分的民族艺术受到了游客的青睐，重新被挖掘出来，整理、开发和表演来获取经济利益，成为民族地区旅游吸引力的重要组成部分。民族地区文化艺术没有因时代的变迁而淹没于历史长河中，旅游业的发展给了它一个存在的理由和延续的可能。

浦市诸多传统文化都有其产生的背景和传统的意义。例如辰河高腔，之前是盂兰盆会中的一个节目，只有在中元祈福节上，为了祭祀意外牺牲的祖辈亡灵，以表示对失去的亲人的尊重和思念，只有在三年一次的中元节祭祀上才会表演，场面隆重，形式讲究。而现在，为了吸引游客，在万寿宫舞台上经常有辰河高腔表演，表演的形式也偏向于舞台节目，当地有重大活动时，也会请辰河高腔表演者前去表演，成为当地一个固定特色节目。再如中元节，原本是用来祭祀的一个节日，最初是三年一次，在收获之后的稻田里搭台举行，同时放烟火，用纸船、明烛在江中放流。而如今，中元节成了浦市最大的盛事，每年七月中旬如期举行，吸引数万名游客前来参观游览。中元节的举办地点也不再局限，2015年中元节在浦市一学校举行，2016年中元节在浦市大码头举行，同时，在中元节过程中，还设有万荷园裳荷、旗袍走秀等表演，内容大大丰富。原有的神圣而富有传统意义且只有在特定的时间、地点和场合，按照特定的形式和内容的各种仪式和活动，被注入了更多丰富的元素，屡屡亮相，甚至声势浩大，影响力也大为提升，但在这个过程中，仪式的严肃性和神圣意味受到冲击，取而代之的是更多的表演价值和商业价值，逐步被舞台化。

第二节 民族地区文化旅游产业对文化变迁的影响

文化是旅游业的灵魂，民族地区文化旅游产业的迅速发展，使民族地区传统文化作为旅游资源被艺术化、商业化后成为旅游文化的一部分，在不断提高旅游文化的品位和艺术效果的过程中，引起当地表层文化和深层文化的变迁。同时，民族地区文化变迁又在一定程度上影响着民族地区文化旅游产业的发展。只有将文化与旅游有机结合，使

① 钟敬文．民俗学概论[M]．上海：上海文艺出版社，1998：187．

旅游与文化之间出现相互依存、相互促进的良性循环态势，文化旅游产业才能健康发展。

一、民族地区文化旅游产业对文化变迁的积极作用

民族文化旅游产业利于民族文化的良性发展，使民族地区文化得到传播、交流和保护，增强了民族文化的归属感，从而使民族文化与民族经济协调发展。

（一）有利于推动民族地区经济发展

文化是经济形态的外在表征符号，它由经济基础决定，又反作用于经济基础。文化与经济这种相互作用的辩证关系体现了经济在推动民族传统文化变迁中的主导性作用。对于民族传统文化而言，其变迁趋向在很大程度上取决于民族地区经济发展的速度和水平，两者之间是呈正相关关系的。“仓廪实而知礼节，衣食足而知荣辱”，物质生活水平的改善将使民族传统文化中的一些优良传统，如艰苦奋斗、勤俭持家、友善待人等更易于传承和发扬光大，从而为民族传统文化的正向变迁奠定了良好的经济基础。①

文化旅游产业作为文化产业的重点行业之一，兼具经济属性和文化属性，不仅可促进当地经济和社会快速发展，还能提高当地文化软实力和加大环境保护力度。贵阳市花溪区青岩镇自2014年着力打造文化旅游产业以来，已取得一定的发展成果。《贵阳市花溪区青岩镇总体规划（2013—2030）》制定的经济发展目标为至2030年GDP达150亿元，年均增长约15%，人均GDP为144300元，旅游总收入达45亿元。可见，旅游产业是该地实现经济跨越式发展的重要支柱产业，发展文化旅游产业是推进当地旅游产业实现转型升级、提高旅游综合收入的重要途径，可带来巨大的经济效益，体现在以下三个方面：

第一，促进地区经济增长。青岩古镇自2010年至2016年的旅游收入整体呈上升趋势，尤其自2014年该地进一步促进文化与旅游深度融合，明确提出着力发展文化旅游产业以来，旅游综合收入的增长速度较快，2016年总收入为66502.42万元，相较于2014年总收入35960. 61万元，增长84. 9%，为该地实现经济跨越式发展和乡村振兴发挥重要作用。

第二，提高部分居民的收入。地方民众能够从旅游活动中获取多少实际利益，是人类学研究旅游的重要关注点。随着该地旅游开发力度不断加大，部分居民的谋生方式逐渐从过去依靠传统农业转变为直接或间接参与到文化旅游产业中以获取收入。部分居民认为自己的收入有所增加，并接受过相关培训。

第三，带动相关产业发展。从广义上看，文化旅游产业涵盖第一产业、第二产业和第三产业中的具他产业，是综合性极强的产业，产业边界的模糊性，使其能与其他产业更好地融合发展，如结合该地土地资源和农耕文化发展观光农业，在吸引游客前来观赏、品尝、体验的同时，发挥农业的生产性功能，形成农业与文化旅游产业的良性互动。②

---

① 蒋辉．旅游业：民族地区文化变迁的双刃剑．[J]．怀化学院学报．2005(4)：9.

② 王雪嫣．贵州省贵阳市花溪区青岩古镇文化旅游产业发展研究[D]．贵阳：贵州民族大学，2018：5.

（二）有利于民族文化的再造和创新

民族地区文化旅游的大潮不仅带来了族群文化复兴的契机，更为族群文化的再造和再生产提供了前所未有的场景和舞台。任何旅游地的文化都无法逃避旅游所带来的影响，游客沉浸在由当地塑造出的一种独特的文化概念和文化场景中，而这种文化概念和文化场景就是旅游所促使出来的“再造文化”，它不仅是社会化的结果，更是旅游化的结果。

【资料链接14-3】

绿春哈尼族长街古宴节庆功能的重构——由村寨娱乐向文化认同演变

民族地区旅游业的发展作为一个外部力量，影响了绿春县哈尼族长街宴的文化变迁，长街宴在传统社会中所承担的诸如生产祭祀、社会结构等功能逐渐弱化，却强化了长街宴得以适应现代社会的功能文化认同。

长街古宴塑造了共同的文化生活。长街宴虽然是哈尼族的传统文化，但参加主体范围由哈尼族扩大到绿春县各个世居民族中，文艺表演和走方队中涵盖了绿春县哈尼族、傣族、彝族、瑶族等各个民族。长街古宴能够融合各个民族共同参与到这场盛会中，各民族也积极地在旅游场域中构建本族文化、营造民族形象。而另一面，长街古宴和旅游开发促使地域文化开始寻找曾经在历史脉络中断裂的文化生活，无论是组织还是个人，开始积极地去创造条件来还原曾经的文化生活。如阿倮欧滨文化传承协会组织了2016年六月节、2017年姑娘节等文化活动；三猛乡灯马寨在2017年4月10日组织了“开秧门”梯田祭祀活动，其他村寨也在积极地构建村寨文化活动，并形成了一批如托牛、俄批等有特色的民俗村。旅游开发不仅促使长街古宴成为一个重建传统文化的平台，还把文化自觉的意识传递到了边缘地区，复兴了一度断裂的民族文化。长街古宴通过共同的文化生活构建了共同的文化记忆，找回了失去的集体记忆。哈尼族没有自己的文字，历史文化的传承主要依靠口碑传播，一些民族史诗如《哈尼阿培聪坡坡》主要是通过老人说唱的方式存留了下来。在哈尼族村寨中，咪谷和莫批一般是族群记忆的持有者，而哈尼族信仰万物有灵，祭祀仪式往往是维持集体记忆的主要载体。长街古宴祭祀仪式虽然是地方文化精英根据常见祭祀仪式加工创造而出的，对外地游客来说这是旅游节庆中的仪式展演，但对本地人来说这是族群集体记忆的复现。人们虔诚地跪拜，并热衷于讨要龙肉、糯米粑粑、祭祀五谷，无不在证明哈尼族承认了长街古宴祭祀仪式的神圣性和实效性。①

（三）有利于民族文化的保护

民族文化的变迁是一个历史的必然过程，文化现象的消逝也是必然的。民族文化旅游产业的发展只是人类为追求生产力的发展和个人幸福感增强的一种手段，但不是民族文化的破坏者。在现代化过程中，那些优秀的民族传统文化在逐渐消失，民族文化的保护问题成为社会关注的焦点和解决的难题，如政策保护、资金补偿、文化产业发展等通过外界推动文化保护的方案提上了议程。民族文化免于消失的有效途径是再现民族文化的经济价值和社会价值，而发展民族文化旅游是文化尤其是传统文化传承与发

① 张冰蕾.旅游开发背景下绿春哈尼族长街宴文化重构研究[D].昆明：云南艺术学院，2018：6.

展的良好依托和方式，这些优秀的民族文化又往往是旅游目的地的吸引力和生命力所在。在民族文化旅游业可持续发展理念的指导下，我们必须以文化作为其可持续发展的关键因素，借助民族文化来提升产品质量，将文化资源转化为文化生产力，使民族文化产生巨大的经济价值，增加了民族文化旅游产业的文化附加值。这样既极大地提高了民族文化旅游产业的经济效益、增强民族文化旅游产业的市场竞争力，又增强了少数民族民众对外部世界好奇的探索和审美、求知、休闲等精神文化生活的需求力度，反过来又加强了民众对本族文化内涵的挖掘，民族文化也在与外界的交流当中得到了保护和发展。民族文化的发展与建设建立在可持续性旅游需求的层面上，民族文化在旅游产业的不断发展与完善中得到了保护和获得了永续永存的发展。①

传统文化的复兴在众多的民族旅游地中都有不同规模和程度的显现。宁蒗泸沽湖畔落水村的摩梭人以美妙的湖光山色和至今仍保留着令世人惊异的母系文化特点而成为蜚声中外的旅游景点。落水村的村长认为：正是有了旅游，摩梭人的传统文化才得以复兴和保留。因为前几十年的社会变动，摩梭人的传统文化特色几乎消失殆尽，不仅服饰趋于汉化，传统民族歌舞销声匿迹。而旅游者的频繁光顾，刺激了摩梭人群体意识的复苏，意识到自己文化价值的独特性及其商业价值，从而乘着民族旅游的开发大潮，不遗余力地再现自己的文化。②

（四）利于民族文化的良性发展

随着民族地区文化旅游产业的发展，少数民族传统文化将不可避免地面临一次空前的变迁过程。民族地区文化旅游开发促进了民族文化的积极变迁，一方面，在开发过程中传统的优秀民族文化不断被重新发掘出来，得到保护和传承，民族地区文化旅游开发在增加与外界的交流过程中，接受新活力的注入，促进民族文化的积极变迁。另一方面，政府或者开发者在开发民族地区文化旅游之前，对当地的民俗文化进行了认真的筛选，优秀的文化得以发展，消极的文化被阻止发展。

就传统纳西族民众对于东巴教神圣的情感表达而言，一种严肃、神圣的情感寄托于每一件与此相关的物件上。如祭祀用的鼓，在过去是禁止女性触摸的；而作为记载东巴经典的东巴字，东巴教信仰中的蛙神、鹰神等图腾形象，被视为神圣的信仰对象。如今，这些曾经的神圣元素被能工巧匠们转变为极富装饰性的图案，或被雕画于工艺品上，或被印制在时尚男女的服饰上。形形色色的东巴文字衬托着时髦女郎的裙摆，神态各异的鹰神图案雕刻在店铺里等待出售的画板上。由此可见，东巴传统文化经过旅游开发过程中的商业化、艺术化的"洗礼"，已游离于现实生活之外，成为一种为"表演"而存在的艺术或是一种民族的标识性艺术。③

（五）有利于增强民族文化自信心

民族自信是民族自我意识的重要组成部分，它建立在对本民族文化特质的肯定性评价的基础上。这种自信表现在与异文化接触，能够对民族文化与异民族文化都采取

① 石瑞卿．乡村旅游与民族文化的变迁研究：以宕昌县阴坪羌寨为例[D]．兰州：西北民族大学，2012：5．

② 王霞．民族旅游地旅游开发与文化变迁互动机制研究[D]．昆明：云南师范大学，2007(5)．

③ 王霞．民族旅游地旅游开发与文化变迁互动机制研究[D]．昆明：云南师范大学，2007：5．

分析的态度，存己之优，择人之良，从而使本民族文化吸取了丰富的营养而健康地发展。很多游客是出于对神秘的民族传统文化的好奇而到民族地区旅游观光的，当他们怀着虔诚、向往的心态去感受蕴涵在传统文化中当地民族睿智的民族哲思时，民族地区的人们会被游客的这种诚挚之情所鼓舞、所振奋，从而会唤起他们对本民族文化的自豪感，增强其民族自尊心，激起他们重新审视本民族文化在中华文化中的应有地位，并对本民族文化作出客观公正的自我评价。①

二、民族地区文化旅游产业对文化变迁的消极作用

（一）民族地区道德观念的退化

道德观念即人们对自身，对他人，对世界所处关系的系统认识和看法，指善与恶、荣与辱、正义与非正义等观念，是道德意识最基本的形式，对人们的道德行为起指导作用。淳朴是少数民族地区普遍的民风，文化旅游开发前，少数民族地区的人们重义不重利，认为见利忘义是不道德的。他们拿出好酒好菜、空出最好的房间招待素不相识的客人，拿出最好的民族服饰供客人照相之用，当导游不收分文报酬。随着民族地区文化旅游产业的发展，外来文化中一些腐朽、落后的思想观念也乘虚而入，当地居民盲目模仿旅游者的生活方式，道德观念受到冲击。现在，在商品经济和当地旅游业的带动下，当地居民开办私人旅馆、餐厅、舞厅、卡拉OK等，一些当地导游强迫和欺骗游客购物，还与购物商店联合欺骗旅游者，在经营过程中也发生了从重义到重利的转变。

（二）民族地区价值取向的嬗变

在一般情况下，一个民族群体的传统规范越严密，价值取向越趋于定塑化，它们对该民族中各个个体行为造成的控制程度就越强，在与异质文化接触的过程中往往呈现出比较谨慎的态度，对异质文化的吸收程度也相应地具有较大的选择性。而在民族旅游开发的实践中，一些地方恰恰存在着将当地少数民族神圣宗教礼仪都开发成旅游商品的现象，从而给当地民众带来难以预料的影响。②

（三）民族地区民俗风情的变异

少数民族地区由于与外界接触较少，其传统文化和民俗风情能够代代相传。旅游业的介入，民族传统文化在异质文化的强力冲击下，民族地区原有的文化风貌发生了较大的变化，从衣着、饮食、住宅及生活生产方式等都与外来者日益相近，民族固有的传统文化被逐渐同化。如作为象征民族文化重要符号的民族服饰，由于旅游等活动所引发外来文化的影响和文化的现代化，使民族传统文化的社会功能在不断减弱，并被外来文化所替代，促使本民族文化逐渐变异。

如湘西在发展旅游业之前，保留着大量淳朴的民风和古老习俗，但是，当旅游者进入后，这里却发生了巨大的变化，穿民族服装的少了，取而代之的是西装、衬衣、各种流行的长短裙、牛仔裙等，铺着青石板的街道和具有民族特色的吊脚楼被柏油马路和水泥

---

① 蒋辉．旅游业：民族地区文化变迁的双刃剑[J]．怀化学院学报，2005(4)：9.

② 伍锦昌．旅游开发与民族文化变迁：以广西龙胜各族自治县龙脊平安壮寨为个案[D]．桂林：广西师范大学，2005：4.

建筑所代替。当地的传统文化正在逐渐消失。又如,我国傣族地区的民居主要是干栏式建筑,过去是用木头或竹子作柱、楼板为墙,茅草盖顶,上层住人,下层无遮拦,用作畜厩或堆放农具杂物。由于受汉族建筑的影响,傣族地区的民居建筑材料发生了变化,其墙都用砖、石砌筑或用水泥夯筑等,屋顶盖上瓦,已经不是真正意义上的竹楼了。屋内陈设也有了很大的变化,村民们已经用组合柜、沙发、地板胶、地毯等,与汉族城市居民无异。广西桂林阳朔西街是中西文化结合的特色街道,这条街已引起了中外人士的瞩目,成为阳朔的一处著名景观,由于富有吸引力,一些外国人与当地居民结婚,其他的如为了满足外国旅游者的饮食需要应运而生的西餐厅、咖啡屋、冷饮店等现象,势必对当地婚俗、饮食等在内的民族传统文化形成一种冲击。

各民族多姿多彩的服饰是其所处的社会经济条件、自然环境以及独特的文化、审美意识等的产物,随着旅游业的发展,传统的民族服饰逐渐被冷落,服饰西化已成为世界潮流,即便是在一些边远闭塞的山乡,民族服饰也只是在妇女中传承,男子民族服饰,只是在重大的节日庆典、仪式上穿戴。[①]

(四) 民族地区民间文化的遗失

旅游开发是一项经济活动,追求经济效益是旅游发展的最终目的。文化旅游发展中为了迎合游客的需求,对民族文化资源肆意开发、包装和销售,致使文化失去特色,这与民族文化的保护必然形成"博弈",导致民族地区民间文化的遗失。旅游活动是旅游者愉悦心情和放松的过程,不会深入探究文化的来源和发展过程,只是把具有代表性的民族文化通过动态的活动和静态的实物形式展现给旅游者,达到猎奇的效果。这就不可避免地造成了民族传统文化被舞台艺术化与程序化以及商品化,进而庸俗化。一些不宜开发的、代表着当地文化特色的资源也被人为地包装成一种固定的商品。传统文化仅仅只是简单地为经济服务,而真正的内涵却常常被人为地分解甚至伪造或假冒,原有的文化价值完全被商业价值取代,出现了专为迎合旅游者而被篡改得面目全非的所谓民族服饰、民族歌舞、民族礼俗等。[②]一些宝贵的民俗文化在新的文化、新的价值观冲击下发生了变异、融合或者流失。

第三节　民族地区文化旅游产业与民族文化的协调发展

通过上一章节的论述,我们可以看出民族地区文化旅游产业对当地文化变迁既有积极影响,又有消极影响。在文化旅游开发中必须挖掘、展示和弘扬民族文化,在现代旅游活动中获得最大限度的利益的同时,使优秀的传统文化得到继承。理性看待民族文化变迁,积极探索合理的文化旅游开发方式,根据需求实现民族文化现代化,具有重

① 伍锦昌.旅游开发与民族文化变迁:以广西龙胜各族自治县龙脊平安壮寨为个案[D].桂林:广西师范大学,2005:4.

② 石瑞卿.乡村旅游与民族文化的变迁研究:以宕昌县阴坪羌寨为例[D].兰州:西北民族大学,2012:5.

要意义。

一、用发展的眼光看待民族文化变迁

（一）在文化旅游开发中提高民族心理素质[①]

民族心理素质是由非普遍性形式，尚不稳固的思想观念的凝结沉淀而形成的，然后它才具有普遍性形式，相对稳定的特性。民族心理素质的提高，是一个复杂的、多面的，长期社会教化和自我内化的过程。提高少数民族心理素质的基本要求是：

1. 树立正确价值取向

民众的价值观植根于生活经济方式和生存环境。文化旅游开发之后，商品经济的进入，改变了民众的价值观念，守旧的思想被不断打破，新的价值观念不断冲击传统理念，一些优秀的品质在接受市场的检验，利益观、拜金主义接踵而来。面对种种挑战，民族地区应该加强对广大民众的思想教育，引导民众树立正确的价值观。

2. 调整传统思维方式

由于山川阻隔，长期偏居一隅、生产落后、物资不丰，少数民族习惯于表象思维，习惯于感性认识。这在自给自足经济下未曾出现不利的因素。文化旅游开发后，送来了外界新鲜事物，面对传统的生活方式，新的生计模式将对自己的生存状况提出新的要求，如何思考民族的未来，如何理性地分析现实，把握事物的未来走向，势必要求调整传统的形象思维方式，要不断增强思想认识，提高理性思维水平和创新思维能力，才能在纷纭变幻的社会经济中把握住方向，抓住事物发展的本质，推动民族地区社会的进步。

3. 锻炼坚强民族性格

文化旅游开发后，本就相对落后的民族在与外界竞争中，必然会遇到挫折，这种挫折远不是先祖们对恶劣自然环境、洪水猛兽威胁的斗争，而是一种精神层面的更深层次的竞争。因此，顽强不屈、不畏艰辛的民族性格理应成为社会发展的强劲后力。在社会进步中，更应突出本民族的特色，在民族大团结、构建和谐社会的前提下，锻炼坚强的民族性格，共同促进整个社会的健康发展。

4. 提高科学审美水平

民族文化作为重要的文化旅游资源开发，具有一定的审美价值。民族文化资源在未开发之前鲜为人知。民族地区的民众在文化旅游开发过程中，既不要崇洋媚外，又不要自惭形秽。随着物质生产的发展和社会生活条件的变化，民族原始心理由简单到复杂、其审美也由简单到复杂，由单一到多样，从而心理审美的领域向着更广阔的方向发展，特别是文化旅游开发后，各民族间的联系交往空前发展，各民族的审美观念相互渗透，影响是必然的。因此，必须树立正确的审美观，提高民众的科学审美水平。

5. 丰富民众精神世界

民族心理是深层次的文化结构，具有相对的稳定性，但也是发展变化的，民众的精神生活是影响民族心理素质的重要因素，文化旅游开发后，我们不应只追求经济效益，

---

① 伍锦昌．旅游开发与民族文化变迁：以广西龙胜各族自治县龙脊平安壮寨为个案[D]．桂林：广西师范大学，2005：4.

更应关注民众的精神领域，要不断开展民族文化活动，提高民众的文化水平，丰富文化生活，通过一些文化活动提高科学文化素质。

文化旅游开发一定要强调特定族群的精神活动、精神生活、信念系统、思维结构、人格塑造、价值取向、情感体验、心灵境界、文化精神、民族意志等因素所构成的精神世界的凝聚和提升，致力于少数民族民众精神生活的充实和心智结构的整合建构，也就是说，在推进民族地区现代化社会建设中，无论是文化旅游开发还是别的方式，都应该关注一个民族的民族心理，这是现代社会中需要关注的精神领域方面的重要一环，如若缺少这一环节，旅游开发和现代化建设都是难以真正达到目标的。

（二）理性看待民族文化变迁

自古以来，民族文化随着生产力的发展在无时无刻地发生着变迁。文化变迁是永恒的，但不同的是文化变迁由于作用力的不同变迁时快时慢，在新中国成立之前，由少数民族生存在原始封闭的高原峡谷区域，过着原始粗放的农耕生产生活，文化变迁十分缓慢，有时会停滞。新中国成立之后，特别是改革开放之后，民族文化在现代化外力的推动下，迅速发生变迁。所以说，发不发展旅游，民族文化还是要发生变迁。

文化旅游只是再现民族文化过去的经济价值，让她通过旅游带给游客新奇、特色的文化展示获得经济收益。乡村旅游发展是利用了美丽的田园风光和保存比较完整的民族文化作为吸引物吸引游客前来旅游和消费。乡村远离“烦躁”的城市，远离现代化的冲击，现代化对偏远山区的民族村寨辐射相对较弱，影响较小，使民族文化在涓涓细流的现代化中发生着缓慢的变迁。旅游是一把双刃剑，通过文化旅游可以加快部分文化的消失，如服饰、建筑、饮食等，也可以使已经失传已久的民族文化重新挖掘整理，如民族历史渊源、民族认同、民族心理、民族工艺等。因此，要正确引导少数民族群众和游客理性地看待民族文化变迁。①

（三）文化旅游促进民族文化再造

文化旅游开发当中民俗文化的复兴与当代社会转型中传统的复兴趋势是一致的。旅游推动文化复兴，但是这部分的文化功能已经改变，在原来生活中的功能逐渐消失，被旅游带来的经济的功能所代替。比如，服饰、盘绣等生活用品成为旅游工艺品，这使得它们的传承和制作在更广的地域突破了以往家庭为主的模式，转变为标准化、专门化的生产。

文化旅游复兴的民俗文化是一个重新构建的文化，复兴的过程，就是重构的过程。复兴的文化不是按原本的样貌，而是经过加工、借鉴、丰富、包装、综合过的文化。文化旅游提供了这部分文化生存的土壤。当地人在传统文化的基础上，有意无意地创造着具有鲜明个性和时代气息的文化，从而产生了地域文化的多样性，这也是人类发展不竭的动力和源泉。正如霍布斯鲍姆所说的那样“传统不是古代流传下来的不变的陈迹，而是当代人活生生的创造”。“‘习俗’并不是永恒的不变，因为即使在‘传统’社会，生活也并非永恒不变”。“传统”被发明出来，是文化不断调适的结果。传统一直处于流变当中，是建构出来的具有象征意义和符号意义的文化适应。费孝通认为传统是社会累积

① 石瑞卿.乡村旅游与民族文化的变迁研究：以宕昌县阴坪羌寨为例[D].兰州：西北民族大学，2012：5.

的经验,文化本来就是传统。在乡土社会中,传统的重要性比现代社会更甚。民族地区的社会秩序依靠传统来维系。当下的经验经过历史的累积,也可以成为以后的“传统”。传统的变与不变,可惜还是可取,关键还是得看是否有利于民族的发展,任何文化因素的延续与创造都有其一定的原因与功能作用,这类创新或新近建构出来的文化因素,是为了发展其民族经济创造的,而且实际上也是在一定的民族传统上创造与建构出来的,有其一定的传统根据。”在全球化背景下,任何民族文化要想不被世界文化所淘汰,就必须在与其他文化的互动中不断进行文化传统的“再生产”。①

二、积极探索合理的文化旅游开发方式②

(一)小规模开发

民族文化旅游开发过程中,人为操作因素、人工设施要越少越好,尽量做到“看不到”,即人工建筑必须注意与周围自然景观相协调,与当地的建筑风格相融洽,突出民族特色。根据民族地区的实际情况,现阶段“最少的规划就是最好的规划”,可以将旅游者直接安排到当地居民家中,同吃同住。如尼泊尔是一个山区国家,交通非常闭塞,很多地方连公路都不通。他们在开发旅游时,不是大盖豪华宾馆饭店,而是修建很多家庭旅馆,搞生态旅游,给旅游者提供最原生、最淳朴的自然景观和民族风情。由于不通公路,旅游者不论去哪里,都要徒步,要想游览完,一般需要1~2周时间,吃、住都在老百姓家里,增加了老百姓的收入。这种以家庭为基础的经营方式和大规模的旅游开发相比,更能抵御旅游对民族文化的消极影响。尼泊尔传统文化的基本形式和民族风格特点不仅得到保持和传承,而且还与旅游者带来的异质文化有机地结合起来,提高了原有的生活质量。现在,当地一个普通老百姓家里,都可以提供几十样西餐食品,可以用英语与旅游者交流。

(二)限制游客数量

许多研究表明,文化旅游对当地传统文化的消极影响,与旅游者的数量有着密切关系,对当地文化冲击最大的是大众旅游者,冲击最小的是零星的“探险家”。对于规模小、技术落后、生态环境脆弱的社区来说,如果旅游者人数少而且可以控制,旅游开发不仅可以发展当地经济,而且不会造成当地传统文化的商品化。如在南太平洋岛国瓦努阿图就有成功的案例。圣灵降临节蹦极跳是该国的一个人生礼仪蕴藏着丰富的美拉尼西亚传统文化。其主要内容就是年龄在7岁以上的年轻男性在脚上系着藤索,从20米以上的高台上向下跳,以此象征另一个成长阶段的开始。随着该国国际旅游业的发展,圣灵降临节蹦极跳也被开发成旅游产品,向旅游者开放。由于担心这一仪式会变得商业化,当地部落的首领们专门组成了一个旅游理事会,对这些活动和旅游者进行管理,一次最多让50名旅游者前来参观,全年最多举行8次蹦极活动。据研究者观察,其结果“一方面是可行的旅游目标、传统文化和社会价值,另一方面是商业收入,两者得兼而并不互相排斥”。因此,民族地区文化旅游开发要对旅游者的人数进行限制,并对

① 张祖成.旅游开发背景下民族文化变迁及其对策研究:以青海互助小庄村为例[D].兰州:西北民族大学,2013:5.

② 王霞.民族旅游地旅游开发与文化变迁互动机制研究[D].昆明:云南师范大学,2007:5.

其行为规范进行引导。

(三) 民族文化不能过度开发,只能实行局部对外开放

民族文化是文化旅游资源的源泉,但文化旅游资源并不等同于民族文化。一般来说,能开发成旅游对象的民族文化主要是所谓的“显在文化”即显露在外、与特定物质关系紧密相连、有明确物质形态与之对应、人们可以直接感知,如实物、住房、服饰、交通设施、生产工具、寺院、语言、文字、风俗等,而不表现在外的由知识、态度、价值观等构成的所谓“隐性文化”主要作用于人们的精神生活,并不以特定的物质形态表现出来,不容易被人们感知的,就不适合开发成旅游对象。许多文化将大量的象征意义或精神意义注入仪式之中,如藏族的天葬。如果将天葬开发成旅游产品,对绝大多数旅游者来说,由于他们不具备高深的人类学知识,不能理解隐含在这些文化活动中的宇宙观,只是将这些活动视为奇异的、美妙的习俗,从而造成民族文化的肤浅化和庸俗化。因此,民族文化不能过度开发,不能将那些具有神圣精神意义或象征意义的文化要素开发成旅游产品,向旅游者开放。据研究,印度尼西亚的巴厘岛既发展旅游业,又保存传统文化的成功经验,就是禁止将某些文化活动如宗教仪式开发成旅游产品出售,从而保存了巴厘文化的真实性。

三、根据需求实现民族文化现代化

以农业文明为主体的社会,在经济与文化全球化背景中实现文化与社会的转型,开发、交流、引进是必要的前提,这就要求各民族必须具有宽容的文化态度和保持自我的文化意识。在这种思维准则下,才能具体到如何整合和创新,即根据发展需要创建新的文化模式。针对我国少数民族的文化状况,由于其内部缺乏文化转型的张力,必须依托外部的推动力才能促使其发生变迁,而外部推动力就表现为社会环境的需求。同时民族社会内部也在“文化比较”效应中产生发展的需要。因此,根据其社会内部发展的需要与外部环境对应的需要,吸收外来先进文化,调整内部文化形态,经过整合,创建新的文化发展模式。

(一) 旅游有选择性地对民族文化进行开发利用

少数民族文化是历史形成、客观存在的,它遵循自身的演变规律,并不是为了旅游才创造出来的。它凝结着族群的智慧和汗水,有鲜明的个性和很高的历史价值、艺术价值、科学价值、实用价值。少数民族文化中,能够吸引旅游者并可以开发成旅游产品的部分便是民族文化旅游资源。那些吸引游人,但不能开发或受现有技术手段制约无法开发成旅游产品的内容不属于旅游资源的范畴。可见,民族文化与民族文化旅游资源之间是整体与局部的关系。民族文化旅游资源的概念是发展的,随着民族文化的变迁、游人需求的变化而变化。源于民族文化旅游资源的民族文化旅游产品,要求体现出民族文化的内涵,具有多重价值或健康的娱乐功能。

开发考古遗址、名胜古迹、民族文物、生产生活传承物等民族文化旅游资源,要求将民族文化实体真实地呈现给旅游者,生产出的旅游产品去除劳务部分,与民族文化没有区别。许多少数民族地区坍塌衰败的历史建筑、古代遗迹、文化遗存,因旅游业的发展而重放异彩。因此,开发这类旅游产品,不仅能满足游人的需求,还可以有效保护资

源,是弘扬少数民族传统文化的好办法。民间工艺制作、生产技能、音乐歌舞等民族文化旅游资源,无人为加工,通过当地群众展示而成了旅游产品。这种旅游产品是民族生产生活的真实再现,是民族文化的一部分。许多几乎失传的民族艺术和技能,就是因为游人的需要而得以重新流传,纳西古乐的复兴就是例子。旅游成了激活民族艺术和民族传统的动力。热闹的民族节庆活动、结婚礼仪和神秘的宗教仪式,对旅游者有很强的吸引力。这些民族文化旅游资源有严格的场合限定和时间限制,不是每一位游客都能看到的。为了解决这一矛盾,旅游开发者对这部分内容进行复制和恰如其分的加工,突破场合与时间的制约,向随时到来的旅游者演示并邀请他们参与其中。这种旅游产品很像舞台上的节目,虽依托于资源,却不同于资源。虽然它不是真实的民族文化,但最大限度地反映了民族文化信息,旅游者透过这些旅游产品,能够感受到少数民族文化的某种内涵,获得更多的精神享受。这类旅游产品虽然与民族文化有着本质的区别,但起到了传播少数民族文化的作用。由此可见,少数民族文化的许多内容已直接成为民族文化旅游产品,民族文化商品化成了少数民族地区开展文化旅游的前提。这些旅游产品张扬了少数民族的文化个性,弘扬了民族传统文化,对民族文化的发展是有益的。

这里说的民族文化商品化,不是指以现代艺术形式包装民族文化,并将其舞台艺术化、程序化,使民族文化失去了原有的内涵而日益商品化。实际上,作为旅游开发的败笔,那些没有民族文化内涵的、舞台化的旅游产品,不可能有长久的生命力。如果科学地开发民族文化旅游资源,精心生产民族文化旅游产品,完善旅游产品的审查制度,就不会出现此类现象。民族文化商品化现象,古已有之,并不只是现代旅游的产物。中国古代,各地民间艺人在街头卖唱、卖画、卖艺就是零星的民族文化商品行为。在唐代漫长的“丝绸之路”上,很多民族出售自己的特产,为过往的商旅展示伎乐百戏,提供多种文化服务。他们的文化因商业贸易和文化交流而商品化。他们中的许多人到中原的城市谋生,如20万胡人定居长安。胡人有的以演出西域音乐歌舞、魔术杂技为生,有的以制作胡食、胡酒致富,经销民族工艺品、香药和阿拉伯人生活用品的胡商富甲一方。从长安城内浓重的胡风便知,胡人民族文化中的音乐舞蹈、工艺制作、衣食生活文化在这里已经普遍商品化。正因为如此,长安才成为当时世界上最开放、最繁华的国际都会。宋代以后,城市内的瓦肆勾栏逐渐增多,民族文化日益商品化。随着社会分工的深化,民族文化商品化日益扩展。

今天,民族文化不仅广泛商品化,有的还走上了产业化发展之路。民族文化与商品化并不对立,民族文化商品化是社会进步的表现。云南丽江地区红红火火的旅游业促进了纳西族的经济发展和文化复兴说明,发展旅游业、扩大民族文化商品化范围,能够提高少数民族群众对本民族文化的自豪感,增强他们的民族意识,促进民族文化与经济同步发展。我们不必对少数民族文化商品化过分忧虑,否则会影响少数民族文化商品化的进程,制约文化多元化的发展和民族地区的社会进步。

我国少数民族文化旅游资源开发存在许多问题。不少地区的旅游产品完全脱离了民族文化旅游资源,内容不伦不类,庸俗不堪;一些婚俗产品没有什么文化内涵,很像是为了骗取游人钱财而设计的陷阱。这些东西违背了少数民族传统的价值观,是对少数民族风情的亵渎。民族文化旅游产品,除了要有文化内涵、遵循商品价值规律外,还应遵循社会价值规律,对人的发展、人的思想境界的提升有推动作用,对社会生存、发展和完善有积极意义。[①]

(二)旅游能够控制对少数民族文化的负面影响[②]

文化旅游对少数民族文化的负面影响概括地说有三个方面:一是对民族文化生存基础即生态环境的压力;二是对部分民族文化旅游资源的破坏;三是不良文化现象的产生。

良好的生态、优美的环境、美丽的风光是文化旅游产业的基础。游客的涌入,必然会对民族文化生存的基本空间——生态环境造成一定压力。旅游施工、旅游交通工具,会产生噪声和空气污染;游人践踏,会引起土壤板结,影响植物生长;旅游对淡水等自然资源的需求,可能导致这些资源的短缺;旅游垃圾会污染环境,破坏生态平衡。生态环境压力过大,会影响当地居民的生产生活,不利于民族文化的生存与发展。只要坚持可持续发展理念、周密规划景区、认真管理,旅游活动对民族地区生态环境的影响是可以降低的。也就是说,旅游规划设计要符合生态要求,尽可能采用环保旅游设施,严格控制环境容量,规范游人行为,搞好污物处理。少数民族地区大多经济落后,缺少资金,修建与民族文化氛围极不协调的现代旅游设施的做法是不可取的。要吸取张家界、北海银滩、庐山几十亿元"生态账单"的教训,克服好高骛远、急于求成心理,将环保意识贯彻到旅游开发的每一个环节,一个花费不多、民族文化特色鲜明、环境优美、旅游设施实用朴素、管理有序的景区,更符合旅游者归真返璞的消费心理。从少数民族地区的实际出发,少搞人造景点,把生态保护放在首位,维护民族文化和谐的环境,是民族文化旅游开发应遵循的原则。

旅游接待地不良文化现象,主要是民族文化的庸俗化和伪民俗问题。"娶新娘"活动便是少数民族文化庸俗化的典型。这种在景区到处玩的游戏,没有文化内涵。假古镇、假民居、假文物、假风俗等伪民俗更是普遍存在。近年来,为了发展旅游业,不少地区举办的文化节没有文化内涵。要解决这些问题,除了要提高开发者与经营者的素质外,还要让民族学家、民俗专家参与旅游策划,加强对文化旅游产品的审查管理。项目开发前,要对民族文化进行认真研究,广泛听取学者们的意见;审查项目时,要严格把关,坚决不让铺张浪费、内容空洞、形式粗糙、影响不好的文化节出台。旅游开发追求的是经济效益、环境效益、社会效益的统一。只要我们在文化旅游开发时,重视环境效益与社会效益,就会取得较好的经济效益。

文化相对主义认为,每个民族的文化都有其独特的价值,不能以封闭性和开放性来衡量某个民族文化先进或落后。旅游开发促进了民族文化在封闭的状态下实现开放性,促进民族传统文化不断吸纳外来的先进思想,积极迈向现代文明。旅游开发对民族文化变迁有双重的效应。将民族传统文化封闭起来并不利于民族文化的健康发展,借助旅游开发带来的外在动力,激活民众接受和创造先进文化的主动性,更能保持民族文化变迁的纯洁性。只有成功地调控民族文化结构,自主地吸收先进的外来文化,拒绝腐朽思想的侵蚀,才能有效地推进民族传统文化的现代更新。作茧自缚地将民族文化置于孤立与封闭的状态之中,必将导致民族创新精神的萎缩和民族文化的衰落甚至消亡。

---

①②伍锦昌.旅游开发与民族文化变迁:以广西龙胜各族自治县龙脊平安壮寨为个案[D].桂林:广西师范大学,2005:4.

在这种情形之下，有必要促进旅游业的可持续发展，以期中华民族传统文化挣脱梗结，涤荡积秽，注入外来文化的新生力量，激发民族创造潜能，焕发民族生命活力。在此，尤其要注意的是，如果文化结构的开放性丧失了主体意识，没有鉴别能力和选择权力，任由外来文化畅通无阻，必将引起本民族文化被外文化所腐蚀、消解和同化。这种开放性从本质上说是消极的、危害深重的。因而在旅游开发背景下的民族文化变迁的进程中，要十分重视强化民族主体意识，优化选择机制，将外来腐朽文化拒斥于千里之外，坚定不移地维护本民族文化的自足性和纯洁性，着力从民族内部发掘创造潜力，促进本民族文化朝着健康繁荣的方向演化。

四、多民族地区基于文化旅游的整体传承

民族旅游发展是一个区域的整体旅游开发，多民族地区多个民族聚居在一起，每个民族都有自己的民族文化，在旅游发展过程中，多民族文化都会牵涉其中，对于其中的民族文化进行整体传承不仅利于多民族地区各民族民众的情感利益平衡，同时也能够降低民族文化传承成本。结合民族地区民族旅游和文化的融合情况，基于旅游的民族文化整体传承实际上也就是在民族旅游对民族文化的各种传承路径上，进行多种民族文化的融合共生，使民族旅游中每个具有文化传承意义的路径都有多民族文化的共同参与，最终形成多民族地区旅游发展中多种民族文化生态的联合构建。

（一）多民族地区民族文化资源的联合开发

在现代变迁下，少数民族受其他文化影响越来越大，传统民族文化在其他文化冲击下，在民族社会中的生存空间越来越小，年轻一代对民族文化的认知和了解越来越模糊。各种原因使得民族文化传统传承模式逐渐解构，部分民族文化传承难以持续。而在民族地区的旅游开发中，民族文化的独特性使得其对外部游客有极大的吸引力，因此民族旅游一定程度上也是民族文化旅游，民族文化和其他自然环境共同成为民族地区旅游开发的资源对象，在民族旅游开发对民族文化进行产品开发时，意味着民族文化实际上以一种新的价值意义被传承。

对于多民族地区来说，其要实现民族文化资源的整体传承，首要问题，便是使当地多种民族文化资源都能得到旅游开发，都能进入旅游体系。但是实际操作中，由于多民族地区的区域划分和族别分类形成了不同利益的主体，在各自利益追求下，并不是所有的民族文化都有机会纳入民族旅游系统中，有的少数民族所分布地区位置相对偏远，交通不便，旅游开发机会较少，该民族的文化资源就很难和其他文化一道纳入当地的民族旅游体系，也有的民族虽然地理位置上有优势，但是其文化资源在旅游开发方面相对优势不足，但是由于族别之分，很难把其他民族文化引入到当地旅游体系中。各种因素使得多民族地区文化资源很难在旅游中联合开发。由此可见，多民族地区的民族文化资源必须实现旅游联动，这种联动具体在实践中，便是多民族地区旅游文化资源的整体开发。

（二）建设多民族文化传承的共同旅游设施

在民族旅游开发过程中，为了促进旅游发展，往往会建设各种旅游设施，如各种民族大街、旅游购物商场等，这些旅游设施不仅丰富了民族旅游的产业要素，同时也是民

族文化的具体表现。在民族旅游过程中还可以通过融合多种民族文化的旅游设施建设来实现多种民族文化的共同传承。

对于这种共同的旅游文化设施，主要有以下几种形式：第一，在特定旅游设施建设中多种民族文化以并列的姿态存在，如多民族文化共存的博物馆，以民族文化特色产品出售为主的民族旅游购物商城、步行街或者是多种民族文化特色的民族旅馆等；第二，多种民族文化融合的旅游设施，主要是指以多种民族文化为基础而形成的旅游建筑设施，在这些设施中，多种民族文化融合共生。对于这种多种文化共存的旅游设施建设，最为根本的问题是在众多文化中找到连接点或者是共通点，如建设多民族文化大街，实际上就是建立在多民族文化都有展示自己特色并以此来促成旅游消费这一共同需求点上。

（三）打造多民族文化宣传的共同旅游平台

对于多民族地区旅游业来说，其所在区域民族文化多样，要使多民族文化得到整体传承，就需要打造多民族文化宣传的共同旅游平台。

一般来说，民族旅游宣传平台有网站、报纸、电视节目、地方旅游宣传单页手册等，对于这种共同旅游平台的建立，一方面需要多民族地区能够联合起来进行民族旅游宣传，虽然多民族旅游业的共同宣传可以使当地多个少数民族受益，但是在具体实践中，由于区域内不同民族、不同民众各为不同的利益主体，这使得民族旅游业的整体文化宣传很难得到各民族利益主体的共同认可和参与，说到底，多民族文化信息在少数民族旅游平台上的共同宣传归根到底在于多民族区域内的旅游业联合；另一方面还需要形成各种少数民族文化共同出现的合适模式，多民族地区的民族文化地位平等，各有不同的价值，但是在多种文化共同出现在各种旅游宣传平台上时，必然会因为旅游传播需要而形成文化宣传的数量多少和先后次序等差别，这些差别意味着民族地区的民族文化在旅游平台上的呈现必然有所差异，为了平衡民众的心理感受和促进民族旅游信息传播，对于多民族文化在旅游平台上的宣传还需要形成合适的宣传模式，这就需要相关民族能够在旅游业发展上有基本共识，这是各民族在民族文化宣传上达成一致的基础条件。

（四）促进民族文化传承人的共同培养

民族文化传承人培养是民族文化传递的基本条件，在传统社会条件下，民族文化传承人主要是家族传承或者是民族传承来培养，而在民族旅游开发中，由于少数民族文化是民族旅游的主要资源，是民族旅游产品的基本构成要素，为了吸引游客，多数民族地区开展了多种多样的民族文化旅游产品，为了使这些文化旅游产品维持下去，自然形成了对各种民族文化的培训和学习，而这实际上也是民族旅游对民族文化传承的促进。

在多民族地区民族文化的整体传承推动中，不仅要使多种民族文化内容能够共同纳入民族文化体系，使其能够基于民族旅游业运作有共同传承的机会，同时还要形成多民族文化传承人的共同培养，促进多民族地区民族文化的整体传承。具体在实践中，可以通过以下措施来实现：第一，成立专门的旅游文化学习机构，对民族文化有兴趣的学习者可以在该机构中学习各种民族文化，这种方式既能保障民族旅游业有相应的民族文化人才保障，同时也能使各种民族文化都有机会对外推广；第二，通过旅游产业为多种民族文化传承人培养提供资金，多民族地区旅游业发展以民族文化为支撑，旅游业有义务也有责任对民族文化的传承保护进行反哺，使其能够持续运作下去；第三，尽可能地使多民族文化学习者都有机会参与到旅游产业中，让其在旅游业中得到经济保障，坚定其学习和传承民族文化的信心。

（五）制定多民族地区文化开发的旅游保护制度

对于民族文化来说，一方面民族旅游既为其提供了新的传承机会，另一方面也加剧了对民族文化的破坏，因此对于民族旅游来说，其能够尽可能地减少民族文化的破坏一定程度上也是民族文化的传承保护。从这个意义上来说，多民族地区民族文化的整体传承促进也可以通过该地区多民族文化旅游开发的保护制度出台来实现。

少数民族文化形态不一，无一例外，都可以归结为思想文化、制度文化、物质文化等三类文化，各民族文化在本质上有共通性，因此关于多民族旅游开发中民族文化的保护制度制定也主要基于以上三个大类特征来制定。首先是思想文化方面，思想文化是民族文化的核心，在民族旅游开发中，民族文化的形式可以适当调整，但是民族文化的思想内涵不能动摇，在各种民族文化的旅游开发利用中，凡是涉及民族文化思想文化的要素都要尽可能避免有所变化；其次是制度文化方面，制度文化主要是指少数民族长期流传下来的乡规民约和基本道德伦理规范，在民族旅游开发中，可以对已经过时的制度文化结合现代社会关系进行适当调整，但是对于反映民族文化基本关系的制度文化必须保持其原有的模样；最后是物质文化方面，物质文化是各族群众在生产生活中形成的物质创造，有的物质文化形态具有民族文化表征意义，在民族旅游开发中自然要保持这种文化形态，但是有的物质文化要素对于民族文化的表现并无根本性影响，可以在材质、结构方面适当调整，以适应民族旅游发展的需要。

多民族地区的旅游发展为当地民族文化传承带来契机，同时也使得多民族文化的共同保留带来挑战，要使多民族地区的多种民族文化都能借助旅游发展得到传承，推动多民族文化的整体传承自然尤为必要，要实现这个目标，还需要多民族地区的民众和政府在实践上作出更多努力。

【分析案例】

民族村落遭遇“建设性”破坏

1. 民族村落“建设性”破坏不断蔓延

虽然现在对文化保护和传承的认知历经变迁，相较于过去要更加完善，但是一些地区，对于民族村落的文化价值认识还是不够，认为发展村落就是对村落大拆大建，除旧建新，盲目地把村落往城镇化发展，导致民族村落损毁，更别提保护文化了。一些地方政府急功近利，为了一些自己所谓的政绩，对民族村落大面积翻新改造，全然不顾民族村落的特殊性和文化地方特色，大搞“穿衣戴帽”的形象工程，统一建筑外墙的风格和颜色，把原本颇有特色的石板路和石子路修成了现代化的水泥路。

2. 民族村落产业转型导致村落文化的变迁

民族村落在社会发展文化变迁中，慢慢被汉化，加之传统大家庭结构的变迁和村落社会结构的变迁，村落产业也慢慢发生了变化，大多由从前的单一农业产业形式，往多样的产业形式发展，这就导致了村落整体的产业结构发生了变化，也使得村落的经济结构更加的复杂。基于此，大多数小型农业产业由于成本高，收益少而慢慢开始被其他产业形式取代，这就使得村落土地利用结构发生了变化，使得村落的空间布局形状和村落功能性建筑选址发生变化，功能性区域较传统的民族村落而言，发生了变化，使得民族村落的文化发生了变迁，出现了不同于从前的新功能区域。

3. 对民族村落旅游的过度开发

对于民族村落的经济发展带动最快速和便捷的就是开发旅游。但是，在民族村落的旅游资源开发的时候，开发商为了追求更大的经济效益，往往会破坏村落中一些原生态的文化资源。有的为了使村落变成旅游规划者所谓的“桃园圣地”，随意新建所谓的民族特色建筑，使得开发后的民族村落显得不伦不类，新翻修的仿民族建筑反而成了游客所认为的民族文化代表，完全没有了传播民族文化的意义。[①]

问题：民族地区文化旅游在民族地区物质生活的同时又带来了哪些负面影响？这些问题应该怎么解决？

本章小结

- **内容摘要**

本章在民族地区文化旅游产业发展现状的基础上，从服饰文化变迁、饮食文化变迁、居住文化变迁、出行文化变迁、节庆文化变迁、民族意识变迁、价值观念变迁、文化艺术变迁等方面阐述文化旅游开发背景下的民族地区文化变迁，总结了民族地区文化旅游产业对文化变迁的积极影响和消极影响，提出了两者协调发展的策略。在文化旅游开发中必须挖掘展示和弘扬民族文化，在现代旅游活动中获得最大利益的同时，使优秀的传统文化得到传承。理性看待民族文化变迁，积极探索合理的文化旅游开发方式，根据需求实现民族文化现代化，具有重要意义。

- **关键词**

民族地区；文化旅游产业；文化变迁

- **思考题**

1. 谈谈你对民族地区文化旅游、文化变迁的认识。

2. 举出民族地区文化旅游产业开发的案例，根据实际情况说明旅游开发对文化变迁的影响和怎样使两者协调发展。

3. 根据你的民族地区旅游经历，就本章要点形成相关调研报告。

① 周璧君．文化变迁视野下民族村落的保护与发展策略研究：以黄陂区蔡店街张河村田家湾为例[D]．武汉：武汉工程大学，2018：11.

第十五章 文化遗产的保护与旅游业的可持续发展

学习目标

（1）了解物质文化遗产和非物质文化遗产的概念、类型和特征。
（2）掌握文化遗产保护的重要性及其方法。
（3）明确文化遗产在旅游业发展中的重要作用。
（4）掌握文化遗产旅游的开发和管理。

导入案例

葡萄牙：打造"最酷的"文化之都

南欧国家葡萄牙以其独特的魅力吸引着世界各地的游客。葡萄牙城市能够获得人们青睐的一大原因就是文化魅力。文化和旅游的协调发展使葡萄牙许多城市成为名副其实的文化之都。自欧盟1985年启动"欧洲文化之都"活动以来，葡萄牙先后有3座城市获此殊荣，分别是里斯本（1994年）、波尔图（2001年）和吉马良斯（2012年）。

一、重视文化遗产保护

葡萄牙将历史文化遗产视为城市的灵魂，每座城市的地标并非时髦的高楼大厦，而是悠久的历史建筑。葡萄牙的文化遗产按其重要性分为国家级遗产、公共利益遗产和市级遗产三类，政府依照相应法律法规对各级遗产进行保护，不允许业主擅自改变建筑原貌和内部结构。凡属国家级遗产和公共利益遗产的建筑，内外维修均需向市政府和国家文物局报批，市级遗产和被国家文物局确定为历史区域内建筑的维修须向市文物部门报批。城市其他建筑的建造和修复也必须得到市政府批准。

在这一领域，文物部门权力至高无上，可一票否决，任何行政命令均不能干预其执法。正因为有完整的文物保护法和严格的执法，城市的历史原貌才得以完整保存，使得一个仅有9万多平方千米领土面积的葡萄牙拥有16处世界文化遗产。

二、以文化为核心打造旅游线路

作为欧洲重要的旅游城市，里斯本和波尔图吸引游客的一个重要方面是丰富的文化遗产。市旅游和文化部门协同配合，精心制定了以历史中心、皇家宫殿、名人故居、城堡、教堂和各类博物馆为主体的多条旅行线路。葡萄牙航海发现史、曼努埃尔建筑风格、法朵(葡萄牙唯一被列入联合国教科文组织《人类非物质文化遗产代表作名录》的民歌)以及被视为葡萄牙艺术精华的瓷砖画,都是葡萄牙向外来游客推广的重点。

在里斯本和波尔图等城市,贯穿市区和城市周边地区主要景点的各条旅游线路巴士配有多种语言的同步录音讲解。而老式有轨电车除保持了当初纯粹的交通功能,已成为城市的一个文化符号,电车沿线都是古色古香的街区和拥有数百年历史的古建筑。游客们乘坐这种电车既体验了传统交通工具,又能便捷地领略沿线的历史名胜,可谓一举两得,而现代化的电车则穿梭在城市相对开阔的地段。新式电车和充满历史感的老式电车交相辉映,构成了里斯本和波尔图的一道独特风景线。

三、用文化活动丰富城市内涵

葡萄牙城市吸引游客的另外一个重要手段是举办形式多样的文化活动,除常规的演出、展览外,城市节、民俗节、烹饪文化节等传统文化活动大大丰富了城市的文化内涵。

各个城市结合自身特点举办了各具特色的文化节,如受古罗马文化影响较深的北部城市布拉加每年举办为期一个月的古罗马文化节,既让市民重温历史文化,又能为城市带来丰厚的旅游收入。作为大学生庆祝毕业的巡游活动,大学城科英布拉每年5月末举行的“烧带子”节已成为这座城市的重要节日,吸引大批国内外游客前往观看。一些位于葡萄产区的城市每年都举办形式多样的葡萄酒节,外来移民较多的城市往往都举办反映各国文化的移民节,旅游城市举办旅游电影节也不在少数。

文化活动除了吸引大批国内外游客,也起到了培育市民文化意识的功效。近年来,由各大企业赞助的大型夏季现代音乐节影响越来越大,已成为里斯本和波尔图等葡萄牙主要城市新的文化名片。

四、借助重要活动推动文化建设

借助举办大型国际性活动推动城市文化建设,是葡萄牙各城市的一个普遍做法。中央政府利用葡萄牙于1992年担任欧盟轮值主席国之际,斥巨资在里斯本兴建了贝伦文化中心。这一集展览厅、剧场和会议厅于一体的大型现代化文化设施,建筑面积9.7万平方米,是目前葡萄牙最重要的文化设施,常年举办各类文化活动。

同样,1998年的里斯本世界博览会也给这座城市留下了众多文化设施。世博会后开辟的世博园区拥有博物馆、剧场、电影院和多功能馆等一批一流的文化设施。园区内的国际会展中心一年一度的手工艺博览会已成为里斯本最重要的文化活动之一。

波尔图则利用1992年被确定为“欧洲文化之都”的机会,兴建了一流的音乐厅——“音乐之家”,被视为欧洲顶级的10座音乐厅之一。作为该市的最重要文化设施,“音乐之家”已成为波尔图的新地标。同样,吉马良斯利用举办2012年“欧洲文化之都”活动,将城市边缘废弃的仓库区改建为包括电影制作发展平台和艺术设计院在内的文化创新园区,不仅为艺术家提供了展示才能的空间,又为城市增添了新景观。

(资料来源:舒建平.葡萄牙:打造“最酷的”文化之都[N].中国文化报,2014-11-06.)

第一节　物质文化遗产与非物质文化遗产

“一个民族的复兴需要强大的物质力量，也需要强大的精神力量。”在悠久的历史长河中，中华民族创造出了独具特色、丰富多样的文化遗产。党的十八大以来，面对城镇化加速的历史进程，习近平总书记指出，只有坚持从历史走向未来，从延续民族文化血脉中开拓创造，我们才能做好今天的事业。保护文化遗产就是保护国家和民族的精神家园，形成全民族的文化自觉和文化自信。每一种文明都延续着一个国家和民族的精神血脉，既要薪火相传、代代守护，又要与时俱进、勇于创新。要把凝结着中华民族传统文化的文物保护好、管理好，同时加强研究和利用，让历史说话，让文物说话。要系统梳理传统文化资源，让收藏在禁宫里的文物、陈列在广阔大地上的遗产、书写在古籍里的文物都活起来，让中华文明同世界各国人民创造的丰富多彩的文明一道，为人类提供正确的精神指引和强大的精神动力。

“遗产（heritage）”一词大约产生于20世纪70年代的欧洲，其涵义与“继承（inheritance）”紧密相连，通常指从祖先继承下来的东西。从20世纪80年代中期开始，“遗产”的含义被不断引申，地方文脉、历史人物等都被认作是一种遗产，并越来越多地被用作商业用途。20世纪80年代晚期，一些民间艺术、民族建筑风格就被认为是遗产，遗产进入大众化阶段。[①]1999年通过的《关于文化旅游的国际宪章》（第8稿）提出“遗产，是一个包括了自然和文化环境的被广泛接受的概念。它包括景观、历史地段和建筑环境，如收藏品、过去或正在进行中的文化活动、知识和生活经验等”[②]。文化遗产包括历史以及一个民族或国家的思想、价值与信仰，建筑物与纪念物、重要历史事件的发生地，艺术（文学、音乐、舞蹈、雕塑等），传统事件与节日活动，以及传统的生活方式。[③]

当前国际上将历史文化遗产分为有形的物质文化遗产（material cultural heritage）和无形的非物质文化遗产（intangible cultural heritage）两类。冯骥才先生在《传统村落的困境与出路》中认为我国的文化遗产保护包括物质文化遗产、非物质文化遗产、村落遗产三大遗产保护体系。本书按照国际惯例将文化遗产划分为物质文化遗产和非物质遗产两种类型。

一、物质文化遗产

由于较早时期的“遗产”仅指直接“继承”下来的东西，所以“遗产”往往指物质的、可供怀念的纪念物、人类遗址、历史遗迹等。[④]1972年11月16日，联合国教科文组织通过、1975年12月17日生效、我国1985年加入的《保护世界文化和自然遗产公约》（《Convention Concerning the Protection of the World Cultural and Natural Heritage》）首次提出“文化遗产”的概念，将“文化遗产”定义为：为实现本公约的宗旨，以下各项应列为“文

① 张朝枝，保继刚.国外遗产旅游与遗产管理研究：综述与启示[J].旅游科学，2004(4)：7-16.

② 吕舟.面向新世纪的中国文化遗产保护[J].建设学报，2001(3)：58-60.

③④ 张朝枝，保继刚.国外遗产旅游与遗产管理研究：综述与启示[J].旅游科学，2004(4)：7-16.

化遗产”古迹：从历史、艺术或科学角度看具有突出的普遍价值的建筑物、碑雕和碑画、具有考古性质的成分或构造物、铭文、窟洞以及景观的联合体；建筑群：从历史、艺术或科学角度看在建筑式样、分布均匀或环境景色结合方面具有突出的普遍价值的单立或连接的建筑群；遗址：从历史、审美、人种学或人类学角度看具有突出的普遍价值的人类工程或自然与人的联合工程以及包括有考古地址的区域。①这一公约中的“文化遗产”实际上指的是“物质文化遗产”，包括古迹、建筑群和遗址三大类。

2005年12月22日国务院颁布的《关于加强文化遗产保护的通知》（国发〔2005〕42号）指出：物质文化遗产是具有历史、艺术和科学价值的文物，包括古遗址、古墓葬、古建筑、石窟寺、石刻、壁画、近代现代重要史迹及代表性建筑等不可移动文物，历史上各时代的重要实物、艺术品、文献、手稿、图书资料等可移动文物以及在建筑式样、分布均匀或与环境景色结合方面具有突出普遍价值的历史文化名城（街区、村镇）。因此可以看出，我国将物质文化遗产定义为文物，是具有历史、艺术和科学价值的文物，包括不可移动文物、可移动文物和历史文化名城（街区、村镇）三大类。

二、非物质文化遗产

（一）非物质文化遗产概念的兴起

日本是世界上最早提出非物质文化遗产概念并进行保护的国家。日本将非物质文化遗产称为“无形文化财”。1950年5月，日本颁布了《文化财保护法》，同年8月开始实施，对保护的范围、文化财的指定、管理、展示、权利和义务的继承、国家和地方公共团队的职责等进行了明确规定。《文化财保护法》将文化遗产分为有形文化遗产和无形文化遗产，首次以法律的形式规定了无形文化遗产的范畴，也将长期以来的文化遗产局限于物质文化遗产的国际观念得到了拓展，对世界范围的文化遗产的保护起到了重要的推动作用。效仿日本，1956年，韩国颁布了《文化财保护法》，认定杰出的民间文化传承人并授予他们“重要文化财保有者”的称号。1993年，韩国政府根据自己的经验，在UNESCO执行局第142次大会上，提交了一份关于在UNESCO框架内建立活的文化财产（living cultural properties）保护体系的建议案，这被看作目前非物质文化遗产保护工作的直接起源。②

联合国教科文组织文化部国际标准司的司长林德尔·普罗特（Lyndel Prott）在其《定义“无形遗产”的概念：挑战和前景》一文中说，“无形遗产”即“非物质遗产”这一概念是由日语翻译成英语的，直接来自1950年日本在这一领域具有前瞻性的立法中。③联合国教科文组织（UNESCO）总干事松浦晃一郎，是推动教科文组织改革，并在国际社会推广日本经验并将之国际化、本土化的创新者。④

1996年，世界文化发展委员会的报告《我们具有创造的多样性》指出，1972通过的《世界遗产公约》无法适用于手工艺、舞蹈、口头传统等类型的表达文化遗产。报告呼吁对此进行深入研究，正式承认这些遍布全球的非物质遗产和财富。

---

① 联合国公约与宣言检索系统[R/OL].https://www.un.org/zh/documents/treaty/files/whc.shtml.

② 安德明.非物质文化遗产保护：民俗学的两难选择[J].河南社会科学，2008(1)14-20.

③ 宣炳善.非遗话语知识生产的中国语境[J].中原文化研究，2014(3)：9-14.

④ 巴莫曲布嫫.非物质文化遗产：从概念到实践[J].民族艺术，2008(1)：6-17.

2003年10月，联合国教科文组织第32次大会通过了《保护非物质文化遗产公约》，这是第一个关于非物质文化遗产保护的国际性文件。自此，“非物质文化遗产”的概念逐渐被世界各国接受。

2001年5月18日，我国昆曲艺术入选联合国教科文组织首批“人类口头和非物质遗产代表作”，非物质文化遗产开始进入人们的视野，并逐渐成为一门显学，非物质文化遗产保护提上了日程。2004年8月，全国人大常委会批准加入联合国教科文组织《保护非物质文化遗产公约》，并将“民族民间文化”改名为“非物质文化遗产”，以与世界接轨。自此，我国的文化遗产保护进入了一个对包括有形的物质文化遗产和无形的非物质文化遗产在内的文化遗产保护的新阶段。

（二）非物质文化遗产的概念和类型

联合国教科文组织在《保护非物质文化遗产公约》中将“非物质文化遗产”界定为：“非物质文化遗产”，指被各社区、群体，有时是个人，视为其文化遗产组成部分的各种社会实践、观念表述、表现形式、知识、技能以及相关的工具、实物、手工艺品和文化场所。包括以下方面：① 口头传统和表现形式，包括作为非物质文化遗产媒介的语言；② 表演艺术；③ 社会实践、仪式、节庆活动；④ 有关自然界和宇宙的知识和实践；⑤ 传统手工艺。

2003年联合国教科文组织发布的《人类口头和非物质遗产代表作申报书编写指南》在对非物质文化遗产类别作出说明时指出：“宣布人类口头和非物质遗产代表作针对的是非物质文化遗产的两种表现形式：一种表现于有轨可循的文化表现形式，如音乐或戏剧表演，传统习俗或各类节庆仪式；另一种表现于一种文化空间，这种空间可确定为民间和传统文化活动的集中地域，但也可确定为具有周期性或事件性的特定时间：这种具有时间和实体的空间之所以能存在，是因为它是文化现象的传统表现场所。”

2005年12月22日颁布的《国务院关于加强文化遗产保护的通知》（国发〔2005〕42号）指出：非物质文化遗产是指各种以非物质形态存在的与群众生活密切相关、世代相承的传统文化表现形式，包括口头传统、传统表演艺术、民俗活动和礼仪与节庆、有关自然界和宇宙的民间传统知识和实践、传统手工艺技能等以及与上述传统文化表现形式相关的文化空间。

通过上述对非物质文化遗产概念的分析，我们可以发现：非物质文化遗产与有形的物质文化遗产相对，是无形的文化表现形式和文化空间的综合，其类型包括以非物质文化形态存在的文化表现形式以及该文化表现形式存在的文化空间两大类，所以对非物质文化遗产的保护不仅要保护世代相传的、以非物质文化形态存在的文化表现形式，还要实施“整体性保护”，保护与文化表现形式相关的文化空间。

【课堂讨论】

结合上面的内容，谈谈物质文化遗产和非物质文化遗产的联系和区别。

第二节　文化遗产的保护与管理

【资料链接15-1】

感受文物保护的“意大利模式”

古罗马帝国第一任皇帝奥古斯都曾说:“我接受了一座用砖头建造的罗马城,却留下了一座大理石的罗马城。”行走在罗马的大街小巷,随处可见的教堂、方尖碑、喷泉雕塑等各种古代、中世纪、文艺复兴、巴洛克及近现代风格的石质建筑,都会让人不由自主地想起这句话。这些文物或恢宏屹立,或已是残垣断柱,但都在默默展示着罗马过往的辉煌,以及其深厚的文化底蕴。实际上,不仅是罗马,整个意大利的街头巷尾遍地可见各个时期的雕塑、建筑遗迹等文物。而我们今天还能在城市中心看到大片的历史废墟,还能在寻常巷陌不经意间捕捉曾经的断瓦残垣,是由于意大利人较早就形成了文物保护并且是整体保护的理念,从而能让罗马曾经的荣耀以另一种姿态在世间绽放。

就将文物保护作为一门专业学科而言,意大利较法国和英国晚,但理论更为严密,而且其中很多内容具有国际首创性和示范作用。同时,意大利也根据这些理论进行了大量实践,或者说在实践中形成理论,最终成就了被世人广泛赞誉和接受的“意大利模式”。

“意大利模式”是指意大利政府为保护文化遗产,制定了一系列相关法律并确保其“刚性”执行,同时通过税收优惠等政策鼓励企业参与其中,并在社会民众中形成良好的保护意识和氛围,从而在整个国家范围内实现文化遗产物理形态和生活方式、文化氛围和风尚习俗的整体保护。

目前,意大利在文化和环境遗产保护方面依据的法律为1999年12月29日的第490号法令。同时,意大利政府在工程建设中也确保实施“文化遗产优先”政策,最能体现这一点的例子就是罗马地铁的修建。穿过市中心的罗马地铁C线于2007年开工,原计划3年内完工,因施工中不断发现遗址,竣工时间一拖再拖,目前尚未全线开通。在地面以上建筑类文化遗产保护方面,政府也就民宅性质古建筑的修缮制定了严格的程序,并对风格、色彩、体量等方面有绝对要求。正因如此,在意大利街头,人们看到的基本都是高度和谐、颜色协调的景观,而不会出现突兀的钢筋混凝土建筑或玻璃幕窗的摩天大楼。这样协调的城市景观遍布意大利,也使得罗马历史中心、那不勒斯历史中心、锡耶纳历史中心等众多大中小型的城市聚落被列入联合国教科文组织世界遗产名录。

意大利在文物保护方面的另一个显著特点是民间组织众多,包括“我们的意大利”“意大利艺术品自愿保护者联合会”“意大利古宅协会”“意大利古环境协会”等。这些社团组织是对历史建筑和历史街区的拆迁、重建、修缮等事宜起着决定性作用的专业咨询机构。此外,据了解,罗马通过每月第一个周日免费参观博物馆和景点等方式,增强普通市民的文化自豪感和文物保护意识,为文物保护打下民众基础;当地中小学校也经常组织学生到文物景点或博物馆进行现场教学,让相关意识潜移默化地渗入他们的内心。

行走在罗马,游客对于市中心大片废墟的兴趣非常浓厚。意大利将看似浪费的城市中心废墟发展为城市地标,在进行文化遗产保护的过程中,不仅使文化得以传承,也带动了国家或地区的经济发展。据了解,文物旅游已经成为意大利旅游与文化产业的最佳卖点,也是意大利国民收入的重要来源。

但是,在保护文物和满足现代的舒适、便利生活之间,意大利人也面临着选择。罗马古城每年都有上万人口外迁;高房价、昂贵的房屋租金和庞大的游客数量,导致2017年威尼斯的本地人口已经减少至1951年的35%左右;我在佛罗伦萨期间,听意大利同事介绍,佛罗伦萨城中心很多有条件的本地人也在陆续外迁。因此,一些文献资料中提到的“为保存这些老城区,甘愿牺牲居住和出行上的便利”的人群比例其实是一个需要再确认的数字。

将建筑和原有的生活方式一起保存下来,这个想法听起来不错,但细究起来,不少地方还有待商榷。因为生活状态或生活方式必然随着历史发展有所变动,人员的流动、建筑功能的改变等本身就是历史。希望保留原来的生活方式、文化氛围和风尚习俗,重建或恢复社区活力的意愿是好的,但过去该保留多少、又能保留多少,是各国文化遗产保护工作面临的共同课题。

罗马斗兽场在经历各种变化后成功转型为著名的文化遗产景点。但建于公元前1世纪的马切罗剧场如今则是一座居家生活的大杂院;罗马Ternimi火车站附近的一段城墙不知何时也变成了居民楼……罗列这些事实是想提醒:当我们站在罗马市中心感叹意大利对于文物保护所付出的努力和取得的成就时,也应考虑这些现状的原因。我们需要去学习借鉴意大利政府及民众对于文化遗产保护的努力方向、实施方式、认可程度、执行力度等一系列内容,而在这个过程中,也需要弄清楚他们曾经面对的、无法克服的一些困难。

(资料来源:张金凤.感受文物保护的“意大利模式”[N].中国文化报,2019-03-28.)

一、文化遗产的保护

雨果在《巴黎圣母院》中问道:“时间和人使这些卓绝的艺术遭受了什么样的摧残?关于这一切,关于古老的高卢历史,关于整个哥特式艺术,现在还有什么存留给我们呢?”《国务院关于加强文化遗产保护的通知》(国发〔2005〕42号)指出了我国文化遗产面临的严峻挑战:文化遗产是不可再生的珍贵资源。随着经济全球化趋势和现代化进程的加快,中国的文化生态正在发生巨大变化,文化遗产及其生存环境受到严重威胁。不少历史文化名城(街区、村镇)、古建筑、古遗址及风景名胜区整体风貌遭到破坏。文物非法交易、盗窃和盗掘古遗址古墓葬以及走私文物的违法犯罪活动在一些地区还没有得到有效遏制,大量珍贵文物流失境外。由于过度开发和不合理利用,许多重要文化遗产消亡或失传。在文化遗存相对丰富的少数民族聚居地区,由于人们生活环境和条件的变迁,民族或区域文化特色消失加快。在悠久的历史长河中,中华民族创造出了独具特色、丰富多样的文化遗产。这些文化遗产不仅是中华民族历史的见证,还是我们坚定文化自信、实现中华民族伟大复兴的精神支柱。因此,加强文化遗产保护刻不容缓。

文化遗产保护必须坚持真实性、完整性、保护优先、可持续发展等原则。

(一) 文化遗产的保护原则

1. 真实性、完整性原则

真实性、完整性是定义、评估文化遗产的基本原则，也是文化遗产保护必须坚持的原则。真实性保护是遗产保护工作的首要目标和必备条件。[①]真实性、完整性原则最早出现在《威尼斯宪章》(1964年5月25日至31日第二届历史古迹建筑师及技师国际会议在威尼斯通过的《关于古迹遗址保护与修复的国际宪章》)中："世世代代人民的历史古迹，饱含着过去岁月的信息留存至今，成为人们古老的活的见证。人们越来越意识到人类价值的统一性，并把古代遗迹看作共同的遗产。认识到为后代保护这些古迹的共同责任。将它们真实地、完整地传下去是我们的职责。"[②] 1977年世界遗产委员会制定的第一版的《实施保护世界文化和自然遗产公约操作指南》强调文化遗产必须经受住"真实性"的检验，并将"真实性"界定为：真实性表现为设计、材料、工艺和地点的真实性。孕育于《威尼斯宪章》精神，并以此为基础加以延伸而形成的《奈良真实性文件》(与世界遗产公约相关的奈良真实性文件于1994年11月1日至6日在奈良通过)，指出：对文化遗产的所有形式与历史时期加以保护是遗产价值的根本。我们了解这些价值的能力部分取决于这些价值的信息来源是否真实可靠。对这些与文化遗产的最初与后续特征有关的信息来源及其意义的认识与了解是全面评估真实性的必备基础，并且指出"不可能基于固定的标准来进行价值性和真实性评判""努力根据不断变化的价值和环境对真实性评估加以更新"[③]。虽然不能运用固定的标准对不同国家、不同类型的文化遗产的价值性和真实性进行评判，然而其价值性和真实性的评判依然具备基本的共识："譬如形式与设计、材料与物质、用途与功能、传统与技术、地点与背景、精神与感情以及其他内在或外在因素"[④]。2005年修订的《实施保护世界文化和自然遗产公约操作指南》将"真实性"(表15.1)界定为："依据文化遗产类别及其文化背景，如果遗产的文化价值(申报标准所认可的)之下列特征是真实可信的，则被认为具有真实性：外形和设计；材料和实体；用途和功能；传统、技术和管理体制；位置和背景环境；语言和其他形式的非物质遗产；精神和感觉；以及其他内外因素。"[⑤]

历史纪念物与环境息息相关，甚至通过环境表达自身的价值，因此，文化遗产的保护不仅包括对历史纪念物的保护，还包括对其环境的保护。"为社会公用之目的使用古迹永远有利于古迹的保护。因此，这种使用合乎需要，但决不能改变该建筑的布局或装饰。""古迹的保护包含着对一定规模环境的保护。凡传统环境存在的地方必须予以保存，决不允许任何导致改变主体和颜色关系的新建、拆除或改动。"[⑥] 2005年修订的《实施保护世界文化和自然遗产公约操作指南》将"完整性"界定为："完整性用来衡量自然和/或文化遗产及其特征的整体性和无缺憾状态。因而，审查遗产完整性就要评估遗产

① 国家文物局.国际文化遗产保护文件选编[M].北京：文物出版社，2007：341.

② 国家文物局.国际文化遗产保护文件选编[M].北京：文物出版社，2007：52.

③ 国家文物局.国际文化遗产保护文件选编[M].北京：文物出版社，2007：142-143.

④ 国家文物局.国际文化遗产保护文件选编[M].北京：文物出版社，2007：142.

⑤ 国家文物局.国际文化遗产保护文件选编[M].北京：文物出版社，2007：280.

⑥ 国家文物局.国际文化遗产保护文件选编[M].北京：文物出版社，2007：53.

满足以下特征的程度：① 包括所有表现其突出的普遍价值的必要因素；② 形体上足够大，确保能完整地代表体现遗产价值的特色和过程；③ 受到发展的负面影响和/或被忽视。”①

表 15.1　真实性的各个方面②

位置与环境	形式与设计	用途与功能	本质特性
场所	空间规划	用途	艺术表达
环境	设计	使用者	价值
“地方感”	材质	联系	精神
生境	工艺	因时而变的用途	感性影响
地形与景致	建筑技术	空间布局	宗教背景
周边环境	工程	使用影响	历史联系
生活要素	地层学	因地制宜的用途	声音、气味、味道
对场所的依赖程度	与其他项目或遗产地的联系	历史用途	创造性过程

（资料来源：联合国教科文组织《会安草案：亚洲最佳保护范例》(2005)。）

2. 可持续发展原则

文化遗产保护要以可持续发展理论为指导，走可持续发展道路。1980 年国际自然及自然资源保护联盟（IUCN）的《世界保护战略》第一次刊出了可持续性（sustainability）的概念并引起公众的注意：“必须研究自然的、社会的、生态的、经济的以及利用自然资源过程中的基本关系，以确保全球的可持续发展。”1987 年的世界环境与发展委员会的年度报告《我们共同的未来》将“可持续发展”（sustainable development）定义为“满足当代人的需要而又不损害子孙后代满足其自身需要的能力”。文化遗产不仅是一个国家历史发展的见证，还是文化身份建构的根本途径，不但为当代人服务，而且为后代人享有，其保护必须坚持可持续发展原则。

（二）我国物质文化遗产的保护：在保护中发展，在发展中保护

在我国，物质文化遗产是指具有文化、艺术和科学价值的文物，包括可移动文物、不可移动文物和历史文化名城（街区、村镇）三大类，物质文化遗产的保护就是对可移动文物、不可移动文物和历史文化名城（街区、村镇）的保护。文物承载灿烂文明，传承历史文化，是老祖宗留给我们的宝贵遗产，是加强社会主义精神文明建设的深厚滋养。物质文化遗产是不可再生的文化资源，其保护必须做到万无一失，否则一失万无。

《中华人民共和国文物保护法》（2002 年修正）提出了文物工作的方针：保护为主、抢救第一、合理利用、加强管理。这“十六字方针”是我国文物事业工作的基本遵循。2014 年 2 月 25 日，习近平总书记在北京市考察工作中强调，“让文物说话、把历史智慧告诉人们，激发我们的民族自豪感和自信心。”“让收藏在博物馆里的文物、陈列在广阔大地上的遗产、书写在古籍里的文字都活起来。”2016 年 3 月颁布的《国务院关于进一步加强文物工作的指导意见》（国发〔2016〕17 号）提出在坚持“保护为主、抢救第一、合理利用、加强管理”的文物工作方针的同时，要深入挖掘和系统阐发文物所蕴含的文化内涵和时代价值，切实做到在保护中发展、在发展中保护。2016 年 4 月，习近平总书记对

① 国家文物局．国际文化遗产保护文件选编[M]．北京：文物出版社，2007：281.

② 国家文物局．国际文化遗产保护文件选编[M]．北京：文物出版社，2007：347.

文物工作作出了“保护文物功在当代、利在千秋”的重要批示。党的十九大报告将“加强文物保护利用和文化遗产保护传承”作为坚定文化自信的一个部分写进报告中,使之成为习近平新时代中国特色社会主义思想的组成部分。2018年10月,中共中央办公厅、国务院办公厅印发的《关于加强文物保护利用改革的若干意见》提出坚持立法保护利用,坚持创造性转化、创新性发展,标志着我国的文物保护工作进入了新的发展阶段,作为不可再生的文化资源,物质文化遗产必须始终坚持保护为主、保护第一的原则不动摇,但是这种保护并不是僵化的,而是要在保护的基础上努力挖掘物质文化遗产在新时代的文化内涵,对其进行创造性转化、创新性发展,推动物质文化遗产的传承,满足人民群众对于美好文化生活的需要。

【课堂讨论】

请结合《我在故宫修文物》《国家宝藏》等案例,谈谈如何对物质文化遗产进行创造性转化、创造性发展?

(三)我国非物质文化遗产的保护

2002年9月,第三届文化部长圆桌会议通过的伊斯坦布尔公报《无形文化遗产,文化多样性的镜子》指出:“无形文化遗产的多种表现形式从主要方面体现了各民族和社会的文化特性,无形文化遗产是全人类的共同财富。”2003年联合国教科文组织发布的《保护非物质文化遗产公约》指出非物质文化遗产“它是文化多样性的熔炉,又是可持续发展的保证。”

1976年11月26日,联合国教科文组织大会在华沙内罗毕通过的《关于历史地区的保护及其当代作用的建议》(简称《内罗毕建议》)指出,“‘保护’系指对历史或传统地区及其环境的鉴定、保护、修复、修缮、维修和复原。”联合国教科文组织2003年发布的《保护非物质文化遗产公约》指出:“保护”指确保非物质文化遗产生命力的各种措施,包括这种遗产各个方面的确认、立档、研究、保存、保护、宣传、弘扬、传承(特别是通过正规和非正规教育)和振兴。因此,对非物质文化遗产的保护包括普查、保存、传承和传播。

《国务院关于加强文化遗产保护的通知》(国发〔2005〕42号)指出非物质文化遗产保护要贯彻“保护为主、抢救第一、合理利用、传承发展”的方针。坚持保护文化遗产的真实性和完整性,坚持依法和科学保护,正确处理经济社会发展与文化遗产保护的关系,统筹规划、分类指导、突出重点、分步实施。经过多年发展,我国非物质文化遗产保护形成了以下四种形式:抢救性保护、整体性保护、生产性保护、立法保护。

抢救性保护是指对濒危的和因代表性传承人年老体弱导致传承困难的急需保护的项目进行抢救性的确认、立档、研究、保存、保护、弘扬和传承。非物质文化遗产的保护有轻重缓急,很多非物质文化遗产的传承面临着传承人年事高、后继乏人等严峻形势,如何通过抢救性保护确保这些濒危非遗项目的传承就成为我国非物质文化遗产保护中的当务之急。

整体性保护也称为情境保护,是指在对非物质文化遗产进行保护的同时,还要注意保护其生存和发展的环境和文化空间。在传承中进行整体性的活态保护是保护非物质文化遗产最好的方式。[1]非物质文化遗产存在于一定的文化空间，它们之间相互依存相互影响，因此，非物质文化遗产的保护不仅包括对各种非遗表现形式的保护，而且包括非遗生存的人文环境和自然环境的保护。在非物质文化遗产的整体性保护上，文化生态保护区是我国的一项创举。自2007年原文化部设立了我国首个国家文化生态保护实验区——闽南文化生态保护实验区以来，截至2020年6月，我国共设立国家级文化生态保护实验区23个，涉及省份17个。参照国家级文化生态保护实验区的理念和做法，各省区市也设立了范围有大有小、特色鲜明的146个省级文化生态保护区。[2]

【资料链接15-2】

国家文化生态保护实验区名单

闽南文化生态保护实验区（福建泉州、漳州、厦门，2007年6月）。

徽州文化生态保护实验区（安徽省（黄山市、绩溪县）、江西省（婺源县），2008年1月）。

热贡文化生态保护实验区（青海省（黄南藏族自治州），2008年8月）。

羌族文化生态保护实验区（四川省（阿坝藏族羌族自治州茂县、汶川县、理县、松潘县、黑水县，绵阳市北川羌族自治县、平武县）、陕西省（宁强县、略阳县），2008年10月）。

客家文化（梅州）生态保护实验区（广东省（梅州市），2010年5月）。

武陵山区（湘西）土家族苗族文化生态保护实验区（湖南省（湘西土家族苗族自治州），2010年5月）。

海洋渔文化（象山）生态保护实验区（浙江省（象山县），2010年6月）。

晋中文化生态保护实验区（山西省（晋中市，太原市小店区、晋源区、清徐县、阳曲县，吕梁市交城县、文水县、汾阳市、孝义市），2010年6月）。

潍水文化生态保护实验区（山东省（潍坊市），2010年11月）。

迪庆民族文化生态保护实验区（云南省（迪庆藏族自治州），2010年11月）。

大理文化生态保护实验区（云南省（大理白族自治州），2011年1月）。

陕北文化生态保护实验区（陕西省（延安市、榆林市），2012年4月）。

铜鼓文化（河池）生态保护实验区（广西壮族自治区（河池市），2012年12月）。

黔东南民族文化生态保护实验区（贵州省（黔东南苗族侗族自治州），2012年12月）。

客家文化（赣南）生态保护实验区（江西省（赣州市），2013年1月）。

格萨尔文化（果洛）生态保护实验区（青海省（果洛藏族自治州），2014年8月）。

武陵山区（鄂西南）土家族苗族文化生态保护实验区（湖北省（恩施土家族苗族自治州，宜昌市长阳 土家族自治县、五峰土家族自治县），2014年8月）。

武陵山区（渝东南）土家族苗族文化生态保护实验区（重庆市（黔江区、石柱土家族自治县、彭水苗族土家族自治县、秀山土家族苗族自治县、酉阳土家族苗族自治县、武

① 王文章．非物质文化遗产概论[M]．北京：教育科学出版社，2008：277.

② 中国文化报．文化生态保护区建设：十年，写下精彩答卷[EB/OL]．http://www.sohu.com/a/146909766_155679.

隆县),2014年8月)。

客家文化(闽西)生态保护实验区(福建省(龙岩市长汀县、上杭县、武平县、连城县、永定区,三明市宁化县、清流县、明溪县),2017年1月)。

说唱文化(宝丰)生态保护实验区(河南省(宝丰县),2017年1月)。

藏族文化(玉树)生态保护实验区(青海省(玉树藏族自治州),2017年1月)。

齐鲁文化(潍坊)生态保护实验区(山东省(潍坊市),2019年12月)。

河洛文化生态保护实验区(河南省(洛阳市),2020年6月)。

非物质文化遗产不只是一种"遗产",更是一种"财产",其保护不应是僵化的保护,而是发展中的保护、"见人见物见生活"的保护,实现活态传承的同时将其作为一种经济资源创造出满足现代人们需求的文化产品和服务,创造经济效益,即生产性保护。2006年出版的《非物质文化遗产概论》(王文章主编)中所归纳的第四种保护方式"转化为经济效益和经济资源,以生产性方式保护",是非物质文化遗产生产性保护理论的正式提出①。2012年2月2日原文化部发布的《关于加强非物质文化遗产生产性保护的指导意见》(文非遗发〔2012〕4号)将非物质文化遗产的生产性保护界定为:在具有生产性质的实践过程中,以保持非物质文化遗产的真实性、整体性和传承性为核心,以有效传承非物质文化遗产技艺为前提,借助生产、流通、销售等手段,将非物质文化遗产及其资源转化为文化产品的保护方式。目前,这一保护方式主要是在传统技艺、传统美术和传统医药药物炮制类非物质文化遗产领域实施。原文化部分别于2011年10月、2014年5月公布了第一批、第二批国家级非物质文化遗产生产性保护示范基地。第一批基地涉及41个企业或单位,第二批基地涉及59个企业或单位。其中,传统技艺类基地57个,传统美术类基地36个,传统医药类基地6个,同时作为传统技艺和传统美术类基地的1个。

非物质文化遗产保护的制度化和规范化离不开法律法规的支持,即非物质文化遗产的立法保护。我国非物质文化遗产保护方面的法律法规目前已形成国家级法律、专门性法律法规、部门规章、地方性法规等类型。保护非物质文化遗产的国际公约《保护自然和文化遗产公约》《保护非物质文化遗产公约》和《保护和促进文化表现形式多样性公约》,与我国颁布的法律政策一起共同成为非物质文化遗产保护工作的基本遵循。随着2011年非遗法的正式颁布实施,我国非遗保护法律体系和工作机制日趋完善。全国有26个省区市颁布了非遗保护条例;国家设立了非遗保护专项资金;各地设立了非遗处和非遗保护中心②。

【课堂讨论】

在对非物质文化遗产进行生产性保护时应注意什么?请结合案例进行说明。

① 吕品田.中国非物质文化遗产年鉴:2010年[M].北京:文化艺术出版社,2014.

② 王学思.开创非遗当代传承发展的生动局面:党的十八大以来我国非遗保护工作综述[EB/OL].[2017-10-16]. http://www.xinhuanet.com/culture/2017-10/16/c_1121808007.htm.

二、文化遗产的经营管理

(一) 国外文化遗产管理模式

1. 垂直管理模式

美国文化遗产管理采取垂直管理模式,以中央集权为主,自上而下实行垂直领导并辅以其他部门合作和社会力量协助。[①]美国的自然文化遗产管理始终坚持以下"美国公益性理念":根据自然文化遗产资源的公益性质确定资源的使命(Mission),然后建立与使命相应的资金机制、管理机制、经营机制、监督机制等,以保证管理手段、管理能力与管理目标相适应。[②]美国的文化遗产管理模式呈现出以下特征:第一,遗产资源的所有权及其保护职能明晰,受法律保障。大多数归国家所有,少部分为私人所有。第二,行政上一元化垂直领导。在首都华盛顿设国家公园管理局总部,上属联邦政府内政部管辖,下设7个地区局,各地区局再下辖若干公园组和支持系统。第三,规划管理高度集中。美国国家公园的规划设计,从总体规划、专项规划、详细规划到单体设计,均由国家公园管理局下设的丹佛规划中心统一编制,保证了规划设计的统一性、规范性和权威性,能有效地防止无序建设、违规建设。第四,公众参与和社会资助,如义务劳动清扫垃圾、专家无偿咨询、志愿者参加服务。第五,管理与经营分离。国家公园的管理机构是非营利的政府机构,其运转靠财政拨款。公园内的住宿、餐饮和娱乐等商业设施严格按规划建设,并通过特许商业经营处批准,由特许承租人经营。[③]

2. 综合管理模式

法国的文化遗产管理采取的是综合管理模式,兼具中央集权和地方自治两种管理,同时营利性和非营利性社会力量也普遍参与。文化部是法国文化遗产保护的最高决策机构。该部下设文化遗产司,主要负责法国文化遗产保护工作的规划、决策、领导与监督。法国在每个行政区的政府内部都设置有文化事务部,专门负责各行政区域内文化遗产的保护及管理工作。国家级项目主要由15个左右的地方文化遗产管理局和纪念物遗产科中的监督官员负责实施。在这些大行政区之下,还分别设置有两个级别更低的基层单位,它们分别是专门负责法国地方古建管理的建筑处和专门负责法国地方文物及艺术品的文物管理处。[④]

3. 属地管理模式

瑞士的联邦制建立在联邦与州的"双重主权"的基础上,受政治体制的影响,瑞士采用文化遗产属地化管理模式的典型,即地方政府掌握事权,中央政府只行使立法权和出台相关政策。属地化管理的主要特点是:中央政府保留立法和监管的权力、管理目标地域划分明显、地方政府和社会力量是文化遗产管理资金的主要来源。在管理层级上,联邦环境署负责自然与风景保护,联邦文化署负责历史遗迹和考古发掘保护,联邦道路署负责历史道路保护,各州设立相应的管理部门,但瑞士目前还没有全国统一的文化遗产保护政策和法规,各州在文化遗产保护方面有很大的自治权,在联邦政府整体政策的框

① 张国超,刘双.中外文化遗产管理模式比较研究[J].福建论坛(人文社会科学版),2011(4):60-65.

② 苏扬.美国自然文化遗产管理经验及对我国的启示[J].改革开发,2006(6):67-69.

③ 王兴斌.中国自然文化遗产管理模式的改革[J].旅游学刊,2002(5):15-21.

④ 张国超,刘双.中外文化遗产管理模式比较研究[J].福建论坛(人文社会科学版),2011(4):60-65.

架下,各州制定具有地方特点的文化遗产保护的法律、法规,并由政府部门负责实施;在资金机制上,瑞士文化遗产的筹资体系体现了"自下而上"的特点,各州的州财政部和土地规划部门负责文化遗产的管理和修缮资金的筹集,其中,社区筹集的资金占一半以上,各州政府拨款占35%左右,余下的部分则由联邦政府提供;另外,各州都设有一个文物保护专家委员会,定期向本州政府报告本州内文化遗产的保护与使用情况。[①]

(二)我国文化遗产管理模式

我国的风景名胜区和文化文博单位的管理体制实质上沿袭了苏联的模式,同时又具有我国特有的条块分割、多头管理的特征。苏联模式即一切自然与文化遗产均归国家所有,完全由政府管理、政府接待、政府保护,其管理经费与员工开支全部由国家包揽。中国的风景名胜、文物、森林等资源名义上属于国家所有,但实际上中央、省、市、县各级政府及其部门都能出面操作。往往在同一景区内,建设、文化、文物、林业、水利和旅游等多个部门交叉管理。行政部门既是资源的所有者、监护者,又是资源的管理者、经营者。[②]在中国,各个层级的政府,不是以应该承担的职能为基础合理划分事权,而是在"统一领导、分级管理"思想指导下共同参与对同一事项的管理。各级政府的职能大致是一致和对等的,地方政府几乎完全是中央政府的翻版。每一级地方政府都是一个"小中央",都要管理"所有的事情"。[③]名义上我国的自然和文化遗产归国家所有,然而,并没有一个专门、稳定、权威的机构代表国家行使所有权职能,实际上的条块分割、多头管理的方式导致其产权主体并不明确,"造成所有者的事实缺位和虚化"[④]。在文化遗产保护开发的过程中,条块状的职能体系导致不同的职责归属于不同的行政管理部门,一方面容易造成权责不清,难以对文化遗产进行有效保护和利用,另一方面则会带来开发利用过程中的无序、破坏等现象。因此,文化遗产管理模式的改革与创新迫在眉睫、势在必行。

【课堂讨论】

结合上面的内容,谈谈我国的文化遗产管理模式应如何改革与创新?

第三节 文化遗产旅游的管理及其可持续发展

文化遗产不仅具有科学、艺术等方面的文化价值,而且具有潜在的和现实的经济价值,越来越成为世界各地的主要旅游吸引物,成为旅游产业开发的重要对象。文化旅游可以为文化遗产创造经济效益,并通过创造资金、教育社区和影响政策来实现以保护为

① 张国超,刘双.中外文化遗产管理模式比较研究[J].福建论坛.人文社会科学版,2011(4):60-65.

② 王兴斌.中国自然文化遗产管理模式的改革[J].旅游学刊,2002(5):15-21.

③ 周振超.打破职责同构:条块关系变革的路径选择[J].中国行政管理,2005(9):103-106.

④ 张晓,张昕竹.中国自然文化遗产资源管理体制改革与创新[J].经济社会体制比较,2001(4):65-75.

目的的管理①。为了发挥文化遗产在现代经济社会发展中的作用，人们通过文化遗产开发（以旅游开发为主要形式）促进经济社会发展。文化遗产旅游构成旅游产业的重要组成部分。然而，在文化遗产开发过程中存在的过度开发、文化内涵扭曲变质等问题层出不穷，不仅有悖于“有效保护合理利用”的原则，而且影响了文化遗产的科学管理、永续利用。文化遗产保护与旅游开发之间是什么样的关系，如何实现文化遗产保护和利用的双赢不仅是学术界关注和研究的主要课题，而且是文化遗产开发利用、旅游业可持续发展亟待解决的关键问题。

一、文化遗产旅游的开发

（一）文化遗产旅游的概念

习近平总书记指出：要把凝结着中华民族传统文化的文物保护好、管理好，同时加强研究和利用，让历史说话，让文物说话。要系统梳理传统文化资源，让收藏在禁宫里的文物、陈列在广阔大地上的遗产、书写在古籍里的文物都活起来。文化遗产资源是重要的旅游资源，文化遗产旅游是文化遗产开发利用的重要途径，是文化旅游产业的重要组成部分。1999年10月在墨西哥古迹遗址，国际理事会（ICOMOS）通过的《国际文化旅游宪章》指出：旅游日益成为自然和文化保护的一支积极的力量。旅游可以为文化遗产创造经济效益，并通过创造资金、教育社区和影响政策来实现以保护为目的的管理。在许多发达国家，遗产旅游是旅游业的重要组成部分，如英国的遗产业被称为“是吸引海外游客的主要力量”，每年约28%的旅游收入来自遗产业。②

遗产旅游的产生与遗产概念和内涵不断商业化紧密相关。尽管遗产旅游活动早在18世纪晚期的欧洲就已经产生，但一般认为，1975年欧洲的“建筑遗产年”是遗产旅游成为大众消费需求的标志，在这一年里，介绍城市历史的“遗产中心（heritage centre）”随处可见，遗产保护得到很大促进。一般认为，较被人接受的遗产旅游定义是指“关注我们所继承的、一切能够反映这种继承的物质与现象——从历史建筑到艺术工艺、优美的风景等的一种旅游活动”③。Reisinger认为文化遗产旅游产生于爱好历史文化的旅游者，这种历史文化既包含了遗迹文物，又包含了风俗习惯、宗教信仰、独特技艺、自然风光、悠久历史建筑以及乡村旅游等诸多方面的因素；Jamieson则强调文化遗产旅游不仅仅拘泥于观光风景，更重要的是体验蕴含在风景中的文化感染力。④MacCannell认为旅游的根本目的就是获得一种对地方或世界的自我认识的方式⑤，到文化遗产地旅游某种程度上就是去寻找遗产地与自己的联系。⑥遗产所占据的传记/文化的交叉点暗示了一种特殊的旅游凝视——一种寻找偶遇或幻想自我为他者的方式（贝拉迪克斯《被展示的文化》）。

通过上述分析，本书将文化遗产旅游定义为：文化遗产旅游是指以包括有形的物质

① 国家文物局．国际文化遗产保护文件选编[M]．北京：文物出版社，2007：178.

②③ 张朝枝，保继刚．国外遗产旅游与遗产管理研究：综述与启示[J]．旅游科学，2004（4）：7-16.

④ 夏思琪．南京文化遗产旅游产业发展对策研究[J]．旅游纵览（下半月），2018（12）：98-99.

⑤ Maccannell D．旅游者：休闲阶层新论[M]．张晓萍，等译．桂林：广西师范大学出版社，2008：14.

⑥ Remoaldo P C，Vareiro L，Ribeiro J C，et al. Does gender affect visiting a world heritage site?[J]. Visitor Studies，2014，17（1）：89-106.

文化遗产和无形的非物质文化遗产的历史文化遗产作为旅游资源进行旅游产品开发的旅游形式。作为一种独特的文化资源和旅游资源，文化遗产旅游本质上是文化和旅游融合的体现，旅游者不仅通过文化遗产旅游消费进行文化体验，而且以此进行文化身份建构，实现文化身份认同（具体见傅才武《论文化和旅游融合的内在逻辑》，张朝枝《文化与旅游何以融合：基于身份认同的视角》）。

（二）文化遗产旅游开发的概念

文化遗产旅游的开发是指以有形的物质文化遗产和无形的非物质文化遗产作为旅游资源，通过"文化的可参观性生产"将其转换成"被展示的文化"发展旅游产业的过程。卡迪夫大学社会学教授贝拉·迪克斯（Bella Dicks）认为现代的社会中文化无时无刻不在被展示，文化是一种可观赏的去处，即文化成为一种用来创造象征意义和内涵的工具，"文化的可参观性生产"是指开发成可供参观和体验意义场所的生产形式，文化由此被商品化成为"被展示的文化"，旅游业是文化的可参观性生产的重要类型（具体见贝拉·迪克斯《被展示的文化：当代可参观性的生产》）。

文化遗产旅游的开发是一项系统的工程，不仅涉及文化遗产地，还涉及产业开发的各个环节。文化遗产地通过旅游开发提高当地居民的生活水平，推动文化遗产的传播，创意策划机构、旅游商品生产机构、广告机构等参与到文化遗产旅游开发的各个环节。学术界将保护性开发的概念引进了文化遗产旅游产业开发中，即旅游开发需要在保护文化遗产资源的基础上满足旅游者需求，形成利益相关者多元统一的保护开发体系。[①]

二、文化遗产旅游的管理

（一）文化遗产和旅游的互动和对立

1999年10月在墨西哥古迹遗址国际理事会（ICOMOS）通过的《国际文化旅游宪章》（即《重要文化古迹遗址旅游管理原则和指南》）指出旅游和文化遗产之间呈现出一种"动态的相互作用"的关系，这种"动态的相互作用"既有积极的一面：作为文化交流最重要工具之一的旅游可以为文化遗产东道主社区创造经济效益，成为自然和文化遗产保护的一支重要力量；自然和文化遗产、多样性和生活文化是主要的旅游吸引力，为旅游业的发展提供支持和动力；又有消极的一面：旅游本身已经成为纵横政治、经济、生物物理、生态和美学等领域的复杂现象，有可能带来旅游者的期望和文化遗产地东道主社区期望之间的冲突、旅游业的商业价值和文化遗产的文化价值之间的矛盾，因此要实现旅游和文化遗产之间有价值的相互影响，对文化遗产旅游进行管理就成为迫在眉睫的重要问题。作为文化遗产保护的国际代表性组织，古迹遗址国际理事会颁布的这一宪章不但指出了旅游发展和文化遗产保护之间的两难困境，而且为旅游和文化遗产之间的动态关系提供了指南。

文化遗产和旅游之间呈现出对立的关系。传统意义上来看，旅游和文化遗产属于两种不同的行业，它们服务于不同的利益相关者群体，有不同的价值导向，追求不同的目标，遵循着不同的发展逻辑，发挥着不同的社会功能。对于文化遗产来说，旅游是一把双刃剑。一方面将文化遗产开发成旅游产品能为文化遗产地带来经济和社会

① 夏思琪.南京文化遗产旅游产业发展对策研究[J].旅游纵览（下半月），2018（12）：98-99.

效益，提高其市场生存能力，扩大其社会影响力，成功的旅游可以成为文化遗产保护和传承的重要促进因素；另一方面也可能出现过度商业化等问题，威胁文化遗产的保护和传承。

鲍勃·麦克切尔和希拉里·迪克罗斯在《文化旅游与文化遗产管理》这本著作中指出：由于对同一资源的竞争性使用，旅游和遗产管理两个部门之间时常有冲突发生。旅游作为一种文化资产的营利性合法使用者群体的出现，使得遗产资源的管理有了更大的必要性。在理论上，大部分旅游和文化遗产管理的利益相关者都承认这种伙伴关系是能够为双方带来共同利益的。然而在现实中，这种合作关系却显得不是那么容易，因为旅游和文化遗产的管理似乎常常是不相兼容的。科尔指出："对保护有益的未必对旅游有益；而对旅游有益的却极少是对保护有益的。"在实践中，凡在文化资本被作为商品化了的旅游产品而提供给访问者轻松消费的地方，文化价值即为商业利益所贬损。并非所有的文化遗产都具有旅游吸引力。文化遗产地通常是由当地社区并非出于旅游潜力的原因而加以指定的。①

然而，文化遗产和旅游之间又存在互动关系。它们都以文化遗产作为发展基础，都以服务大众作为最终目标。具有旅游潜力的文化遗产地享有一些共同的特征：它们必须在当地遗产社区的范围以外享有盛誉，它们要能够提供可消费的体验，它们要有趣并且独特，要结实，要能够吸纳访问量，要具有可进入性。更为重要的是，即使是属于低层次的吸引物，它们也需要具备让旅游者感受到不可不看的理由。②

文化遗产和旅游之间的互动和对立关系如表15.2所示。

表15.2　文化遗产和旅游之间的互动和对立关系

类别	行业归属	管理部门	利益相关者群体	服务群体	发展基础	利益导向	追求目标	社会功能
文化遗产	文化事业	文化事业管理机构	文化遗产地东道主社区、负责对遗产进行管理的政府机构、商业使用者（如旅游业）等	社会大众	文化遗产	文化价值	社会效益	文化遗产的保护、传承与传播
旅游	文化产业	文化产业管理机构	旅游业从业人员及组织			商业价值	经济效益	经济动力；文化交流

（二）文化遗产旅游管理的两大层级

鲍勃·麦克切尔和希拉里·迪克罗斯在《文化旅游与文化遗产管理》这本著作中将文化遗产管理定义为：文化遗产管理（CHM）是为保持文化遗产资产的文化价值以满足当代和未来人类的享受需要而进行的系统化保护。③

① 鲍勃·麦克切尔，希拉里·迪克罗斯．文化旅游与文化遗产管理[M]．朱路平，译．天律：南开大学出版社，2006：10-14.

② 鲍勃·麦克切尔，希拉里·迪克罗斯．文化旅游与文化遗产管理[M]．朱路平，译．天律：南开大学出版社，2006：37.

③ 鲍勃·麦克切尔，希拉里·迪克罗斯．文化旅游与文化遗产管理[M]．朱路平，译．天律：南开大学出版社，2006：49.

通过上文对文化遗产和旅游两者之间互动对立关系的阐述和分析，我们可以发现文化遗产旅游的管理涵盖着两大层级(图15.1)：第一层级是以文化遗产作为旅游资源，将其开发成旅游产品的转化过程，这一过程是通过对文化遗产的潜在文化价值进行挖掘将其转化成文化资本(旅游资源)、通过将文化资本(旅游资源)进行商业价值转换、开发成旅游产品的过程，也是文化遗产为旅游提供智力支持的过程。在这一过程中，管理者需要对文化遗产资源进行评估，评估主要包括旅游吸引力、面向的主要目标群体、商品化的可能性和潜力、文化遗产展示和诠释的方式。第二层级是通过文化展示和阐释开发成旅游产品的过程，是对文化遗产的潜在文化价值进行保护和传承的过程，这一过程也是旅游的商业价值为文化遗产的文化价值保护和传承提供经济支撑的过程。在这一过程中管理者需要就如何保持旅游产品的开发和文化遗产保护之间、文化遗产的教育功能和娱乐功能之间的平衡进行评估。

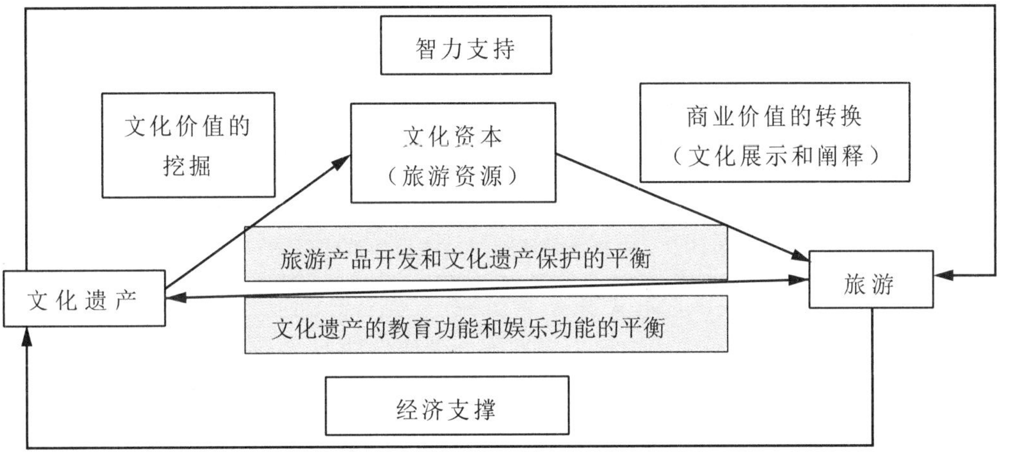

图15.1 文化遗产旅游管理的两大层级

文化遗产旅游的管理(图15.1)，一方面是以对社会、环境、伦理负责的态度及可持续发展的方式对文化遗产资源进行管理，另一方面为旅游者提供高品质的旅游体验，推动文化遗产资源的传承与传播，实现文化遗产管理和旅游管理的双重目标，推动文化遗产的可持续发展。文化遗产旅游管理的终极目标是生产出既能吸引旅游者、又能实现文化遗产保护和传承的旅游产品。文化遗产管理应遵循以下四大原则：旅游需要并不是文化遗产管理的唯一考虑；旅游是遗产资产的一种重要用途，但不是唯一用途；旅游与保护的要求有时可能发生冲突；旅游收入的再投资是多数文化遗产管理者的重要目标[①]。

鲍勃·麦克切尔和希拉里·迪克罗斯认为，遗产地管理的优先次序存在于从使用到保护这两端之间的一条连续体上(图15.2)。每一项遗产都必须被看作独一无二的，必须为此而制定出独一无二的管理计划或政策。

① 鲍勃·麦克切尔，希拉里·迪克罗斯．文化旅游与文化遗产管理[M].朱路平，译．南开大学出版社，2006：65-69.

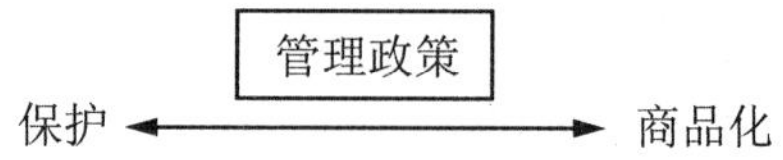

图 15.2 管理选择连续体

三、文化遗产旅游的可持续发展

Hall认为，旅游的可持续发展包括以下要素：旅游发展不能仅仅用经济收益来衡量。社会和环境发展与经济发展相互依存，三者同等重要；旅游发展必须保证对生态过程和自然环境的保护；旅游发展必须保证对社会过程和社会环境的保护和保持；旅游发展要求全面的公共参与和社区介入。实际上，某些社区最适宜的旅游发展形式就是不发展旅游；旅游发展必须保证目的地的独特性和整体性，不论它是一个区域还是一个国家；旅游仅仅是可能适宜于特定地区经济发展的众多方式中的一种。[①]国际古迹遗址理事会《国际文化旅游宪章(重要文化古迹遗址旅游管理原则和指南)》指出：可持续发展的旅游是指旅游活动的一个水准，可以被长期维持，因为它可以为它所在的地区带来社会、经济、自然和文化环境的净利益。[②]当地原住民社区代表、古迹保护积极分子、旅游业经营者、资产主人、制定政策方、国家发展计划制定者和场地管理者之间的合作非常必要，以实现可持续发展的旅游业，为子孙后代留下珍贵的文化遗产资源。[③]

遗产旅游活动会对遗产地的环境、经济、社会文化等多方面产生影响(表 15.3)。

表 15.3 遗产旅游活动对遗产地的可能影响

影响内容	主要诱因	影响	
		正面影响	负面影响
环境影响(土壤、生物、大气、水等多方面)	交通、旅游者践踏、旅游接待设施建设、旅游活动等(Buckle and Pannel)	可能在一定程度上唤起经营者的环境保护意识	生物环境影响、土壤板结(Liddle)、水质量退化、空气污染等(Smith)
经济影响(当地居民收入、当地经济发展水平、就业率等)	门票收入、服务接待企业、社区参与旅游发展、外来企业介入等(Anna L)	增加就业机会、促进不发达地区经济发展、基础设施改善、社会文化服务提高	地价抬高、常为临时性工作、低工资、由于外资及非本地投资引起经济对外部的依赖性和新殖民主义(Mathieson and Wall；Lea；Pearce；)
社会、文化影响(遗产价值认同、真实性与完整性、文化认同等多方面)	遗产供给特征与游客需求的差异、文化保存与商业化发展的矛盾、主客关系变化	加强种族与文化认同	文化与种族歧视(M.R. Karen)、真实性受到影响(J.M.Alison)

(资料来源：张朝枝，保继刚．国外遗产旅游与遗产管理研究：综述与启示[J]. 旅游科学，2004(4).)

① 付磊：奥运会影响研究[D]. 北京：中国社会科学院，2002：85.

② 国家文物局．国际文化遗产保护文件选编[M]. 北京：文物出版社，2007：188.

③ 国家文物局．国际文化遗产保护文件选编[M]. 北京：文物出版社，2007：178.

大众旅游的发展常常会带来对遗产资源的非可持续性和商业化利用，从而导致这些资源的退化和枯竭。旅游产业的发展可能给文化遗产带来正面影响，也可能带来负面影响，产生的负面影响有可能是毁灭性的、不可逆的，因此文化遗产旅游的可持续发展就成为文化遗产旅游开发过程中必须重视的关键问题。旅游开发和旅游保护的矛盾是中国世界遗产地实现可持续旅游发展的核心问题。[①]第二届文化遗产保护与可持续发展国际会议《绍兴宣言》(2006)指出要发展"负责任的旅游"。

(一) 坚持保护第一的可持续发展原则

文化遗产旅游的发展必须坚持保护第一的原则。文化遗产旅游是以物质文化遗产和非物质文化遗产作为旅游吸引物的旅游形式，是一种特殊的旅游类型，物质文化遗产和非物质文化遗产都属于不可再生资源，一经破坏，不可再生，文化遗产不仅是我们从先人那里继承下来的，还是我们从后代那里借来的，因此保护优先、保护第一是发展文化遗产旅游过程中必须始终坚持的第一原则。文化遗产是前人给与我们的精神和环境的恩赐，今人享用着它们已经是极大的利用，如果将之视为摇钱树，以盈利为最终目标，那是根本上的悖谬。[②]

(二) 坚持分类控制的原则

文化遗产资源并不等同于旅游资源，只有具有旅游吸引力、能为旅游业所用的文化遗产资源才能称为旅游资源，并非所有的文化遗产资源都能作为旅游资源被开发利用。中国的"世界遗产"多种多样，它们内涵不同、特征不一，并非都适合发展常规性旅游，故而应进行分类控制。[③]

(三) 建立完善的管理制度

目前我们对旅游业的指导和规范是不够的。因此，需要在国家层面建立一套针对文化遗产资源和文化旅游业的新的管理体系。这一新的体系将统一管理文化遗产资源和文化旅游业的发展，并有权力制定和执行诸如下列的方针政策：① 制定有关遗产地、遗产价值和遗产周边环境保护的高标准；② 有权力管理遗产地，从而在满足游客需求的同时保护遗产地的真实性；③ 将一部分旅游利润和景点收入再投入到遗产资源的保护中(通过门票收入、税收或其他手段)；④ 对旅游公司、导游和其他旅游服务提供者进行资格认证，以保证他们能够严格遵守可持续旅游发展的准则；⑤ 使当地社区最大限度地参与到遗产的规划、管理和人员雇佣中，并能够平等地享受经济利益的分配。[④] 一方面应充分发挥政府的作用，建立完善的行政管理体制和法律法规体系；另一方面将当地原住民社区、民间保护团体、学校和教育机构、各级各类旅游服务提供者、旅游者、大众传媒等利益相关群体纳入其中，充分发挥各利益相关群体的作用，推动文化遗产旅游的可持续发展。

---

① 陶伟.中国世界遗产的可持续旅游发展研究[J].旅游学刊，2000(5)：35-41.

② 刘红婴，王健民.世界遗产概论[M].北京：中国旅游出版社，2003：214.

③ 阮仪三，肖建莉.寻求遗产保护与旅游发展的双赢之路[J].城市规划，2003(6)：86-90.

④ 国家文物局.国际文化遗产保护文件选编[M].北京：文物出版社，2007：379.

【分析案例】

文化遗产"保护、研究、弘扬"的"敦煌样本"(部分)

一、科技创新助力敦煌文化遗产保护

"看完球幕电影,身临其境,再去古老的石窟里感受更多了一份敬畏""相对于实体参观,数字电影不仅能看得更清楚,而且可以帮助人类永久保存这一世界古老的历史遗产"……在莫高窟数字展示中心,不少游客连连感叹,观看《梦幻佛宫》球幕电影,恍若置身于一个个异彩纷呈、如梦如幻的洞窟之中,精美的塑像似乎触手可及,绚丽的壁画近在咫尺,细节纤毫毕现。由单一参观洞窟变成"总量控制+网上预约+数字展示+实体洞窟"的旅游开放新模式,球幕电影达到8K影像技术级别,可投射出8800万像素点,实现对极具艺术价值的文物数字化还原和保存。

"数字电影为游客提供了更好的旅行体验,这种参观模式在一定程度上又缓解了旅游旺季游客剧增对敦煌莫高窟文物造成的压力",敦煌研究院原院长王旭东介绍,"就传统文化而言,科技让人更加容易理解传统文化,从而让人们更好地掌握传统文化的内在精神,能更有效地传承。"

早在20世纪90年代初,敦煌研究院就着手将先进科技与文物保护理念对接,搭建了集数字信息采集处理、技术研发与应用于一体的系统平台,将洞窟、壁画、彩塑及与敦煌相关的文物加工成高智能数字图像,汇集成电子档案,构建出多元化、智能化的石窟文物数字资源库。经过近30年的探索实践,敦煌研究院完成了敦煌石窟206个洞窟的数据采集和100多个洞窟的图像处理、140个洞窟的三维扫描和虚拟漫游节目制作,中英文版本的"数字敦煌资源库"先后面向全球上线,实现敦煌石窟30个洞窟整窟高清图像的全球共享。截至目前,"数字敦煌"资源网的全球访问量已超过700万人次。

敦煌研究院与华为、腾讯等公司在文物保护领域合作,如与腾讯动漫合作,以连环插画的形式解读"经变画";合作举办的敦煌"数字供养人"互联网公益活动,总曝光达17.5亿次,微博话题阅读量达5.3亿次。通过线上创意形式,让广大年轻人都有机会参与到敦煌文化的传承中来。

考古现场保护移动实验室、高光谱成像系统、X射线衍射仪、离子色谱仪、激光诱导击穿系统……这些价值5000多万元的百余台先进设备使敦煌研究院保护研究所发展成为一个全国领先的石窟文物保护综合研究的科研实体。

调研组了解到,保护研究所主要研究方向包括古代壁画、土遗址价值的科学认知、病害机理研究、保护材料与工艺研究、预防性保护等,该所先后承担国家或省部级课题50项,获得国家级及各类科技成果奖励20余项,制定了国家和行业标准14项,并获得50多项国家技术专利。同时,保护研究所还研发完善了包括起甲壁画修复,空鼓壁画修复,酥碱壁画修复为主的古代壁画成套保护修复技术,以支顶加固、锚杆锚固、裂隙灌浆等为主要技术手段的干旱环境下土遗址保护加固技术等一系列核心技术,并推广应用于全国的壁画和土遗址保护工程项目中。

为解决古代壁画病害机理阐述不清、基础性研究薄弱、保护难度大等问题,国家文物局、科技部和甘肃省先后依托敦煌研究院成立了古代壁画保护国家文物局重点科研基地、国家古代壁画与土遗址保护工程技术研究中心、甘肃省古代壁画与土遗址保护重

点实验室，通过社会科学与自然科学等多学科的交叉，借助相关领域的科研优势进一步探索适合于敦煌石窟的保护方式。

二氧化碳动态图、人流量、相对湿度、风蚀数据……在敦煌石窟监测中心，调研组看到大屏幕上显示着20多项不同监测内容，这是敦煌莫高窟监测中心的“实时监测”系统，通过投放600多个监测设备，实现实时监测。“如果某些指标超标，监控中心的预警系统会自动报警。”敦煌石窟监测中心主任王小伟介绍，“通过游客监测、石窟环境监测、壁画病害监测等方式，可实现对洞窟更全面和更科学的预防性保护。”目前，敦煌研究院正在不断完善莫高窟监测预警体系，积极推进省级世界文化遗产监测平台建设。

敦煌研究院通过科研攻关，成功将仿真与模拟实验技术引入文化遗产保护领域，研发出了可同时模拟温湿度、光照、风、雨、雪等多种环境共同作用的多场耦合实验室，该实验室为病害机理研究、保护效果的预测与评估提供更为准确可靠的技术手段，提升了古遗址的保护水平。

如今敦煌研究院已发展成为我国古代壁画和土遗址保护技术的集散地，借助多种载体，以“数字敦煌”为代表的一大批科技创新成果，使得古老遗产在与现代科技的融合中不断得以创新性保护。

二、全方位多角度阐释敦煌美学，让文化遗产“活”起来

“一路的驼铃，风沙在听；一夜的羌笛，乡愁难平。”悠扬的歌声伴随着精致的妆发、不差分毫的首饰，还原色彩款式的服装绚丽多彩……一场形式新颖的视听盛宴在第三届丝绸之路（敦煌）国际文化博览会期间举办的“绝色敦煌之夜”拉开序幕，洞窟里绝美壁画与现代的碰撞，远古乐器和创新的交织，形成音乐演奏和服装表演的完美融合。

敦煌研究院在保护、研究敦煌石窟的同时，注重挖掘敦煌文化中的人文价值和精神内涵，在文化创意方面的一系列探索，让敦煌石窟里的壁画、塑像都“活”起来。研究院在国内20多个省市及奥地利、美国、英国、德国、意大利等20多个国家举办了100多场敦煌艺术展览，并组织敦煌文化创意体验活动走进澳大利亚、泰国，展览展示深受欢迎，反响超出预期。

敦煌研究院不仅在展览方面创新创意设计和展示方式，同时基于学术和科研成果，出版有关敦煌文化艺术的图书、电视纪录片和网络多媒体信息；借助新媒体平台讲好“敦煌故事”。2018年，敦煌研究院新媒体平台浏览量突破1.2亿人次，同比增长283%，访客覆盖全国各省、市、自治区和70多个国家和地区；“@莫高窟”获2018年度文博十大最具影响力官微。

敦煌在漫长的历史长河中，形成了资源极为丰润厚重的文化。敦煌研究院注重整合这些文化资源，完善了商标品牌的管理，提炼具有符号化意义的“故事”，在学术研究、展览、文化创意、公共教育等方面树立了良好的品牌形象，注册了120余项商标和50多个数字化洞窟的著作权登记。2016年4月，该院成立了文化创意研究中心，制定了《敦煌研究院“十三五”文创事业与产业发展规划》，逐渐形成了独具特色的品牌文化。

其中，“敦煌文化驿站”公益讲座是敦煌文化弘扬体系中的一大亮点。讲座涵盖了莫高窟营建历史、数字化技术应用及壁画中的舞蹈、绘画等各个方面，弘扬敦煌文化，拓展传播方式和受众，分享敦煌石窟的保护与研究成果，激发听众文化遗产保护的自觉性。“我是怀着对神秘石窟的向往，对身着霓裳羽衣，翩翩起舞的飞天形象的神往来到敦煌。”通过提前预约报名的天津美院学生侯春萍深刻感受到了文化遗产的珍贵，并立志做一名宣传敦煌文化的使者。“敦煌文化驿站”自开办以来，共举办22期，吸引游客及本地市民共计5000余人次参与。

“‘莫高学堂’在孩子心中就是殿堂级的课堂！”第二期学堂的家长们感叹。最让敦煌研究院工作人员感动的是，第二期学员左纯溪、左浩骅姐弟俩在研学后拿出积攒的5万元压岁钱捐赠给中国敦煌石窟保护研究基金会，用于敦煌石窟文物保护事业。“在莫高学堂研习的这几天，一次次被莫高窟伟大的石窟艺术震撼，希望通过自己的力量为敦煌石窟事业作更多的贡献。”“看到许多壁画的色彩已经褪去，部分塑像的五指也有断裂，希望自己的力量能够再现莫高窟的光华。”姐弟俩感慨。

敦煌研究院文化弘扬部部长李萍告诉调研组：“近年来，除了‘莫高讲堂’‘敦煌文化驿站’这类讲座品牌受到欢迎，‘敦煌艺术大展’‘数字敦煌展览’也早已成为敦煌的文化名片。而‘敦煌岁时节令’‘念念敦煌’等数字文创活动，推动了敦煌文化创意产业的品牌价值积累提升。”

三、体制机制精致有效，打造文物领域“敦煌质量”

地处戈壁大漠深处的敦煌是静谧的，但走进敦煌研究院，每个人都是忙碌的，他们很多人以院为家，承担着繁重的工作。75年来，一代代人扎根大漠，探索出了符合文物遗产保护规律的“十位一体”的事业发展模式和“基于价值完整性的平衡发展质量管理模式”，打造出文物领域的“敦煌质量”。遗产管理是一项复杂、多层面、多维度、跨领域的开放式动态科学的管理过程，涉及诸多物理的和人为的要素。保护、研究、弘扬，互相关联、互为表里，是协同发展的整体性系统。

真实、完整地保护文化遗产，不仅要保护它的本体，还要保护它赋存的环境。敦煌研究院在文物保护领域建立起详细的莫高窟保护管理制度，有基于风险管理的文物监测预警体系，有标准的文化遗产保护规范，有精细的保护技术和工艺操作流程，有严格观测评估为一体的文物保护科学技术应用与评价管理体系，通过对文物调查、保护、科学研究、结果监测评估等各个环节的科学化、标准化、精细化的管理，确保用于保护文物的各项实践和科学技术的安全性、有效性。

“高质量的文物保护，就是要做到最小干预。”王旭东告诉调研组，“敦煌的保护已经逐步过渡到预防性保护阶段。在最低限度干预原则下，敦煌研究院建立起一整套文化遗产保护技术规范。目前，这些技术已在10余个省区的200多个文保工程中应用。”

敦煌研究院协同考古、历史、美术等多学科进行跨领域研究，多年来，先后出版了各类学术专著500多部，发表学术论文3700余篇，整窟临摹复制洞窟15个，单幅壁画临摹2000多幅、彩塑50多身；创办的敦煌学期刊《敦煌研究》，入选第二、三届全国“百强报刊”；第三任院长樊锦诗历时十年领衔编著的《莫高窟第266—275窟考古报告》，于2017年获得第七届吴玉章人文社会科学奖优秀奖。敦煌研究院已成为全球最大的敦煌学研究实体。

莫高窟是中外多元文化交流的结晶，敦煌研究院以敦煌石窟和敦煌学为研究核心，以图像、文献、文物为研究对象，开展从古至今、从国内到国外、从广度到深度等不同层次的学术研究。公开学术研究资源，积极搭建敦煌学国际化交流平台，完善访问学者招募机制，鼓励人文科学同自然科学的几十个学科交叉研究和多领域协同研究。通过建立"协同管理"体系，形成各方力量参与敦煌文化遗产研究的格局。

除此之外，该院在有效保护好莫高窟的前提下，进一步探索面向公众的更完善的开放服务，充分拓展开放空间，开展游客承载量方法研究，建立了莫高窟旅游开放新模式。"通过保护、研究，最终要将文化遗产赋存的丰富而又多元的价值呈现给公众，让更多的人去了解它，从中汲取营养。"李萍介绍，敦煌研究院针对观众类型建立的"针对性分类"弘扬管理体系，让不同类型、不同背景、不同层次的社会大众能看得好、听得懂、记得住、讲得出。

（资料来源：光明日报，上海交通大学联合调研组. 文化遗产"保护、研究、弘扬"的"敦煌样本"[N]. 光明日报，2019-04-19.）

问题：敦煌文化遗产的保护和旅游开发带给我们哪些思考和启示？

本章小结

- **内容摘要**

文化遗产是一种特殊的旅游资源，越来越成为世界各地的主要旅游资源，文化遗产旅游在全球范围内得到了蓬勃发展。本章在分析物质文化遗产和非物质文化遗产概念、类型和特征的基础上，重点探讨了其保护原则及其管理模式。针对文化遗产旅游日渐繁荣的现象，在分析文化遗产旅游概念和作用的基础上，对文化遗产旅游的管理和可持续发展进行了探讨，指出文化遗产旅游必须坚持保护第一、可持续发展、分类控制等原则，建立完善的管理制度，充分发挥政府、当地原住民、各级各类旅游服务提供者、旅游者、大众传媒等利益相关群体的合力，以实现文化遗产旅游的可持续发展。

- **关键词**

文化遗产；物质文化遗产；非物质文化遗产；文化遗产旅游；文化遗产管理

- **思考题**

1. 简述物质文化遗产和非物质文化遗产的区别。
2. 请查找资料，谈谈你对旅游吸引物的认识。
3. 文化遗产旅游的管理应注意哪些问题？请结合典型案例进行说明。
4. 我国的文化遗产开发存在着哪些问题？如何实现文化遗产保护与旅游发展的双赢？

【应用训练】

1. 对旅游活动给所在地区的文化遗产带来的影响进行实地调查，写一篇调查报告。
2. 请分别搜集文化遗产旅游开发的成功和失败案例，进行对比，并从中总结文化遗产旅游开发的途径和方法。

第十六章　文化旅游产业与乡村振兴

学习目标

了解文化旅游产业和乡村振兴战略的相互作用。

导入案例

2021文化产业和旅游产业国际合作论坛聚焦文化产业赋能乡村振兴

11月6日，文化和旅游部主办的“文化产业赋能乡村振兴的全球实践——2021文化产业和旅游产业国际合作论坛”在国家会展中心(上海)举办。此次论坛是文化和旅游部启动文化产业赋能乡村振兴工作以来，首次借助中国国际进口博览会平台举办全球性论坛活动。论坛采用线上线下相结合的方式举办，共有80余位国内外专家学者、企业家现场参会，众多业界人士通过线上方式积极参与。

文化和旅游部产业发展司负责人表示，文化产业资源消耗低、环境污染少、科技含量高，与相关领域关联度高、带动性强，可以在乡村振兴中发挥多重功能价值和综合带动作用。文化和旅游部正在联合相关部门研究制定关于文化产业赋能乡村振兴的政策文件，希望以文化产业赋能乡村人文资源和自然资源保护利用，助力乡村经济社会发展。上海市文化和旅游局有关负责人表示，上海积极探索“科创＋文创＋乡创”融合发展的乡村振兴之路，目标就是打造富有上海特色、产业特质的“文旅乡村”。

文莱驻华大使拉赫玛尼在致辞中说，这场活动举足轻重，因为文莱面临着城乡发展失衡的挑战，而中国已在这方面取得了卓越成果。印尼驻华大使周浩黎表示，文化产业赋能乡村振兴是一种顺应当今潮流的举措，应该认同乡村旅游产业是发展和增长乡村经济的重要手段之一。马来西亚驻华大使拉惹·拿督·努西尔万认为本次活动意义深远、适逢其时。中国-东盟中心教育文化旅游部副主任李亚莹表示，文化和旅游产业助推乡村振兴是双方共同的任务和愿景，中国和东盟十国都拥有宝贵的经验，积累了丰硕的成果，今后要加强彼此交流、探讨及合作。

论坛上，来自日本、韩国、柬埔寨、西班牙、阿根廷等国家文化和旅游产业政府主管部门、行业协会代表，以及国内高校专家等，共同围绕“文化产业赋能乡村振兴”这一主题，分享工作实践、交流成功案例、探讨未来趋势，为文化产业赋能乡村振兴贡献智慧。

（资料来源：中国文化报. 2021文化产业和旅游产业国际合作论坛聚焦文化产业赋能乡村振兴[N]. 中国文化报，2021-11-09.）

第一节　乡村振兴战略溯源

中国自古是农业大国，中华文明源于农耕、游牧文化，农村和牧区是农耕游牧文化的基本载体，20世纪初至70年代末，中国一直是一个农业人口占比高、农业生产总值占比高的国家，农业和农村的发展决定了中国现代化发展水平。因此，乡村建设一直被广泛关注，“乡村振兴”有利于弘扬和传承中华优秀传统文化。

一、乡村振兴战略的提出

改革开放后，城市地区发展迅猛，城乡差距迅速拉大，且发展趋势愈加明显，我国社会结构正在慢慢改变。农民工进城务工、青壮年劳动力涌入城市，城乡差距越来越大，出现空巢老人、留守儿童、贫困村、空心村等。

党中央逐渐加强对乡村发展的关注，提出一系列“三农”问题的解决措施。党的十七大和十八大报告分别指出，农业、农村、农民问题关乎全面建设小康社会的实施大局，要始终摆在全党工作的重要地位，加强农业基础地位，走中国特色农业现代化道路，形成城乡经济社会发展一体化的新格局。

在此背景下，党的十九大报告正式提出乡村振兴战略。首次将乡村振兴问题放在了国家战略的地位上，表明了乡村发展对于国家总体布局的关系重大、影响深远。明确在“两个一百年”奋斗目标的背景下，乡村全面振兴，实现农业强、农村美、农民富的目标。

二、乡村振兴战略的形成背景

中国农村全面复兴始于中华人民共和国成立。中华人民共和国成立后，农业生产的主要任务：在短期内恢复几近崩溃的农业经济；从1949至2000年，中国农业对经济价值的追求比较显著，“以粮为纲”是当时农业生产的核心任务。承载着保障国民大宗农产品生产和供给的任务；20世纪80年代，由于农业在对机械、水利、化肥、电气等的推进，同时农村基本经济制度改革成果初显，农产品产量增长，供给稳定，追求可持续农业和提升国民生活品质的要求慢慢凸显，农业生态环境也受到重视。

20世纪前后，我国主要实施农业支持工业的战略，2000年以后，我国逐步将重心转回到对于农业的关注上。2000年，农家乐和民宿遍地开花，农业功能向观光、旅游、休闲方向拓展。随着2001年中国加入世贸组织，提高农产品国际竞争力的约束显现，更加重视生态农业。2002年，党的十六大报告首次提出“统筹城乡经济社会发展”。2003年，胡锦涛同志提出要把解决好“三农”问题作为重中之重。在此之后，又提出“以工促农、以城带乡”的重要论断。2005年10月，党的十六届五中全会提出“建设社会主义新农村是我国现代化进程中的重大历史任务”。2006年中央“一号文件”部署了推进社会主义新农村建设,提出“生产发展、生活宽裕、乡风文明、村容整洁、管理民主”。与此同时,自2000年以来,国家发布关于促进农民增加收入、生产补贴、农村最低生活保障、新型农村社会养老保险、大病保险等若干文件,倾斜乡村建设与农民生产生活。

2013年中央“一号文件”强调要“努力建设美丽乡村”,习近平总书记在中央城镇化工作会议讲话中提出“要让居民望得见山、看得见水、记得住乡愁”。2015年中央“一号文件”提出“中国要美,农村必须美”,中共中央、国务院印发了《关于加大改革创新力度加快农业现代化建设的若干意见》,强调“积极开发农业多种功能,挖掘乡村生态休闲、旅游观光、文化教育价值”;同时“推进农村一二三产业融合发展”,《美丽乡村建设指南》发布。2017年中央“一号文件”强调“壮大新产业新业态,拓展农业产业链价值链”“大力发展乡村休闲旅游产业”“培育宜居宜业特色村镇”,“支持有条件的乡村建设以农民合作社为主要载体、让农民充分参与和受益,集循环农业、创意农业、农事体验于一体的田园综合体”。10月,中共十九大报告中首次明确提出了乡村振兴战略,成为新时代“三农”工作的总方针。

2018年9月国务院印发了《乡村振兴战略规划(2018—2022年)》,对乡村振兴战略的实施规划、步骤作出了可操作性的部署。2018年中央“一号文件”更是对乡村振兴战略进行了全面安排。在中央农村工作会议上,习近平总书记首次明确提出“乡村全面振兴”的思想,并把它作为乡村振兴战略的最终目标。20字方针概括的是中国全面小康目标下的农村发展目标,它指明了农村地域空间必须按照生产、生活、生态、社会、文化和治理之间的和谐发展目标予以再造。乡村振兴战略要以党的十九大精神为统领,从区域新型城镇化战略和乡村差异化发展的实际出发。乡村振兴战略是我国立足于实现“两个一百年”奋斗目标,在全面建成小康社会决胜期所提出的重要内容。

2020年,习近平总书记在中央农村工作会议上指出,脱贫攻坚取得胜利后,要全面推进乡村振兴,这是“三农”工作重心的历史性转移。2022年10月16日,习近平总书记在党的二十大报告中明确提出“全面推进乡村振兴”,坚持农业农村优先发展,坚持城乡融合发展,畅通城乡要素流动。扎实推动乡村产业、人才、文化、生态、组织振兴。为全面推进乡村振兴指明方向。乡村振兴成效渐显,已成为我国构建新发展格局、推动高质量发展的重要组成部分。从打赢脱贫攻坚战到全面推进乡村振兴,新时代的中国正在描绘更加美好的时代画卷。

三、乡村振兴战略的主要内容

为进一步推进乡村振兴,国家出台了《关于实施乡村振兴战略的意见》《关于促进乡村产业振兴的指导意见》《乡村振兴战略规划(2018—2022年)》等一系列文件政策,党的十九大报告中明确了实施乡村振兴的20字方针,即产业兴旺、生态宜居、乡风文明、治理有效、生活富裕。八大领域全面振兴:乡产、乡境、乡俗、乡韵、乡风、乡治、乡情、乡态全域振兴。

(一)产业兴旺

“产业兴旺”是经济基础。要在第一产业发展的基础上,一二三产业融合深度发展,提高发展质量。要提升农业发展质量，培育乡村发展新动能；突出优势特色，培育壮大乡村产业；构建乡村振兴新格局；加快农业现代化步伐；科学合理布局，优化乡村产业空间结构；促进产业融合发展，增强乡村产业聚合力；推进质量兴农绿色兴农，增强乡村产业持续增长力；推动创新创业升级，增强乡村产业发展新动能；完善政策措施，优化乡村产业发展环境；强化组织保障，确保乡村产业振兴落地见效。

（二）生态宜居

"生态宜居"是环境基础。不仅乡村百姓生活环境要宜居，还要满足城市居民对美好生活向往的宜居环境。推进乡村绿色发展，打造人与自然和谐共生发展新格局；建设生态宜居的美丽乡村。让农民在享受产业兴旺带来的物质富裕的同时，也要有良好的人居环境，这是当下亟须攻破的问题，如何在发展经济的同时，保证环境质量，就是要综合当地生态环境特征和优势，推进产业生态化和生态产业化，实现生态环境保护和经济发展的有机统一，做到"变富"和"变美"的双赢。

（三）乡风文明

乡村是否振兴，要看乡风好不好。"乡风文明"是文化基础，乡村文化是我国传统文化的重要组成部分，文明美好的乡风有助于城乡融合。繁荣兴盛农村文化，焕发乡风文明新气象；繁荣发展乡村文化。农村的陈规陋习有其历史性和顽固性，近年来，各地都开展了一系列摒除陈规陋习活动，并取得一定成效。建设文明乡风，要以社会主义核心价值观为引领，强化价值认同，要结合当地实际，采用群众喜闻乐见、耳濡目染的形式进行，同时发挥好地方群众自治组织的作用，真正将中国特色社会主义文化融入农村社会的思想教育、文化教育和生产生活的各个环节。

（四）治理有效

乡村治、国家稳。"治理有效"是社会基础，乡村是国家治理的"神经末梢"，因此乡村治理是实现乡村振兴战略的关键环节。一是要以党建加强乡村基层自治组织建设，抓好基层党建的薄弱环节；二是要整合乡村各群体力量，构建乡村治理新体系，坚持自治、法治、德治相结合；三是严厉打击乡村恶势力，建设平安乡村；四是加强互帮互助社会网络建设；五是加快推进乡村基础设施和公共服务建设。提高乡村管理效率。加强农村基层基础工作，构建乡村治理新体系；保障和改善农村民生；完善城乡融合发展政策体系；有序实现乡村振兴。

（五）生活富裕

"生活富裕"是民生目标，是乡村振兴的根本，更是实现全体人民共同富裕的必然要求。首先要提高农民收入，提高农村民生保障水平。其次要打好精准脱贫攻坚战，增强贫困群众获得感。最后要促进农民的全面发展，推动乡村教育事业发展，强化乡村振兴人才支撑，加大对返乡人才的支持力度。

四、实施乡村振兴战略的重大意义

（一）乡村振兴战略是"三农"工作的助推器

当下我国经济社会发展的主要矛盾是"人民日益增长的对美好生活需要和不平衡、

不充分的发展之间的矛盾”，显然最大的不平衡是城乡之间和东西部之间的发展不平衡，最大的不充分是“三农”发展的不充分，乡村治理体系和治理能力亟待提升。据数据统计，自2004—2015年，我国粮食产量呈连续增长状态，粮食总产量处丰收状态；农民人均纯收入和可支配收入快速增长；2013年以来全国贫困人口有效减少，截至2016年，农村邮电、道路、厕所等基础设施逐渐完善。实施“乡村振兴”战略能有效促进城乡的平衡发展和乡村的充分发展，满足广大农牧民对美好生活的向往、增进农牧民福祉，促进社会公平正义；“乡村振兴”有利于生态文明建设，实现“美丽中国”目标。

（二）乡村振兴战略是全面建成小康社会的关键

从决胜全面建成小康社会，到基本实现社会主义现代化，再到建成社会主义现代化强国，关键是要解决城乡之间发展的不平衡、农村内部发展的不平衡。习近平总书记说道：“全面建成小康社会，最艰巨最繁重的任务在农村特别是在贫困地区。没有农村的小康，特别是没有贫困地区的小康，就没有全面建成小康社会。”乡村是我国的重要组成部分，也是我国社会发展的重要阵地，乡村不发展，就无法实现小康，“农业强则中国强，农村美则中国美，农民富则中国富。”因此，中华民族伟大复兴的中国梦要抓住乡村振兴这个关键。只有解决好“三农”问题，才能补齐全面建成小康社会的短板，解决“一条腿长、一条腿短”的问题，让农村特别是贫困落后地区农村的群众共享经济社会发展的成果。

（三）乡村振兴战略是实现农村现代化的途径

乡村振兴的本质表现在两个方面：乡村振兴不是简单的外部输血，而是自身造血功能体系的构建；乡村振兴是重构乡村与城市对等与互动关系，形成与城市不一样的风貌特征与功能定位。乡村振兴不但需要经济上的振兴，让乡村百姓走上物质文明之路；而且要重振乡村文化魅力，实现乡村文化的振兴，使乡村品位得以全域绽放，让乡村百姓走上精神文明之路。

实现农业农村现代化是中国乡村振兴战略的总目标。这一目标的实现将分为三个阶段：也就是到2020年，乡村振兴取得重要进展，制度框架和政策体系基本形成；到2035年，乡村振兴取得决定性进展，农业农村现代化基本实现；到2050年，乡村全面振兴，农业强、农村美、农民富的目标全面实现。

第二节　文化旅游产业对乡村振兴的助推作用

【资料链接16-1】

宁夏打出六大“宁字号”组合拳

近日，宁夏回族自治区文化和旅游厅印发《关于打造文旅赋能乡村振兴“宁字号”品牌实施方案》（简称《实施方案》），指导乡村文化旅游差异化、品质化发展，赋能乡村振兴。

《实施方案》提出六大“宁字号”乡村文旅品牌,即打造乡村美食“宁味千碗”品牌、打造土特产品“宁选好礼”品牌、打造乡村住宿“宁韵百宿”品牌、打造非遗传承“宁遗百坊”品牌、打造乡村文化“宁艺好戏”品牌、培育乡村人才“宁才兴旅”品牌。计划到2025年,宁夏评选100名乡村名厨,推出1000道农家菜品,评定100种乡村伴手礼,支持打造100个乡村特色民宿,遴选认定100家非遗工坊。开展“大地欢歌”“百人百团”志愿服务,惠民演出不少于3000场次。评选100名宁夏乡村文化和旅游带头人,为基层选派、培养400名文化和旅游工作者。

宁夏文化和旅游厅相关负责人介绍,六大“宁字号”围绕“食、住、行、游、购、娱”等文旅核心要素,几乎涵盖文化、旅游、产业、人才、交流等各个方面,致力打造具有鲜明地域特色和浓厚文化底蕴的乡村文旅品牌,推动乡村振兴战略实施,促进乡村旅游集群化、特色化、规范化发展,建设宜居宜业和美乡村。

(资料来源:崔娜.宁夏打出六大“宁字号”组合拳[N].中国文化报,2024-01-18.)

农村文化通常由民俗文化、农耕文化、乡土文化组成,农村在发展文化旅游产业上有得天独厚的优势。改革开放以来,随着人们收入水平和需求层次的提升,越来越多的人渴望回归自然,渴望通过返璞归真的休闲游憩活动来缓解城市快节奏的压抑,因此我国的乡村旅游产业在20世纪90年代迅速兴起。游客到农村旅游,有文化与自然的双重体验。

近年来,我国乡村旅游发展更加迅速,乡村拥有丰富的遗址、历史街区等人文旅游资源、保留着珍贵的民间习俗,有利于开展民间节庆演艺活动,是天然的展演舞台,在非物质文化遗产数量方面,乡村也占有非常重要的地位。我国的乡村旅游虽然比西方国家发展时间短,但伴随政府政策和资金的支持以及消费市场的扩大,涌现了一批独具特色的乡村旅游目的地,如安徽西递、宏村等。我国的乡村旅游业随着国内需求的旺盛、乡村振兴战略的扶持、推广以及借鉴发达国家的经验发展迅速,已成为农民致富和乡村发展的新途径。数据显示,2012—2016年,国内乡村旅游接待游客和营业收入年均增长速度分别为32.0%和26.2%。仅2016年全国乡村旅游接待游客就达21亿人次,占全国接待游客人数的近一半,乡村旅游消费多达1.1万亿元,约占全国旅游总收入的1/4,直接从业人员845万人,带动672万户农民受益,户均年收入超过6万元。

2017年中央“一号文件”指出,大力发展乡村休闲旅游产业,2018年农业农村部印发《关于开展休闲农业和乡村旅游升级行动的通知》。实施开展乡村文化旅游不仅可以增加贫困农村人口经济收入、提供更多的就业机会,而且对于农村地区产业结构调整,生态环境的改善、美丽宜居乡村建设、开启民智等诸多方面也具有重要的作用。

一、优化产业结构,助推乡村经济

产业兴旺是乡村振兴的关键所在,乡村拥有丰富的自然资源,优美的田园风光,淳朴的人文氛围,是发展旅游产业的绝佳选择。旅游业作为国家战略性支柱产业之一,其产业关联度高、综合带动力强、产业融合能力突出,已经成为很多乡村产业振兴、产业扶贫的核心产业和重要路径之一,发展文化旅游产业不但能增加农民收入,还能增加就业机会,促进农村劳动力良性流动。而在文化旅游产业大发展的背景下,乡村振兴战略和文化旅游产业发展大融合是时代发展的必然选择,两者的结合可以激活乡村资源,推动文化旅游产业发展，实现乡村振兴。在乡村发展文化旅游产业对乡村的产业融合有着推动作用，可以带动村民就近就业，推动当地经济发展，有效实现乡村振兴。

文化旅游产业将推进农村产业发展和结构调整。旅游的发展将开发出农业的多种功能业态，发展乡村民宿、农业休闲观光、果蔬采摘、森林康养、休闲度假等新型业态，淘汰落后产能，推进农村传统农业的产业结构调整和优化。

二、推进生态建设，助力乡风乡貌

文化旅游产业推进美丽生态宜居乡村建设。文化旅游的迅速发展正是由于优良宜居的生态环境和浓厚的乡土气息，满足了现代城市人放松休憩的精神需要。乡村旅游的发展带动了农村基础设施的进一步完善，让农民共享旅游发展带来的利益，调动了农民保护生态环境的积极性和主动性，有助于乡村生态环境的改善和美丽宜居乡村建设的推进。建设美丽乡村是乡村旅游发展的应有之义。旅游的本质是"诗意的栖居"，而游客旅游体验空间与乡村居民生产生活空间的统一性，决定了这些基础设施和旅游服务设施的完善，本质上是旅居环境一体化建设。

文化旅游产业推进乡土文化的保护和传承。乡村振兴离不开乡土文化的振兴，在城市文化的强势冲击下，传统乡土文化的生存面临危机，诸多特色民俗文化和传统技艺濒临消失。而乡村发展文化旅游产业发展必须依托"乡村文化"，乡村振兴战略更是要重拾乡村传统文化自信，保护和传承中华优秀传统文化。如四川绵竹年画虽为我国四大年画之一，在乡村旅游发展前，技艺濒临失传，但在乡村旅游开发中，年画村确立了以年画非遗艺术为主题的发展思路取得良好成效。通过对当地优秀的民俗活动、传统技艺、传统文化等进行挖掘包装，实现"文化变现"。一方面乡村文化得到了有效的保护和传承，另一方面在对乡村文化的经营过程中，增加了文化自信。

三、倒逼治理体系，改善乡村秩序

文化旅游产业有利于优化乡村治理体系推进乡村治理转型。良好的乡村治理是实现乡村全面振兴与发展的重要保障，乡村治理的关键在于加强地方政府对于乡村社会经济发展的引导，并创造和谐稳定的社会环境与社会秩序。近年来，随着我国农村社会结构的变迁，乡村治理面临较为严峻的形势，部分乡村地区在基层治理过程中甚至呈现出内卷化的特征，严重影响乡村社会秩序的稳定和可持续发展。中央政府指出在乡村振兴过程中，要加强农村基层基础工作，健全自治、法治、德治相结合的乡村治理体系。

事实证明，文化旅游产业的发展不仅对于目的地的经济和社会文化具有重要影响，且对于增强地方治理、维持乡村社会秩序同样具有促进作用。如厦门鼓浪屿旅游社区在基层治理过程中，创新性地设立了法治与自治相结合的鼓浪屿公共议事会的协商治理机制。不仅有效缓解了旅游发展中的利益主体之间的矛盾，还为其他社区的基层治理提供重要借鉴。

由于具有较强的产业关联性，在世界许多国家和地区乡村旅游都被作为一种振兴乡村的工具，我国乡村旅游也已经具有一定规模，在乡村发展中扮演着重要的角色。实践证明，乡村旅游对带动乡村产业发展、提高非农收入、扶贫、环境改善、社区建设以及提升组织化程度都有一定的作用。乡村旅游既关系到人民日益增长的美好生活需要的满足，又对解决发展过程中存在的城乡发展差距、贫富差距等不平衡问题以及生态保护、社会发展等不充分问题具有独特的作用，但需要政府政策干预才能达到相应的多重目标。自"十一五"规划出台之后，乡村旅游各种政策不断完善，促进了产业发展，"十三五"以来，乡村旅游被确定为乡村新兴支柱产业，得到了更多重视。

文化旅游产业作为连接城市和乡村的纽带，促进了社会资源和文明成果在城乡之间的共享以及财富重新分配的实现，为地区间经济发展差异和城乡差别的逐步缩小、产业结构优化等作出了很大贡献，并推动了欠发达、开发不足的乡村地区经济、社会、环境和文化的可持续发展。在"十三五"旅游发展新时期，乡村文旅主战场作用将更加明显，在促进乡村全面振兴的过程中将发挥出越来越重要的作用。

四、文旅产业数字化助推乡村振兴①

（一）文旅产业数字化为乡村产业振兴增添新引擎

文旅产业数字化能够不断改善文旅产业发展的基础设施，提升文旅产业的有效供给水平，开拓文旅产业发展新空间，赋能乡村经济与产业高质量发展。文旅产业数字化能提升乡村产品的品质和品牌影响力，互联网、大数据等数字技术在文旅产业中的应用，有利于拓展乡村产品市场。通过数字化农耕文化和传统工艺，发展地域特色鲜明的文化产业和传统工艺产品，提升传统工艺产品品质，塑造新品牌。文旅产业数字化可提高乡村产品的知名度，文旅产业利用互联网技术和社交媒体平台，推广乡村旅游特色产品，推动"数字场馆""数字民宿""数字景点"建设，形成数字文旅应用新场景，提高消费者对乡村旅游的兴趣。文旅产业数字化推广虚实交互体验、智慧导览、智能导流、非接触式服务等应用，提供智能化的旅游服务和体验，提升乡村产品知名度。文旅产业数字化能够进一步释放乡村产业发展潜力，创新发展乡村云展览、云旅游等乡村文旅新业态。

（二）文旅产业数字化为乡风文明建设提供关键支撑

乡村文旅产业数字化为乡村文化的呈现和输出提供了新载体，促进乡村文化保护与传承手段的科学化，有效推动乡村文物古迹、传统村寨建筑、农耕文化与水利工程遗址等修复、保护，以及乡村文艺、民间文化等传承发展，为乡风文明建设提供关键支撑。一是文旅产业数字化降低了乡村文化传播门槛。例如，旅游短视频/直播、虚拟游览系统等数字文旅新业态突破了地理空间局限，为乡村文化提供生产传播平台，以图文、视频等数字形式，场景化、具象化呈现乡村文化。二是文旅产业数字化手段运用使乡村文化遗产保护传承更加有效。文旅产业数字化推动政府与文旅市场主体运用5G、物联网、大数据等技术为保存完好的建筑与文化遗产建立数据库，实现乡村文化实时监测保护。此外，通过AR/VR、图像记录、3D扫描、数字博物馆等虚拟再现技术数字化技术，还原过去无法还原或修复的文化景观，拍摄、存储乡村文化资源并进行数字化展示。

① 赵东喜．文旅产业数字化助推乡村振兴的机制与路径研究[J].海峡科技与产业，2023，36(8)：53-57.

（三）文旅产业数字化为乡村生态宜居环境优化提供驱动力

乡村文旅产业数字化建设有助于树立和践行“绿水青山就是金山银山”的理念，推进美丽乡村建设和生态宜居环境优化。通过运用数字技术手段，调控环境监测、流量疏导，降低文旅活动对自然环境的影响，赋能乡村产业绿色发展。同时，提升了对农田土质、水源水质、森林保护以及生态安全的监测、预警、反馈等管控效率。推动厕污智能共治，实现居民厕所、污水处理数据实时采集。

（四）文旅产业数字化为乡村治理转型提供技术基础

文旅产业数字化带动乡村文化旅游经营主体采用大数据、人工智能、物联网等各类数字技术，加快文旅产业智慧化升级改造，赋能乡村文旅目的地治理，增强乡村治理能力。一是带动乡村数字基础设施建设。如智慧路灯、智能物流与乡村文旅智慧平台等。二是提升乡村治理效率。文旅产业数字化平台为乡村信息资源共享、乡村治理提供技术支撑。可及时识别差异化、个性化的公共服务需求，实时监测预警网络舆情，有效应对自然灾害、事故灾难、公共卫生和社会安全等突发事件和应急管理，从而促进乡村治理的科学性、精准性和高效性。三是为乡村治理的民主化、规范化提供技术支撑。互联网、大数据、人工智能等技术的运用可推动乡村数据共享、实时沟通等乡村管理体系建设，畅通不同主体间的交流合作，简化乡村居民投诉、建议等方面的反馈渠道，从而提升乡村社区自治和民主管理效率。

（五）文旅产业数字化为乡村实现共同富裕拓展新途径

乡村文旅产业数字化催生了许多新产品、新业态，推动文旅产业发展模式变革，促进乡村经济多元化，拓展乡村创业新空间，为更多乡村居民提供就业岗位、增加农民收入，使其共享有品质的富裕生活，数字技术应用推动了防返贫监测动态化，通过对监测对象信息进行多维度统计分析，实时评估因灾、因病等导致的返贫致贫风险，为乡村防返贫决策提供实时参考。

文旅产业数字化助推乡村振兴的机制如图16.1所示。

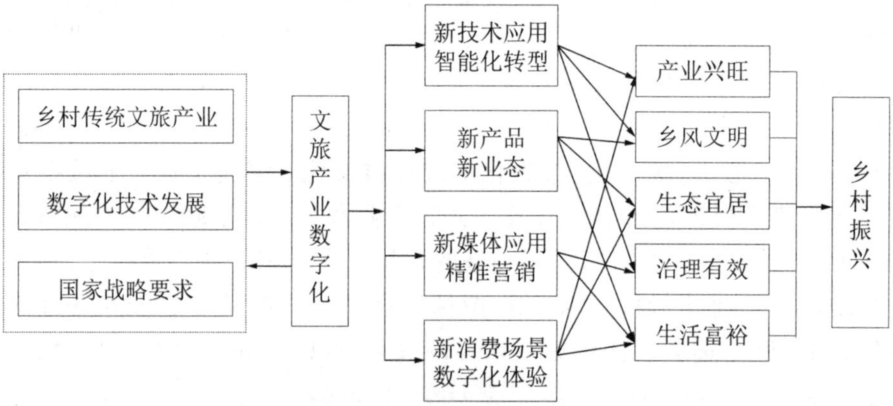

图16.1　文旅产业数字化助推乡村振兴的机制

五、乡村分类规划的基本原则①

国家《乡村振兴战略规划(2018—2022年)》明确提出，要顺应村庄发展规律和演变趋势，根据不同村庄的发展现状、区位条件、资源禀赋等，分类推进乡村振兴规划，不搞一刀切。乡村文化和旅游融合发展也应该根据不同类型条件进行分类规划。

(一) 聚集提升类村庄

对于聚集提升类村庄，着眼于长远目标，强化文旅融合规划引领。这类村庄人口结构稳定，文化资源、人力资源、农田资源和空间资源相对丰富，具有立足乡村特色文化进行乡村旅游开发的潜力，需要进一步聚合文化、旅游和商业等多种资源，打造乡村文化旅游品牌。如陕西咸阳礼泉县袁家村，是中华传统农耕文化的核心区，既有围绕河流、农田和道路布局而发展起来的传统空间聚落形态，又有皮影戏、麦秸画、马勺脸谱、剪纸、秦腔、泥塑等多种传统艺术形式。这些根植于关中民居建筑、饮食习惯、风俗民情中的传统文化，经过产品开发转化为旅游者可感知的文化符号，连接起旅游者与华夏族群关于农耕文化传统和精神家园的集体记忆，构成了袁家村鲜明的旅游形象。

(二) 城郊融合类村庄

对于城郊融合类村庄，规划建设乡村文化旅游产业，升级乡村产业结构。这类村庄离城市比较近，居民受教育程度和城镇化的程度也比较高，其发展方向主要是承接城市人口的扩张和产业转移，它具有兴建文化旅游产业的基础，因此需要引入市场主体，进行文化旅游产业开发。如湖北孝感的桃花驿小镇，就是引入市场主体、创新乡村文化旅游产业的典范。桃花驿具有临近武汉市的区位优势以及丰富的农业资源。2013年地方政府引入湖北卓尔文旅集团，将原本脏乱的村庄改造成拥有高档度假村、现代农业种植基地的新农村。

(三) 特色保护类村庄

对于特色保护类村庄，深入挖掘村庄特色资源，规划建设特色文旅产业。这类乡村的文化资源往往具有排他性和不可复制性，可以形成旅游业的核心竞争力，有利于乡村旅游的可持续发展。青海省达玉部落村庄位于青海省北部，是由不同地域的藏民群体汇聚形成的一个原住民游牧部落(村庄)，系青海藏族游牧部落“环海八族”之一。2012年，达玉部落文体旅游产业发展有限公司成立，公司整合达玉部落的藏族民俗文化、宗教历史文化、游牧文化、草原文化等资源，开展特色民族文化体验游、宗教观光、草原休闲、草原露营等业务，建立了达玉环青海湖自行车旅游综合服务基地、达玉部落景区、达玉环青海湖驿站(4个)、达玉部落藏民俗文化创意服务基地、餐饮中心及游乐场等，还定期举办达玉风马音乐节、达玉部落草原音乐节等大型旅游节庆活动。目前，公司有长期员工70余人，旅游旺季时聘有临时员工300余人，这些员工基本都是本地村民。达玉部落文体旅游产业的发展，不仅增加了当地村民的收入，有效解决了当地年轻人的就业问题，同时也促进了当地对于藏区特色文化资源的保护与弘扬。

---

① 傅才武，程玉梅.文旅融合在乡村振兴中的作用机制与政策路径:一个宏观框架[J].华中师范大学学报(人文社会科学版)，2021，60(6):69-77.

（四）搬迁撤并类村庄

对于搬迁撤并类村庄，重点做好并入城市发展规划的前期研究。这类村落普遍处于偏远山区，人口稀少且耕地不足，且缺乏特色资源，公共设施建设成本高、效益低，需要进行迁移合并。仅有部分村庄由于拥有良好的文化遗产资源或区位条件，拥有与城市生活方式“反向互补”的价值形态，因而具有建成“风貌古朴、功能现代、产业特色、文化复归”的现代乡村的潜质，而大部分缺乏独特资源禀赋和发展空间的村庄，将会随着城镇化的进程、村庄人口迁移城镇而逐步“空心化”并最终消失。预计到2035年我国基本实现城乡一体化经济结构之前，这一过程难以停止。

第三节　乡村振兴战略背景下文化旅游产业的发展

【资料链接16-2】

陕西着力打造万亿级文化旅游产业

近日，陕西省委宣传部、省文化和旅游厅联合印发《陕西省打造万亿级文化旅游产业实施意见（2021—2025年）》（以下简称《意见》）。《意见》明确，力争到2025年，陕西文化强省建设取得显著成效，现代文化旅游产业体系更加健全，产业总收入突破1万亿元。

《意见》从构建产业发展新格局、推动市场主体提质增效、促进融合发展、丰富文化旅游产品供给、发展数字文化旅游产业、激发文化和旅游消费潜力、扩大开放水平、优化设施和服务8个方面，提出了20条主要任务。

《意见》提出，优化区域产业布局，实施区域协调发展战略，构建“一核四廊三区”发展新格局，打造关中综合文化产业带、陕北民俗及红色文化产业带、陕南自然风光生态旅游产业带。新增10个国家级、50个省级文化产业示范园区（基地），10个文化旅游特色小镇，50个文化创意街区。打造文化旅游重点产业链，制定重点产业链三年行动方案，形成一批千亿元级、百亿元级重点产业链，培育一批重点产业集群。提升县域文化旅游产业发展质量，“一县一策”支持县域文化旅游产业提档升级加快发展，创建10个省级文化旅游名县、40个全域旅游示范区、100个乡村旅游示范村。

《意见》提出，壮大市场主体规模，实施文化产业“十百千”工程，培育一批平台型、科技型企业集团。做大做强国有文化旅游企业，实施文化旅游领军企业“腾飞”行动。支持中小微企业发展，培育一批“独角兽”“小巨人”文化旅游企业。

《意见》明确，促进文化和旅游深度融合，建立省级文化旅游产业融合实验区机制，推进“一市一品”创建工作，打造一批地域特色鲜明的文化和旅游融合示范区。推进“文旅+”“+文旅”融合发展，培育一批旅游和科技融合示范园、30个省级文化和科技融合示范基地、5家文化和科技融合领军企业。

（资料来源：任丽. 陕西着力打造万亿级文化旅游产业[N]. 中国旅游报,2022-09-21.）

将地域文化与乡村旅游相结合，形成具有地域性和民族性体验感强的文化旅游产品，文化旅游产业是乡村特色文化产业的一种，偏向于文化遗存、文物古迹保留较好以及民俗、建筑、历史等较为突出的古村落。乡村特色文化产业依托乡土元素，打造一种或多种产业类型，以产品为主要卖点，促进乡村整体知名度的提升。

据统计，2012—2018年，我国乡村旅游接待人次由8亿上升至30亿，营业收入由2400亿元增加到8000亿元。截至2018年末，全国范围内创建了388个全国休闲农业和乡村旅游示范县(市)，710个中国美丽休闲乡村。休闲农业和乡村旅游已成为人们休闲消遣的重要方式。

2019年6月，中共中央办公厅、国务院办公厅印发《关于加强和改进乡村治理的指导意见》，明确指出，要加强农村文化引领，加强基层文化产品供给、文化阵地建设、文化活动开展和文化人才培养。传承发展提升农村优秀传统文化，加强传统村落保护。结合传统节日、民间特色节庆、农民丰收节等，因地制宜，广泛开展乡村文化体育活动。加快乡村文化资源数字化，让农民共享城乡优质文化资源。挖掘文化内涵，培育乡村特色文化产业，助推乡村旅游高质量发展。加强农村演出市场管理，营造健康向上的文化环境。

乡村文旅融合中，乡村文化保护与开发之间的关系问题是核心话题。一些非遗研究学者认为，乡村旅游(商业化)的发展会损害乡村文化(遗产)的真实性、干扰乡村文化固有的传承机制；同时也有一些人类学家调查发现，乡村旅游可以促进地域文化的传承和保护，避免了一批文化遗产资源因为外部环境变迁而消失。

对乡村而言，发展乡村文化旅游既是增加收入的手段，也是重构乡土文化和乡村治理秩序的途径。对于游客而言，参与乡村文化旅游是对中国几千年传承下来的优秀文化和农耕生活方式的接触、体验和省悟。[①]

一、乡村振兴战略对文化旅游产业发展的促进

(一) 政策有力支持

近年来，我国按照"宜融则融、能融尽融"，"以文促旅、以旅彰文"的工作思路，大力支持乡村文化旅游发展，先后出台了《促进乡村旅游发展提质升级行动方案(2018年—2020年)》《关于促进乡村旅游可持续发展的指导意见》《国务院办公厅关于进一步激发文化和旅游消费潜力的意见》等一系列政策文件，旨在加快乡村文化旅游的市场化、产业化发展步伐，提高乡村文化旅游的发展质量和综合效益。我国乡村旅游资源丰富、文化底蕴深厚，乡村旅游与乡村文化融合发展契合度大，未来的发展空间和前景均不可限量。一系列乡村振兴战略政策对乡村旅游政策的制定、实施等提供了有力的支持。

《中共中央　国务院关于实施乡村振兴战略的意见》指出，支持农村地区优秀戏曲曲艺、少数民族文化、民间文化等传承发展，繁荣兴盛农村文化，焕发乡风文明新气象；发展乡村共享经济、创意农业、特色文化产业，构建农村一、二、三产业融合发展体系，

① 傅才武，程玉梅．文旅融合在乡村振兴中的作用机制与政策路径：一个宏观框架[J]．华中师范大学学报(人文社会科学版)，2021，60(6):69-77.

培育乡村发展新动能。

（二）资源优先配置

乡村振兴战略为乡村文化旅游提供了产业支撑，乡村振兴战略提出，要实施休闲农业和乡村旅游精品工程，推动农业与科技、文化等元素融合发展，培育乡村经济发展新业态。乡村振兴战略下，政府大力推进对乡村的整体规划布局升级，促进资源向乡村旅游配置，促进乡村旅游产业提质发展。合理规划乡村交通物流、水利、能源利用、信息化等基础设施建设，乡村振兴战略提出要推进农业农村优先发展，在干部配置、要素配置、资金支持、公共服务、人才队伍建设、教育事业方面优先保障，补齐农村发展的短板和不足。乡村文化旅游产业作为综合性产业，其发展将为乡村文化旅游发展提供优良的基础设施条件、充裕的资金支持、良好的公共服务、专业的人才队伍、优秀的传统文化，推进乡村文化旅游的开展。实施乡村振兴人才支撑、加强对农村就业服务、农村教育、农村公共卫生医疗、农村养老保险、医保、低保等社会保障，有助于留住人员，吸引人才流入，为乡村的文化旅游产业发展提供了人才保障，提供了“智力”支持，增强了软实力。

（三）生态环境优化

乡村振兴战略为乡村旅游发展提供优美生态环境。良好的生态环境是农村贫困地区最大的资源优势，也是吸引游客的本质所在。乡村振兴战略坚持人与自然而和谐共生，强调要绿色发展，落实绿水青山就是金山银山的理念，而乡村旅游正是以良好的生态宜居的自然环境对游客产生巨大吸引力。推进厕所革命、生活污水处理，乡村生态系统保护和修复、生态资源开发利用，提升村容村貌，集中处理农业环境突出问题，推进农业清洁生产，为文化旅游产业提供了真正的“绿水青山”，形成了具有吸引力的旅游资源。

（四）文化内涵挖掘

文化旅游产业的发展要坚持内容本土化。梁漱溟在《乡村建设理论》里说过“所有文化，多半是从乡村而来，又为乡村而设。”我国幅员辽阔，资源丰富，受历史文化、地形气候等因素影响，我国乡村文化百花齐放、积淀深厚。乡村文化是培育特色文化产业的重要阵地，政府积极推进“乡村价值观教育、诚信道德建设、群众思想文化、乡村传统文化保护利用、乡村文化生态重塑、乡村文化产业发展、乡村公共文化服务、群众文化活动开展”，大力提升乡村民俗、乡土文化。

（五）缓解旅游热点

旅游热点指游客对特定季节、特定景点的追捧，导致某一时空下旅游地人员过度集中，造成“人海”压力，丧失了旅游本身的乐趣，造成冷热不均的现象。乡村振兴背景下，全国上下多个乡村通过发展文化旅游产业，可以使游客向不同乡村目的地分散，减轻传统热门景点的承载压力，同时也使游客充分亲近大自然，体验原始旅游的乐趣。因此，乡村旅游的发展不仅为文化旅游产业提供了更多的可能性，而且为游客提供了更多的选择性。

二、乡村振兴战略下文化旅游产业的发展弊端

目前,我国乡村文化旅游发展迅速,但也存在一些问题,如发展模式单一、产品同质化、文化内涵不足等问题。

(一)产品开发不当

我国的乡村旅游在规模和消费市场不断扩大的同时,也面临着旅游开发不当的问题。首先是旅游开发的同质化现象严重,乡村旅游产品大同小异,经营的项目十分单调,误将乡村旅游视作仅仅是尝尝农家饭、住住农家屋等低层次的需求,导致乡村产品缺乏特色,游客体验项目较少。很多地区乡村旅游甚至出现了互相模仿、抄袭和恶性竞争的现象。在乡村旅游开发的过程中,出现了盲目开发和过度商业化开发的现象,造成了村落原有建筑风貌的损坏,破坏了其原真性和艺术性。其次,诸多旅游项目缺乏市场论证和前期调研,缺乏对于消费者消费行为的把握,急功近利地上马旅游项目,使得旅游项目缺乏前瞻性和可行性,无法和旺盛的乡村旅游市场实现有效对接,造成了资源的极大浪费。最后,我国很多乡村旅游开发也不同程度出现了过度开发的问题,不顾生态环境承载力,大兴土木建设,游客一拥而入,对乡村地区优美的自然生态环境造成了极大的破坏和污染,违背了绿水青山就是金山银山的可持续发展理念,不利于生态美丽宜居的乡村建设。

(二)原生态文化冲击

文化内涵是旅游产品的核心内容。随着文化产业与旅游产业的进一步融合,以及休闲旅游时代人们精神需求的不断提升,越来越多的游客对旅游产品所体现的文化内涵表现出了浓厚的兴趣,乡村传统的生活习俗成为重要的旅游资源。乡村旅游的发展离不开乡土文化的保护和传承,离开了乡土文化,乡村旅游就失去了鲜活的生命力和地方特色。乡土传统文化是本地区独有的地方感和鲜明的文化特色,承载着本地区的历史记忆和文化脉络,保存着本地区的乡土气息和民俗风情。在乡村旅游蓬勃发展的过程中,过度的商业化开发和外来文化的涌入,导致传统的乡土文化受到冲击,质朴的民风民俗逐渐被消解淡化,核心地位逐渐边缘化、内容逐渐发生变异、形式逐渐低俗化和舞台化,乡土传统文化传承与发扬变得愈加困难。没有了地方文化特色,没了历史依托,旅游目的地自然而然也就失去了生命力和知名度。

(三)经营规模小,品牌化程度低

我国的乡村旅游相较于西方发展较晚,虽然面对旺盛的游客需求市场,但是经营规模仍然较小。从乡村旅游产品来看,千村一面的现象非常普遍,遍地低层次的农家乐和采摘庄园。国内乡村旅游发展缺乏统一的规划和指导,加上很多乡村旅游都是以家庭为单位开展,农民缺乏市场分析和远见,导致重复性的乡村旅游项目一拥而上,通过降低价格、拉客等行为参与恶性竞争。再加上农民知识能力和文化水平有限,服务能力不强,缺乏相应的经营和管理经验,最终导致众多优质的乡村旅游资源难以优化整合,经营规模无法进一步扩大,目的地竞争力不强,没能形成区域知名乡村旅游品牌,严重制约了乡村旅游的规模化和品牌化发展。近年来我国乡村旅游发展虽然呈现出品牌化趋

势，但是诸如陕西的袁家村、安徽的宏村、西递村等知名的乡村旅游品牌少之又少。

（四）利益分配和权利赋予不公平

乡村旅游通常涉及政府、开发商、当地村民等核心利益相关者。政府作为监督者和管理者，利益诉求更加关注区域居民就业和税收状况，旅游企业作为旅游开发的参与者和合作者，它所关注企业运营所能获得的优惠政策和经济效益以及当地社区居民对企业的大力支持。社区居民作为主要的参与者和受益者发挥着监督作用，他们更关注收入和就业机会的增加以及对当地生态环境的保护。旅游者的利益诉求是高质量的体验和舒适的环境。现实情况却是地方政府与旅游企业某些利益的一致性，牺牲了当地居民的利益。村民由于其社会资本缺乏、综合素质相对较低、受教育水平较低、集体较为松散，导致其在旅游发展中处于弱势地位，造成了村民、开发商、当地政府三者权利的不对等。在大力推进乡村旅游产业发展的同时，更重要的是让底层贫困人口享受到旅游发展带来的红利。但随着乡村旅游深入开展，旅游收益分配出现了很大弊端。财富和权力存在积累和传导效应，社会底层的低收入村民在旅游发展中获取收益的能力进一步被削弱，导致分享到的旅游收益的份额不断下降，参与获益权利不断减小，导致农村地区贫富差距进一步拉大。

乡村振兴战略要发展乡村新动能，推动产业融合发展。建设一批设施完备、功能多样的休闲观光园区、森林人家、康养基地、乡村民宿、特色小镇。乡村振兴将为乡村旅游提供政策便利、雄厚资金支持、完善的基础设施和服务。

三、乡村文化旅游产业的发展建议

为实现乡村文化旅游产业高质量发展，实现乡村振兴和文旅发展同频共振，需要做好以下几个方面的工作。

（一）加强旅游市场开发

乡村发展文旅产业要注意定位的明确性，要结合乡村振兴战略和乡村实际发展状况，增强当地文旅产品的特色和吸引力。首先应全面了解周边市场需求，在调研的基础上进行旅游产品设计，了解消费者需求，进行市场细分，强调个性化产品的提供。其次是在当地民俗文化特色的基础上，恰到好处地结合自身特色做旅游，不能照搬照抄，可以在借鉴的基础上创新。最后还可以请专业的旅游规划公司和专业人士进行设计，全盘考量当地的农业、人文环境、自然环境，形成一揽子计划，而不能走一步看一步。

同时要注重对乡村居民权益的关注和资源倾斜，城市和农村彼此依存，村庄居民作为乡土文化的守护者，也理应是乡村发展的主体。因此，在各方保护、开发和利用乡村历史文化遗产的进程中，需要注意保护村庄居民的主体地位和利益。应避免抛开或代替当地村庄居民组织、由外来商业公司操控文化旅游资源和利益的局面。

（二）通过发展文化旅游产业，增进乡村居民的文化自信

乡村是当下优秀传统文化的精神家园，然而这最后的家园也在慢慢被侵蚀，乡村群众受现代娱乐活动的影响，正在逐步淡忘、遗失传统文化，可以通过宣传和引导，提高国内游客对乡村文化的关注度，同时更重要的是，增强当地居民的文化自豪感。这样既

可以加强乡土爱国主义教育，又可以提升居民的文化自信，从中焕发乡村文化的生命力，为乡村文化旅游产业发展提供不竭动力。适当利用文化产品提升旅游产业内涵，从而盘活各地的文化市场，让文化产品在当地创造新的就业岗位和经济机会，从而产生足够的经济效益来实现乡村历史文化遗产的内生性维持和发展。

（三）注重文化遗产与商业一定程度的区分隔离

在千村一面的当下，越来越多原住民被商业从业者取代，乡村文化正在慢慢变质，不仅游客无法感受到原汁原味的乡村文化，而且当地居民也在慢慢脱离生活场景。要把握好在乡村旅游目的地开发过程中，防止文化遗产区域内出现过度的商业行为，避免文化的商品化、商品的同质化等问题。首先乡村文化旅游开发是根本环节，通过专业旅游规划公司进行调研规划，深挖当地特色，不模仿不照搬，部署可持续的良性旅游吸引物，必要时适当舍弃经济利益，保证原生文化有生存空间。其次在经营管理的过程中，动态协调当地旅游活动，政府部门要发挥监管作用，同时要发挥文化组织作用，协调文化保护和旅游发展的和谐共存。

【分析案例】

“阿者科计划”：一个哈尼村寨的旅游扶贫探索

阿者科村是哈尼梯田遗产区5个申遗重点村落之一。村里60余栋茅草屋顶的蘑菇房，被专家们认为是元阳县保存最为完好的哈尼族传统建筑群。电影《无问西东》中，黄晓明饰演的陈鹏带着章子怡饰演的王敏佳回到的“家乡”就是阿者科村。后来，阿者科村成为了网红打卡地。然而，游客的到来并没有改变阿者科村民的生活。究其原因，村里的旅游发展没有组织性，处于无序发展的状态。同时，一些让人“不愉快”的现象也陆续出现：个别村民向游客索要拍照费和问路费，让游客反感；一些游客随手丢弃的垃圾，也让村民产生了抵触情绪。

2018年1月，元阳县委、县政府邀请中山大学旅游发展规划研究中心的专家团队，到元阳梯田区开展《元阳哈尼梯田旅游区发展战略研究》调研与规划工作。在实地调研走访农户后，专家团队发现，阿者科村面临的是一种“富饶的贫困”。绿水青山、梯田、蘑菇房是宝贵的旅游资源，却没能给乡亲们带来好的生活。阿者科全村青壮年劳动力约有一半在外务工，有的村民将传统民居出租给外地经营者，自己搬出村寨。如果不尽快改善该村经济状况，宝贵的梯田有很大的可能被弃耕。

团队联合当地政府部门编制“阿者科计划”，实行一种被称为“内源式村集体企业主导”的旅游开发模式。根据“阿者科计划”，阿者科村成立旅游公司。村民签订协议，把村寨的旅游经营权让渡给公司，让公司得以实现更专业化的经营管理。乡村旅游发展所得收入3成归村集体旅游公司，用于公司日常运营，7成归村民。

为鼓励村民保护村传统民居和梯田，保留阿者科村核心人文景观，村民分红细则规定：村民的分红分4部分执行，传统民居保护分红40%、梯田保护分红30%、居住分红20%、户籍分红10%。比如，村民们没有把蘑菇房保护好，那么民居保护部分的分红就不能发放；如果梯田被破坏了，则梯田保护部分的分红就不能发放。

在公司与村民签订的旅游合作协议中，梯田的维护管理作为一条重要内容写了进去：村民负责景区内梯田的正常维护，并按季节耕种、管理、收割；崩塌的梯田要及时维修，保持梯田原有景观；不得随意将梯田撂荒。

为进一步强化管理，“阿者科计划”用村规民约来约束村民的一些行为，比如“村民不得私自以拍照问路等名义向游客收费”“村民不得协助游客逃票”等。由于一些村民不会说普通话，文化水平较低，缺乏相关经验。为此，中山大学专家团队和元阳县委县政府，分别派出一名博士和一位干部，到阿者科驻村，共同担任“旅游村长”，指导村民执行“阿者科计划”。

“阿者科计划”让村容村貌有了实实在在的改观。项目实行之前，游客留下的垃圾无人清扫，村里脏乱差。公司成立后，雇村民进行常规打扫。项目还完成公厕改建、水渠疏通、房屋室内宜居化改造等工作，村庄人居环境相比之前得到大幅度改善。游客的旅游体验得到了提升。村里修缮了织布机、石磨等传统生产工具与设施，一方面满足村民日常生产生活需要，另一方面作为游客体验活动设施。公司策划开设了一系列主题性体验活动，包括农事体验、织染布艺体验、野菜采摘、哈尼家访等活动。

村民们也有了实实在在的收入。公司为9户建档立卡贫困户提供了管理、织布技师、售票、检票、清洁、向导等9个就业岗位，其余农户则经营农家乐餐馆、织染布艺体验、野菜采摘、哈尼家访、梯田捉鱼、哈尼婚俗表演、红米酒品尝等旅游项目。经过第一个月的经营，阿者科旅游公司获得总收入15.5万余元。根据分红规则，扣除运营成本，此次村民总分红金额为86974.3元。全村有44户获得1600元，有1户获得1280元，有16户获得960元，还有3户获得640元。

在驻村博士杨兵看来，“阿者科计划”通过技术支援和当地政府的支持，激发村民的发展积极性，为乡村振兴和传统村落保护，找到一条可持续的旅游发展之路。

（资料来源：丛蓉.“阿者科计划”：一个哈尼村寨的旅游扶贫探索[N].中国民族报，2020-12-04.）

思考：试分析文化旅游、乡村治理和乡村振兴之间的关系。

【应用训练】

陕西省礼泉县袁家村地处关中渭北，距离西安78千米，全村62户、286人，是一个偏僻的小山村。2007年，袁家村开始发展乡村旅游，以关中民俗为主题，以关中传统老建筑、老作坊、老物件等物质文化和非物质文化遗产所代表的关中民俗文化为内涵，打造农民创业平台，解决产业发展和农民增收问题。袁家村有乡村旅游，也有关中特有的非遗文化。乡村旅游让非遗得到了传承与发展，非遗为乡村旅游平添一抹亮色。

20世纪70年代以前，袁家村还是一个无人问津的关中空心村，既无著名的历史遗迹，也无独特的山水资源。在村书记郭占武的带领下，通过发展乡村旅游，探索出了一条“乡村振兴”的新路子。

走进袁家村，步入古朴典雅的小巷，两边店铺林立，作坊鳞次栉比，浓缩着千年文化的关中民俗跃然眼前，小吃街里香味扑鼻，酒吧街上歌声飘荡，街头秦腔、露天茶馆……置身其中，仿佛穿越古代。“把乡村生活最直接地反映出来”这是袁家村最大的创新——没有造景区，村就是景区，家就是景点，村景合一，把真实的乡村生活“卖”给游客。

袁家村以美食为切入点，选择将“吃”作为乡村旅游的核心。袁家村制作了一百多种小吃，打造舌尖上的关中民俗美食博物馆，游客可以“一日吃遍关中美食”。袁家村用乡情和小吃留住“关中味道”，用匠心和诚信保障食品安全，打造以关中民俗和乡村生活为核心的内容。

在群众增收共同富裕的路上，袁家村以乡村旅游为突破口，打造农民创业平台，解决产业发展和农民增收问题，把“前店后坊”改造升级为“前店后厂”，做到“三产带二产促一产”延伸产业链条，目前已建成豆腐、醪糟、酸奶、粉条、醋等加工厂8个，菜籽、大豆、辣椒、小麦等优质生产基地14个，从三产到一产全链条贯通。同时，经营户的食品原料加工和销售过程全程向游客开放，游客可放心消费，实现体验型和消费型的高度融合。

袁家村以股份合作为切入点，创办农民合作社，解决收入分配和共同富裕问题，目前，已建成32家农民股份合作社，实现了“人人是股东、户户有分红”。通过一系列创新实践，袁家村成功探索出一条实现乡村振兴的新路径。2022年，袁家村年接待游客600万人次，综合收入超10亿元，村民人均纯收入15万元。

袁家村坚持“三创联动”，打造创业、创客、创新平台，开办“农民学校”和“袁家村夜校”，提供优惠政策，打造农民创业平台。袁家村为各类人才积极打造创业平台，创造良好的创业环境，营造开放、自由的创业氛围，吸引了众多“新袁家村人”带着自己的特色项目来创业。

经历十余年的发展，袁家村成为了享誉中外的乡村旅游目的地，先后被评为中国十大美丽乡村、中国十佳小康村、国家特色景观旅游名村、中国乡村旅游创客示范基地和国家4A级旅游景区。目前，袁家村汇集了1000多个创客，吸纳了周边村民及外地3000多人就业，且年接待游客达600万人次以上，年旅游收入超过10亿元。

1. 分析袁家村在文化旅游方面的做法。

2. 请以自己家乡一乡村为例，参照袁家村模式，给出文旅产业发展建议。

参考文献

[1] 张敏.论博物馆市场化行为的趋势及影响[J].中国博物馆,2003,13(1):64-66.

[2] 林美珍,郑向敏.会展旅游与博物馆经营[J].东南文化,2004,4(180):78-80.

[3] 王国秀.博物馆建设与旅游业的发展[J].东南文化,2005,5(187):92-93.

[4] 张敏.博物馆与旅游[J].中国博物馆,2004,22(1):24-28.

[5] 王宏均.中国博物馆学基础[M].上海:上海古籍出版社,1990.

[6] 罗美娟,郑向敏.澳门博物馆旅游发展评介[J].北京第二外国语学院学报,2008,16(11):49-52.

[7] 尼尔·科特勒,菲利普·科特勒.博物馆战略与市场营销[M].潘守永,等译.北京:北京燕山出版社,2006.

[8] 夏登文,石绥祥,于戈,等.海洋数据仓库及数据挖掘技术方法研究[J].海洋通报,2005,24(3):

[9] 陈融.体育设施与管理[M].北京:高等教育出版社,2004.

[10] 赵钢,雷厉.体育场馆经营管理概论[M].北京:北京体育大学出版社,2007.

[11] 杨远波.体育场馆经营导论[M].成都:西南财经大学出版社,2006.

[12] 李铭,体育场馆物业管理概论[M].天津:天津科学技术出版社,2005.

[13] 鲍明晓,林显鹏,刘欣葵.奥运举办城市体育场馆的建设、运营与管理[J].体育科研,2006,27(5):1-10.

[14] 于敬凤,陈元欣.大型赛事体育场馆设施运营过程中存在的问题及发展策略研究[J].南京体育学院学报,2008,22(4):78-81.

[15] 张仁寿,丁小伦.国外大型体育场馆的运营模式与经验借鉴[J].广东经济,2006(11):21-23.

[16] 王学实,汤起宇.大型公共体育场馆体制改革的经济学分析[J].山东体育学院学报,2007,23(5):4-7.

[17] 易国庆.体育场馆的经营与管理[M].北京:人民体育出版社,2009.

[18] 刘丽文.服务运营管理[M].北京:清华大学出版社,2004.

[19] 王炜.中国水族馆的现状与发展[J].中国水产科学,1999(6).

[20] 刘乔志.日本水族馆及中国水族馆建设[J].辽宁师范大学学报(自然科学版),1993(S1):43.

[21] 谭征.海洋博物馆[M].天津:天津教育出版社,1996.

[22] 张先锋.中国水族馆的可持续发展[J].海洋世界,2005(1):3.

[23] 王能贻.我国水族馆发展浅析[J].渔业现代化,2000:3.

[24] 为东.我国水族馆在内陆地区的发展展望[C].中国自然科学博物馆协会专业委员会学术论文集,1996.

[25] 高岩.中国水族馆发展现状及对策探讨[J].自然博物,2017(1):6.

[26] 王婧.钟林生,陈田.国内外旅游解说研究进展[J].人文地理,2015,30(1):33-39.

[27] 王静.关于我国博物馆特色旅游开发的刍议[J].文物鉴定与鉴赏,2019(7):2.

[28] 周曼妮.上海市博物馆类型和空间分布研究[D].上海:华东师范大学,2017.

[29] 宋向光.博物馆类型研究的意义与启迪[J].中国博物馆,2019(2):29-33.

[30] 李雪霞.多媒体技术下博物馆文物的实体与虚拟[J].文物鉴定与鉴赏,2020(2):120-121.

[31] 莫扬.我国科技馆建设理念发展研究[J].社会科学研究,2009(6):188-190.

[32] 中国科协.中国科协2012年度事业发展统计公报[R].2013-07-29.

[33] 洪在银.研学旅行活动下科技馆"馆校结合"科学教育的发展[C]//中国科普研究所,广东省科学技术协会.中国科普理论与实践探索:第二十四届全国科普理论研讨会暨第九届馆校结合科学教育论坛论文集,2017:46-51.